AS SANÇÕES NAS CONTRATAÇÕES PÚBLICAS

AS INFRAÇÕES, AS PENALIDADES E O PROCESSO ADMINISTRATIVO SANCIONADOR

ANIELLO PARZIALE

Prefácio
Irene Patrícia Nohara

Apresentação
Antonio Cecílio Moreira Pires

AS SANÇÕES NAS CONTRATAÇÕES PÚBLICAS

AS INFRAÇÕES, AS PENALIDADES E O PROCESSO ADMINISTRATIVO SANCIONADOR

Atualizado de acordo com as Leis Federais nº 13.303/2016 (Lei das Estatais), nº 13.869/2019 (Lei de Abuso de Autoridade) e nº 14.133/2021 (Nova Lei de Licitações) e suas atualizações

2ª edição revista, ampliada e atualizada

Belo Horizonte

FÓRUM
CONHECIMENTO JURÍDICO

2025

2025 2ª edição

FORUM
CONHECIMENTO JURÍDICO

Luís Cláudio Rodrigues Ferreira
Presidente e Editor

Coordenação editorial: Leonardo Eustáquio Siqueira Araújo
Thaynara Faleiro Malta
Revisão: Cida Ribeiro
Capa e projeto gráfico: Walter Santos
Diagramação: João Oliveira

Rua Paulo Ribeiro Bastos, 211 – Jardim Atlântico – CEP 31710-430
Belo Horizonte – Minas Gerais – Tel.: (31) 99412.0131
www.editoraforum.com.br – editoraforum@editoraforum.com.br

Técnica. Empenho. Zelo. Esses foram alguns dos cuidados aplicados na edição desta obra. No entanto, podem ocorrer erros de impressão, digitação ou mesmo restar alguma dúvida conceitual. Caso se constate algo assim, solicitamos a gentileza de nos comunicar através do *e-mail* editorial@editoraforum.com.br para que possamos esclarecer, no que couber. A sua contribuição é muito importante para mantermos a excelência editorial. A Editora Fórum agradece a sua contribuição.

Dados Internacionais de Catalogação na Publicação (CIP) de acordo com ISBD

P276s Parziale, Aniello

As sanções nas contratações públicas. As infrações, as penalidades e o processo administrativo sancionador: atualizado de acordo com as Leis Federais nº 13.303/2016 (Lei das Estatais), nº 13.869/19 (Lei de Abuso de Autoridade) e nº 14.133/2021 (Nova Lei de Licitações) e suas atualizações / Aniello Parziale. -- 2. ed. --. Belo Horizonte: Fórum, 2025.

462 p. 14,5x21,5cm

ISBN impresso 978-85-450-0829-3
ISBN digital 978-85-450-0830-9

1. Administração Pública. 2. Contratações públicas. 3. Direito administrativo. I. Título.

CDD: 342
CDU: 342

Ficha catalográfica elaborada por Lissandra Ruas Lima – CRB/6 – 2851

Informação bibliográfica deste livro, conforme a NBR 6023:2018 da Associação Brasileira de Normas Técnicas (ABNT):

PARZIALE, Aniello. *As sanções nas contratações públicas. As infrações, as penalidades e o processo administrativo sancionador*: atualizado de acordo com as Leis Federais nº 13.303/2016 (Lei das Estatais), nº 13.869/19 (Lei de Abuso de Autoridade) e nº 14.133/2021 (Nova Lei de Licitações) e suas atualizações. 2. ed. Belo Horizonte: Fórum, 2025. 462 p. ISBN 978-85-450-0829-3.

A Deus, pela oportunidade de ver o cumprimento das suas promessas em minha vida.

À memória de meu pai, Luciano Parziale, exemplo de homem reto; e à Joana Parziale, amada mãe, que se não fosse o seu incansável esforço e dedicação, nunca anotaria tais linhas nesta oportunidade.

À minha amada Gislene e aos nossos filhos Valentina, Lorena e Francesco, frutos do nosso amor.

Aos meus irmãos Ana Carolina, Zeca e James, e aos demais familiares pela ajuda e amor sempre despendidos.

À Vania Bonafim, à Dra. Silvana Dias, aos Drs. Flávio Niel e Renato Romano, pelo apoio e oportunidades despendidas na minha juventude.

AGRADECIMENTOS

Agradeço à Professora Irene Nohara, por quem nutro profunda admiração – brilhante jurista cuja trajetória me inspira, cuja orientação me propiciou desafios intelectuais enriquecedores durante a pesquisa para a dissertação de mestrado e cujas contribuições deram origem ao presente livro..

Agradeço imensamente aos Professores Dinorá Grotti e Antonio Cecílio Moreira Pires por terem aceitado integrar a banca de defesa do mestrado. Sua excepcional dedicação e atenciosa contribuição, evidenciadas nos pertinentes apontamentos durante o exame de qualificação, foram fundamentais para que a dissertação, que deu origem a este livro, alcançasse o resultado aqui apresentado.

Da mesma forma, agradeço aos amigos Meire Cristina de Oliveira, Marcos Nicanor Barbosa, Adriane Maria Gonçalves, Fábio Eugênio de Faria e William Frazon, pela ajuda despendida com a atenta leitura da dissertação; e a Aurici Dias, pelo trabalho de revisão. Também agradeço a Bruna Cristina de Lima, Renan Talarico, Gabriela Vieira e Lucas Leal, por terem colaborado na atualização do texto para o novo regramento punitivo da Lei federal nº 14.133/2021.

SUMÁRIO

PREFÁCIO

O livro *As sanções nas contratações públicas* é obra de extrema relevância pelo seu enfoque, pois aborda as infrações, as punições e o regime jurídico do processo administrativo sancionador no âmbito dos contratos firmados com a Administração Pública. Além desta relevante abordagem, a presente obra se faz ainda mais especial por ter sido elaborada por alguém de devotou e devota muitos anos da vida a pesquisar e a aplicar o Direito Administrativo, que é Aniello Parziale.

Foi com muita alegria que aceitei o honroso convite de escrever o prefácio desta obra tão celebrada pela comunidade jurídica do direito público. Aniello Parziale já é um administrativista conhecido e querido da área, que desempenhou por nove anos a tarefa de consultor da *Consultoria Jurídica da NDJ*, onde galgou o posto de gerente, tendo ainda se manifestado em mais de 9 mil consultas, sendo muitas das quais exatamente sobre o tema de licitações e contratos administrativos.

Nesta atividade, o autor pôde desenvolver pesquisas e respostas aprofundadas para questões cotidianas que afligiam inúmeras administrações nos seus contratos administrativos. Com base nesta experiência, foi muito fluida a elaboração do mestrado em Direito Político e Econômico na Universidade Presbiteriana Mackenzie por Aniello Parziale. Tive a grande felicidade de ter sido a orientadora do trabalho, tendo assumido a prazerosa atividade logo que fui credenciada no Programa de Pós-Graduação, e cada encontro de orientação era, na verdade, uma rica e entusiasmada troca de informações.

A maturidade do autor ao desenvolver sua pesquisa, sendo daqueles orientandos que já sabem o que querem, já acompanham o "estado da arte" de seu objeto de pesquisa e também carregam para a escrita do trabalho um grande repertório doutrinário com o qual possuem afinada familiaridade, e intimidade até, colaborou para que a dissertação fosse desenvolvida de forma mais natural possível, inclusive no momento da sua defesa.

O autor compulsou com grande desenvoltura os meandros do processo sancionador no âmbito contratual, tendo tido destaque em banca que fora composta por Antônio Cecílio Moreira Pires e Dinorá Grotti, professores reconhecidos na área pelo rigor e pela seriedade, e que estiveram presentes tanto na qualificação quanto na brilhante e segura defesa de Aniello Parziale, e puderam, assim como eu, reconhecer a excelência da pesquisa realizada no tema *Limites jurídicos do poder punitivo estatal no âmbito das contratações públicas*, que agora, finalmente, vem a público com dois ingredientes novos: (a) o ajuste para sua versão comercial, dada a grande utilidade do presente trabalho no cotidiano da gestão contratual das Administrações; e (b) a atualização da obra com base na Lei nº 14.133/2021 (*Nova Lei de Licitações e Contratos*).

Assim, Aniello Parziale, já mackenzista de formação, tornou-se *Mestre* em Direito Político e Econômico pela Universidade Presbiteriana Mackenzie, daí pra frente sempre trazendo orgulho para a instituição, pois, entre os muitos feitos, alcançou grande destaque em todas as atividades que realizou, sempre com muito engajamento, participando da Comissão de Direito Urbanístico da OAB/SP, coordenando o curso de Direito no Município de Embu das Artes e assumindo também a importante tarefa de *Secretário de Assuntos Jurídicos* do Município.

Nesta relevante obra, o autor analisa de forma completa os aspectos a serem considerados quando do sancionamento no âmbito das contratações. Inicia, portanto, com as infrações administrativas e seu regime jurídico nas contratações públicas, compulsando os elementos da infração, o debate acerca da tipicidade, a antijuridicidade, a culpabilidade, o erro e as excludentes. De grande utilidade para aplicação do conteúdo desdobrado é a explicação pormenorizada do rol de infrações administrativas existentes na legislação licitatória.

No segundo capítulo, Aniello Parziale ingressa no tratamento da sanção, tendo em vista seu regime jurídico, trazendo a principiologia existente, bem como os limites jurídicos à sua aplicabilidade e expondo os condicionamentos da reabilitação. Nesse capítulo são trazidos, ainda, assuntos atuais, como a celebração do acordo de leniência, a necessidade de programa de integridade para reabilitação e os efeitos da aplicação de sanções restritivas de direitos no curso dos contratos em execução, sendo essa disciplina abordada à luz da *Nova Lei de Licitações e Contratos* (Lei nº 14.133/2021), sem deixar de analisar também a Lei nº 13.303/2016, que trata das licitações e contratos das estatais.

Como bem expressa o Autor, o exercício do poder punitivo pela Administração Pública no âmbito das contratações públicas circunda-se de acentuada insegurança jurídica, pois pode ser utilizado de forma descontrolada e sem limitações, sendo esse um campo propício para o cometimento de arbitrariedades de toda sorte, a exemplo da utilização de sanções com desvio de finalidade, daí a importância de se reforçar a principiologia e os limites de restrição de direitos no âmbito do devido processo legal, sem os quais ninguém poderá ter restringida a liberdade e cerceados os bens, no sentido abrangente que as palavras *liberdade* e *bens* agregam.

Nesta perspectiva, o derradeiro capítulo delineia os contornos jurídicos do processo sancionatório no âmbito das contratações públicas, sendo analisadas as garantias constitucionais e legais de contraditório, da ampla defesa e do devido processo legal, bem como as fases existentes: instauratória, instrutória, decisória, recursal e executória, conforme características e escopos próprios das sanções no universo dos contratos firmados com a Administração Pública.

A obra *As sanções nas contratações públicas* é completa na análise das três principais dimensões: (1) *infração*; (2) *sanção*; e (3) *processo*, sendo, portanto, um marco de abordagem da atividade sancionatória do Estado no âmbito dos contratos administrativos. Trata-se de obra que estava sendo muito aguardada e que veio para ser consultada por todos os que lidam com o tema do sancionamento nos contratos administrativos. Ademais, além da importância e do rigor no trato do tema, a obra brinda o seu leitor com a atualização recente ocorrida na matéria de licitações e contratos, criteriosamente conferida por alguém que entende e que é literalmente *um apaixonado* pelo assunto.

Faço todos os votos, em coro com uma plêiade de administrativistas que conhecem e admiram Aniello Parziale, que, há anos, trilha com entusiasmo e dedicação a senda do Direito Administrativo, que a presente obra alcance o grande sucesso que ela merece pelo seu rico conteúdo e também pela devoção de seu autor ao desenvolvimento do presente trabalho.

Irene Patrícia Nohara
Livre-Docente e Doutora em Direito do Estado (USP). Professora-Pesquisadora do Programa de Direito Político e Econômico da Universidade Presbiteriana Mackenzie (UPM).

APRESENTAÇÃO DA SEGUNDA EDIÇÃO

É com muito prazer e alegria que apresentamos à comunidade jurídica a segunda edição da obra *Sanções nas contratações públicas.*

Registre-se que a primeira edição do livro físico esgotou-se rapidamente, mas continuou sendo vendida em formato digital nesse hiato de quatro anos entre a primeira e a segunda edição.

Durante esse lapso, outros projetos e a atuação na advocacia pública e privada nos impediram de atualizar a obra, o que atrasou seu retorno às prateleiras.

A demora, todavia, mostrou-se oportuna, pois permitiu a realização de uma revisão geral no texto, a inserção de 70 novas páginas, fruto de contínua pesquisa e intensa prática, resultado que demonstra que o assunto é pujante e continua em franca discussão, evolução e transformação no cenário jurídico brasileiro.

Para se ter uma ideia, incluímos um amplo estudo acerca do impacto da Lei de Introdução às Normas do Direito Brasileiro (LINDB), modificada pela Lei nº 13.655/2018, apontando o seu impacto nos processos administrativos sancionatórios no âmbito das contratações públicas.

Realizamos um profundo estudo sobre o acordo administrativo, oferecendo ao leitor orientação e balizamentos rápidos, bem como acesso a bibliografia oportuna, facilitando a produção de proposta pelo particular, a apreciação do pedido pela Administração, bem como a prolação de decisão acerca do cabimento e da celebração de um termo de ajuste administrativo.

Ademais, realizamos uma revisão da literatura que oferece comentários à Lei nº 14.133/21, artigos científicos, bem como de outras obras atinentes à temática de contratações públicas e sanções administrativas, proporcionando novas e detalhadas anotações.

Além disso, consignamos a recente Instrução Normativa SSC/MGI nº 14/2024, pela Secretaria de Serviços Compartilhados, substituta do Ministério da Gestão e da Inovação em Serviços

Públicos (MGI), cujo teor disciplina as sanções administrativas aplicadas à luz da legislação revogada no âmbito dos contratos do referido órgão.

Ressaltamos que estruturamos de forma mais sistemática os aspectos relacionados ao processamento do procedimento administrativo, dedicando tópicos específicos às matérias de maior relevância.

A atualização desta obra, visando apresentar o que há de mais atual no âmbito das sanções administrativas nas contratações públicas, só foi possível graças ao exercício da função de coordenador técnico jurídico do Consórcio Nacional de Licitação nos últimos dois anos, um verdadeiro laboratório das contratações públicas brasileiras, e à constante e intensa troca de experiências entre os profissionais no labor diário.

Aproveitamos para agradecer a confiança em nós depositada, deixando um abraço a Sônia Lúcia, Rodolfo Moura, Rafael Moura, Fabiano Santos, Marcelo Mello, Pedro Lombardo, Lorruan Freitas, Aureni Barbosa, Rafael Chagas, Carlos Jesus, Erivelton Marinho, André Luiz Porcionato, Fábio Salviato, Anderson Terriaga, Ana Beatriz Paz, Maria Eduarda Soares e Bruno Moura e a tantos outros que contribuíram direta e indiretamente para esta obra.

Aguardamos as críticas.

aniellopartiale@hotmail.com

APRESENTAÇÃO DA PRIMEIRA EDIÇÃO

Foi com muita alegria que recebi o convite de Aniello Parziale para fazer a apresentação do livro intitulado "As sanções nas contratações públicas: as infrações, as penalidades e o Processo Administrativo Sancionador", referente à sua dissertação de mestrado defendida perante a banca examinadora da Universidade Presbiteriana Mackenzie (UPM), sob orientação da Professora Livre Docente Dra. Irene Patrícia Nohara.

Não posso deixar de registrar que o convite muito me honra e muito me alegra, pois o Autor foi o meu primeiro orientando na Universidade Presbiteriana Mackenzie, para a obtenção da láurea de bacharel em Direito, demonstrando, já naquela época, que teria uma carreira pontilhada pelo sucesso, tendo em vista a digna de nota seriedade com a qual encarava os seus estudos, ainda nos bancos da faculdade de Direito.

Releva, assim, tecer algumas considerações sobre o autor: Aniello Parziale graduou-se na Universidade Presbiteriana Mackenzie, no ano de 2006, tendo obtido o título de Mestre em Direito Político e Econômico no ano de 2017.

O autor, no decorrer de toda a sua carreira, dedicou-se ao Direito Público, revelando-se um entusiasta e grande estudioso do Direito Administrativo, tendo exercido as funções de consultor jurídico da editora NDJ, Secretário de Assuntos Jurídicos na Prefeitura de Embu das Artes, onde, atualmente, exerce o cargo de Presidente da Empresa Municipal de Habitação.

Como se verifica, o Autor possui vasta experiência no campo do Direito Administrativo, fato este que vem demonstrado em cada capítulo da sua obra.

Examina o Autor, em seu trabalho, a questão das sanções administrativas às quais os licitantes e contratados estão sujeitos, delimitando a moldura jurídica, os requisitos e limites das penalidades em questão, sem deixar de enfrentar as controvérsias existentes na seara do Direito Administrativo Sancionatório.

Destaca, com peculiar maestria, o dever de aplicar penalidades e a discricionariedade existente na escolha das penas, enfatizando a necessidade de atendimento ao Princípio do Contraditório e da Ampla Defesa que, a bem da verdade, por vezes, é ignorado pela Administração Pública do nosso país.

Pari passu, não deixa o Autor de abordar os nefastos efeitos das sanções administrativas aplicadas aos licitantes e contratados, pelo que os limites da Administração Pública, na aplicação de sanções, são abordados com riqueza de detalhes, de forma técnica, clara e objetiva.

A sua obra merece ser lida e constar das bibliotecas especializadas.

São Paulo, 28 de abril de 2021.

Antonio Cecílio Moreira Pires
Professor de Direito Administrativo e Chefe do Núcleo Temático de Direito Público da Universidade Presbiteriana Mackenzie (UPM).

INTRODUÇÃO

O trespasse de atividades estatais para particulares, necessário para a persecução dos objetivos institucionais do Estado, remonta de longa data,[1] dado o fato de que o Poder Público nunca portou autossuficiência para produzir ou construir tudo aquilo que se apresenta como necessidade para satisfação das demandas coletivas, o que acarretou, assim e sempre, a colaboração da iniciativa privada.[2]

Com efeito, não há como negar os proveitos quando existe a colaboração de particulares no desempenho das atribuições de administrar, legislar e julgar de responsabilidade estatal, uma vez que a iniciativa privada, em razão da dinâmica e competição observadas no segmento, é obrigada a inovar reiterada e permanentemente, criando tecnologias e inovações, as quais também são aproveitadas pela Administração Pública, o que é salutar. Se assim não ocorresse – por exemplo –, caso o Estado não fosse proprietário de uma indústria automobilística, o que caracterizaria a autossuficiência na produção de automóveis, o patrulhamento e a perseguição de criminosos pelas polícias ainda ocorreriam com cavalos.

---

1 Sobre a questão, anotou Viveiros de Castro no início do século passado: "Denomina-se obras públicas as que são realizadas com intervenção do Estado e tendo-se em vista a utilidade pública, seja qual for a origem do dinheiro empregado. A celebração dos contractos é regulada pelas leis de contabilidade dos respectivos paizes, salvo alguns casos especiaes, exigência a concorrencia publica" (VIVEIROS DE CASTRO, Augusto Olimpio. *Tratado de sciencia da administração e direito administrativo*. Rio de Janeiro: Imprensa Nacional, 1906, p. 197-199).

2 *Vide* como exemplo também a determinação contida no art. 10, §7º, do Decreto-Lei nº 200/67: "§7º Para melhor desincumbir-se das tarefas de planejamento, coordenação, supervisão e contrôle e com o objetivo de impedir o crescimento desmesurado da máquina administrativa, a Administração procurará desobrigar-se da realização material de tarefas executivas, recorrendo, sempre que possível, à execução indireta, mediante contrato, desde que exista, na área, iniciativa privada suficientemente desenvolvida e capacitada a desempenhar os encargos de execução". (BRASIL. Decreto-Lei nº 200, de 25 de fevereiro de 1967. Dispõe sobre a organização da Administração Federal, estabelece diretrizes para a Reforma Administrativa e dá outras providências. *Diário Oficial da República Federativa do Brasil*, Brasília, 27 mar. 1967).

Ocorrendo a colaboração de particulares na gestão da coisa pública, a responsabilidade pela entrega de um bem, a prestação de um serviço ou a execução de uma obra, anteriormente realizada pelo pessoal próprio da Administração Pública, é assumida por um terceiro, devendo o objeto contratado ser executado nos moldes antecipadamente fixados pelo Poder Público.

A seleção do particular que fornecerá ou executará aquilo que é necessário para o Poder Público ocorre, em regra, por meio de licitação, em razão da necessidade da observância prevista no art. 37, inc. XXI, da Constituição da República de 1988, estando o procedimento licitatório atualmente disposto nas Leis federais nºs 14.133/2021 (Lei que estabelece as normas gerais de licitações atualmente); nº 12.232/2012 (Lei que dispõe sobre as normas gerais para licitação e contratação pela administração pública de serviços de publicidade prestados por intermédio de agências de propaganda) e nº 13.303/2016 (Lei das Estatais).

Conforme divulgado pela Organização para a Cooperação e o Desenvolvimento Econômico (OCDE), o impacto econômico das compras governamentais alcança 20% do Produto Interno Bruto (PIB) brasileiro.[3] Diante do referido porcentual, não restam dúvidas de que o Estado comprador brasileiro, por meio da União federal, dos 26 Estados, do Distrito Federal e dos 5.570 Municípios, apresenta-se como um grande consumidor, adquirindo bens que vão desde objetos comuns e simplórios, como a aquisição de copos descartáveis e café, até objetos complexos, de alto valor agregado, estratégicos, a exemplo da compra de aviões de caça e tecnologia nuclear.

Ante o expressivo mercado de compras governamentais e a necessidade de existência de proteção aos recursos do erário alocados em tal desiderato, a própria legislação estabelece mecanismos para o Poder Público controlar a licitação e a execução do contrato

3 "No Brasil, calcula-se que as compras públicas movimentam recursos estimados de até 20% do Produto Interno Bruto (PIB), segundo dados do Ministério do Planejamento, Orçamento e Gestão (MPOG)" (OLIVEIRA, Bernardo Carlos S. C. M. de; SANTOS, Luis Miguel Luzio dos. Compras públicas como política para o desenvolvimento sustentável. *Rev. Adm. Pública*, Rio de Janeiro, v. 49, n. 1, p. 189-206, fev. 2015. Disponível em: http://www.scielo.br/scielo.php?script=sci_arttext&pid=S003476122015000100189&lng=en&nrm=iso. Acesso em: 10 abr. 2017).

administrativo de forma a evitar prejuízos à Administração Pública quando da busca da colaboração de particulares para a persecução de seus objetivos institucionais.

Assim, por meio do atual art. 104, inc. IV, da Lei nº 14.133/2021,[4] garante-se a prerrogativa da Administração Pública de aplicar sanções em particulares que incorrem em condutas previstas nos arts. 155[5] e 162[6] da Lei nº 14.133/2021 e 82[7] e 83[8] da Lei

---

4 "Art. 104. O regime jurídico dos contratos instituído por esta Lei confere à Administração, em relação a eles, as prerrogativas de: (...) IV – aplicar sanções motivadas pela inexecução total ou parcial do ajuste";

5 "Art. 155. O licitante ou o contratado será responsabilizado administrativamente pelas seguintes infrações:
I – dar causa à inexecução parcial do contrato;
II – dar causa à inexecução parcial do contrato que cause grave dano à Administração, ao funcionamento dos serviços públicos ou ao interesse coletivo;
III – dar causa à inexecução total do contrato;
IV – deixar de entregar a documentação exigida para o certame;
V – não manter a proposta, salvo em decorrência de fato superveniente devidamente justificado;
VI – não celebrar o contrato ou não entregar a documentação exigida para a contratação, quando convocado dentro do prazo de validade de sua proposta;
VII – ensejar o retardamento da execução ou da entrega do objeto da licitação sem motivo justificado;
VIII – apresentar declaração ou documentação falsa exigida para o certame ou prestar declaração falsa durante a licitação ou a execução do contrato;
IX – fraudar a licitação ou praticar ato fraudulento na execução do contrato;
X – comportar-se de modo inidôneo ou cometer fraude de qualquer natureza;
XI – praticar atos ilícitos com vistas a frustrar os objetivos da licitação;
XII – praticar ato lesivo previsto no art. 5º da Lei nº 12.846, de 1º de agosto de 2013".

6 "Art. 162. O atraso injustificado na execução do contrato sujeitará o contratado a multa de mora, na forma prevista em edital ou em contrato".

7 "Art. 82. Os contratos devem conter cláusulas com sanções administrativas a serem aplicadas em decorrência de atraso injustificado na execução do contrato, sujeitando o contratado a multa de mora, na forma prevista no instrumento convocatório ou no contrato".

8 "Art. 83. Pela inexecução total ou parcial do contrato a empresa pública ou a sociedade de economia mista poderá, garantida a prévia defesa, aplicar ao contratado as seguintes sanções:
I – advertência;
II – multa, na forma prevista no instrumento convocatório ou no contrato;
III – suspensão temporária de participação em licitação e impedimento de contratar com a entidade sancionadora, por prazo não superior a 2 (dois) anos.
§1º Se a multa aplicada for superior ao valor da garantia prestada, além da perda desta, responderá o contratado pela sua diferença, que será descontada dos pagamentos eventualmente devidos pela empresa pública ou pela sociedade de economia mista ou cobrada judicialmente.
§2º As sanções previstas nos incisos I e III do caput poderão ser aplicadas juntamente com a do inciso II, devendo a defesa prévia do interessado, no respectivo processo, ser apresentada no prazo de 10 (dez) dias úteis".

nº 13.303/2016 (Lei das Estatais), que se apresentam prejudiciais ao interesse público que se busca tutelar por meio dos objetos confiados à execução por particulares.

Ocorre, todavia, que o estudo do poder punitivo do Estado, quando exerce função administrativa, tem, progressivamente, sofrido forte transformação, expansão, reconfiguração e revigoramento, sendo totalmente redesenhado com o Estado Social e Democrático de Direito de 1988,[9] se avolumando os debates em torno dele[10] e, inobstante a frequência com que são aplicadas as sanções e a gravidade de suas consequências para os particulares, a exemplo

---

9 OLIVEIRA, José Roberto Pimenta; GROTTI, Dinorá Adelaide Musetti Grotti. Direito administrativo sancionador brasileiro: breve evolução, identidade, abrangência e funcionalidades. *Interesse Público – IP*, Belo Horizonte, a. 22, n. 120, p. 83-126, mar./abr. 2020, p. 83.

10 Realizando um excepcional histórico, aponta Ricardo Marcondes Martins: "Se o assunto era, num passado recente, praticamente desprezado pela doutrina do Direito Administrativo, na última década passou a ser um dos temas mais explorados, fato esse revelado pelo grande número de *monografias específicas* publicadas recentemente. Destacam-se: a) a pioneira, decorrente de tese de doutoramento defendida em 1984 na PUC/SP, de Regis Fernandes de Oliveira (a 1ª edição data de 1985, a 2ª edição, de 2005); b) a decorrente da dissertação de mestrado defendida em 1997, na Universidade Federal do Ceará, de Eduardo Rocha Dias, restrita às sanções aplicáveis a licitantes e contratados (1997); c) a decorrente da tese de doutoramento defendida em 1999, na Universidade Complutense de Madrid, de Fábio Medina Osório (a 1ª edição é de 2000; a 5ª, atual, de 2015); d) a decorrente de dissertação de mestrado defendida na PUC/SP, também em 1999, de Daniel Ferreira (2001); e) a também decorrente de dissertação de mestrado apresentada na PUC/SP, em 2002, do magistrado federal Heraldo Garcia Vitta (2003); f) a também decorrente de dissertação de mestrado, defendida em 2004, na Faculdade de Direito da Universidade de Coimbra, de Marcelo Madureira Prates (2005); g) a também decorrente de dissertação de mestrado apresentada na PUC/SP em 2004, de Rafael Munhoz de Mello (2007); h) Daniel Ferreira, de certa forma, retomou o tema em seu doutoramento, defendido na PUC/SP, em 2008, ao tratar das *infrações administrativas* (2009); i) mais recentemente, foi publicada monografia específica sobre as sanções administrativas nas licitações e contratos administrativos, fruto da dissertação de mestrado de Francisco Zardo, defendida em 2013 na UFPR (2015)" (MARTINS, Ricardo Marcondes; PEREIRA JÚNIOR, Jessé Torres (coord.). *Comentários ao sistema legal brasileiro de licitações e contratos administrativos*. São Paulo: NDJ, 2016, p. 1000-1001). Também não podemos deixar de apontar outras excelentes dissertações de mestrado existentes, como a da lavra de Renata Fiori Puccetti, intitulada de *Infrações e sanções administrativas aplicáveis aos particulares em licitações e contratos*, de 2010, (PUCCETTI, Renata Fiori. *Infrações e sanções administrativas aplicáveis aos particulares em licitações e contratos*. 181f. Dissertação (Mestrado em Direito) – Pontifícia Universidade Católica de São Paulo, São Paulo, 2010), bem como a de autoria de Felipe Blanco Garcia Guimarães Fleury, que recebeu como título '*As infrações e sanções administrativas aplicáveis a licitações e contratos*' (Leis nºs 8.666/93, 10.520/02, 12.462/11 e Lei nº 12.846/13)", de 2016, ambas apresentadas na Pontifícia Universidade Católica de São Paulo. (FLEURY, Felipe Blanco Garcia Guimarães. *As infrações e sanções administrativas aplicáveis a licitações e contratos (Leis nºs 8.666/93, 10.520/02, 12.462/11 e Lei nº 12.846/13)*. 186f. Dissertação (Mestrado em Direito), Pontifícia Universidade Católica de São Paulo, São Paulo, 2016).

da redução patrimonial dos infratores ou o afastamento temporário das compras governamentais, as sanções administrativas não detêm disciplina jurídica satisfatória que permite, de um lado, a proteção dos interesses dos particulares e, do outro, a garantia da efetividade da sanção aplicada. Logo, a fragilidade verificada pode prestigiar a ocorrência de ilegalidades de toda sorte.

Neste sentido, no que tange à aplicação de sanções no âmbito das contratações públicas, nunca existiu e continua a não existir, um regulamento mínimo e sistemático na legislação licitatória até então editada, disciplinando o exercício do poder punitivo, protegendo e concedendo efetividade às garantias constitucionais ou arrolando os pormenores do processo sancionatório, garantindo um procedimento mínimo e uniforme a ser observado pela Administração Pública brasileira. O que se vislumbra, todavia, no bojo das Leis Federal nºs 14.133/2021 e 13.303/2016 (Lei das Estatais) é tão somente uma tímida determinação arrolada entre os arts. 155 e 163 e 82 e 84, respectivamente.

Não podemos deixar de apontar uma pequena evolução do regramento vertido no novo diploma legal que trata das normas gerais de licitação, a Lei nº 14.133/2021, porém seu conteúdo jurídico está aquém do esperado, haja vista a evolução dos estudos das sanções administrativas no Brasil. Registra-se a crítica.

Vale a pena asseverar que, quando o Estado impõe sanções no campo penal, nota-se que, por mais ínfimas que sejam, a exemplo das contravenções penais, são impostas por um Poder específico, investido tão somente nesta atribuição institucional, devidamente especializado, que procede ao julgamento de forma imparcial e por meio de um juiz desinteressado na causa, podendo o cidadão recorrer em até três instâncias distintas e autônomas, seguindo um regramento minuciosamente disposto nos Códigos Penal e de Processo Penal e respaldado pelas garantias e direitos individuais estabelecidos na Constituição Federal.

Por sua vez, quando o Estado exerce função administrativa, de forma típica ou atípica, e necessita punir particulares, *in casu*, no âmbito das contratações públicas, constata-se a inexistência da referida estrutura (que garante, por exemplo, o duplo grau de jurisdição), que as sanções (às vezes muito mais graves do que aquelas aplicadas no âmbito penal) são aplicadas por servidores públicos muitas vezes sem formação jurídica ou técnica relacionada ao objeto da contratação. Somado a isso, a própria Administração sancionadora, juiz na ocasião, é a parte interessada e a prejudicada pela infração administrativa cometida pelo administrado, fato que pode prejudicar a imparcialidade necessária para julgar a situação. Demais disso, afigura-se não ser necessário que o particular acusado de supostamente cometer uma infração administrativa seja defendido por um advogado, defesa que já é obrigatória quando o Estado exerce função punitiva no âmbito penal, fato que pode gerar um prejuízo qualitativo à defesa da peça produzida. Aliás, o eg. Supremo Tribunal Federal editou a Súmula Vinculante nº 5, estabelecendo não ser obrigatória a defesa elaborada por advogado em processo administrativo disciplinar. Assim, estabelece a referida súmula vinculante que: "A falta de defesa técnica por advogado no processo administrativo disciplinar não ofende a Constituição".

Ante tal cenário, o exercício do poder punitivo pela Administração Pública no âmbito das contratações públicas circunda-se de cristalina insegurança jurídica, pois pode ser utilizado de forma descontrolada e sem limitações, sendo esse um campo propício para o cometimento de arbitrariedades de toda sorte, a exemplo da utilização de sanções com desvio de finalidade. Logo, a ordem jurídica à qual a Administração sancionadora deve estrita reverência pode ser facilmente violada, circunstância que tornará ilegítima e ilegal a sanção imposta ao licitante ou contratado, não restando alternativa para o particular a não ser se socorrer do Poder Judiciário, que pouco saber manejar a matéria.

Ilustrando: é comum a observância das seguintes irregularidades no âmbito do processo administrativo sancionador, muitas vezes corrigidas pelo Poder Judiciário: aplicação de sanções desproporcionais à infração administrativa incorrida pelo licitante ou contratado; ausência de culpabilidade do apenado, haja vista restar demonstrado nos autos do processo administrativo que a inexecução contratual foi devidamente justificada; imposição de sanção por agente público incompetente; inexistência do duplo grau de jurisdição quando se observa que a mesma autoridade que impôs a penalidade foi aquela que julgou o recurso hierárquico interposto; imposição de sanções inobservando qualquer tipo de formalidade e violando o princípio do devido processo legal; cerceamento do direito de defesa do licitante ou contratado de produzir provas em sua defesa, em razão da autoridade administrativa não franquear vistas ao processo ou dificultar a extração de cópias dos seus autos; aplicação de mais de uma sanção, tendo como arrimo a mesma infração administrativa, o que acaba por transgredir o princípio do *non bis in idem*; ampliação do alcance e efeito das sanções restritivas de direito; imposição de sanções, sendo ausente qualquer tipo de publicidade estatal em relação aos atos praticados.

Diante deste contexto, é urgente e imprescindível delimitar o poder sancionador da Administração Pública, estabelecendo os limites da atividade punitiva de um Estado Democrático de Direito, conferindo aos particulares a previsibilidade da conduta do agente público quando maneja o instrumental jurídico punitivo, o que protege as garantias individuais, bem como assegura o instrumental necessário para viabilizar a utilização do mecanismo repressor previsto na legislação.

É objetivo da referida obra, fruto de dissertação de mestrado, delimitar o poder punitivo do Estado quando exerce função administrativa, em especial no âmbito das contratações públicas, de forma a equilibrar a pretensão punitiva estatal com as garantias constitucionais do administrador, principalmente hoje, que observamos frequentemente violações.

Acerca de seu conteúdo, tem-se que o primeiro capítulo tratará das infrações administrativas, seu regime jurídico, bem como apresentará os contornos jurídicos de todas as condutas previstas na legislação licitatória como infrações administrativas.

O segundo capítulo, por sua vez, discorrerá sobre a sanção jurídica, as penalidades administrativas e seu regime jurídico, além das punições previstas na legislação licitatória.

Por derradeiro, no terceiro capítulo, restará delineado o procedimento administrativo sancionador, necessário para viabilizar as imposições das sanções anteriormente apontadas no Estado Democrático de Direito.

Sendo assim, dá-se início à análise das infrações administrativas.

CAPÍTULO 1

AS INFRAÇÕES ADMINISTRATIVAS E O SEU REGIME JURÍDICO NO ÂMBITO DAS CONTRATAÇÕES PÚBLICAS

1.1 O ilícito

É indubitável que o homem é falível e provido de tantas imperfeições que, quando exteriorizadas, manifestam comportamentos indesejados e desencadeadores de descontentamento em uma sociedade que busca o convívio em paz e tranquilidade.

Com o mister de assegurar o equilíbrio da coletividade e corrigir condutas desacertadas, a ordem jurídica acaba por impor medidas que, quando não eliminam a atuação maléfica, reduzem a prática de ações contrárias às boas regras de conduta na sociedade.

Neste sentido, aponta Hans Kelsen, que:

> Uma outra característica comum às ordens sociais e que chamamos Direito é que elas são ordens coativas, no sentido de que reagem contra as situações consideradas indesejáveis, por serem socialmente perniciosas – particularmente contra condutas humanas indesejáveis – como um ato de coação, isto é, como um mal – como a privação da vida, da saúde, da liberdade, de bens econômicos e outros –, um mal que é aplicado ao destinatário mesmo contra a sua vontade, se necessário empregando até a força física – coativamente, portanto.[11]

[11] KELSEN, Hans. *Teoria Pura do Direito*. 6. ed. São Paulo: Martins Fontes, 2006, p. 35.

Quando o comportamento indesejado, que se encontra plasmado na norma jurídica, é transgredido, ou seja, quando as ações empreendidas pelo sujeito não condizem com a conduta prescrita no ordenamento, tem-se evidenciado o ilícito.[12] Logo, ato ilícito caracteriza-se como todo comportamento produzido de forma conflitante com o direito, em outras palavras, uma conduta contrária àquilo que foi pretendido pela norma.

Para Norberto Bobbio: "O ilícito consiste em uma ação quando a norma é um imperativo negativo e em uma omissão quando a norma é um imperativo positivo".[13]

Com efeito, a prática do comportamento indesejado, que se apresenta em desacordo com a ordem jurídica, também é denominada de infração, "do latim *infractio*, de *infringere*, designa o fato que viola ou infringe disposição de lei, onde há cominação de pena".[14]

Infração ou ilícito, portanto, é o desajuste de uma conduta em relação a uma norma imposta pelo Direito, sendo a sanção consequência do descumprimento, ou seja, a garantia do cumprimento daquilo que é imposto pela regra jurídica.

Destaque-se que as condutas tipificadas como ilícitas, em razão do infortúnio que causam à sociedade, encontram-se vertidas na legislação penal, o que acarretará aos transgressores uma sanção penal, bem como podem também estar previstas na legislação administrativa, a exemplo da licitatória, o que demandará a punição do administrado com uma punição administrativa sempre que ocorrer a prática de um comportamento prescrito como uma infração administrativa. Passa-se a estudar, portanto, a infração administrativa.

---

12 "A infração administrativa se caracteriza por um comportamento ilícito, ou seja, contrário à prescrição legal. O mandamento da norma determina que diante do fato "X" o sujeito ativo faça "A" e ele adota outro comportamento, diferente de "A". Ao agir assim, recusando-se a cumprir a prescrição normativa, o sujeito ativo pratica o ato ilícito tipificado como infração" (PETIAN, Angélica. Princípios da culpabilidade e da voluntariedade. Enciclopédia jurídica da PUC-SP. *In*: CAMPILONGO, Celso Fernandes; GONZAGA, Álvaro de Azevedo; FREIRE, André Luiz (coord.). *Tomo*: Direito Administrativo e Constitucional. NUNES JR., Vidal Serrano *et al.* (coord. de tomo). 1. ed. São Paulo: Pontifícia Universidade Católica de São Paulo, 2017. Disponível em: https://enciclopediajuridica.pucsp.br/verbete/34/edicao-1/principios-da-culpabilidade-e-da-voluntariedade. Acesso em: 20 maio 2017).

13 BOBBIO, Norberto. *Teoria da Norma Jurídica*. São Paulo: Edipro, 2001, p. 152.

14 SILVA, De Plácido e. *Dicionário Jurídico*. 21. ed. Rio de Janeiro: Forense, 2003, p. 407.

1.2 A infração administrativa

Ontologicamente, inexiste distinção entre os ilícitos penais, administrativos ou civis. Com efeito, a ilicitude jurídica é uma só, do mesmo modo que um só, na sua essência, é o dever jurídico.[15] Seja na esfera do direito civil, seja na esfera do direito penal, a sanção é a consequência negativa atribuída à ocorrência de um ilícito. E ilícita, por sua vez, é a inobservância de um dever jurídico, tenha ele natureza civil, penal ou administrativa.[16]

Não obstante seja assim, as sanções jurídicas, manifestação do poder punitivo estatal, podem receber do ordenamento jurídico tratamentos distintos, não sendo a igualdade ontológica um impeditivo para que o legislador atribua para cada uma das punições que podem ser impostas pelo Estado regime jurídico próprio e distinto. Logo, o regime jurídico das sanções penais pode ser distinto do regime que disciplina as sanções civis, o que não significa que a sanção penal seja ontologicamente distinta da sanção civil.[17]-[18]

Esclareça-se que restará tangenciado o estudo das correntes qualitativa[19] (distinção fundada na diversidade dos interesses

---

15 HUNGRIA, Nelson. Ilícito administrativo e ilícito penal. *Revista de Direito Administrativo*, v. 1, n. 1, p. 24, 1945.

16 MELLO, Rafael Munhoz de. *Princípios constitucionais de direito administrativo sancionador*. São Paulo: Malheiros, 2007, *p*. 43.

17 MELLO, Rafael Munhoz de. *Princípios constitucionais de direito administrativo sancionador*. São Paulo: Malheiros, 2007, *p*. 43.

18 Por exemplo, "Ambas são *imposições punitivas*, mas a primeira resulta do ato administrativo, e a segunda, da sentença criminal; a primeira poderá ser ou não executória, a segunda, sempre o será; a *administrativa* tem como finalidade *a indução ao cumprimento da norma* ou do comando administrativo, enquanto que a *penal* tem como finalidade a *retribuição social aflitiva* ao criminoso; a *administrativa* depende de *processo administrativo*, a passo que a *penal* só se aplica pelo *processo judiciário*" (MOREIRA NETO, Diogo de Figueiredo. *Curso de Direito Administrativo*: parte introdutória, parte geral e parte especial. 15. ed. Rio de Janeiro: Forense, 2009, **p.** 432).

19 Sobre a corrente qualitativa, resume Rafael Munhoz de Mello: "Em resumo, para as diversas teorias qualitativas há uma diferença substancial entre ilícito penal e ilícito administrativo. Algumas condutas, por sua natureza, seriam próprias do direito penal, enquanto outras seriam próprias do direito administrativo. O ilícito penal descreveria uma conduta contrária aos interesses mais relevantes da sociedade, enquanto o administrativo teria por objeto uma conduta contrária a interesses meramente administrativos, ligados ao bom funcionamento da Administração Pública. Ilícito administrativo e ilícito penal seriam fenômenos distintos" (MELLO, Rafael Munhoz de. *Princípios constitucionais de direito administrativo sancionador*. São Paulo: Malheiros, 2007, *p*. 53).

tutelados) e quantitativa[20] (discriminação realizada em razão da gravidade da conduta delituosa),[21] que buscam diferenciar o ilícito administrativo do ilícito penal.

De toda sorte, afigura-se como imprescindível que se estabeleça uma distinção entre os ilícitos penal e administrativo. Sendo assim, tem predominado o critério formal, onde a distinção entre os tipos de ilícitos deve ser realizada com estribo na sanção atribuída como consequência da prática da conduta caracterizada como ilícita.[22]

Nesse sentido, Celso Antônio Bandeira de Mello tem ressaltado que: "Reconhece-se a natureza administrativa de uma infração pela natureza da sanção que lhe corresponde e se reconhece a natureza da sanção pela autoridade competente para impô-la".[23]

De toda forma, tem-se que a decisão legislativa que enquadra um ilícito como penal ou administrativo decorre de conveniência ou de oportunidade, afeiçoados à medida do interesse da sociedade e do Estado, variável no tempo e no espaço.[24] Por exemplo, a contratação

---

20 Sobre a corrente quantitativa, sinteriza Rafael Munhoz de Mello: "Em resumo, a teoria quantitativa afasta a ideia de que ilícito penal e ilícito administrativo são fenômenos distintos. Não é possível, de acordo com a teoria quantitativa, classificar os ilícitos pela natureza da conduta, identificando-os com relevantes interesses dos indivíduos (crime) ou com interesses da própria Administração Pública (infração administrativa). Tanto num caso como noutro os interesses tutelados são os mesmos, residindo a diferença unicamente na gravidade da conduta reputada como ilícita" (MELLO, Rafael Munhoz de. *Princípios constitucionais de direito administrativo sancionador*. São Paulo: Malheiros, 2007, *p*. 57).

21 Por exemplo, Irene Patrícia Nohara manifesta entendimento pela corrente quantitativa quando assevera que: "Enquanto o Direito Penal é instrumento de controle social e suas sanções são direcionadas às condutas mais gravosas que afetam relevantes bens jurídicos, a sanção derivada do ilícito administrativo se presta a proteger a organização administrativa, sendo voltada a disciplinar o comportamento dos servidores e demais pessoas sujeitas à disciplina dos órgãos e serviços" (NOHARA, Irene Patrícia. *Direito administrativo*. 7. ed. São Paulo: Atlas, 2017, p. 127).

22 "Com efeito, o fator de distinção entre os ilícitos não reside na qualidade ou gravidade da violação à ordem jurídica, porém assim se revela mediante consideração da autoridade competente para impor a sanção em cada caso" (FERREIRA, Daniel. Infrações e sanções administrativas. Enciclopédia jurídica da PUC-SP. *In*: CAMPILONGO, Celso Fernandes; GONZAGA, Álvaro de Azevedo; FREIRE, André Luiz (coord.). *Tomo*: Direito Administrativo e Constitucional. NUNES JR., Vidal Serrano *et al*. (coord. de tomo). 1. ed. São Paulo: Pontifícia Universidade Católica de São Paulo, 2017. Disponível em: https://enciclopediajuridica.pucsp.br/verbete/107/edicao-1/infracoes-e-sancoes-administrativas. Acesso em: 21 maio 2017).

23 BANDEIRA DE MELLO, Celso Antônio. *Curso de Direito Administrativo*. 32. ed. São Paulo: Malheiros, 2015, p. 871.

24 "A separação entre um e outro atende apenas a critério de conveniência ou de oportunidade, afeiçoados à medida do interêsse da sociedade e do Estado, variável no tempo e no espaço"

de um sujeito declarado inidôneo poderia caracterizar um ilícito administrativo, e não um crime, conforme se denota da leitura do art. 337-M do Código Penal brasileiro. Com efeito, não seria o caso de este comportamento nocivo ser caracterizado como uma infração administrativa, o que acarretaria a apuração de responsabilidade do servidor público e a aplicação de uma sanção disciplinar. Percebe-se, todavia, que em razão da conveniência ou de oportunidade, o bem jurídico protegido, qual seja, não contratar profissional inidôneo, será melhor protegido, vale dizer, desestimulado, em caso de aplicação de uma sanção penal.

Assim, tem-se que o ilícito ou a infração administrativa caracteriza-se, na prática, por um comportamento típico que se apresente como transgressor de uma norma que acarrete, como consequência, a imposição de uma sanção pelo Estado quando exerce função administrativa.

1.3 Elementos da infração administrativa

Conforme aponta Francisco Zardo, nem a Lei nº 8.666/1993 (Lei de Licitações a ser revogada pela Lei nº 14.133/2021) tampouco a Lei nº 10.520/2002 (Lei do Pregão), a Lei nº 12.462/2011 (Lei do RDC), a Lei nº 12.232/2011 (Lei que trata de licitações para contratação de agências de publicidade) e a Lei nº 13.303/2016 (Lei das Estatais) estabelecem um conceito, bem como tratam dos elementos necessários para a configuração de uma infração administrativa.[25]

Neste sentido, também assevera Daniel Ferreira que a doutrina não tem se debruçado no estudo do assunto, uma vez que primeiro foi dedicada atenção à análise da sanção, o que é equivocado, uma vez que somente se pode cogitar a aplicação de uma punição caso configurada uma infração administrativa.[26]

(HUNGRIA, Nelson. Ilícito administrativo e ilícito penal. *Revista de Direito Administrativo*, v. 1, n. 1, p. 24, 1945).

25 ZARDO, Francisco. *Infrações e sanções em licitações e contratos administrativos*. São Paulo: Revista dos Tribunais, 2014, p. 62.

26 FERREIRA, Daniel. *Teoria geral da infração administrativa a partir da Constituição Federal de 1988*. **Belo Horizonte: Fórum, 2009, p.** 228.

Mais recentemente é que se apercebeu que o exame da sanção administrativa desprendida completamente da infração não revela sentido lógico, pois a punição é a consequência negativa atribuída pelo ordenamento jurídico ao descumprimento de um dever por ele prescrito.[27]

De toda sorte, em razão da falta de elementos estruturantes na lei, a doutrina oferece, por meio do estudo do conceito de infração administrativa, a possibilidade de detalhar o conteúdo dos elementos lá verificados.

Para Daniel Ferreira: "a infração administrativa é, do ponto de vista *analítico-formal*, o comportamento, típico, antijurídico e reprovável que enseja a aplicação, no exercício da função administrativa, de uma sanção de mesma ordem" (grifo do original).[28]

Adotando o conceito de infração administrativa proposto – haja vista apresentar-se de forma analítica ou estratificada, o que permite um estudo racionalizado dos elementos da sua estrutura, um a um –, passa-se a analisar os elementos lá observados, quais sejam, a ação ou conduta (comportamento), a tipicidade, a antijuridicidade e a culpabilidade (reprovabilidade).[29]

1.3.1 Ação (ou conduta) reprovável

A conduta ou ação caracteriza-se como toda atividade humana consubstanciada por meio da prática de um comportamento direcionado conscientemente em busca de um objetivo.

---

[27] PETIAN, Angélica. Princípios da culpabilidade e da voluntariedade. Enciclopédia jurídica da PUC-SP. *In*: CAMPILONGO, Celso Fernandes; GONZAGA, Álvaro de Azevedo; FREIRE, André Luiz (coord.). *Tomo*: Direito Administrativo e Constitucional. NUNES JR., Vidal Serrano *et al.* (coord. de tomo). 1. ed. São Paulo: Pontifícia Universidade Católica de São Paulo, 2017. Disponível em: https://enciclopediajuridica.pucsp.br/verbete/34/edicao-1/principios-da-culpabilidade-e-da-voluntariedade. Acesso em: 20 maio 2017.

[28] FERREIRA, Daniel. *Teoria geral da infração administrativa a partir da Constituição Federal de 1988*. **Belo Horizonte: Fórum, 2009, p. 231.**

[29] "A culpabilidade, também denominada de reprovabilidade, é o juízo de reprovação que o ordenamento jurídico confere a determinado fato por ele tipificado como ilícito" (PETIAN, Angélica. Princípios da culpabilidade e da voluntariedade. Enciclopédia jurídica da PUC-SP. *In*: CAMPILONGO, Celso Fernandes; GONZAGA, Álvaro de Azevedo; FREIRE, André Luiz (coord.). *Tomo*: Direito Administrativo e Constitucional. NUNES JR., Vidal Serrano *et al.* (coord. de tomo). 1. ed. São Paulo: Pontifícia Universidade Católica de São Paulo, 2017. Disponível em: https://enciclopediajuridica.pucsp.br/verbete/34/edicao-1/principios-da-culpabilidade-e-da-voluntariedade. Acesso em: 20 maio 2017).

Nessa toada, Francisco de Assis Toledo reza que:

> Ação é, pois, o comportamento humano, dominado ou dominável pela vontade, dirigido para a lesão ou para exposição a perigo de lesão de um bem jurídico, ou, ainda, para a causação de uma possível lesão a um bem jurídico.[30]

Quanto à natureza do comportamento reprovável realizado pelo sujeito, pode-se observar um proceder ativo ou comissivo quando se vislumbra a prática de uma conduta positiva, de forma a se opor à prescrição legal, infringindo-a. Por sua vez, admite-se comportamento omissivo, caracterizado pela prática de uma conduta de forma a manter o infrator inerte ou inativo. Assim, diferentemente de uma atuação comissiva, na omissão inexiste a prática de uma conduta, mas a abstenção de qualquer atitude.

No âmbito das sanções administrativas não é diferente. Como primeiro elemento para a caracterização da infração administrativa, afigura-se necessária a prática de uma conduta, cujo comportamento verificado poderá ser ativo (comissivo) ou passivo, cabendo ao tipo expressamente delimitar, no texto da lei, com clareza e precisão, a conduta indesejada e nociva que se objetiva reprimir.

Como a seguir restará observado, na seara das contratações públicas, a lei formal expressamente define como infração administrativa comportamentos ativos, a exemplo de fraudar a licitação ou praticar ato fraudulento na execução do contrato, conforme verificado no art. 155, inc. IX, da Lei nº 14.133/2021, bem como condutas passivas, a exemplo do que prevê o inc. IV do mesmo artigo, que caracteriza como infração deixar de entregar a documentação exigida para o certame.

Posto isso, passa-se ao estudo do princípio da tipicidade, essencial para compreender a forma como uma conduta que a lei deseja reprimir ou estimular é introduzida legitimamente no ordenamento jurídico, de modo a permitir o regular sancionamento de particulares que venham a praticar tais comportamentos antijurídicos.

---

[30] TOLEDO, Francisco de Assis. *Princípios básicos de direito penal*. 5. ed. 9. tir. São Paulo: Saraiva, 2001, p. 83.

1.3.2 O princípio da tipicidade e os limites à sua relativização

Por tipicidade se entende a qualidade que tem uma norma de especificar uma conduta que se deseja ver coibida ou fomentada, prevendo sanção a quem realizar o proibido ou não realizar o determinado,[31] sendo, nas palavras de Juan Carlos Cassagne, uma das principais garantias que possuem os cidadãos e as pessoas em geral, ou seja, que a conduta criminosa é descrita ou determinada por lei.[32]

O princípio da tipicidade, desdobramento do princípio da legalidade,[33] a ser observado quando o Estado exerce o seu poder punitivo, seja no âmbito penal ou administrativo,[34] encontra-se previsto no art. 5º, inc. XXXIX, da Constituição da República de 1988, cujo teor consagra que "não há crime sem lei anterior que o defina, nem pena sem prévia cominação".

Com efeito, a tipicidade exige a predeterminação de um comportamento indesejável específico,[35] mínimo, com suficiente grau de clareza, além da sanção correspondente, que deve apresentar a mesma precisão, como a consequência negativa em caso de transgressão da norma jurídica (*Lex certa*).

---

31 SANTOS, Eduardo Sens dos. Tipicidade, antijuridicidade e culpabilidade nas infrações administrativas. *FA – Fórum Administrativo – Direito Público*, Belo Horizonte, a. 4, n. 42, ago. 2004. Disponível em: http://www.bidforum.com.br/bid/PDI0006.aspx?pdiCntd=5344. Acesso em: 26 jan. 2016.

32 Texto original: "Una de las principales garantías que poseen los ciudadanos y las personas en general, consistente en que las conductas punibles se encuentren descriptas o determinadas por una norma legal" (CASSAGNE, Juan Carlos. *Derecho Administrativo*. 5. ed. Buenos Aires: Abedo-Perrot, 1996-1997. v. II, p. 576).

33 OSÓRIO, Fábio Medina. *Direito Administrativo Sancionador*. 2. ed. São Paulo: Revista dos Tribunais, 2005, p. 267.

34 OLIVEIRA, José Roberto Pimenta de. *Os princípios da razoabilidade e da proporcionalidade no direito administrativo brasileiro*. São Paulo: Malheiros, 2006, p. 74.

35 Para Eduardo García de Enterría e Tomás-Ramón Fernández, "[a] especificidade da conduta a tipificar decorre de uma dupla exigência: do princípio geral de liberdade, com base no qual se organiza todo o Estado de Direito, que impõem que as condutas sancionáveis sejam exceção a essa liberdade e, portanto, exatamente limitadas, sem qualquer indeterminação (...)" (GARCIA DE ENTERRÍA, Eduardo; FERNÁNDEZ, Tomás-Ramon. *Curso de Direito Administrativo*. (Revisor Técnico Carlos Ari Sundfeld). São Paulo: Revista dos Tribunais, 2014. v. II, p. 201).

A expressão "tipo" constitui tradução livre da palavra alemã *Tathestand* e significa o modelo legal do comportamento, compreendendo o conjunto das características objetivas e subjetivas do fato punível.[36]

Neste sentido, nas palavras de Francisco de Assis Toledo: "O tipo apresenta-se como um modelo abstrato de comportamento proibido".[37] Afirma ainda o referido autor que: "É, em outras palavras, descrição esquemática de classe de condutas que possuam características danosas ou ético-socialmente reprovadas, a ponto de serem reputadas intoleráveis pela ordem jurídica".[38]

Os elementos do tipo são os objetivos, normativos e subjetivos. Em síntese, tem-se que os elementos objetivos do tipo se referem aos aspectos materiais do fato. Existem concretamente no mundo dos fatos e só precisam ser descritos pela norma.[39] Por sua vez, os elementos normativos, cujo significado não pode ser constatado pela simples observação, exigem, portanto, o exercício de uma atividade valorativa, ou seja, um juízo de valor. Por derradeiro, os elementos subjetivos do tipo originam-se na mente do autor e manifestam o desejo que domina a conduta dele.

Analisando os elementos objetivos do tipo, temos a considerar que eles se referem ao aspecto material do fato, devendo ser descritos pela norma. Assim, os tipos sancionadores almejam garantir ao cidadão o efetivo conhecimento de que determinado comportamento é criminoso, o que permite que o sujeito reflita sobre o comportamento indesejado que procura praticar. Observa-se, desta feita, a função pedagógica e preventiva da sanção, uma vez que, quando publicizada a conduta antijurídica e a consequente punição, acaba-se por reprimir a prática da conduta indesejada e tipificada.

---

36 ROCHA, Silvio Luís Ferreira da. *Crimes na licitação*. São Paulo: Contracorrente, 2016, p. 54.

37 TOLEDO, Francisco de Assis. *Princípios básicos de direito penal*. 5. ed. 9. tir. São Paulo: Saraiva, 2001. p. 127.

38 TOLEDO, Francisco de Assis. *Princípios básicos de direito penal*. 5. ed. 9. tir. São Paulo: Saraiva, 2001, p. 127.

39 CAPEZ, Fernando. *Curso de Direito Penal*: v. 1: parte geral: arts. 1º a 120. 8. ed. rev. e atual. De acordo com as Leis nºs 10.741/2003 (Estatuto do Idoso), nº 10.763/2003, nº 10.826/2003 e nº 10.886/2004. São Paulo: Saraiva, 2005, p. 218.

Por tal razão, deve o comportamento indesejado, caracterizado como delito, ser de fácil intelecção por todos. Apenas por meio de lei certa (*lex certa*), mediante a sua publicidade, garante-se, com segurança, o prévio e efetivo conhecimento dos comportamentos proibidos. Em outras palavras, "um fato, por mais danoso que seja, não poderá jamais ser reputado crime antes de ser expressamente previsto em lei como tal".[40] Por conseguinte, "a caracterização das infrações e sanções administrativas deve ser definida em lei de forma suficientemente clara e objetiva, de maneira que a sua aplicação não dependa da análise subjetiva do órgão sancionador".[41]

Demais disso, tem-se que o tipo objetiva delimitar a liberdade de atuação estatal quando do manejo do instrumental punitivo previsto no ordenamento jurídico, uma vez que "os poderes discricionários aumentam, sensivelmente, diante da profusão de dispositivos repletos de elementos normativos ambíguos".[42] Desta feita, a tipicidade garante a segurança[43] dos administrados em relação à previsibilidade[44] da conduta estatal no âmbito punitivo, afastando, assim, qualquer tipo de assombro por parte do Estado.

Sobre a necessidade de existência de comportamento previsível pelo Estado, sem surpresas, reza Geraldo Ataliba:

> O Estado não surpreende seus cidadãos; não adota decisões inopinadas que o aflijam. A previsibilidade da ação estatal é magno desígnio que ressuma de todo o contexto de preceitos orgânicos e funcionais postos no âmago do sistema constitucional.

---

40 TOLEDO, Francisco de Assis. *Princípios básicos de direito penal*. 5. ed. 9. tir. São Paulo: Saraiva, 2001, p. 129.

41 MONTEIRO, Egle dos Santos. Breves considerações sobre as sanções administrativas de suspensão e impedimento de licitar e contratar com a administração pública. *BLC – Boletim de Licitações e Contratos*, n. 10, p. 1054, out. 2014.

42 OSÓRIO, Fábio Medina. *Direito Administrativo Sancionador*. 2. ed. São Paulo: Revista dos Tribunais, 2005, p. 277.

43 Outrossim, ressaltam os referidos autores que "em segundo lugar, a correlata exigência de segurança jurídica (art. 9º, 3º da Constituição); que não se descumpriria se a descrição do que é passível de sanção não permitisse um grau de certeza suficiente para que os cidadãos possam prever as consequências de seus atos (*lex certa*)" (GARCIA DE ENTERRÍA, Eduardo; FERNÁNDEZ, Tomás-Ramon. *Curso de Direito Administrativo*. (Revisor Técnico Carlos Ari Sundfeld). São Paulo: Revista dos Tribunais, 2014. v. II, p. 201).

44 Conforme reza Fábio Medina Osório: "A previsibilidade básica das condutas proibidas é uma das finalidades que hão de ser perseguidas pelos tipos sancionadores" (OSÓRIO, Fábio Medina. *Direito Administrativo Sancionador*. 2. ed. São Paulo: Revista dos Tribunais, 2005, p. 268).

> O legislador e – com maior razão – o administrador não surpreendem o povo. Isso está na consciência cívica intransigente e robusta do *taxpayer* americano como no senso de responsabilidade do *public servant* inglês; é essência do espírito administrativista do servidor francês, como da alma de qualquer agente político ou administrativo alemão. Se os padrões culturais europeus criam clima mais favorável a esse tipo de responsabilidade política, é certo, também, que tais modelos foram entre nós sempre apresentados como paradigmáticos.[45]

Restando cristalino, portanto, que o princípio da tipicidade exige que o comportamento delituoso, com rigor de detalhes, e a correspondente sanção sejam expressamente previstos na lei formal, é inadmitido o uso da analogia quando do manejo do instrumental punitivo, seja no âmbito das sanções administrativas ou não (*analogia in malam partem*), sob pena de não garantir segurança jurídica aos administrados. Assim ocorre em razão da natureza garantista da lei penal, concretizada pelo princípio da *lex stricta*, que proíbe a fundamentação da punição com estribo na analogia. Sendo assim, como restou verificado, sendo exigida a lei prévia e estrita na fixação das infrações e correspondente sanção, acaba-se por impedir a utilização da analogia no âmbito do exercício do poder punitivo estatal.

Demais disso, verificando-se que a criação de ilícitos e sanções deve ocorrer mediante a edição de lei formal em sentido estrito (*lex stricta*), é inadmissível a criação de infrações administrativas e correspondentes penas por meio de ato administrativo regulamentar.[46] Não se afasta, todavia, a prerrogativa de expedição de decreto com o escopo de regulamentar a aplicação da lei punitiva, consoante determina o art. 84, inc. IV, da Constituição Federal de 1988, de forma a dar a fiel execução à vontade do legislador contida na lei.

No âmbito das sanções administrativas, verifica-se que a função do tipo não é diferente. Ou seja, por meio da descrição do

---

[45] ATALIBA, Geraldo. *República e Constituição*. 3. ed. São Paulo: Malheiros, 2011, p. 170.

[46] Sobre tal questão, reza Geraldo Ataliba: "Não tolera a nossa Constituição, em princípio, que o Executivo exerça nenhum tipo de competência normativa inaugural, nem mesmo em matéria administrativa. Esta seara foi categoricamente reservada aos órgãos de representação popular. E a sistemática é cerrada, inflexível. Se a tal conclusão não for levado o intérprete, pela leitura das disposições que delineiam a competência regulamentar, certamente esbarrará no princípio da legalidade, tal como formulado: ninguém poderá ser constrangido por norma que não emane do legislador" (ATALIBA, Geraldo. *República e Constituição*. 3. ed. São Paulo: Malheiros, 2011, p. 132).

comportamento contido no tipo, deve ser garantido ao particular que ele não será surpreendido com a imposição de sanção administrativa, escolhida discricionariamente pela Administração Pública como consequência da prática de uma conduta que não sabia que era proibida pelo ordenamento jurídico.

Assim, tem-se que a tipicidade se apresenta como um dos princípios do regime jurídico sancionatório administrativo. Nessa toada, manifesta-se Celso Antônio Bandeira de Mello no sentido de que:

> A configuração das infrações administrativas, para ser válida, há de ser feita de maneira suficientemente clara, para não deixar dúvida alguma sobre a identidade do comportamento reprovável, a fim de que, de um lado, o administrado possa estar perfeitamente ciente da conduta que terá de evitar ou terá que praticar para livrar-se da incursão em penalizações e, de outro, para que dita incursão, quando ocorrente, seja obviamente reconhecível.
> (...)
> Assim, pressuposto inafastável das sanções implicadas nas infrações administrativas é o de que exista a possibilidade de os sujeitos saberem previamente qual a conduta que não devem adotar para se porem seguramente a salvo da incursão da figura infracional; ou seja, cumpre que tenham ciência perfeita de como evitar o risco da sanção e, ao menos por força disto (se por outra razão não for), abster-se de incidir nos comportamentos profligados pelo Direito.[47]

Ocorre que, no âmbito das sanções administrativas, é comum a edição de leis transgressoras do conteúdo jurídico do princípio da tipicidade ora estudado, em razão de não fixar com clareza a conduta infracional e a correspondente penalidade. Não obstante a regra seja essa, não se pode esconder casos em que, acertadamente, há observância do princípio da tipicidade, como ocorre no âmbito do processo disciplinar dos servidores públicos da União, previsto na Lei nº 8.112/1990,[48] ou quando da imposição de penalidade no

---

[47] BANDEIRA DE MELLO, Celso Antônio. *Curso de Direito Administrativo*. 32. ed. São Paulo: Malheiros, 2015, p. 877.

[48] "Art. 129. A advertência será aplicada por escrito, nos casos de violação de proibição constante do art. 117, incisos I a VIII e XIX, e de inobservância de dever funcional previsto em lei, regulamentação ou norma interna, que não justifique imposição de penalidade mais grave".

âmbito da Lei nº 12.529/2011, cujo teor estrutura o Sistema Brasileiro de Defesa da Concorrência.[49]

Exemplo típico de inexistência de harmonização do regramento punitivo no âmbito das sanções administrativas com o princípio da tipicidade é o teor constante do art. 155, inc. X, da Lei nº 14.133/2021, que assenta uma generalidade na descrição do comportamento indesejado quando determina que será declarado inidôneo aquele que "comportar-se de modo inidôneo", já que não possibilita, com o devido grau de certeza, que o particular, seja o licitante ou o contratado, conheça os comportamentos que, caso praticados, possibilitarão que a Administração Pública promotora da contratação desencadeie um processo sancionatório em seu desfavor. Os exemplos são diversos.

Situação desta natureza acaba por criar discussão no sentido de que o princípio da tipicidade não seria aplicado no âmbito das sanções administrativas com o mesmo vigor que ocorre no âmbito penal.

Acerca das razões da controvérsia travada, destaca Renata Fiori Puccetti:

> De um lado, sustenta-se que os princípios da segurança jurídica e da legalidade reclamam antecipado conhecimento das condutas juridicamente reprováveis, e de outro, reconhece-se a insuficiência (novamente a impossibilidade e a inviabilidade) do legislador em prever todas as hipóteses dessa conduta. Há quem diga que a tipicidade é exclusiva do Direito Penal em razão da natureza do bem jurídico de que primordialmente trata, que é a liberdade.[50]

---

[49] "Art. 41. A falta injustificada do representado ou de terceiros, quando intimados para prestar esclarecimentos, no curso de inquérito ou processo administrativo, sujeitará o faltante à multa de R$500,00 (quinhentos reais) a R$15.000,00 (quinze mil reais) para cada falta, aplicada conforme sua situação econômica.
Parágrafo único. A multa a que se refere o caput deste artigo será aplicada mediante auto de infração pela autoridade competente.
Art. 42. Impedir, obstruir ou de qualquer outra forma dificultar a realização de inspeção autorizada pelo Plenário do Tribunal, pelo Conselheiro-Relator ou pela Superintendência-Geral no curso de procedimento preparatório, inquérito administrativo, processo administrativo ou qualquer outro procedimento sujeitará o inspecionado ao pagamento de multa de R$20.000,00 (vinte mil reais) a R$400.000,00 (quatrocentos mil reais), conforme a situação econômica do infrator, mediante a lavratura de auto de infração pelo órgão competente".

[50] PUCCETTI, Renata Fiori. *Infrações e sanções administrativas aplicáveis aos particulares em licitações e contratos.* 181f. Dissertação (Mestrado em Direito) – Pontifícia Universidade Católica de São Paulo, São Paulo, 2010, p. 58.

A ausência de elementos na descrição das condutas caracterizadas como antijurídicas, bem como os requisitos que garantam a possibilidade de imposição de sanções adequadas, proporcionais,[51] desprestigia o princípio da tipicidade e acaba por instalar discussão no sentido de que haveria ou não discricionariedade para a Administração quando da aplicação das sanções administrativas.

Sobre tal questão, aponta Joel de Menezes Niebuhr que:

> A opção do legislador gera situação de incerteza e insegurança, haja vista que, dentro desta sistemática, os agentes administrativos devem aplicar penalidade de modo discricionário, sopesando as especificidades de cada caso.[52]

Como consequência da ausência de harmonização da legislação licitatória com o princípio da tipicidade, diz o referido autor que "é bastante frequente, no cotidiano da Administração Pública, que condutas muito similares sejam apenadas de forma completamente diferente, com medidas díspares".[53]

A retrocitada situação ocorre em razão da existência do "princípio da atipicidade", exegese adotada por Maria Sylvia Zanella Di Pietro: "A tipicidade nem sempre está presente, tendo em vista que muitas infrações administrativas, ainda que previstas em lei, não são descritas com precisão, ou seja, não correspondem a um modelo definido em lei".[54] Adotando-se tal exegese, a Administração possui

---

51 A exemplo de lei que garante a aplicação de sanções proporcionais, observa-se o art. 45 da Lei nº 12.529/2011, cujo teor estrutura o Sistema Brasileiro de Defesa da Concorrência. Vejamos:
"Art. 45. Na aplicação das penas estabelecidas nesta Lei, levar-se-á em consideração:
I – a gravidade da infração;
II – a boa-fé do infrator;
III – a vantagem auferida ou pretendida pelo infrator;
IV – a consumação ou não da infração;
V – o grau de lesão, ou perigo de lesão, à livre concorrência, à economia nacional, aos consumidores, ou a terceiros;
VI – os efeitos econômicos negativos produzidos no mercado;
VII – a situação econômica do infrator; e
VIII – a reincidência".

52 NIEBUHR, Joel de Menezes. *Licitação pública e contrato administrativo*. 3. ed. rev. e ampl. Belo Horizonte: Fórum, 2013, p. 1002.

53 NIEBUHR, Joel de Menezes. *Licitação pública e contrato administrativo*. 3. ed. rev. e ampl. Belo Horizonte: Fórum, 2013, p. 1002.

54 DI PIETRO, Maria Sylvia Zanella. *Direito Administrativo*. 27. ed. São Paulo: Atlas, 2014, p. 706.

discricionariedade para a imposição de sanções, não havendo que falar em tipicidade dos ilícitos contratuais.[55]

Logo, é ilegal a instauração de processo administrativo sancionatório em face de, por exemplo, perda do prazo para apresentação das razões recursais, não apresentação ou reprovação de amostras,[56] apresentação de recurso que a Administração entenda ser protelatório, verificação de jogo de planilha.[57]

Em nosso sentir, afigura-se temerária a relativização do princípio da tipicidade no âmbito das contratações públicas, de modo a permitir a punição conduzida de forma discricionária, uma vez que a inexistência das balizas legais para enquadrar uma conduta como infração administrativa, bem como a existência de condicionantes para a eleição e aplicação do *quantum* punitivo, violará o princípio da segurança jurídica, pois apresenta-se como necessário: (1) garantir ao sujeito a previsibilidade quanto à sanção que poderá ser aplicada em razão de prática das infrações administrativas previstas na legislação licitatória, (2) bem como delimitar a liberdade de atuação estatal quando exerce o *jus puniendi*, garantindo ao administrador público o conhecimento efetivo dos comportamentos proibidos e a consequente punição.

Como ressalva Marçal Justen Filho: "A Lei não pode remeter à Administração a faculdade de escolher quando e como aplicar cada sanção prevista no art. 87, pois isso ofenderia o princípio da legalidade".[58]

Da mesma forma, manifesta Eduardo Rocha Dias a opinião de que:

> Nos dois primeiros momentos (definição da infração e fixação da sanção) não existe qualquer discricionariedade pela Administração Pública:

---

[55] Acompanhando tal entendimento, José Cretella Júnior: "Desse modo, o *ilícito administrativo* caminha em plano menos elevado do que o ilícito penal, é um *minus* em relação a este, separando-os o matiz de oportunidade e de conveniência, avaliado pelo critério axiológico, possível na esfera discricionária do administrador e do magistrado, contingente ao tempo e às áreas geográficas" (CRETELLA JÚNIOR, José. *Comentários à Constituição de 1988*. 3. ed. Rio de Janeiro: Forense Universitária, 1993. v. I, p. 339).

[56] Com efeito, apresentar amostra em desconformidade ao edital não caracteriza incursão a comportamento infracional, mas apresentar amostra falsa ou qualquer documento que esteja relacionado que seja fraudulento incorre em comportamento infracional relacionado à fraude a licitação.

[57] TCE/MG – Processo nº 1.084.565 – 2 Câmara – j. 05.03.2024.

[58] JUSTEN FILHO, Marçal. *Comentários à lei de licitações e contratos administrativos*. 15. ed. São Paulo: Dialética, 2012, p. 1016.

> somente a lei pode criar uma infração e cominar a respectiva sanção. Somente as infrações previstas como tais pela lei e as sanções nesta expressamente cominadas é que podem ser aplicadas pelo legislador. Tal é a consequência lógica da extensão dos princípios da legalidade e da tipicidade ao sancionamento administrativo, inclusive no âmbito das relações especiais de sujeição.[59]

Adotando posicionamento intermediário, existem autores que sustentam a flexibilização do princípio da tipicidade no âmbito das relações de sujeição especial, o que afastaria a necessidade de que todas as infrações administrativas sempre fossem objeto de expressa fixação em lei formal, diferenciando-se, todavia, entre os autores, o vigor da referida mitigação.[60]

Com efeito, nas situações de sujeição especial, o vínculo estabelecido entre a Administração e o particular é, em tese, voluntário, de maneira que o sujeito se submete a um regime jurídico peculiar não fixado expressamente na lei formal, mas por ela autorizado, podendo os encargos fixados pelo Estado e assumidos pelo sujeito ser mais severos em razão das particularidades envolvidas na relação especial, a exemplo do que ocorre nos contratos administrativos.[61]

---

59 DIAS, Eduardo Rocha. *Sanções administrativas aplicáveis a licitantes e contratados*. São Paulo: Dialética, 1997, p. 69.

60 Sobre tal flexibilização e ausência de pacificidade em relação ao grau de mitigação, observou Angélica Petian: "Não é pacífica a posição acerca da possibilidade de se tratar de forma indistinta as sanções decorrentes dos vínculos diferenciados apontados, mas há um elemento diferenciador importante que é a possibilidade da existência apenas de lei genérica no caso de sujeição especial, com a delegação de competência ao administrador para dispor sobre as faltas puníveis.
De fato, não poderá o Legislativo prever todas as hipóteses de infração administrativa, cabendo à lei, exclusivamente no regime de sujeição especial, apenas o estabelecimento da hipótese legal de forma ampla, remetendo à autoridade administrativa a competência para fixar, pormenorizadamente, as infrações e respectivas penas.
A atuação administrativa que será complementar à lei deverá ser feita em atenção aos princípios da legalidade, da segurança jurídica e, logo, da tipicidade. Assim, a infração poderá ser genericamente caracterizada pela lei, remetendo a outro instrumento, como um decreto ou um contrato, por exemplo, a especificação da conduta ilícita que perfaz o fato típico" (PETIAN, Angélica. Princípios da culpabilidade e da voluntariedade. Enciclopédia jurídica da PUC-SP. *In*: CAMPILONGO, Celso Fernandes; GONZAGA, Álvaro de Azevedo; FREIRE, André Luiz (coord.). *Tomo*: Direito Administrativo e Constitucional. NUNES JR., Vidal Serrano *et al*. (coord. de tomo). 1. ed. São Paulo: Pontifícia Universidade Católica de São Paulo, 2017. Disponível em: https://enciclopediajuridica.pucsp.br/verbete/34/edicao-1/principios-da-culpabilidade-e-da-voluntariedade. Acesso em: 20 maio 2017).

61 Acerca do assunto, reza Marçal Justen Filho: "Outro enfoque que o tema comporta relaciona-se com as situações de sujeição especial. O tema merece aprofundamento, até

Nesse sentido, evidencia Celso Antônio Bandeira de Mello:

> Tanto infrações administrativas como suas correspondentes sanções têm que ser instituídas em lei – não em regulamento, instrução, portaria etc. Ressalvem-se, entretanto, as hipóteses retro referidas, atinentes à chamada supremacia especial, em que a Administração extrai seus poderes não diretamente da lei, mas de um vínculo específico travado com o particular – como, por exemplo, de uma concessão de telecomunicações ou do ato de admissão de alguém em uma biblioteca pública. *Assim, com base neles é que o próprio órgão administrativo, respeitados os condicionamentos dantes expostos, configurará infrações e correlatas sanções* (grifo nosso).[62]

Sendo assim, a flexibilização do princípio da tipicidade no âmbito das contratações públicas é justificada pelo fato de que os comandos repressivos utilizados para garantir a regular execução das obrigações contratuais dos colaboradores do Estado devem ser adaptados celeremente pela própria Administração, sendo prejudicial aguardar atualização dos tipos fixados na lei pelo Poder Legislativo, com o escopo de garantir a precisão exigida pelo princípio da tipicidade.[63]

Com efeito, exigir que a lei formal aponte de forma pormenorizada todas as condutas com a devida precisão necessária, levando-se em consideração particularidades de cada objeto a ser contratado, exigirá do legislador ininterrupta atuação com o escopo

---

para evitar algumas generalizações inadequadas. Tem-se reconhecido que a instauração de um contrato administrativo produz o nascimento de uma situação jurídica diferenciada para o particular. Alude-se a "sujeição especial" para identificar o fenômeno. Ou seja, não é idêntico o regime jurídico de um particular qualquer e aquele aplicável à pessoa que mantém relação jurídica determinada com a Administração Pública. Quando alguém se dispuser a participar de uma licitação ou a realizar contratação administrativa, passará a subordinar-se a regime jurídico muito mais severo do que o aplicável ao cidadão comum. Talvez se pudesse afirmar que se impõe uma especial boa-fé, um dever peculiar e diferenciado de colaboração. Segundo esse enfoque, não seria necessário que a lei explicitasse nem a existência desse dever, nem as suas manifestações específicas. Ou seja, se o sujeito não pretender assujeitar-se a regime jurídico dessa natureza, basta optar por não comparecer à licitação" (JUSTEN FILHO, Marçal. *Comentários à lei de licitações e contratos administrativos*. 15. ed. São Paulo: Dialética, 2012, p. 1016-1017).

62 BANDEIRA DE MELLO, Celso Antônio. *Curso de Direito Administrativo*. 32. ed. São Paulo: Malheiros, 2015, p. 875.

63 SANTOS, Eduardo Sens dos. Tipicidade, antijuridicidade e culpabilidade nas infrações administrativas. *FA – Fórum Administrativo – Direito Público*, Belo Horizonte, a. 4, n. 42, ago. 2004. Disponível em: http://www.bidforum.com.br/bid/PDI0006.aspx?pdiCntd=5344. Acesso em: 26 jan. 2016.

de atualizar a legislação licitatória, de forma a permitir a inserção na lei de todos os comportamentos indesejados praticados por particulares.

Conforme ressalta Irene Patrícia Nohara: "A eficiência impõe ao agente público um modo de atuar que produza resultados favoráveis à consecução dos fins que cabe ao Estado alcançar".[64]

O reconhecimento da flexibilização da tipificação das infrações administrativas acaba por permitir o uso de tipos abertos[65] por meio da utilização de conceitos jurídicos indeterminados e de cláusulas gerais[66] quando da fixação das infrações administrativas na lei.

Sobre tal possibilidade, aponta Fábio Medina Osório, que:

> Não há dúvidas de que conceitos ou termos jurídicos indeterminados, cláusulas gerais e elementos normativos semanticamente vagos ou ambíguos podem ser utilizados na tipificação de condutas proibidas, seja no Direito Penal, seja no Direito Administrativo Sancionador, neste com maior frequência.[67]

Da mesma forma, manifesta-se Daniel Ferreira:

> Neste ambiente surge, ainda, a discussão acerca da (im)possibilidade de a lei adotar conceitos jurídicos indeterminados para estipulação da

---

64 NOHARA, Irene Patrícia. *Direito administrativo*. 5. ed. São Paulo: Atlas, 2015, p. 91.

65 Na descrição dos tipos penais pelo legislador, pode-se adotar os "tipos fechados" ou os "tipos abertos". Nos tipos fechados, observa-se que a lei traça na completude o comportamento que não quer que seja praticado, não deixando sinais de dúvidas em relação à constatação por todos daquilo que se apresenta como ilícito. Por sua vez, no "tipo fechado", não se observa tal plenitude, uma vez que se observa na descrição do tipo "descrição incompleta do modelo de conduta proibida, transferindo para o intérprete o encargo de completar o tipo, dentro dos limites e das indicações nele próprio contidas" (TOLEDO, Francisco de Assis. *Princípios básicos de direito penal*. 5. ed. 9. tir. São Paulo: Saraiva, 2001, p. 134).

66 Consoante ressalta Fábio Medina Osório "As cláusulas gerais cumprem funções de proporcionar abertura e mobilidade do sistema jurídico, isto é, abrem o sistema jurídico para inserção de elementos extrajurídicos, viabilizando a adequação valorativa aos casos concretos. Nesse sentido, a cláusula geral possui função individualizadora, conduzindo ao direito do caso, e permite, ainda, formação de instituições para responder aos novos fatos, com força sistematizadora. Trata-se de estabelecer, pela via legal, uma referência ao julgador, o qual poderá buscar pontos de conexão entre os diversos casos concretos" (OSÓRIO, Fábio Medina. *Direito Administrativo Sancionador*. 2. ed. São Paulo: Revista dos Tribunais, 2005, p. 273).

67 OSÓRIO, Fábio Medina. *Direito Administrativo Sancionador*. 2. ed. São Paulo: Revista dos Tribunais, 2005, p. 269.

> moldura normativa tipificante (*e.g.*, presteza e urbanidade – incisos V e XI do art. 116 da Lei nº 8.112/1990). Entende-se não haver problemas nisso, desde que o destinatário da norma possa – por qualquer meio prévio – segura e objetivamente compreender em que consiste a obrigação-proibição, e que *não se admita* haver discricionariedade administrativa (entendida como liberdade, ainda que nos limites da lei) na conclusão de alguém ter incidido, ou não, no comportamento reprovável.[68] (Grifo do original).

Sobre tal questão, já prolatou o eg. STJ que: "Somente a lei pode estabelecer conduta típica ensejadora de sanção. Admite-se que o tipo infracionário esteja em diplomas infralegais (portarias, resoluções, circulares etc.), mas se impõe que a lei faça a indicação".[69] Em outras palavras: "É imprescindível para a validade da sanção administrativa lastreada em norma infralegal a expressa previsão legal. Agravo regimental improvido".[70]

Restringindo tal entendimento, tem-se que a flexibilização do rigor do princípio da tipicidade será moderada, devendo sua adoção observar as particularidades do caso concreto, sempre à luz da proporcionalidade,[71] que permanentemente deve ser objeto de ponderação no âmbito administrativo.

---

68 FERREIRA, Daniel. Infrações e sanções administrativas. Enciclopédia jurídica da PUC-SP. *In*: CAMPILONGO, Celso Fernandes; GONZAGA, Álvaro de Azevedo; FREIRE, André Luiz (coord.). *Tomo*: Direito Administrativo e Constitucional. NUNES JR., Vidal Serrano *et al.* (coord. de tomo). 1. ed. São Paulo: Pontifícia Universidade Católica de São Paulo, 2017. Disponível em: https://enciclopediajuridica.pucsp.br/verbete/107/edicao-1/infracoes-e-sancoes-administrativas. Acesso em: 21 maio 2017.

69 BRASIL. Superior Tribunal de Justiça. *REsp nº 324.181/RS*, 2ª Turma, Relator Ministra Eliana Calmon, DJ de 12.5.2003.

70 BRASIL. Superior Tribunal de Justiça. *AgRg no REsp nº 1560441/PR*, Relator Ministro Humberto Martins, 2ª Turma, julgado em 14.06.2016, *DJe* 12.09.2016.

71 Nesse sentido, ressalta Eduardo Sens dos Santos que, "[e]videntemente, há de se impor certa moderação à possibilidade de mitigação do princípio da legalidade em Direito Administrativo Sancionador. A bem da verdade, essa moderação nada mais é do que a aplicação do princípio da proporcionalidade, sempre presente quando se trate de restrição de direitos fundamentais.
O princípio da proporcionalidade, visto por alguns como implícito no sistema constitucional brasileiro, e por outros como decorrência de um aspecto material do princípio do devido processo legal, determina que uma restrição a um direito fundamental só será legítima quando for: a) necessária, b) adequada e c) proporcional em sentido estrito" (SANTOS, Eduardo Sens dos. Tipicidade, antijuridicidade e culpabilidade nas infrações administrativas. *FA – Fórum Administrativo – Direito Público*, Belo Horizonte, a. 4, n. 42, ago. 2004. Disponível em: http://www.bidforum.com.br/bid/PDI0006.aspx?pdiCntd=5344. Acesso em: 26 jan. 2016).

Nesse sentido, Heraldo Garcia Vitta ressalta que:

> Será possível a utilização de conceitos jurídicos indeterminados e cláusulas gerais, apenas quando houver a impossibilidade de o legislador prever todos os comportamentos que possam ser sancionados.[72]

Assim tem razão Renata Fiori Puccetti quando sobreavisa que:

> Portanto a admissibilidade de conceitos jurídicos indeterminados para fins de atendimento ao princípio da tipicidade não pode e não deve ser vista como uma 'autorização ao desleixo do legislador', devendo ser considerados válidos apenas na medida da impossibilidade de uma descrição inteiramente objetiva do tipo.[73]

Vigilantemente, a referida autora anota que:

> E ainda que o comportamento proibido venha descrito na norma mediante o uso de conceitos jurídicos indeterminados, o indivíduo deve, ao menos, cogitar que um dado comportamento possa ser considerado ilícito, com base em meridiano bom senso.[74]

Da mesma forma, Eduardo Sens de Souza reza que: "[...] o uso de tipos abertos ou de cláusulas gerais não pode deixar de observar um grau mínimo de certeza e previsibilidade quando à conduta reprovada".[75]

Para Francisco Zardo: "O conceito utilizado no tipo não pode ser indeterminado a ponto de impedir a intelecção daquilo que é reputado inadequado pela norma, sob pena de ofensa ao princípio da tipicidade".[76]

---

72 VITTA, Heraldo Garcia. *A sanção no Direito Administrativo*. São Paulo: Malheiros, 2003, p. 93.

73 PUCCETTI, Renata Fiori. *Infrações e sanções administrativas aplicáveis aos particulares em licitações e contratos*. 181 f. Dissertação (Mestrado em Direito) – Pontifícia Universidade Católica de São Paulo, São Paulo, 2010, p. 61.

74 PUCCETTI, Renata Fiori. *Infrações e sanções administrativas aplicáveis aos particulares em licitações e contratos*. 181 f. Dissertação (Mestrado em Direito) – Pontifícia Universidade Católica de São Paulo, São Paulo, 2010, p. 62.

75 SANTOS, Eduardo Sens dos. Tipicidade, antijuridicidade e culpabilidade nas infrações administrativas. *FA – Fórum Administrativo – Direito Público*, Belo Horizonte, a. 4, n. 42, ago. 2004. Disponível em: http://www.bidforum.com.br/bid/PDI0006.aspx?pdiCntd=5344. Acesso em: 26 jan. 2016.

76 ZARDO, Francisco. *Infrações e sanções em licitações e contratos administrativos*. São Paulo: Revista dos Tribunais, 2014, p. 92.

Já Rafael Munhoz de Mello também se inclina para a flexibilização do princípio da tipicidade no âmbito das sanções administrativas quando se tratar de relações de sujeição especial, como é o caso do regime das contratações públicas, sendo necessário, todavia, que a lei formal expressamente atribua a competência regulamentar ao ente federativo e também estabeleça as sanções administrativas que serão aplicadas às infrações criadas pela Administração, e não pela lei.[77]

Não comungamos de tal entendimento, inclinando-nos para a necessidade de as infrações administrativas serem criadas por meio de lei, e não por um ato administrativo, uma vez que a decisão daquilo que é repulsado deve ser do legislador, mesmo os elementos sendo fixados na lei de forma genérica, sob pena de criação de perseguições ou afrouxamento do regime punitivo à luz de conveniências de ocasião, ditada pelo administrador do momento, através de atos infralegais. Logo, deve existir uma baliza legal, mesmo que seja mínima, devendo o ato regulamentar ou o ato convocatório fixar com rigor de detalhe e clareza os comportamentos, as infrações e a correspondente sanção.

Nessa toada, Francisco Zardo adota a "tese da reserva relativa de lei" em matéria sancionatória, entendimento que afasta o exaustivo disciplinamento do regramento punitivo na lei, sendo

---

77 De forma a garantir uma melhor intelecção: "No campo das relações de especial sujeição é possível que a Administração crie a infração administrativa, descrevendo a situação de fato que, uma vez verificada, deve dar ensejo a imposição de sanção administrativa. Exige-se, porém, que a lei formal expressamente atribui tal competência regulamentar ao ente administrativo, pois do contrário, ter-se-ia um regulamento independente da lei. Vale dizer, a lei deve dispor expressamente que a Administração Pública pode criar infrações administrativas no âmbito da específica relação de sujeição especial em tela. Deve, ainda, a lei formal estabelecer as sanções administrativas que serão aplicadas às infrações criadas pela Administração: mesmo no campo das relações de especial sujeição não é admissível que a sanção administrativa seja criada por outro instrumento que não a lei formal.
A possibilidade de criação da infração administrativa por regulamento é a única peculiaridade do regime jurídico das sanções administrativas no campo das relações de especial sujeição. Há tão somente uma flexibilização do princípio da legalidade, que no âmbito da relação de sujeição geral exige que a infração seja descrita em lei formal. Não se afasta nas relações de especial sujeição a exigência da tipicidade e da retroatividade, é relevante que se diga. Ainda que se trate de relação de especial sujeição, a infração administrativa deve estar prevista de modo claro e preciso, não mais em lei formal, mas sim regulamento" (MELLO, Rafael Munhoz de. *Princípios constitucionais de direito administrativo sancionador*. São Paulo: Malheiros, 2007, *p.* 166).

conferido à Administração, por meio de regulamento, espaço para aplicação do direito no caso concreto.

Acerca de tal entendimento, ressalta Irene Patrícia Nohara:

> A reserva legal é absoluta quando a matéria prevista na Constituição só pode ser disciplinada por ato normativo emanado por lei sem seu sentido mais restrito, isto é, por espécie normativa criada somente pelo Poder Legislativo de acordo com processo legislativo constitucional, o que exclui os atos emanados do Poder Executivo.
>
> Já a reserva legal relativa, segundo Alexandre de Moraes, ocorre quando a Constituição Federal, apesar de exigir lei formal, 'permite que esta fixe tão somente parâmetros de atuação para o órgão administrativo, que poderá complementá-la por ato infralegal, sempre, porém, respeitados os limites ou requisitos estabelecidos pela legislação'.
>
> Assim, enquanto na reserva legal absoluta somente a lei editada pelo Poder Legislativo pode ser fonte de regulamentação de determinado assunto, na reserva legal relativa pode o Poder Executivo complementar, por exemplo, mediante decretos presidenciais ou portarias ministeriais, determinado assunto reservado à lei formal, desde que não extrapole os limites de regulamentação permitidos pelo sistema.[78]

Nessa toada, reza Diogo de Figueiredo Moreira Neto:

> Concebida a lei como fonte de legalidade, mas não mais como a única referência de legitimidade, muito distinta se torna a interpretação dos antigos institutos contratuais administrativos daqueles que se aplicam aos modelos renovados e inovados hoje praticados, notadamente quando é imperioso que substanciosos insumos técnicos e financeiros devam ser atraídos e colhidos junto à sociedade e aos agentes econômicos privados mediante o emprego de elaboradas fórmulas legais e contratuais de composição desses caleidoscópicos interesses permanentemente emergentes.
>
> Resulta evidente, pois, que, nessas novas circunstâncias, dificilmente pode caber à lei estabelecer tipos contratuais rígidos, tal como ocorria no passado, senão que, tendo em vista as multiplicadas finalidades específicas a que se destinam tais contratos, torna-se inconveniente, inútil ou, pelo menos, problemático, que o legislador se substitua ao administrador para impor cláusulas contratuais, sem atentar para as características casuísticas de cada avença.

[78] NOHARA, Irene Patrícia. *Direito administrativo*. 7. ed. São Paulo: Atlas, 2017, p. 70.

> *Eis aí a tarefa e o espaço regulatórios do administrador público pós-moderno e, daí, a interpretação contemporaneamente válida: a compreensão da sede e do critério imprescindíveis para a definição da equação econômica do contrato, base do equilíbrio entre encargos e proveitos, da modicidade de custos e da acessibilidade dos usuários* (grifo nosso).[79]

Nesta hipótese, a função do legislador é apenas traçar na lei, de forma genérica, os elementos essenciais para a caracterização dos comportamentos indesejados, bem como a sanção a ser imposta, em caso de transgressão, devendo o administrador público, no ato administrativo regulamentar, à luz das particularidades do objeto da contratação e dentro dos limites fixados pela lei, tecer os pormenores necessários para visualizar a conduta nociva, passível da punição, bem como definir a correspondente punição.

Destaque-se que o referido entendimento foi recepcionado no julgamento do Resp. nº 1.102.578/MG pelo eg. STJ, cujo teor autorizou o Conselho Nacional de Metrologia, Normalização e Qualidade Industrial (Conmetro) e o Inmetro aplicarem multas fundamentadas em dispositivos legais e também baseadas em seus atos normativos.

Para a Ministra-Relatora Eliana Calmon:

> Seria contraproducente exigir lei formal para discriminar todos os pormenores técnicos exigidos na busca do aprimoramento e da fiscalização da qualidade dos produtos e serviços colocados no mercado, quando a lei já prevê a obediência aos atos normativos, bem como delimita as sanções possíveis.[80]

Outrossim, tal exegese restou acolhida pela Lei nº 13.303/2016, que estabeleceu, em seus arts. 82 e 83, tipos genéricos, fixando expressamente, no inc. VI do art. 69, que os contratos das estatais devem prever "os direitos e as responsabilidades das partes, *as tipificações das infrações e as respectivas penalidades e valores das multas*". Sendo assim, deve a minuta do contrato, que será anexo do ato

---

79 MOREIRA NETO, Diogo de Figueiredo. Políticas públicas e parcerias: juridicidade, flexibilidade negocial e tipicidade na Administração Consensual. *Boletim de Direito Administrativo*, São Paulo, a. 23, n. 7, p. 778-796, jul. 2007, p. 771.

80 BRASIL. Superior Tribunal de Justiça. *REsp. nº 1102578/MG 2008/0266102-6*. Relatora Ministra Eliana Calmon, Primeira Seção, Data de Publicação: *DJe* 29.10.2009.

convocatório ou processo administrativo, em caso de contratação direta, prever a descrição, em grau mínimo de detalhe e clareza, os comportamentos que serão puníveis e as correspondentes punições, garantindo, assim, a efetividade do princípio da tipicidade e anterioridade, uma vez que conhecerá o particular, de antemão, o regime punitivo ao qual se submeterá.

Comunga-se do referido entendimento, uma vez ser o melhor que se coaduna com a realidade do regime punitivo no âmbito das contratações públicas, pois, como asseverado, afigura-se impossível que o legislador aponte, de forma cristalina e precisa, todos os comportamentos indesejáveis no âmbito das contratações públicas, dada a diversidade de objetos e infindáveis condutas desabonadoras que poderão ser praticadas.

Assim, prevendo expressamente a lei formal os elementos essenciais para a caracterização das condutas proibitivas, não com o rigor de detalhe que se exigiria, mas por meio de um núcleo essencial do comportamento proibido,[81] de forma a garantir *standards*, conforme denomina Francisco Zardo,[82] o regulamento – no âmbito da Administração direta e das estatais,[83] o ato

---

81 Para Francisco Zardo, "[n]o tocante à estipulação do núcleo essencial do comportamento proibido e de sua valoração, o legislador poderia ter se esforçado mais no sentido de dar-lhes maior concretude" (ZARDO, Francisco. *Infrações e sanções em licitações e contratos administrativos*. São Paulo: Revista dos Tribunais, 2014, p. 87).

82 Melhor esclarecendo, citem-se as razões: "Ora, se não cabe à lei estabelecer as pormenorizadamente das obrigações contratuais, tampouco poderia tipificar detalhadamente as infrações e as respectivas sanções. Contudo, essa constatação não desonera o legislador da criação de *standards*. Como ensina Caio Tácito, 'não há delegação de poderes quando o legislador, traçando *standards* ou paradigmas, transfere ao ato regulamentar a concretude do seu comando, atento à flexibilidade necessária à finalidade da lei'. Tais *standards* consistem na determinação, por lei formal, de um conteúdo material mínimo que, como anota Alexandre Santos de Aragão, sirva de parâmetro de 'controle e de orientação ao exercício do poder regulamentar'" (ZARDO, Francisco. *Infrações e sanções em licitações e contratos administrativos*. São Paulo: Revista dos Tribunais, 2014, p. 85).

83 "Perceba-se que as Empresas Estatais não irão negociar com as contratadas quais são as situações que, ocorrendo, acarretam a aplicação das sanções. Significa dizer que as infrações deverão estar previamente definidas no instrumento convocatório, ou na minuta do instrumento contratual a ele anexa, bem como poderão já estar descritas em norma específica a ser elaborada pela Empresa Estatal" (STROPPA, Christianne de Carvalho. *O regime jurídico dos contratos das empresas estatais prestadoras de serviços públicos na lei de responsabilidade das estatais:* Lei nº 13.303/2016. 213f. Tese (Doutorado em Direito, área de concentração Direito Administrativo) – Faculdade de Direito, Pontifícia Universidade Católica de São Paulo, São Paulo, 2019, p. 170).

convocatório ou instrumento contratual descreverá, à luz das particularidades do objeto a ser contratado, quais são as condutas indesejadas.[84]-[85]

Adotando tal exegese, portanto, assegura-se que o processo punitivo no âmbito das contratações públicas seja apenas e tão somente desencadeado quando da ocorrência da prática de uma conduta prevista em lei, melhor descrita em grau de detalhe previamente nos instrumentos editalício e contratual.

Todavia, verificando-se silêncio no edital e contrato administrativo, vale dizer, não sendo traçados os pormenores para o exercício do poder punitivo estatal, a exemplo da fixação das condutas infracionais, estabelecimento dos percentuais e base de cálculo para aplicação de multa, como a seguir restará demonstrado, em nosso sentir, restará inviabilizada a punição de particulares, uma vez não ser possível aplicar o regramento genérico previsto na lei, sob pena de não garantir segurança jurídica àqueles que acudirem ao chamado da Administração, pois serão desconhecedores dos comportamentos caracterizados como infração administrativa.

Sendo assim, na fase interna da licitação, é obrigação da Administração avaliar com especial atenção os objetivos da contratação, bem como os riscos que poderão advir da transferência da execução do objeto demandado para um particular e as obrigações contratuais de maior relevância. Com efeito, da referida análise é possível vislumbrar os danos que poderão ser experimentados pelo

---

84 Nesta mesma linha, manifesta-se Daniel Ferreira no sentido de que: "quando houver um especial liame, assim apto a flexibilizar o rigor necessário em relação à tipicidade formal na capitulação dos ilícitos em lei, o que se exige é a precisa indicação das obrigações e das proibições, como as que são de cogitar em relação aos licitantes e ao contratado, e que necessariamente deverão constar do edital de licitação e da minuta do respectivo contrato" (FERREIRA, Daniel. *Teoria geral da infração administrativa a partir da Constituição Federal de 1988*. Belo Horizonte: Fórum, 2009, p. 257).

85 Nesse sentido, ressalta César Augusto Guimarães Pereira, quando analisa o regime punitivo da Lei das Estatais: "Desse modo, cabe a atos regulamentares (decretos ou resoluções de agências reguladoras, por exemplo), ao ato convocatório da licitação (edital ou convite) ou em último caso, ao próprio contrato, na forma do art. 69, VI, especificar as hipóteses de incidência das sanções e os critérios para a sua dosimetria. Com isto, preserva-se a noção de anterioridade da norma – ainda que contratual – em relação à infração. O licitante tem o direito de conhecer, antes da prática da infração, o quadro normativo que regula a sua conduta" (PEREIRA, César Augusto Guimarães. Sanções administrativas nas Leis das Empresas Estatais. *In*: JUSTEN FILHO, Marçal. *Estatuto Jurídico das Empresas Estatais*. São Paulo: Revista dos Tribunais, 2016, p. 536).

Poder Público caso os encargos do particular não sejam cumpridos satisfatoriamente.

Somente assim, com o intento de evitar que tais prejuízos ocorram, terá a Administração condições de descrever no ato convocatório e instrumento contratual com o rigor de detalhes, observando-se os elementos genéricos e limites do tipo infracional previsto na lei, os comportamentos indesejáveis e nocivos, eleitos em razão da sua relevância, que não se deseja que ocorra naquela contratação.

Observa-se, assim, que a definição efetiva das infrações administrativas demanda a análise das particularidades do objeto demandado, dada a impossibilidade de constarem antecipadamente da lei.

Tratado do elemento objetivo do tipo, afigura-se necessário, doravante, discorrer sobre a sua faceta não objetiva, ou seja, o elemento subjetivo, uma vez que, sem culpa, no mínimo, não se pode punir particulares no âmbito das contratações públicas.

Com efeito, no presente trabalho, como já declinamos anteriormente, adotou-se o conceito analítico ou estratificado de infração administrativa, a exemplo de Daniel Ferreira,[86] Eduardo Sens dos Santos,[87] Francisco Zardo,[88] calcado na teoria finalista da ação, que introduz o dolo e a culpa no tipo subjetivo. Logo, o dolo e a culpa integram o tipo subjetivo.[89]

---

86 3.3.4 Aspecto não objetivo (ou subjetivo) do tipo administrativo sancionador:
54. Se há uma porção do ilícito administrativo epistemologicamente destacável e que causa pululante celeuma é a não objetiva, ou melhor, a dita subjetiva por boa parte dos juristas nacionais.
Dizem que sem culpa por não haver comprovação (*nullum crimen nulla poena sine culpa*). Não por acaso, asseveram que os crimes seriam apenas culposos (como exceção) ou dolosos e, nesta hipótese, admitiriam a tentativa como penalmente reprovável apenas quando a lei assim fixasse (FERREIRA, Daniel. *Teoria geral da infração administrativa a partir da Constituição Federal de 1988*. Belo Horizonte: Fórum, 2009, p. 265).

87 SANTOS, Eduardo Sens dos. Tipicidade, antijuridicidade e culpabilidade nas infrações administrativas. *FA – Fórum Administrativo – Direito Público*, Belo Horizonte, a. 4, n. 42, p. 229, go. 2004. Disponível em: http://www.bidforum.com.br/bid/PDI0006.aspx?pdiCntd=5344. Acesso em: 26 jan. 2016.

88 ZARDO, Francisco. *Infrações e sanções em licitações e contratos administrativos*. São Paulo: Revista dos Tribunais, 2014, p. 98.

89 Não obstante, conforme aponta Francisco Zardo, os administrativistas costumam tratar do dolo e da culpa em capítulos atinentes ao princípio da culpabilidade. Assim procedem Eduardo García de Enterría e Tomás-Ramón Fernández, Alejandro Nieto, Ángeles de Palma del Teso, Rafael Munhoz de Mello e Fábio Medina Osório, entre outros (ZARDO, Francisco. *Infrações e sanções em licitações e contratos administrativos*. São Paulo: Revista dos Tribunais, 2014, p. 97).

Sendo assim, tem-se que o princípio da culpabilidade deriva do art. 5º, inc. XLIV, da CF/88, que assenta o princípio da individualização da pena, de observância irretocável pela justiça criminal, que demanda a verificação do grau de culpa do autor da falta, a fim de garantir a aplicação da penalidade na medida da reprovabilidade.

Nas sanções administrativas aplicadas no âmbito das contratações públicas, em nosso sentir, a reprovabilidade da conduta do infrator somente restará caracterizada caso seja demonstrada, no âmbito do devido processo legal, a prática da conduta antijurídica com dolo ou culpa em sentido estrito. Não basta, portanto, a realização de uma conduta tipificada como infração, sendo esta antijurídica, sendo necessária, para tanto, a demonstração do elemento subjetivo para caracterização da infração administrativa.[90]

Ante tal assertiva, afasta-se a responsabilidade objetiva no âmbito do sistema punitivo[91] constante da legislação licitatória apenas incidindo o infrator nas penas previstas em lei, na medida da sua culpabilidade, devendo o elemento subjetivo restar devidamente comprovado nos autos do processo sancionador, salvo nas hipóteses

---

90 Sobre tal questão, ressalva Daniel Ferreira: "Todavia, mesmo a conduta, típica e antijurídica, pode não se mostrar reprovável, *in concreto*. Ou seja, pode ser que a despeito de constatada a presença dos três primeiros estratos, ainda assim não se proponha qualquer reprovação em seara administrativa, de modo a faltar justa causa (lógico-jurídica e fático-normativa) para imposição de sanção. É que a reprovabilidade exprime a possibilidade, no caso examinado, de o sujeito poder evadir-se da conduta, típica e antijurídica" (FERREIRA, Daniel. Infrações e sanções administrativas. Enciclopédia jurídica da PUC-SP. *In*: CAMPILONGO, Celso Fernandes; GONZAGA, Álvaro de Azevedo; FREIRE, André Luiz (coord.). *Tomo*: Direito Administrativo e Constitucional. NUNES JR., Vidal Serrano *et al.* (coord. de tomo). 1. ed. São Paulo: Pontifícia Universidade Católica de São Paulo, 2017. Disponível em: https://enciclopediajuridica.pucsp.br/verbete/107/edicao-1/infracoes-e-sancoes-administrativas. Acesso em: 21 maio 2017).

91 "Haverá um *sistema de responsabilização*, toda vez que o ordenamento jurídico organizar e ordenar sistematicamente o exercício de competências punitivas a partir de quatro elementos essenciais: os bens jurídicos tutelados, os ilícitos fixados, as sanções oponíveis e o processo regular a ser observado.
(...)
Práticas corruptivas invariavelmente justificam a *responsabilidade administrativa* da pessoa jurídica infratora, perante diversos entes públicos, conforme legislação específica: (i) sistema de responsabilização administrativa por infração à legislação de licitações, disciplinado pelas Leis nº 8.666/1993, nº 10.520/2002, nº 12.462/2011 e nº 13.303/2016" (OLIVEIRA, José Roberto Pimenta de. Comentários ao art. 17. *In*: DI PIETRO, Maria Sylvia Zanella; MARRARA, Thiago. *Lei anticorrupção comentada*. Belo Horizonte: Fórum, 2017, p. 238).

infracionais contidas na Lei nº 12.846/2013 (Lei Anticorrupção), uma vez que o seu art. 2º admite expressamente tal possibilidade.

No âmbito do processo administrativo sancionador, é obrigação da Administração Pública comprovar o elemento subjetivo do tipo, por meio da verificação da existência de dolo, quando se constata a nítida intenção de cometer a infração ou culpa em sentido estrito, quando restar conhecida que a conduta infracional decorre de negligência, imprudência ou imperícia do sujeito.

Melhor esclarecendo, o *dolo* caracteriza-se na prática de uma conduta realizada de forma intencional e consciente, manifestada no pleno e irretocável desejo de manifestar o comportamento típico.[92] Assim, o particular encontra-se determinado a obter o resultado danoso. Em outras palavras, ressalva Régis Fernandes de Oliveira, que "a sua conduta será dolosa se quis desatender o preceito legal".[93]

Por sua vez, na *culpa* em sentido estrito, o sujeito ativo da infração administrativa não deseja praticar o comportamento caracterizado como infração, mas apenas a realização de uma conduta lícita, sendo observada, no resultado da sua ação, todavia, a ocorrência de um fato típico em razão de não ser diligente o bastante.[94] Neste sentido, consiste a culpa em sentido estrito, no âmbito penal, sinteticamente, na falta de cuidado objetivo necessário ou, conforme prevê o art. 18 do Código Penal, na prática de um ato antijurídico em razão de *imprudência, negligência ou imperícia*. Melhor

---

92 "Dolosas são as que se realizam mediante livre e deliberada intenção do sujeito na realização do resultado administrativamente reprovável" (FERREIRA, Daniel. Infrações e sanções administrativas. Enciclopédia jurídica da PUC-SP. *In*: CAMPILONGO, Celso Fernandes; GONZAGA, Álvaro de Azevedo; FREIRE, André Luiz (coord.). *Tomo*: Direito Administrativo e Constitucional. NUNES JR., Vidal Serrano *et al*. (coord. de tomo). 1. ed. São Paulo: Pontifícia Universidade Católica de São Paulo, 2017. Disponível em: https://enciclopediajuridica.pucsp.br/verbete/107/edicao-1/infracoes-e-sancoes-administrativas. Acesso em: 21 maio 2017).

93 OLIVEIRA, Régis Fernandes. *Infrações e sanções administrativas*. 3. ed. rev. atual. e ampl. São Paulo: Revista dos Tribunais, 2012, p. 47.

94 "Dizem-se *culposas* as infrações *formais* ou *materiais* que assim se concretizaram à margem da específica intenção do infrator, mas por *falta de dever de cuidado* (por negligência, imprudência ou imperícia)" (FERREIRA, Daniel. Infrações e sanções administrativas. Enciclopédia jurídica da PUC-SP. *In*: CAMPILONGO, Celso Fernandes; GONZAGA, Álvaro de Azevedo; FREIRE, André Luiz (coord.). *Tomo*: Direito Administrativo e Constitucional. NUNES JR., Vidal Serrano *et al*. (coord. de tomo). 1. ed. São Paulo: Pontifícia Universidade Católica de São Paulo, 2017. Disponível em: https://enciclopediajuridica.pucsp.br/verbete/107/edicao-1/infracoes-e-sancoes-administrativas. Acesso em: 21 maio 2017).

esclarecendo tais conceitos, a *imprudência* caracteriza-se pelo agir sem servir-se dos devidos cuidados, atenção ou sem colocar em prática necessárias precauções, com o escopo de afastar um dano. No tocante à *negligência*, esta caracteriza-se quando o sujeito atua desprovido de atenção ou precaução, de forma que a distração acaba por gerar um dano. Por derradeiro, a *imperícia* apresenta-se como a ausência de competência, capacidade ou experiência no desempenho de uma atribuição motivadora para caracterização de um prejuízo.

No âmbito das sanções administrativas, a configuração do ilícito demanda, como regra, a verificação do elemento subjetivo culposo, de forma a permitir o devido sancionamento na medida da culpabilidade do sujeito, quando observada a prática de um comportamento infracional em razão da imperícia, da imprudência e da negligência. Diz-se, em regra, pois somente deverá ser comprovado o dolo como elemento subjetivo caso a lei assim exija, a exemplo do que estabelece o art. 84, inc. I, da Lei nº 13.303/2016.[95]

Destaque-se que o referido entendimento é diametralmente oposto àquele verificado no Direito Penal, onde apenas se pune, como regra, quando o ato é praticado de forma dolosa, sendo admitida a culpa apenas nas situações em que a legislação penal expressamente consignar, *ex vi* do art. 18, parágrafo único, do Código Penal (*merus clausus de crimina culposea*),[96] o que ocorre pela égide do princípio da *ultima ratio* – em apertada síntese, o Direito Penal só deve coibir infrações que os outros ramos do Direito não foram eficientemente capazes de impedir com suas sanções.[97] Assim, a intensidade do dolo deverá ser utilizada como elemento para a fixação da penalidade, com arrimo no princípio da proporcionalidade.

---

95 "Art. 84. As sanções previstas no inciso III do art. 83 poderão também ser aplicadas às empresas ou aos profissionais que, em razão dos contratos regidos por esta Lei:
I – tenham sofrido condenação definitiva por praticarem, *por meios dolosos*, fraude fiscal no recolhimento de quaisquer tributos"; (destacou-se).

96 "Parágrafo único – Salvos os casos expressos em lei, ninguém pode ser punido por fato previsto como crime, senão quando o pratica dolosamente".

97 Conforme assevera Rafael Munhoz de Mello, "se não for exigido pelo legislador como essencial à configuração da infração, o dolo deve ser levado em consideração apenas no momento da fixação da sanção, sendo certo que se trata de atuação mais grave que a meramente culposa" (MELLO, Rafael Munhoz de. *Princípios constitucionais de direito administrativo sancionador*. São Paulo: Malheiros, 2007, *p.* 184).

Denota-se, portanto, que a configuração da infração administrativa demanda a comprovação, nos autos do processo administrativo punitivo, do elemento subjetivo específico, ou seja, o dolo ou a culpa em sentido estrito. Com efeito, tal exegese é comungada por Régis Fernandes de Oliveira,[98] Rafael Munhoz de Mello,[99] Francisco Zardo,[100] Heraldo Garcia Vitta,[101] Fábio Medina Osório,[102] Marçal Justen Filho,[103] Ricardo Marcondes Martins,[104] Eduardo Rocha Dias.[105]

Haja vista que tal assunto não é pacífico, como já alertado, não se pode deixar de delinear, sob pena de incompletude do referido capítulo, o entendimento de que a infração administrativa poderia ser configurada apenas com a verificação da mera voluntariedade – sendo tal exegese sustentada por autorizadas vozes, a exemplo de Celso Antônio Bandeira de Mello,[106] José dos Santos Carvalho Filho,[107]

---

98 "Assim, diante do atual quadro normativo vigente, entendemos imprescindível a culpa, *lato sensu*, como elemento necessário para a caracterização da infração administrativa" OLIVEIRA, Régis Fernandes. *Infrações e sanções administrativas*. 3. ed. rev. atual. e ampl. São Paulo: Revista dos Tribunais, 2012, p. 44.

99 MELLO, Rafael Munhoz de. *Princípios constitucionais de direito administrativo sancionador*. São Paulo: Malheiros, 2007, *p*. 184.

100 ZARDO, Francisco. *Infrações e sanções em licitações e contratos administrativos*. São Paulo: Revista dos Tribunais, 2014, p. 102.

101 VITTA, Heraldo Garcia. *A sanção no Direito Administrativo*. São Paulo: Malheiros, 2003, p. 41.

102 OSÓRIO, Fábio Medina. *Direito Administrativo Sancionador*. 2. ed. São Paulo: Revista dos Tribunais, 2005, p. 442.

103 JUSTEN FILHO, Marçal. *Comentários à lei de licitações e contratos administrativos*. 15. ed. São Paulo: Dialética, 2012, p. 1012.

104 MARTINS, Ricardo Marcondes; PEREIRA JÚNIOR, Jessé Torres (coord.). *Comentários ao sistema legal brasileiro de licitações e contratos administrativos*. São Paulo: NDJ, 2016, p. 1107.

105 DIAS, Eduardo Rocha. *Sanções administrativas aplicáveis a licitantes e contratados*. São Paulo: Dialética, 1997, p. 43.

106 "Princípio da exigência de voluntariedade para incursão na infração – O Direito propõe-se a oferecer às pessoas uma garantia de segurança, assentada na previsibilidade de que certas condutas podem ou devem ser praticadas e suscitam dados efeitos, ao passo que outras não podem sê-lo, acarretando consequências diversas, gravosas para quem nelas incorrer. Donde, é de meridiana evidência, que descaberia qualificar alguém como incurso em infração quando inexista a possibilidade de prévia ciência e prévia eleição, *in concreto*, do comportamento que o livraria da incidência na infração e, pois, na sujeição às sanções para tal caso previstas. Note-se que aqui não se está a falar de culpa ou dolo, mas de coisa diversa: meramente do animus de praticar dada conduta".

107 "Diferentemente, porém, dos ilícitos penais, a consumação da infração administrativa não demanda a presença dos graus de culpabilidade exigidos naquela esfera. Assim, a transgressão se consuma pela conduta mobilizada por simples voluntariedade, ou seja, pela simples vontade de adotar o comportamento" (CARVALHO FILHO, José dos Santos. *Manual de direito administrativo*. 18. ed. Rio de Janeiro: Lumen Juris, 2007, p. 135).

Daniel Ferreira,[108] –, sendo inexigível o elemento subjetivo, o que dispensaria, caso a lei assim expressamente preveja, a demonstração de culpa ou o dolo do infrator para a caracterização da infração administrativa.

"Mas, como se revela, afinal, a voluntariedade do comportamento? Mediante a constatação da capacidade de entender e de querer do sujeito que nele ainda assim incidiu".[109] Para Celso Antônio Bandeira de Mello, a voluntariedade caracteriza-se pelo "*animus* de praticar a conduta", consubstanciado na "possibilidade de prévia ciência e prévia eleição, *in concreto*, do comportamento que o livraria da incidência na infração e, pois, na sujeição às sanções para tal caso prevista".[110] Heraldo Garcia Vitta entende que: "a voluntariedade supõe uma livre e consciente eleição entre dois comportamentos possíveis. Faltando a voluntariedade, não há imputação do ato ao sujeito; não há infração".[111] Já Angélica Petian reza que: "A voluntariedade revela a vontade do sujeito de se comportar se modo contrário à prescrição legal que disciplina o fato por ele praticado".[112] Para nós, a voluntariedade supõe a faculdade de discernir um determinado comportamento, o que demanda percepção sobre a conduta do agente, bem como a consciência de escolha se o pratica ou não.

Não há como negar a existência de uma celeuma. Com efeito, são compreensíveis os motivos que acarretam tais autores a susten-

---

108 FERREIRA, Daniel. *Teoria geral da infração administrativa a partir da Constituição Federal de 1988*. Belo Horizonte: Fórum, 2009, p. 266.

109 FERREIRA, Daniel. Infrações e sanções administrativas. Enciclopédia jurídica da PUC-SP. *In*: CAMPILONGO, Celso Fernandes; GONZAGA, Álvaro de Azevedo; FREIRE, André Luiz (coord.). *Tomo*: Direito Administrativo e Constitucional. NUNES JR., Vidal Serrano *et al*. (coord. de tomo). 1. ed. São Paulo: Pontifícia Universidade Católica de São Paulo, 2017. Disponível em: https://enciclopediajuridica.pucsp.br/verbete/107/edicao-1/infracoes-e-sancoes-administrativas. Acesso em: 21 maio 2017.

110 BANDEIRA DE MELLO, Celso Antônio. *Curso de Direito Administrativo*. 32. ed. São Paulo: Malheiros, 2015, p. 879.

111 VITTA, Heraldo Garcia. *A sanção no Direito Administrativo*. São Paulo: Malheiros, 2003, p. 40.

112 PETIAN, Angélica. Princípios da culpabilidade e da voluntariedade. Enciclopédia jurídica da PUC-SP. *In*: CAMPILONGO, Celso Fernandes; GONZAGA, Álvaro de Azevedo; FREIRE, André Luiz (coord.). *Tomo*: Direito Administrativo e Constitucional. NUNES JR., Vidal Serrano *et al*. (coord. de tomo). 1. ed. São Paulo: Pontifícia Universidade Católica de São Paulo, 2017. Disponível em: https://enciclopediajuridica.pucsp.br/verbete/34/edicao-1/principios-da-culpabilidade-e-da-voluntariedade. Acesso em: 20 maio 2017.

tarem tal entendimento.[113] Neste sentido, adotar a voluntariedade como mínimo necessário à realização do tipo torna viável o exercício do *ius puniendi* estatal, pois afasta a necessidade de instauração de processos administrativos distintos com o intento de buscar a comprovação do elemento subjetivo, ou seja, apurar, por exemplo, os motivos da prática da infração de trânsito ou o não cumprimento das obrigações tributárias principais e acessórias de forma personalíssima, já que são milhares e milhares os contribuintes e motoristas que violam legislações tributárias e de trânsito.[114]

---

[113] Aponta Daniel Ferreira que: "Chama-se a atenção para o fato de que se aceita a tese de *culpabilidade necessária,* ou melhor, *da imprescindibilidade do tipo subjetivo,* e por decorrência lógica, *da pessoalidade da sanção e da transmissibilidade desta,* então será possível *jogar no lixo* em grande parte o Código Tributário Nacional (e as leis correlatas), bem como o Código Brasileiro de Trânsito, pelo menos. E por um simples motivo: ambos são sustentados por infrações e sanções objetivas e estas ainda quase sempre de índole real (e pecuniário). Enfim, *seria o caos numa sociedade de riscos,* e a cada notícia de infração seria necessário instaurar um personalizado processo administrativo sancionador, para, no mínimo, individualizar a sanção administrativa tal qual 'a pena', como exige a Carta Constitucional no art. 5º, inciso XLVI [...]. Simplesmente impossível" (FERREIRA, Daniel. Infrações e sanções administrativas. Enciclopédia jurídica da PUC-SP. *In*: CAMPILONGO, Celso Fernandes; GONZAGA, Álvaro de Azevedo; FREIRE, André Luiz (coord.). *Tomo*: Direito Administrativo e Constitucional. NUNES JR., Vidal Serrano *et al.* (coord. de tomo). 1. ed. São Paulo: Pontifícia Universidade Católica de São Paulo, 2017. Disponível em: https://enciclopediajuridica.pucsp.br/verbete/107/edicao-1/infracoes-e-sancoes-administrativas. Acesso em: 21 maio 2017).

[114] Sobre tal questão, ressalva Daniel Ferreira: "O que pode até soar estranho para um jurista, de fato não causa alvoroço para os cidadãos, já acostumados à imposição de sanções – de trânsito e tributárias, particularmente – sem que isso ocorra. Por conta da atuação do agente da autoridade de trânsito (o guarda), o que se comunica ao proprietário do veículo, por meio de notificação de autuação, na qual se veicula o conteúdo do auto de infração propriamente dito, é que ele incorreu na infração de "dirigir veículo manuseando telefone celular (art. 252, parágrafo único)" do Código de Trânsito Brasileiro (CTB – Lei nº 9.503/1997) em data, horário e local ali consignados. Então, e por conta disso, o proprietário estaria sujeito à sanção administrativa pecuniária de multa e ao recebimento de 7 pontos em seu prontuário – já que presumido, na lei, como o condutor – pela natureza gravíssima da falta na direção. Ou seja, não há uma linha sequer explicitando "culpa" no comportamento, mas apenas descrevendo o comportamento em si. Se desejar, o autuado poderá oferecer defesa no prazo legal, oportunidade em que terá de demonstrar que o comportamento inexistiu ou, se existiu, que ele não seria típico ou antijurídico ou reprovável, nessa ordem. Mais simples ainda é invocar as infrações tributárias de atraso no pagamento do tributo, situações em que as razões de não pontual quitação da obrigação são, em princípio, desimportantes, de fato e de direito" (FERREIRA, Daniel. Infrações e sanções administrativas. Enciclopédia jurídica da PUC-SP. *In*: CAMPILONGO, Celso Fernandes; GONZAGA, Álvaro de Azevedo; FREIRE, André Luiz (coord.). *Tomo*: Direito Administrativo e Constitucional. NUNES JR., Vidal Serrano *et al.* (coord. de tomo). 1. ed. São Paulo: Pontifícia Universidade Católica de São Paulo, 2017. Disponível em: https://enciclopediajuridica.pucsp.br/verbete/107/edicao-1/infracoes-e-sancoes-administrativas. Acesso em: 21 maio 2017).

Logo, a utilização apenas da voluntariedade para a caracterização de infrações administrativas simplifica, favorece e facilita a atuação da Administração sancionadora na condução de processos sancionadores em desfavor daquele que incorreu na conduta infracional. Assim observa-se, pois o ônus probatório, a ser demonstrado pelo Estado no processo sancionatório, resume-se efetivamente aos elementos externos da conduta, já que a inquirição do ânimo do agente se satisfaz com a demonstração de consciência para a prática do ato.[115]

Todavia, no âmbito do processo sancionatório nas contratações públicas, a mera exigência de voluntariedade como mínimo para caracterização do ilícito não se apresenta como adequada, uma vez que o descumprimento das obrigações contratuais, caracterizadas como infração administrativa, pode decorrer de infindáveis motivos que escapam da esfera de atuação do contratado, que devem ser considerados pela Administração, a fim de afastar a punição. Aliás, o comportamento infracional pode ser gerado, inclusive, pela própria Administração, a exemplo de erros em projetos de engenharia, má configuração do objeto ou inadequação dos termos de execução etc.

Nesta seara, admitir a mera voluntariedade como requisito para caracterização da infração administrativa, sem analisar o elemento subjetivo da conduta, de forma a evidenciar a culpa do infrator, pode esvaziar o segmento das contratações públicas em razão da fragilidade deste segmento, como já apontamos.[116]

Assim, à luz dos objetivos que as sanções administrativas nas contratações públicas tendem a buscar – vale lembrar, o desestímulo da prática de determinadas condutas que se apresentam prejudiciais ao interesse público em razão de causar prejuízos à Administração quando busca a colaboração de terceiros para a viabilização de atividades estatais –, afasta-se da tese da exigência da mera voluntariedade como mínimo necessário à realização do tipo, sendo

---

115 VIERO, João Victor Iosca. Considerações sobre o elemento subjetivo das infrações administrativas: a aplicação da culpabilidade aos enquadramentos do regime jurídico disciplinar dos servidores públicos da União. 84 f. (Monografia), Brasília, 2015, p. 30.

116 PARZIALE, Aniello dos Reis. Afastamento das Empresas das Contratações Públicas em razão da Insegurança Jurídica no Processo Sancionador. *Direito e Poder Econômico no Mercado*, Curitiba, CRV, p. 41-64, 2016.

exigida a presença, minimamente, da culpa em sentido estrito, para a caracterização da infração administrativa.

1.3.3 Antijuridicidade ou ilicitude e as suas excludentes

A antijuridicidade ou ilicitude, em síntese, caracteriza-se como tudo aquilo que se apresenta contrário, em oposição ou em contraste ao direito. Em outras palavras, com arrimo na lição de Hans Wenzel, Francisco de Assis Toledo afirma, *in verbis*, que a "ilicitude ou antijuridicidade tem sido entendida como a relação de contrariedade entre certa conduta da vida real e o ordenamento jurídico".[117]

Por conseguinte, para que ocorra a configuração de um delito, deve-se primeiramente observar se a conduta praticada tem suas características assentadas em um fato típico previsto em lei. Assim ocorrendo, deverá ser investigado se o seu conteúdo apresenta ilicitude, vale dizer, se é contrário ao ordenamento jurídico. Se a ilicitude ou antijuridicidade restar demonstrada no caso concreto, pode-se caracterizar o crime.

No âmbito das sanções administrativas, por sua vez, observa-se que o mesmo caminho também deverá ser perseguido pelo Poder Público quando exerce o *ius puniendi*. Assim, para que ocorra a caracterização da infração administrativa, o que permite a punição do infrator, "verificada a tipicidade de determinado comportamento, o passo seguinte é avaliar sua contrariedade com o ordenamento jurídico como um todo".[118] Logo, se o comportamento for típico, bem como antijurídico ou ilícito, pode-se caracterizar a infração administrativa.

Afigura-se possível, todavia, que um comportamento previsto na lei como infração administrativa não seja caracterizado como antijurídico ou ilícito. Neste sentido, o legislador pode estabelecer

---

117 TOLEDO, Francisco de Assis. *Princípios básicos de direito penal*. 5. ed. 9. tir. São Paulo: Saraiva, 2001, p. 85.

118 ZARDO, Francisco. *Infrações e sanções em licitações e contratos administrativos*. São Paulo: Revista dos Tribunais, 2014, p. 113.

na lei comportamento que, mesmo amoldando-se aos elementos constantes do tipo, não caracterizará infração administrativa.[119] Tais condutas são causas excludentes de antijuridicidade ou ilicitude, a exemplo da legítima defesa, o consentimento do ofendido, o estado de necessidade, o exercício regular de um direito e o estrito cumprimento de um dever legal, expressamente previstos no art. 23 do Código Penal[120] e no art. 188 do Código Civil.[121]

Assim, por meio das excludentes de ilicitude ou antijuridicidade, observam-se ocorrências de comportamentos que, mesmo sendo típicos – ou seja, aquilo que foi praticado pelo autor da infração, encaixam-se nos elementos que caracterizam o ato delitivo – estão justificadas pela norma, de modo a excluí-las como conduta antijurídica.

Pode-se concluir, portanto, que um fato típico só será antijurídico se inexistir causa que exclua a sua ilicitude.

Com efeito, assim como boa parcela da doutrina administrativa, comungamos do entendimento de que as causas excludentes de ilicitude se aplicam no âmbito das infrações administrativas.[122]

---

119 "Entenda-se por causa de justificação uma extraordinária autorização no sistema jurídico para um comportamento típico que, em certas circunstâncias, acaba por ser 'tolerado', na exata medida em que a lei não pode impor um sacrifício maior apenas para que os destinatários da norma a cumpram com fidelidade" (FERREIRA, Daniel. Infrações e sanções administrativas. Enciclopédia jurídica da PUC-SP. *In*: CAMPILONGO, Celso Fernandes; GONZAGA, Álvaro de Azevedo; FREIRE, André Luiz (coord.). *Tomo*: Direito Administrativo e Constitucional. NUNES JR., Vidal Serrano *et al.* (coord. de tomo). 1. ed. São Paulo: Pontifícia Universidade Católica de São Paulo, 2017. Disponível em: https://enciclopediajuridica.pucsp.br/verbete/107/edicao-1/infracoes-e-sancoes-administrativas. Acesso em: 21 maio 2017).

120 "Art. 23 – Não há crime quando o agente pratica o fato:
I – em estado de necessidade;
II – em legítima defesa;
III – em estrito cumprimento de dever legal ou no exercício regular de direito".

121 "Art. 188. Não constituem atos ilícitos:
I – os praticados em legítima defesa ou no exercício regular de um direito reconhecido;
II – a deterioração ou destruição da coisa alheia, ou a lesão a pessoa, a fim de remover perigo iminente.
Parágrafo único. No caso do inciso II, o ato será legítimo somente quando as circunstâncias o tornarem absolutamente necessário, não excedendo os limites do indispensável para a remoção do perigo".

122 MELLO, Rafael Munhoz de. *Princípios constitucionais de direito administrativo sancionador*. São Paulo: Malheiros, 2007, *p.* 150; VITTA, Heraldo Garcia. *A sanção no Direito Administrativo*. São Paulo: Malheiros, 2003, p. 52; ZARDO, Francisco. *Infrações e sanções em licitações e contratos administrativos*. São Paulo: Revista dos Tribunais, 2014, p. 114; OLIVEIRA, Régis Fernandes. *Infrações e sanções administrativas*. 3. ed. rev. atual. e ampl. São Paulo: Revista dos Tribunais, 2012, p. 31-32.

Fábio Medina Osório, entretanto, não consente com tal posição, em razão de aventar ser necessária a realização de uma interpretação restritiva.[123]

Compactua-se do entendimento de que é possível a adoção de excludentes de ilicitude como forma de impedir a caracterização do ilícito administrativo, uma vez que o ordenamento jurídico, estribado no princípio da razoabilidade e da proporcionalidade,[124] reconhece ser legítimo o afastamento da punição em determinados casos, como veremos a seguir.

Destaque-se que a doutrina tem manifestado a desnecessidade de previsão legal das excludentes de antijuridicidade, conforme lição de Rafael Munhoz de Mello, quando, *in verbis,* ressalta que "o sujeito que adota um comportamento típico para se defender ou para proteger outro bem jurídico não está agindo de modo ilícito, ainda que não haja no ordenamento jurídico previsão expressa de cláusula de exclusão de ilicitude".[125]

As causas excludentes de ilicitude, como bem pontuou Felipe Blanco Garcia Fleury,[126] são de custosa visualização no âmbito das contratações públicas, exceção feita ao estado de necessidade, exercício regular do direito, estrito cumprimento do dever legal e coação ou ordem de superior hierárquico, como a seguir restará demonstrado.

---

123 Nesse sentido, ressalta o referido autor: "Cabe enfatizar que serão raras as causas de justificação de um comportamento formalmente típico no Direito Administrativo Sancionador. Necessária uma interpretação restritiva nesse terreno, dada a especial prevalência do princípio da legalidade. Uma conduta reconhecida como ilegal e formalmente enquadrada em um tipo proibitivo dificilmente terá uma justificação, porque o Direito Administrativo não admite a maioria das conhecidas figuras do Direito Penal, *v.g.*, legítima defesa ou consentimento do ofendido, notadamente em matéria de ilícitos contra a Administração Pública" (OSÓRIO, Fábio Medina. *Direito Administrativo Sancionador*. 2. ed. São Paulo: Revista dos Tribunais, 2005, p. 326).

124 Como justificativa, "anota-se e a preferência pela expressão 'causas de justificação', em contraponto com 'excludentes da antijuridicidade', para referir às indicadas disposições, porque esta reafirma a ideia de que algo já aconteceu e depois foi afastado. Soa melhor com a compreensão do fenômeno da incidência normativa, pois, o uso da primeira" (FERREIRA, Daniel. *Teoria geral da infração administrativa a partir da Constituição Federal de 1988*. Belo Horizonte: Fórum, 2009, p. 287).

125 MELLO, Rafael Munhoz de. *Princípios constitucionais de direito administrativo sancionador*. São Paulo: Malheiros, 2007, *p*. 150.

126 FLEURY, Felipe Blanco Garcia Guimarães. *As infrações e sanções administrativas aplicáveis a licitações e contratos (Leis nºs 8.666/93, 10.520/02, 12.462/11 e Lei nº 12.846/13)*. 186f. Dissertação (Mestrado em Direito), Pontifícia Universidade Católica de São Paulo, São Paulo, 2016, p. 55.

1.3.3.1 Estado de necessidade

Pois bem. Analisando as hipóteses excludentes de antijuridicidade no âmbito das contratações públicas, como bem define Francisco de Assis Toledo: "O *estado de necessidade* é a situação de perigo atual para interesses legítimos, que só pode ser afastada por meio de lesão de interesses de outrem, igualmente legítimos" (grifos nossos).[127]

Tal hipótese excludente de antijuridicidade encontra-se prevista no art. 24 do Código Penal, que considera em estado de necessidade quem pratica o fato para salvar de perigo atual, que não provocou por sua vontade, nem podia de outro modo evitar, direito próprio ou alheio, cujo sacrifício, nas circunstâncias, não era razoável exigir-se. Segundo o art. 23, inc. II, da referida norma, inexiste, nesta hipótese, crime.

No âmbito das sanções administrativas, o estado de necessidade tem sido reconhecido como excludente de ilicitude, principalmente quando do cometimento de infrações de trânsito,[128] em razão de prestar socorro e não se atentar ao regramento contido no Código de Trânsito Brasileiro (Lei nº 9.503/1997).

Nas contratações públicas, por sua vez, o estado de necessidade pode ser reconhecido como uma causa de justificação ou excludente de punibilidade quando, por exemplo, um particular, que contratualmente deve entregar dado objeto, em determinado município, não realiza na data aprazada em razão de sofrer subtração criminosa (roubo, principalmente), com consequente apoderamento delituoso da

---

127 TOLEDO, Francisco de Assis. *Princípios básicos de direito penal*. 5. ed. 9. tir. São Paulo: Saraiva, 2001, p. 175.

128 "MULTA DE TRÂNSITO – AUTUAÇÃO FOTOGRÁFICA OU ELETRÔNICA – EXCESSO DE VELOCIDADE JUSTIFICADO – ESTADO DE NECESSIDADE – COMPROVAÇÃO DE ENTRADA NO HOSPITAL PARA SOCORRO DE MENOR – JUSTIFICADO O COMPORTAMENTO DO CONDUTOR, NÃO CARACTERIZANDO ILICITUDE. Decisão reformada. Recurso provido" (SÃO PAULO. Tribunal de Justiça do Estado de São Paulo. Apelação nº 994081967363 – Relator: Danilo Panizza. Data de Julgamento: 02.03.2010, 1ª Câmara de Direito Público, Data de Publicação: 23.03.2010) "O estado de necessidade é uma causa de exclusão da culpa pela inexigibilidade de conduta diversa. No caso, apesar de o instituto em questão se encontrar previsto, inicialmente, apenas na lei e na doutrina de Direito Penal, seus preceitos aplicam-se a qualquer outro ramo do Direito, por tratar-se de uma causa de exclusão geral da culpabilidade" (SÃO PAULO. Tribunal de Justiça do Estado de São Paulo. Apelação nº 1.0079.06.283652-7/001 – Relator: Desembargador Antônio Sérvulo. Julgado em 10.05.2010. Registro em 20.05.2010).

mercadoria a ser entregue à Administração. A título exemplificativo, seria irrazoável e desproporcional impor o cumprimento da obrigação de entrega do objeto, a fim de afastar a punição observada no edital e no contrato, motivado pela verificação de inexecução contratual, em detrimento ou mesmo diante de sério risco à vida ou à integridade física do motorista e ajudante, detentores do bem a ser entregue. Assim, buscando não reagir ao roubo, na hipótese de o contratado e/ou seus colaboradores cederem à exigência criminosa, desfazendo-se da mercadoria que seria entregue à Administração, restaria a ilicitude devidamente excluída do comportamento observado. Vale dizer, não há que se cogitar a punição do particular, que ainda amargará o prejuízo patrimonial do roubo.

Com efeito, como bem ressalta Francisco Zardo: "Não é justificável o sacrifício de uma vida para a preservação do patrimônio".[129] Assim, a não entrega do objeto que seria destinado à Administração, nas circunstâncias narradas, não configura quebra contratual, mas antes vilipêndio aos direitos constitucionais à propriedade e ao de ir e vir do proprietário, cujas corrigendas sociais dependem da incidência firme do Direito Penal, e não de sanção administrativa, diga-se de passagem, desmedida e irracional, ao menos no contexto proposto.

Todavia, como aponta Daniel Ferreira, é preciso que se comprove outra conduta apta a afastar o risco iminente ou, alternativamente, que, adotada, seria a única realmente apta a salvaguardar o bem ameaçado de lesão em cotejo com quaisquer outros comportamentos cogitados,[130] no exemplo concedido, a entrega do objeto que seria destinado à Administração contratante.

1.3.3.2 Exercício regular de um direito

No tocante à exclusão da antijuridicidade de uma conduta típica em razão de *exercício regular de um direito*, reza Graf Zu Dohna, *in verbis*, que "uma ação juridicamente permitida não pode ser, ao

129 ZARDO, Francisco. *Infrações e sanções em licitações e contratos administrativos*. São Paulo: Revista dos Tribunais, 2014, p. 118.

130 FERREIRA, Daniel. *Teoria geral da infração administrativa a partir da Constituição Federal de 1988*. Belo Horizonte: Fórum, 2009, p. 289-290.

mesmo tempo, proibida pelo direito. Ou entre outras palavras, o exercício de um direito nunca é antijurídico".[131] Neste sentido são os brocardos jurídicos *qui jure suo utitur, neminem laedit*, vale dizer, quem usa de seu direito não lesa ninguém, ou *neminem laedit qui suo jure utitur*, ou seja, a ninguém lesa quem usa de seu direito. A figura do exercício regular do direito é acolhida no ordenamento jurídico pelo art. 23, inc. III, do Código Penal e pelo art. 188, inc. I, do Código Civil brasileiro.

Como exemplo de exercício regular de um direito no âmbito das contratações públicas vislumbra-se a possibilidade do licitante adjudicatário que, nos termos do art. 90, §5º, da Lei nº 14.133/2021,[132] recusa-se a celebrar ajuste com a justificativa de que as condições oferecidas pela Administração são diversas daquelas constantes dos instrumentos editalício e contratual, bem como rechaça os termos da contratação quando convocado após a expiração do prazo de validade das propostas comerciais, o que acarreta a sua liberação do compromisso assumido perante o Poder Público licitante, conforme se infere da leitura do art. 90, §3º, da Lei nº 14.133/2021.[133]

1.3.3.3 Estrito cumprimento de um dever legal

Em relação ao estrito cumprimento de um dever legal, quem pratica uma conduta que se amolda a um comportamento tipificado como ato infracional com o objetivo de obedecer ao comando da lei não incide em infração administrativa, uma vez que a reverência ao ditame legal se enquadra como uma excludente de antijuridicidade, não obstante sua conduta tenha gerado uma lesão a um bem jurídico protegido pelo ordenamento jurídico. Assim ocorre, uma vez que

---

131 DOHNA, Alexander Graf Zu. *La estructura de la teoría del delito*. (Trad. Carlos Fontán Balestra). Buenos Aires: Abeledo-Perrot, 1958, p. 47 *apud* TOLEDO, Francisco de Assis. *Princípios básicos de direito penal*. 5. ed. 9. tir. São Paulo: Saraiva, 2001, p. 213.

132 "§5º A recusa injustificada do adjudicatário em assinar o contrato ou em aceitar ou retirar o instrumento equivalente no prazo estabelecido pela Administração caracterizará o descumprimento total da obrigação assumida e o sujeitará às penalidades legalmente estabelecidas e à imediata perda da garantia de proposta em favor do órgão ou entidade licitante".

133 "§3º Decorrido o prazo de validade da proposta indicado no edital sem convocação para a contratação, ficarão os licitantes liberados dos compromissos assumidos".

o art. 23, inc. III, do Código Penal brasileiro estabelece que não há crime quando o agente pratica o fato em estrito cumprimento de dever legal.

Com efeito, destaque-se que quem cumpre regularmente um dever não pode, ao mesmo tempo, praticar ilícito penal, uma vez que a lei não contém contradições. Falta, no caso, a antijuridicidade da conduta e, segundo os doutrinadores, o dispositivo seria até dispensável.[134]

No âmbito das contratações públicas, por exemplo, sendo proibida pelo edital e pelo contrato a presença de pessoas estranhas à equipe da contratada em uma cozinha que prepara refeições para servidores públicos, acarretando punição em caso de descumprimento de tal mandamento, não incorrerá em infração administrativa admitir a presença de fiscal da vigilância sanitária que venha a adentrar ao recinto de circulação restrita de pessoas, caso este venha exercer as atribuições de seu cargo no local.

Da mesma forma inexistirá caracterização de infração administrativa no caso de um motorista, colaborador de uma empresa contratada para prestar serviços de transporte para o Poder Público, que atrasa o embarque de um servidor público no horário aprazado em razão de ter a obrigação de prestar socorro[135] a um motoqueiro que, por conduzir sua motocicleta indevidamente, abalroou o veículo da colaboradora da Administração.

Como a lei apenas exclui a antijuridicidade da conduta necessária para o cumprimento do estrito cumprimento do dever legal, o excesso, a exemplo do que também ocorre na seara penal, e desde que devidamente demonstrado nos autos do processo administrativo sancionador, poderá configurar infração administrativa, sujeita à punição prevista nos instrumentos editalício e contratual. Assim, no primeiro exemplo concedido, permanecendo o referido servidor público no local restrito após o desempenho das

---

134 MIRABETE, Júlio Fabbrini. *Manual de Direito Penal.* São Paulo: Atlas, 2002, p. 189.

135 "Art. 135 – Deixar de prestar assistência, quando possível fazê-lo sem risco pessoal, à criança abandonada ou extraviada, ou à pessoa inválida ou ferida, ao desamparo ou em grave e iminente perigo; ou não pedir, nesses casos, o socorro da autoridade pública:
Pena – detenção, de um a seis meses, ou multa.
Parágrafo único – A pena é aumentada de metade, se da omissão resulta lesão corporal de natureza grave, e triplicada, se resulta a morte".

atribuições do cargo, tal comportamento poderá gerar a devida punição. Outrossim, na segunda ilustração, verificando-se que o atraso do motorista excedeu o tempo despendido para o socorro prestado, poderá o excesso ser punido.

1.3.3.4 Coação ou ordem de superior hierárquico

Por derradeiro, já no caso da excludente de antijuridicidade em razão da verificação de coação e ordem de superior hierárquico, estabelece o art. 22 do Código Penal brasileiro, que, "se o fato é cometido sob coação irresistível ou em estrita obediência a ordem, não manifestamente ilegal, de superior hierárquico, só é punível o autor da coação ou da ordem".

Observa-se que tal excludente de punibilidade tem o condão de afastar a punição daquele sujeito que praticou a conduta tipificada como infração administrativa de forma involuntária, ou seja, sem exercer a opção de escolher a conduta correta ou incorreta, uma vez que o comportamento praticado decorreu de ordem de um superior hierárquico.

No âmbito das contratações públicas, por sua vez, pode ser verificado tal excludente de antijuridicidade quando, por exemplo, o gestor de um contrato administrativo determinar que o objeto da contratação seja entregue em endereço incorreto, quando na verdade a mercadoria deveria ser conduzida a outro local. Neste caso, não há como se cogitar o descumprimento do contrato, uma vez que agiu o contratado em estrita obediência ao gestor do contrato, encarado, neste caso, como o superior hierárquico.

1.3.4 Culpabilidade (reprovabilidade) e suas excludentes

De forma a colocar cabo ao estudo dos elementos que compõem o conceito estratificado da infração administrativa, passa-se a estudar a culpabilidade ou reprovabilidade.

Primeiramente, cumpre-nos esclarecer que a culpabilidade não se confunde com a culpa, uma vez que, conforme restou anteriormente verificado, "após a aceitação da teoria finalista, o dolo e a culpa de desprenderam da culpabilidade para integrar a conduta, como elementos do tipo".[136] Assim, culpabilidade não se confunde com culpa.[137]

Para Francisco Zardo, uma ação típica e antijurídica é uma ação em desconformidade com o ordenamento jurídico. Todavia, para que ela se consubstancie em uma infração administrativa, é necessário que seja também culpável.[138]

Ressalta Rafael Munhoz de Mello: "'Ser culpado' significa contribuir para a ocorrência da infração administrativa em situações em que era exigível comportamento diverso. De modo singelo, pode-se afirmar que ser culpado significa não ser inocente".[139] Demais disso, ressalta o referido autor que:

> O princípio da culpabilidade veda a imposição de sanção administrativa retributiva a pessoas que não contribuíram de modo algum para a ocorrência da infração administrativa, ou a fizeram a despeito de terem agido licitamente e adotado a diligência no caso concreto.[140]

Pode ocorrer que tal reprovabilidade seja excluída, pois conforme esclarece Francisco de Assis Toledo: "Conduta típica e ilícita só se aperfeiçoa, (...) como crime, quando se lhe agrega a característica de culpabilidade",[141] de forma que "[a] culpabilidade[142]

---

136 OLIVEIRA, Régis Fernandes. *Infrações e sanções administrativas*. 3. ed. rev. atual. e ampl. São Paulo: Revista dos Tribunais, 2012, p. 40.

137 ZARDO, Francisco. *Infrações e sanções em licitações e contratos administrativos*. São Paulo: Revista dos Tribunais, 2014, p. 119.

138 ZARDO, Francisco. *Infrações e sanções em licitações e contratos administrativos*. São Paulo: Revista dos Tribunais, 2014, p. 119.

139 MELLO, Rafael Munhoz de. *Princípios constitucionais de direito administrativo sancionador*. São Paulo: Malheiros, 2007, p. 184.

140 MELLO, Rafael Munhoz de. *Princípios constitucionais de direito administrativo sancionador*. São Paulo: Malheiros, 2007, p. 184.

141 TOLEDO, Francisco de Assis. *Princípios básicos de direito penal*. 5. ed. 9. tir. São Paulo: Saraiva, 2001, p. 310.

142 Conforme aponta Régis Fernandes de Oliveira, "[v]ale ressaltar que, a existência de culpabilidade é uma exigência inarredável para as infrações cometidas por pessoas físicas, ou mesmo jurídicas, decorrentes da Fórmula substancial do devido processo legal e da necessária proporcionalidade das infrações e das sanções. É imprescindível uma análise da subjetividade do autor do fato ilícito, quando se trate de pessoa humana e da exigibilidade de conduta diversa, além da intencionalidade perceptiva ou previsibilidade do resultado danoso, quando se trate de pessoa jurídica" (OLIVEIRA, Régis Fernandes. *Infrações e sanções administrativas*. 3. ed. rev. atual. e ampl. São Paulo: Revista dos Tribunais, 2012, p. 40-41).

é um juízo de reprovação que recai sobre o infrator por ter cometido o injusto".[143]

De outra forma, ressalta Ricardo Marcondes Martins, *in verbis*, que "a conduta pode ser ilícita, contrária ao direito globalmente considerado, mas não ser punida em decorrência de uma excludente de culpabilidade".[144]

Verifica-se, assim, que, sendo observados os casos caracterizados como excludentes de culpabilidade previstos no Código Penal, como: a) erro de proibição (art. 21, *caput*); b) coação moral irresistível (art. 22, 1ª parte); c) obediência hierárquica (art. 22, 2ª parte); d) inimputabilidade por doença mental ou desenvolvimento mental incompleto ou retardado (art. 26, *caput*), não há crime.

No âmbito das sanções administrativas não é diferente. Consoante afirma José Roberto Pimenta de Oliveira:

> Em vistas destas lições, extensíveis ao campo do Direito Administrativo Sancionador, porque garantias da responsabilidade subjetiva que estrutura o seu regime jurídico, tem-se a obrigatoriedade de reconhecimento da inidoneidade da sanção administrativa quando presente as causas de exclusão da culpabilidade (designações dirimentes).[145]-[146]

Nessa vereda, ressalta Eduardo Sens dos Santos que: "Da mesma forma que as excludentes de antijuridicidade, parece possível aplicarem-se ao Direito Administrativo todas as excludentes de culpabilidade previstas no Direito Penal".[147]

---

143 MARTINS, Ricardo Marcondes; PEREIRA JÚNIOR, Jessé Torres (coord.). *Comentários ao sistema legal brasileiro de licitações e contratos administrativos*. São Paulo: NDJ, 2016, p. 1109.

144 MARTINS, Ricardo Marcondes; PEREIRA JÚNIOR, Jessé Torres (coord.). *Comentários ao sistema legal brasileiro de licitações e contratos administrativos*. São Paulo: NDJ, 2016, p. 1109.

145 OLIVEIRA, José Roberto Pimenta de. *Os princípios da razoabilidade e da proporcionalidade no direito administrativo brasileiro*. São Paulo: Malheiros, 2006, p. 490.

146 Da mesma forma é o entendimento de Régis Fernandes de Oliveira: "Essa causa de exclusão da culpabilidade pode também ser reconhecida no processo administrativo? Se forem aplicadas para evitar a situação injusta, de extrema excepcionalidade, as causas supralegais capazes de afastar a culpabilidade ou mesmo a ilicitude devem ser aceitas pela Administração. Já foi dito que o direito é uma Instância da realidade e que não deve ser utilizado para consolidar situações injustas, portanto, que razão poderosa restringiria a aplicação dessas causas apenas ao campo penal?" (OLIVEIRA, Régis Fernandes. *Infrações e sanções administrativas*. 3. ed., rev., atual., e ampl. São Paulo: Revista dos Tribunais, 2012, p. 47, 48).

147 SANTOS, Eduardo Sens dos. Tipicidade, antijuridicidade e culpabilidade nas infrações administrativas. *FA – Fórum Administrativo – Direito Público*, Belo Horizonte, a. 4, n. 42, ago.

Para fins do presente estudo, todavia, restarão analisadas apenas algumas causas excludentes da culpabilidade, eleitas em razão da efetiva possibilidade de ocorrência no âmbito das sanções administrativas nas contratações públicas, a exemplo do erro, da inexigibilidade de conduta diversa e da verificação do caso fortuito e força maior.

Passa-se ao estudo.

1.3.4.1 O erro

O *erro* apresenta-se como um motivo para a exclusão da culpabilidade. Para Luiz Regis Prado, erro: "é uma falsa noção ou falso conhecimento de um fato ou de uma regra jurídica".[148] Assim, o erro caracteriza-se como a falta de consciência da ilicitude e ignorância da lei.

Como ensina Heleno Cláudio Fragoso: "O erro é relevante para o direito penal e para o direito administrativo sancionador, porque, como se antecipou, nem sempre é reprovável a conduta de 'quem supõe, por erro, que atua conforme o direito'".[149] A doutrina classifica o erro em essencial e acidental.

Analisando tais espécies de erro, ocorre o erro de tipo essencial, quando o sujeito não percebe a presença da conduta constante do tipo na realidade, ou seja, para o sujeito há uma falsa percepção do que ocorre ao seu redor, pois desconhece que determinado comportamento não é ilícito.[150] Nesse sentido, o erro de

---

2004. Disponível em: http://www.bidforum.com.br/bid/PDI0006.aspx?pdiCntd=5344. Acesso em: 26 jan. 2016.

148 PRADO, Luiz Regis. *Curso de direito penal brasileiro*. 3. ed. v. I, p. 358 *apud* MELLO, Rafael Munhoz de. *Princípios constitucionais de direito administrativo sancionador*. São Paulo: Malheiros, 2007, *p*. 196.

149 FRAGOSO, Heleno Cláudio. *Lições de Direito penal*: a nova parte geral. 8. ed. Rio de Janeiro: Forense, 1985, p. 134.

150 Uma decisão prolatada pelo Tribunal Regional Federal da 4ª Região, citada por Daniel Ferreira, permite a ilustração: "Ementa: ADMINISTRATIVO. IBAMA. MULTA ADMINISTRATIVA. APREENSÃO DE DEZENOVE (19) AVES DA FAUNA SILVESTRE MANTIDAS EM CATIVEIRO. INOBSERVÂNCIA DO ART. 72, §3º, I, AMBOS DA LEI Nº 9.605/1998. SENTENÇA EXCLUI DA LIDE A UNIÃO FEDERAL E JULGOU PROCEDENTE O PEDIDO DO AUTOR, DECLARANDO NULO O AUTO DE INFRAÇÃO. Improvimento da apelação. (...)

tipo essencial recai sobre os elementos da figura típica, sem o qual o crime deixa de existir. No erro de tipo essencial, por sua vez, o sujeito não sabe que está praticando um crime ou infração administrativa. O erro de tipo essencial sempre exclui dolo, todavia, se a legislação previr o crime na modalidade culposa, assim ocorrerá, conforme prevê o art. 20 e seu §1º do Código Penal.

Por sua vez, o erro de tipo acidental recai sobre fatos ou eventos acessórios ou estranhos ao tipo, sem os quais o crime não deixa de existir. Em outras palavras, o erro acidental é irrelevante, pois incide sobre uma situação que não repercute no tipo penal.

No tocante ao erro de proibição, tem-se que ele não incide sobre os elementos da conduta, mas sim sobre a licitude do comportamento praticado. Nesta hipótese, não há nenhuma distorção da realidade, como ocorre no erro essencial, pois o sujeito tem certeza do que está acontecendo, tem certeza do que está fazendo, só que há desconhecimento em relação à proibição, o que, de mais a mais, não seria oponível juridicamente como lenitivo à sanção penal pela incidência do art. 3º da Lei de Introdução às Normas do Direito Brasileiro (Decreto-Lei nº 4.657/1942), que estabelece: "Ninguém se escusa de cumprir a lei, alegando que não a conhece".

Merece destaque o erro de proibição no âmbito do direito administrativo sancionador. Com efeito, haja vista que a produção

---

VOTO
Afiguram-se-me irrefutáveis as considerações desenvolvidas no parecer do culto agente do MPF, Dr. Francisco de Assis Vieira Sanseverino, a fls. 145/6, *verbis*: 'Não merece provimento o recurso. (...)
É bem verdade que 'ninguém se escusa de cumprir a lei, alegando que não a conhece' (artigo 3º, da Lei de Introdução ao Código Civil). Porém, neste caso concreto, nota-se que o autor é analfabeto, e conta com quase 67 (sessenta e sete) anos de idade, sendo, além disso, pessoa simples e trabalhador rural (boia-fria), sem condições de prever a ilicitude de sua conduta. (...)
Por esses motivos, voto por negar provimento à apelação. É o meu voto. Des. Federal Carlos Eduardo Thompson Flores Lenz – Relator" (TRF4, 3ª Turma, AC nº 2004.70.04.003551-3, Rel. Des. Carlos Eduardo Thompson Flores Lenz. 27.02.2008) (FERREIRA, Daniel. Infrações e sanções administrativas. Enciclopédia jurídica da PUC-SP. *In*: CAMPILONGO, Celso Fernandes; GONZAGA, Álvaro de Azevedo; FREIRE, André Luiz (coord.). *Tomo*: Direito Administrativo e Constitucional. NUNES JR., Vidal Serrano *et al*. (coord. de tomo). 1. ed. São Paulo: Pontifícia Universidade Católica de São Paulo, 2017. Disponível em: https://enciclopediajuridica.pucsp.br/verbete/107/edicao-1/infracoes-e-sancoes-administrativas. Acesso em: 21 maio 2017).

de normas pelo Estado na seara administrativa ocorre de forma contínua, diferentemente do que ocorre no âmbito do Direito Penal, "é possível que, apesar da diligência adotada, um cidadão incida em erro, supondo lícita determinada conduta proibida",[151] vez ser impossível acompanhar permanentemente a produção normativa, o que já é possível no âmbito penal, haja vista a competência da União e a maior publicidade conferida.

No âmbito das sanções administrativas impostas em decorrência de descumprimento da legislação licitatória, todavia, a verificação de tal excludente de culpabilidade é rarefeita em razão de o regramento punitivo constar da lei e ser melhor explicitado no instrumento convocatório e contratual, cuja leitura atenta é obrigatória por aqueles que desejam se relacionar com o Poder Público de forma responsável. Logo, não há como negar conhecimento aos termos propostos pela Administração. Demais disso, como aponta Francisco Zardo: "A proximidade propiciada por esse tipo de relação permite que eventuais dúvidas interpretativas sejam sanadas com antecedência, evitando-se a consumação de infrações".[152]

Com efeito, o erro de proibição também tem como causa a incerteza e a incoerência do direito, que, por permitir interpretações que não sejam aquelas objetivadas pela Administração, acaba por permitir a prática de um comportamento infracional, haja vista considerar o sujeito infrator que a conduta era permitida. Como ressalta Rafael Munhoz de Mello: "O particular, atuando de modo diligente, procura saber se a conduta que deseja praticar é, ou não, permitida pelo ordenamento jurídico, mas encontra resposta obscura e dúbia".[153] Conclui o referido autor que: "Em tal situação, o erro de proibição não decorre da culpa do agente, não sendo cabível a imposição da sanção administrativa".[154] Logo, "[n]enhuma penalidade é cabível se não estiver previamente

151 ZARDO, Francisco. *Infrações e sanções em licitações e contratos administrativos*. São Paulo: Revista dos Tribunais, 2014, p. 126.

152 ZARDO, Francisco. *Infrações e sanções em licitações e contratos administrativos*. São Paulo: Revista dos Tribunais, 2014, p. 126.

153 MELLO, Rafael Munhoz de. *Princípios constitucionais de direito administrativo sancionador*. São Paulo: Malheiros, 2007, *p*. 202.

154 MELLO, Rafael Munhoz de. *Princípios constitucionais de direito administrativo sancionador*. São Paulo: Malheiros, 2007, *p*. 202.

estipulada com clareza e for aplicada mediante processo administrativo regular".[155]

Por tal razão, como a seguir restará demonstrado, afigura-se necessário que o regulamento ou o instrumento editalício e contratual discipline os pormenores da contratação e, em especial, os encargos do contratado e o regime punitivo, a fim de evitar que o particular incorra em infração administrativa motivada pelo erro de proibição.

Demais disso, tem-se que o erro de proibição pode ser gerado pela própria Administração contratante quando, por exemplo, presta informações ou esclarecimentos desacertados aos colaboradores, de forma a orientar o administrado que atue de determinada forma que se apresente futuramente como um comportamento infracional.

Concluindo, ressalta Rafael de Mello Munhoz:

> Se a resposta da Administração Pública leva o particular a incidir em erro, praticando conduta típica em face de equivocada informação prestada pelo agente administrativo, não há espaço para imposição de sanção, já que não há culpa em situação semelhante.[156]

Assim, no âmbito das contratações públicas, não restando objetivamente claro no edital e no contrato que determinado comportamento previsto genericamente é caracterizado como uma infração administrativa, a prestação de informações pela Administração no sentido de apontar a regularidade da conduta afasta a punição caso o proceder venha posteriormente a ser apontado e declarado como uma infração administrativa.

Por derradeiro, aponta novamente Rafael Munhoz de Mello que a prática reiterada de decisões e atos, mesmo omissivos, são atividades da Administração que podem gerar erro de proibição invencível, tornando incabível a imposição de sanção administrativa.[157]

---

155 PEREIRA, César Augusto Guimarães. Sanções administrativas nas Leis das Empresas Estatais. *In*: JUSTEN FILHO, Marçal. *Estatuto Jurídico das Empresas Estatais*. São Paulo: Revista dos Tribunais, 2016, p. 532.

156 MELLO, Rafael Munhoz de. *Princípios constitucionais de direito administrativo sancionador*. São Paulo: Malheiros, 2007, *p*. 203.

157 MELLO, Rafael Munhoz de. *Princípios constitucionais de direito administrativo sancionador*. São Paulo: Malheiros, 2007, *p*. 204.

1.3.4.2 Inexigibilidade de conduta diversa

Já a *inexigibilidade de conduta diversa* concretiza-se na redação constante do art. 22 do Código Penal brasileiro, que prevê: "Se o fato é cometido sob coação irresistível ou em estrita obediência a ordem, não manifestamente ilegal, de superior hierárquico, só é punível o autor da coação ou da ordem".

Com efeito, como aponta Francisco Zardo: "Não é reprovável a conduta de quem não se pode exigir que agisse de modo diverso diante da anormalidade das circunstâncias de fato".[158]

Em síntese, não há como considerar um comportamento como culpável de um sujeito que não pode agir de outra forma a não ser praticando uma conduta cujas características são típicas, por ordem de terceiro.

Analisando tal excludente de culpabilidade, observa-se a coação irresistível, que ocorre quando um sujeito age de forma a realizar um ilícito impulsionado por uma coerção física ou moral. No tocante à coação física, ressalta Francisco de Assis Toledo que: "Aquele que é coagido não realiza uma verdadeira ação ou omissão, apresentando-se como simples objeto ou instrumento de violência, pelo que só deve considerar autor do crime o agente da coação, não o coagido, paciente dessa mesma situação".[159] Por sua vez, na coação moral, ressalta o referido autor que "o coagido tem suas possibilidades de opção bastante restringidas pelo temor de sofrer algum mal, não obstante age ou se omite, impelido pelo medo, valendo-se de suas próprias forças".[160]

No tocante à estrita obediência à ordem, temos a considerar que se põe em similar contexto ao estrito cumprimento de um dever legal, bem como ao exercício legal do direito, já estudado quando se tratou das excludentes de antijuridicidade, porém necessariamente atrelada a um regime especial de sujeição especial em razão de

---

158 ZARDO, Francisco. *Infrações e sanções em licitações e contratos administrativos*. São Paulo: Revista dos Tribunais, 2014, p. 122.

159 TOLEDO, Francisco de Assis. *Princípios básicos de direito penal*. 5. ed. 9. tir. São Paulo: Saraiva, 2001, p. 338.

160 TOLEDO, Francisco de Assis. *Princípios básicos de direito penal*. 5. ed. 9. tir. São Paulo: Saraiva, 2001, p. 338.

a atuação do infrator emanar de um comando (aparentemente legítimo de autoridade superior).[161]

Sobre a questão, pontua Francisco Zardo, que:

> A obediência hierárquica excluirá a antijuridicidade se a ordem exarada pelo superior for legítima, pois, nessa hipótese, restarão configuradas as eximentes: estrito cumprimento de um dever legal ou exercício regular de um direito. Se, porém, a ordem for ilegal, mas não manifestamente ilegal, será excluída a culpabilidade.[162]

Com efeito, em razão da hierarquia existente, um servidor subalterno deve observar as determinações emanadas pela autoridade superior, salvo se for manifestamente ilegal, o que demandará o seu descumprimento, como, aliás, observa-se da leitura do art. 116, inc. IV, da Lei nº 8.112/1990,[163] sob pena de responder pelo ato praticado.

Todavia, caso a determinação se revista de legalidade e o subalterno pratique a conduta determinada, como o sujeito não é provido de liberdade de escolha em razão da hierarquia, considera-se praticado o ilícito por quem determinou a conduta, isto é, o superior hierárquico.[164]

1.3.4.3 Caso fortuito ou força maior

Por derradeiro, no tocante ao *caso fortuito e força maior*, conforme aponta Francisco de Assis Toledo:

> A punibilidade do fato típico será afastada pela consideração de que: a) na força maior, não tem o agente a possibilidade de evitar o resultado danoso ainda que previsível; b) no caso fortuito, embora evitável esse resultado, falta ao agente a previsibilidade, mínimo exigível para a configuração da culpa consciente.[165]

---

161 FERREIRA, Daniel. *Teoria geral da infração administrativa a partir da Constituição Federal de 1988*. Belo Horizonte: Fórum, 2009, p. 306.

162 ZARDO, Francisco. *Infrações e sanções em licitações e contratos administrativos*. São Paulo: Revista dos Tribunais, 2014, p. 122-123.

163 "Art. 116. São deveres do servidor: (...) IV – cumprir as ordens superiores, exceto quando manifestamente ilegais";

164 VITTA, Heraldo Garcia. *A sanção no Direito Administrativo*. São Paulo: Malheiros, 2003, p. 58.

165 TOLEDO, Francisco de Assis. *Princípios básicos de direito penal*. 5. ed. 9. tir. São Paulo: Saraiva, 2001, p. 339-340.

No âmbito das contratações públicas, observa-se que não haverá a exclusão da infração administrativa caso o objeto contratado pela Administração, em plena produção, a exemplo de um motor ou turbina, atrasar a sua execução em razão da ocorrência de uma tempestade (força maior) ou em razão de o material empregado naquilo que foi contratado não ser entregue, em face de, por exemplo, greve dos servidores da Receita Federal impedir o desembaraço de insumos que serão alocados na execução do objeto demandado (caso fortuito).

Não se pode deixar de asseverar que a legislação licitatória prevê o caso fortuito ou força maior como motivo para modificação das condições contratuais, a exemplo da modificação do prazo da execução do objeto de um contrato administrativo, da alteração da cláusula financeira de ajustes dessa natureza, bem como do motivo para colocar fim ao contrato administrativo.

1.4 Infrações administrativas previstas na legislação licitatória

Atualmente, as infrações administrativas que podem ser impostas no âmbito das contratações públicas encontram-se expressamente previstas nos arts. 155[166] e 162[167] da Lei

166 "Art. 155. O licitante ou o contratado será responsabilizado administrativamente pelas seguintes infrações:
I – dar causa à inexecução parcial do contrato;
II – dar causa à inexecução parcial do contrato que cause grave dano à Administração, ao funcionamento dos serviços públicos ou ao interesse coletivo;
III – dar causa à inexecução total do contrato;
IV – deixar de entregar a documentação exigida para o certame;
V – não manter a proposta, salvo em decorrência de fato superveniente devidamente justificado;
VI – não celebrar o contrato ou não entregar a documentação exigida para a contratação, quando convocado dentro do prazo de validade de sua proposta;
VII – ensejar o retardamento da execução ou da entrega do objeto da licitação sem motivo justificado;
VIII – apresentar declaração ou documentação falsa exigida para o certame ou prestar declaração falsa durante a licitação ou a execução do contrato;
IX – fraudar a licitação ou praticar ato fraudulento na execução do contrato;
X – comportar-se de modo inidôneo ou cometer fraude de qualquer natureza;
XI – praticar atos ilícitos com vistas a frustrar os objetivos da licitação;
XII – praticar ato lesivo previsto no art. 5º da Lei nº 12.846, de 1º de agosto de 2013".

167 "Art. 162. O *atraso injustificado na execução do contrato* sujeitará o contratado a multa de mora, na forma prevista em edital ou em contrato.

nº 14.133/2021 e arts. 82,[168] 83[169] e 84[170] da Lei nº 13.303/2016 (Lei das Estatais).

É flagrante que o regime punitivo no âmbito das Estatais é específico[171] e diverso daquele fixado na nova Lei de Licitações. Haja vista que o sistema punitivo das sanções administrativas deve observar o princípio da legalidade, como em linhas anteriores já restou exaustivamente esclarecido, não há que se aventar a possibilidade de aplicação do regramento vertido a partir do art. 155 da norma geral de licitações no âmbito das Estatais.[172] Ou seja,

---

Parágrafo único. A aplicação de multa de mora não impedirá que a Administração a converta em compensatória e promova a extinção unilateral do contrato com a aplicação cumulada de outras sanções previstas nesta Lei". (Destacou-se).

168 "Art. 82. Os contratos devem conter cláusulas com sanções administrativas a serem aplicadas em decorrência de *atraso injustificado na execução do contrato,* sujeitando o contratado a multa de mora, na forma prevista no instrumento convocatório ou no contrato". (Destacou-se).

169 "Art. 83. Pela *inexecução total ou parcial* do contrato a empresa pública ou a sociedade de economia mista poderá, garantida a prévia defesa, aplicar ao contratado as seguintes sanções". (Destacou-se).

170 "Art. 84. As sanções previstas no inciso III do art. 83 poderão também ser aplicadas às empresas ou aos profissionais que, em razão dos contratos regidos por esta Lei:
I – *tenham sofrido condenação definitiva por praticarem, por meios dolosos, fraude fiscal no recolhimento de quaisquer tributos;*
II – *tenham praticado atos ilícitos visando a frustrar os objetivos da licitação;*
III – *demonstrem não possuir idoneidade para contratar com a empresa pública ou a sociedade de economia mista em virtude de atos ilícitos praticados*". (Destacou-se).

171 "A maioria dos demais diplomas normativos pouco tratou do tema, dando conta, nesse aspecto, de remeter à disciplina das sanções administrativas em matéria de contratos administrativos ao que dispõe a Lei nº 8.666/93. Já a Lei nº 13.303/16 não tomou esse rumo, porque *esgotou o tema em si mesma,* ou seja, *não podem ser aplicadas as penas administrativas da lei geral aos contratos regidos pela Lei das Estatais.* Em outros termos, os particulares que contratam com as empresas estatais somente podem sofrer as penalidades da Seção III do Capítulo II do Título II da Lei nº 13.303/16. Isso se justifica porque não foi feita qualquer previsão legislativa no sentido de remeter o tema à disciplina jurídica de outra legislação, como assim o fez, expressamente, a Lei nº 12.462/2011 (art. 47, §2º), ou mesmo como fez o próprio estatuto jurídico da empresa pública, da sociedade de economia mista e de suas subsidiárias (ora comentado) em relação aos crimes – art. 41". (Cf. PEREIRA JÚNIOR, Jessé Torres *et al. Comentários à Lei das Estatais – nº 13.303/2016.* Belo Horizonte: Fórum, 2020, p. 697).

172 "O mesmo se diga das sanções administrativas disciplinas nos artigos 82 a 84 da LRE (multa moratória, multa punitiva, advertência e suspensão temporária de participação em licitação e impedimento de contratar com a entidade sancionadora, por até dois anos). Com exceção da previsão da sanção de declaração de inidoneidade, não prevista na LRE, a implicar não ser passível de aplicação pelas Empresas Estatais, as demais sanções (advertência, multa moratória, multa punitiva e suspensão temporária de participação em licitação e impedimento de contratar) estão expressamente disciplinadas, não havendo diferenças quanto ao contido nos artigos 86 e 87 da Lei nº 8.666/1993.
Pode-se afirmar que o legislador teria agido de forma mais branda ao definir como penalidade mais severa a suspensão do direito de licitar e contratar com a entidade por prazo não superior a dois anos. Como decorrência, não há possibilidade de aplicar as

no âmbito da Lei nº 13.303/2016, somente poderá ser punido aquele que praticar as infrações verificadas nos arts. 82, 83 e 84 da Lei das Estatais, sendo descabida a instauração de processo punitivo, caso observe-se a prática de comportamento elencado no art. 155 da Lei nº 14.133/2021.

Com efeito, enquanto não atualizada a Lei das Estatais, sendo o caso, não podem os regulamentos editados pelas empresas públicas e sociedades de economia mista, conforme estabelece o art. 40, inc. VIII, da Lei nº 13.303/2016,[173] fixar um regime punitivo que não seja aquele delimitado pelos arts. 82, 83 e 84 da Lei das Estatais, não podendo lá ser arroladas infrações administrativas contidas nos incisos do art. 155 da Lei nº 14.133/21. Nesse sentido, ver o Acórdão nº 331/2021-P do TCU.

Em razão de todo o exposto, em nosso sentir, o regime punitivo da Lei das Estatais deve ser atualizado urgentemente, haja vista a necessidade de uniformização do sistema punitivo no âmbito das contratações públicas, naquilo que couber, levando-se em consideração as particularidades do regime contratual das Estatais e o prejuízo que tais empresas sofrem com a prática de determinadas condutas tipificadas como infração na Lei nº 14.133/2021 e que não podem ser objeto de punição no âmbito da Lei nº 13.303/2016.

---

sanções delimitadas na Lei nº 8.666/1993 e na Lei nº 10.520/2002, mesmo que a Empresa Estatal realize licitação adotando a modalidade pregão, nos termos do artigo 32, inciso IV. Esse é o entendimento de Edgar Guimarães e José Anacleto Santos:
Quando da adoção do pregão para licitar bens e serviços comuns, serão utilizados apenas os dispositivos da lei que versem sobre modalidade, vale dizer, rito ou procedimento. Não se aplica, à guisa de exemplo, nas contratações e licitações das estatais, o regime de sanções previsto no artigo 7º da Lei do Pregão, vez que a Lei nº 13.303/16 conta com regime jurídico sancionatório próprio.
Importante notar que acerca da temática das sanções administrativas, ante a aplicação do princípio da legalidade estrita, não é possível aplicar, mesmo que se invoque a analogia, as penalidades descritas tanto na Lei nº 8.666/1993 quanto na Lei nº 10.520/2002, e que não foram reproduzidas na Lei nº 13.303/2016, já que há necessidade de expressa previsão legal das sanções" (STROPPA, Christianne de Carvalho. *O Regime Jurídico dos Contratos das Empresas Estatais Prestadoras de Serviços Públicos na Lei de Responsabilidade das Estatais – Lei nº 13.303/2016*. 213 f. Tese (Doutorado em Direito, área de concentração Direito Administrativo) – Faculdade de Direito, Pontifícia Universidade Católica de São Paulo, São Paulo, 2019, p. 116-117).

[173] "Art. 40. As empresas públicas e as sociedades de economia mista deverão publicar e manter atualizado regulamento interno de licitações e contratos, compatível com o disposto nesta Lei, especialmente quanto a: (...)
VIII – aplicação de penalidades".

Costuma a doutrina pátria caracterizar as infrações administrativas como motivos determinantes do processo sancionatório, classificando tais tipos como "motivos de ordem genérica", como a inexecução parcial ou total do contrato, bem como "motivos de ordem específica", a exemplo das demais. Sendo tal classificação fruto da flexibilização do princípio da tipicidade, como anteriormente restou esclarecido, nos motivos de ordem genérica, os comportamentos caracterizados como infração administrativa, bem como a correspondente consequência, qual seja, a sanção, devem ser objeto de maior explicitação no instrumento editalício e contratual, fruto de apontamento no processo administrativo, cujo elenco foi realizado pelo setor requisitante, levando-se em consideração as particularidades do objeto demandado, uma vez que o proponente deve conhecer todas as condutas que, se praticadas, podem acarretar punição ao cabo do competente processo punitivo.

Por derradeiro, destaque-se que a prática dos comportamentos caracterizados como infrações administrativas também pode acarretar punição no âmbito penal, a exemplo da apresentação de documento falso, conforme se verifica da leitura dos tipos penais constantes dos arts. 337-F[174] e 337-I[175] do Código Penal Brasileiro. Diante deste fato, portanto, é dever da Administração Pública relatar o ocorrido para as autoridades competentes, a fim de possibilitar a responsabilização penal do particular infrator.

Passa-se a analisar tais infrações administrativas individualmente.

1.4.1 Inexecução parcial ou total dos contratos administrativos

Já a (1) inexecução parcial, a (2) inexecução parcial do contrato que cause grave dano à Administração, ao funcionamento dos

---

174 "Frustração do caráter competitivo de licitação:
Art. 337-F. Frustrar ou fraudar, com o intuito de obter para si ou para outrem vantagem decorrente da adjudicação do objeto da licitação, o caráter competitivo do processo licitatório:
Pena – reclusão, de 4 (quatro) anos a 8 (oito) anos, e multa".

175 "Perturbação de processo licitatório:
Art. 337-I. Impedir, perturbar ou fraudar a realização de qualquer ato de processo licitatório:
Pena – detenção, de 6 (seis) meses a 3 (três) anos, e multa".

serviços públicos ou ao interesse coletivo ou a (3) inexecução total do contrato administrativo caracterizam-se como infrações administrativas na forma prevista nos incs. I, II e III do art. 155 da Lei nº 14.133/2021,[176] incorrendo o particular nas sanções que a seguir discorreremos.

O bem jurídico tutelado com a previsão destas infrações administrativas na lei é a efetiva satisfação do interesse público almejado com o objeto da contratação cuja execução foi trespassada para particulares, que deverá ocorrer nos estritos termos das regras fixadas no edital e no contrato.

No que diz respeito aos efeitos da conduta, configuram-se como infrações de resultado (também ditas materiais), isto é, que exigem alteração do mundo fenomênico (resultado externo), as previstas nos incs. I a III do *caput* do art. 155, dado que para sua tipificação objetiva impõe-se o reconhecimento de inexecução parcial ou total do contrato.[177]

No tocante ao sujeito ativo da infração, somente incorrerá no referido tipo o contratado que, em razão dos termos do contrato ou ordem de fornecimento e serviço, for obrigado a executar o objeto contratado. Enquanto não for exigível a execução de qualquer obrigação contratual, afigura-se despropositado o desencadeamento do processo punitivo. Por sua vez, o sujeito passivo da referida infração administrativa é a Administração Pública contratante, que restará prejudicada em razão da prática do comportamento infracional tipificado ora estudado, uma vez que a inexecução prejudicará a atividade administrativa envolvida com o objeto não executado na forma do contrato.

Já em relação à ação física concretizada na prática do comportamento infracional, entende-se por inexecução do contrato o

[176] "Art. 155. O licitante ou o contratado será responsabilizado administrativamente pelas seguintes infrações:
I – dar causa à inexecução parcial do contrato;
II – dar causa à inexecução parcial do contrato que cause grave dano à Administração, ao funcionamento dos serviços públicos ou ao interesse coletivo;
III – dar causa à inexecução total do contrato";

[177] FERREIRA, Daniel. Responsabilização administrativa por infrações imputáveis a licitantes e contratados à luz da Lei n. 14.133/2012 (NLLC). *In:* HARGER (coord.) *Aspectos polêmicos sobre a nova lei de licitações e contratos administrativos*: Lei nº 14.133/2021. Belo Horizonte: Fórum, 2022, p 355.

não fornecimento, execução, prestação, cumprimento, realização ou implementação das obrigações constantes do instrumento contratual ou ata de registro de preços, sejam encargos principais[178] ou acessórios.[179]

Por inexecução parcial entende-se a inadimplência em relação a algumas obrigações constantes do ajuste, mas não todas aquelas listadas no termo. Neste caso, a atuação é incompleta, imperfeita, inacabada, fragmentada, parcial etc. Ou seja, o particular executa parcialmente aquilo que se obrigou, buscando viabilizar a execução do objeto contratado, porém não conclui a obrigação assumida na totalidade. Se 1% do objeto contratado foi executado, não há possibilidade de caracterização de inexecução total. Com efeito, na inexecução parcial, há comportamento ativo no sentido de buscar a execução dos encargos contratuais, mas não se observa o cumprimento integral das obrigações assumidas.

Sendo assim, exemplificando, estará inadimplente com as obrigações contratuais um contratado que presta adequadamente serviços de limpeza, por meio de seus colaboradores, porém não cumpre a obrigação mensal de apresentar determinados documentos que comprovam o atendimento das obrigações trabalhistas. Da mesma forma, caracteriza-se inexecução parcial o fornecimento de bem com a sua instalação, quando se observa apenas a entrega do objeto pretendido sem que ocorra a prestação de serviços necessários para o seu pleno funcionamento.

Alerte-se que a inexecução parcial do contrato administrativo somente ocorrerá a partir do momento em que o contratado tem por obrigação iniciar a execução do objeto. Pode acontecer que a prestação seja somente necessária e obrigatória após a expedição formal de ordem de serviço ou fornecimento, além da emissão de nota de empenho ou autorização de funcionamento, em caso de ata de registro de preços. Demais disso, para fins de caracterização de inexecução parcial, o particular deve efetivamente receber a

---

178 Entende-se como obrigação principal, por exemplo, a prestação de serviços de limpeza constante do objeto de um contrato com objeto de serviços de limpeza de prédios públicos.

179 Entende-se como obrigação secundária, por exemplo, a entrega de documentos que comprovem o cumprimento de obrigações trabalhistas dos colaboradores alocados na prestação dos serviços de limpeza de prédios públicos.

comunicação administrativa fixando o início do cumprimento das obrigações, o que deverá ser comprovado pela Administração, para viabilizar a instauração do processo sancionador, ou seja, o contratado deve ser conhecedor do encargo que a ele cabe.

Neste caso, caberá à Administração instaurar um processo sancionatório para apurar as razões da suposta inadimplência contratual parcial e, inexistindo justificativa que esclareça tal descumprimento de parte das obrigações assumidas, deverá o particular ser punido, proporcionalmente à inexecução observada.

Demais disso, demonstrando as razões, motivos, circunstâncias que comprovem, justifiquem ou legitimem a inexecução parcial do contrato, devendo, para tanto, ser apresentadas as devidas evidências documentais, periciais, testemunhais etc., entende-se que a imposição de qualquer tipo de sanção é descabida e, portanto, ilegal.

Por sua vez, observa-se a inexecução total do contrato administrativo quando o contratado ou detentor da ata de registro de preços não cumpre absolutamente nenhuma de suas obrigações pactuadas, ou seja, observa-se uma inação total e completa em relação ao cumprimento daquilo que se obrigou, ou, ainda, quando se observa, no caso concreto, que o mesmo foi substancialmente prestado de forma irregular, o que se torna inútil à satisfação da necessidade ou utilidade que com ele pretendida obter.[180]

Alerte-se que a caracterização de inexecução do contrato administrativo somente ocorrerá a partir do momento que o contratado tem por obrigação iniciar a execução do objeto, o que deve estar claro no edital. Pode acontecer que a prestação somente ocorrerá após a expedição formal de ordem de serviço ou fornecimento, além da emissão de nota de empenho ou autorização de funcionamento em caso de ata de registro de preços.

Demais disso, para fins de caracterização de inexecução, o particular deve efetivamente receber a comunicação administrativa

180 FERREIRA, Daniel. Responsabilização administrativa por infrações imputáveis a licitantes e contratados à luz da Lei n. 14.133/2012 (NLLC). *In:* HARGER (coord.) *Aspectos polêmicos sobre a nova lei de licitações e contratos administrativos*: Lei nº 14.133/2021. Belo Horizonte: Fórum, 2022, p 356.

para o início do cumprimento das obrigações, o que deverá ser comprovado e consignado nos autos pela Administração para viabilizar a instauração do processo sancionador.

Nesse caso, caberá à Administração instaurar um processo sancionatório para apurar as razões da suposta inadimplência total do ajuste e, inexistindo justificativa que esclareça o descumprimento total das obrigações assumidas, motivadamente deverá o particular ser punido. Por sua vez, demonstrando o particular as razões, motivos, circunstâncias que comprovem, justifiquem ou legitimem a inexecução total do contrato, devendo, para tanto, ser apresentadas as devidas evidências documentais, testemunhais, periciais etc., entende-se que qualquer tipo de sanção é descabido e, portanto, ilegal.

Com efeito, denota-se que a inexecução total ou parcial do contrato administrativo é um comportamento omissivo, não obstante o entendimento daqueles que entendem que tal infração poderá caracterizar-se em razão de um proceder ativo.[181]

O elemento subjetivo reside no dolo, ou seja, quando se vislumbra o desejo intencional do contratado de não cumprir os prazos ou demais obrigações contratuais; ou na culpa, caso aquele que se obrigou a cumprir determinada obrigação, em razão de negligência, imprudência ou imperícia, deixa de honrar o encargo assumido injustificadamente.

É oportuno enfatizar que a "inexecução total ou parcial do contrato" são condutas fixadas na lei providas de generalidade que, por não descreverem a conduta proibida com densidade suficiente, acabam por afrontar o princípio da tipicidade.[182] Por tal razão, considerando-se as particularidades do objeto a ser contratado, deve a Administração fixar no edital, de forma precisa e cristalina, caso a contratação decorra de licitação ou processo administrativo, em caso de contratação direta, bem como no contrato

---

181 "A infração ao art. 87 da Lei nº 8.666/93 pode ser cometida tanto por ação, que se configura quando o contratado executa algo diferente daquilo que foi avençado, quanto por omissão, nas modalidades dolosa ou culposa" (ZARDO, Francisco. *Infrações e sanções em licitações e contratos administrativos*. São Paulo: Revista dos Tribunais, 2014, p. 131).

182 ZARDO, Francisco. *Infrações e sanções em licitações e contratos administrativos*. São Paulo: Revista dos Tribunais, 2014, p. 130.

administrativo e nos instrumentos equivalentes, as condutas eleitas à luz das características do objeto demandado, que, caso praticadas, caracterizarão infração administrativa, uma vez que deve ser garantido ao futuro contratado o direito de conhecer as punições que poderão sofrer em razão da prática das condutas lá observadas, sob pena de violação ao princípio da segurança jurídica.[183]

Em relação à sanção a ser imposta pela Administração em razão da prática dos comportamentos estudados constantes dos incs. I, II e III do art. 155, diferentemente do regramento constante dos arts. 87 da Lei nº 8.666/1993 e 83 da Lei nº 13.303/2016, que não correlacionam a infração praticada no caso concreto com a penalidade a ser imposta, os §§2º, 3º, 4º e 5º do art. 156 da Lei nº 14.133/2021 fixam quais serão as punições correspondentes mínimas.

Assim, reza o §2º do art. 156 da Lei nº 14.133/2021 que caberá *advertência* exclusivamente pela infração administrativa prevista no inc. I do art. 155 (inexecução parcial) quando não se justificar a imposição de penalidade considerada mais grave. Por sua vez, conforme estabelece o art. 156, §3º, da Lei nº 14.133/2021, o *impedimento de licitar e contratar* no âmbito da Administração Pública direta e indireta do ente federativo que aplicou a sanção, pelo prazo máximo de 3 (três) anos, será imposto ao responsável que (1) dar causa à inexecução parcial do contrato que cause grave dano à Administração, ao funcionamento dos serviços públicos ou ao interesse coletivo; ou (2) dar causa à inexecução total do contrato, quando não se justificar a imposição de penalidade mais grave – vale dizer, a declaração de inidoneidade –, cabendo, ainda, na forma do §7º do mesmo dispositivo, a multa prevista em edital e no contrato, que não poderá ser inferior a 0,5% (cinco décimos por cento) nem superior a 30% (trinta por cento) do valor do contrato licitado ou celebrado com contratação direta, conforme regramento previsto no §3º do artigo estudado. Por derradeiro, o §4º do referido artigo estabelece que caberá a *declaração de inidoneidade* nos casos da prática das infrações administrativas previstas nos incs. VIII, IX, X, XI e XII do caput

183 DIAS, Eduardo Rocha. *Sanções administrativas aplicáveis a licitantes e contratados*. São Paulo: Dialética, 1997, p. 113.

do art. 155, bem como pelas infrações administrativas previstas nos incs. II, III, IV, V, VI e VII do caput do referido artigo que justifiquem, motivadamente, a imposição de penalidade mais grave que a punição de impedimento de licitar e contratar.

O *quantum* punitivo, seja da sanção restritiva de direito (impedimento de licitar e contratar ou declaração de inidoneidade) ou patrimonial (multa), será compatível e adequado, à luz da razoabilidade, da proporcionalidade e da reprovabilidade do comportamento infracional praticado pelo sujeito no caso concreto, devendo a efetiva aplicação considerar I – a natureza e a gravidade da infração cometida; II – as peculiaridades do caso concreto; III – as circunstâncias agravantes ou atenuantes; IV – os danos que dela provierem para a Administração Pública e V – a implantação ou o aperfeiçoamento de programa de integridade, conforme normas e orientações dos órgãos de controle, *ex vi* do §1º do mesmo art. 156. Demais disso, conforme estabelece o art. 22, §2º, do Decreto-Lei nº 4.657/1942 (Lei de Introdução às Normas do Direito Brasileiro ou LINDB), a ser observado no processo sancionatório conforme prevê o art. 5º da nova Lei de Licitações, deverá ainda ser considerado para fins de dosimetria da sanção os antecedentes do particular infrator.

1.4.2 Deixar de entregar documentação exigida para o certame

No tocante ao comportamento infracional concretizado em deixar de entregar documentação exigida para o certame, conforme previsto no art. 155, inc. IV, da Lei nº 14.133/2021,[184] tem-se que o particular que não encaminhar a documentação exigida na licitação, na forma fixada no ato convocatório, sofrerá as consequentes sanções, cuja moldura punitiva apresentaremos adiante.

Em razão da dinâmica procedimental da licitação processada pela modalidade pregão e pelo RDC, adotada na nova Lei de Licitações, que acaba por exigir um vínculo de confiança entre o proponente e a Administração licitante, como bem ressalta Fabrício

184 "Art. 155. O licitante ou o contratado será responsabilizado administrativamente pelas seguintes infrações: (...) IV – deixar de entregar a documentação exigida para o certame".

Motta,[185] elemento necessário para garantir a celeridade do certame, entendeu a lei em enquadrar a conduta ora destacada como infração administrativa, a fim de afastar tal prática nas licitações, haja vista o seu caráter prejudicial. Por exemplo, pode um licitante arrepender-se do lance baixo oferecido na ocasião oportuna, deixando de apresentar, na fase habilitatória subsequente, a totalidade ou parte da documentação prevista no instrumento editalício, com o objetivo de furtar-se da obrigação contratual que deveria assumir perante a Administração licitante.

Entretanto, como bem ensina Daniel Ferreira, quando a fase de habilitação preceder à de julgamento, conforme também autorizado na NLLCA (§1º do art. 17), e se exigir a apresentação de documentos físicos (em envelope), o simples comportamento de não se juntar prova documental, como a referida, não dará ensejo a sancionamento válido algum, pois a situação se resolverá mediante simples inabilitação.[186]

Observa-se que o bem jurídico a ser tutelado, mais uma vez, é a contratação da proposta mais vantajosa verificada no certame. Com efeito, ante o fato de que a ausência de entrega da documentação exigida no ato convocatório acarretar o alijamento do proponente do certame, inutilizando, assim, a sua proposta ou lance comercial, haverá prejuízo à garantia da contratação mais vantajosa. Assim, essa infração administrativa tem o condão de garantir tal objeto da licitação.[187]

Com efeito, a ausência de punição permitiria aos proponentes a concessão desenfreada de lances e posterior declínio da contratação

---

185 MOTTA, Fabrício. Das sanções. *In*: GASPARINI, Diógenes (coord.). *Pregão presencial e eletrônico.* 2. ed. rev. e ampl. Belo Horizonte: Fórum, 2009, p. 135.

186 FERREIRA, Daniel. Responsabilização administrativa por infrações imputáveis a licitantes e contratados à luz da Lei n. 14.133/2012 (NLLC). *In:* HARGER (coord.) *Aspectos polêmicos sobre a nova lei de licitações e contratos administrativos*: Lei nº 14.133/2021. Belo Horizonte: Fórum, 2022, p 359.

187 Nesse sentido, ilustra bem Ariosto Mila Peixoto, quando ressalta que: "Certamente, o legislador incluiu a exigência desta 'declaração', como tentativa de coibir a participação especulatória e de má-fé em que o licitante, mesmo sabendo da sua condição de irregularidade documental, participa da fase de propostas e lances para turbar o procedimento. Assim sendo, a falta da documentação exigida para o certame (art. 7º) ensejaria, em tese, a punição do licitante que, aos olhos do legislador, buscou atrapalhar o andamento do pregão e participou da fase de lances mesmo sabendo que seria inabilitado na próxima etapa" (PEIXOTO, Aristo Mila. *Pregão presencial e eletrônico (Comentários à Lei nº 10.520, de 17.07.2002 e legislação comparada).* Campinas: Prime, 2006, p. 119).

por meio da não inserção de determinado documento habilitatório no competente envelope, fato que prejudicaria a busca da proposta mais vantajosa ou até o sucesso da licitação, caso tal postura fosse praticada por todos aqueles que acudiram ao chamado da Administração e detiveram suas propostas classificadas ao cabo do conclave.

Assim, por exemplo, apresentando o licitante declaração afirmando que cumpre os requisitos habilitatórios previstos no instrumento convocatório, o ato de deixar de entregar a documentação – o que possibilita que o proponente seja alijado do certame, não honrando sua proposta – passa a ser uma conduta passível de punição, pois a confiança foi rompida.

O sujeito ativo da referida infração administrativa é o proponente que acode ao chamado da Administração e detém o encargo de encaminhar a documentação habilitatória no momento oportuno. Quanto ao sujeito passivo da referida infração administrativa, observa-se, a Administração Pública licitante, que restará prejudicada em razão da prática do comportamento infracional tipificado ora estudado, uma vez que terá que descartar a proposta vantajosa em razão do alijamento do proponente que não apresentou o devido documento.

No tocante ao elemento subjetivo, ressalva Marçal Justen Filho:

> O elemento subjetivo é o dolo, mas também pode admitir a culpa grave. Deverá averiguar-se a culpabilidade do sujeito e a dimensão da infração ao dever de diligência. Não existirá infração quando a conduta do sujeito refletir um erro escusável ou as circunstâncias evidenciarem que o sujeito atuara com a cautela normal a todo empresário. Não é necessário um elemento similar ao dolo. Não há necessidade de que o sujeito tenha consciência acerca da ausência do documento e que esse resultado tenha sido antevisto como precisão e livremente por ele desejado. Basta uma situação equivalente à culpa grave.[188]

Deverá ser verificado, todavia, se a conduta do licitante demonstra, por exemplo, desleixo quando da análise do ato

---

[188] JUSTEN FILHO, Marçal. *Comentários ao RDC*: (Lei nº 12.462/11 e Decreto nº 7.581/11). São Paulo: Dialética, 2013, p. 675.

convocatório ou montagem do envelope habilitatório ou má-fé, ante a impossibilidade de atender à exigência editalícia.[189]

Em nosso sentir, o sancionamento em decorrência da referida infração administrativa somente poderá ocorrer caso reste demonstrado, nos autos do processo administrativo, o desejo intencional do sujeito de não juntar o documento faltante, bem como a presença de um prejuízo efetivo para a Administração.

Ilustrando: imagine-se que o particular convocado não apresenta o documento exigido no ato convocatório porque, à luz de sua interpretação dos termos do edital, considerava que não era o caso de apresentá-lo, de forma a caracterizar um erro, em razão da incerteza ou incoerência das regras editalícias. Suponha-se que a argumentação jurídica referente à interpretação do edital apresentada pelo licitante seja plausível. Nesse caso, caracterizar-se-á a excludente de culpabilidade, sendo o sancionamento descabido.[190]

Neste sentido, destaca Marçal Justen Filho:

> A primeira infração prevista comporta exame jurídico bastante peculiar. Deve tomar-se cautela para evitar que toda e qualquer hipótese de ausência documental propicie sancionamento, o que produziria resultado muito além do pretendido pelo legislador.
>
> (...)
>
> Basta a ausência do documento para caracterizar-se a infração? As considerações acima expostas, a propósito da teoria da ação finalista, são o fundamento para uma resposta negativa. A configuração da infração pressupõe um elemento subjetivo do qual a atuação externa é mera decorrência.
>
> Deverá averiguar-se a culpabilidade do sujeito e a dimensão da infração ao dever de diligência. Deverá reputar-se como ausente o elemento

---

189 Nesse sentido, como bem ilustra Fabrício Motta: "É possível diferenciar situação onde o licitante possui o documento, mas por mero lapso deixou de apresentá-lo no momento oportuno, de outra onde sabidamente não possui o documento ou condições para obtê-lo (por estar, por exemplo, em situação irregular perante a Seguridade Social) e, por isso, não teria como apresentá-lo. Sabidamente é dever de todos que participam de licitações a atenção ao instrumento convocatório" (MOTTA, Fabrício. Das sanções. *In*: GASPARINI, Diógenes (coord.). *Pregão presencial e eletrônico*. 2. ed. rev. e ampl. Belo Horizonte: Fórum, 2009, p. 135).

190 MARTINS, Ricardo Marcondes; PEREIRA JÚNIOR, Jessé Torres (coord.). *Comentários ao sistema legal brasileiro de licitações e contratos administrativos*. São Paulo: NDJ, 2016, p. 1123.

subjetivo quando o erro for escusável ou as circunstâncias evidenciarem que o sujeito atuará com a cautela normal a todo empresário.[191]

Demais disso, é pressuposto para caracterização da infração administrativa a ocorrência da análise das propostas comerciais antes da documentação habilitatória, bem como a apresentação da declaração de atendimento dos requisitos habilitatórios.[192]

Assim, tem-se que a aplicação da punição em estudo acarretaria a criação de grandes injustiças, especialmente àqueles que não reúnem as condições de habilitação, apenas por um descuido, fato muito comum, por sinal.[193]

No tocante à ação física necessária para a caracterização da infração administrativa em estudo, observa-se que esta se configura na ausência da apresentação da documentação prevista na legislação licitatória, expressamente arrolada no instrumento convocatório.

Sendo assim, descabe a pretensão de punir proponente que não apresentar um documento que, embora elencado na Lei nº 14.133/2021, não foi solicitado para fins habilitatórios no certame.[194]

---

191 JUSTEN FILHO, Marçal. *Pregão*: comentários à legislação do pregão comum e eletrônico. 6. ed. rev. e atual. São Paulo: Dialética, 2013, p. 247-248.

192 Sobre a questão, destaca Ricardo Marcondes Martins: A infração da não apresentação da documentação exigida é, mesmo na falta de elemento textual expresso, vinculada à apresentação da declaração de que se atendem aos requisitos de habilitação. Se a Administração não exigiu a declaração, não poderá, depois, punir o administrado que não apresentou a documentação. Noutras palavras: é pressuposto da infração prevista na primeira parte do inciso II do art. 47 a exigência de declaração prevista no inciso I do art. 14. Por conseguinte, também é pressuposto a não inversão de fases prevista no parágrafo único do art. 12 da Lei nº 12.462/2011. Caso a fase de habilitação seja efetuada antes da fase de julgamento, não faz sentido exigir a declaração do inciso I do art. 14: o licitante que não apresentar a documentação exigida é simplesmente inabilitado, sem cometer ato ilícito. É a realização do julgamento antes da habilitação que justifica a exigência de declaração de que se atendem às exigências de habilitação e, por consequência, a ilicitude da não apresentação dos documentos exigidos. Nesse caso, o licitante apresentará sua proposta e pode prejudicar, de modo substancial, o julgamento e, pois, todo o certame. Por isso, exige-se dele que se comprometa a só participar se possui a documentação necessária para se habilitar e, caso descumpra o compromisso assumido, impõe-se a ele a sanção de impedimento. Em assonância com o que se expôs, a infração não se caracteriza se a documentação exigida disser respeito à proposta, ensejando apenas a desclassificação do licitante (MARTINS, Ricardo Marcondes; PEREIRA JÚNIOR, Jessé Torres (coord.). *Comentários ao sistema legal brasileiro de licitações e contratos administrativos*. São Paulo: NDJ, 2016, p. 1122).

193 PEIXOTO, Aristo Mila. *Pregão presencial e eletrônico (Comentários à Lei nº 10.520, de 17.07.2002 e legislação comparada)*. Campinas: Prime, 2006, p. 120.

194 PEREIRA JÚNIOR, Jessé Torres; DOTTI, Marinês Restelatto. *Comentários ao RDC integrado ao sistema brasileiro de licitações e contratações públicas*. Rio de Janeiro: Renovar, 2015, p. 986-987.

Da mesma forma, descabe punir o proponente que não apresentou um documento exigido na proposta comercial. Neste caso, somente ocorrerá a desclassificação da proposta.[195]

Ademais, a caracterização da conduta infracional somente ocorre quando da aferição da documentação na ocasião oportuna,[196] sendo descabida a pretensão de punir um licitante em razão da não apresentação em momento que não seja o adequado.

Se o instrumento convocatório não especificar o documento a ser entregue pelo licitante, a comissão de licitação poderá receber documento equivalente, desde que apto a comprovar o atendimento à exigência a que se refere.[197] Neste caso, não há que se cogitar a prática do comportamento infracional, uma vez que o requisito editalício foi atendido por meio de outro documento.

No tocante à punição fixada pela lei, conforme estabelece o art. 156, §4º, da Lei nº 14.133/2021, o impedimento de licitar e contratar no âmbito da Administração Pública direta e indireta do ente federativo que aplicou a sanção, pelo prazo máximo de 3 (três) anos, será imposto ao responsável que não apresentar no invólucro (envelope) competente toda ou parte da documentação exigida no ato convocatório para o certame, cabendo, ainda, na forma do §7º do mesmo dispositivo, a multa prevista em edital e no contrato, vale dizer, não poderá ser inferior a 0,5% (cinco décimos por cento) nem superior a 30% (trinta por cento) do valor do contrato licitado ou celebrado com contratação direta, conforme regramento previsto no §3º do artigo estudado. Esclareça-se, todavia, que o §5º do referido artigo estabelece que caberá a declaração de inidoneidade caso verifique-se a infração administrativa anteriormente estudada, cuja gravidade do caso concreto justifique a imposição de penalidade mais grave que a punição de impedimento de licitar e contratar, a exemplo da verificação de fraude ou dolo quando da prática de comportamento execrável.

O *quantum* punitivo, seja da sanção restritiva de direito (impedimento de licitar e contratar ou declaração de inidoneidade)

---

195 JUSTEN FILHO, Marçal. *Comentários ao RDC*: (Lei nº 12.462/11 e Decreto nº 7.581/11). São Paulo: Dialética, 2013, p. 677.

196 PEREIRA JÚNIOR, Jessé Torres; DOTTI, Marinês Restelatto. *Comentários ao RDC integrado ao sistema brasileiro de licitações e contratações públicas*. Rio de Janeiro: Renovar, 2015, p. 986-987.

197 PEREIRA JÚNIOR, Jessé Torres; DOTTI, Marinês Restelatto. *Comentários ao RDC integrado ao sistema brasileiro de licitações e contratações públicas*. Rio de Janeiro: Renovar, 2015, p. 986-987.

ou patrimonial (multa), será compatível e adequado, à luz da razoabilidade, da proporcionalidade e da reprovabilidade do comportamento infracional praticado pelo sujeito no caso concreto, devendo a efetiva aplicação considerar I – a natureza e a gravidade da infração cometida; II – as peculiaridades do caso concreto; III – as circunstâncias agravantes ou atenuantes; IV – os danos que dela provierem para a Administração Pública e V – a implantação ou o aperfeiçoamento de programa de integridade, conforme normas e orientações dos órgãos de controle, *ex vi* do §1º do mesmo art. 156. Demais disso, conforme estabelece o art. 22, §2º, do Decreto-Lei nº 4.657/1942 (Lei de Introdução às Normas do Direito Brasileiro ou LINDB), a ser observado no processo sancionatório, conforme prevê o art. 5º da nova Lei de Licitações, deverá ainda ser considerado para fins de dosimetria da sanção os antecedentes do particular infrator.

1.4.3 Não manutenção da proposta comercial pelo adjudicatário

No tocante ao comportamento infracional concretizado pela não manutenção da proposta comercial ofertada e aceita, tem-se que é dever do proponente manter a proposta comercial ofertada e aceita pela Administração, constante do competente envelope, bem como o lance oferecido na fase oportuna, cujo teor acarretou a vitória no certame, sob pena de ser caracterizada infração administrativa, conforme prevê o art. 155, inc. V, da Lei nº 14.133/2021.[198]

Tendo em vista a celeridade observada na modalidade pregão e no Regime Diferenciado de Contratações (RDC), cuja dinâmica foi incorporada pela Lei nº 14.133/2021 – onde se observa o julgamento das propostas comerciais antes da análise da documentação do primeiro colocado, o que não ocorria nas modalidades tradicionais de licitação –, gera-se entre o proponente e a Administração promotora da licitação um vínculo de confiança que, quando rompido – por exemplo, na ocasião em que o licitante concede lances

198 "Art. 155. O licitante ou o contratado será responsabilizado administrativamente pelas seguintes infrações: (...) V – não manter a proposta, salvo em decorrência de fato superveniente devidamente justificado"; (Grifo nosso).

desenfreadamente na fase oportuna, não mantendo sua proposta posteriormente, haja vista verificar que ela se tornou inexequível –, acarreta uma punição, fixada pela lei justamente para desestimular condutas desta natureza.[199]

Conhecedor, portanto, da punição que poderá advir futuramente, é dever do licitante avaliar, na ocasião em que cadastra sua proposta, apresenta os envelopes na sessão de abertura da licitação ou oferta lances na fase oportuna, se possui condições comerciais para ingressar no certame ou conceder descontos sobre o valor ofertado, haja vista que, caso não honre futuramente sua proposta escrita ou lance ofertado verbal ou eletronicamente, poderá ser sancionado com o impedimento de licitar e contratar com a Administração.[200]

Assim como se observou na análise da infração citada, o bem jurídico a ser protegido por meio da referida infração administrativa é a contratação da proposta mais vantajosa, verificada ao fim do certame licitatório.

No tocante ao sujeito ativo da infração administrativa em estudo, incorrerá na referida infração administrativa o adjudicatário, bem como os licitantes subsequentes que, de forma explícita ou implícita, decorrente de uma conduta omissiva ou comissiva (ativa), recusarem-se a manter a sua proposta comercial. Por sua vez, o sujeito passivo da referida infração administrativa é a Administração Pública licitante, que restará prejudicada em razão da prática do comportamento infracional tipificado.

Em relação à ação física, necessária para que ocorra a infração administrativa em destaque, tem-se que a não manutenção

---

199 Sobre tal questão, ilustra Ariosto Mila Peixoto que "vale lembrar que o Pregão é uma modalidade especial e o fato psicológico do participante influencia consideravelmente o resultado do certame. Em alguns segmentos do mercado, há muita disputa pelos contratos administrativos, fazendo com que os licitantes ofereçam lances muito baixos, às vezes aquém do seu limite, apenas para vencerem o certame" (PEIXOTO, Aristo Mila. *Pregão presencial e eletrônico (Comentários à Lei nº 10.520, de 17.07.2002 e legislação comparada)*. Campinas: Prime, 2006, p. 125).

200 Destaca novamente Ariosto Mila Peixoto que: "O licitante que oferece a proposta ou lance e depois se recusa a manter o valor ofertado deve sofrer punição. Com efeito, o núcleo da infração reflete a participação do licitante que, motivado pela emoção e acirrada disputa, reduz os lances de forma irracional e desmedida e, depois de encerrada a etapa, toma consciência do prejuízo que assumirá se mantiver aquele último lance; esta conduta ensejará a punição" (PEIXOTO, Aristo Mila. *Pregão presencial e eletrônico (Comentários à Lei nº 10.520, de 17.07.2002 e legislação comparada)*. Campinas: Prime, 2006, p. 124-125).

da proposta comercial pode concretizar-se na ausência de comparecimento na repartição do órgão ou entidade para a celebração do competente contrato administrativo ou retirar o instrumento equivalente, no prazo fixado pela Administração licitante, que poderá ser ampliado, conforme asseverado anteriormente ou permanecendo em silêncio, não atendendo às notificações do Poder Público.

Observa-se que uma proposta comercial pode não ser "mantida" sob diversas hipóteses, e não somente quando não se honra o valor lá anotado, mas sob aspectos de ordem técnica, prazo de garantia ou validade do objeto, marca ou modelo do produto.[201]

Por exemplo, para o Ministério do Planejamento, considera-se não manter a proposta a ausência de envio desta, bem como a recusa do encaminhamento de seu detalhamento, quando exigível, ou, ainda, o pedido, pelo licitante, da desclassificação de sua proposta, quando encerrada a etapa competitiva, desde que não esteja fundamentada na demonstração de vício ou falha na sua elaboração que evidencie a impossibilidade de seu cumprimento.[202]

Observando-se uma situação desta natureza ao cabo do certame, não pode o administrador público dar continuidade à celebração do ajuste, pois contratará uma proposta distinta daquela que ofertada durante o processo licitatório, o que pode gerar a devida responsabilização para o agente.[203]

O elemento subjetivo necessário para a caracterização da referida infração administrativa reside na verificação de dolo, quando se vislumbrar a intenção livre e consciente de o adjudicatário não manter a sua proposta comercial, recusando-se a contratar com a Administração, ou, ainda, em razão de um ato culposo, cujo comportamento negligente, imperito e desidioso acabe por

---

201 PEREIRA JÚNIOR, Jessé Torres; DOTTI, Marinês Restelatto. *Comentários ao RDC integrado ao sistema brasileiro de licitações e contratações públicas.* Rio de Janeiro: Renovar, 2015, p. 989.

202 BRASIL. Ministério do Planejamento, Orçamento e Gestão. Norma Operacional nº 02/DIRAD/MP. Dispõe sobre as condutas e a dosimetria na aplicação da penalidade de impedimento de licitar e contratar previstas no artigo 7º da Lei nº 10.520, de 17 de julho de 2002, no âmbito do Ministério do Planejamento, Desenvolvimento e Gestão. Portaria nº 170 DIRAD de 17 de março de 2017. *Diário Oficial da União,* Brasília. 20 mar. 2017, p. 96.

203 PEREIRA JÚNIOR, Jessé Torres; DOTTI, Marinês Restelatto. *Comentários ao RDC integrado ao sistema brasileiro de licitações e contratações públicas.* Rio de Janeiro: Renovar, 2015, p. 989.

inviabilizar a mantença da oferta apresentada durante o processo administrativo licitatório.

Como expressamente estabelece o dispositivo legal em estudo, a punição correspondente será descartada caso a recusa de manter sua proposta comercial decorra de um fato superveniente devidamente justificado, a exemplo da ocorrência de caso fortuito ou força maior (excludente de culpabilidade), ou, ainda, a convocação para celebração do ajuste ou retirada de instrumento equivalente que ocorre após a expiração do prazo de validade das propostas comerciais (excludente de ilicitude, ou seja, o exercício regular de um direito.

No tocante à punição fixada pela lei, conforme estabelece o art. 156, §4º, da Lei nº 14.133/2021, o impedimento de licitar e contratar no âmbito da Administração Pública direta e indireta do ente federativo que aplicou a sanção, pelo prazo máximo de 3 (três) anos, será imposto ao responsável que incorrer na referida infração administrativa o particular que, de forma explícita ou implícita, decorrente de uma conduta omissiva ou comissiva (ativa), se recusar a manter a sua proposta comercial, cabendo, ainda, na forma do §7º do mesmo dispositivo, a multa prevista em edital e no contrato, vale dizer, não poderá ser inferior a 0,5% (cinco décimos por cento) nem superior a 30% (trinta por cento) do valor do contrato licitado ou celebrado com contratação direta, conforme regramento previsto no §3º do artigo estudado. Esclareça-se, todavia, que o §5º do referido artigo estabelece que caberá a declaração de inidoneidade caso verifique-se a infração administrativa anteriormente estudada, cuja gravidade do caso concreto justifique a imposição de penalidade mais grave que a punição de impedimento de licitar e contratar, a exemplo da verificação de fraude ou dolo, quando da prática do comportamento execrável.

O *quantum* punitivo, seja da sanção restritiva de direito (impedimento de licitar e contratar ou declaração de inidoneidade) ou patrimonial (multa), será compatível e adequado, à luz da razoabilidade, da proporcionalidade e da reprovabilidade do comportamento infracional praticado pelo sujeito no caso concreto, devendo a efetiva aplicação considerar I – a natureza e a gravidade da infração cometida; II – as peculiaridades do caso concreto; III – as circunstâncias agravantes ou atenuantes; IV – os danos que dela provierem para a Administração Pública e V – a implantação ou o aperfeiçoamento de programa de integridade, conforme normas e orientações dos órgãos de controle, *ex vi* do §1º do mesmo art. 156. Demais disso, conforme estabelece o art. 22, §2º, do Decreto-Lei nº 4.657/1942 (Lei de Introdução às Normas do Direito Brasileiro ou LINDB), a ser observado no processo sancionatório, conforme prevê o art. 5º da nova Lei de Licitações, deverá ainda ser considerado para fins de dosimetria da sanção os antecedentes do particular infrator. Sobre o estudo analítico da dosimetria da sanção administrativa no âmbito das contratações públicas, sugere-se a leitura do item 2.2.9 desta obra, cujo teor trata do princípio da proporcionalidade.

1.4.4 Não celebração do contrato ou não entrega da documentação exigida para a contratação, quando convocado dentro do prazo de validade de sua proposta

Analisando a retrocitada infração administrativa, na forma como estabelece o §5º do art. 90 da Lei nº 14.133/2021,[204] a recusa injustificada do adjudicatário em assinar o contrato ou em aceitar ou retirar o instrumento equivalente no prazo estabelecido pela Administração, caracteriza o descumprimento total da obrigação assumida, sujeitando-o às penalidades legalmente estabelecidas e à imediata perda da garantia de proposta em favor do órgão ou entidade licitante. De forma a garantir unidade ao sistema sancionatório, tal comportamento infracional foi reproduzido no inc. VI do art. 155[205] da retrocitada norma geral, todavia, com outra redação.

---

[204] "§5º A recusa injustificada do adjudicatário em assinar o contrato ou em aceitar ou retirar o instrumento equivalente no prazo estabelecido pela Administração caracterizará o descumprimento total da obrigação assumida e o sujeitará às penalidades legalmente estabelecidas e à imediata perda da garantia de proposta em favor do órgão ou entidade licitante".

[205] "Art. 155. O licitante ou o contratado será responsabilizado administrativamente pelas seguintes infrações:
(...)
VI – não celebrar o contrato ou não entregar a documentação exigida para a contratação, quando convocado dentro do prazo de validade de sua proposta";

O bem jurídico que se busca proteger é a contratação da proposta mais vantajosa, alcançada ao cabo do certame, de forma a garantir, assim, um dos objetivos da licitação.

Com efeito, oferecendo a proposta mais vantajosa, é obrigação do adjudicatário celebrar o contrato administrativo, nos termos fixados no instrumento contratual, ou aceitar ou retirar o instrumento equivalente no órgão e entidade nas hipóteses legais em que for permitido o afastamento.

Assim, haja vista o interesse público que envolve o objeto da contratação pública, deve o particular que apresentou a proposta mais vantajosa para a Administração honrá-la nos seus termos, sendo prejudicial para o interesse público que o proponente, sem justificativa, busque desvinculação daquilo que se prontificou.

Caracterizar a ausência de formalização do contrato como infração administrativa tem o condão de desestimular a sua prática no âmbito das contratações públicas, uma vez que, nas palavras de Marçal Justen Filho, essa conduta compromete a eficácia de toda a atividade desenvolvida no certame, e a contratação poderá deixar de se consumar, o que impedirá a satisfação de necessidades relevantes.[206]

Vislumbra-se que a sanção administrativa, consequência da infração de igual natureza, caracteriza-se como um efetivo instrumento para coagir o licitante adjudicatário, que se encontra vinculado à sua proposta, a honrá-la nos termos lá estabelecidos.

Em relação ao sujeito ativo da referida infração administrativa, destaque-se que somente poderá incorrer em tal comportamento infracional o proponente adjudicatário, uma vez não ser possível convocar para assinar o contrato administrativo, aceitar ou retirar o instrumento equivalente, aquele que não seja o particular que apresentou a proposta mais vantajosa. Assim, somente existe infração se o sujeito estiver vinculado juridicamente a produzir a formalização do contrato.[207] Já o sujeito passivo da referida infração administrativa é a Administração Pública licitante, que restará prejudicada em razão da prática do comportamento infracional tipificado.

---

206 JUSTEN FILHO, Marçal. *Comentários ao RDC*: (Lei nº 12.462/11 e Decreto nº 7.581/11). São Paulo: Dialética, 2013, p. 674.

207 JUSTEN FILHO, Marçal. *Comentários ao RDC*: (Lei nº 12.462/11 e Decreto nº 7.581/11). São Paulo: Dialética, 2013, p. 675.

Outrossim, também configura ilícito administrativo quando a Administração passa a convocar os licitantes subsequentes em virtude da desclassificação ou da recusa em contratar do adjudicatário.[208] Assim, sujeitar-se-ão a tal infração administrativa todos os proponentes que fazem parte da grade classificatória do certame e que sejam formalmente[209] convocados posteriormente para contratar com a Administração.

A recusa injustificada de assinar o contrato administrativo, aceitar ou retirar o instrumento equivalente dentro do prazo fixado pela Administração ocorre também nos processos de contratação derivados ou não de licitação, a exemplo de dispensas ou inexigibilidade de certame, credenciamento ou ata de registro de preços.[210]

É de convir, também, que o silêncio do adjudicatário importa recusa, sujeitando-se às penalidades.[211] Logo, a ação física caracterizadora da infração administrativa reside na prática de uma conduta omissiva ou comissiva (ativa). Por tal razão, é dever do adjudicatário atentar-se para o prazo fixado para assinatura do contrato, para a ata de registro de preços ou para a retirada do instrumento equivalente fixado no ato convocatório ou processo

---

208 JUSTEN FILHO, Marçal. *Comentários ao RDC*: (Lei nº 12.462/11 e Decreto nº 7.581/11). São Paulo: Dialética, 2013, p. 675.

209 "DIREITO ADMINISTRATIVO. LICITAÇÃO E CONTRATOS. RETENÇÃO DE VALORES EM NOTA DE EMPENHO A TÍTULO DE MULTA POR ATRASO NO CUMPRIMENTO DE CONTRATO DE FORNECIMENTO DE BENS. 1. Nos termos do art. 64 da Lei nº 8.666/93 é necessário que a Administração convoque o interessado para assinar o termo de contrato, aceitar ou retirar o instrumento equivalente, dentro do prazo e condições estabelecidos, sob pena de decair o direito à contratação. 2. *Nos autos não há prova da existência de convocação deste tipo e mesmo a alegada transmissão por fax de nota de empenho não foi comprovada pela Administração*. 3. Cenário em que não se justifica a punição aplicada por atraso no cumprimento do contrato, já que tal atraso não ficou demonstrado. 4. Além disso, não existiu prévia defesa, respeitosa ao contraditório, pelo que a punição aplicada diretamente já seria nula de qualquer modo. 5. Apelação e remessa improvidas. (BRASIL. Tribunal Regional Federal (1ª Região). Apelação Cível nº 2000.39.00.000536-1/PA. 5ª Turma. Relator: Desembargador Federal Fagundes de Deus. Julgado em 30.01.2005. E-DJF1, Brasília, DF, 14 mar. 2008, p. 179). (Grifos nossos).

210 Decreto Federal nº 7.982/13, art. 14, parágrafo único: "Art. 14. A ata de registro de preços implicará compromisso de fornecimento nas condições estabelecidas, após cumpridos os requisitos de publicidade.
Parágrafo único. A recusa injustificada de fornecedor classificado em assinar a ata, dentro do prazo estabelecido neste artigo, ensejará a aplicação das penalidades legalmente estabelecidas".

211 MENDES, Raul Armando. *Comentários ao Estatuto das licitações e contratos administrativos*. São Paulo: Revista dos Tribunais, 1988, p. 177.

administrativo, em caso de contratação direta, uma vez que a sua passividade poderá acarretar punição.

Não se pode deixar de lembrar, todavia, do contido no art. 90, §1º, da Lei nº 14.133/2021,[212] cujo teor estabelece que o prazo de convocação do particular para assinar o contrato ou retirar o instrumento equivalente poderá ser prorrogado uma vez, por igual período, quando solicitado pelo adjudicatário durante o seu transcurso e desde que se apresente um motivo justificado e aceito pela Administração. Assim, caso não seja possível celebrar o contrato administrativo ou retirar o instrumento equivalente, poderá o adjudicatário, antes da expiração do prazo fixado no edital, solicitar formalmente a sua prorrogação, devendo tal pleito ser respondido ao particular, motivadamente, antes da expiração do prazo estabelecido.

Demais disso, destaque-se que não há que se cogitar a aplicação de sanção alguma quando a convocação para celebrar o contrato administrativo ou a retirada do instrumento equivalente for realizada após a expiração do prazo de validade das propostas comerciais, uma vez que, ultrapassado tal lapso, os proponentes são liberados do compromisso de celebrar o ajuste. Neste caso, o adjudicatário omitiu-se em razão de exercer um direito que lhe assiste, sendo tal comportamento caracterizado como uma excludente de ilicitude, já tratado anteriormente.

Outrossim, caso os termos da contratação apresentados ao particular adjudicatário divirjam daqueles que constaram do ato convocatório, justificada está a repulsa da celebração do ajuste com termos estranhos àqueles que não constaram do edital.

No tocante ao elemento subjetivo, tem-se que o ilícito administrativo caracterizar-se-á diante do dolo configurado pelo comportamento intencional de o adjudicatário não manter a sua proposta comercial, recusando-se a contratar com a Administração, ou ainda, em razão de um comportamento culposo, cujo ato negligente, imperito e desidioso acabe por inviabilizar a celebração do contrato administrativo ou a retirada do instrumento equivalente pelo particular adjudicatário.

---

212 "§1º O prazo de convocação poderá ser prorrogado 1 (uma) vez, por igual período, mediante solicitação da parte durante seu transcurso, devidamente justificada, e desde que o motivo apresentado seja aceito pela Administração".

Existindo, todavia, motivada justificativa[213]-[214] para a recusa em celebrar o contrato administrativo ou retirar o instrumento equivalente, deve a sanção administrativa ser afastada pela autoridade competente, passando o Poder Público a celebrar o ajuste ou autorizar a retirada do instrumento equivalente com o mesmo proponente, caso exista ainda interesse, com o classificado subsequente. Com efeito, a punição é a imposição da sanção e não a perda do direito à contratação.

Resumem Jessé Torres Pereira Júnior e Marinês Restelatto Dotti:

> Três requisitos legitimam a aplicação dessa sanção (i) a convocação do adjudicatário ou licitantes remanescentes, nas três hipóteses, dentro da validade da proposta; (ii) inexistir justificativa para a recusa ou apresentação de justificativa insuficiente; (iii) a ausência de culpa da administração.[215]

No tocante à punição fixada pela lei, conforme estabelece o art. 156, §4º, da Lei nº 14.133/2021, o impedimento de licitar e contratar no âmbito da Administração Pública direta e indireta do ente federativo que aplicou a sanção, pelo prazo máximo de 3 (três) anos, será imposto ao responsável que não se apresentar no prazo constante do edital para celebrar o contrato ou não entregar a documentação exigida para a contratação, quando convocado dentro do prazo de validade de sua proposta, cabendo, ainda, na forma do §7º do mesmo dispositivo, a multa prevista em edital e no contrato, vale dizer, não poderá ser inferior a 0,5% (cinco décimos por cento) nem superior a 30% (trinta por cento) do valor do contrato licitado ou celebrado com contratação direta, conforme regramento previsto no §3º do artigo estudado. Esclareça-se, todavia, que o §5º do referido artigo estabelece que caberá

---

213 "1. É legítima a recusa do licitante em celebrar contrato que estabeleça a necessidade de manutenção ininterrupta do quantitativo de pessoal cotado durante todo o horário previsto no edital, quando tal exigência destoa do instrumento convocatório e da proposta vencedora. 2. Apenas a recusa injusta em assinar o contrato no prazo estabelecido autoriza a aplicação de penalidade administrativa ao licitante" (TRF, 1ª Região – Apelação Cível nº 0130333-75.2000.4.01.0000/PA, Relator Convocado Juiz Federal Marcelo Albernaz, 5ª T., DJ de 03.08.2006, p. 25).

214 "Seria o caso, por exemplo, do vencedor da licitação que se recusa a contratar porque, entre a publicação do edital e a adjudicação do objeto, lhe sobreveio a alteração da constituição societária ou insucesso financeiro que lhe suprimiu meios para atender ao contrato" (PEREIRA JÚNIOR, Jessé Torres; DOTTI, Marinês Restelatto. *Comentários ao RDC integrado ao sistema brasileiro de licitações e contratações públicas.* Rio de Janeiro: Renovar, 2015, p. 988).

215 PEREIRA JÚNIOR, Jessé Torres; DOTTI, Marinês Restelatto. *Comentários ao RDC integrado ao sistema brasileiro de licitações e contratações públicas.* Rio de Janeiro: Renovar, 2015, p. 988.

a declaração de inidoneidade caso verifique-se a infração administrativa anteriormente estudada, cuja gravidade do caso concreto justifique a imposição de penalidade mais grave que a punição de impedimento de licitar e contratar, a exemplo da verificação de fraude ou dolo, quando da prática do comportamento execrável.

O *quantum* punitivo, seja da sanção restritiva de direito (impedimento de licitar e contratar ou declaração de inidoneidade) ou patrimonial (multa), será compatível e adequado, à luz da razoabilidade, da proporcionalidade e da reprovabilidade do comportamento infracional praticado pelo sujeito no caso concreto, devendo a efetiva aplicação considerar I ◎ a natureza e a gravidade da infração cometida; II ◎ as peculiaridades do caso concreto; III ◎ as circunstâncias agravantes ou atenuantes; IV ◎ os danos que dela provierem para a Administração Pública e V ◎ a implantação ou o aperfeiçoamento de programa de integridade, conforme normas e orientações dos órgãos de controle, *ex vi* do §1º do mesmo art. 156. Demais disso, conforme estabelece o art. 22, §2º, do Decreto-Lei nº 4.657/1942 (Lei de Introdução às Normas do Direito Brasileiro ou LINDB), a ser observado no processo sancionatório, conforme prevê o art. 5º da nova Lei de Licitações, deverá ainda ser considerado para fins de dosimetria da sanção os antecedentes do particular infrator. Sobre o estudo analítico da dosimetria da sanção administrativa no âmbito das contratações públicas, sugere-se a leitura do item 2.2.9 desta obra, cujo teor trata do princípio da proporcionalidade.

1.4.5 Ensejar o retardamento da execução ou da entrega do objeto da licitação sem motivo justificado

Analisando tais comportamentos infracionais, o art. 155, inc. VII, da Lei nº 14.133/2021[216] estabelece que sofrerão a penalidade denominada de impedimento de licitar aqueles que, em razão do

---

216 "Art. 155. O licitante ou o contratado será responsabilizado administrativamente pelas seguintes infrações: (...)
VII – ensejar o retardamento da execução ou da entrega do objeto da licitação sem motivo justificado;

contrato administrativo celebrado, ensejarem o retardamento da execução ou da entrega do objeto da licitação sem motivo justificado.

A Administração quando contrata particulares para receber aquilo que é necessário para viabilizar suas políticas públicas deseja que a entrega ocorra na data aprazada, sob pena de geração de inúmeros problemas, de toda natureza, a exemplo de não se possuir seringas para aplicar injeções na rede de saúde ou não se possuir instalações para oferecer estudo ao alunado.

Observa-se, portanto, que o bem jurídico a ser tutelado por meio da sanção imposta em razão da prática do comportamento infracional é garantir a pontualidade na entrega do objeto demandado, pois inúmeros são os prejuízos causados pelo retardamento da execução ou da entrega do objeto da licitação sem motivo justificado.

No tocante ao sujeito ativo da referida infração, poderá ser punido todo o contratado pelo Poder Público que inobservar, sem justificativa, os prazos para a execução dos contratos. Já o sujeito passivo da referida infração administrativa é a Administração Pública licitante, que restará prejudicada em razão da prática do comportamento infracional tipificado ora estudado.

Em relação à ação física, temos a considerar que o elemento infracional neste caso será o retardamento da execução ou da entrega do objeto da licitação sem motivo justificado, ou seja, a verificação da redução do ritmo da execução daquilo que é demandado, ato este desacompanhado de uma justificativa.

No tocante à punição fixada pela lei, conforme estabelece o art. 156, §4º, da Lei nº 14.133/2021, o impedimento de licitar e contratar no âmbito da Administração Pública direta e indireta do ente federativo que aplicou a sanção, pelo prazo máximo de 3 (três) anos, será imposto ao responsável que praticar comportamentos ativos ou passivos que acabem por permitir o retardamento da execução de uma obra, serviço ou da entrega do bem objeto da contratação, sem motivo justificado, cabendo, ainda, na forma do §7º do mesmo dispositivo, a multa prevista em edital e no contrato, vale dizer, não poderá ser inferior a 0,5% (cinco décimos por cento) nem superior a 30% (trinta por cento) do valor do contrato licitado ou celebrado com contratação direta, conforme regramento previsto no §3º do artigo estudado. Esclareça-se, todavia, que o

§5º do referido artigo estabelece que caberá a declaração de inidoneidade caso verifique-se a infração administrativa anteriormente estudada, cuja gravidade do caso concreto justifique a imposição de penalidade mais grave que a punição de impedimento de licitar e contratar, a exemplo da verificação de fraude ou dolo, quando da prática do comportamento execrável.

O *quantum* punitivo, seja da sanção restritiva de direito (impedimento de licitar e contratar ou declaração de inidoneidade) ou patrimonial (multa), será compatível e adequado, à luz da razoabilidade, da proporcionalidade e da reprovabilidade do comportamento infracional praticado pelo sujeito no caso concreto, devendo a efetiva aplicação considerar I – a natureza e a gravidade da infração cometida; II – as peculiaridades do caso concreto; III – as circunstâncias agravantes ou atenuantes; IV – os danos que dela provierem para a Administração Pública e V – a implantação ou o aperfeiçoamento de programa de integridade, conforme normas e orientações dos órgãos de controle, *ex vi* do §1º do mesmo art. 156. Demais disso, conforme estabelece o art. 22, §2º, do Decreto-Lei nº 4.657/1942 (Lei de Introdução às Normas do Direito Brasileiro ou LINDB), a ser observado no processo sancionatório, conforme prevê o art. 5º da nova Lei de Licitações, deverá ainda ser considerado para fins de dosimetria da sanção os antecedentes do particular infrator. Sobre o estudo analítico da dosimetria da sanção administrativa no âmbito das contratações públicas, sugere-se a leitura do item 2.2.9 desta obra, cujo teor trata do princípio da proporcionalidade.

1.4.6 Apresentar declaração ou documentação falsa exigida para o certame ou prestar declaração falsa durante a licitação ou na execução do contrato

Apresentar declaração ou documentação falsa exigida para fins de habilitação no certame ou prestar declaração falsa durante a licitação ou na execução do contrato é um comportamento caracterizado como infração administrativa, conforme prevê o art. 155, inc. VIII, da Lei nº 14.133/2021,[217] punível com a sanção de impedimento de licitar e contratar, além da multa prevista no edital e no contrato, como a seguir melhor explicaremos.

O bem jurídico a ser tutelado na hipótese em estudo é, conforme ressalta o saudoso Diógenes Gasparini, quando trata do crime de fraude à licitação, lição aplicada nesta hipótese infracional: "A moralidade administrativa, a correção do procedimento licitatório. Quer-se, ainda, amparar a regularidade da licitação, especialmente no que respeita a observância do princípio da competitividade".[218]

Já o sujeito ativo da referida infração administrativa são os proponentes que acodem ao chamado da Administração e, na ocasião oportuna, apresentam os documentos exigidos para habilitação providos de falsificação, com o objetivo de, indevidamente, buscar a declaração de habilitação pela Administração promotora do certame. Em referência ao sujeito passivo da referida infração administrativa, observa-se que este é a Administração Pública licitante, que restará prejudicada em razão da prática do comportamento infracional tipificado ora estudado.

No tocante à ação física necessária para a caracterização da conduta infracional, temos a considerar que, para a consumação da infração administrativa em estudo, afigura-se necessária a inserção de um documento falso ou adulterado, público ou privado, no todo ou em parte,[219] no envelope habilitatório, assentando uma informação que não coincide com a realidade ou a situação concreta, real ou efetiva.

Acerca da gravidade deste comportamento infracional, razão para acarretar a devida punição, ressalta Juliana Erthal de Carvalho:

> Não há como deixar de sancionar aquele que apresentar documentação falsa, uma vez que se trata de ato inescusável. Não há como se tolerar a atitude de falsificação de documento, sobretudo porque em muitos casos em decorrência da utilização de tais documentos os licitantes

---

217 "Art. 155. O licitante ou o contratado será responsabilizado administrativamente pelas seguintes infrações: (...) VIII – apresentar declaração ou documentação falsa exigida para o certame ou prestar declaração falsa durante a licitação ou a execução do contrato";

218 GASPARINI, Diógenes. *Crimes na Licitação*. 4. ed. São Paulo: NDJ, 2011, p. 75.

219 PEREIRA JÚNIOR, Jessé Torres; DOTTI, Marinês Restelatto. *Comentários ao RDC integrado ao sistema brasileiro de licitações e contratações públicas*. Rio de Janeiro: Renovar, 2015, p. 987.

sagram-se vencedores. O prejuízo para a Administração e aos demais licitantes é evidente.[220]

Nesta hipótese infracional, a simples apresentação da documentação falsa é suficiente para justificar a punição do licitante, independendo, assim, da consecução dos fins pretendidos pelo sujeito ativo.[221]

O elemento subjetivo é vontade dolosa, intencional, de apresentar falsa documentação exigida no ato convocatório, buscando a declaração de habilitação que até então não seria possível. Nesta hipótese, verifica-se um comportamento ativo grave, quando dolosamente é produzido um documento com o objetivo específico de ludibriar a Administração com o escopo de buscar uma vantagem indevida.

Outrossim, admite-se a forma culposa, quando o licitante recepcionou um documento que detém indícios de falsidade e, desprovido da devida cautela, oferece-o no certame, em qualquer momento. Assim, não há necessidade de que tal documento falso seja produzido pelo licitante. Basta que tal o utilize.[222]

Todavia, assevera Ricardo Marcondes Martins, *in verbis*, que, "se ficar provado que as pessoas físicas que utilizaram o documento não sabiam e não tinham como saber da falsidade, afastada está a responsabilidade administrativa".[223]

No tocante à fixação do *quantum* punitivo, caso exista a caracterização da referida infração administrativa, sugere Juliana Erthal de Carvalho:

---

220 CARVALHO, Juliana Erthal. Sanções administrativas estabelecidas pelo Regime Diferenciado de Contratações Públicas. *In*: JUSTEN FILHO, Marçal; PEREIRA, Cesar A. Guimarães (coord.). *O Regime Diferenciado de Contratações Públicas (RDC)*: comentários à Lei nº 12.462 e ao Decreto nº 7.581. Belo Horizonte: Fórum, 2012, p. 441.

221 BERLOFFA, Ricardo Ribas da Costa. *A nova modalidade de licitação*: pregão. Porto Alegre: Síntese, 2002, p. 131.

222 Aponta Fabrício Motta, todavia, situações que podem excluir a punibilidade: "Não se considera como incurso nas sanções aquele que deixar de apresentar o envelope com a documentação para habilitação, pelo simples fato de que será obstado a participar da licitação. Claramente também não se encontra abrangido pelo alcance da sanção o licitante que não tiver seu envelope aberto, por não ter vencido o certame, pela óbvia impossibilidade de se verificar a ausência ou falsidade de documento" (MOTTA, Fabrício. Das sanções. *In*: GASPARINI, Diógenes (coord.). *Pregão presencial e eletrônico*. 2. ed. rev. e ampl. Belo Horizonte: Fórum, 2009, p. 136).

223 MARTINS, Ricardo Marcondes; PEREIRA JÚNIOR, Jessé Torres (coord.). *Comentários ao sistema legal brasileiro de licitações e contratos administrativos*. São Paulo: NDJ, 2016, p. 1123.

> Essa sanção poderá ser graduada diante do caso concreto. A sanção deverá ser aplicada com mais intensidade nos casos em que o licitante apresenta documento falso no qual são atestadas qualificações que este não possui, do que no caso do licitante que apresenta um documento sobre a qualificação que efetivamente possui, mas que não é fidedigno, por exemplo, porque não conseguiu obtê-lo junto a órgão da Administração. Evidente que as duas situações comportam sanções, embora o prazo de impedimento de licitar e contratar deva ser dimensionado de forma mais moderada no segundo caso.[224]

O ato de prestar declaração falsa durante todo o processo da contratação pública, seja no decurso do transcurso do certame, seja ao longo do período de execução do objeto contratado, também foi tipificado como infração administrativa. Exige-se, doravante, lealdade do particular no sentido de exigir que a interlocução entre Administração e particulares seja provida de veridicidade, sendo a comprovada falsidade punida com a devida infração.

A ocorrência da infração em destaque, a qual acarreta consequente penalização na seara administrativa, não afasta a possibilidade de a conduta praticada pelo licitante ser enquadrada nos tipos penais constantes do art. 337-I[225] do Código Penal Brasileiro. Diante dessa situação, portanto, é dever da Administração Pública encaminhar o documento faltoso para as autoridades competentes, a fim de possibilitar a punição do particular infrator no âmbito penal.

Por derradeiro, conforme estabelece o art. 156, §5º, da Lei nº 14.133/2021, tem-se que a caracterização da referida infração administrativa gerará, como consequência, a necessidade de imposição da sanção denominada de declaração de inidoneidade, fixada no inc. IV do artigo em comento, impedindo o responsável de licitar ou contratar no âmbito da Administração Pública direta e indireta de todos os entes federativos, pelo prazo mínimo de 3

---

224 CARVALHO, Juliana Erthal. Sanções administrativas estabelecidas pelo Regime Diferenciado de Contratações Públicas. *In*: JUSTEN FILHO, Marçal; PEREIRA, Cesar A. Guimarães (coord.). *O Regime Diferenciado de Contratações Públicas (RDC)*: comentários à Lei nº 12.462 e ao Decreto nº 7.581. Belo Horizonte: Fórum, 2012, p. 441.

225 "Perturbação de processo licitatório:
Art. 337-I. Impedir, perturbar ou fraudar a realização de qualquer ato de processo licitatório:
Pena – detenção, de 6 (seis) meses a 3 (três) anos, e multa".

(três) anos e máximo de 6 (seis) anos, cabendo, ainda, na forma do §7º do mesmo dispositivo, multa prevista em edital e no contrato.

O *quantum* punitivo, seja da sanção restritiva de direito (declaração de inidoneidade) ou patrimonial (multa), será compatível e adequado à luz da razoabilidade e da proporcionalidade e à reprovabilidade do comportamento infracional praticado pelo sujeito no caso concreto, devendo a efetiva aplicação considerar I – a natureza e a gravidade da infração cometida; II – as peculiaridades do caso concreto; III – as circunstâncias agravantes ou atenuantes; IV – os danos que dela provierem para a Administração Pública e V – a implantação ou o aperfeiçoamento de programa de integridade, conforme normas e orientações dos órgãos de controle, *ex vi* do §1º do mesmo art. 156. Demais disso, conforme estabelece o art. 22, §2º, do Decreto-Lei nº 4.657/1942 (Lei de Introdução às Normas do Direito Brasileiro ou LINDB), a ser observado no processo sancionatório, conforme prevê o art. 5º da nova Lei de Licitações, deverá ainda ser considerado para fins de dosimetria da sanção os antecedentes do particular infrator. Sobre o estudo analítico da dosimetria da sanção administrativa no âmbito das contratações públicas, sugere-se a leitura do item 2.2.9 desta obra, cujo teor trata do princípio da proporcionalidade.

A declaração de inidoneidade, por ser a punição com maior conteúdo punitivo, posto que gera efetivo prejuízo ao particular, deverá observar o regramento previsto no §6º do mesmo art. 156 da nova Lei de Licitações.

1.4.7 Fraudar a licitação ou praticar ato fraudulento na execução do contrato

Já fraudar a licitação ou praticar ato fraudulento na execução do contrato caracteriza-se como infração administrativa, conforme prevê o art. 155, inc. IX, da Lei nº 14.133/2021,[226] punível com a sanção de declaração de inidoneidade, além da multa prevista no edital e no contrato, conforme a seguir esclareceremos.

[226] "Art. 155. O licitante ou o contratado será responsabilizado administrativamente pelas seguintes infrações: (...) IX – fraudar a licitação ou praticar ato fraudulento na execução do contrato";

Assim, o bem jurídico tutelado com a previsão da referida infração na legislação licitatória é a garantia da lisura no comportamento de todos aqueles que acudiram ao chamado da Administração, bem como a garantia da execução do objeto contratado nos termos fixados nos instrumentos editalício e contratual, a fim de garantir o atendimento do interesse público com aquilo que se buscou na execução ou na entrega de um particular.

O bem jurídico a ser tutelado com a previsão da referida infração na lei, nas palavras de Diógenes Gasparini: "É moralidade administrativa, a correção do procedimento licitatório".[227] Ressalta ainda o saudoso autor que, "quer-se, ainda, amparar a regularidade da licitação, especialmente no que respeita à observância do princípio da competitividade".[228] Para Vicente Greco Filho: "O bem jurídico a ser amparado é a moralidade e a regularidade do procedimento licitatório, protegendo-se, no caso específico, a igualdade e a competitividade do certame".[229]

O sujeito ativo da referida infração administrativa é o proponente participante do certame que frustra ou frauda, mediante ajuste, combinação ou outro expediente qualquer, a natureza competitiva do procedimento licitatório.[230] Já o sujeito passivo da referida infração administrativa é a Administração Pública licitante, que restará prejudicada em razão da prática do comportamento infracional tipificado ora estudado.

Acerca do elemento material da referida infração administrativa, tem-se que a fraude se configura quando, por meio de expedientes astuciosos, engana-se, intencionalmente, os demais proponentes e a comissão de licitação que processa o certame, de forma a obter benefícios indevidos, a exemplo de garantir a habilitação do sujeito na licitação, sem atender ao ato convocatório, buscar a inabilitação de outro proponente, de forma a reduzir a competição de forma indevida.

Acerca do elemento material da referida infração administrativa, tem-se que a fraude se configura quando, por meio de expedientes astuciosos, enganam-se, intencionalmente, os demais

227 GASPARINI, Diógenes. *Crimes na Licitação*. 4. ed. São Paulo: NDJ, 2011, p. 75.
228 GASPARINI, Diógenes. *Crimes na Licitação*. 4. ed. São Paulo: NDJ, 2011, p. 75.
229 GRECO FILHO, Vicente. *Dos Crimes na Licitação*. São Paulo: Saraiva, 1994, p. 16.
230 GASPARINI, Diógenes. *Crimes na Licitação*. 4. ed. São Paulo: NDJ, 2011, p. 75.

proponentes e a comissão de licitação que processa o certame, de forma a obter benefícios indevidos.

Tratando de comportamentos fraudulentos ao longo dos anos, os órgãos de controle externo, principalmente o Tribunal de Contas da União, têm aprimorado os seus métodos de fiscalização, passando a apresentar relatórios cujo teor fixa comportamentos que podem apresentar um indício de fraude nas contratações públicas.

Levando-se em consideração a possibilidade de desencadeamento de processo sancionatório em face de provas indiciárias, não poderíamos deixar de colacionar na presente edição o fruto de pesquisa realizada pelo Tribunal de Contas da União, que estabelece os possíveis comportamentos que são indícios de fraude nas contratações públicas, conforme consta do Acórdão nº 2487/2022-Plenário:

> 1.1 – Tipologia: Indício de conluio em licitação
>
> 25. Essa tipologia foi composta por sinais de alerta que representam aspectos que podem indicar conluio entre os licitantes, a saber:
>
> a) Licitante único: identifica pregões eletrônicos em que o vencedor foi o único licitante a participar da disputa;
>
> b) Licitantes com sócios em comum: identifica pregões eletrônicos em que a empresa vencedora disputou com outra empresa que tinham sócios em comum com a vencedora;
>
> c) Licitantes com ex-sócios em comum: identifica pregões eletrônicos em que a empresa vencedora disputou com outra empresa que tinham ex-sócios em comum com a vencedora;
>
> d) Licitantes matriz e filial: identifica pregões eletrônicos em que a empresa vencedora disputou com a matriz ou filial do mesmo grupo empresarial;
>
> e) Licitantes com sócios com parentesco: identifica pregões eletrônicos em que a empresa vencedora disputou com outra empresa que tinha sócios com parentesco até 2º grau;
>
> f) Licitantes com contadores em comum: identifica pregões eletrônicos em que a empresa vencedora disputou com outra empresa que tinha o mesmo contador;
>
> g) Licitantes com telefone/e-mail em comum: identifica pregões eletrônicos em que a empresa vencedora disputou com outra empresa que tinha o mesmo telefone ou e-mail; e
>
> h) Licitantes com endereço similar: identifica pregões eletrônicos em que a empresa vencedora disputou com outra empresa que tinha endereço similar.

(...)

2.1 – Tipologia: INDÍCIOS DE Fraude à licitação de órgão/entidade convenente através de conluio de empresas licitantes do mesmo grupo econômico ou familiar

33. Os sinais de alerta que compõem a tipologia são:

a) Empresas com mesmo e-mail apresentam propostas no mesmo certame; b) Empresas ou pessoas com mesmo endereço apresentam propostas no mesmo certame;

c) Empresas ou pessoas com mesmo telefone apresentam propostas no mesmo certame;

d) Empresas com mesmo contador apresentam propostas no mesmo certame;

e) Empresas com mesmo responsável apresentam propostas no mesmo certame;

f) Empresas com sócios em comum apresentam propostas no mesmo certame;

g) Empresas com ex-sócios em comum apresentam propostas no mesmo certame;

h) Empresas com sócios com vínculo de parentesco apresentam propostas no mesmo certame;

i) Empresas com ex-sócios com vínculo de parentesco apresentam propostas no mesmo certame; e

j) Sócios de empresas licitantes são funcionários de empresas concorrentes no mesmo certame.

34. E os indicadores de risco:

k) Empresas com alto índice de vitórias nos certames; e

l) Empresas com alto índice de derrotas/desistências nos certames.

(...)

2.2 – Tipologia: INDÍCIOS DE Fraude à licitação de órgão/entidade convenente através de conluios com empresas licitantes

38. Os sinais de alerta que compõem a tipologia são:

a) Empresa vencedora de licitação/cotação com mesmo e-mail de órgão/entidade convenente;

b) Pessoa ou empresa vencedora de licitação/cotação com mesmo endereço de órgão/entidade convenente;

c) Pessoa ou empresa vencedora de licitação/cotação com mesmo telefone de órgão/entidade convenente;

d) Empresa vencedora de licitação/cotação com mesmo contador de órgão/entidade convenente;

e) Empresa vencedora de licitação/cotação com mesmo responsável de CNPJ de órgão/entidade convenente;

> f) Pessoa ou empresa vencedora de licitação/cotação cujo sócio é dirigente de órgão/entidade convenente;
>
> g) Empresa vencedora de licitação/cotação cujo ex-sócio é dirigente de órgão/entidade convenente;
>
> h) Pessoa ou empresa vencedora de licitação/cotação cujo sócio é parente de dirigente de órgão/entidade convenente;
>
> i) Empresa vencedora de licitação/cotação cujo ex-sócio é parente de dirigente de órgão/entidade convenente;
>
> j) Pessoa ou empresa vencedora de licitação/cotação cujo sócio é funcionário de órgão/entidade convenente;
>
> k) Empresa vencedora de licitação/cotação cujo ex-sócio é funcionário de órgão/entidade convenente;
>
> l) Pessoa ou empresa vencedora de licitação/cotação cujo sócio é parente de funcionário de órgão/entidade convenente;
>
> m) Empresa vencedora de licitação/cotação cujo ex-sócio é parente de funcionário de órgão/entidade convenente;
>
> n) Pessoa ou empresa vencedora de licitação/cotação cujo sócio é pessoa exposta politicamente com atuação em órgão convenente; e
>
> o) Pessoa ou empresa vencedora de licitação/cotação cujo sócio é parente de pessoa exposta politicamente com atuação em órgão convenente.
>
> 39. E o indicador de risco:
>
> p) Empresas com alto índice de vitórias nos certames.

Assim ocorre, uma vez que a "prova inequívoca de conluio entre licitantes é algo extremamente difícil de ser obtido, uma vez que, quando 'acertos' desse tipo ocorrem, não se faz, por óbvio, qualquer tipo de registro escrito".

Ocorre, todavia, que as provas indiciárias devem ser robustas o suficiente, colhidas de uma contextualização oportuna, que permita efetivamente demonstrar a prática de comportamento fraudulento, não podendo a circunstância verificada ser única, genérica ou não conclusiva, como, aliás, denota-se da própria jurisprudência do Tribunal de Contas da União. Vejamos:

> A contextualização é importante por servir como um indício, uma trilha a ser seguida para que em cada um dos processos específicos se possa caracterizar as irregularidades. Mas a existência de evidências aplicáveis ao caso em estudo é requisito essencial para a condenação (Acórdão 1701/2007-Segunda Câmara)
>
> 20. Permito-me transcrever, a respeito, as lúcidas palavras do ministro Ubiratan Aguiar constantes do voto condutor do Acórdão 57/2003-TCU-

Plenário, quando discute a existência de fraudes à licitação e a aplicação das sanções referidas no art. 46 da Lei 8.443, de 16 de julho de 1992:

> Entendo que prova inequívoca de conluio entre licitantes é algo extremamente difícil de ser obtido, uma vez que, quando 'acertos' desse tipo ocorrem, não se faz, por óbvio, qualquer tipo de registro escrito. Uma outra forma de comprovação seria a escuta telefônica, procedimento que não é utilizado nas atividades deste Tribunal. Assim, possivelmente, se o Tribunal só fosse declarar a inidoneidade de empresas a partir de 'provas inquestionáveis', como defende o Analista, o art. 46 se tornaria praticamente 'letra morta'.

O Supremo Tribunal Federal, no julgamento do RE nº 68.006-MG, manifestou o entendimento de que "indícios vários e coincidentes são prova". Tal entendimento vem sendo utilizado pelo TCU em diversas situações, como nos Acórdãos-Plenário nºs 113/95, 220/99 e 331/02. Há que se verificar, portanto, no caso concreto, quais são os indícios e se eles são suficientes para constituir prova do que se alega.

No que diz respeito à prova indiciária, é importante ressaltar que esta não possui o mesmo peso probatório de uma prova direta. Demais disso, o conjunto de provas indiciárias deve ser robusto, convergente e suficientemente convincente para embasar uma decisão condenatória. Vejamos alguns Enunciados produzidos pelo eg. TCU sobre tal questão:

> É lícito ao julgador formar seu convencimento com base em prova indiciária quando os indícios são vários, fortes e convergentes, e o responsável não apresenta contraindícios de sua participação nas irregularidades. (Acórdão nº 1.223/2015-Plenário)
>
> A existência de indícios vários e concordantes faz prova de fraude à licitação e conduz à declaração de inidoneidade das empresas que participaram do ato ilícito. (Acórdão nº 1.107/2014-Plenário)

Sendo assim, indícios são variadas provas, convergentes, fortes, concordantes, que apontam para a mesma direção, sendo possível instaurar processo sancionador a partir de prova indiciária.

Dessa feita, caberá ao particular, nos momentos oportunos, apresentar os contraindícios da não participação nas irregularidades, devendo ser apresentados, para tanto, os documentos necessários para justificar a inexistência da prática do comportamento que supostamente é a ele imputado.

Logo, totalmente descabido é reunir possíveis comportamentos genéricos e desencadear o processo sancionador sob pena de a administração pública sancionadora ter que, futuramente, compensar o particular penado de prejuízos anormais que o mesmo tenha, conforme fixa o art. 27 da LINDB ou a decisão administrativa caracterizar abuso de autoridade.

Tomando-se os cuidados acima apresentados, é lícito ao julgador formar seu convencimento com base em prova indiciária quando os indícios são vários, fortes e convergentes, e o responsável não apresenta contraindícios de sua participação nas irregularidades.

No tocante ao elemento subjetivo para configuração da infração em estudo, exige-se a presença do dolo, pois a fraude apenas ocorre se o comportamento antijurídico produzido pelo proponente ocorrer intencionalmente, onde o sujeito apresenta o desejo livre e consciente de burlar as regras da licitação. Assim, exige-se o dolo, inexistindo, por conseguinte, tal modalidade infracional praticada de forma culposa.[231]

Sobre a infração administrativa, em lição ainda válida, ilustra Marçal Justen Filho algumas condutas que podem ser caracterizadas como fraude praticada durante o transcurso de um certame licitatório e no âmbito do RDC: "Há fraude quando o sujeito engana outrem, produz documentos falsos, formula afirmativas inverídicas, produz ajuste com outrem para eliminar a competição".[232]

Em relação à prática de ato fraudulento na execução do contrato, o sujeito ativo da infração administrativa será o contratado da Administração, não sendo possível imputar a responsabilidade administrativa a um colaborador ou a um terceiro, a exemplo do subcontratado, contratado para executar determinada parcela

---

231 Sobre o tema, ressalva Marçal Justen Filho: "A fraude apenas se aperfeiçoa quando o agente atua com consciência e vontade de produzir o resultado ilícito. Não há fraude sem elemento doloso. Nem mesmo a culpa grave é suficiente. Assim se põe porque a produção do artifício depende da adoção de condutas explicitamente orientadas a ludibriar um terceiro. Se o sujeito equivoca-se ao preencher uma nota fiscal, não há fraude. O erro do agente pode ser reprovável e acarretar sanções de diferente natureza, mas exclui a caracterização de fraude. Não se configura fraude quando o sujeito atua com negligência" (JUSTEN FILHO, Marçal. *Pregão*: comentários à legislação do pregão comum e eletrônico. 6. ed. rev. e atual. São Paulo: Dialética, 2013, p. 257).

232 JUSTEN FILHO, Marçal. *Comentários ao RDC*: (Lei nº 12.462/11 e Decreto nº 7.581/11). São Paulo: Dialética, 2013, p. 681-682.

do objeto demandado. O sujeito passivo da referida infração administrativa é a Administração Pública contratante, que restará prejudicada em razão da prática do comportamento infracional tipificado ora estudado, uma vez que o ato fraudulento poderá gerar uma contratação desvantajosa ou acarretar o recebimento de um objeto não condizente com aquilo que passou pelo crivo da licitação.

A ação física, comportamento necessário para a caracterização da infração administrativa, consiste em praticar um ato fraudulento durante a execução do contrato administrativo, a exemplo de produzir documentos cujos teores não assentem a realidade, como a entrega de um bem distinto daquele constante do edital, cuja nota fiscal ateste o atendimento das regras do certame.[233] Para o Ministério do Planejamento, "[c]onsidera-se falhar na execução contratual o inadimplemento grave ou inescusável de obrigação assumida pelo contratado".[234]

No tocante ao elemento subjetivo, tem-se que o ilícito administrativo caracterizar-se-á mediante a comprovação do dolo, devendo ser provado nos autos do processo administrativo o desejo consciente do contratado de falhar na execução do objeto, de forma dolosa.

Quando tal falha, diga-se, inexecução contratual, é acobertada pelo contratado, escondida dolosamente do fiscal, do gestor do contrato e dos demais controladores da entidade ou órgão contratante, mantendo em erro a Administração contratante, parece-nos que resta configurada a fraude.

Fraudar, do latim *fraudare*, significa enganar, tapear, trapacear, iludir, ludibriar, manipular. Materialmente, a fraude é o

---

233 Sobre tal infração, ilustram Jessé Torres Pereira Júnior e Marinês Restelatto Dotti: "Na execução contratual, a fraude do inciso V, do art. 47 da lei do RDC, consistirá, por exemplo: na contratação, pela empresa vencedora da licitação, de responsável pela elaboração do projeto básico, a infringir o disposto no art. 36, §4º, da Lei nº 12.462/11; na obtenção de vantagem ou benefício indevido; nas modificações ou prorrogações de contratos sem autorização da lei, do ato convocatório ou dos respectivos instrumentos contratuais; no falseamento do equilíbrio da equação econômico-financeiro do contrato" (PEREIRA JÚNIOR, Jessé Torres; DOTTI, Marinês Restelatto. *Comentários ao RDC integrado ao sistema brasileiro de licitações e contratações públicas*. Rio de Janeiro: Renovar, 2015, p. 992).

234 BRASIL. Ministério do Planejamento, Orçamento e Gestão. Norma Operacional nº 02/DIRAD/MP. Dispõe sobre as condutas e a dosimetria na aplicação da penalidade de impedimento de licitar e contratar previstas no artigo 7º da Lei nº 10.520, de 17 de julho de 2002, no âmbito do Ministério do Planejamento, Desenvolvimento e Gestão. Portaria nº 170 DIRAD de 17 de março de 2017. *Diário Oficial da União*, Brasília. 20 mar. 2017, p. 96.

acobertamento, por meio de uma prática maliciosa, de uma falha na execução do contrato, com o escopo de enganar intencionalmente a Administração para obter vantagens de qualquer sorte.[235]

A fraude, por apresentar maior grau de reprovabilidade, deverá receber uma sanção que seja proporcional à conduta verificada, sendo essa superior à mera falha na execução do contrato administrativo.

O elemento subjetivo reside no dolo, ou seja, quando o sujeito passivo da referida infração administrativa, o contratado, atua na vontade livre e consciente de fraudar a execução do contrato. Logo, não há fraude sem o elemento doloso.[236]

Por derradeiro, conforme estabelece o art. 156, §5º, da Lei nº 14.133/2021, tem-se que a caracterização da referida infração administrativa gerará, como consequência, a necessidade de imposição da sanção denominada de declaração de inidoneidade, fixada no inc. IV do artigo em comento, impedindo o responsável de licitar ou de contratar no âmbito da Administração Pública direta e indireta de todos os entes federativos, pelo prazo mínimo de 3 (três) anos e máximo de 6 (seis) anos, cabendo, ainda, na forma do §7º do mesmo dispositivo, multa prevista em edital e no contrato.

O *quantum* punitivo, seja da sanção restritiva de direito (declaração de inidoneidade) ou patrimonial (multa), será compatível e adequado, à luz da razoabilidade e da proporcionalidade e à reprovabilidade do comportamento infracional praticado pelo sujeito no caso concreto, devendo a efetiva aplicação considerar I – a natureza e a gravidade da infração cometida; II – as peculiaridades do caso concreto; III – as circunstâncias agravantes ou atenuantes; IV – os danos que dela provierem para a Administração Pública e V – a implantação ou o aperfeiçoamento de programa de integridade,

---

[235] Para o Ministério do Planejamento, "[c]onsidera-se fraudar na execução contratual a prática de qualquer ato destinado a obtenção de vantagem ilícita, induzindo ou mantendo em erro a Administração Pública" (BRASIL. Ministério do Planejamento, Orçamento e Gestão. Norma Operacional nº 02/DIRAD/MP. Dispõe sobre as condutas e a dosimetria na aplicação da penalidade de impedimento de licitar e contratar previstas no artigo 7º da Lei nº 10.520, de 17 de julho de 2002, no âmbito do Ministério do Planejamento, Desenvolvimento e Gestão. Portaria nº 170 DIRAD de 17 de março de 2017. *Diário Oficial da União*, Brasília. 20 mar. 2017, p. 96).

[236] JUSTEN FILHO, Marçal. *Comentários ao RDC*: (Lei nº 12.462/11 e Decreto nº 7.581/11). São Paulo: Dialética, 2013, p. 683.

conforme normas e orientações dos órgãos de controle, *ex vi* do §1º do mesmo art. 156.

A declaração de inidoneidade, por ser a punição com maior conteúdo punitivo, posto que gera efetivo prejuízo ao particular, deverá observar o regramento previsto no §6º do mesmo art. 156 da nova Lei de Licitações. Demais disso, conforme estabelece o art. 22, §2º, do Decreto-Lei nº 4.657/1942 (Lei de Introdução às Normas do Direito Brasileiro ou LINDB), a ser observado no processo sancionatório, conforme prevê o art. 5º da nova Lei de Licitações, deverá ainda ser considerado para fins de dosimetria da sanção os antecedentes do particular infrator. Sobre o estudo analítico da dosimetria da sanção administrativa no âmbito das contratações públicas, sugere-se a leitura do item 2.2.9 desta obra, cujo teor trata do princípio da proporcionalidade.

1.4.8 Comportar-se de modo inidôneo

Analisando tais comportamentos infracionais, o art. 155, inc. X, da Lei nº 14.133/2021[237] e o art. 84, inc. III, da Lei nº 13.303/2016[238] estabelecem que sofrerão declaração de inidoneidade com a Administração Pública (no regime geral de licitações) ou a punição de suspensão do direito de licitar e contratar com a Administração contratante (no âmbito das estatais) aqueles que se comportarem de modo inidôneo ou demonstrarem não possuir idoneidade para contratar com a Administração em virtude de atos ilícitos praticados, respectivamente.

Todos aqueles que acodem ao chamado para participar de licitação e celebrar contratos com a Administração Pública têm a sua idoneidade presumida, sendo que, na ocasião em que tal confiança é rompida por meio da prática de condutas inidôneas, afigura-se

---

237 "Art. 155. O licitante ou o contratado será responsabilizado administrativamente pelas seguintes infrações: (...) X – comportar-se de modo inidôneo ou cometer fraude de qualquer natureza";

238 "Art. 84. As sanções previstas no inciso III do art. 83 poderão também ser aplicadas às empresas ou aos profissionais que, em razão dos contratos regidos por esta Lei:
(...)
III – *demonstrem não possuir idoneidade para contratar* com a empresa pública ou a sociedade de economia mista em virtude de atos ilícitos praticados" (grifo nosso).

necessário que a Administração os afaste das suas contratações, com o fim de prevenir novos atentados contra o interesse público por parte de quem já contra ele atentou no passado.[239]

Observa-se, portanto, que o bem jurídico a ser tutelado por meio da sanção imposta em razão da prática do comportamento infracional é o regular processamento da licitação, de forma que ela alcance os seus objetivos, além da satisfatória execução do objeto demandado, garantindo que este ocorra regular e satisfatoriamente, sendo os recursos públicos regularmente alocados, sem prejuízo ao erário, uma vez que se busca afastar das contratações públicas particulares não detentores de idoneidade para celebrar ajustes com o Poder Público.

No tocante ao sujeito ativo da referida infração, poderá ser punido todo aquele que demonstrar não possuir idoneidade para contratar ou comportar-se de modo inidôneo, esteja na condição de licitante ou contratado. Já o sujeito passivo da referida infração administrativa é a Administração Pública licitante, que restará prejudicada em razão da prática do comportamento infracional tipificado ora estudado.

Em relação à ação física, temos a considerar que o elemento infracional "comportar-se de forma inidônea" ou "demonstrar não possuir idoneidade para contratar com a Administração em virtude de atos ilícitos praticados" apresenta-se como expressão abstrata, o que exige do aplicador da norma determinar se o fato ocorrido corresponde ou não ao modelo abstrato.[240]

Com efeito, não obstante a boa intenção do legislador, mais uma vez verifica-se que os contornos do comportamento antijurídico tipificado como infração administrativa são extremamente genéricos, de fórmula excessivamente aberta, inexistindo elementos mínimos que permitam a identificação dos comportamentos ilícitos que revelam a idoneidade do licitante ou do contratado.[241]

239 PEREIRA JÚNIOR, Jessé Torres. *Comentários à lei das licitações e contratações da administração pública*. 6. ed. Rio de Janeiro: Renovar, 2009, p. 893.

240 PEREIRA JÚNIOR, Jessé Torres; DOTTI, Marinês Restelatto. *Comentários ao RDC integrado ao sistema brasileiro de licitações e contratações públicas*. Rio de Janeiro: Renovar, 2015, p. 993.

241 PUCCETTI, Renata Fiori. *Infrações e sanções administrativas aplicáveis aos particulares em licitações e contratos*. 181f. Dissertação (Mestrado em Direito) – Pontifícia Universidade Católica de São Paulo, São Paulo, 2010, p. 143.

Por tal razão, vem a doutrina manifestando a sua inconstitucionalidade,[242] em razão de o legislador deixar ao crivo da Administração decidir quando punir, em afronta à legalidade,[243] o que é prejudicial para o Estado de Direito, uma vez que, inexistindo a delimitação do comportamento antijurídico, não há garantia à segurança jurídica.

Não obstante, com o escopo de descortinar elementos que compõem a referida infração, Marçal Justen Filho salienta que: "Tem de presumir-se que a lei apanha as condutas absolutamente incompatíveis com a condição de licitante ou de contratado pela Administração Pública". Concluindo, o referido autor assevera que: "São consideradas as condutas que produzem a extinção da confiabilidade do sujeito, eliminando a presunção de que ele disporá de condições de executar satisfatoriamente o contrato".[244]

Para Renata Fiori Puccetti, por meio de fórmula tautológica, será punido com as sanções previstas na legislação e apontadas anteriormente, aquele que não possuir idoneidade.[245] Para Maria Helena Diniz, inidôneo é aquele incapaz, incompetente, ineficaz, que não preenche certas condições ou requisitos ou contraindicado.[246] Por sua vez, para Juliana Erthal, a inidoneidade está relacionada à quebra de confiança.[247]

---

242 Nessa toada, ressalta Renata Fiori Puccetti que, "[e]m sendo a lei redigida de maneira inegavelmente dúbia, com um elemento supostamente tipificante que, além de ser indeterminado, sequer é utilizado num único sentido, não sendo possível identificar o comportamento ou evento ensejador da sanção é imperioso o reconhecimento de sua inconstitucionalidade, por violação do princípio da segurança jurídica, da certeza do direito" (PUCCETTI, Renata Fiori. *Infrações e sanções administrativas aplicáveis aos particulares em licitações e contratos*. 181f. Dissertação (Mestrado em Direito) – Pontifícia Universidade Católica de São Paulo, São Paulo, 2010, p. 144).

243 MARTINS, Ricardo Marcondes; PEREIRA JÚNIOR, Jessé Torres (coord.). *Comentários ao sistema legal brasileiro de licitações e contratos administrativos*. São Paulo: NDJ, 2016, p. 1125.

244 JUSTEN FILHO, Marçal. *Comentários à lei de licitações e contratos administrativos*. 15. ed. São Paulo: Dialética, 2012, p. 1.028.

245 PUCCETTI, Renata Fiori. *Infrações e sanções administrativas aplicáveis aos particulares em licitações e contratos*. 181 f. Dissertação (Mestrado em Direito) – Pontifícia Universidade Católica de São Paulo, São Paulo, 2010, p. 142.

246 DINIZ, Maria Helena. *Dicionário Jurídico*. São Paulo: Saraiva, 1998. v. II, p. 843.

247 CARVALHO, Juliana Erthal. Sanções administrativas estabelecidas pelo Regime Diferenciado de Contratações Públicas. *In*: JUSTEN FILHO, Marçal; PEREIRA, Cesar A. Guimarães (coord.). *O Regime Diferenciado de Contratações Públicas (RDC)*: comentários à Lei nº 12.462 e ao Decreto nº 7.581. Belo Horizonte: Fórum, 2012, p. 442.

Para Jair Eduardo Santana:

> A conduta inidônea é toda aquela que causa prejuízo à Administração Pública, como também qualquer outra que, ainda que não repercuta diretamente na execução do contrato, demonstre ofensa ao regramento estabelecido, aos licitantes (durante o procedimento), à Administração Pública e à sociedade (em qualquer fase, seja pré ou pós-contratual), desrespeito ao ordenamento jurídico e aos padrões mínimos de comportamento esperados dos licitantes.[248]

Já para Marçal Justen Filho:

> A inidoneidade pressupõe um substrato material, consistente em conduta objetivamente incompatível com a ordem jurídica. Mas não basta qualquer ilicitude. É necessário que a conduta apresente gravidade suficiente para fundar um juízo estimativo acerca da ausência de condições para contratar com a Administração Pública. Esse juízo estimativo deve envolver dados objetivos, fundando-se na lógica ou experiência, em avaliações científicas ou técnicas. Conduz-se de modo inidôneo quem atua contra a ordem jurídica. Mas isso não basta. É necessário que a infração à ordem jurídica revele conduta suficientemente séria que justifique a conclusão de que o sujeito não pode mais ser contratado pela Administração, no futuro. Ou seja, o juízo estimativo envolve uma reprovação severa à conduta do sujeito tanto quanto uma forma de proteção aos interesses coletivos em futuras contratações. Inidoneidade significa inconfiabilidade.
> Por outro, deve haver um elemento subjetivo, cuja avaliação se faz em face dos postulados acima expostos. Pode reconhecer-se a culpabilidade objetivada, mas não é suficiente a simples ocorrência material de um evento danoso.[249]

Para nós, será considerado inidôneo aquele que praticar um comportamento contrário à ordem jurídica de tamanha reprovabilidade que a repulsa adequada[250] para tal conduta indesejada

---

248 SANTANA, Jair Eduardo. *Pregão presencial e eletrônico*: sistema de registro de preços; manual de implantação, operacionalização e controle. 3. ed. Belo Horizonte: Fórum, 2009, p. 407.

249 JUSTEN FILHO, Marçal. *Pregão*: comentários à legislação do pregão comum e eletrônico. 6. ed. rev. e atual. São Paulo: Dialética, 2013, p. 258.

250 "Na apuração da responsabilidade do licitante ou contratado há de ser observado o princípio da razoabilidade, para que um comportamento singelo, meramente inconveniente, não se transmude em comportamento qualificado como inidôneo" (PEREIRA JÚNIOR, Jessé Torres; DOTTI, Marinês Restelatto. *Comentários ao RDC integrado ao sistema brasileiro de licitações e contratações públicas*. Rio de Janeiro: Renovar, 2015, p. 993).

seja a cassação do direito do sujeito infrator de contratar com o Poder Público.[251]

Assim, por exemplo, aquele que for condenado pelo crime de impedir, perturbar ou fraudar a realização de qualquer ato de procedimento licitatório poderá ter seu comportamento enquadrado na infração em estudo, uma vez que se comportou de forma inidônea no certame.[252] Demais disso, exemplificamos a prática de comportamento inidôneo manipular ou fraudar o equilíbrio econômico-financeiro dos contratos celebrados com a administração pública, concretizado na conduta de forjar documentos com o escopo de gerar remuneração que exceda aquela fixada na proposta comercial do contratado. Ilustramos, ainda, como comportamento inidôneo, dificultar atividade de investigação ou fiscalização de órgãos, entidades ou agentes públicos, ou intervir em sua atuação, inclusive no âmbito das agências reguladoras e dos órgãos de fiscalização do sistema financeiro nacional. Registre-se que tais exemplificações são infrações administrativas previstas nas als. g e h do art. 5º da Lei nº 12.846, de 1º de agosto de 2013, respectivamente.

Aponta Fabrício Motta que tal infração administrativa apresenta-se como uma "regra de reserva", utilizada quando dada conduta voluntária reprovável não for possível de enquadramento nas demais infrações.[253] Nesse sentido, como inexiste na legislação um conceito do que seria um comportamento idôneo ou inidôneo,[254]

---

[251] Sobre a questão, ressalta Marçal Justen Filho que "[a] antijuridicidade é um requisito necessário, mas não suficiente para configuração da conduta inidônea. É necessário que a infração à ordem jurídica revele conduta suficientemente grave para fundamentar um juízo de que o sujeito não dispõe de condições técnicas ou éticas de manter qualquer contratação com Administração. Ou seja, o juízo estimativo envolve uma reprovação severa à conduta do sujeito tanto quanto uma forma de proteção aos interesses coletivos em futuras contratações. Inidoneidade significa inconfiabilidade" (JUSTEN FILHO, Marçal. *Comentários ao RDC*: (Lei nº 12.462/11 e Decreto nº 7.581/11). São Paulo: Dialética, 2013, p. 684).

[252] Nesse sentido, ressalta Ariosto Mila Peixoto: "Aplicar-se-á as sanções do art. 7º àquele que se comportar de modo inconveniente, inadequado, inoportuno, que contraria o interesse público e que fere a moralidade. Este é o comportamento do licitante que turba ou convulsiona a sessão do Pregão e demais atos decorrentes da licitação ou da execução do contrato" (PEIXOTO, Aristo Mila. *Pregão presencial e eletrônico (Comentários à Lei nº 10.520, de 17.07.2002 e legislação comparada).* Campinas: Prime, 2006, p. 126).

[253] MOTTA, Fabrício. Das sanções. *In*: GASPARINI, Diógenes (coord.). *Pregão presencial e eletrônico*. 2. ed. rev. e ampl. Belo Horizonte: Fórum, 2009, p. 139.

[254] CARVALHO, Juliana Erthal. Sanções administrativas estabelecidas pelo Regime Diferenciado de Contratações Públicas. *In*: JUSTEN FILHO, Marçal; PEREIRA, Cesar A.

a inidoneidade é determinada por exclusão, vale dizer, será considerada inidônea toda conduta grave praticada no âmbito da licitação e contrato não enquadrada nos demais comportamentos caracterizados como infração legislativa prevista na legislação licitatória.[255]

A fim de garantir segurança jurídica aos licitantes e ao contratado, bem como conceder balizas para a Administração sancionadora punir o particular legitimamente, ressalta Fabrício Motta, que, "[e]mbora de extrema dificuldade prática, seria desejável a individualização das condutas tidas como inidôneas no instrumento convocatório".[256]

Acerca de a punição ser aplicada a quem incorrer em tal infração administrativa, no âmbito da Lei nº 13.303/2016 (Lei das Estatais), a sanção a ser aplicada será o impedimento de licitar e contratar com a Administração ao cabo do processo administrativo sancionador.

Por sua vez, no âmbito do novo regime licitatório fixado pela Lei nº 14.133/2021, conforme estabelece o seu art. 156, §5º, tem-se que a caracterização da referida infração administrativa em estudo gerará, como consequência, a necessidade de imposição da sanção denominada de declaração de inidoneidade, fixada no inc. IV do artigo em comento, impedindo-o de licitar ou de contratar no âmbito da Administração Pública direta e indireta de todos os entes federativos, pelo prazo mínimo de 3 (três) anos e máximo de 6 (seis) anos, cabendo, ainda, na forma do §7º do mesmo dispositivo, multa prevista em edital e no contrato.

O *quantum* punitivo, seja da sanção restritiva de direito (declaração de inidoneidade) ou patrimonial (multa), será compatível e adequado, à luz da razoabilidade e da proporcionalidade e à reprovabilidade do comportamento infracional praticado pelo

---

Guimarães (coord.). *O Regime Diferenciado de Contratações Públicas (RDC)*: comentários à Lei nº 12.462 e ao Decreto nº 7.581. Belo Horizonte: Fórum, 2012, p. 442.

255 Melhor esclarecendo, ressalta Marçal Justen Filho: "Por outro lado, a atuação do sujeito deve caracterizar-se como antijurídica, em face de algum dispositivo legal ou contratual. Não é possível remeter algum juízo opinativo, fundado em preferências subjetivas ou processos psicológicos irracionais do administrador" (JUSTEN FILHO, Marçal. *Comentários ao RDC*: (Lei nº 12.462/11 e Decreto nº 7.581/11). São Paulo: Dialética, 2013, p. 684).

256 MOTTA, Fabrício. Das sanções. *In*: GASPARINI, Diógenes (coord.). *Pregão presencial e eletrônico*. 2. ed. rev. e ampl. Belo Horizonte: Fórum, 2009, p. 139.

sujeito no caso concreto, devendo a efetiva aplicação considerar I – a natureza e a gravidade da infração cometida; II – as peculiaridades do caso concreto; III – as circunstâncias agravantes ou atenuantes; IV – os danos que dela provierem para a Administração Pública e V – a implantação ou o aperfeiçoamento de programa de integridade, conforme normas e orientações dos órgãos de controle, *ex vi* do §1º do mesmo art. 156. Demais disso, conforme estabelece o art. 22, §2º, do Decreto-Lei nº 4.657/1942 (Lei de Introdução às Normas do Direito Brasileiro ou LINDB), a ser observado no processo sancionatório, conforme prevê o art. 5º da nova Lei de Licitações, deverá ainda ser considerado para fins de dosimetria da sanção os antecedentes do particular infrator.

A declaração de inidoneidade, por ser a punição com maior conteúdo punitivo, posto que gera efetivo prejuízo ao particular, deverá observar o regramento previsto no §6º do mesmo art. 156 da nova Lei de Licitações. Sobre o estudo analítico da dosimetria da sanção administrativa no âmbito das contratações públicas, sugere-se a leitura do item 2.2.9 desta obra, cujo teor trata do princípio da proporcionalidade.

1.4.9 Cometimento de fraudes de qualquer natureza

No tocante ao cometimento de fraudes, como restou verificado até o presente momento, as punições no âmbito das contratações públicas decorrem da prática de condutas indesejadas, tipificadas como infrações administrativas, praticadas durante o processamento da licitação ou no transcurso dos contratos administrativos. Todavia, com o escopo de desestimular a prática de comportamento realizado fora da relação contratual, mas em razão do contrato administrativo celebrado, previu a legislação licitatória infrações administrativas em razão do dano causado ao interesse público, a exemplo do cometimento de fraudes.

Sendo assim, fixou o art. 155, inc. X, da Lei nº 14.133/2021,[257] que sofrerá a punição o particular que praticou fraude de qualquer natureza.

---

[257] "Art. 155. O licitante ou o contratado será responsabilizado administrativamente pelas seguintes infrações: (...) X – comportar-se de modo inidôneo ou *cometer fraude de qualquer natureza*"; (grifo nosso).

Outrossim, fixou o art. 84, inc. I, da Lei nº 13.303/2016[258] que será punido aquele que tenha sofrido condenação definitiva por praticar, por meios dolosos, fraude fiscal no recolhimento de quaisquer tributos.

Pressupõe-se, pois, que a condenação definitiva tenha ocorrido durante a execução do contrato administrativo. O advento da condenação definitiva, antes ou depois da execução do contrato, não geraria qualquer tipo de repercussão no contrato administrativo.

Como bem sustenta Francisco Zardo, o bem jurídico tutelado é a respeitabilidade e a probidade nas contratações públicas, bem como a proteção da política socioeconômica do Estado, como receita estatal, para obtenção dos recursos necessários à realização de suas atividades.[259]

Em relação ao sujeito ativo da referida infração administrativa, temos a considerar que poderão incorrer em tal ato infracional apenas os contratados que, em razão dos ajustes celebrados com o Poder Público, praticarem atos fraudulentos. No âmbito da Lei nº 14.133/2021, aquele que cometer fraude de qualquer natureza. Por sua vez, no âmbito da Lei das Estatais, somente será punido aquele que cometeu fraude em relação ao cumprimento das obrigações tributárias. Quanto ao sujeito passivo da referida infração administrativa, é a Administração Pública contratante que poderá ser prejudicada também por meio de atos fraudulentos praticados pelo particular, já condenado outrora.

No tocante à ação física, poderá ser enquadrada na conduta infracional a prática de atos fraudulentos, corporificados em quaisquer artifícios maliciosos (1) de qualquer natureza ou (2) que objetivam afastar o cumprimento de obrigações tributárias, sejam elas de natureza principal ou acessória, devidas pelo particular em razão do contrato administrativo celebrado em momento antecedente, concomitante ou posterior à execução de um contrato administrativo.[260] Para Jessé Torres Pereira Júnior e Marinês

---

258 "Art. 84. As sanções previstas no inciso III do art. 83 poderão também ser aplicadas às empresas ou aos profissionais que, em razão dos contratos regidos por esta Lei: (...) *I – tenham sofrido condenação definitiva por praticarem, por meios dolosos, fraude fiscal no recolhimento de quaisquer tributos*"; (grifo nosso).

259 ZARDO, Francisco. *Infrações e sanções em licitações e contratos administrativos*. São Paulo: Revista dos Tribunais, 2014, p. 134.

260 "O cometimento de fraude fiscal, que enseja a sanção do art. 47 da Lei nº 12.462/11, tanto pode ocorrer no período em que se desenvolve o procedimento licitatório como na

Restelatto Dotti, analisando a fraude fiscal, tem-se que essa "traduz-se na conduta que contorna a liquidação, a entrega ou o pagamento de tributo, ou visa a obter benefícios fiscais indevidos, reembolsos ou outras vantagens patrimoniais suscetíveis de causarem diminuição das receitas tributárias".[261]

Acerca da caracterização do comportamento indesejável e infracional, entende-se que a referida infração administrativa somente poderá ser configurada caso exista condenação criminal de qualquer natureza ou por fraude fiscal, na forma prevista no âmbito penal, conforme se infere dos arts. 1º, inc. II, e 2º, inc. I, da Lei nº 8.137/1990, relacionada a obrigações perante o Fisco referentes a um contrato administrativo, devendo tal conduta restar comprovada no bojo do processo administrativo sancionador instaurado para tal desiderato.[262]

No tocante ao elemento subjetivo, necessário para a caracterização da infração em estudo, tem-se que o sancionamento como consequência para a prática do comportamento típico da infração administrativa prevista nos arts. 155, inc. X, da Lei nº 14.133/2021[263] e 84, inc. I, da Lei nº 13.303/2016[264] é condicionado à fraude dolosa, conforme exige expressamente a redação que caracteriza o tipo infração. Não obstante o art. 84, inc. I, da Lei nº

---

execução contratual, nada obstante o *caput* do dispositivo referir-se ao licitante. A lei não pode escusar a sanção administrativa se a fraude fiscal ocorrer também na execução do contrato, situação não rara de acontecer. A fraude é meio doloso de enganar e deve ser sancionada, independentemente de quando ocorrer" (PEREIRA JÚNIOR, Jessé Torres; DOTTI, Marinês Restelatto. *Comentários ao RDC integrado ao sistema brasileiro de licitações e contratações públicas*. Rio de Janeiro: Renovar, 2015, p. 993).

261 PEREIRA JÚNIOR, Jessé Torres; DOTTI, Marinês Restelatto. *Comentários ao RDC integrado ao sistema brasileiro de licitações e contratações públicas*. Rio de Janeiro: Renovar, 2015, p. 993.

262 Não obstante a economia das palavras na ocasião da edição das Leis do Pregão e RDC, que pode ser justificada pela celeridade que envolve tais modalidades, como consta dos elementos caracterizadores da infração administrativa previstos na Lei de Licitações e Lei das Estatais, só restará caracterizada a infração administrativa em caso de condenação definitiva por fraude fiscal no âmbito penal, conforme se infere dos arts. 1º, inc. II e 2º, I, da Lei Federal nº 8.137/1990.

263 Art. 155. O licitante ou o contratado será responsabilizado administrativamente pelas seguintes infrações:
(...)
X – comportar-se de modo inidôneo ou cometer fraude de qualquer natureza";

264 "Art. 84. As sanções previstas no inciso III do art. 83 poderão também ser aplicadas às empresas ou aos profissionais que, em razão dos contratos regidos por esta Lei:
I – tenham sofrido condenação definitiva por praticarem, por meios dolosos, fraude fiscal no recolhimento de quaisquer tributos";

13.303/2016 ser omisso, a doutrina é uníssona no sentido de que apenas incorrerá em tal infração administrativa os particulares que agiram de forma dolosa[265] no descumprimento de obrigações tributárias, sejam elas principais ou acessórias, não sendo caracterizada, portanto, infração administrativa, o não recolhimento de tributos, haja vista a inexistência de malícia ou artimanha.

No tocante à sanção a ser aplicada, conforme estabelece o art. 156, §5º, da Lei nº 14.133/2021, a caracterização da referida infração administrativa gerará, como consequência, a necessidade de imposição da sanção denominada de declaração de inidoneidade, fixada no inc. IV do artigo em comento, impedindo-o de licitar ou de contratar no âmbito da Administração Pública direta e indireta de todos os entes federativos, pelo prazo mínimo de 3 (três) anos e máximo de 6 (seis) anos, cabendo, ainda, na forma do §7º do mesmo dispositivo, multa prevista em edital e no contrato.

O *quantum* punitivo, seja da sanção restritiva de direito (declaração de inidoneidade) ou patrimonial (multa), será compatível e adequado, à luz da razoabilidade e da proporcionalidade e à reprovabilidade do comportamento infracional praticado pelo sujeito no caso concreto, devendo a efetiva aplicação considerar (1) a natureza e a gravidade da infração cometida, (2) as peculiaridades do caso concreto, (3) as circunstâncias agravantes ou atenuantes e (4) os danos que dela provierem para a Administração Pública, *ex vi* do §1º do mesmo art. 156. Demais disso, conforme estabelece o art. 22, §2º, do Decreto-Lei nº 4.657/1942 (Lei de Introdução às Normas do Direito Brasileiro ou LINDB), a ser observado no processo sancionatório, conforme prevê o art. 5º da nova Lei de Licitações, deverá ainda ser considerado para fins de dosimetria da sanção os antecedentes do particular infrator.

A declaração de inidoneidade, por ser a punição com maior conteúdo punitivo, posto que gera efetivo prejuízo ao particular, deverá observar o regramento previsto no §6º do mesmo art. 156 da nova Lei de Licitações.

---

265 JUSTEN FILHO, Marçal. *Pregão*: comentários à legislação do pregão comum e eletrônico. 6. ed. rev. e atual. São Paulo: Dialética, 2013, p. 259; MOTTA, Fabrício. Das sanções. *In*: GASPARINI, Diógenes (coord.). *Pregão presencial e eletrônico.* 2. ed. rev. e ampl. Belo Horizonte: Fórum, 2009, p. 139 e PEREIRA JÚNIOR, Jessé Torres. *Comentários à lei das licitações e contratações da administração pública.* 6. ed. Rio de Janeiro: Renovar, 2009, p. 893.

Por sua vez, e por derradeiro, no âmbito das estatais, a eleição da sanção administrativa em caso de caracterização da infração administrativa em estudo prevista no art. 84, inc. I, da Lei nº 13.303/2016,[266] deverá amparar-se na gravidade da fraude fiscal verificada no caso concreto, sendo eleita aquela que, à luz dos princípios da proporcionalidade e da razoabilidade, apresentar-se como adequada, podendo o particular ser sancionado com a punição denominada de impedimento de licitar e contratar com a Administração. Sobre o estudo analítico da dosimetria da sanção administrativa no âmbito das contratações públicas, sugere-se a leitura do item 2.2.9 desta obra, cujo teor trata do princípio da proporcionalidade.

1.4.10 Praticar atos ilícitos visando a frustrar os objetivos da licitação

Já em relação à prática de atos ilícitos visando a frustrar os objetivos da licitação, temos a considerar que o art. 155, inc. XI, da Lei nº 14.133/2021[267] e o art. 84, inc. II, da Lei nº 13.303/2016[268] preveem a imposição de sanções restritivas de direito em caso de verificação de comportamento ilícito visando a defraudar os objetivos da licitação.[269]-[270]

---

[266] "Art. 84. As sanções previstas no inciso III do art. 83 poderão também ser aplicadas às empresas ou aos profissionais que, em razão dos contratos regidos por esta Lei:
I – tenham sofrido condenação definitiva por praticarem, por meios dolosos, fraude fiscal no recolhimento de quaisquer tributos";

[267] "Art. 155. O licitante ou o contratado será responsabilizado administrativamente pelas seguintes infrações: (...) XI – praticar atos ilícitos com vistas a frustrar os objetivos da licitação";

[268] "Art. 84. As sanções previstas no inciso III do art. 83 poderão também ser aplicadas às empresas ou aos profissionais que, em razão dos contratos regidos por esta Lei: (...) II – tenham praticado atos ilícitos visando a frustrar os objetivos da licitação";

[269] "A comprovação de fraude em processo licitatório importa na aplicação de multa aos responsáveis e na declaração de inidoneidade das empresas envolvidas para participar de licitação realizada no âmbito da Administração Pública Federal" (BRASIL. Tribunal de Contas da União. *Acórdão nº 775/2011*. Plenário. Relator: Ministro Marcos Bemquerer Costa. Sessão de 30.03.2011. Disponível em: https://contas.tcu.gov.br/pesquisaJurisprudencia/#/detalhamento/11/%252a/NUMACORDAO%253A775%2520ANOACORDAO%253A2011/DTRELEVANCIA%2520desc%252C%2520NUMACORDAOINT%2520desc/false/1. Acesso em: 13 jun. 2017).

[270] Acerca da possibilidade de sancionamento de particulares em decorrência da prática de conduta reprovável durante o transcurso da licitação, já prolatou o Eg. STJ "2. Os ora recorrentes alegam contrariedade aos arts. 87, IV, e 88, da Lei nº 8.666/93, visto que a

Objetiva a referida infração administrativa tutelar os objetivos da licitação, expressamente previstos nos incisos do art. 11 da Lei nº 14.133/2021[271] e do art. 31 da Lei nº 13.303/2016.[272] Com efeito, sendo tais objetivos frustrados, enorme será o prejuízo, pois

---

pena de declaração de inidoneidade para licitar seria prevista apenas para os que tenham vínculo contratual com a Administração, e não para os licitantes que participam ou participaram de licitações, mas não foram contratados.

Da expressão "em razão dos contratos regidos por esta Lei", constante do art. 88, 'caput', da Lei nº 8.666/93 não se infere que a aplicação das sanções encontra-se restrita aos concorrentes que lograram sucesso na licitação e efetivamente celebraram o contrato administrativo, mas, ao contrário, (que) engloba toda e qualquer empresa que tenha agido de forma ilegítima com o escopo de tornar-se vencedora de certame que, em última análise, culminaria em um contrato submetido à referida lei.

A adoção do posicionamento propugnado pelos ora recorrentes ocasionaria situações à beira do absurdo, destituídas de qualquer rastro de lógica e em completo descompasso com o princípio da moralidade.

A Administração Pública ver-se-ia tolhida de seu poder-dever de sancionar concorrente de licitação cujos expedientes ilícitos foram descobertos antes da contratação; isto é, a eficiência do Poder Público em averiguar fraudes nos certames acabaria por gerar uma conjuntura na qual nenhuma punição seria imposta, autorizando-se que licitantes sabidamente desonestos pudessem participar indefinidamente de inúmeros certames sem que lhes fosse aplicada qualquer sanção tão somente porque não chegaram a ser contratados.

É inconcebível a tese de que a Lei nº 8.666/93 reservaria punições somente aos licitantes contratados e toleraria fraudes e atos ilícitos promovidos por participantes que não se sagraram vencedores do certame, ainda que tenham dolosamente empreendido artifícios que, se não frustraram a competição por completo, atentaram de forma extremamente reprovável contra a Administração Pública e, em última análise, contra o interesse público da coletividade" (BRASIL. Superior Tribunal de Justiça. *REsp. nº 1.192.775/SP*. 2ª Turma. Relator: Ministro Castro Meira. Julgado em 18.11.2010. *DJe*, Brasília, DF, 01 dez. 2010).

271 "Art. 11. O processo licitatório tem por objetivos:
I – assegurar a seleção da proposta apta a gerar o resultado de contratação mais vantajoso para a Administração Pública, inclusive no que se refere ao ciclo de vida do objeto;
II – assegurar tratamento isonômico entre os licitantes e a justa competição;
III – evitar contratações com sobrepreço ou com preços manifestamente inexequíveis e superfaturamento na execução dos contratos;
IV – incentivar a inovação e o desenvolvimento nacional sustentável.
Parágrafo único. A alta administração do órgão ou entidade é responsável pela governança das contratações, devendo implementar processos e estruturas, inclusive de gestão de riscos e controles internos, para avaliar, direcionar e monitorar os processos licitatórios e os respectivos contratos, com o intuito de alcançar os objetivos estabelecidos no caput, promover um ambiente íntegro e confiável, assegurar o alinhamento das contratações ao planejamento estratégico e às leis orçamentárias e promover eficiência, efetividade e eficácia em suas contratações.

272 "Art. 31. As licitações realizadas e os contratos celebrados por empresas públicas e sociedades de economia mista destinam-se a assegurar a seleção da proposta mais vantajosa, inclusive no que se refere ao ciclo de vida do objeto, e a evitar operações em que se caracterize sobrepreço ou superfaturamento, devendo observar os princípios da impessoalidade, da moralidade, da igualdade, da publicidade, da eficiência, da probidade administrativa, da economicidade, do desenvolvimento nacional sustentável, da vinculação ao instrumento convocatório, da obtenção de competitividade e do julgamento objetivo".

deverá novamente movimentar a custosa e burocrática máquina administrativa com o escopo de processar outro certame. Assim, por meio da referida infração, busca-se proteger o certame licitatório de particulares mal intencionados.

Concorda-se com a opinião de Renata Fiori Puccetti,[273] que sustenta que sofrerão as punições apontadas não só aqueles que praticarem atos ilícitos visando a frustrar os objetivos da licitação, mas também os que atuarem em desacordo durante o lapso necessário para viabilizar uma contratação direta ou até mesma na fase interna da licitação, a exemplo da pesquisa de preços, quando apresentarem orçamentos divorciados da realidade ou fraudados. Não se pode perder de vista que não é apenas na licitação que os objetivos de um certame podem ser prejudicados. Com efeito, na contratação direta é também dever do administrador contratar a proposta mais vantajosa, devendo a eleição do proponente e o preço serem devidamente justificados nos autos do processo administrativo.

O sujeito ativo da referida infração administrativa é todo aquele que acudir ao chamado da Administração para participar da licitação, seja ele proponente ou não,[274] uma vez que o comportamento frustratório pode ser praticado por qualquer um, não apenas licitante. No tocante ao sujeito passivo da referida infração administrativa, tem-se que este é a Administração Pública contratante, que restará prejudicada em razão da prática do proceder infracional tipificado ora estudado.

Já em relação ao elemento material da referida infração administrativa, temos a considerar que a frustração dos objetivos da licitação pode ocorrer por meio de múltiplos comportamentos. Para Diógenes Gasparini, frustrar significa enganar, baldar, tornar inútil, no caso, a competitividade da licitação.[275] Assim, a configuração da

---

273 PUCCETTI, Renata Fiori. *Infrações e sanções administrativas aplicáveis aos particulares em licitações e contratos.* 181f. Dissertação (Mestrado em Direito) – Pontifícia Universidade Católica de São Paulo, São Paulo, 2010, p. 144.

274 Nesse sentido, Diógenes Gasparini, quando versa sobre o crime previsto no art. 93 da Lei Federal nº 8.666/1993, ressalta que "[o] sujeito ativo dos comportamentos incriminados (impedir, perturbar, fraudar) pode ser qualquer pessoa, seja ela participante ou não do procedimento licitatório" (GASPARINI, Diógenes. *Crimes na Licitação.* 4. ed. São Paulo: NDJ, 2011, p. 92).

275 GASPARINI, Diógenes. *Crimes na Licitação.* 4. ed. São Paulo: NDJ, 2011, p. 73.

referida infração administrativa pode ocorrer por meio dos mais diversos comportamentos, a exemplo da criação de dificuldades para prejudicar potenciais interessados, da realização de ameaças, da manipulação de preços etc.

O elemento subjetivo reside no dolo do indivíduo, concretizado pela intenção astuciosa de praticar atos ilícitos visando a frustrar os objetivos da licitação.

Analisando os dispositivos legais que carreiam a infração administrativa ora estudada, observa-se que eles padecem da falha apontada, no sentido de fixar, de forma genérica, sem rigor de detalhes, as condutas caracterizadoras do tipo infracional, sem obediência ao princípio da tipicidade. Demais disso, como aponta Felipe Blanco Garcia Guimarães Fleury, os dispositivos legais em comento não veicularam nenhuma baliza para a aplicação da suspensão temporária do direito de licitar e contratar com a Administração e a declaração de inidoneidade, a exemplo do que estabeleceram os arts. 129[276] e 132,[277] ambos da Lei nº 8.112/1990, cujo teor correlacionou a infração praticada pelo servidor público com a sanção devida.

Com efeito, tal falha legislativa é grave e deve ser contornada pela devida fixação dos correspondentes comportamentos relacionados à frustração dos objetivos da licitação em regulamento ou no instrumento editalício e contratual, de forma a garantir ao

[276] "Art. 129. A advertência será aplicada por escrito, nos casos de violação de proibição constante do art. 117, incisos I a VIII e XIX, e de inobservância de dever funcional previsto em lei, regulamentação ou norma interna, que não justifique imposição de penalidade mais grave".

[277] "Art. 132. A demissão será aplicada nos seguintes casos:
I – crime contra a administração pública;
II – abandono de cargo;
III – inassiduidade habitual;
IV – improbidade administrativa;
V – incontinência pública e conduta escandalosa, na repartição;
VI – insubordinação grave em serviço;
VII – ofensa física, em serviço, a servidor ou a particular, salvo em legítima defesa própria ou de outrem;
VIII – aplicação irregular de dinheiros públicos;
IX – revelação de segredo do qual se apropriou em razão do cargo;
X – lesão aos cofres públicos e dilapidação do patrimônio nacional;
XI – corrupção;
XII – acumulação ilegal de cargos, empregos ou funções públicas;
XIII – transgressão dos incisos IX a XVI do art. 117".

licitante, com a devida precisão e certeza, a previsibilidade da atuação estatal no âmbito punitivo, afastando, assim, a ausência de surpresas para aqueles que pretendem ser colaboradores da atividade estatal.

Por tal razão, entende Celso Antônio Bandeira de Mello que, na ausência das hipóteses infracionais de cabimento da suspensão temporária do direito de licitar e contratar com a Administração e a declaração de inidoneidade, a punição prevista nos artigos em estudo somente poderá ocorrer caso a conduta praticada pelo infrator seja tipificada como crime.[278]

Pedindo *vênia*, prevendo o art. 84, inc. II, da Lei nº 13.303/2016 que incorrerá em sanção aquele que praticar "atos ilícitos", diferentemente do que prevê o inc. I dos referidos dispositivos legais, poderão sofrer punição aqueles que incorrerem em atos ilícitos tipificados como crime ou não, cujos contornos frustrem os objetivos da licitação.

Por derradeiro, em relação à sanção a ser aplicada ao sujeito infrator, sendo no âmbito da Lei nº 13.303/2016 (Lei das Estatais), sofrerá a suspensão do direito de licitar, uma vez que a declaração de inidoneidade não foi prevista no estatuto das entidades governamentais.[279] Com efeito, o *quantum* punitivo eleito e imposto pela Administração sancionadora será compatível e adequado, à luz da razoabilidade e da proporcionalidade e à reprovabilidade do comportamento infracional praticado pelo sujeito no caso concreto. Sobre o estudo analítico da dosimetria da sanção administrativa no âmbito das contratações públicas, sugere-se a leitura do item 2.2.9 desta obra, cujo teor trata do princípio da proporcionalidade.

Por sua vez, no âmbito das sanções cujo regime jurídico foi fixado na nova Lei de Licitações, conforme estabelece o art. 156, §5º, da Lei nº 14.133/2021, tem-se que a caracterização da referida infração administrativa gerará, como consequência, a necessidade de imposição

---

[278] BANDEIRA DE MELLO, Celso Antônio. *Curso de Direito Administrativo*. 32. ed. São Paulo: Malheiros, 2015, p. 660.

[279] "Pode-se afirmar que o legislador teria agido de forma mais branda ao definir como penalidade mais severa a suspensão do direito de licitar e contratar com a entidade por prazo não superior a dois anos" STROPPA, Christianne de Carvalho. *O Regime Jurídico dos Contratos das Empresas Estatais Prestadoras de Serviços Públicos na Lei de Responsabilidade das Estatais – Lei nº 13.303/2016*. 213 f. Tese (Doutorado em Direito, área de concentração Direito Administrativo) – Faculdade de Direito, Pontifícia Universidade Católica de São Paulo, São Paulo, 2019, p. 116).

da sanção denominada de declaração de inidoneidade, fixada no inc. IV do artigo em comento, impedindo o licitante ou posterior contratado de licitar ou contratar no âmbito da Administração Pública direta e indireta de todos os entes federativos, pelo prazo mínimo de 3 (três) anos e máximo de 6 (seis) anos, cabendo, ainda, na forma do §7º do mesmo dispositivo, multa prevista em edital e no contrato.

O *quantum* punitivo, seja da sanção restritiva de direito (declaração de inidoneidade) ou patrimonial (multa), será compatível e adequado, à luz da razoabilidade e da proporcionalidade e à reprovabilidade do comportamento infracional praticado pelo sujeito no caso concreto, devendo a efetiva aplicação considerar I – a natureza e a gravidade da infração cometida; II – as peculiaridades do caso concreto; III – as circunstâncias agravantes ou atenuantes; IV – os danos que dela provierem para a Administração Pública e V – a implantação ou o aperfeiçoamento de programa de integridade, conforme normas e orientações dos órgãos de controle, *ex vi* do §1º do mesmo art. 156. Demais disso, conforme estabelece o art. 22, §2º, do Decreto-Lei nº 4.657/1942 (Lei de Introdução às Normas do Direito Brasileiro ou LINDB), a ser observado no processo sancionatório, conforme prevê o art. 5º da nova Lei de Licitações, deverá ainda ser considerado para fins de dosimetria da sanção os antecedentes do particular infrator. Sobre o estudo analítico da dosimetria da sanção administrativa no âmbito das contratações públicas, sugere-se a leitura do item 2.2.9 desta obra, cujo teor trata do princípio da proporcionalidade.

A declaração de inidoneidade, por ser a punição com maior conteúdo punitivo, já que gera efetivo prejuízo ao particular, deverá observar o regramento previsto no §6º do mesmo art. 156 da nova Lei de Licitações.

1.4.11 Praticar ato lesivo previsto no art. 5º da Lei nº 12.846, de 1º de agosto de 2013

Com arrimo no referido dispositivo legal, serão punidos no âmbito das contratações públicas aqueles que incorrerem nas hipóteses previstas no art. 5º da Lei nº 12.846, de 1º de agosto de 2013, que dispõe sobre a responsabilização administrativa e civil de pessoas jurídicas pela prática de atos contra a administração pública, nacional ou estrangeira, quais sejam: I – prometer, oferecer ou dar, direta ou indiretamente, vantagem indevida a agente público, ou a terceira pessoa a ele relacionada; II – comprovadamente, financiar, custear, patrocinar ou de qualquer modo subvencionar a prática dos atos ilícitos previstos nesta Lei; III – comprovadamente, utilizar-se de interposta pessoa física ou jurídica para ocultar ou dissimular seus reais interesses ou a identidade dos beneficiários dos atos praticados; IV – no tocante a licitações e contratos: a) frustrar ou fraudar, mediante ajuste, combinação ou qualquer outro expediente, o caráter competitivo de procedimento licitatório público; b) impedir, perturbar ou fraudar a realização de qualquer ato de procedimento licitatório público; c) afastar ou procurar afastar licitante, por meio de fraude ou oferecimento de vantagem de qualquer tipo; d) fraudar licitação pública ou contrato dela decorrente; e) criar, de modo fraudulento ou irregular, pessoa jurídica para participar de licitação pública ou celebrar contrato administrativo; f) obter vantagem ou benefício indevido, de modo fraudulento, de modificações ou prorrogações de contratos celebrados com a administração pública, sem autorização em lei, no ato convocatório da licitação pública ou nos respectivos instrumentos contratuais; ou g) manipular ou fraudar o equilíbrio econômico-financeiro dos contratos celebrados com a administração pública; V – dificultar atividade de investigação ou fiscalização de órgãos, entidades ou agentes públicos, ou intervir em sua atuação, inclusive no âmbito das agências reguladoras e dos órgãos de fiscalização do sistema financeiro nacional.

Quis a lei também garantir a punição no âmbito das contratações públicas àqueles que praticarem determinados atos ilícitos contra a administração pública, nacional ou estrangeira, sem prejuízo da responsabilização civil e penal.

Haja vista uma similaridade de comportamentos, remete-se ao estudo da infração prevista no art. 155, incs. IX, X e XI, da Lei nº 14.133/2021,[280] cujo teor fixa o comportamento antijurídico de comportar-se de modo inidôneo e cometer fraude de qualquer natureza, no que couber.

[280] "Art. 155. O licitante ou o contratado será responsabilizado administrativamente pelas seguintes infrações: (...) IX – fraudar a licitação ou praticar ato fraudulento na execução do contrato;
X – comportar-se de modo inidôneo ou cometer fraude de qualquer natureza;
XI – praticar atos ilícitos com vistas a frustrar os objetivos da licitação";

1.4.12 Atraso injustificado na execução do contrato

Por sua vez, o atraso injustificado na execução do contrato administrativo caracteriza-se como uma infração administrativa, consoante prevê o art. 162 da Lei nº 14.133/2021[281] e o art. 82 da Lei nº 13.303/2016.[282]

O objetivo da referida punição é constranger o particular para que cumpra suas obrigações contratuais, em especial, a execução do objeto contratado, pontualmente, afastando prejuízos à Administração e à coletividade, em razão do atraso verificado. Assim, tal penalidade tem o escopo de afastar a mora dos contratados e, por conseguinte, o prejuízo que pode decorrer do atraso do objeto que tem por fim atender às necessidades públicas. Ou seja, pune-se a mora e não a inexecução.[283] Acerca dos prejuízos na ausência de pontualidade do particular, vemos, todos os anos, o atraso no fornecimento de uniforme e material escolar distribuído para os alunos matriculados na rede pública de ensino.

Por conseguinte, o bem jurídico a ser tutelado com a referida infração administrativa é a pontualidade na execução do objeto demandado, a fim de afastar prejuízo à coletividade que necessita do objeto para melhor viver e se desenvolver.

Sendo esse o objetivo, o sujeito ativo da infração administrativa será aquele que estiver na condição de contratado e que descumprir o prazo de execução do objeto demandado, que consta expressamente do contrato administrativo, instrumento equivalente, ordem de serviço ou fornecimento. Demais disso, como já restou apontado, tem-se que a infração administrativa em estudo também pode ser cometida pelos particulares que fazem parte da grade classificatória do certame, caso venham, posteriormente, a executar o objeto

---

281 "Art. 162. O atraso injustificado na execução do contrato sujeitará o contratado a multa de mora, na forma prevista em edital ou em contrato.
Parágrafo único. A aplicação de multa de mora não impedirá que a Administração a converta em compensatória e promova a extinção unilateral do contrato com a aplicação cumulada de outras sanções previstas nesta Lei".

282 "Art. 82. Os contratos devem conter cláusulas com sanções administrativas a serem aplicadas em decorrência de *atraso injustificado na execução do contrato, sujeitando o contratado a multa* de mora, na forma prevista no instrumento convocatório ou no contrato" (grifo nosso).

283 PEREIRA JÚNIOR, Jessé Torres *et al. Comentários à Lei das Estatais – nº 13.303/2016*. Belo Horizonte: Fórum, 2020, p. 697.

contratado, em razão da rescisão do ajuste com o vencedor da licitação. Por sua vez, o sujeito passivo da referida infração administrativa é a Administração Pública contratante, que restará prejudicada em razão da prática do comportamento infracional tipificado ora estudado, uma vez que não deterá o objeto demandado para utilizar no serviço público.

A ação física, necessária para possibilitar a caracterização da referida infração administrativa, é a prática de comportamento que acaba por atrasar, injustificadamente, a execução do objeto da contratação, consubstanciado na prática de uma conduta omissiva, a exemplo de não produzir, confeccionar, entregar, construir etc. o objeto demandado de acordo com o prazo ou o cronograma fixado no edital e no contrato etc.

No tocante ao elemento subjetivo, tem-se que o ilícito administrativo configura-se mediante a observância do dolo, manifestado pelo desejo consciente do contratado de atrasar a execução do objeto, de forma dolosa, onde se observa, por exemplo, a vontade de descumprir o ajuste quando entrega o objeto destinado à Administração para um contratante particular em razão de receber com mais celeridade um valor superior àquele que receberia da Administração, ou ainda, de forma culposa, onde, em razão da negligência, imprudência ou imperícia, inobservou-se o prazo constante do contrato, instrumento equivalente ou nota de serviço ou fornecimento.

No tocante à sanção, pune-se apenas e tão somente com multa, não sendo o caso de aplicação das punições restritivas de direito, uma vez que o atraso não impossibilita a execução do contrato na forma do pactuado.[284-285] Todavia, conforme permite o parágrafo único do

---

[284] Conforme ressalta Jessé Torres Pereira Júnior: "Apenas a retarda (*mora solvendi*, isto é, do devedor quanto ao tempo em que haveria de cumprir-se o acordado). Daí responder o devedor (o particular contratado) pelo atraso, com a reserva de que tal mora 'não resulta apenas da circunstância objetiva do retardamento, mas principalmente do elemento subjetivo da culpa. O devedor poderá sempre alegar e provar a existência de fato ou omissão que lhe não sejam imputáveis' (v. Revista dos Tribunais, 186:723). Demonstrado que o atraso se deveu à negligência, imprudência ou imperícia do contratado, caberá a multa moratória (PEREIRA JÚNIOR, Jessé Torres. *Comentários à lei das licitações e contratações da administração pública*. 6. ed. Rio de Janeiro: Renovar, 2009, p. 854).

[285] "Além disso, é importante destacar que o art. 82 define que o atraso somente sujeitará à multa de mora, sendo impossível aplicar as demais sanções administrativas listadas no art. 83 (...)" PEREIRA JÚNIOR, Jessé Torres *et al*. *Comentários à Lei das Estatais – nº 13.303/2016*. Belo Horizonte: Fórum, 2020, p. 697.

art. 162 da Lei nº 14.133/2021,[286] ante o prejuízo experimentado pela Administração, a aplicação de multa de mora não impede que a Administração a converta em compensatória e promova a extinção unilateral do contrato com a aplicação cumulada de outras sanções previstas na Lei, a exemplo da imposição da sanção de impedimento de licitar ou contratar ou a declaração de inidoneidade.

Com efeito, a multa administrativa, seja decorrente de atraso na execução do objeto ou em razão da inexecução parcial ou total do contrato administrativo, somente será possível de ser imposta ao particular infrator caso o ato convocatório[287] e o instrumento contratual tenham assentado tal possibilidade, fixando, ainda, os parâmetros para conduzir o administrador público ao *quantum* pecuniário.

Destaque-se, outrossim, ser plenamente possível que a sanção administrativa destacada também possa ser imposta a particulares no âmbito dos contratos administrativos decorrentes de contratações diretas, desde que expressamente conste do contrato ou instrumento equivalente tal possibilidade, bem como os contornos para a imposição da multa moratória.

Verifica-se que a caracterização do tipo infracional em estudo somente ocorrerá caso o atraso seja injustificado, podendo as razões apresentadas ser aceitas pela Administração, de forma a afastar a punibilidade. Por conseguinte, existindo motivada justificativa, que deverá ser demonstrada nos autos do processo administrativo sancionatório, a exemplo do atraso ou retardamento da execução do objeto contratado, cujo motivo foi gerado pela Administração licitante (não liberação de local para execução da obra ou entrega de objeto), deve a sanção, consequência da prática do ilícito administrativo, ser devidamente afastada.

Assim deve ocorrer, pois o risco é algo intrínseco no desempenho de qualquer atividade econômica, haja vista que o cumprimento de obrigações no prazo e condições pactuadas exige excessivo esforço e

---

286 "Parágrafo único. A aplicação de multa de mora não impedirá que a Administração a converta em compensatória e promova a extinção unilateral do contrato com a aplicação cumulada de outras sanções previstas nesta Lei".

287 FLEURY, Felipe Blanco Garcia Guimarães. *As infrações e sanções administrativas aplicáveis a licitações e contratos (Leis nºs 8.666/93, 10.520/02, 12.462/11 e Lei nº 12.846/13).* 186f. Dissertação (Mestrado em Direito), Pontifícia Universidade Católica de São Paulo, São Paulo, 2016, p. 109.

comprometimento de pessoas vinculadas diretamente à sua estrutura empresarial, a responsabilidade de outros colaboradores e empresas eventualmente contratadas para o referido desiderato, além da não verificação de um caso fortuito e força maior durante o referido lapso em que a obrigação deve ser cumprida.

Tem-se entendido que caso fortuito é o evento que não se pode prever e que não podemos evitar. Por sua vez, os casos de força maior, os fatos humanos ou naturais, que podem até ser previstos, mas da mesma maneira não podem ser impedidos;[288] por exemplo, os fenômenos da natureza, tais como chuvas excessivas e contínuas, tempestades, furacões, raios etc. ou fatos humanos como guerras, revoluções e outros.

Exemplos:

- desastres naturais, como inundações, fortes ou excessivas chuvas, tempestades, deslizamento de terra e outros desastres naturais podem afetar a capacidade de uma empresa de cumprir suas obrigações;
- guerra, conflito ou convulsão social podem interromper ou atrasar a execução de um contrato;
- greve ou paralisações de colaboradores ou categorias (caminhoneiros) podem interromper ou atrasar a execução de um contrato;
- doença epidêmica pode afetar a capacidade de uma empresa de cumprir suas obrigações, podendo ser considerado um caso fortuito;
- falta de energia ou água na empresa, canteiro de obras ou local de execução do serviço podem afetar a capacidade de uma empresa de cumprir suas obrigações;
- empresa que não consegue contratar transporte para entregar produtos ou materiais podendo ser considerado um caso fortuito;
- se um fornecedor, colaborador ou prestador de serviços falha em fornecer produtos ou materiais essenciais para

[288] cf. in. TRIBUNAL DE JUSTIÇA DO DISTRITO FEDERAL E DOS TERRITÓRIOS. Caso fortuito e força maior. Disponível em: https://www.tjdft.jus.br/institucional/imprensa/campanhas-e-produtos/direito-facil/edicao-semanal/caso-fortuito-e-forca-maior. Acesso em: 3 jan. 2025.

a execução de um contrato pode ser considerado um caso fortuito;

- empresa que não consegue obter matéria-prima essencial para a execução de um contrato pode ser considerado um caso fortuito;
- empresa que tem problemas de produção que afetam sua capacidade de cumprir suas obrigações pode ser considerado um caso fortuito.

O prazo para a execução da obrigação deve estar cristalino no edital, minuta de instrumento contratual, ata de registro de preços, devendo tal lapso ser reproduzido também na ordem de serviço ou fornecimento.

Ademais, tem-se que o prazo de início da execução somente se inicia quando o pedido de entrega, ordem de fornecimento ou serviço (ordem de execução)[289] é efetivamente recebido pelo particular contratado, e não na data fixada nos referidos atos administrativos.

Em eventual dúvida entre vários prazos para cumprimento da obrigação observados no caso concreto, deverá ser utilizado aquele fixado no ato convocatório, haja vista a necessidade de observância do princípio da vinculação ao edital, não podendo qualquer tipo de punição ocorrer, sob pena de violação ao princípio do *in dubio pro reo*.

Com efeito, atraso na execução do contrato é caracterizado pela demora no fornecimento de bem, na prestação de serviço ou construção de uma obra, em razão da inobservância dos prazos do edital e do contrato, cuja execução ou fornecimento efetivamente ocorre, porém, em outro momento,[290] sendo que a circunstância que comprova a execução no ritmo divorciado do ato convocatório encontra-se devidamente demonstrada nos autos do processo administrativo ou em comunicação pretérita.

---

289 RIGOLIN, Ivan Barbosa. *Lei nº 14.133/2021 comentada:* uma visão crítica. Belo Horizonte: Fórum, 2022. P. 454.

290 Nesse sentido, entende também Francisco Zardo: "Ademais, convém desde logo destacar que a inexecução contratual não se confunde com atraso na execução do contrato, hipótese prevista no art. 82 da Lei n. 13.303/2016. O atraso é configurado pela demora na prestação, que, todavia, se concretiza. Já a inexecução é a falta da entrega do objeto pactuado" (ZARDO, Francisco, infrações e sanções administrativas na lei n. 13.303/16. *In*: DAL POZZO; Augusto; MARTINS; Ricardo Marcondes (coord.). *Estatuto jurídico das empresas estatais.* São Paulo: Contracorrente, 2018, p. 286).

Em sendo o caso, há que apenas e tão somente sancionar o particular com multa moratória, cuja monta não é elevada, como abaixo restará demonstrado, de modo a preservar o capital do contratado já empregado na execução do objeto, devendo, se for o caso, passar a Administração a receber o objeto já concluído, sendo necessário, ainda, ser devidamente pago aquilo que for incontroverso.

Que fique claro que não há possibilidade de punir o atraso com outra sanção que não seja a "multa moratória", a exemplo da "multa compensatória", cujos valores arbitrados sempre são maiores.

Alerte-se que o atraso na execução do objeto do contrato administrativo somente ocorrerá a partir do momento que o contratado tem por obrigação iniciar a execução do objeto. Pode acontecer que a prestação somente ocorrerá após a expedição formal de ordem de serviço ou fornecimento, além da emissão de nota de empenho ou autorização de funcionamento em caso de ata de registro de preços.

Novamente, para fins de caracterização de atraso na execução do objeto, o particular deve efetivamente receber a comunicação administrativa para o início do cumprimento das obrigações, o que deverá ser comprovado pela Administração para viabilizar a instauração do processo sancionador.

Atente-se que somente se pune em caso de atraso "injustificado". Nesse sentido, existindo comprovada justificativa para o atraso da execução do objeto, que deverá ser comprovada por meio de documentos hábeis, é dever da Administração, após a apuração da ocorrência da infração administrativa, não aplicar sanção alguma, haja vista que adversidades que geram atrasos na execução do contrato, como acima já restou demonstrada, podem corriqueiramente acontecer.

Alerte-se que o referido atraso no cumprimento das obrigações pactuadas pode, no caso concreto e à luz dos acontecimentos, ser convertido em inexecução, seja parcial ou total do contrato administrativo, fato que possibilita a Administração sancionar o contratado com carga punitiva superior, conforme abaixo restará esclarecido.

Sendo assim, coloca-se cabo ao estudo das infrações administrativas no âmbito das contratações públicas.

No caso concreto, observando-se a suposta prática de um dos comportamentos anteriormente delineados, deverá ser instaurado o competente processo administrativo sancionador, conforme restará estudado em capítulo oportuno, com o escopo de, ao final, e se for o caso, ser imposta uma das sanções administrativas que serão objeto de estudo no próximo capítulo.

Desta feita, passa-se a analisar as sanções administrativas e seu regime jurídico, bem como as penalidades previstas na legislação licitatória.

CAPÍTULO 2

AS SANÇÕES ADMINISTRATIVAS E O SEU REGIME JURÍDICO NO ÂMBITO DAS CONTRATAÇÕES PÚBLICAS

2.1 A sanção jurídica

Um ordenamento jurídico constitui-se em um plexo de normas que têm o condão de regular o comportamento humano na sociedade, de modo a garantir um satisfatório convívio daqueles que lá vivem.

No sentido de reagir contra a ocorrência de situações indesejáveis, de forma a repulsá-las por serem prejudiciais à comunidade, tal ordem jurídica, chamada de Direito, estatui sanções, a fim de evitar a sua ocorrência. Assim, estabelecem-se regras para regular a conduta humana, buscando-se um determinado comportamento eleito pela lei como adequado.

Hans Kelsen, neste sentido, expõe que:

> Uma outra característica comum às ordens sociais e que chamamos Direito é que elas são ordens coativas, no sentido de que reagem contra as situações consideradas indesejáveis, por serem socialmente perniciosas – particularmente contra condutas humanas indesejáveis – como um ato de coação, isto é, como um mal – como a privação da vida, da saúde, da liberdade, de bens econômicos e outros –, um mal que é aplicado ao destinatário mesmo contra a sua vontade, se necessário empregando até a força física – coativamente, portanto.[291]

[291] KELSEN, Hans. *Teoria pura do direito.* 8. ed. São Paulo: Martins Fontes, 2014, p. 35.

Em outra passagem, o referido autor reza, *in verbis*, que "as sanções são estabelecidas pela ordem jurídica, com o fim de ocasionar certa conduta humana que o legislador considera desejável".[292]

Para o referido autor, a sanção é a reação da ordem jurídica contra o delito ou, o que redunda no mesmo, a reação da comunidade, constituída pela ordem jurídica, contra o malfeito, o delinquente.[293]

Ante tal quadro, caracterizam-se as sanções como atos de natureza coercitiva, empregadas como consequência da prática de uma conduta prejudicial que a ordem jurídica determinou que não ocorresse. Em outras palavras, a sanção é a reação institucionalizada, qualquer que seja, e garantida pelo uso da força estatal.[294]

Segundo Roberto Dromi: "A pena representa a última fase do processo de produção jurídica: o elemento existencial que atualiza a vigência do direito".[295] Assim, a sanção apresenta-se como o instrumento de garantia do cumprimento da norma que, transgredida, deverá ser imposta pelo Estado. Ou seja, caracterizando-se a punição como uma reação do direito, a sanção: "Todo e qualquer processo de garantia daquilo que se determina em uma regra".[296]

Desta feita, pode o Estado impor sanções tanto na esfera penal, por meio do Poder Judiciário, quanto aplicar penalidades quando exerce função administrativa, com o escopo de prevenir a ocorrência de situações indesejáveis pelo ordenamento normativo.

Destaca-se, nesta oportunidade, o estudo das punições administrativas, espécie de sanção jurídica[297] que a lei prevê como

---

292 KELSEN, Hans. *Teoria geral do Direito e do Estado*. 5. ed. São Paulo: Martins Fontes, 2016, p. 71.

293 KELSEN, Hans. *Teoria geral do Direito e do Estado*. 5. ed. São Paulo: Martins Fontes, 2016, p. 29.

294 OLIVEIRA, Yara Beatriz Cruz de. Sanções por descumprimento contratual. *BLC – Boletim de Licitações e Contratos*. São Paulo: NDJ, n. 15, p. 18-48, jan. 2015.

295 DROMI, Roberto. *Derecho Administrativo*. 12. ed. Buenos Aires-Madri-México: Ciudad Argentina, Hispania Libros, 2009, p. 401.

296 REALE, Miguel. *Lições preliminares de Direito*. 27. ed. São Paulo: Saraiva, 2002, p. 72.

297 Conforme expõe Rafael Munhoz de Mello, "sanção jurídica foi conceituada como a consequência negativa atribuída à inobservância de um comportamento prescrito pela norma jurídica, que deve ser imposta pelos órgãos competentes e, se necessário, com a utilização de meios coercitivos, tal qual previsto no próprio ordenamento jurídico" (MELLO, Rafael Munhoz de. *Princípios constitucionais de direito administrativo sancionador*. São Paulo: Malheiros, 2007, *p*. 62).

consequência quando da prática de comportamentos que a lei qualifica como infração administrativa.

Reconhece-se o caráter administrativo de uma sanção em razão da autoridade competente para impô-la.[298] Apenas existirá sanção administrativa, portanto, quando o Estado estiver no exercício da função administrativa, a exemplo de quando se socorre de particulares para a persecução de seus objetivos institucionais, seja de forma típica ou atípica, no âmbito dos Poderes constituídos, vale dizer, Executivo, Legislativo e Judiciário.

As sanções administrativas caracterizam-se como atos administrativos punitivos extroversos, ou seja, aplicados aos administrados.[299] São punitivos os atos que têm por objeto a aplicação de sanções impostas pela Administração, nas hipóteses em que lhe couber reprimir violações ao Direito.[300]

Diversas são as hipóteses em que o ordenamento jurídico estabelece sanção administrativa como consequência negativa para a prática de uma conduta que, por ser indesejável pelo legislador, foi caracterizada como infração administrativa. Ilustrando: não desejando que um condutor ultrapasse um semáforo que estampa temporariamente a cor vermelha, estabeleceu o art. 208 do Código de Trânsito Brasileiro uma multa pecuniária, sendo tal infração caracterizada como gravíssima, fato que acarreta outras consequências. Outrossim, pretendendo que o servidor público não aja de forma desidiosa, exercendo as atribuições do cargo a contento, o art. 132, inc. XIII, c/c o art. 117, inc. XV, todos da Lei nº 8.112/1990, estabelecem que agir com desídia pode acarretar a demissão do serviço público.

Da mesma forma, desejando a ausência da prática de determinadas condutas pelo licitante ou contratado no âmbito das contratações públicas, uma vez que a sua ocorrência prejudica o bom andamento estatal, ou seja, apresenta-se como atentatória contra a eficácia da legislação que rege as contratações públicas,

---

298 BANDEIRA DE MELLO, Celso Antônio. *Curso de Direito Administrativo*. 32. ed. São Paulo: Malheiros, 2015, p. 871.

299 MOREIRA NETO, Diogo de Figueiredo. *Curso de Direito Administrativo*: parte introdutória, parte geral e parte especial. 15. ed. Rio de Janeiro: Forense, 2009, p. 178.

300 MOREIRA NETO, Diogo de Figueiredo. *Curso de Direito Administrativo*: parte introdutória, parte geral e parte especial. 15. ed. Rio de Janeiro: Forense, 2009, p. 178.

estabelecem os arts. 155 e 162 da Lei nº 14.133/2021 e os arts. 83 e 84 da Lei nº 13.303/2016 (Lei das Estatais) diversas infrações administrativas, bem como a correspondente sanção administrativa, cujas características serão expostas a seguir.

2.2 As sanções administrativas e seu regime jurídico

Explicitado que o Estado, além de deter a prerrogativa de punir no âmbito penal, pode impor penalidade quando os administrados incorrerem em comportamento prescrito em lei como antijurídico, cabe apresentar um conceito para as sanções administrativas.

Para Eduardo García de Enterría e Tomás-Ramon Fernández, sanção administrativa é: "Um mal infligido pela Administração a um administrado, como consequência de uma conduta ilegal. Este mal (fim aflitivo da sanção) consistirá sempre na privação de um bem ou de um direito, imposição de obrigação ou de pagamento de uma multa".[301]

Para Heraldo Garcia Vitta:

> Sanção administrativa é consequência repressiva, estipulada pela ordem jurídica e imposta por autoridade administrativa, no exercício da função administrativa, desfavorável ao sujeito (infrator ou responsável), com a finalidade de desestimular as pessoas a descumprirem as normas do ordenamento normativo, em virtude de conduta (comissiva ou omissiva) praticada em ofensa ao mandamento da norma jurídica.[302]

Daniel Ferreira conceitua sanção administrativa, *in verbis*, como a

> [d]ireta e imediata consequência jurídica, restritiva de direitos, de caráter repressivo, a ser imposta no exercício da função administrativa, em virtude de um comportamento juridicamente proibido, comissivo ou omissivo.[303]

---

301 GARCIA DE ENTERRÍA, Eduardo; FERNÁNDEZ, Tomás-Ramon. *Curso de Direito Administrativo*. (Revisor Técnico Carlos Ari Sundfeld). São Paulo: Revista dos Tribunais, 2014. v. II, p. 187.

302 VITTA, Heraldo Garcia. *A sanção no Direito Administrativo*. São Paulo: Malheiros, 2003, p. 63.

303 FERREIRA, Daniel. *Sanções administrativas*. São Paulo: Malheiros, 2001, p. 34.

Para Marcelo Madureira Prates:

> Sanção administrativa é medida punitiva prevista em ato normativo, que pode ser aplicada diretamente pela Administração no âmbito das suas relações jurídicas gerais, a quem, sem justificação, deixe de cumprir um dever administrativo certo e determinado normativamente imposto.[304]

No sentir de Antonio Cecílio Moreira Pires:

> Sanção administrativa é uma consequência negativa, que se constitui em uma medida de caráter punitivo, que deve ser aplicada pelo Estado, ou quem lhe faça as vezes, no exercício da função administrativa, em razão do descumprimento de um comportamento prescrito em lei, e observado o devido processo legal.[305]

Para nós, a sanção administrativa caracteriza-se como o resultado negativo imposto pelo ordenamento jurídico, aplicado de forma imediata pelo Poder Público no exercício de função administrativa, de forma típica ou atípica, em desfavor daquele que incorrer na conduta indesejada prevista em lei, ao cabo do competente processo administrativo sancionador.

2.2.1 A finalidade do ato administrativo punitivo

Demonstrado o conceito de sanção administrativa, afigura-se necessário revelar a *finalidade do ato administrativo punitivo*. Neste sentido, temos que tal potestade ou poder sancionatório não objetiva efetivamente punir, impondo um determinado castigo, um sofrimento ou suplício, mas, de forma profilática, garantir o cumprimento de deveres pelos particulares, constrangendo o sujeito a portar-se adequadamente, por exemplo, durante o transcurso da licitação e quando da execução do objeto do contrato administrativo, exigindo o cumprimento daquilo que se comprometeu contratual-

---

304 PRATES, Marcelo Madureira. *Sanção administrativa geral*: anatomia e autonomia. Coimbra: Almedina, 2005, p. 54.

305 PIRES, Antonio Cecílio Moreira. *A desconsideração da personalidade jurídica nas contratações públicas*. São Paulo: Atlas, 2014, p. 21.

mente; em outras palavras, desestimular[306] ou desencorajar a prática de condutas tipificadas pela lei com infrações administrativas, haja vista a sua prejudicialidade para o interesse público quando da sua ocorrência.

Precisamente, prescreve Celso Antônio Bandeira de Mello que:

> Evidentemente, a razão pela qual a lei qualifica certos comportamentos como infrações administrativas, e prevê sanções para quem nelas incorra, é a de desestimular a prática daquelas condutas censuradas ou constranger ao cumprimento das obrigatórias. Assim, o objeto da composição de figuras infracionais e da correlata penalização é intimidar eventuais infratores, para que não pratiquem os comportamentos proibidos ou para induzir os administrados a atuarem na conformidade da regra que lhes demanda comportamento positivo. Logo, quando uma sanção é prevista e ao depois aplicada, o que se pretende com isto é tanto despertar em quem a sofreu um estímulo para que não reincida, quanto cumprir uma função exemplar para a sociedade.[307]

Note-se, nesse sentido, o entendimento de Heraldo Garcia Vitta:

> A previsão de sanções existe para atemorizar os eventuais infratores (caráter repressivo), fazendo com que os indivíduos ajustem seus comportamentos aos padrões admitidos em Direito. Tem por fim específico desestimular a prática de condutas proibidas pela ordem normativa, por meio de "desagradáveis efeitos".
> Logo, não comungamos com o entendimento segundo o qual as sanções têm por fim punir infratores, pois o castigo, como explica Daniel Ferreira, "não é objetivo colimado pela sanção, mas sim um efeito da sua imposição.[308]

Sendo a finalidade das sanções administrativas apenas constranger ou forçar o particular a cumprir as obrigações assumidas, pede-se *vênia* para discordar da exegese existente no

---

306 Como assevera Heraldo Garcia Vitta: "A finalidade da sanção administrativa não é punir o sujeito infrator ou responsável. Tem por escopo desestimular as pessoas a cometerem futuras violações. A finalidade é preventiva" (VITTA, Heraldo Garcia. *A sanção no Direito Administrativo*. São Paulo: Malheiros, 2003, p. 66).

307 BANDEIRA DE MELLO, Celso Antônio. *Curso de Direito Administrativo*. 32. ed. São Paulo: Malheiros, 2015, p. 872-873.

308 VITTA, Heraldo Garcia. *A sanção no Direito Administrativo*. São Paulo: Malheiros, 2003, p. 65.

sentido de que as sanções pecuniárias detêm o escopo de buscar a reparação de danos causados à Administração, a exemplo da imposição de multas. Ressalta-se que a reparação de prejuízos causados pelo particular, a exemplo, o licitante ou o contratado, deve ser buscada por meio de outras vias, conforme estabelece o art. 120 da Lei nº 14.133/2021,[309] como o ingresso de competente ação civil de reparação de danos. Com efeito, o particular responde civilmente pelos danos que acarretar à Administração ou a terceiros.[310]

Não é outro o entendimento de Daniel Ferreira:

> Afirma-se, faz muito, que não há sanções ressarcitórias, entendimento igualmente acolhido por Celso Antônio Bandeira de Mello. Para o dano, a resposta é a indenização, para o ilícito, a sanção. Dito de outro modo: "Sendo assim, forçoso concluir que a sanção administrativa tem finalidade desestimuladora; a indenização apenas objetiva restaurar o *status quo ante*".
>
> O dever de restaurar o patrimônio lesionado decorre de previsão genérica, prevista no Código Civil em vigor (Lei nº 10.406/2002): "Art. 927. Aquele que, por ato ilícito (arts. 186 e 187), causar dano a outrem, fica obrigado a repará-lo". Ou seja, a causa da indenização (o dano) é distinta da causa da sanção (a infração). Há, ademais e como visto, infrações administrativas de mera conduta, portanto, que não alteram o mundo fenomênico de qualquer forma e, a despeito disso, dão azo à imposição de sanção pela Administração Pública.
>
> A Lei nº 8.666/1993 (Lei Geral de Licitações e Contratações Públicas) deve, portanto, ser interpretada e aplicada "inteligentemente", no sentido de que uma multa porventura imposta a contratado com a deliberada intenção de fazer as vezes de reparação de dano (a qualquer título) reclama prova deste para sua validade-exigibilidade. Mais ainda, como a previsão da multa assume a feição de cláusula penal, também é preciso atender aos reclamos dos arts. 408 a 416 do CC, quando for o caso.[311]

---

309 "Art. 120. O contratado será responsável pelos danos causados diretamente à Administração ou a terceiros em razão da execução do contrato, e não excluirá nem reduzirá essa responsabilidade a fiscalização ou o acompanhamento pelo contratante".

310 JUSTEN FILHO, Marçal. *Comentários à lei de licitações e contratos administrativos*. 15. ed. São Paulo: Dialética, 2012, p. 937.

311 FERREIRA, Daniel. Infrações e sanções administrativas. Enciclopédia jurídica da PUC-SP. *In*: CAMPILONGO, Celso Fernandes; GONZAGA, Álvaro de Azevedo; FREIRE, André Luiz (coord.). *Tomo*: Direito Administrativo e Constitucional. NUNES JR., Vidal Serrano *et al*. (coord. de tomo). 1. ed. São Paulo: Pontifícia Universidade Católica de São Paulo, 2017. Disponível em: https://enciclopediajuridica.pucsp.br/verbete/107/edicao-1/infracoes-e-sancoes-administrativas. Acesso em: 13 jun. 2017.

Caso assim não fosse, no âmbito do processo punitivo, onde houvesse a pretensão de imposição de uma multa ressarcitória, deveria restar assentado nos autos do expediente administrativo o valor, devidamente apurado, do prejuízo ocasionado pelo sujeito infrator, sob pena de inviabilidade de concretizar a punição, o que não ocorre.[312] Inclina-se, portanto, ao entendimento de que o ato punitivo objetiva prevenir a inexecução parcial ou total do ajuste, e não recompor prejuízo experimentado pela Administração, o que deverá ser buscado pelas vias próprias.[313]

---

[312] Nesse sentido, reza Marçal Justen Filho: "A multa é referida no art. 87, inciso II e §1º, da Lei nº 8.666. Consiste numa penalidade pecuniária, que não se encontra referida ao valor dos prejuízos sofridos pela Administração. A função da multa administrativa não é compensar as perdas e danos acarretadas pela conduta ilícita, mas coibir a prática de uma conduta" (JUSTEN FILHO, Marçal. *Comentários ao RDC*: Lei nº 12.462/11 e Decreto nº 7.581/11. São Paulo: Dialética, 2013, p. 667). Não é de outra forma que prescreve Jessé Pereira Torres Júnior, quando trata da multa constante do art. 87, inc. II, da Lei Federal nº 8.666/1993: "A multa do art. 87 vincula-se à inexecução do contrato, o seja, inadimplemento absoluto, que deixará sem execução, em definitivo, todo o objeto (a prestação a cargo do devedor) ou parte dele. Tal multa não é moratória. É penal, daí acrescer-se a sanção mais severa se houver elementos subjetivos que agravem a conduta do contratado" (PEREIRA JÚNIOR, Jessé Torres. *Comentários à lei das licitações e contratações da administração pública*. 6. ed. Rio de Janeiro: Renovar, 2009, p. 854). Da mesma forma, destaca Maria João Estorninho: Em última instância, a função principal do referido poder sancionatório não é tanto a de reprimir as violações contratuais, nem a de compensar a Administração pelos prejuízos sofridos, mas sim a de obrigar o co-contraente a cumprir a prestação a que está obrigado e, dessa forma, assegurar o interesse público subjacente ao contrato (ESTORNINHO, Maria João. *Curso de Direito dos Contratos Públicos*: por uma contratação pública sustentável. Lisboa: Almedina, 2014, p. 499). Não é outro o entendimento de Felipe Blanco Garcia Guimarães Fleury: "A doutrina e a jurisprudência costumam segregar a multa em duas espécies, sendo a moratória (ou de mora) a multa decorrente do atraso no inadimplemento da obrigação; e punitiva aquela oriunda do inadimplemento da obrigação, sem finalidade compensatória." Em nota de rodapé, acrescenta ainda que "[t]ambém se fala em multa compensatória, que, todavia, consubstancia-se em uma sanção ressarcitória, cujo regime jurídico é flagrantemente distinto do que o aplicado nas sanções retributivas, conforme assinalamos quando nos debruçamos sobre a definição de sanção jurídica. A sanção ressarcitória se presta a recompor as perdas e danos, o que, ao nosso juízo, não é a finalidade das multas previstas nos arts. 86 e 87 da Lei nº 8.666/93, que possuem natureza retributiva" (FLEURY, Felipe Blanco Garcia Guimarães. *As infrações e sanções administrativas aplicáveis a licitações e contratos (Leis nºs 8.666/93, 10.520/02, 12.462/11 e Lei nº 12.846/13)*. 186f. Dissertação (Mestrado em Direito), Pontifícia Universidade Católica de São Paulo, São Paulo, 2016, p. 130).

[313] Não é outro o entendimento de Felipe Blanco Garcia Guimarães Fleury: "A doutrina e a jurisprudência costumam segregar a multa em duas espécies, sendo a moratória (ou de mora) a multa decorrente do atraso no inadimplemento da obrigação; e punitiva aquela oriunda do inadimplemento da obrigação, sem finalidade compensatória." Em nota de rodapé, acrescenta, ainda, que "[t]ambém se fala em multa compensatória, que, todavia, consubstancia-se em uma sanção ressarcitória, cujo regime jurídico é flagrantemente distinto do que o aplicado nas sanções retributivas, conforme assinalamos quando nos debruçamos sobre a definição de sanção jurídica. A sanção ressarcitória se presta a

Não obstante seja assim, há gabaritado entendimento no sentido de que as sanções administrativas, em especial as pecuniárias, apresentam características ressarcitórias, a exemplo da multa compensatória ou ressarcitória. Comungam deste entendimento Celso Antônio Bandeira de Mello,[314] Rui Cirne Lima,[315] Roberto Ribeiro Bazzilli[316] e José Anacleto Abduch Santos.[317]

Ante todo o exposto, em nosso sentir, tem-se que o objetivo das sanções administrativas é apenas desencorajar a prática de condutas infracionais, não sendo o seu intento punir o particular ou buscar a reparação de eventual prejuízo que o comportamento nocivo tenha eventualmente causado à Administração, devendo o ressarcimento ocorrer por meio das vias próprias existentes no Direito.

2.2.2 A finalidade das sanções administrativas nas contratações públicas

Restando devidamente aduzido, de forma geral, o objetivo das sanções administrativas, cabe, nesta oportunidade, apresentar a finalidade das punições administrativas aplicadas a sujeitos infratores no âmbito das contratações públicas no Brasil.

Sendo assim, exercendo função administrativa, de forma típica ou atípica, a Administração Pública, conforme se observa do art. 104, inc. III, da Lei nº 14.133/2021,[318] tem o dever de fiscalizar a execução dos contratos que confia a particulares, de forma a

---

recompor as perdas e danos, o que, ao nosso juízo, não é a finalidade das multas previstas nos arts. 86 e 87 da Lei nº 8.666/93, que possuem natureza retributiva" (FLEURY, Felipe Blanco Garcia Guimarães. *As infrações e sanções administrativas aplicáveis a licitações e contratos (Leis nºs 8.666/93, 10.520/02, 12.462/11 e Lei nº 12.846/13).* 186f. Dissertação (Mestrado em Direito), Pontifícia Universidade Católica de São Paulo, São Paulo, 2016, p. 130).

314 BANDEIRA DE MELLO, Celso Antônio. *Curso de Direito Administrativo*. 32. ed. São Paulo: Malheiros, 2015, p. 887.

315 LIMA, Ruy Cirne. *Princípios de Direito Administrativo*. 7. ed. São Paulo: Malheiros, 2007, p. 588.

316 BAZZILI, Roberto Ribeiro. *Contratos Administrativos*. São Paulo: Malheiros, 1996, p. 142.

317 SANTOS, José Anacleto Abduch. *Contratos administrativos*: formação e controle interno da execução: com particularidades dos contratos de prestação de serviços terceirizados e contratos de obras e serviços de engenharia. Belo Horizonte: Fórum, 2015, p. 275.

318 Art. 104. O regime jurídico dos contratos instituído por esta Lei confere à Administração, em relação a eles, as prerrogativas de: (...) III – fiscalizar sua execução;

garantir que o objeto demandado que será executado indiretamente seja entregue ao Poder Público, observando estritamente os seus contornos fixados nos instrumentos editalício e contratual.

Com efeito, de nada adiantaria a legislação conferir um poder-dever[319] para a Administração Pública fiscalizar a execução dos contratos se não garantisse instrumentos coercitivos para constranger aqueles que não conseguem cumprir regras e observar os ditames fixados pelo Estado em relação àquilo que deseja receber.

Por tal razão, o art. 104, inc. IV, da Lei nº 14.133/2021[320] garante a prerrogativa punitiva ao Estado, que se constitui em um poder-dever para a Administração regular o comportamento dos proponentes no transcurso da licitação, de forma a proteger a isonomia entre os competidores e garantir a busca pela proposta mais vantajosa, bem como controlar a execução do contrato,[321] por meio da coibição de desacertos contratuais, fato que compele o contratado a cumprir as obrigações assumidas, assegurando, assim, a efetiva execução do objeto demandado pela Administração.

Se tal competência peculiar inexistisse expressamente no ordenamento jurídico, vale dizer, se não pudesse o Estado apenar os colaboradores que não se comportassem adequadamente, estaria o Poder Público sujeito à prática de condutas prejudiciais à persecução do interesse público almejado por meio da colaboração particular.

---

319 "O regime de Direito Administrativo atribui à Administração o poder-dever de fiscalizar a execução do contrato (art. 58, III). Compete à Administração designar um agente seu para acompanhar diretamente a atividade do outro contratante. O dispositivo deve ser interpretado no sentido de que a fiscalização pela Administração não é mera faculdade assegurada a ela. Trata-se de um dever, a ser exercitado para melhor realizar os interesses fundamentais. Parte-se do pressuposto, inclusive, de que a fiscalização induz o contratado a executar de modo mais perfeito os deveres a ele impostos.
A regra deve ser aplicada estritamente nos casos em que a sequência da execução da prestação provoca o efeito de ocultar eventuais defeitos da atuação do particular. Esses defeitos não são irrelevantes e provocarão efeitos em momento posterior. No entanto, o simples exame visual ou a mera experimentação são insuficientes para detectá-los. Em tais hipóteses, a Administração deverá designar um representante para verificar o desenvolvimento da atividade do contratado. Isso se passa especialmente com obras de engenharia" (JUSTEN FILHO, Marçal. *Comentários à lei de licitações e contratos administrativos.* 15. ed. São Paulo: Dialética, 2012, p. 934).

320 "Art. 104. O regime jurídico dos contratos instituído por esta Lei confere à Administração, em relação a eles, as prerrogativas de: (...) IV – aplicar sanções motivadas pela inexecução total ou parcial do ajuste";

321 FERREIRA, Wolgran Junqueira. *Licitação e contratos na administração pública.* Bauru: Edipro, 1994, p. 225.

Imaginem-se os problemas que surgiriam em decorrência do atraso na reforma de prédios escolares, realizada durante o período das férias escolares, em razão do cumprimento em lentidão do cronograma da obra, bem como o fracasso de licitação que objetiva o fornecimento de insumos médico-hospitalares necessários para viabilizar o atendimento na rede pública de saúde, motivado em razão de condutas praticadas no âmbito do pregão que prejudicou a sua conclusão de forma exitosa, a deixar de entregar documentação exigida para o certame, conduta tipificada como infração pelo art. 155, inc. IV da Lei nº 14.133/2021.

Afigura-se necessária, portanto, a existência de um poder-dever que permita à Administração Pública punir particulares em razão da inobservância do regramento administrativo, como forma de controlar a atuação dos particulares quando chamados para colaborar com a persecução do interesse público.

Para evitar prejuízo, elencou a legislação licitatória diversas condutas em razão dos seus efeitos lesivos e as caracterizou como infrações administrativas, fixando a correspondente sanção.

Acerca dos motivos do sancionamento a ser realizado pela própria Administração licitante ou contratante, que se encontram fundados em razões de ordem prática, ressalva Eduardo Rocha Dias:

> a) maior flexibilidade, celeridade e agilidade do sancionamento administrativo se comparado com o maior formalismo e a demora do sancionamento jurídico-penal, o que pode propiciar maior eficácia à sanção do que se a mesma fosse aplicável pelo Juiz; b) a necessidade de conhecimentos técnicos para efetuar a apuração de infrações, conhecimento esses que nem sempre são partilhados pelo Poder Judiciário, mas que são inerentes à atuação da autoridade administrativa que aplica a sanção administrativa, e que pode, por isso mesmo, aprender a avaliar melhor os fatos puníveis (MODERNE, 1993:191); c) insuficiência do número de juízes, o que torna irrealizável o desígnio de concentrar no Poder Judiciário toda a atividade punitiva do Estado e a interpretação rigorosa do princípio da separação dos Poderes.[322]

Demais disso, observa-se que tais sanções administrativas acabam por exercer um controle da eficácia das normas relativas

---

322 DIAS, Eduardo Rocha. *Sanções administrativas aplicáveis a licitantes e contratados*. São Paulo: Dialética, 1997, p. 24.

à contratação administrativa.[323] Destaque-se que, sem a fixação de uma consequência negativa pelo legislador, as regras fixadas pela Administração Pública atinentes ao processamento da licitação e execução do contrato seriam facilmente violadas pelos particulares em colaboração.

Sob outra perspectiva, as sanções administrativas no âmbito das contratações públicas apresentam-se como instrumento para garantia da aferição do princípio da eficiência administrativa, expressamente previsto no *caput* do art. 37 da Constituição da República de 1988, na Administração Pública brasileira.

Nesse sentido, "o pressuposto de competição, que alimenta a visão de qualidade total, repousa na possibilidade de escolha do serviço de melhor qualidade. Todavia, esse pressuposto nem sempre é verdadeiro".[324] Tem razão Irene Patrícia Nohara, uma vez que o critério para sagrar-se vencedor de um certame repousa no oferecimento do menor preço, apresentando-se, muitas das vezes, inexequível. Todavia, com o intuito de o contratado garantir um lucro com a execução do objeto demandado pelo Estado, mesmo apresentando um preço que se apresenta aquém dos custos necessários, passa a não atender às especificações daquilo que a Administração necessita para atender aos seus objetivos institucionais quando da execução do contrato.

Tal situação, sem laivos de dúvida, prejudica a eficiência do Estado, que atua utilizando objetos providos de má qualidade, oferecidos pelo particular em colaboração, o que acaba por desprestigiar o princípio da eficiência administrativa. Logo, deve ser exigido que todos os colaboradores do Estado atuem de forma eficiente.[325]

---

323 OLIVEIRA, Yara Beatriz Cruz de. Sanções por descumprimento contratual. *BLC – Boletim de Licitações e Contratos*. São Paulo: NDJ, n. 15, p. 18-48, jan. 2015, p. 30.

324 NOHARA, Irene Patrícia. *Reforma administrativa e burocracia*: impacto da eficiência administrativa na configuração do direito administrativo brasileiro. São Paulo: Atlas, 2012, p. 161-162.

325 "Por certo que entidades privadas prestadoras de serviços públicos também estão obrigadas à incidência do dispositivo constitucional; o mesmo se poderia falar dos serviços sociais autônomos e de algumas entidades do terceiro setor que desenvolvem atividades vinculadas de alguma forma ao Estado. Todas as entidades que prestem serviços públicos ou que desenvolvam atividades correlatas ao exercício da função administrativa estão submetidas ao princípio da eficiência. Desse modo, é possível concluir que o critério adequado para a obrigatoriedade de incidência normativa com relação aos agentes estatais é o orgânico (formal), mas com relação aos agentes privados é

Cabe lembrar que "muitos dos serviços públicos viabilizam o exercício de direitos sociais que, prestados em caráter subsidiário pelo Estado, são imprescindíveis para inclusão de pessoas no rol de beneficiários, pelo simples fato da pobreza que ainda subsiste no país".[326] Sendo assim, é imprescindível uma atuação estatal melhor e mais eficiente.[327]

Observa-se que tal cenário pode ser contornado utilizando-se da carga aflitiva constante das sanções administrativas, a fim de evitar o descumprimento de deveres contratuais que prejudicam a eficiência estatal exigida pelo Texto Constitucional, concretizando-se em uma atuação eficaz dos serviços que estão a seu cargo.[328]

Pode-se dizer, portanto, e à luz das considerações antes aduzidas, que as sanções administrativas cumprem uma função social, qual seja, servir de instrumento para que o Poder Público garanta a implementação das políticas públicas satisfatoriamente, atendendo à necessidade da população.

---

funcional (material) – o que implica a possibilidade incidência do princípio inclusive em empresas privadas que se relacionam com a administração para desenvolver atividades de interesse público, ou mesmo para captar recursos como subsídios ou fomento. Nestes casos, todavia, não será possível estabelecer um critério geral a respeito da incidência ou não do princípio – e os mecanismos de controle incidentes vão depender de um conjunto de variáveis, como a própria finalidade da atividade em questão" (GABARDO, Emerson. O Princípio da eficiência. Enciclopédia jurídica da PUC-SP. *In*: CAMPILONGO, Celso Fernandes; GONZAGA, Álvaro de Azevedo; FREIRE, André Luiz (coord.). *Tomo*: Direito Administrativo e Constitucional. NUNES JR., Vidal Serrano *et al*. (coord. de tomo). 1. ed. São Paulo: Pontifícia Universidade Católica de São Paulo, 2017. Disponível em: https://enciclopediajuridica.pucsp.br/verbete/82/edicao-1/principio-da-eficiencia-o. Acesso em: 13 jun. 2017).

326 NOHARA, Irene Patrícia. *Reforma administrativa e burocracia*: impacto da eficiência administrativa na configuração do direito administrativo brasileiro. São Paulo: Atlas, 2012, p. 160.

327 "Parece fácil, doutrinariamente falando, mas não o é quando se trata da prática. Em um país onde a Administração Pública é dominada pela incompetência, as necessidades pessoais prevalecem sobre o interesse da sociedade e os inescrupulosos imperam no exercício de funções de alto escalão, não se espera que a administração passe a ser eficiente como quer a Constituição, pois a simples ministração de um paliativo não consegue curar a doença terminal de que nosso país é portador" (BAZILLI, Roberto Ribeiro; MONTENEGRO, Ludmila da Silva Bazilli. *Apontamentos sobre a reforma administrativa*. São Paulo: UNESP, 2003, p. 79).

328 "Em sua multifária atividade, a Administração, muitas vezes, depara-se com a necessidade de impor aos administrados punições para assegurar a higidez da ordem pública, ou o eficaz funcionamento dos serviços que estão a seu cargo" (NOBRE JÚNIOR, Edilson Pereira. Sanções administrativas e princípios de direito penal. *Revista de Direito Administrativo*, Rio de Janeiro, v. 219, p. 127-151, mar. 2015. Disponível em: http://bibliotecadigital.fgv.br/ojs/index.php/rda/article/view/47499. Acesso em: 4 abr. 2017).

Restando apontada a finalidade específica das sanções administrativas no âmbito das contratações públicas, busca-se, doravante, apresentar o seu regime.

Nesse passo, uma sanção para ser reconhecida como válida perante a ordem jurídica, o que garante a sua legitimidade, não deve apenas observar a disciplina da lei, mas um conjunto de princípios que regulam todo o processo de edição de um ato administrativo sancionador denominado regime jurídico-administrativo.[329]

Sendo assim, temos a considerar que, no âmbito das sanções impostas pelo Estado, observam-se as punições de natureza penal e administrativa, sendo ambas manifestações de um mesmo poder estatal, o *ius puniendi*.[330] Assim ocorre, uma vez que, "[a] ilicitude jurídica é uma só, do mesmo modo que um só, na sua essência, é o dever jurídico (...). Assim, não há falar-se de um ilícito administrativo ontologicamente distinto de um ilícito penal".[331]

Desta feita, inexistindo diferença entre os ilícitos penais e administrativos, e tendo em vista que a consequente penalidade decorre do exercício do mesmo *ius puniendi* estatal, tem-se que as mesmas garantias daquele sujeito que pode ser apenado pelo Poder Judiciário devem ser oferecidas aos que podem sofrer uma sanção administrativa. Afigura-se necessário, portanto, que as mesmas garantias do Direito Penal sejam aplicadas no Direito Administrativo,[332] sendo tal exegese, aliás, já observada pelo eg. Superior Tribunal de Justiça.[333]

---

329 Nesse sentido, para Lúcia Valle Figueiredo: "Denominamos regime jurídico-administrativo ao conjunto de regras e princípios a que se deve subsumir a atividade administrativa no atingimento de seus fins" (FIGUEIREDO, Lúcia Valle. *Curso de direito administrativo*. 8. ed. São Paulo: Malheiros, 2006, p. 65).

330 "O mesmo *ius puniendi* do Estado pode manifestar-se, pois, (com exceção já feita às penas privativas de liberdade e de outros direitos civil e político), tanto pela via judicial penal, como pela via administrativa" (GARCIA DE ENTERRÍA, Eduardo; FERNÁNDEZ, Tomás-Ramon. *Curso de Direito Administrativo*. (Revisor Técnico Carlos Ari Sundfeld). São Paulo: Revista dos Tribunais, 2015, p. 190).

331 HUNGRIA, Nelson. Ilícito administrativo e ilícito penal. *Revista de Direito Administrativo*, v. 1, n. 1, p. 24, 1945.

332 "A aplicação do Direito Penal ao Direito Administrativo, de forma subsidiária, é, entretanto, necessária, vez que a teoria sobre a unidade do *ius puniendi* não se encontra ainda desenvolvida no direito público, e porque as garantias individuais estabelecidas no Direito Penal são irrenunciáveis" (VERZOLA, Maysa Abrahão Tavares. *Sanção no Direito Administrativo*. São Paulo: Saraiva, 2011, p. 133-134).

333 "Consoante precisas lições de eminentes doutrinadores e processualistas modernos, à atividade sancionatória ou disciplinar da Administração Pública se aplicam os princípios,

Da mesma forma, Juan Carlos Cassagne ressalta que: "A unidade do direito repressivo e as garantias no Estado de Direito conduzem a aplicabilidade às sanções os princípios próprios do Direito Penal substantivo" (tradução nossa).[334]

Assim: "O Direito Administrativo Sancionador empresta os instrumentos que proporcionam ao Direito Penal, simplesmente porque lhe são úteis em razão do seu amadurecimento e de sua superioridade teórica" (tradução nossa).[335]

O regime jurídico punitivo a ser observado, portanto, quando o Estado exerce função administrativa, será aquele circunscrito por princípios elencados expressamente na Constituição da República de 1988, de forma a amoldar o exercício do *ius puniendi* às garantias constitucionais, assegurando o afastamento de qualquer tipo de excesso ou arbitrariedade estatal, quando da imposição das sanções na seara administrativa.

Sobre tal questão, ensina Gustavo Binenbojm que:

> A constitucionalização do direito administrativo convola a legalidade em juridicidade administrativa. A lei deixa de ser o fundamento único e último da atuação da Administração Pública para se tornar apenas um dos princípios do sistema de juridicidade instituído pela Constituição.[336]

Assim ocorre, uma vez que "os princípios não são meras declarações de sentimento ou de intenção, desprovidos de qualquer positividade".[337] Com efeito, "o princípio jurídico é norma de hierarquia superior à das regras [jurídicas], pois determina o sentido e o alcance destas, que não podem contrariá-lo, sob pena de pôr em risco a globalidade do sistema".[338]

---

garantias e normas que regem o Processo Penal comum, em respeito aos valores de proteção e defesa das liberdades individuais e da dignidade da pessoa humana, que se plasmaram no campo daquela disciplina" (BRASIL. Superior Tribunal de Justiça. *RMS 24559/PR* – Relator Ministro. Napoleão Nunes Maia Filho, p. *DJe* 01.02.2010. J. 03.12.09).

334 CASSAGNE, Juan Carlos. *Derecho Administrativo*. 5. ed. Buenos Aires: Abedo-Perrot, 1996-1997. v. II.

335 NIETO, Alejandro. *Derecho administrativo sancionador*. 4. ed. Madrid: Tecnos, 2005, p. 86.

336 BINENBOJM, Gustavo. *Uma teoria do Direito Administrativo.* 2 ed. Rio de Janeiro: Renovar, 2008, p. 70.

337 DALLARI, Adilson de Abreu; FERRAZ, Sérgio. *Processo Administrativo*. 3. ed. São Paulo: Malheiros, 2012, p. 79.

338 SUNDFELD, Carlos Ari. *Fundamentos de Direito Público*. 4. ed. 7. tir. São Paulo: Malheiros, 2006, p. 146.

Sendo assim, haja vista que o objetivo deste trabalho é delimitar o regime punitivo no âmbito das contratações públicas e considerando-se que a atividade punitiva estatal é circunscrita e alicerçada nos princípios que concretizam a garantia de direitos e garantias fundamentais, passa-se a estudar aqueles que efetivamente incidem sobre as sanções administrativas, quais sejam, o princípio da legalidade; o princípio da anterioridade; o princípio da irretroatividade da lei; o princípio da segurança jurídica; o princípio do *non bis in idem*; o princípio da razoabilidade; o princípio da proporcionalidade; o princípio do devido processo legal; o princípio da *non reformatio in pejus*; o princípio da prescritibilidade, o princípio do juiz natural; o princípio da presunção da inocência, princípio da duração razoável do processo administrativo sancionatório, princípio da vedação à sanção perpétua, princípio da duração razoável do processo, princípio da individualização da pena, princípio da motivação dos atos administrativos.

2.2.3 Princípio da legalidade

Iniciando o estudo dos princípios constitucionais que incidem sobre as sanções administrativas pelo *princípio da legalidade*, temos a considerar que este se apresenta talvez como o mais importante, em razão do fato de que o Estado, quando exerce a função administrativa, atua vinculado aos ditames fixados pela lei, consoante prevê o art. 37, *caput*, da Constituição da República de 1988, cabendo apenas realizar aquilo que a lei permite, nos termos lá verificados.[339]

Quando a função administrativa se concretiza na edição de atos administrativos punitivos, deve o Estado ainda reverenciar o conteúdo vertido na Lei, consoante se denota da leitura do art. 5º, inc. XXXIX, da Constituição da República de 1988, cujo teor estabelece

339 Conforme destaca Celso Antônio Bandeira de Mello: O princípio da legalidade, no Brasil, significa que a Administração nada pode fazer senão o que a lei determina.
Ao contrário dos particulares, os quais podem fazer tudo o que a lei não proíbe, a Administração só pode fazer o que a lei antecipadamente autorize. Donde administrar é prover aos interesses públicos assim caracterizados em lei, fazendo-o na conformidade dos meios e formas nela estabelecidos ou particularizados segundo suas disposições (BANDEIRA DE MELLO, Celso Antônio. *Curso de Direito Administrativo*. 32. ed. São Paulo: Malheiros, 2015, p. 108).

que "não há crime sem lei anterior que o defina, nem pena sem prévia cominação legal"; a ser melhor estudado a seguir.

Assim como ocorre no âmbito penal, o referido dispositivo constitucional constitui garantia ao cidadão[340] quando a Administração Pública exerce sua prerrogativa punitiva, uma vez que afastou, peremptoriamente, a atuação do Poder Público à margem da Lei, o que é inconcebível em um Estado de Direito,[341] cabendo ao administrador público, portanto, apenas o papel de aplicar a lei *ex officio*. O princípio da legalidade, portanto, cumpre: "Importantíssima função de garantia aos administrados contra eventual uso desatado do Poder pelos que comandam o aparelho estatal".[342]

Para Eduardo García de Enterría e Tomás-Ramón Fernandez, citando uma decisão do Tribunal Constitucional Espanhol:

> O princípio da legalidade impõe, pois, a "exigência material de absoluta predeterminação normativa das condutas e das respectivas sanções, exigência que [...] afeta a tipificação das infrações, a gradação e escala das sanções e correlação entre umas e outras, de tal modo que [...] o conjunto das normas aplicáveis permita prever, com suficiente grau de certeza, o tipo e o grau de sanção suscetível de ser imposta".[343]

No âmbito das sanções administrativas, sendo necessário que somente a lei discipline o regime punitivo, em especial, a fixação das condutas caracterizadas como ilícito administrativo, bem como

---

340 "É fácil perceber-se sua enorme relevância ante o tema das infrações e sanções administrativas, por estarem em causa situações em que se encontra desencadeada uma frontal contraposição entre Administração e administrado, na qual a Administração comparecerá com todo o seu poderio, como eventual vergastadora da conduta deste último" (BANDEIRA DE MELLO, Celso Antônio. *Curso de Direito Administrativo*. 32. ed. São Paulo: Malheiros, 2015, p. 875).

341 "A tipicidade é, pois, a descrição legal de uma conduta específica à qual será vinculada uma sanção administrativa. A especificidade da conduta a tipificar decorre de uma dupla exigência: do princípio geral de liberdade, com base no qual se organiza todo o Estado de Direito, que impõe que as condutas sancionáveis sejam exceção a essa liberdade e, portanto, exatamente delimitadas sem qualquer indeterminação (e delimitadas, além disso, pela representação democrática do povo pelas leis)" (GARCIA DE ENTERRÍA, Eduardo; FERNÁNDEZ, Tomás-Ramon. *Curso de Direito Administrativo*. (Revisor Técnico Carlos Ari Sundfeld). São Paulo: Revista dos Tribunais, 2015. v. II, p. 201).

342 BANDEIRA DE MELLO, Celso Antônio. *Curso de Direito Administrativo*. 32. ed. São Paulo: Malheiros, 2015, p. 875.

343 GARCIA DE ENTERRÍA, Eduardo; FERNÁNDEZ, Tomás-Ramon. *Curso de Direito Administrativo*. (Revisor Técnico Carlos Ari Sundfeld). São Paulo: Revista dos Tribunais, 2015. v. II, p. 200.

a correspondente sanção, não há espaço para que a Administração crie o regramento atinente à atividade punitiva estatal por meio de regulamentos administrativos.[344]

Logo, o regulamento administrativo não inova a ordem jurídica de modo primário, eficácia reservada à lei formal no sistema constitucional brasileiro, de acordo com o inc. II do art. 5º da Constituição da República de 1988.[345]

Portanto, o poder regulamentar do Poder Executivo, ou a edição de normas infralegais no âmbito dos Poderes Judiciário e Legislativo no exercício de suas autonomias administrativas, quando não houver reserva da atividade legiferante ao Poder Executivo, somente poderá ser exercido nos limites das balizas normativas firmadas pela lei. Ou seja, fixando a legislação licitatória as sanções administrativas para os casos de prática de atos caracterizados como infrações administrativas, reduziu-se a autonomia da Administração na definição das penalidades, existindo apenas espaço para regula-

---

344 Outro não é o entendimento do Egrégio Superior Tribunal de Justiça, como transcrito adiante: "ADMINISTRATIVO – SANÇÃO PECUNIÁRIA – LEI Nº 4.595/64. 1. Somente a lei pode estabelecer conduta típica ensejadora de sanção. 2. Admite-se que o tipo infracionário esteja em diplomas infralegais (portarias, resoluções, circulares etc.), mas se impõe que a lei faça a indicação. 3. Recurso especial improvido" (BRASIL. Superior Tribunal de Justiça, *REsp nº 324181*, 2ª Turma, Rel. Min. Eliana Calmon, j. 08.04.2003). "ADMINISTRATIVO. RECURSO ESPECIAL. AÇÃO ANULATÓRIA DE AUTO DE INFRAÇÃO. AFERIÇÃO EM BOMBAS DE COMBUSTÍVEIS. VIOLAÇÃO DO ART. 535 DO CPC. NÃO OCORRÊNCIA. ART. 8º DA LEI Nº 9.933/99. PENALIDADES. POSSIBILIDADE DE APLICAÇÃO ISOLADA OU CUMULATIVA. PRINCÍPIO DA LEGALIDADE ESTRITA. PLENA OBSERVÂNCIA. (...) 4. Os atos da Administração Pública devem sempre pautar-se por determinados princípios, entre os quais está o da legalidade. Por esse princípio, todo e qualquer ato dos agentes administrativos deve estar em total conformidade com a lei e dentro dos limites por ela traçados. 5. A aplicação de sanções administrativas, decorrente do exercício do poder de polícia, somente se torna legítima quando o ato praticado pelo administrado estiver previamente definido pela lei como infração administrativa. 6. "Somente a lei pode estabelecer conduta típica ensejadora de sanção. Admite-se que o tipo infracionário esteja em diplomas infralegais (portarias, resoluções, circulares etc.), mas se impõe que a lei faça a indicação" (*REsp nº 324.181/RS*, 2ª Turma, Rel. Min. Eliana Calmon, DJ de 12.5.2003). 7. Hipótese em que a autoridade administrativa, na fixação do valor da multa, observou os limites definidos no art. 9º da Lei nº 9.933/99. Não cabe ao Poder Judiciário adentrar o mérito do ato administrativo. 8. "Nos atos discricionários, desde que a lei confira à administração pública a escolha e valoração dos motivos e objeto, não cabe ao Judiciário rever os critérios adotados pelo administrador em procedimentos que lhe são privativos, cabendo-lhe apenas dizer se aquele agiu com observância da lei, dentro da sua competência" (*RMS nº 13.487/SC*, 2ª Turma, Rel. Min. Humberto Martins, DJ de 17.9.2007). 9. Recurso especial desprovido (BRASIL. Superior Tribunal de Justiça BRASIL. Superior Tribunal de Justiça. *REsp nº 1127103*, 1ª Turma, Rel. Min. Luiz Fux, j. 23.11.2010).

345 MELLO, Rafael Munhoz de. *Princípios constitucionais de direito administrativo sancionador*. São Paulo: Malheiros, 2007, *p.* 115.

mentos quando a lei apresenta dificuldade para explicitar seu modo de operacionalização.

Não obstante, como já restou aduzido em capítulo anterior, quando se tratou do princípio da tipicidade, a Administração, no âmbito das relações de sujeição especial,[346] detém um espaço de autonomia para definir no regulamento ou no instrumento editalício e contratual os pormenores que a lei formal especificamente não tratou, em razão da especificidade de alguns aspectos da sanção, por exemplo, o valor das sanções pecuniárias e a correlação entre as hipóteses de inadimplemento e as sanções aplicáveis.[347]

2.2.4 Princípio da anterioridade

Encerrado o estudo do princípio da legalidade, passa-se a analisar o *princípio da anterioridade,* concretizado no art. 5º, inc. XXXIX, da Constituição da República de 1988, cujo teor estabelece que: "Não há crime sem lei anterior que o defina, nem pena sem prévia cominação legal" (*nullum crimen sine lege*). Veda o princípio da anterioridade a punição de um sujeito em razão da prática de uma conduta caracterizada como infração administrativa em momento posterior à sua realização.

Assim, em razão da necessidade de observância do referido princípio, resta prejudicada a imposição de uma sanção não prevista no ordenamento jurídico na ocasião em que a conduta indesejável foi praticada, ou seu conteúdo mais aflitivo era inexistente.[348]

Desta forma, como ressalta José Cretella Júnior:

> A *lei incidente à época do delito,* não só no que diz respeito aos pressupostos do crime, como também à qualidade e quantidade (extensão, intensidade

---

346 "Somente poder-se-á conceber a desnecessidade de lei formal quando se tratar de hipóteses onde a sujeição especial, mais aguçada, dispense o legislador de disciplinar pormenores do vínculo jurídico" (NOBRE JÚNIOR, Edilson Pereira. Sanções administrativas e princípios de direito penal. *Revista de Direito Administrativo,* Rio de Janeiro, v. 219, p. 127-151, mar. 2015. Disponível em: http://bibliotecadigital.fgv.br/ojs/index.php/rda/article/view/47499. Acesso em: 4 abr. 2017).

347 GARCIA, Flávio Amaral. *Licitações e contratos administrativos*: casos e polêmicas. São Paulo: Malheiros, 2016, p. 388.

348 BANDEIRA DE MELLO, Celso Antônio. *Curso de Direito Administrativo*. 32. ed. São Paulo: Malheiros, 2015, p. 876.

> ou *quantum*) da pena, é direito que assiste ao infrator, que tem o direito subjetivo público a que lhe seja aplicada a lei mais benéfica anterior, ou seja, o princípio da vedação da lei penal material *ex post facto*. A lei penal material é a do momento da consumação do crime ou do fato punível.[349] (Grifo do original).

Por tal razão, afigura-se como necessário que a lei, antes da prática da conduta indesejada pelo legislador, aponte de forma cristalina aos destinatários da norma jurídica, além do comportamento que deseja evitar, quais são os efeitos caso incorra-se em ilícito, vale dizer, qual será a sanção que receberá o infrator. Em outras palavras, "evidente que deflui do quanto se vem afirmando que a lei há de ser anterior à prática da infração para que se possa punir o infrator (...)".[350]

Somente pelo prévio conhecimento dos destinatários da norma jurídica punitiva das condutas indesejáveis caracterizadas como infrações administrativas, garantido pelo princípio da anterioridade, é que ocorrerá o desestímulo da prática de condutas caracterizadas como indesejáveis.

Como em linhas anteriores restou verificado, o regramento punitivo vertido na legislação licitatória apresenta generalidade tamanha que deve ser suplementada por meio da edição de atos regulamentares, bem como disciplinamento editalício e contratual, de forma a permitir que o regime punitivo para determinada licitação ou contrato seja amoldado às particularidades do certame ou objeto demandado. Assim, a tomada de tal providência no caso concreto acaba por dar concretude ao princípio da anterioridade, uma vez que o disciplinamento das regras punitivas com rigor de detalhes no regulamento ou ato convocatório e instrumento contratual garante ao sujeito prévio conhecimento dos comportamentos que, caso violados, poderão ser objeto de sancionamento, de forma a permitir o alcance do objetivo da sanção administrativa, qual seja, desestimular a prática dos comportamentos nocivos previstos na legislação.

---

349 CRETELLA JÚNIOR, José. *Comentários à Constituição de 1988*. Rio de Janeiro: Forense Universitária, 1988. v. I, p. 475.

350 OLIVEIRA, Régis Fernandes. *Infrações e sanções administrativas*. 3. ed. rev. atual. e ampl. São Paulo: Revista dos Tribunais, 2012, p. 86.

2.2.5 Princípio da irretroatividade da lei e da retroatividade da lei mais benigna

Temos a considerar que, no âmbito das sanções administrativas, é inadmitida a aplicação de penalidades como consequência de prática de condutas antijurídicas realizadas em momento anterior à entrada em vigor da norma sancionadora. Em outras palavras, a lei que criar infrações administrativas e a consequente punição ou que agrava as sanções já existentes no ordenamento jurídico não retroage. É o que estabelece o art. 5º, inc. XL, da Constituição da República de 1988.

Com efeito, as leis são produzidas com o escopo de disciplinar fatos atuais e futuros, e não aquilo que já recebeu um tratamento jurídico adequado por outra norma jurídica. Nesse sentido, tem-se que os particulares pautam seus comportamentos tendo em vista as normas jurídicas vigentes. Se o comportamento é tipificado como infração administrativa, tem o sujeito condições de agir de modo a evitar a imposição da sanção, ou, optando por praticar a conduta ilícita, sabe o contratado ou licitante a extensão da punição que poderá receber. Enfim, não será o particular surpreendido pela atuação punitiva da Administração Pública.[351]

A lei que deve ser aplicada, portanto, é aquela que se encontra plenamente vigente na ocasião em que for praticada a conduta indesejada caracterizada pelo ordenamento jurídico como infração administrativa. Assim, a irretroatividade veda a pretensão sancionadora em relação aos comportamentos verificados antes da vigência da lei que passou a caracterizar aquela conduta como infração administrativa.

Sem laivos de dúvida, resta consagrada a regra que impede a retroação da lei com o escopo de prejudicar o administrado que incorrer em uma infração administrativa.

No tocante, todavia, à retroatividade com o escopo de beneficiar o infrator no âmbito das sanções administrativas, tem-se que tal

351 MELLO, Rafael Munhoz de. *Princípios constitucionais de direito administrativo sancionador*. São Paulo: Malheiros, 2007, *p*. 151.

matéria não encontra pacificidade. Nesse sentido, tem-se que parte substancial da doutrina pátria manifesta-se no sentido de que a lei que assenta sanções ou infrações administrativas com conteúdo mais benéfico retroage em caso de beneficiar o infrator. Manifestam-se neste sentido Régis Fernandes de Oliveira,[352] Daniel Ferreira,[353] Heraldo Garcia Vitta,[354] Sérgio Ferraz, Adilson de Abreu Dallari,[355] Antonio Cecílio Moreira Pires,[356] Maysa Abrahão Tavares Verzola[357]

---

352 "Caso haja alteração do regime jurídico, pode beneficiar-se o infrator com a retroação benigna. Aplica-se o inc. XL do art. 5º da CF porque a norma constitui-se em garantia constitucional, não se limitando seu conteúdo a albergar o fato criminal, mas também o administrativo" (OLIVEIRA, Régis Fernandes. *Infrações e sanções administrativas*. 3. ed. rev. atual. e ampl. São Paulo: Revista dos Tribunais, 2012, p. 86).

353 "Não obstante se apresente na Constituição Federal da República Federativa do Brasil como aparente possibilidade, e não como imposição, a retroação das leis mais benignas em matéria sancionadora é um direito do sancionado ou, até mesmo, do acusado, qualquer que tenha sido o ilícito praticado ou imputado" (FERREIRA, Daniel. *Sanções administrativas*. São Paulo: Malheiros, 2001, p. 138).

354 "Com efeito, apesar de as leis serem editadas para regular fatos atuais ou futuros – como acontece normalmente – as normas que beneficiam os infratores retroagem, a fim de prestigiar a nova realidade imposta pelo legislador, o qual tem incumbência de acolher os anseios da sociedade num dado tempo e lugar. Não se justifica o Estado punir alguém, quando o legislador valora a conduta (antes ilícita ou pressuposto de pena mais grave), segundo as novas concepções sociais, e entende já não ser ilícita, ou pressuposto de sanção menos grave" (VITTA, Heraldo Garcia. *A sanção no Direito Administrativo*. São Paulo: Malheiros, 2003, p. 113).

355 "Outro parâmetro do direito penal, agora até jurisprudencialmente gozando de prestígio sua aplicação no processo administrativo, é o da aplicabilidade da lei posterior mais benéfica (ao administrado). E o que se colhe, para simples exemplo, na doutrina, de Régis Fernandes de Oliveira (OLIVEIRA, Régis Fernandes. *Infrações e sanções administrativas*. 3. ed. rev. atual. e ampl. São Paulo: Revista dos Tribunais, 2012, p. 44) e de Edílson Pereira Nobre Júnior NOBRE JÚNIOR, Edilson Pereira. Sanções administrativas e princípios de direito penal. *Revista de Direito Administrativo*, Rio de Janeiro, v. 219, p. 127-151, mar. 2015, p. 145-147. Disponível em: http://bibliotecadigital.fgv.br/ojs/index.php/rda/article/view/47499. Acesso em: 4 abr. 2017); e na jurisprudência. Cabe citar acórdãos do Tribunal Regional da 3ª Região (Ap. Cível nº 6.843-2-SP, rel. Juiz Américo Lacombe, DJU 18.6.1990, Seção 2, p. 49) e do Tribunal Regional Federal da 4ª Região (DJU 28.7.1993, Seção 2, p. 29.264), que se vêm avolumando nos dias atuais" (DALLARI, Adilson de Abreu; FERRAZ, Sérgio. *Processo Administrativo*. 3. ed. São Paulo: Malheiros, 2012, p. 253).

356 "É de se verificar que o nosso ordenamento, em princípio, admite a possibilidade de lei posterior retroagir. Nessa esteira, nada obsta que o legislador confira eficácia retroativa à lei, observados os limites estabelecidos pelo constituinte" (PIRES, Antonio Cecílio Moreira. *A desconsideração da personalidade jurídica nas contratações públicas*. São Paulo: Atlas, 2014, p. 63).

357 VERZOLA, Maysa Abrahão Tavares. *Sanção no Direito Administrativo*. São Paulo: Saraiva, 2011, p. 154.

e Edilson Pereira Nobre Júnior.[358] Da mesma forma é o entendimento da jurisprudência.[359]

[358] "É de indagar-se: sobrevindo à imposição de penalidade administrativa lei mais benéfica, ora por deixar de considerar o fato perpetrado como infração, ora por amenizar as consequências do ilícito, haverá de lograr incidência retro-operante? A melhor resposta é a que pende pela afirmativa. A Constituição em vigor não deixa dúvida a respeito. O seu art. 52, XL, é expresso em proclamar que a lei penal não retroagirá, salvo se para beneficiar o réu. Implica dizer, em outras palavras, ser a retroatividade um mandamento quando houver benefício para o acusado, franquia que o legislador não poderá coartar, pena de incidir em inconstitucionalidade" (NOBRE JÚNIOR, Edilson Pereira. Sanções administrativas e princípios de direito penal. *Revista de Direito Administrativo*, Rio de Janeiro, v. 219, p. 127-151, mar. 2015. Disponível em: http://bibliotecadigital.fgv.br/ojs/index.php/rda/article/view/47499. Acesso em: 4 abr. 2017).

[359] "RECURSO ORDINÁRIO – MANDADO DE SEGURANÇA – MILITARES DO ESTADO DE PERNAMBUCO – APLICAÇÃO DA PENALIDADE DE LICENCIAMENTO A BEM DO SERVIÇO NA VIGÊNCIA DO DECRETO Nº 20.910/32 – POSSIBILIDADE DE REVISÃO NA VIA ADMINISTRATIVA – ART. 40, §§1º E 2º, I, DA LEI ESTADUAL Nº 11.817/2000 – APLICAÇÃO DO PRINCÍPIO DA PREVALÊNCIA DA NORMA MAIS FAVORÁVEL AO CIDADÃO – POSSIBILIDADE DE RETROATIVIDADE DA NORMA ADMINISTRATIVA PARA BENEFICIAR O SERVIDOR – RECURSO PROVIDO.
1. A despeito de as sanções disciplinares terem sido aplicadas na vigência do Decreto nº 20.910/32, cujo art. 1º previa o prazo prescricional de cinco anos para revisão, com fundamento no princípio da prevalência da norma mais favorável ao cidadão, os Recorrentes possuem direito líquido e certo de terem o mérito do seu pedido de revisão apreciado, na via administrativa, com base no art. 40, §1º e 2º, I, da Lei Estadual nº 11.817/2000.
2. Recurso provido para reconhecer o direito líquido e certo dos Recorrentes quanto à apreciação do mérito de seu pedido de revisão, na via administrativa, com base no art. 40, §1º e 2º, I, da Lei Estadual nº 11.817/2000" (BRASIL. Superior Tribunal de Justiça. *RMS Nº 19942/PE*; 2005/0065953-9. Sexta Turma; Relator Ministro Paulo Medina).
ADMINISTRATIVO. RECURSO ESPECIAL. PODER DE POLÍCIA. SUNAB. MULTA ADMINISTRATIVA. RETROATIVIDADE DA LEI MAIS BENÉFICA. POSSIBILIDADE. ART. 5º, XL, DA CONSTITUIÇÃO DA REPÚBLICA. PRINCÍPIO DO DIREITO SANCIONATÓRIO. AFASTADA A APLICAÇÃO DA MULTA DO ART. 538, PARÁGRAFO ÚNICO, DO CPC. I. O art. 5º, XL, da Constituição da República prevê a possibilidade de retroatividade da lei penal, sendo cabível extrair-se do dispositivo constitucional princípio implícito do Direito Sancionatório, segundo o qual a lei mais benéfica retroage. Precedente. II. Afastado o fundamento da aplicação analógica do art. 106 do Código Tributário Nacional, bem como a multa aplicada com base no art. 538, parágrafo único, do Código de Processo – Civil.
III. Recurso especial parcialmente provido. (BRASIL. Superior Tribunal de Justiça. *REsp nº 1153083/MT*, Rel. Ministro SÉRGIO KUKINA, Rel. p/Acórdão Ministra REGINA HELENA COSTA, PRIMEIRA TURMA, julgado em 06.11.2014, *DJe* 19.11.2014).
RECURSO ESPECIAL. DISSÍDIO PRETORIANO. PENAL. CONTRAVENÇÃO. ART. 32 DA LCP. REVOGAÇÃO PARCIAL. CÓDIGO DE TRÂNSITO BRASILEIRO. 1 – À luz do art. 32 da Lei das Contravenções Penais, a punibilidade da direção sem habilitação repousava no fato de que o ilícito contravencional para sua configuração dispensava a situação de perigo. Contravenção de mera conduta, prescindindo do risco concreto à incolumidade pública. 2 – O Código de Trânsito Brasileiro (Lei nº 9.503, de 23 de setembro de 1997, alterada pela Lei nº 9.602, de 21 de janeiro de 1998), no entanto, em seu art. 309, inovou a matéria, acrescentando a elementar dirigir sem habilitação "gerando perigo de dano", ou seja, dano concreto. Não mais existe contravenção, mas sim, crime. De outro lado, dirigir sem possuir Carteira de

Fábio Medina Osório, aprofundando o tema, aponta que quando da edição de novo regime ou norma punitiva, sendo esses valores estáveis – como nos parece ser o regime punitivo constantes da Lei de Licitações –, cuja construção do sistema punitivo ocorre por meio de escolhas racionais, ocorrerá a retroação da norma mais benigna. Vejamos:

> Não há dúvidas de que, na órbita penal, vige, em sua plenitude, o princípio da retroatividade da norma benéfica ou descriminalizante, em homenagem a garantias constitucionais expressas e a uma razoável e racional política jurídica de proteger valores socialmente relevantes, como a estabilidade institucional e a segurança jurídica das relações punitivas. Se esta é a política do Direito Penal, não haverá de ser outra a orientação do Direito Punitivo em geral, notadamente do Direito Administrativo Sancionador, dentro do devido processo legal.
> Se há uma mudança nos padrões valorativos da sociedade, nada mais razoável do que estender essa mudança ao passado, reconhecendo uma evolução do padrão axiológico, preservando-se, assim, o princípio constitucional da igualdade e os valores relacionados à justiça e à atualização das normas jurídicas que resguardam direitos fundamentais. O engessamento das normas defasadas e injustas não traria nenhuma vantagem social. A retroatividade decorre de um imperativo ético de atualização do Direito Punitivo, em face dos efeitos da isonomia.
> (...)
> O desafio mais difícil consiste em interpretar o silêncio legal na cadeia de normas sucessivas. Uma norma sancionadora mais favorável nada dispõe sobre o tema, deixando ambígua sua posição. E os valores por ela tutelados são relativamente estáveis, daqueles que demandam políticas públicas punitivas coerentes e centradas em escolhas racionais, dotadas de vocação à estabilidade, o que revelaria, a priori, vocação à retroatividade. Em tais casos, não há dúvidas de que as normas retroagem, como se fosse o próprio Direito Penal, na busca de salvaguardar critérios de justiça e segurança, em homenagem ao tratamento simétrico com a outra principal vertente do Direito Punitivo. Essa retroatividade está amparada na cláusula constitucional do devido processo legal e nos valores ali abrigados.[360]

Habilitação ou permissão para dirigir configura apenas infração de caráter administrativo, sancionada com multa e apreensão do veículo – art. 162, I, CTB. 3 – Se a infração foi praticada no dia 18 de fevereiro de 1996, antes da vigência do Código de Trânsito, extinta se encontra a punibilidade a teor da norma do art. 107, III, do Código Penal. (BRASIL. Superior Tribunal de Justiça. *REsp nº 227.082/SP*, Rel. Ministro FERNANDO GONÇALVES, SEXTA TURMA, julgado em 16.05.2000, DJ 12.06.2000, p. 145).

360 OSÓRIO, Fábio Medina. *Direito Administrativo Sancionador.* 9. ed. São Paulo: Revista dos Tribunais, 2023. pp. 303-310.

Nesse sentido, o Instituto Brasileiro de Direito Administrativo (IBDA) editou o Enunciado nº 111, com o seguinte teor:

> O regime jurídico das sanções previstas na Lei n. 14.133/2021, se mais benéfico, tem o condão de alterar as sanções a serem aplicadas, ou em fase de cumprimento, em contratos firmados com base em legislação pretérita, em decorrência do princípio da retroatividade da lei posterior mais benéfica em matéria sancionatória.

Por sua vez, Rafael Munhoz de Mello[361] entende que, no direito administrativo sancionatório, afigura-se impossível a retroatividade da Lei automática, dado o seu dinamismo e pela ausência de identidade entre os ramos jurídicos, nada impedindo que o legislador disponha que a nova lei que assenta conteúdo mais benéfico retroaja. Adotamos a exegese no sentido de que as normas jurídicas que assentam conteúdo benéfico no âmbito das sanções administrativas também retroagem, a exemplo do que ocorre no âmbito penal, pois a modificação dos valores na sociedade que desencadeiam a modificação da legislação penal, cujo teor envolve a privação de liberdade, também pode ocorrer nos casos onde a punição é imposta pela Administração quando exerce atividade administrativa. Logo, para nós, não há como adotar outro entendimento.

Com efeito, não se pode negar que as consequências jurídicas observadas no âmbito das sanções administrativas nas contratações públicas, a exemplo das punições restritivas de direitos (declaração de inidoneidade),[362] em razão do prejuízo que pode causar à empresa

---

[361] "A regra é a irretroatividade das normas jurídicas, sendo certo que as leis são editadas para regular situações futuras. O dispositivo constitucional que estabelece a retroatividade da lei penal mais benéfica funda-se em peculiaridades únicas do direito penal, inexistentes no direito administrativo sancionador.
Com efeito, a retroatividade da lei penal mais benéfica tem por fundamento razões humanitárias, relacionadas diretamente à liberdade do criminoso, bem jurídico diretamente atingido pela pena criminal. Como Carlos Enrico Paliero e Aldo Travi, é o princípio do *favor libertatis* que justifica a retroatividade da lei penal mais benigna, considerando-se a gravidade da pena de prisão e os efeitos que tal medida produz sobre o condenado, só superados pelos efeitos da pena de morte. No direito administrativo sancionador não há espaço para o argumento, sendo certo que a sanção administrativa não pode consistir em pena de prisão" (MELLO, Rafael Munhoz de. *Princípios constitucionais de direito administrativo sancionador*. São Paulo: Malheiros, 2007, *p.* 154).

[362] Acerca dos prejuízos que pode causar a declaração de inidoneidade, ressalta Cristiana Fortini: "Isso porque a declaração de inidoneidade implicará, quase certamente, a morte

e a seus colaboradores, são tão graves quanto aquelas observadas no direito penal. Logo, há razão para a transposição da regra da retroatividade da norma benéfica observada no âmbito penal para as sanções administrativas.

Ante todo o exposto, não obstante ser clara a incidência do princípio da retroação da norma mais benigna no âmbito das sanções administrativa, têm-se verificado algumas movimentações que merecem destaque, uma vez editada pela AGU a Orientação Normativa nº 78/2023 – de aplicabilidade restrita ao âmbito do Executivo Federal –, que, na prática, afasta o princípio da retroação da norma mais benigna no âmbito das contratações públicas. Estabelece o seu teor que:

> O regime jurídico das sanções previstas na Lei nº 14.133, de 2021 não é aplicável aos contratos firmados com base na legislação anterior, nem alterará as sanções já aplicadas ou a serem aplicadas com fundamento na legislação anterior, em respeito à proteção do ato jurídico perfeito.

Para confirmar a exegese adotada pela Administração Pública federal, ainda restou editada a Instrução Normativa SSC/MGI nº 14, de 25 de abril de 2024, fixando as regras do processo sancionador em caso de o licitante ou contratado incorrer em comportamento infracional constante da legislação revogada. Ante tal fato, insere-se, no Apêndice da presente obra, trecho da dissertação de mestrado que origina a presente obra, que inicialmente enfrenta o regime jurídico constante da legislação revogada.

Em nosso sentir, diametralmente oposto ao entendimento acima exposto, à luz do princípio da retroação da norma mais benigna, deve todo e qualquer processo sancionador instaurado a partir de abril de 2021 observar, necessariamente, o regime

---

das empresas, em especial considerando os efeitos temporais e geográficos da reprimenda. Embora se devam proteger os contratos já assinados, porque a pena não pode retroceder e alcançar o ato jurídico perfeito, a sanção impede novos contratos, e torna quase inviável a sobrevivência na empresa, com consequências extremamente danosas à própria sociedade e aos terceiros inocentes (empregados, fornecedores e acionistas entre outros). O aumento do desemprego e a queda na arrecadação são alguns dos efeitos maléficos e que devem ser contabilizados quando da decisão administrativa. Considerando essas previsões, é preciso meditar sobre as medidas a serem adotadas (FORTINI, Cristiana. Comentários ao art. 17. *In*: DI PIETRO, Maria Sylvia Zanella; MARRARA, Thiago. *Lei anticorrupção comentada*. Belo Horizonte: Fórum, 2017, p. 238).

sancionatório constante da Nova Lei de Licitações, e não aquele que consta da legislação revogada.

Sobre tal questão, o professor Anderson Pedra coloca holofote na questão, sendo incisivo acerca da necessidade da observância do princípio da retroação da norma mais benigna, somando-se ao coro dos festejados autores acima apontados.[363] Vejamos:

> Em sentido divergente do aqui exposto tem-se a Orientação Normativa da AGU nº 78/2023 que enuncia: "O regime jurídico das sanções previstas na Lei nº 14.133, de 2021 não é aplicável aos contratos firmados com base na legislação anterior, nem alterará as sanções já aplicadas ou a serem aplicadas com fundamento na legislação anterior, em respeito à proteção do ato jurídico perfeito."[67]. Como se nota, a ON nº 78/2023 não está em harmonia com a doutrina majoritária nem com a jurisprudência do STF e do STJ no que concerne a aplicação da retroatividade benigna em sede de direito administrativo sancionador.
>
> Pela minha leitura do Parecer nº 00002/2023/CNLCA/CGU/AGU que fundamentou a ON nº 78/2023, a questão controversa que aparentemente inspirou a confecção do Parecer teria sido a (in)eficácia da sanção de suspensão temporária de participação em licitação e impedimento de contratar com a Administração (art. 87, inc. III da Lei nº 8.666/1993) considerando que esta espécie de sanção não mais subsiste no microssistema normativo das contratações públicas trazido pela Lei nº 14.133/2021.
>
> O mencionado Parecer deveria ser interpretado no sentido de que as sanções de suspensão temporária de participação em licitação e impedimento de contratar com a Administração já aplicadas devem ter efetivamente executadas, seja em homenagem à segurança jurídica, a ultratividade normativa ou ao princípio da continuidade normativo-típica, mas devendo-se considerar, igualmente, o princípio da retroatividade benigna. Contudo, o texto normativo da Orientação Normativa permite amplo espectro de utilização em sede de direito administrativo sancionador relacionado às infrações contratuais.

Em resumo, Pedra salienta que a Orientação Normativa nº 78/2023 da AGU, no que concerne à aplicação do princípio da retroatividade benigna em sede de direito administrativo sancionador, não está em harmonia com a doutrina majoritária nem com a jurisprudência do STF e do STJ.

---

[363] PEDRA, Anderson. A nova lei de licitação e a (im)possibilidade de conjugação dos regimes sancionatórios à luz do Direito Administrativo sancionador. Observatório da Nova Lei de Licitações. 17 de abril de 2024. Disponível em: http://www.zenitefacil.com.br. Acesso em: 10 de maio de 2024.

Com efeito, tal cisma será resolvida pelo Poder Judiciário, a quem cabe dar a interpretação final da legislação brasileira, que deverá empreitar uma exegese conforme à Constituição, pois, segundo ensina Gustavo Binenbojm, com a constitucionalização do Direito Administrativo, a lei deixa de ser o fundamento único e último da atividade administrativa.[364] Como deixa claro o festejado autor: "A Constituição – entendida como sistema de regras e princípios – passa a constituir o cerne da vinculação administrativa à juridicidade".[365]

2.2.6 Princípio da segurança jurídica

Decorrente dos princípios anteriormente estudados, afigura-se como necessária a fixação das infrações administrativas e das correspondentes sanções em lei, de forma a garantir ao sujeito o conhecimento exato do comportamento ilícito, bem como a consequência punitiva a receber em razão da sua prática, sob pena de não garantir a segurança jurídica,[366] uma vez ser garantida a previsibilidade da atuação estatal.

Esclarece Rafael Valim, que, "a certeza jurídica [...] significa o seguro conhecimento das normas jurídicas, condição indispensável para que o homem tenha previsibilidade, podendo projetar a sua vida e, assim, realizar plenamente seus desígnios pessoais".[367]

---

[364] BINENBOJM, Gustavo. *Uma teoria do Direito Administrativo*, 2 ed. Rio de Janeiro: Renovar, 2008, p. 331.

[365] BINENBOJM, Gustavo. *Uma teoria do Direito Administrativo*, 2 ed. Rio de Janeiro: Renovar, 2008, p. 331.

[366] Eros Grau, em seu voto concedido nos autos da Ação Direta de Inconstitucionalidade nº 3.685-8/DF: "Onde, quando nasce e para que serve a segurança jurídica? As considerações de Weber são suficientes ao esclarecimento dessas questões: as exigências de calculabilidade e confiança no funcionamento da ordem jurídica e na Administração constituem uma exigência vital do capitalismo racional; o capitalismo industrial depende da possibilidade de previsões seguras – deve poder contar com estabilidade, segurança e objetividade no funcionamento da ordem jurídica e no caráter racional e em princípio previsível das leis e da Administração. Pois o direito moderno presta-se precisamente a instalar o clima de segurança, em termos de previsibilidade de comportamentos, sem o qual a competição entre titulares de interesses em permanente oposição, no seio da sociedade civil, não fluiria plenamente".

[367] VALIM, Rafael Ramires Araújo. *O princípio da segurança jurídica no direito administrativo brasileiro*. São Paulo: Malheiros, 2010, p. 91.

Acerca da observância do referido princípio no âmbito do Direito Administrativo, expõe Maria Sylvia Zanella Di Pietro:

> O princípio se justifica pelo fato de ser comum, na esfera administrativa, haver mudança de interpretação de determinadas normas legais, com a consequente mudança de orientação, em caráter normativo, afetando situações já reconhecidas e consolidadas na vigência de orientação anterior. Essa possibilidade de mudança de orientação é inevitável, porém gera insegurança jurídica, pois os interessados nunca sabem quando a sua situação será passível de contestação pela própria Administração Pública.[368]

Logo, é dever da lei garantir a delimitação do poder sancionador da Administração Pública, estabelecendo os limites da atividade punitiva estatal, conferindo aos particulares a previsibilidade da conduta do agente público quando maneja o instrumental jurídico punitivo, o que garante a segurança jurídica necessária, em relação ao problema ora estudado, para que o segmento das contratações públicas se apresente atraente para a iniciativa privada.

Consoante enfatiza Marçal Justen Filho:

> O licitante deverá ter perfeito conhecimento prévio do que se reputa como ato ilícito e das sanções cominadas como consequência. Não é cabível atribuir competência discricionária para apurar ilicitude e fixar sanções. As garantias asseguradas a todo sujeito exigem a aplicação dos princípios jurídicos fundamentais, entre os quais está o da segurança jurídica, especialmente quando se considera o exercício de competências punitivas.[369]

Com o escopo de garantir a segurança jurídica no âmbito do processo sancionador, por meio da garantia à previsibilidade da atuação estatal, resta prejudicada a utilização da analogia quando do exercício da prerrogativa punitiva no âmbito dos processos sancionadores pela Administração Pública.

---

368 DI PIETRO, Maria Sylvia Zanella. *Direito Administrativo*. 22. ed. São Paulo: Atlas, 2009, p. 76.

369 JUSTEN FILHO, Marçal. *Comentários à lei de licitações e contratos administrativos*. 15. ed. São Paulo: Dialética, 2012, p. 61.

Da mesma forma, anotaram Ives Gandra da Silva Martins e Celso Bastos:

> O direito é um instrumento que visa à segurança das relações jurídicas. Necessário que além da anterioridade da lei penal, da reserva da lei, a que se mencionar ainda a tipicidade. Com efeito, não basta que a lei acene com descrições abstratas ou infundadas do fato delituoso. É preciso que o comportamento seja descrito em todas as suas minúcias, dando lugar a uma suficiente especificação do tipo de crime. Corolário deste princípio é a não aceitação da analogia.[370]

2.2.7 Princípio do *non bis in idem*

O princípio do *non bis in idem*, no âmbito penal, consubstancia-se na impossibilidade de imposição de mais uma pena em razão da prática de uma mesma conduta caracterizada pela lei como crime.

Não observante tal impossibilidade, o art. 22, §3º, da Lei nº 13.655/18 acabou por afastar a incidência do referido princípio, como regra, no âmbito das sanções administrativas, haja vista exigir que o conteúdo de sanções anteriores seja considerado quando da imposição de novas penas de mesma natureza relacionada ao mesmo fato. Reza o referido dispositivo legal: "§3º As sanções aplicadas ao agente serão levadas em conta na dosimetria das demais sanções de mesma natureza e relativas ao mesmo fato".

É oportuno salientar que um comportamento antijurídico, caracterizado como infração administrativa pela lei, pode também tipificar um crime. Neste caso, incorrendo-se em tal comportamento, estará o infrator à mercê da imposição de sanção administrativa pela Administração Pública (Estado-administração), bem como da aplicação de sanção penal pelo Poder Judiciário (Estado-jurisdição).

Com efeito, em razão do mesmo ilícito, tem-se que a aplicação da sanção correspondente deve ser realizada por meio de processo conduzido no âmbito de cada esfera administrativa, podendo o processo sancionatório ter, em cada poder, um desfecho diferente, em momentos distintos. Assim, uma conduta pode ser

370 BASTOS, Celso Ribeiro; MARTINS, Ives Gandra. *Comentários à constituição do Brasil*. São Paulo: Saraiva, 1989. v. 2, p. 11.

considerada pela autoridade administrativa como ilícita, dando ensejo à imposição da correspondente sanção administrativa, e, ao mesmo tempo, ser considerada lícita pelo Poder Judiciário, com a consequente absolvição do acusado na esfera penal.[371]

Por exemplo, poderá a apresentação de um documento falso na licitação caracterizar uma infração administrativa, consoante estabelece o art. 155, inc. VIII, da Lei nº 14.133/2021,[372] bem como configurar o crime constante do art. 337-F do Código Penal brasileiro.[373]

Demais disso, temos a considerar que o princípio do *non bis in idem* não impede a possibilidade de o ordenamento jurídico conferir mais de uma punição para a mesma conduta caracterizada pela lei como infração administrativa.[374]

Por tal razão, tem-se que as multas sancionatórias podem ser aplicadas cumulativamente com as demais sanções previstas na legislação licitatória, conforme preveem o art. 156, §7º, da Lei nº 14.133/2021 e arts. 83 e 84 da Lei nº 13.303/2016 (Lei das Estatais).

Outrossim, a prática de um comportamento tipificado na legislação licitatória, a exemplo de "fraudar a licitação ou praticar ato fraudulento na execução do contrato", previsto no art. 155, inc. IX, da Lei nº 14.133/2021, também pode acarretar, como consequência do ilícito, a imposição das sanções previstas na Lei nº 12.846/2013 (Lei Anticorrupção), uma vez que tal conduta também encontra-se

---

[371] MELLO, Rafael Munhoz de. *Princípios constitucionais de direito administrativo sancionador*. São Paulo: Malheiros, 2007, *p*. 215.

[372] "Art. 155. O licitante ou o contratado será responsabilizado administrativamente pelas seguintes infrações: (...)
VIII – apresentar declaração ou documentação falsa exigida para o certame ou prestar declaração falsa durante a licitação ou a execução do contrato";

[373] "Frustração do caráter competitivo de licitação:
Art. 337-F. Frustrar ou fraudar, com o intuito de obter para si ou para outrem vantagem decorrente da adjudicação do objeto da licitação, o caráter competitivo do processo licitatório:
Pena – reclusão, de 4 (quatro) anos a 8 (oito) anos, e multa".

[374] "O que se quer afirmar é não ser concebível, dentro de uma mesma esfera de responsabilização, *in casu* no campo administrativo, haver mais de uma punição em virtude de um mesmo fato. Tal cumulação somente será possível caso a lei assim preveja expressamente" (NOBRE JÚNIOR, Edilson Pereira. Sanções administrativas e princípios de direito penal. *Revista de Direito Administrativo*, Rio de Janeiro, v. 219, p. 127-151, mar. 2015. Disponível em: http://bibliotecadigital.fgv.br/ojs/index.php/rda/article/view/47499. Acesso em: 4 abr. 2017).

tipificada como infração administrativa, conforme prevê o art. 5º, inc. IV, al. "d", do diploma legal retrocitado. Assim ocorrendo, além das sanções já apontadas, deverá ainda sofrer o particular os efeitos das sanções previstas no seu art. 6º,[375] não sendo o caso de violação ao princípio do *non bis in idem*. Da mesma forma ocorrerá caso a lei estabeleça como consequência do ato infracional uma sanção penal.

2.2.8 Princípio da razoabilidade

Caracterizado pela adequabilidade da medida administrativa (ou decisão estatal) em relação ao fato ocorrido, apresenta-se o *princípio da razoabilidade* como um vetor a ser observado pelo Poder Público, quando exerce função administrativa, especialmente quando se manifesta em atos cujo conteúdo assenta restrição de liberdades individuais.

Isso porque, conforme ressalta Irene Patrícia Nohara: "A razoabilidade analisa basicamente o equilíbrio entre meios e fins, especialmente no tocante à adequação dos meios, tendo em vista a aptidão para atingirem determinadas finalidades".[376] Destaca, ainda, a referida autora, que: "A alusão à razoabilidade compreende a análise do meio-termo como parâmetro de excelência moral, isto é, relaciona-se com algo que não redunde em excesso, nem em deficiência, ou seja, em algo que guarde adequada proporção entre as coisas".[377]

Sendo assim, não só quando da fixação da penalidade, ao cabo do competente processo administrativo, que deverá ocorrer à luz da gravidade da conduta infracional praticada e prejuízo experimentado pela Administração, mas os demais atos e manifestações realizados durante a condução do processo administrativo sancionador devem ser pautados pelo primado da razoabilidade, o que impõe o dever

---

375 "Art. 6º Na esfera administrativa, serão aplicadas às pessoas jurídicas consideradas responsáveis pelos atos lesivos previstos nesta Lei as seguintes sanções:
I – multa, no valor de 0,1% (um décimo por cento) a 20% (vinte por cento) do faturamento bruto do último exercício anterior ao da instauração do processo administrativo, excluídos os tributos, a qual nunca será inferior à vantagem auferida, quando for possível sua estimação; e
II – publicação extraordinária da decisão condenatória".

376 NOHARA, Irene Patrícia. *Direito administrativo*. 7. ed. São Paulo: Atlas, 2017, p. 97.

377 NOHARA, Irene Patrícia. *Direito administrativo*. 7. ed. São Paulo: Atlas, 2017, p. 97.

de agir com bom senso e serenidade, ou seja, não atuando de forma a praticar comportamentos que se demonstrem excessivos ou desproporcionais ou deficientes ou falhos.

Exemplificando, apresenta-se irrazoável, não exigindo tal assertiva de maior justificativa, a não prorrogação do prazo de protocolização da defesa prévia ou recurso administrativo, solicitado tempestivamente, a sujeito que não consegue apresentar as suas razões no prazo proposto pela Administração em razão de estar impossibilitado de se dirigir à repartição pública motivado por trânsito gerado por manifestações que atrapalharam o tráfego ou em razão da complexidade da elaboração da defesa, o que demandaria mais tempo para sua produção a contento. Assim, "no uso do juízo da razoabilidade, cada caso concreto deve ser ponderado em função de suas particularidades".[378]

Demais disso, entendemos que exigir a protocolização da defesa presencialmente afigura-se ilegal, uma vez que há mecanismos para recepção do documento eletronicamente, principalmente em contratações realizadas por meio de expediente eletrônico, onde praticamente toda a contratação pública foi processada a distância, inexistindo, portanto, justificativa para tal exigência.

Outrossim, é irrazoável não afastar a aplicação de sanção quando o particular comprova, pormenorizadamente, que o descumprimento dos termos do contrato administrativo ocorreu em razão de um caso fortuito ou força maior, ou em razão de uma falha dos termos do edital que gerou uma interpretação que acabou por caracterizar uma infração.

Sob outra perspectiva, o princípio da razoabilidade impõe o encargo de a Administração sancionadora agir de forma mais adequada quando a lei autoriza o agente público a atuar com certa liberdade, ou seja, o princípio estudado apresenta-se como um instrumento limitador da discricionariedade.[379]

---

378 NOHARA, Irene Patrícia. *Direito administrativo*. 7. ed. São Paulo: Atlas, 2017, p. 97.

379 Sobre tal questão, melhor explica Diogo de Figueiredo Moreira Neto: "O exercício da discricionariedade administrativa se submete a dois limites: o da *oportunidade* e o a *conveniência* da ação administrativa. Sob o padrão da *oportunidade*, a ação administrativa deverá ser considerada em termos do que seja *razoável*. Ainda que a Administração goze de discricionariedade para escolher *quando agirá*, essa escolha não pode violentar o senso comum nem as regras técnicas. A grave *inoportunidade transparece*, assim, principalmente,

Demais disso, não se pode pôr cabo a tal estudo do princípio da razoabilidade, sem deixar de ressaltar que, apesar da ausência de previsão expressa na CF/88, a razoabilidade apresenta-se como indissociável à dimensão substancial do princípio do devido processo legal.[380] Logo, tal aspecto é objeto de elucidação, aliás, como bem aponta Fábio Medina Osório:

> O devido processo legal não é, portanto, o respeito às leis processuais ou produto de uma visão lógico-gramatical da legislação. Essa noção de devido processo legal é bastante ampla e não se esgota na obediência à lei em sentido formal ou literal, insista-se neste ponto. Exige-se atendimento a um devido processo legal proporcional e razoável, sendo necessário a busca dos valores imanentes à cláusula em comento. Imperiosa a obediência aos comandos condicionais e esses não merecem uma leitura meramente literal.[381]

Observa-se, assim, que o princípio da razoabilidade apresenta-se como essencial instrumento de garantia de que a decisão estatal, produzida ao cabo do processo administrativo, que venha a invadir as liberdades individuais, seja legítima.

Questão interessante que acaba por violar o princípio da razoabilidade relaciona-se à aplicação de multa num contrato administrativo e a realização do desconto do valor da pena pecuniária de pagamentos devidos pela mesma Administração em outro ajuste.

---

na avaliação de seus efeitos, como um vício capaz de levar à anulação do ato – uma variedade da traição da intenção da lei. Se o legislador confere alternativas de escolha quanto ao *momento* de agir, obviamente não será para que se atue em ocasião notoriamente inadequada, ou em momento tão inconveniente, que possa causar resultados atentatórios ou desviados da finalidade pública a norteá-los.
Assim, um ato *aberrativo* de finalidade, por defeito de *grave inoportunidade*, embora com aparência de juridicidade, não pode ter guarida num sistema jurídico orientado pela finalidade e pelo resultado que se expressam na realização do *interesse público*.
Sob o padrão da *conveniência*, a escolha do conteúdo da ação administrativa deverá se dar dentro do possível, de conformidade com o objeto que se deseja realizar, e com uma *razoável certeza* de que se trata da escolha mais eficiente.
A *grave inconveniência* extrapola os limites legais da discricionariedade e caracteriza, por isso, uma injuridicidade" (MOREIRA NETO, Diogo de Figueiredo. *Curso de Direito Administrativo*: parte introdutória, parte geral e parte especial. 15. ed. Rio de Janeiro: Forense, 2009, p. 110-111). (Grifo do autor).

380 NOHARA, Irene Patrícia. *Direito administrativo*. 7. ed. São Paulo: Atlas, 2017, p. 97.

381 OSÓRIO, Fábio Medina. *Direito Administrativo Sancionador*. 2. ed. São Paulo: Revista dos Tribunais, 2005, p. 215.

Pois bem. Imposta a sanção administrativa, ao fim de processo administrativo sancionatório, onde restem assegurados os princípios constitucionais do contraditório, da ampla defesa, e da revisibilidade da decisão punitiva, inicia-se a fase executória da penalidade caracterizada, no caso da multa, da pretensão de a Administração buscar a redução do patrimônio do apenado.

Com efeito, tanto a Lei nº 8.666/1993 (art. 87, §1º) como a Nova Lei de Licitações (art. 156, §8º) autorizam a Administração sancionadora a descontar o valor da multa da garantia prestada pelo então contratado, quando essa existir.

Isso acontece sem prejuízo da notificação do particular para que o fornecedor, em prazo razoável, recolha os valores arbitrados pela Administração motivadamente.

No caso concreto, inexistindo garantia prestada na contratação ou sendo o valor segurado inferior à monta da multa aplicada, admite-se o "desconto" da monta devida de valores disponíveis para pagamento ao particular apenado na ocasião em que o se fez coisa julgada administrativa.

Em hipótese alguma é admitida a "retenção" de valores. Sobre esse assunto já salientamos que os dispositivos anteriormente colacionados permitem apenas e tão somente o desconto do valor da multa de eventuais pagamentos devidos em razão da liquidação ao futuro particular apenado e não a retenção. Melhor esclarecendo, tem-se que "desconto" diferencia-se de 'suspensão' ou 'retenção' de futuros pagamentos devidos pela Administração contratante ao particular apenado dos valores devidos ao contratado – seja no ajuste onde se praticou a infração administrativa punível como multa ou não –, enquanto não finalizado o processo punitivo visando à aplicação da penalidade em estudo, dada a ausência de fundamento legal para a sua realização. Com efeito, enquanto não finalizado o processo sancionatório, inclusive esgotada a fase recursal, é dever da Administração liberar os pagamentos já liquidados.

Não sendo empreendidos os expedientes acima colacionados, não restará alternativa a não ser provocar a procuradoria do órgão ou entidade para que seja ajuizada a cobrança judicial, na forma da lei.

Sendo estas as formas de cobrança da multa permitidas pela lei, afigura-se ilegal realizar a tal da "compensação cruzada".

Melhor explicando, ocorre "compensação cruzada" quando se observam que dois contratos administrativos, por exemplo, A e B foram celebrados com a mesma contratada. Caso no "Contrato A" ocorra a aplicação de multa, por exemplo, em razão de inexecução contratual, não tendo garantia nem créditos existentes a serem recebidos, a multa é descontada do "Contrato B" que apresenta saldo existente a ser pago pela Administração.

Em nosso sentir, tem-se que tal comportamento violento da Administração Pública é ilegal, haja vista não estar autorizado pelas normas gerais de licitação. Com efeito, se o desconto de recebíveis no mesmo contrato é autorizado, a glosa em contrato estranho também deveria ser objeto de permissão expressa pela lei, o que não existe.

A matéria sancionatória não comporta interpretação ampliativa, mas apenas e tão somente restritiva, o que não vem sendo observado por algumas administrações, que acabam por gerar problemas no fluxo de caixa de um contrato alheio ao ajuste problemático.

Como bem fixa o TJ/SP a "Interpretação diversa conduziria ao reconhecimento de uma vantagem desproporcional conferida ao ente público e, mais, importante lembrar que por se tratar de regras de direito sancionador, sua interpretação deve ser realizada de forma restritiva e não ampliativa".[382]

O eg. Tribunal de Justiça de Justiça do Estado de São de Paulo vem reiteradamente rechaçando esse tipo de comportamento estatal:

> APELAÇÃO. MANDADO DE SEGURANÇA. DENEGAÇÃO DA ORDEM. CONTRATOS ADMINISTRATIVOS. COMPENSAÇÃO DE VALORES. Objeto da impetração. Reconhecimento da ilegalidade da "compensação cruzada" e anulação dos descontos realizados nas faturas mensais de contratos APELAÇÃO CÍVEL EMBARGOS MONITÓRIOS –COMPENSAÇÃO. Ação monitória ajuizada em face de Proguaru e Município de Guarulhos voltada ao recebimento de valores decorrente de pagamento a menor realizado no contrato n° 008/2020, firmado entre a parte autora e a Proguaru. Compensação realizada pela contratante. Vigentes e sem quaisquer descumprimentos referentes a multas aplicada em outros contratos. A legislação que disciplina a possibilidade de compensação não alberga expressamente a compensação cruzada.

382 TJ/SP – Apelação nº 1031475-94.2020.8.26.0053.

Interpretação restritiva para permitir a retenção ou desconto em relação aos créditos derivados do mesmo contrato. Prevalência dos artigos 80, inciso IV, 86 e 87, inciso II e §1º, todos da Lei nº 8.666/93, e o art. 55, §único, do Decreto Municipal nº 44.279/03. Previsões de direito sancionador. Precedentes desta Seção de Direito Público em casos análogos. Sentença reformada. RECURSO PROVIDO. (TJ/SP – Apelação nº 1031475-94.2020.8.26.0053)

APELAÇÃO CÍVEL EMBARGOS MONITÓRIOS –COMPENSAÇÃO. Ação monitória ajuizada em face de Proguaru e Município de Guarulhos voltada ao recebimento de valores decorrente de pagamento a menor realizado no contrato n° 008/2020, firmado entre a parte autora e a Proguaru. Compensação realizada pela contratante. Crédito decorrente de pagamento em duplicidade no contrato n° 007/2016. Demanda julgada improcedente na origem, reconhecida a ilegitimidade do ente público. Apelo da autora. Parcial cabimento. Ilegitimidade corretamente reconhecida. Pessoa jurídica com autonomia administrativa e financeira, que não se confunde com o Município. Compensação, no entanto, que não encontra respaldo no contrato administrativo, tampouco na Lei n° 8.666/93. Legislação permite a retenção e a compensação de valores decorrentes de um mesmo contrato administrativo e, no caso dos autos, a empresa apelada objetiva a retenção de valores atinentes a contratos diversos do aqui discutido. Artigos 80, IV, 86 e 87 da Lei n° 8.666/93 que autorizam a retenção de créditos pertinentes ao mesmo contrato. Compensação que, mesmo se aplicável aos contratos administrativos, exigiria requisitos não cumpridos pela empresa contratante. Controvérsia acerca do crédito, decorrente do suposto pagamento em duplicidade. Aparente inexigibilidade do referido crédito. Reforma parcial da r. sentença de primeiro grau. RECURSO PROVIDO EM PARTE. (TJ/SP – Apelação Cível nº 1010497-97.2022.8.26.0224; Relator (a): Márcio Kammer de Lima; Órgão Julgador: 11ª Câmara de Direito Público; j. 18/10/2022)

CONTRATO ADMINISTRATIVO Retenção de pagamentos devidos pelo Metrô à concessionária em contrato administrativo vigente para satisfazer multa sancionatória aplicada em contrato anterior Impossibilidade: O disposto no §1º do artigo 87 da Lei 8666/93 não autoriza a compensação entre contratos administrativos distintos, ainda que se tratem das mesmas partes. Instituto da compensação que, mesmo se aplicável aos contratos administrativos, exige requisitos não cumpridos pelo Metrô. Sentença de procedência mantida. Recurso desprovido. (TJ/SP – Apelação/Remessa Necessária nº 1063058-68.2018.8.26.0053; Relator (a): Teresa Ramos Marques; Órgão Julgador: 10ª Câmara de Direito Público; j. 01/02/2021)

Agravo de instrumento Mandado de segurança impetrado contra ato administrativo consistente na retenção de valores de multas aplicadas no âmbito de contrato diverso, por ocasião do pagamento da fatura mensal

> Liminar indeferida na origem Ausente previsão legal ou contratual a amparar o ato administrativo Artigo 80, inciso IV, da Lei 8.666/1993 que, ao tratar da rescisão unilateral do contrato pela Administração, é claro ao admitir apenas "retenção dos créditos decorrentes do contrato até o limite dos prejuízos causados à Administração" Entendimento aplicável na hipótese de relação contratual em andamento Dispositivos da Legislação Municipal invocados pela parte agravada que não trazem previsão específica autorizando a compensação entre créditos e débitos oriundos de relações contratuais distintas Requisitos para a concessão da medida liminar demonstrados Recurso provido. (TJ/SP – Agravo de Instrumento nº 2012010-13.2021.8.26.0000; Relator(a): Luciana Bresciani; Órgão Julgador: 2ª Câmara de Direito Público; j. 24/03/2021).

É necessário, portanto, que tal comportamento seja imediatamente suspenso, devendo a sua previsão ser retirada de regulamento de modo a evitar a criação de tensionamentos desnecessários.

Outra questão que viola o princípio da razoabilidade, e que deve ser objeto de consignação neste item, relaciona-se ao comportamento do gestor do contrato administrativo que não respeita o quantitativo mínimo de fornecimento fixado no convocatório de uma licitação processada pelo Sistema de Registro de Preços.

Diante da recusa clara e justificada, uma vez que a proposta comercial do proponente foi produzida levando em consideração as quantidades mínimas de fornecimento, poderá o detentor da ata recusar o chamado da Administração. Com efeito, desencadear processo administrativo nestes termos caracteriza comportamento flagrantemente ilegal.

2.2.9 Princípio da proporcionalidade

Visceralmente associado ao princípio da razoabilidade, a ponto de até gerar confusão entre si,[383] por ser ontológica e pragmaticamente indissociável, está o *princípio da proporcionalidade*.[384]

---

383 DALLARI, Adilson de Abreu; FERRAZ, Sérgio. *Processo Administrativo*. 3. ed. São Paulo: Malheiros, 2012, p. 101.

384 Não obstante tais princípios não constarem expressamente da Constituição da República de 1988, tem-se que eles são reproduzidos em diversas constituições estaduais, além de inúmeras leis de processo administrativo, a exemplo do que se verifica da leitura do art. 2º da Lei Federal nº 9.784/1999.

O referido princípio – admitido pela doutrina alemã como princípio autônomo, e não como uma face do princípio da razoabilidade – enuncia a ideia de que as competências administrativas só podem ser validamente exercidas na extensão e intensidade proporcionais ao que seja realmente demandado para o cumprimento da finalidade de interesse público a que estão atreladas.[385] Tanto o princípio da razoabilidade quanto o da proporcionalidade objetivam afastar arbitrariedades na condução de processos de toda natureza, inclusive os punitivos.

Assim como o princípio da razoabilidade, conforme anotou Irene Patrícia Nohara,[386] o princípio da proporcionalidade, conquanto elencado no art. 2º, inc. XIII, da Lei nº 9.784/1999, encontra seu fundamento diretamente na Constituição da República de 1988.[387]

Com efeito, não basta a existência de lei, como instrumento limitador dos direitos individuais, para legitimar tal intervenção ou restrição da liberdade e propriedade, devendo ela, ainda, apresentar-se como proporcional, concretizada pela medida adequada e justificada pelo interesse público e atenda ao critério da razoabilidade.[388]

Três aspectos desdobrados pela doutrina alemã caracterizam a proporcionalidade. O primeiro, a adequação, ou seja, deve a atuação da Administração ser compatível com o objetivo por ela perseguido. Já o segundo, a necessidade ou exigibilidade, corresponde ao fato de que a manifestação administrativa é indispensável, vale dizer, inexiste alternativa menos gravosa ao sujeito a não ser aquela empregada pela Administração. Por derradeiro, o terceiro, a proporcionalidade em sentido estrito, que envolve razoável

---

385 BANDEIRA DE MELLO, Celso Antônio. *Curso de Direito Administrativo*. 32. ed. São Paulo: Malheiros, 2015, p. 113.

386 "Assim, apesar da ausência de previsão expressa no rol do *caput* do art. 37 da Constituição, alguns autores consideram que a razoabilidade está implícita no art. 5º, LVI, da Constituição, que determina que "ninguém será privado da liberdade ou de seus bens sem o devido processo legal", que abarca também o devido processo substantivo, conforme será exposto. Ademais, a proporcionalidade é frequentemente extraída do Estado Democrático de Direito" (NOHARA, Irene Patrícia. *Direito administrativo*. 7. ed. São Paulo: Atlas, 2017, p. 97).

387 BRASIL. Superior Tribunal de Justiça. *AgRg no REsp nº 1.319.870/AP*, Rel. Ministro Arnaldo Esteves Lima, Primeira Turma, *DJe* de 02.08.2012.

388 MENDES, Gilmar Ferreira. Questões fundamentais da técnica legislativa. *RTDP – Revista Trimestral de Direito Público*, n. 60, São Paulo, Malheiros, 2015, p. 317.

proporção no equilíbrio ou ponderação entre bens e valores, ou seja, entre a limitação do direito e a gravidade da situação fática".[389]

De forma a garantir a observância do referido princípio nos processos sancionatórios, as sanções administrativas aplicadas a particulares em razão da prática de condutas indesejáveis caracterizadas pelo legislador como infração devem ser proporcionais à gravidade da infração praticada e prejuízo da Administração. Neste sentido, o "Estado deve medir a exata situação em que o particular incidiu na infração. O que significa dizer que o Estado tem que individualizar a conduta do contratado para verificar o grau de culpabilidade".[390]

Acerca da dificuldade para dosar o *quantum* punitivo, enuncia Celso Antônio Bandeira de Mello:

> Ainda que a aferição desta medida inúmeras vezes possa apresentar dificuldades em ser caracterizada, em inúmeras outras é perfeitamente clara; ou seja: há casos em que se pode ter dúvida se tal ou qual gravame está devidamente correlacionado com a seriedade da infração – ainda que se possa notar que a dúvida nunca se proporá em uma escala muito ampla, mas em um campo de variação relativamente pequeno –, de par com outros casos em que não haverá dúvida alguma de que a sanção é proporcional ou desproporcional.[391]

Temos a considerar, portanto, que as sanções administrativas aplicadas a particulares devem guardar correlação lógica com a extensão da conduta tipificada pela lei como uma infração administrativa, sob pena de ela se caracterizar como desproporcional, em outras palavras, minguada ou módica ou excessiva ou exorbitante. Assim, no âmbito sancionatório, a proporcionalidade, dentre outras oportunidades, é concretizada quando da dosimetria da punição, que deverá ser eleita em razão da gravidade do comportamento infracional e prejuízo da Administração Pública.

No tocante à observância do princípio da proporcionalidade, esclareça-se que os valores arbitrados a título de multa, bem como

389 NOHARA, Irene Patrícia. *Direito administrativo*. 7. ed. São Paulo: Atlas, 2017, p. 98.

390 OLIVEIRA, José Roberto Pimenta de. Aplicação de sanções nos procedimentos licitatórios. *Boletim de Direito Administrativo*, São Paulo: NDJ, p. 853-869, ano 26, n. 8, ago. 2013, p. 854.

391 BANDEIRA DE MELLO, Celso Antônio. *Curso de Direito Administrativo*. 32. ed. São Paulo: Malheiros, 2015, p. 880.

as equações ou cálculos que chegam aos valores pecuniários que constam do edital no momento da elaboração, na fase interna da licitação, devem reverenciar o princípio da proporcionalidade e da razoabilidade, afastando-se, assim, qualquer tipo de desvio de finalidade em matéria sancionatória.

Demais disso, o ato convocatório deve estabelecer a forma de apuração dos valores, por meio de uma equação, em detrimento da fixação de um valor já preestabelecido ou não. Além disso, deve ser fixado como base de cálculo o valor da parcela inadimplida, e não a monta total do contrato ou ata de registro de preços para execução de todo o objeto demandado ou registrado.

Exemplifiquemos: imagine-se uma ata de registro de preços que arrole 200 itens, no valor total de R$5 milhões, com cláusula punitiva de multa de 20% do valor do ajuste. Não cumprida a obrigação ou entregando com atraso um pedido que gere um negócio de R$10 mil, é totalmente desproporcional a cobrança de multa de R$1 milhão.

Outro exemplo: imaginemos a celebração de um contrato no valor de R$3,6 milhões, com prazo de vigência de 12 meses, com cláusula punitiva de multa de 20% do valor do ajuste. Em sendo descumprido o contrato no último mês de vigência, deverá a multa imposta ter como base de cálculo R$300 mil e não os R$3,6 milhões, passando a ser sancionado com R$60 mil e não R$360 mil.

Demais disso, em caso de contrato administrativo ou instrumento equivalente onde se observa em seu objeto a presença de lotes ou itens, tem-se que, em caso de inadimplemento de apenas um lote ou item, as penalidades pecuniárias somente recairão sobre a parcela do objeto inadimplida do item ou lote, e não sobre a parte daquilo que foi executado a contento, sob pena de violação ao princípio da proporcionalidade. Assim, fará parte da base de cálculo da multa apenas o valor do item ou lote onde se observou a infração. Esclareça-se que, nas licitações por lotes ou itens, cada um desses é considerado um certame licitatório distinto e autônomo, sendo apenas licitados de forma agregada com o condão de afastar a realização de competições individuais, dada a ineficiência verificada.

Assim, observando-se a inexecução contratual em relação a uma parcela do contrato, a base de cálculo da multa recairá sobre a fração inadimplida, e não sobre a parte do objeto contratado executado regularmente ou o do valor total da contratação, sob pena de violação ao princípio da proporcionalidade.

Não é possível concluir o estudo do princípio da proporcionalidade sem deixar de destacar a sua recorrente violação, quando da aplicação de multas em contratos oriundos de ata de registro de preços.

Melhor explicando: assinada a ata de registro de preços, é expedida a nota de empenho ou autorização de fornecimento (instrumentos contratuais equivalentes) ou mesmo celebrado um típico contrato administrativo decorrente do compromisso, passando o detentor da ata a executar o quantitativo parcial com lastro no pré-contrato, cujas regras assumidas poderão ser, como é comum, descumpridas.

Assim ocorrendo, há a necessidade de instauração do processo administrativo sancionador, com a consequente aplicação da sanção, se for o caso, ao cabo do expediente punitivo, sendo uma delas a multa.

Ocorre que a base de cálculo para a individualização da multa administrativa tem sido objeto de equívoco pela Administração Pública, uma vez que, ao invés de ser adotado na base de cálculo o valor da compra, serviço ou obra efetivamente realizados, que consta do ajuste decorrente da ata, utiliza-se o valor total do compromisso ou pré-contrato, que leva em consideração todo o quantitativo, seja ele consumido ou não consumido, o que é um absurdo.

Em nosso sentir, compreende-se, sob pena de violação do princípio da proporcionalidade, que a base de cálculo a ser adotada no caso concreto deve ser o valor efetivo do ajuste decorrente da ata, que leva em consideração o quantitativo efetivamente contratado, e não o valor do compromisso ou pré-contrato.

É um absurdo pensar diferente, uma vez que a ata de preço é apenas uma expectativa de contratação, que poderá ou não ser realizada durante a sua vigência, e não pode, de forma alguma, ser adotado o valor total do compromisso – que é abstrato, pois pode não ser efetivamente contratado pela Administração – na base de cálculo, mas, sim, o valor da efetiva contratação.

Especificamente em um contrato por itens, logicamente, derivado de uma licitação de itens, incorrendo o contratado em comportamento de, por exemplo, atrasar a entrega do objeto demandado ou de execução parcial ou total do item contratado, deverá o processo administrativo sancionatório ser instaurado, devendo a base de cálculo da aplicação da multa, se for o caso, ser apenas o valor da contratação do item no qual o particular descumpriu, não podendo ser utilizado para cálculo ou fixação da multa da sanção pecuniária o somatório de todos os itens contratados.

2.2.9.1 A dosimetria da pena como concretização do princípio da proporcionalidade. Dosimetria da pena fixada na LINDB

Desde 2018, toda a Administração Pública, quando exerce atividade administrativa punitiva, somente poderá punir após observar, no mínimo, o disposto na LINDB (Decreto-Lei nº 4.657 de 1942), devidamente modificada pela Lei nº 13.655/18, cujo teor introduziu dez chaves de interpretação do Direito Público brasileiro, especialmente o que reza em seu art. 22, §2º, que "na aplicação de sanções, serão consideradas a natureza e a gravidade da infração cometida, os danos que dela provierem para a administração pública, as circunstâncias agravantes ou atenuantes e os antecedentes do agente".

Observa-se, portanto, que a Administração, quando fundamentar o ato de punir ou afastar a sanção, deverá, necessariamente, contextualizar (SUNDFELD, 2022, p. 146) a sua decisão administrativa por meio da apresentação das particularidades do caso concreto, à luz dos seis elementos constantes do dispositivo legal acima colacionado – no mínimo –, em nosso sentir, sob pena de ser ilegal a punição.

Para José Vicente dos Santos Mendonça e Lucca Fernandes Albuquerque, contextualizar é abrir o processo decisório do agente público. É considerar os aspectos – não somente jurídicos – que levam um agente público a escolher uma dentre as alternativas que se colocam.[392]

[392] MENDONÇA, José Vicente Santos de; ALBUQUERQUE, Lucca Fernandes. Art. 22 da LINDB: decifrando o dever de contextualização. *In:* RAMOS, Rafael (coord.). *Comentários à Nova LINDB:* Lei nº 13.655/2018. Belo Horizonte: Fórum, 2023, p. 75.

Com efeito, assim deve ocorrer, pois, no caso específico das sanções, a preocupação é particularmente relevante, haja vista tratar-se de grave interferência na esfera pessoal dos cidadãos que se dá de forma retrospectiva e temporalmente distante das circunstâncias práticas que determinam a sua adequação e proporcionalidade.[393]

Logo, a sanção imposta ou ato que afastar a punição, necessariamente, levará em consideração a verdade dos fatos, devendo ocorrer a explicitação dos critérios e motivos, afastando, por sua vez, razões vagas, subjetivas ou descoladas da realidade,[394]devendo, assim, conforme ensina o professor Eduardo Jordão, a motivação do ato administrativo ser reforçada e qualificada, não podendo ser considerada implicitamente.[395] Com isso, impede-se uma aplicação do Direito Administrativo Sancionador formado por critérios vagos, subjetivos e, aqui também, descolados da realidade.[396]

2.2.9.2 A dosimetria da pena na Nova Lei de Licitação

Nesse passo, observa-se que a Nova Lei de Licitação adota tal intelecção, ou melhor, quase o dispositivo constante da LINDB (Decreto-Lei nº 4.657 de 1942) na sua literalidade, passando o seu art. 156, §1º, a estabelecer, que, na aplicação das sanções serão considerados: I – a natureza e a gravidade da infração cometida; II – as peculiaridades do caso concreto; III – as circunstâncias agravantes ou atenuantes; IV – os danos que dela provierem para a Administração Pública; e V – a implantação ou o aperfeiçoamento de programa de integridade, conforme normas e orientações dos órgãos de controle.

---

393 JORDÃO, E. (2018). Art. 22 da LINDB – Acabou o romance: reforço do pragmatismo no direito público brasileiro. *Revista de Direito Administrativo*, p. 85.

394 HAEBERLIN, Mártin. RODRIGUES. Comentários ao art. 23 da LINDB. *In:* DUQUE, Marcelo Schenk e RAMOS, Rafael (org.). *Segurança jurídica na aplicação do direito público.* Comentários à Lei nº 13.655/18. Salvador: Juspodivm, 2019, p. 91.

395 JORDÃO, Eduardo. Art. 22 da LINDB – Acabou o romance: reforço do pragmatismo no direito público brasileiro. *Revista de Direito Administrativo*, p. 85

396 HAEBERLIN, Mártin. RODRIGUES. Comentários ao art. 23 da LINDB. *In:* DUQUE, Marcelo Schenk e RAMOS, Rafael (org.). *Segurança jurídica na aplicação do direito público.* Comentários à Lei nº 13.655/18. Salvador: Juspodivm, 2019, p. 91.

Resta claro que a dosimetria da sanção administrativa nas contratações públicas exige a observância de tais parâmetros, os quais deverão ser apontados, provados e justificados nos autos do processo administrativo, devendo a eleição do *quantum* punitivo, se for o caso, efetivamente levar em consideração as particularidades do caso concreto e as peculiaridades do apenado, sempre por meio de decisão motivada e qualificada, conforme já verificamos acima. Ou seja, adotando-se tais critérios, afasta-se aplicação de sanções genéricas, o que viola o princípio da individualização da sanção administrativa.

Para tanto, a produção do ato administrativo sancionatório deve envolver a análise, no mínimo, de oito elementos, sendo a lista exemplificativa,[397] a saber: 1. a natureza da infração cometida; 2. a gravidade da infração praticada; 3. as peculiaridades do caso concreto; 4. as circunstâncias agravantes; 5. as circunstâncias atenuantes; 6. os danos que dela provierem para a Administração Pública; 7. a implantação ou o aperfeiçoamento de programa de integridade, conforme normas e orientações dos órgãos de controle; e 8. os antecedentes do licitante e contratado, que, mesmo não estando expressamente previsto no art. 156, §1º, deverá ser considerado também quando da produção do ato administrativo que sancionar ou afastar a punição.

Por ser oportuno, trataremos analiticamente dos oito itens que devem ser considerados efetivamente no momento em que ocorrer a produção do ato administrativo que sanciona ou não um particular no âmbito das contratações públicas.

2.2.9.2.1 A natureza da infração cometida

Estabelece o art. 156, §1º, inc. I, da Nova Lei de Licitações, que:

> §1º Na aplicação das sanções serão considerados:
> I – a natureza e a gravidade da infração cometida;

Do dispositivo legal em comento extrai-se que a natureza da infração administrativa praticada no caso concreto exercerá

---

397 RIGOLIN, Ivan Barbosa. *Lei nº 14.133/2021 comentada:* uma visão crítica. Belo Horizonte: Fórum, 2022, p. 444.

influência no momento da produção do ato administrativo sancionatório, especialmente na escolha da sanção, eleição do *quantum* punitivo ou até mesmo o afastamento da pena.

Em nosso sentir, sem prejuízo de outras classificações, a exemplo daquela fixada por Daniel Ferreira,[398] as infrações administrativas praticadas no âmbito das contratações públicas podem possuir também, as seguintes naturezas: a) comportamentos que caracterizam inexecução de obrigações contratuais; b) comportamentos contraditórios de licitantes observados durante o processamento do certame; e c) comportamentos fraudulentos observados na licitação e execução do contrato. Analisaremos um pouco de cada um.

Restringiremos nosso estudo a essa categorização, pois entendemos que efetivamente repercute a produção do ato administrativo sancionador.

2.2.9.2.1.1 Inexecução de obrigações contratuais

Por inexecução de obrigações contratuais entende-se todo o comportamento passivo ou ativo que gera o descumprimento dos encargos pactuados na ata ou contrato administrativo.

Os comportamentos infracionais caracterizados como inexecução de obrigações contratuais previstos na Nova Lei de Licitações e na Lei das Estatais são: dar causa à inexecução parcial do contrato; dar causa à inexecução parcial do contrato que cause grave dano à Administração, ao funcionamento dos serviços públicos ou ao interesse coletivo; dar causa à inexecução total do contrato; ensejar o retardamento da execução ou da entrega do objeto da licitação sem motivo justificado e atraso injustificado na execução do contrato.

As inexecuções contratuais podem apresentar-se como comportamentos ativos ou passivos. Quando esse comportamento é ativo, significa que a parte está deliberadamente atuando ativamente de forma contrária ao que foi acordado no contrato, a exemplo da execução de uma obra inobservando as especificações, entregando

398 FERREIRA, Daniel. *Teoria geral da infração administrativa a partir da Constituição Federal de 1988*. Belo Horizonte: Fórum, 2009, p. 196.

um objeto dissonante das especificações contidas no edital. Já por comportamento passivo entende-se a inércia em executar um encargo contratual de qualquer natureza.

Além disso, as obrigações contratuais, ativas ou passivas, podem ser obrigações classificadas como principais ou secundárias. Por obrigações principais entende-se aquelas relacionadas à execução efetiva do objeto contratado, a exemplo da construção de uma escola ou a prestação de um serviço de limpeza, ou, ainda, obrigações acessórias, a exemplo da obrigação de cadastrar em determinado departamento veículos que serão utilizados na prestação de serviço de transporte, a obrigação de apresentar mensalmente comprovante de pagamento de vale-transporte para os servidores alocados no serviço de prestação de serviços de limpeza.

2.2.9.2.1.2 Comportamentos contraditórios do licitante durante o processamento do certame

Por comportamento contraditório observado no âmbito das contratações públicas entende-se qualquer conduta que, após a sua prática, inviabiliza ou prejudica a celebração do contrato com a pessoa detentora da proposta mais vantajosa.

Fala-se em "comportamento contraditório", uma vez que existem licitantes que participam da licitação e declaram que detêm os documentos habilitatórios, porém, na ocasião oportuna, não os entregam para a realização da competente verificação, ou, ainda, aqueles proponentes que oferecem lances na fase da disputa, mas, quando convocados para celebrar o contrato, acabam por não manter a sua proposta comercial, não assinam o ajuste etc.

Os comportamentos infracionais caracterizados como comportamentos contraditórios previstos na Nova Lei de Licitações e na Lei das Estatais são: deixar de entregar a documentação exigida para o certame; não manter a proposta, salvo em decorrência de fato superveniente devidamente justificado; e não celebrar o contrato ou não entregar a documentação exigida para a contratação, quando convocado dentro do prazo de validade de sua proposta.

2.2.9.2.1.3 Comportamentos fraudulentos

Os comportamentos fraudulentos estão relacionados, seja no âmbito da licitação, seja no âmbito do contrato administrativo, à prática deliberada e intencional de atos com o objetivo de obter vantagem injusta, geralmente em detrimento da Administração contratante.

Os comportamentos infracionais caracterizados como fraudulentos previstos na Nova Lei de Licitações e na Lei das Estatais são: apresentar declaração ou documentação falsa exigida para o certame ou prestar declaração falsa durante a licitação ou à execução do contrato; fraudar a licitação ou praticar ato fraudulento na execução do contrato; comportar-se de modo inidôneo ou cometer fraude de qualquer natureza; praticar atos ilícitos com vistas a frustrar os objetivos da licitação e praticar ato lesivo previsto no art. 5º da Lei nº 12.846, de 1º de agosto de 2013; tenham sofrido condenação definitiva por praticarem, por meios dolosos, fraude fiscal no recolhimento de quaisquer tributos; tenham praticado atos ilícitos visando frustrar os objetivos da licitação e demonstrem não possuir idoneidade para contratar com a empresa pública ou a sociedade de economia mista em virtude de atos ilícitos praticados.

Sendo assim, acertou o legislador quando fixa que a dosimetria da pena vai levar em consideração a natureza da sanção da infração, ou seja, uma punição relacionada a uma inexecução contratual não vai ter o mesmo peso punitivo da prática de um comportamento fraudulento.

2.2.9.2.2 A gravidade da infração cometida

Estabelece o art. 156, §1º, inc. I, da Nova Lei de Licitações, que a gravidade da infração cometida é um elemento que aumenta o caráter repressivo da sanção:

> §1º Na aplicação das sanções serão considerados:
> I – a natureza e a gravidade da infração cometida;

Da leitura do dispositivo legal acima colacionado, observa-se que a deliberação motivada de impor uma penalidade administrativa ou não a um licitante ou contratado exige, ainda, no âmbito do expediente sancionatório, a análise da gravidade da infração administrativa cometida no caso concreto. Em resumo, quanto maior a intensidade da punição a ser imposta, maior deve ser a gravidade da infração administrativa, que deverá ser comprovada nos autos do processo administrativo.

Com efeito, diversas podem ser as gravidades, como uma inexecução contratual que gera óbitos e prejuízos para a coletividade, como a queda de uma grua (guindaste), falta de sinalização de obra pública que causa acidente, falta de vigilância do canteiro de obra que acaba por permitir a entrada de jovens que acabam falecendo em razão de afogamento, soterramento, intoxicação etc.

Noutro giro, a prática do comportamento infracional pode ser totalmente desprovida de gravidade, pois, no caso concreto, observa-se que a incursão na conduta ocorreu mesmo observando-se apenas e tão somente comportamentos ativos no sentido de cumprir os encargos contratados e nenhuma conduta negativa.

2.2.9.2.3 As peculiaridades do caso concreto

Estabelece o art. 156, §1º, da Nova Lei de Licitações:

> §1º Na aplicação das sanções serão considerados:
> (...)
> II – as peculiaridades do caso concreto;

As peculiaridades do caso concreto, conforme ensina Daniel Ferreira, referem-se aos fatos que os tornam distintos de tantas outras situações envolvendo infrações da mesma natureza e gravidade. Ainda ilustra:

> A título de ilustração, imagine-se a inexecução total de um contrato. Por evidente que a não entrega de veículos oficiais de serviço comum (para transporte de servidores) é reprovável, mas se o veículo for uma ambulância (veículo oficial de serviço especial, relacionado à saúde pública) a reprovabilidade se maximiza, ensejando uma resposta pecuniária mais elevada e maior tempo de impedimento de licitar e contratar.[399]

[399] FERREIRA, Daniel. Responsabilização administrativa por infrações imputáveis a

Os pormenores verificados em cada situação concreta, onde há a prática do comportamento infracional, devem ser considerados quando da eleição da sanção e do *quantum* punitivo ou, ainda, do afastamento da punição.

Tal circunstância é essencial, pois a verificação da conduta infracional pode decorrer de diversos fatores, a exemplo da prática de um comportamento ativo ou passivo da Administração, a verificação de caso fortuito ou força maior, ou, ainda, falhas imputadas a terceiros, como fornecedores (atraso na entrega de insumo necessário para executar o objeto), população (furto de materiais destinados à execução do objeto).

As peculiaridades do caso concreto relacionam-se também ao momento da prática do comportamento infracional, uma vez que, por tal e qual motivo, pode o contratado descumprir os termos do ajuste quando a execução do objeto passou dos 90%, ou seja, o contratado demonstrou idoneidade e seriedade em executar o que foi contratado, porém, na fase derradeira da sua, por tal e qual motivo, manifesta certa dificuldade.

Ainda em relação às particularidades do caso concreto, podemos observar comportamentos de várias naturezas, a exemplo da possibilidade de o licitante ter incorrido em uma inexecução contratual, por não cumprir o cronograma físico-financeiro fixado no ato convocatório, em razão de, por exemplo, a administração pública se negar a liberar espaço para execução do objeto, fornecer os documentos necessários para execução do contrato etc.

Por exemplo, é particularidade do caso concreto, que deve ser demonstrada nos autos do processo administrativo, e pode afastar a punição ou reduzir a intensidade da pena a prática do comportamento infracional se foi motivada:

1. por falhas na redação do edital, nos projetos, termo de referência ou outros anexos editalícios;
2. ambiguidade de obrigações contratuais;
3. dificuldades na execução do contrato, apresentando provas de que outras empresas tentaram e foram punidas no passado;

licitantes e contratados à luz da Lei n. 14.133/2012 (NLLC). *In:* HARGER (coord.) *Aspectos polêmicos sobre a nova lei de licitações e contratos administrativos*: Lei nº 14.133/2021. Belo Horizonte: Fórum, 2022, p. 379.

4. não disponibilização pela Administração de local, equipe, equipamentos, informações e demais recursos necessários para executar as obrigações do contratado;
5. determinações que alterem o ritmo da execução do objeto, como, por exemplo, impor que obras e serviços sejam realizados no período noturno, fato que pode acarretar lentidão na resolução de adversidades que seriam rapidamente corrigidas durante o período diurno;
6. impossibilidade de entregar o objeto em razão de o bem pretendido pela administração pública se apresentar descontinuado.

Logo, tais particularidades devem ser objeto ou devem ser levadas em conta na ocasião em que a administração pública maneja o poder punitivo.

2.2.9.2.4 As circunstâncias agravantes

Fatos agravantes observados no caso concreto devem ser considerados pela Administração quando decidir punir, conforme estabelece o art. 156, §1º, da Nova Lei de Licitações:

> §1º Na aplicação das sanções serão considerados:
> (...)
> III – as circunstâncias agravantes ou atenuantes;

Conceituam-se circunstâncias agravantes penais como:

> ATENUAÇÃO. Palavra que se formou do latim attenuatio, de attenuare (enfraquecer, diminuir), é notadamente aplicada na terminologia da lei penal, para significar a diminuição da pena que, assim, será imposta ao infrator ou criminoso, em virtude de certas circunstâncias que vêm, legalmente, enfraquecer a severidade da punição.
>
> E estas circunstâncias, que justificam a atenuação, recebem o nome de atenuantes, em oposição às agravantes, que, contrariamente, promovem a agravação da pena.
>
> É, na lei penal, motivo de atenuação da pena, quando o agente pretendeu participar do crime menos grave (Cód. Penal, art. 29, §2°). E isto quer significar que o agente tinha a intenção de causar o menor mal ou a lesão de menor gravidade.

> ATENUANTES. Com a mesma derivação de atenuação, na terminologia do Direito Penal, tanto adjetiva a circunstância que tem força legal para diminuir a penalidade a ser imposta ao réu, pela infração ou prática do delito (circunstância atenuante), como representa, no aspecto de substantivo, a própria circunstância ou razão legal, que promove a diminuição da pena. E, neste caso, se dirá que a atenuante foi julgada procedente ou reconhecida.[400]

Tal elemento observado à luz do caso concreto pode efetivamente gerar repercussões negativas, tanto para a administração pública, como para a sociedade, o que exige que a carga punitiva seja muito mais elevada, tendo como escopo desestimular que novos comportamentos análogos àqueles praticados não mais ocorram.

Pode ser considerada uma circunstância agravante a inexecução total, a representatividade e importância do contrato para a Administração, o interesse público desprotegido etc.

São exemplos de circunstâncias agravantes:

1. reincidência do licitante;
2. falta cometida que produziu prejuízos relevantes;
3. omissão ou negativa do licitante na resolução dos problemas ou nas diligências.

Para que a aplicação de penalidades mais rigorosas ou o aumento do valor das sanções seja legalmente válido, é imprescindível que os autos do processo administrativo comprovem de forma fundamentada os elementos que caracterizam a gravidade do caso.

2.2.9.2.5 As circunstâncias atenuantes

Estabelece o art. 156, §1º, inc. III, da Nova Lei de Licitações, que pode a punição ser reduzida no âmbito das contratações públicas em face da constatação de uma circunstância atenuante nos autos do processo administrativo. Vejamos a autorização legal:

> §1º Na aplicação das sanções serão considerados:
> (...)
> III – as circunstâncias agravantes ou atenuantes;

400 SILVA, De Plácido e. *Dicionário Jurídico*. 21. ed. Rio de Janeiro: Forense, 2003, p. 789.

Podem existir, no caso concreto, circunstâncias observadas na licitação ou, ainda, fatos observados antes, durante ou após a conclusão do contrato, além de condições do licitante ou contratado que podem atenuar eventual punição, chegando até mesmo a afastá-la.

No tocante aos fatos observados no processo licitatório que podem ser apresentados como elementos redutores ou de afastamento da sanção administrativa, temos como exemplo a apresentação de uma justificativa documentada em face da não apresentação dos documentos exigidos para o certame, comportamento caracterizado como infração administrativa, *ex vi* do art. 155, inc. IV, da NLLC.

Em relação às circunstâncias observadas antes, durante ou após a conclusão do objeto contratado que podem atenuar eventual punição a ser imposta ou até mesmo afastá-la, exemplifica-se:

1. primeira prática de comportamento infracional, ou seja, particular não reincidente;
2. comportamento infracional não produziu prejuízos;
3. comportamento ativo da contratada quando esta incansavelmente, e assumindo todos os custos necessários, se apresenta ativamente para resolver todos os embaraços, dúvidas e demais questões, de modo a entregar um objeto que reflita efetivamente as necessidades da administração contratante;
4. particular detém programa de *compliance*;
5. identificação de que a administração, de alguma forma, contribuiu para que o particular incorresse no comportamento infracional;
6. comprovação de que o comportamento infracional foi praticado por fato externo por terceiro, que escapou do alcance do particular;
7. particular prova que, em outros contratos, executou regularmente outros objetos a contento.

2.2.9.2.6 Os antecedentes do contratado como circunstância atenuante

Tem-se que as condições do particular licitante ou contratado devem ser levadas em consideração quando a Administração se encontra na iminência de puni-lo, a exemplo de seus antecedentes ou históricos, boa ou má execução do objeto contratado ou comportamento no certame.

Ocorre que os antecedentes como elemento para fixação da dosimetria da pena administrativa não constam expressamente do art. 156, §1º, da Nova Lei de Licitações. Não se sabe a razão.

Não obstante, os antecedentes do agente, *in casu*, do licitante ou contratado, devem ser observados no âmbito das contratações públicas em face do disposto no art. 22, §2º, da LINDB.

Sendo assim, temos que abordar esse assunto aqui, pois estamos tratando de regra geral de Direito Público. Reza o referido dispositivo legal:

> §2º Na aplicação de sanções, serão consideradas a natureza e a gravidade da infração cometida, os danos que dela provierem para a administração pública, as circunstâncias agravantes ou atenuantes e os antecedentes do agente.

Os antecedentes de um licitante ou contratado referem-se ao conjunto de informações relativas à conduta e ao histórico do particular no contexto de contratações públicas e licitações. Esse conceito abrange aspectos que auxiliam a Administração Pública na avaliação da confiabilidade e idoneidade do agente, especialmente quando a aplicação de sanções se faz necessária.

Esses antecedentes podem ser observados em três dimensões principais: histórico positivo em negócios públicos; inexistência de histórico de sanções; e nível de parceria com a administração.

Como histórico positivo em negócios públicos, registra-se o cumprimento regular e eficiente de contratos anteriores, evidenciando capacidade técnica, administrativa e ética do contratado ou licitante em suas interações com a Administração.

No tocante à inexistência de histórico de sanções, observa-se a ausência de penalidades impostas por violações contratuais, infrações às normas de licitações e contratos ou quaisquer atos que comprometam a integridade e a legalidade do processo licitatório.

Por fim, em relação ao nível de parceria com a administração, temos a avaliação da colaboração e do alinhamento do contratado ou licitante com os interesses públicos, levando em conta o histórico de comunicação, cumprimento de prazos e execução adequada dos objetos contratados.

Sob a ótica do art. 22, §2º, da Lei de Introdução às Normas do Direito Brasileiro (LINDB), os antecedentes se configuram como elemento de análise para graduar sanções administrativas, considerando não apenas a gravidade da infração, mas também os fatores agravantes, atenuantes e os danos causados à Administração Pública.

2.2.9.2.7 Existência de danos que o comportamento infracional gerou para a Administração Pública

Estabelece o art. 156, §1º, inc. IV, da Nova Lei de Licitações, que os danos experimentados pela Administração Pública devem ser considerados na ocasião em que se está produzindo o ato sancionador:

> §1º Na aplicação das sanções serão considerados:
> (...)
> IV – os danos que dela provierem para a Administração Pública;

Observa-se que a intenção motivada de aplicar uma penalidade a um licitante ou contratado exige também a verificação de ocorrência de danos à administração licitante ou contratante.

Parece-nos que todo tipo de dano deve ser considerado, a exemplo do dano financeiro ou dano ao regular funcionamento dos serviços públicos e ao interesse coletivo, danos mais ou menos extensos, com duração maior ou menor. [401]

Assim poderá ocorrer, por exemplo, em caso de entrega de um determinado objeto que a administração ainda detém em estoque, cuja ausência de encaminhamento no momento oportuno não gere prejuízo algum, não estando o interesse público desprotegido, em face do quantitativo que detém a administração pública contratante.

---

401 FERREIRA, Daniel. Responsabilização administrativa por infrações imputáveis a licitantes e contratados à luz da Lei n. 14.133/2012 (NLLC). *In:* HARGER (coord.). *Aspectos polêmicos sobre a nova lei de licitações e contratos administrativos*: Lei nº 14.133/2021. Belo Horizonte: Fórum, 2022, p. 379.

Logo, o mero atraso que não gerou problema ou dano algum para a administração deve ser levado em consideração quando se fixar a dosimetria da pena.

2.2.9.2.8 Implantação ou o aperfeiçoamento de programa de integridade, conforme normas e orientações dos órgãos de controle

Conforme estabelece o art. 156, §1º, inc. V, da Nova Lei de Licitações, a presença ou aperfeiçoamento de programa de integridade, comumente chamado de *compliance*, é elemento que será levado em consideração no momento da realização da dosimetria da pena.

Vejamos o que diz o referido dispositivo legal:

> §1º Na aplicação das sanções serão considerados:
> (...)
> V – a implantação ou o aperfeiçoamento de programa de integridade, conforme normas e orientações dos órgãos de controle.

Parece-nos que tal elemento somente deve ser considerado para fins de dosimetria da pena quando observado no caso concreto uma infração administrativa relacionada à prática de comportamentos fraudulentos, que envolva corrupção etc.

Sobre tal elemento, ensina o professor Daniel Ferreira:

> O inc. V revela novidade, a partir da qual a prevenção interna, voluntária sistematizada e institucionalizada de ilícitos, por parte de licitantes e contratados, é recomendada a ponto de servir de causa de mitigação de sua reprovabilidade, como sanção premial imprópria, por si mesma incentivadora de comportamentos almejados de quem pretende atuar ou atua no mercado de contratações públicas.[402]

---

402 FERREIRA, Daniel. Responsabilização administrativa por infrações imputáveis a licitantes e contratados à luz da Lei n. 14.133/2012 (NLLC). *In:* HARGER (coord.) *Aspectos polêmicos sobre a nova lei de licitações e contratos administrativos*: Lei nº 14.133/2021. Belo Horizonte: Fórum, 2022, p. 370.

De fato, a lei prevê a possibilidade de redução da pena quando a empresa implementa ou aprimora seu programa de integridade, caso não o possua ou se o programa existente não tiver sido devidamente seguido – situação que exigirá sua reformulação.

Demais disso, observa-se que o referido programa de *compliance* deverá observar eventuais apontamentos e exigências fixados pelo controle interno da Administração sancionadora, que poderá identificar falhas, consistências ou desatualizações, elementos que deverão ser absorvidos pelo particular infrator.

A existência de programa ou reformulação do mesmo denota a intenção do particular infrator em buscar caminhos para que o comportamento verificado no caso concreto não venha a ser repetido.

2.2.10 Princípio do devido processo legal

A atividade punitiva estatal, seja no âmbito penal, aplicada pelo Estado-jurisdição, seja no âmbito administrativo, imposta pelo Estado-administração, reveste-se de constitucionalidade se ocorrer ao cabo de um processo administrativo, com observância do contraditório e da ampla defesa.

Assim, é garantido pelo art. 5º, inc. LIV, da CF/88, que assegura que "ninguém será privado da liberdade ou de seus bens sem o devido processo legal", bem como pelo próximo inciso, o LV, que estabelece que "aos litigantes, em processo judicial ou administrativo, e aos acusados em geral são assegurados o contraditório e a ampla defesa, com os meios e recursos a ela inerentes".

Logo, a Constituição da República de 1988 reconhece que o direito de defesa emana da personalidade, decorre da dignidade da pessoa humana e insere-se na categoria de direito fundamental, a cujos serviços está predisposto o processo judicial ou administrativo.[403]

Com efeito, o princípio do devido processo legal incide sobre toda atividade desenvolvida pela Administração Pública, que está obrigada a observar certas garantias processuais sempre que for

---

403 PEREIRA JÚNIOR, Jessé Torres. *O direito à defesa na Constituição de 1988*. Rio de Janeiro: Renovar, 1991, p. 84.

atingir a esfera jurídica de particulares. Mais que isso, a norma aplica-se a toda manifestação de função estatal. Portanto, não se trata de um princípio particular do direito administrativo sancionador, pois também rege outras atividades da Administração Pública que não a sancionadora.

Diante de tal vetor constitucional, tendo em vista que o conteúdo da sanção administrativa se refere, a rigor, à restrição de patrimônio ou de direitos, somente se pode admitir a imposição de punição ao cabo do competente processo administrativo, em que reste garantido amplo meio de exercício de contraditório e de ampla defesa, vale dizer, deve-se garantir ao futuro apenado efetiva participação no expediente sancionatório.

Ressalte-se que tal garantia constitucional será objeto de estudo aprofundado em capítulo posterior, que tratará do processo administrativo sancionador no âmbito das contratações públicas.

2.2.11 Princípio da *non reformatio in pejus*

Outro princípio a ser observado nos processos administrativos sancionatórios é o da *non reformatio in pejus*, típico nos regimes punitivos.

Acerca do seu conteúdo jurídico, tem-se que, por meio da aplicação do referido princípio, ao cabo do processo recursal ou revisivo, não poderá a Administração agravar a sanção inicialmente imposta. Objetiva o referido princípio afastar o desestímulo do sujeito punido, pois a ideia de que a punição recebida possa ser agravada após o julgamento do recurso administrativo pode obstar a intenção de exercitar o direito ao recurso.

Acerca do referido princípio, ressalva Heraldo Garcia Vitta:

> O princípio *non reformatio in pejus* decorre do devido processo legal. Se a autoridade pudesse impor sanção mais grave, os particulares ficariam inibidos de recorrer; haveria, também, ofensa ao duplo grau de jurisdição, inerente ao regime democrático, além de ir de encontro ao contraditório e a ampla defesa. Na verdade, é princípio geral de Direito, corolário do direito de defesa.[404]

---

404 VITTA, Heraldo Garcia. *A sanção no Direito Administrativo*. São Paulo: Malheiros, 2003, p. 104.

Com efeito, saliente-se que o *quantum* da penalidade fruto da revisão não poderá exceder aquele aplicado anteriormente, mesmo que se observe, ao fim do processo revisivo, que a decisão justa seria uma mais grave do que aquela inicialmente imposta.[405] O que é apenas permitido no âmbito desse expediente, grife-se, é a discussão com o fito de abrandar a pena cominada, bem como afastá-la completamente, porém nunca a majorar.

Neste sentido, não é de outra forma que aponta Rafael Munhoz de Mello:

> Se fosse permitida a *reformatio in pejus*, tolhido seria o direito à interposição de recursos administrativos, frente à possibilidade de ser majorada a sanção administrativa imposta pela decisão combatida pelo recurso. O recurso tornar-se-ia um "risco adicional" nas palavras de Eduardo García de Enterría e Tomás Ramón Fernández.[406]

Observando tal diretriz, o art. 49 da Lei paulista nº 10.177/1998 estabelece que "[a] decisão de recurso não poderá, no mesmo procedimento, agravar a restrição produzida pelo ato ao interesse do recorrente, salvo em casos de invalidação", acolhendo, assim, tal teoria.

Assim, ante a necessidade de observância do princípio supramencionado, afasta-se a possibilidade de a Administração sancionadora instaurar, de ofício, um procedimento revisivo com fins de perseguição, objetivando majorar a penalidade anteriormente imposta, objetivando, por exemplo, afastar o licitante apenado das próximas licitações que vier a promover, caso a pena pretensa suspenda o seu direito de participar de certames licitatórios.

Não obstante seja assim, observa-se que o art. 64 da Lei nº 9.784/1999 estabelece que "[o] órgão competente para decidir o recurso poderá confirmar, modificar, anular ou revogar, total

[405] "Significa que a parte vencida não poderá, em decorrência do exercício de sua legítima pretensão em recorrer, ver a sua situação agravada quando, para esse fim, nada postulou a Administração processante" (NOBRE JÚNIOR, Edilson Pereira. Sanções administrativas e princípios de direito penal. *Revista de Direito Administrativo*, Rio de Janeiro, v. 219, p. 127-151, mar. 2015. Disponível em: http://bibliotecadigital.fgv.br/ojs/index.php/rda/article/view/47499. Acesso em: 4 abr. 2017).

[406] MELLO, Rafael Munhoz de. *Princípios constitucionais de direito administrativo sancionador*. São Paulo: Malheiros, 2007, *p*. 242.

ou parcialmente, a decisão recorrida, se a matéria for de sua competência", relativizando, assim, o princípio estudado, fixando, ainda, seu parágrafo único, que, "[s]e da aplicação do disposto (...) decorrer gravame à situação do recorrente, este deverá ser cientificado para que formule suas alegações antes da decisão". Da leitura do dispositivo em destaque conclui-se que, observando-se o conteúdo vertido na lei, é possível que a decisão prolatada ao cabo da fase recursal seja agravada.

Sobre tal questão, o eg. STF prolatou que:

> A possibilidade da administração pública, em fase de recurso administrativo, anular, modificar ou extinguir os atos administrativos em razão de legalidade, conveniência e oportunidade, é corolário dos princípios da hierarquia e da finalidade, não havendo se falar em *reformatio in pejus* no âmbito administrativo, desde que seja dada a oportunidade de ampla defesa e o contraditório ao administrado e sejam observados os prazos prescricionais.[407]

2.2.12 Princípio da prescritibilidade

Tratado o princípio da *non reformatio in pejus*, inicia-se a análise do *princípio da prescritibilidade*, pois a atividade punitiva tem tempo para se realizar, ou seja, existe prazo, não é a qualquer momento que o Estado pode, após verificada uma infração, estabelecer a sanção.[408]

Sendo assim, durante o processamento da licitação ou execução do contrato administrativo, observando-se a prática de uma das condutas caracterizadas pela legislação licitatória como infração administrativa, é dever da Administração Pública instaurar competente processo sancionador com o escopo de aplicar a correspondente sanção, se for o caso.

Uma vez instaurado o processo administrativo pela Administração licitante ou contratante, a aplicação da competente sanção restará garantida, ainda que a conclusão desse processo adminis-

---

407 BRASIL. Supremo Tribunal Federal. *ARE nº 641054 AgR* – Relatoria Ministro Luiz Fux. J. 22.05.2012. *DJe*-124, 25.06.2012.

408 OLIVEIRA, José Roberto Pimenta de. Aplicação de sanções nos procedimentos licitatórios. *Boletim de Direito Administrativo*, São Paulo: NDJ, p. 853-869, ano 26, n. 8, ago. 2013, p. 854.

trativo seja mais demorada, em razão de fatos supervenientes à sua instauração.

Verifica-se, todavia, que o período para que o Poder Público conclua o processo sancionatório não pode se perpetuar no tempo, sob pena de prejuízo à estabilidade das relações jurídicas, fato que acarreta a violação ao princípio da segurança jurídica, sendo necessário, portanto, que a lei local estabeleça um limite temporal para regular a conclusão do expediente administrativo estudado, circunstância que acabará por disciplinar a prescrição intercorrente.

Sobre a questão, ressalta Rafael Munhoz de Mello:

> É assim em face do princípio da segurança jurídica, que não se coaduna com a instabilidade de ser imposta a sanção a qualquer tempo, mesmo após o decurso de longo período do momento em que praticada a infração. A sanção administrativa produz efeitos relevantes sobre a esfera jurídica do infrator, que podem atingir a validade das relações jurídicas por ele travadas com terceiros. Logo, convém que se estabeleça um prazo para que a Administração Pública possa impor a sanção e, de consequência, afetar a esfera jurídica do infrator. Decorrido tal prazo, o poder de punir já não mais pode ser exercido, o que representa a estabilização da posição jurídica do particular.[409]

No regime da antiga Lei de Licitações, observava-se que a lei local deveria fixar o prazo para prescrição do poder punitivo, *in casu*, para conclusão do processo sancionatório devidamente instaurado em desfavor de sujeito que incorreu em infração administrativa durante o processamento da licitação ou execução dos contratos administrativos.

Naquela oportunidade, diante do "silêncio" ou "lacuna" da legislação local que fixava um prazo máximo para a conclusão do competente processo administrativo, aplicava-se de forma subsidiária ou suplementarmente o teor contido na Lei nº 9.784/1999, caso inexistisse diploma legal que disciplinasse a matéria.[410]

---

409 MELLO, Rafael Munhoz de. *Princípios constitucionais de direito administrativo sancionador*: as sanções administrativas à luz da Constituição Federal de 1988. São Paulo: Malheiros, 2007, p. 251.

410 Nesse sentido, é pacífico o entendimento manifestado nas decisões do eg. Superior Tribunal de Justiça, quando trata da aplicação subsidiária da lei federal de processo administrativo por outros entes da Federação, exegese que pode ser aplicada ao caso proposto, mudando o que deve ser mudado, vejamos:

Hoje, no tocante a este assunto, observa-se uma evolução na Lei nº 14.133/2021, uma vez que o art. 158, §4º, estabelece regra para a prescrição, fixando que ela ocorrerá em 5 (cinco) anos, contados da ciência da infração pela Administração, e será: I – interrompida pela instauração do processo de responsabilização a que se refere o caput deste artigo; II – suspensa pela celebração de acordo de leniência previsto na Lei nº 12.846, de 1º de agosto de 2013; III – suspensa por decisão judicial que inviabilize a conclusão da apuração administrativa.

2.2.13 Princípio do juiz natural

Como anteriormente se asseverou, a prerrogativa sancionatória estatal pode ser exercida pelo Poder Público no âmbito penal, quando da prática de condutas tipificadas na lei, como crimes ou na ocasião em que o Estado exerce função administrativa, como ocorre nas contratações públicas, quando da prática de um determinado comportamento caracterizado pela lei como uma infração administrativa.

A fim de identificar o sujeito ativo para o exercício da referida prerrogativa sancionatória no âmbito das contratações públicas, vale dizer, o juiz natural,[411] conforme prevê o art. 5º, incs. XXXVII

"ADMINISTRATIVO. PROCESSUAL CIVIL. AGRAVO REGIMENTAL NO AGRAVO DE INSTRUMENTO. SERVIDOR PÚBLICO ESTADUAL. INÉRCIA DA ADMINISTRAÇÃO. DECADÊNCIA ADMINISTRATIVA. AUSÊNCIA DE LEI ESTADUAL ESPECÍFICA. LEI Nº 9.784/99. APLICABILIDADE. PRECEDENTES. QUESTÃO NÃO ARGUIDA NO RECURSO ESPECIAL. INOVAÇÃO DE TESE. IMPOSSIBILIDADE. AGRAVO REGIMENTAL IMPROVIDO.

1. A jurisprudência do Superior Tribunal de Justiça firmou-se no sentido de que, ausente lei específica, a Lei nº 9.784/99 pode ser aplicada de forma subsidiária no âmbito dos Estados-Membros, tendo em vista que se trata de norma que deve nortear toda a Administração Pública, servindo de diretriz aos seus demais órgãos.

2. Em sede de agravo regimental ou de embargos de declaração, não cabe à parte inovar para conduzir à apreciação desta Corte temas não ventilados no recurso especial. 3. Agravo regimental improvido" (*AgRgAI nº 815.532* – RJ (2006/0207524-6), Ministro-Relator Arnaldo Esteves Lima, j. de 15.03.07).

411 Sobre o princípio do juiz natural, ressaltam Irene Patrícia Nohara e Thiago Marrara: "Os incisos XXXVII e LIII do art. 5º da CF determinam, respectivamente, que 'não haverá juízo ou tribunal de exceção' e 'ninguém será processado nem sentenciado senão pela autoridade competente', proibindo, portanto, a instituição de juízos de exceção e o processamento ou julgamento por autoridade que não seja competente, de acordo com o estabelecido em lei ou na Constituição.

e LIII, da CF/88, é necessário esclarecer que "os órgãos públicos não são pessoas, mas centros de competência criados pelo Direito Público. Ademais, são partes ou componentes da estrutura do Estado e por isso dele não se distinguem. Vale afirmar: não têm personalidade jurídica".[412] Sendo assim, tem-se que a vontade do órgão é manifestada pela pessoa jurídica em razão de não ter personalidade jurídica própria.[413]

Não obstante isso, observa-se que a lei nacional, exercendo sua competência para disciplinar o assunto, *in casu*, normas gerais de licitação e contratação, em todas as modalidades, *ex vi* do art. 37, inc. XXVII, da CF/88, ou a própria autoridade, por meio da delegação, pode trespassar para órgãos subalternos o exercício de determinadas competências, de forma a permitir a desconcentração administrativa. Garante-se, assim, uma atuação eficiente da Administração em razão de as competências não estarem concentradas em apenas uma autoridade, o que torna a máquina administrativa mais morosa, uma vez que as decisões são tomadas por poucos agentes públicos.

Assim ocorrendo, quando da prática de uma conduta no âmbito de uma licitação ou durante a execução de um contrato administrativo caracterizada pela legislação como infração administrativa, deverá o órgão, a entidade ou a unidade administrativa pela qual

---

À ideia de juiz natural opõe-se àquela de juiz de exceção, ou seja, o designado posteriormente para dirimir determinado conflito de interesses. Juiz natural, de acordo com Sérgio Ferraz e Adilson Abreu Dallari, 'é aquele a quem a lei atribuiu competência para a prática do ato processual a ser produzido'; no processo administrativo, salvo disposição legal em sentido diverso, juiz natural será a autoridade de menor grau hierárquico para decidir o assunto, conforme art. 17 da LPA" (NOHARA, Irene Patrícia; MARRARA, Thiago. *Processo administrativo*: Lei nº 9.784/99 comentada. São Paulo: Atlas, 2009, p. 133).

412 GASPARINI, Diógenes. *Direito administrativo.* 14. ed. São Paulo: Saraiva, 2009, p. 48.

413 Assim reza Irene Patrícia Nohara: "O órgão não tem personalidade jurídica própria, que é da pessoa jurídica a que está integrado, seja ela da Administração Direta (como as pessoas políticas: União, Estados, Distrito Federal e Municípios) ou Indireta (autarquias, fundações, empresas públicas, sociedades de economia mista ou consórcios públicos). Ele é composto de funções, cargos e agentes, que podem ser alterados sem a modificação da unidade orgânica.
O sistema jurídico não confere autonomia ou 'vida própria' ao órgão, pois ele só é considerado na medida em que faz parte de um todo (daí a ideia de 'organicidade'). Um ente federativo com personalidade jurídica, por exemplo, um Estado-membro, é composto por uma multiplicidade de órgãos, como secretarias, seções, chefias etc. Assim, quando uma secretaria quer firmar um contrato, ela o celebra em nome da pessoa estatal a que se vincula" (NOHARA, Irene Patrícia. *Direito administrativo*. 7. ed. São Paulo: Atlas, 2017, p. 581).

a Administração Pública opera e atua concretamente instaurar o competente processo administrativo sancionatório com o escopo de apurar a efetiva incursão no ato antijurídico e impor, se for o caso, a correspondente sanção administrativa, por meio da autoridade que recebeu a competência do poder punitivo. Constata-se, assim, que a aplicação das sanções não ocorre de forma centralizada, na pessoa de apenas um agente público, salvo a imposição da declaração de inidoneidade, que será objeto de elucidação adiante.

Sobre a desconcentração administrativa do poder punitivo estatal, destaca Montoro Puerto:

> Precisamente em razão disso pode reconhecer-se uma multiplicidade de órgãos competentes em matéria de sanção administrativa, multiplicidade que põe a claro Zanobini, depois de reconhecer a existência do poder punitivo tanto da autoridade administrativa quanto nos entes públicos diferentes do Estado.[414]

No tocante à fixação da atribuição punitiva à Administração, não se pode deixar de relembrar que a prerrogativa sancionatória manifesta-se por meio de atos administrativos, *in casu*, punitivos. Também é oportuno relembrar que um dos elementos do ato administrativo é o sujeito.[415]

Logo, devem os regulamentos organizacionais sempre apontar o sujeito competente para editar os atos administrativos. Nesse sentido, no tocante à expedição de atos administrativos sancionatórios, deve a legislação de cada ente administrativo, quando da distribuição das competências, apontar o agente público competente para impor as sanções previstas na legislação ao cabo do competente processo administrativo sancionatório.[416]

---

414 PUERTO, Montoro *apud* OLIVEIRA, Régis Fernandes. *Infrações e sanções administrativas*. 3. ed. rev. atual. e ampl. São Paulo: Revista dos Tribunais, 2012, p. 101.

415 Conforme esclarece Irene Nohara: "Como o Estado é constituído por pessoas jurídicas, ele não tem vontade própria. A vontade estatal só pode ser manifestada por pessoas físicas, chamadas de agentes públicos" (NOHARA, Irene Patrícia. *Direito administrativo*. 7. ed. São Paulo: Atlas, 2017, p. 195).

416 "Na suspensão, a competência não é dada por Lei Geral. Olhem só, a Lei Geral estabeleceu competência só para a sanção de declaração de inidoneidade onde afirma claramente que é do Ministro, do Secretário, tanto Municipal quanto Estadual. Em matéria de suspensão, a Lei Geral, a Lei do Pregão e a Lei do RDC não tratam da competência. Isso é matéria de atribuição de organização administrativa, definir quem é a autoridade competente para

Como bem enfatiza Régis Fernandes de Oliveira:

> A competência para imposição da sanção é da própria Administração, entendida esta em seu sentido amplo, ou seja, todos os órgãos do Poder Executivo, bem como os demais órgãos de exercício de poder, em sua função atípica. Logo, dependerá da lei a fixação da competência de alguma autoridade. A legislação, mediante descentralização administrativa ou mediante mera desconcentração da competência decisória, determinará quem é o agente competente para aplicação das sanções. Acha-se a competência difusa, dispersa nos mais diversos órgãos e agentes.[417]

Da leitura da legislação licitatória verifica-se que a fixação da competência sancionatória para determinado agente público não foi objeto de preocupação da lei, exceto a imposição de declaração de inidoneidade, conforme prevê o art. 156, §6º, da Lei nº 14.133/2021.[418] Assim, é dever da legislação e da regulamentação local apontarem a autoridade competente para a imposição das demais punições constantes da legislação licitatória.

Segundo Fabrício Motta e Jordana Morais Azevedo:

> A competência é essencial do ato administrativo, sobretudo do ato que configura a aplicação de sanção, e por tal razão, é importante que sejam identificadas as competências de acordo com a distribuição de atribuições no quadro de pessoal do órgão ou entidade.[419]

---

aplicar as demais sanções" (OLIVEIRA, José Roberto Pimenta de. Aplicação de sanções nos procedimentos licitatórios. *Boletim de Direito Administrativo*, São Paulo: NDJ, p. 853-869, ano 26, n. 8, ago. 2013, p. 860).

417 OLIVEIRA, Régis Fernandes. *Infrações e sanções administrativas*. 3. ed. rev. atual. e ampl. São Paulo: Revista dos Tribunais, 2012, p. 100.

418 "§6º A sanção estabelecida no inciso IV do caput deste artigo será precedida de análise jurídica e observará as seguintes regras:
I – quando aplicada por órgão do Poder Executivo, será de competência exclusiva de ministro de Estado, de secretário estadual ou de secretário municipal e, quando aplicada por autarquia ou fundação, será de competência exclusiva da autoridade máxima da entidade;
II – quando aplicada por órgãos dos Poderes Legislativo e Judiciário, pelo Ministério Público e pela Defensoria Pública no desempenho da função administrativa, será de competência exclusiva de autoridade de nível hierárquico equivalente às autoridades referidas no inciso I deste parágrafo, na forma de regulamento".

419 MOTTA, Fabrício; AZEVEDO, Jordana Morais. Devido processo legal e aplicação de sanções nas licitações e contratos. *FCGP – Fórum de Contratação e Gestão Pública*, Belo Horizonte, a. 11, n. 32, dez. 2012. Disponível em: http://bidforum.com.br/bid/PDI0006.aspx?pdiCntd=83543. Acesso em: 18 jun. 2013.

No regime anterior, para resolver tal silêncio legislativo no âmbito federal, a Advocacia-Geral da União editou a Orientação Normativa nº 48, com o seguinte teor:

> É competente para a aplicação das penalidades previstas nas Leis nº 10.520, de 2002, e nº 8.666, de 1993, excepcionada a sanção de declaração de inidoneidade, a autoridade responsável pela celebração do contrato ou outra prevista em regimento.[420]

Por sua vez, no tocante à aplicação da declaração de inidoneidade, conforme o art. 156, §6º, da Lei nº 14.133/2021, a competência para punir o sujeito infrator com referida sanção administrativa, quando aplicada por órgão do Poder Executivo, será exclusivamente de ministro de Estado, de secretário estadual ou de secretário municipal; quando aplicada por autarquia ou fundação, será de competência exclusiva da autoridade máxima da entidade; e quando imposta por órgãos dos Poderes Legislativo e Judiciário e pelo Ministério Público no desempenho da função administrativa, será de competência exclusiva de autoridade de nível hierárquico equivalente às autoridades definidas no inc. I do *caput*, na forma do regulamento.

Ante a referida imposição legal, "similar ao princípio do juiz natural está o da autoridade natural, também denominado pela professora Lúcia Figueiredo como o do 'administrador natural'",[421] tem-se que a inobservância do referido preceptivo macula a legalidade da punição.

Acerca dos motivos acarretadores de o legislador restringir a competência sancionatória aos agentes públicos anteriormente destacados, circunstância não observada nas demais sanções constantes da legislação licitatória, reza Roberto Ribeiro Bazzilli:

> No rol das sanções administrativas, sem dúvida, esta é a mais grave, visto que inabilita sancionado para licitar ou contratar com a Administração Pública enquanto perdurarem os motivos determinantes da punição ou até que seja promovida a reabilitação perante a própria autoridade que

420 BRASIL. Advocacia-Geral da União. Orientação Normativa nº 49, de 25 de abril de 2014. Portaria nº 124/2014. *Diário Oficial da União*. Brasília, DF. 02 maio 2014, p. 2.

421 FERREIRA, Daniel. *Sanções administrativas*. São Paulo: Malheiros, 2001, p. 126.

aplicou a penalidade. Tal a sua gravidade, podendo conduzir à ruína empresas e pessoas físicas, que teve o legislador a cautela de restringir a competência para a aplicação desta modalidade de sanção: é de competência exclusiva do ministro de Estado, do secretário estadual ou municipal, conforme o caso (art. 87, §3º).[422]

No âmbito das estatais, enuncia Antônio Flávio de Oliveira quando indagado quem seria a autoridade competente nos casos em que a Administração Pública sancionadora fosse uma empresa estatal:

> Disso decorre, portanto, que a competência para a aplicação da penalidade administrativa preconizada pelo art. 87, inc. IV, da Lei de Licitações e Contratos Administrativos é da autoridade máxima da entidade onde foi promovido o processo administrativo, no caso apresentado, o Diretor ou Superintendente que dirige em nível mais elevado a empresa estatal em questão.[423]

Desta feita, de forma a preservar a finalidade da lei e afastar eventual nulidade da penalidade aplicada, entende-se que a sanção de declaração de inidoneidade deve ser aplicada pelos agentes públicos de máxima hierarquia no âmbito dos Poderes Legislativo e Judiciário e das autarquias, sociedades de economia mista, empresas públicas e fundações públicas, bem como das instituições detentoras de autonomia administrativa, a exemplo do Ministério Público, da Defensoria Pública e do Tribunal de Contas.

Com efeito, dessa conclusão depreende-se que tal competência exclusiva, fixada pela legislação nacional, não pode ser derrogada pela norma local, devendo esta ser reverenciada por toda a Administração Pública brasileira.[424]

Tratados os princípios delimitadores do poder punitivo estatal, afigura-se necessário dissertar sobre outras questões verificadas no

---

[422] BAZZILI, Roberto Ribeiro. *Contratos Administrativos*. São Paulo: Malheiros, 1996, p. 143.

[423] OLIVEIRA, Antônio Flávio de. Competência para aplicação de penalidade. *FCGP – Fórum de Contratação e Gestão Pública*, Belo Horizonte, a. 8, n. 93, set. 2009. Disponível em: http://www.bidforum.com.br/bid/PDI006.aspx?pdiCntd=62597. Acesso em: 10 set. 2013.

[424] Nesse sentido, esclarece José Roberto Pimenta Oliveira: "A competência exclusiva não pode ser delegada. Alguém poderia perguntar: professor, como assim? Não é possível no âmbito do Estado e do Município, por lei própria, prever competência diversa? Diria que a legislação local é derrogada porque está subordinada à norma geral" (OLIVEIRA, José Roberto Pimenta de. Aplicação de sanções nos procedimentos licitatórios. *Boletim de Direito Administrativo*, São Paulo: NDJ, p. 853-869, ano 26, n. 8, ago. 2013, p. 860).

âmbito dos processos punitivos, haja vista a excepcional importância para a efetiva circunscrição do regime sancionatório. Inicia-se pelo estudo do sujeito passivo ou infrator das sanções administrativas.

2.2.14 Princípio da presunção da inocência

Reza o Texto Constitucional de 1988, em seu art. 5º, inc. LVII, que "ninguém será considerado culpado até o trânsito em julgado de sentença penal condenatória". Observa-se que o seu conteúdo jurídico consubstancia o princípio da presunção da inocência como direito fundamental.

Acerca da necessidade de observância do princípio da presunção da inocência, não só na seara penal como também na esfera administrativa sancionadora, ressalta Rafael Munhoz de Mello:

> Em sua acepção mais óbvia, a presunção da inocência exige que a sanção seja imposta apenas ao final do processo instaurado para investigar a prática do ilícito, ocasião em que o particular deixa de ser apenas acusado e passa a ser considerado culpado, podendo, então, sofrer os efeitos negativos da medida sancionadora.
>
> Tratando-se de sanção penal, sua aplicação depende da conclusão do processo judicial, que se dará com o trânsito em julgado da sentença sancionatória. Tratando-se de ilícito administrativo, a imposição da sanção somente poderá ocorrer após o encerramento do processo administrativo, com a prolação de decisão da qual não recorra o acusado ou já não caiba mais recurso administrativo algum.[425]

Analisando a concretização do referido princípio constitucional no âmbito das contratações públicas, é ilegal a imposição de qualquer tipo de penalidade, seja de restrição de direitos, ou pecuniária, desde a punição mais branda até a sanção mais rigorosa, sem que exista um processo administrativo devidamente concluído, devendo ser devidamente esgotada, ainda, a fase recursal, de forma que seja observada a coisa julgada administrativa.

Nessa vereda, no âmbito das contratações públicas, é ilegal, devendo tal decisão ser revista imediatamente pela autoridade

425 MELLO, Rafael Munhoz de. *Princípios constitucionais de direito administrativo sancionador.* São Paulo: Malheiros, 2007, p. 245.

superior ou pelo Poder Judiciário, a realização de advertências verbais, reduzidas a termo posteriormente; a retenção de valores devidos ao particular antes ou durante o processamento do expediente sancionatório para compensação futura de multas, caso seja a mesma imposta; a proibição de participação de licitações sem que o processo administrativo esteja devidamente concluído, a inscrição de sanções em plataformas de registros de penalidades antes da conclusão do processo administrativo sancionatório, incluída a sua fase recursal etc.

Uma faceta do princípio da presunção da inocência que merece destaque é a observância do princípio do *in dubio pro reo* no âmbito das sanções administrativas, que exige que a imposição da penalidade somente ocorra quando existir a certeza da prática do comportamento infracional pelo sujeito ativo, a ser comprovada pelo Poder Público sancionador no bojo do devido processo administrativo.

Neste sentido, conforme ensina o Professor Romeu Felipe Bacellar Filho quando versa sobre o processo administrativo sancionatório no âmbito das relações laborais na esfera estatal:

> Em um segundo momento, como decorrência da atribuição do ônus da prova à administração, apresenta-se a seguinte repercussão: a condenação do servidor acusado só poderá advir de um juízo de certeza, fartamente respaldado por provas produzidas em conformidade com a lei, com o devido processo legal e com o respeito às demais garantias fundamentais do imputado. A insuficiência de provas conduzirá irrefutavelmente à absolvição do servidor, retratando também uma exigência do princípio da motivação. Somente a reunião de provas substanciais quanto à efetiva prática da conduta ilícita e à sua autoria ensejará a condenação.[426]

Assim, quando a Administração exerce atividade sancionatória deve-se deixar de punir quando, conforme material probatório acostado aos autos, extraia-se dúvidas acerca da não incursão do particular no comportamento tipificado como infração administrativa.

[426] BACELLAR FILHO, Romeu Felipe. *Processo administrativo disciplinar*. 4. ed. São Paulo: Saraiva, 2013, p. 381-382.

Portanto, observada a incerteza da incursão do particular na conduta infracional, ou seja, existindo imprecisão, ambiguidade ou dubiedade do material probatório acostado aos autos, não deve a autoridade competente impor a pena correspondente, sob risco de cometer injustiça no meio administrativo.

Demais disso,

> se o julgador [se] deparar com mais de uma interpretação possível em relação às circunstâncias do processo, deverá necessariamente adotar a mais favorável ao acusado, sob pena de violação da Constituição Federal. Tal dever de acolhimento da interpretação mais favorável ao réu incide não apenas sobre as questões de fato, mas também sobre as questões de direito envolvidas no caso concreto.[427]

Sendo assim, os agentes públicos designados para instruir os processos sancionatórios devem atuar com muita perícia, levando-se em consideração as particularidades do caso concreto e detalhamentos lançados na defesa do particular, haja vista a necessidade de comprovar efetivamente a incursão do particular na infração administrativa.

No âmbito do processo sancionatório, portanto, partindo-se da premissa de que o particular é inocente em relação àquilo que está sendo a ele imputado, devendo a Administração provar cabalmente o contrário, tem-se que a punição somente poderá ser aventada caso o material probatório, com a devida certeza, comprove a prática do ilícito administrativo.

2.2.15 Princípio da duração razoável do processo administrativo sancionatório

Estabelece o art. 5º, inc. LVXXVIII, da Constituição Federal de 1988, que, tanto os processos administrativos como os judiciais devem ter uma duração razoável. Tal inciso foi introduzido no texto constitucional pela Emenda Constitucional nº 45.

---

[427] cf. BACELLAR FILHO, Romeu Felipe. *Processo administrativo disciplinar*. 4. ed. São Paulo: Saraiva, 2013, p. 382.

Com efeito, a duração razoável do processo afigura-se necessária, uma vez que não pode qualquer pessoa que esteja sendo submetida a um processo, seja judicial ou administrativo, ficar com a espada de Dâmocles no seu pescoço por um tempo excessivo, devendo o Estado, com o escopo de decidir e colocar fim à angústia do acusado, garantir a conclusão ou resolutividade daquilo perante o Poder Judiciário ou a Administração Pública por meio de tempo que seja razoável.

No âmbito dos processos sancionatórios nas contratações públicas, tal princípio detém uma especial incidência, uma vez que não pode um empresário desconhecer a marcha processual administrativa do expediente punitivo, como também não pode deixar de saber ou ter uma perspectiva de quando tal procedimento se encerrará, haja vista que as punições previstas na lei, primeiro, em caso de imposição de multa, reduzem efetivamente o patrimônio do licitante ou contratado, o que é ruim, pois prejudica o seu fluxo de caixa e impede que honre as suas obrigações, podendo, inclusive, recair sobre os seus recebíveis num contrato em execução. Segundo, as punições podem suspender o seu direito de participar de novas licitações, assinar e manter os contratos já assinados, bem como receber demandas no âmbito de uma ata de registro de preços, o que é muito ruim, pois este já pode ter assumido compromissos com terceiros.

Com efeito, é bom lembrar que a Nova Lei de Licitações, conforme art. 158, §4º, fixa que pode o Poder Público instaurar o processo sancionatório em até cinco anos contados da ciência da infração pela Administração, devendo referido expediente punitivo ser concluído no mesmo período, fato que acaba por gerar uma insegurança jurídica tamanha, uma vez que a sanção administrativa pode ser aplicada em até 10 anos.

Logo, em face do disposto no inc. LVXXVIII do art. 5º da Constituição Federal de 1988, deve o processo administrativo punitivo ser concluído em prazo razoável, não podendo a instauração ocorrer próximo do aniversário do quinto ano da prática do comportamento infracional ou a sua finalização ocorrer antes da conclusão no próximo quinquídio.

Assim deve ocorrer, pois a instrução processual pode ficar comprometida, o que acaba por prejudicar o princípio do contraditório e ampla defesa, já que a produção de provas pelo particular pode ser efetivamente prejudicada. Melhor explicando, o material probatório a ser apresentado de modo a afastar a prática do comportamento infracional ou justificar a sua ocorrência pode não mais estar à disposição após a ocorrência de extensos lapsos, haja vista a possibilidade de, por exemplo, ocorrer o esvaziamento de caixas de e-mail, encerramento de contas de mensagens eletrônicas de colaboradores que foram desligados da empresa, HD externos que podem ser avariados, computadores que podem ser furtados, de modo a não mais permitir o acesso a provas que sejam úteis e necessárias para se buscar uma decisão positiva para a empresa.

Diante de tal circunstância, é dever dos regulamentos estabelecerem expedientes que venham a garantir o respeito ao referido postulado condicional, sendo exigido que o processo administrativo seja instaurado rapidamente.

2.2.16 Princípio da vedação à sanção perpétua

Afigura-se como garantia fundamental do indivíduo a proibição à sanção perpétua[428] com base no art. 5º, inc. XLVII, "a", da CF/88.

Observa-se que a referida garantia constitucional é aplicada, de modo absoluto, no âmbito do Direito Administrativo Sancionador, sendo o seu conteúdo jurídico integralmente observado no âmbito das sanções administrativas, recaindo, ainda, a sua incidência nos expedientes punitivos no âmbito das contratações públicas.

Tal fato é cristalino quando se analisa o novo e evoluído regime jurídico punitivo que consta da Nova Lei de Licitações, especialmente quando se observa que a declaração de inidoneidade teve o seu prazo fixado em, no máximo, seis anos, teto este que não era observado no âmbito da Lei nº 8.666/93, aliás, limite algum era fixado.

---

[428] CONTRATO ADMINISTRATIVO. Aplicação de sanção prevista no inciso IV do art. 87 da Lei 8666/93. Preliminares afastadas. Pedido de reabilitação de empresa – Possibilidade. Decurso de prazo quinquenal. Vedação às sanções perpétuas. Sentença de procedência mantida. RECURSO DESPROVIDO. (TJ/SP – Ap. 1020655-21.2017.8.26.0053, 12ª C. D. Públ., Relª Desª Isabel Cogan, j. 11.02.2019).

De modo a observar a referida garantia individual no âmbito das contratações públicas, toda declaração de inidoneidade que estiver sendo cumprida há mais de seis anos em 1º de abril de 2021 deverá ser objeto de imediata interrupção, uma vez que se aplica no âmbito também das contratações públicas o princípio da retroação da norma mais benigna, estudo este que se encontra delineado no capítulo 2 da presente obra.

Com efeito, poderá, inclusive, o particular apenado ingressar com pedido de revisão da sanção com fundamento no art. 65 da lei federal de processo administrativo, que detém natureza de normas gerais, conforme estabelece a Súmula nº 633 do STJ, podendo, assim, ser observado pelos demais entes federativos. Exemplifica-se tal assunto no âmbito federal quando a Controladoria-Geral da União, nos autos do Processo n° 00190.110259/2021-19 (relativo ao PAR 00190.025831/2014-16), reabilitou, por meio da Decisão nº 238, de 18 de julho de 2023, as empresas Iesa Óleo & Gás S.A. e a Mendes Junior Trading e Engenharia S.A. do seu direito de licitar, uma vez que licitações ela já tinha vigorado, na data de edição da lei, por seis anos. Como ainda não tivemos acesso aos autos do processo, segue notícia extraída do site da Controladoria-Geral da União:

> Controladoria-Geral da União (CGU) julgou extinta a sanção de inidoneidade aplicada em duas empresas até então impedidas de participar de contratações públicas, pena resultante de processo administrativo conduzido pela Controladoria para apurar irregularidades cometidas em contratos com a Administração Pública federal. As empresas são a Iesa Óleo & Gás S.A. e a Mendes Junior Trading e Engenharia S.A. A CGU julgou pela extinção da punição pelo cumprimento do prazo por parte de ambas, com base em analogia à nova Lei de Licitações (Lei nº 14.133/2021). Os julgamentos foram publicados nesta sexta-feira (21/7), no Diário Oficial da União (DOU).
>
> As empresas foram declaradas inidôneas com base nos dispositivos da Lei de Licitações anterior (Lei nº 8.666/1993). Nessa regra, não há um limite temporal para o término da inidoneidade. A lei estabelece que a pena deve durar enquanto perdurarem os motivos determinantes da punição ou até que seja promovida a reabilitação perante a própria autoridade que aplicou a penalidade, que será concedida sempre que o contratado ressarcir a administração pelos prejuízos.
>
> A análise da CGU considera que a omissão da Lei nº 8.666/93 em relação ao término da pena viola direito fundamental previsto na Constituição Federal, que traz a vedação da existência de penas perpétuas. Para sanar

> essa lacuna, a Controladoria optou pelo uso por analogia da nova lei, que determina o prazo limite de seis anos para a pena de inidoneidade. O julgamento da CGU determina que a pena de declaração de inidoneidade deve ser declarada extinta após cumpridos seis anos efetivos como impedida de licitar e contratar com a Administração Pública, a contar do dia que a pena entrou em vigor. A Iesa Óleo & Gás S.A. foi declarada inidônea em 05/09/2016, tendo, portanto, já cumprido mais de seis anos da aplicação da sanção. O mesmo ocorre com a Mendes Junior Trading e Engenharia S.A., cuja inidoneidade foi publicada em 28/04/2016. A decisão da CGU não exime a empresa de ser cobrada pelo dano causado.[429]

2.2.17 Princípio da individualização da pena e a extensão dos efeitos da sanção para terceiros

Outro princípio que merece destaque e estudo no âmbito do Direito Administrativo Sancionador, pois impacta diretamente o processo administrativo punitivo no âmbito das contratações públicas, é o princípio da individualização da pena.

Esclareça-se que o referido princípio, estudado classicamente no âmbito do Direito Penal, estabelece que a punição aplicada no âmbito do processo judicial recairá apenas e tão somente na pessoa física ou jurídica infratora, não podendo os seus efeitos ser extensíveis sobre pessoas que não atuaram, participaram ou incorreram no comportamento fixado na lei como crime.

Com efeito, destaca-se que, no âmbito do processo sancionador administrativo, observa-se que os princípios ou as garantias fundamentais aplicadas ao Direito Penal não são observadas na integralidade no âmbito do Direito Administrativo Sancionador, estabelecendo, a lei, a sua relativização em algumas hipóteses.

Sendo assim, sabendo-se que o princípio da individualização da pena é relativizado no âmbito do processo administrativo sancionador, inclusive no âmbito das contratações públicas, tem-se observado a possibilidade da sanção administrativa restritiva de direitos aplicada a uma pessoa jurídica ter os seus efeitos estendidos para terceiros.

---

429 Disponível em: https://www.gov.br/cgu/pt-br/assuntos/noticias/2023/07/cgu-reabilita-duas-empresas-para-voltar-a-contratar-com-a-administracao-publica.

Esclareça-se que a sanção, como regra, recairá sobre a pessoa contratada (sujeito passivo da sanção), seja ela física ou jurídica, mesmo sendo o comportamento que gerou o comportamento infracional praticado pelos seus colaboradores, subcontratados, fornecedores etc. (sujeito ativo da infração administrativa).

Não obstante, é oportuno salientar que a Lei das Estatais estende os efeitos da pena para as seguintes pessoas, conforme se denota da leitura dos incisos do art. 38 dessa lei, vejamos: I – cujo administrador ou sócio detentor de mais de 5% (cinco por cento) do capital social seja diretor ou empregado da empresa pública ou sociedade de economia mista contratante; II – suspensa pela empresa pública ou sociedade de economia mista; III – declarada inidônea pela União, por Estado, pelo Distrito Federal ou pela unidade federativa a que está vinculada a empresa pública ou sociedade de economia mista, enquanto perdurarem os efeitos da sanção; IV – constituída por sócio de empresa que estiver suspensa, impedida ou declarada inidônea; V – cujo administrador seja sócio de empresa suspensa, impedida ou declarada inidônea; VI – constituída por sócio que tenha sido sócio ou administrador de empresa suspensa, impedida ou declarada inidônea, no período dos fatos que deram ensejo à sanção; VII – cujo administrador tenha sido sócio ou administrador de empresa suspensa, impedida ou declarada inidônea, no período dos fatos que deram ensejo à sanção; VIII – que tiver, nos seus quadros de diretoria, pessoa que participou, em razão de vínculo de mesma natureza, de empresa declarada inidônea.

É notório, portanto, que a Lei das Estatais determina que as punições impostas pela sociedade de economia mista e empresas públicas às pessoas jurídicas são estendidas para as pessoas que fazem parte da administração da contratada penalizada, como o sócio, o administrador ou qualquer diretor.

Outrossim, esclareça-se que a referida determinação contida no art. 38 da Lei das Estatais não está limitada às punições restritivas de direito impostas por uma estatal, circunscrita à "suspensão temporária de participação em licitação e impedimento de contratar com a entidade sancionadora, por prazo não superior a 2 (dois) anos", fixada no art. 86, inc., III, da Lei das Estatais. Realizando uma leitura atenta, principalmente dos incs. III, IV, V, VI, VII e VIII do art. 38 da norma retrocitada, constata-se que não poderão participar de licitações processadas por estatais empresas que foram punidas pela Lei nº 8.666/1993 (Lei de Licitações), Lei nº 10.520/02 (Lei do Pregão) e Lei nº 12.462/11 (Lei do RDC).

A título de curiosidade, esclareça-se que a Lei nº 14.133/21 também estende os efeitos da sanção para além da pessoa contratada pela Administração Pública. O art. 67, §12, da NLLC, fixa que, para fins de qualificação técnica, não serão admitidos atestados de responsabilidade técnica de profissionais que, na forma de regulamento a ser ainda editado, tenham dado causa à aplicação das sanções previstas nos incisos III e IV do *caput* do art. 156 da lei, em decorrência de orientação proposta, de prescrição técnica ou de qualquer ato profissional de sua responsabilidade. Assim, existindo efetiva atuação imperita do responsável técnico na prática de comportamento infracional, não serão aceitos atestados desses profissionais, devendo o regulamento disciplinar tal questão.

Observa-se que a Administração Pública, em contratos com consórcios, muitas vezes manifesta a pretensão de punir todas as empresas consorciadas, mesmo quando apenas uma comete infração administrativa, seja no âmbito da licitação ou durante a execução do contrato administrativo.

Nos consórcios, cada empresa é responsável pela sua documentação e pela execução das partes ou etapas específicas do contrato, sem envolvimento na execução das demais.

Assim, a punição administrativa deve recair somente sobre a empresa que cometeu a infração, respeitando-se o princípio da individualização da pena e evitando punições por atos não cometidos.

2.2.18 Princípio da motivação dos atos administrativos

O princípio da motivação é um pilar fundamental no Direito Administrativo brasileiro, assegurando que os atos praticados pela Administração Pública sejam transparentes e sujeitos a controle.

A motivação consiste na exposição clara dos fundamentos de fato e de direito que levaram à decisão administrativa, permitindo que os administrados compreendam as razões por trás das ações governamentais.

A Constituição Federal de 1988, em seu artigo 93, inciso X, estabelece que as decisões administrativas dos tribunais devem ser motivadas e proferidas em sessão pública, reforçando a importância da transparência e da justificativa nos atos administrativos.

Além disso, a Lei nº 9.784/1999, que regula o processo administrativo no âmbito federal, dedica especial atenção ao princípio da motivação. O artigo 2º, parágrafo único, inciso VII, determina que a Administração deve indicar os pressupostos de fato e de direito que fundamentam suas decisões. O artigo 50 da mesma lei especifica que os atos administrativos devem ser motivados, especialmente quando neguem, limitem ou afetem direitos ou interesses; imponham ou agravem deveres, encargos ou sanções; decidam recursos administrativos; entre outras situações.

A ausência de motivação em um ato administrativo pode acarretar sua nulidade. Conforme jurisprudência do Superior Tribunal de Justiça (STJ), a falta de fundamentação adequada em atos que impõem sanções, como multas, configura ilegalidade, podendo levar à anulação do ato. Por exemplo, no Recurso Especial nº 1.787.922/ES, o STJ manteve a anulação de uma multa aplicada sem a devida motivação, ressaltando a importância desse requisito para a validade do ato administrativo.

De modo a garantir a celeridade processual, alcançando a eficiência administrativa, alçado a princípio constitucional, conforme consta do *caput* do art. 37 da CF/88, a fundamentação *per relationem* é uma técnica em que a autoridade decisória adota, como razões de decidir, fundamentos apresentados em pareceres, relatórios ou decisões anteriores, desde que estejam devidamente indicados e acessíveis. Essa prática é aceita, desde que não comprometa a clareza e a compreensão dos motivos que levaram à decisão. Recentemente, o Superior Tribunal de Justiça (STJ) editou a Súmula nº 674, que dispõe: "A autoridade administrativa pode se utilizar de fundamentação *per relationem* nos processos disciplinares".

2.3 O sujeito passivo ou infrator das sanções administrativas

Assim, o sujeito passivo ou infrator das sanções administrativas é aquele que incorrer, de forma ativa ou passiva, em uma conduta tipificada pela lei como infração administrativa. Sob outro enfoque, o sujeito ativo da infração administrativa é a pessoa que, contrariando o comando normativo, não atende à disposição legal; descumpre o dever jurídico determinado pela norma.[430]

No campo das sanções impostas no âmbito dos contratos administrativos, tem-se que o sujeito passivo da sanção administrativa será aquele que se relaciona com a Administração Pública, vale dizer, o contratado. Não se admite outra pessoa, a exemplo da subcontratada[431]-[432]ou demais colaboradores na execução do objeto demandado. Também não é acertado que a punição recaia sobre um trabalhador ou preposto da contratada, mas sim sobre pessoa contratante, uma vez ser ela quem assumiu a obrigação de executar o objeto demandado nos termos do competente ajuste.

Neste sentido, conforme reza Guido Zanobini:

> O ilícito administrativo é, de fato, uma ação contrária a uma obrigação de Direito Público, ou seja, a violação de uma relação jurídica, geral ou especial, do particular com a Administração Pública: por isso, tal ação não é possível senão para aqueles que estão em tal relação jurídica. O ilícito administrativo, portanto, pressupõe a capacidade que é necessária para cuidar de tais relações. Não se trata, por isto, de uma capacidade especial a cometer atos ilícitos, o que seria um absurdo, mas da capacidade de ser titular de uma obrigação em relação à Administração Pública.[433]

---

430 VITTA, Heraldo Garcia. *A sanção no Direito Administrativo*. São Paulo: Malheiros, 2003, p. 45.

431 Não obstante o art. 48, §2º da LC nº 123/06 estabelecer que, na hipótese em que se exigir dos licitantes a subcontratação de microempresa ou empresa de pequeno porte, os empenhos e pagamentos do órgão ou entidade da administração pública poderão ser destinados diretamente às microempresas e empresas de pequeno porte subcontratadas, tem-se que "a subcontratação não produz uma relação jurídica direta entre a Administração e o subcontratado" (JUSTEN FILHO, Marçal. *Comentários à lei de licitações e contratos administrativos*. 15. ed. São Paulo: Dialética, 2012, p. 948). Logo, muito embora tal dispositivo imponha uma obrigação à Administração perante a um terceiro, estranho ao processo de contratação, não há que se cogitar estender a punição ou imputá-la àquele que foi contratado para executar determinada parcela de um contrato administrativo, uma vez que a responsabilidade com a execução do objeto demandado cabe exclusivamente ao contratado.

432 FERREIRA, Daniel. Responsabilização administrativa por infrações imputáveis a licitantes e contratados à luz da Lei n. 14.133/2012 (NLLC). *In:* HARGER (coord.) *Aspectos polêmicos sobre a nova lei de licitações e contratos administrativos*: Lei nº 14.133/2021. Belo Horizonte: Fórum, 2022, p 355.

433 ZANOBINI, Guido *apud* OLIVEIRA, Régis Fernandes. *Infrações e sanções administrativas*. 3. ed., rev., atual. e ampl. São Paulo: Revista dos Tribunais, 2012, p. 102.

Poderão atender ao chamado da Administração tanto pessoas físicas, expediente comum quando da contratação de serviços intelectuais, quanto jurídicas, o que é recorrente quando se demandam objetos de substancial complexidade que somente podem ser executados por meio de uma estrutura empresarial organizada, a exemplo de uma obra ou prestação de serviço. Logo, será possível punir tanto pessoas físicas quanto jurídicas, conforme se denota da leitura do art. 84 da Lei nº 13.303/2016: "As sanções previstas no inciso III do art. 83 poderão também ser aplicadas às empresas ou aos profissionais que, em razão dos contratos regidos por esta Lei (...)".

Sendo assim, no tocante à punição de *pessoas físicas* no âmbito das contratações públicas, temos a considerar que poderão caracterizar-se como sujeito passivo das sanções administrativas os maiores de 18 anos de idade, bem como os menores de idade que puderem celebrar contratos administrativos com o Poder Público em razão de cessação da sua incapacidade civil por meio de emancipação, na forma do art. 5º da Lei nº 10.406/2002.

Além da pessoa física, tem-se que uma *pessoa jurídica* pode se responsabilizar por infrações administrativas,[434] pois ela, como esclarece Montoro Puerto, tem capacidade, a qual corresponde à imputabilidade da pessoa física.[435] Assim ocorre, uma vez que a vontade da pessoa jurídica é fruto da manifestação de vontade das pessoas físicas a ela integradas.[436]

Com efeito, tal entendimento apresenta-se correto, uma vez que as pessoas jurídicas, constituídas por meio das diversas formas societárias admitidas no direito, apresentam capacidade de adquirir direitos e contrair obrigações, devem se sujeitar ao rigor de uma

---

434 Conforme preceitua Rafael Munhoz de Mello: "No Brasil não parece haver dúvida quanto à possibilidade de impor sanção administrativa a pessoas jurídicas, hipótese expressamente prevista em inúmeros diplomas legais (Lei nº 4.595/1964, art. 44; Lei nº 8.666. art. 88; Lei nº 8.884, art. 16; Lei nº 9.605, art. 3º). Não bastasse a previsão legal, a própria Constituição Federal dispõe ser cabível a imposição de sanções às pessoas jurídicas que pratiquem 'condutas e atividades lesivas ao meio ambiente' (art. 225, §3º) dispositivo que coloca uma pá de cal sobre as dúvidas que pudessem existir sobre o tema" (MELLO, Rafael Munhoz de. *Princípios constitucionais de direito administrativo sancionador*. São Paulo: Malheiros, 2007, *p*. 207).

435 PUERTO, Montoro *apud* VITTA, Heraldo Garcia. *A sanção no Direito Administrativo*. São Paulo: Malheiros, 2003, p. 48.

436 MELLO, Rafael Munhoz de. *Princípios constitucionais de direito administrativo sancionador*. São Paulo: Malheiros, 2007, *p*. 208.

sanção administrativa quando um de seus empregados, membros do corpo societário, subcontratados e demais colaboradores incorrerem na prática de uma conduta prevista pela lei como infração. Ora, se a pessoa jurídica pode concluir um contrato (administrativo ou não), portanto, ser sujeito de obrigações, poderá igualmente violá-lo; podendo atuar de forma ilícita.[437]

Não obstante, a pessoa jurídica pode se voltar contra a pessoa física que, com dolo ou culpa, praticou a infração administrativa e sujeitou a empresa à correspondente punição, ou seja, o *regresso*. Mas aqui não se está mais no campo do direito administrativo sancionador, tratando-se de questão interna da pessoa jurídica, a ser resolvida pelas regras de direito privado. Para a Administração Pública, é a pessoa jurídica que praticou a infração, de modo que só a ela pode ser imposta a sanção administrativa.[438]

Questão bem colocada por Heraldo Garcia Vitta repousa sobre a responsabilidade da pessoa jurídica cujo preposto não tenha sido legalmente investido na função; ou sendo preposto legal, atue além de suas atribuições legais ou estatutárias. Respondendo de forma simples: basta sabermos se tais pessoas estão encarregadas de exprimir a vontade da pessoa coletiva; em suma, se agem em prol ou no interesse do ente coletivo – isso é o que importa.[439]

No caso de sancionamento de pessoas jurídicas, observa-se que o infrator – vale dizer, aquele que incorreu na conduta antijurídica – não será a mesma pessoa que receberá a consequência jurídica imposta pela legislação, ou seja, a sanção administrativa. Ilustrando: sendo um funcionário ou empresa subcontratada de uma pessoa jurídica que praticou a conduta indesejada pela lei, será a pessoa jurídica empregadora ou subcontratante que sofrerá as consequências da correspondente punição. Assim, muito embora a infração seja de autoria de uma pessoa, a responsabilidade pela sanção será de outra.

---

437 VITTA, Heraldo Garcia. *A sanção no Direito Administrativo*. São Paulo: Malheiros, 2003, p. 50.

438 MELLO, Rafael Munhoz de. *Princípios constitucionais de direito administrativo sancionador*. São Paulo: Malheiros, 2007, *p*. 209.

439 VITTA, Heraldo Garcia. *A sanção no Direito Administrativo*. São Paulo: Malheiros, 2003, p. 51.

2.4 Desconsideração da personalidade jurídica

No tocante à possibilidade de desconsideração da personalidade jurídica, temos a considerar que os efeitos da punição aplicada sejam de redução patrimonial, a exemplo das multas, ou restritivas de direito, como é o caso da declaração de inidoneidade, devem ser suportados pela referida pessoa apenada, de forma que os efeitos pedagógicos da sanção sejam concretizados.

Ocorre, todavia, que as pessoas físicas que fazem parte do quadro societário da pessoa jurídica apenada, em especial, com punições restritivas de direito de licitar e contratar, com o escopo de se esquivar dos efeitos da sanção aplicada, constituem-se em uma outra empresa, com nítido desvio de finalidade, e passam a acudir novamente ao chamado da Administração, participando de novas licitações, credenciamento, e celebrando o competente contrato administrativo, atas de registros de preços etc.

Diante do sucesso desta indigna empreitada, constata-se que a finalidade da sanção administrativa não é alcançada, o que permite que os sócios da pessoa jurídica apenada, por meio da constituição de novas empresas, continuem participando de licitações e celebrando contratos e passem novamente a incorrer em infrações administrativas, o que é flagrantemente prejudicial para a Administração na perseguição dos objetivos institucionais alcançados por meio de objetos em que confia a sua execução a particulares.

Ante a esta situação, tem-se que a constituição de nova sociedade, com o mesmo objeto social ou semelhante, com os mesmos sócios, em substituição a outra pessoa jurídica impedida ou declarada inidônea para licitar com a Administração Pública com o objetivo de burlar a aplicação da sanção administrativa, constitui abuso de forma e fraude à legislação licitatória, de modo a possibilitar a aplicação da teoria da desconsideração da personalidade jurídica para se estenderem os efeitos da punição administrativa à nova sociedade constituída.

Tal como é hoje consagrada, a desconsideração da personalidade jurídica é aplicável nos casos em que se desvia a pessoa jurídica de sua legítima finalidade, o que caracteriza abuso de direito, com o fim de lesar terceiros ou violar a lei, a configurar fraude, sendo tal entendimento agasalhado pelo Poder Judiciário[440] e pelas Cortes de Contas.[441] Abuso e fraude são, portanto, os requisitos da aplicação. À falta de quaisquer deles, não se admite a desconsideração.[442]

Até o advento da Lei nº 14.133/2021 inexistia expressa previsão na legislação licitatória para a realização da desconsideração da personalidade jurídica, como já era prevista em outras normas legais, a exemplo do art. 14 da Lei nº 12.846/13 (Lei Anticorrupção); do art. 28, §5º, da Lei nº 8.078/1990 (Código de Defesa do Consumidor); do art. 34 da Lei nº 12.529/2011 (Sistema Brasileiro de Defesa da Concorrência); do art. 4º da Lei nº 9.605/1998 (dispõe sobre as sanções penais e administrativas derivadas de condutas e atividades lesivas ao meio ambiente); do art. 50 da Lei nº 10.406/2002 (Código Civil brasileiro) e, por último, do art. 133[443] c/c o art. 15 da Lei nº 13.105/2015 (Código de Processo Civil).

---

440 "A constituição de nova sociedade, com o mesmo objeto social, com os mesmos sócios e com o mesmo endereço, em substituição a outra declarada inidônea para licitar com a Administração Pública Estadual, com o objetivo de burlar a aplicação da sanção administrativa, constitui abuso de forma e fraude à Lei de Licitações (Lei nº 8.666/93, de modo a possibilitar a aplicação da teoria da desconsideração da personalidade jurídica para estenderem-se os efeitos da sanção administrativa à nova sociedade constituída). A Administração Pública pode, em observância ao princípio da moralidade administrativa e da indisponibilidade dos interesses públicos tutelados, desconsiderar a personalidade jurídica de sociedade constituída com abuso de forma e fraude à lei, desde que facultados ao administrado o contraditório e a ampla defesa em processo administrativo regular" (BRASIL. Superior Tribunal de Justiça. *REsp. nº 15.166/BA*. 2ª Turma. Relator: Ministro Castro Meira. Julgado em 07.08.2003. DJU, Brasília, DF, 08 set. 2003).

441 "REPRESENTAÇÃO FORMULADA COM FULCRO NO ART. 113, §1º DA LEI DE LICITAÇÕES. EMPRESA CONSTITUÍDA COM O INTUITO DE BURLAR A LEI. FRAUDE EM LICITAÇÃO. AUDIÊNCIA. REJEIÇÃO DAS RAZÕES DE JUSTIFICATIVA. DECLARAÇÃO DE INIDONEIDADE DE LICITANTE. NULIDADE DO CERTAME E DA CONTRATAÇÃO. 1. Confirmado que a empresa licitante foi constituída com o nítido intuito de fraudar a lei, cabe desconsiderar a sua personalidade jurídica de forma a preservar os interesses tutelados pelo ordenamento jurídico. 2. Deve ser declarada a nulidade de licitação cujo vencedor utilizou-se de meios fraudulentos" (BRASIL. Tribunal de Contas da União. *Acórdão nº 928/2008*. Plenário. Relator: Ministro Benjamin Zymler. Sessão de 21.05.2008. Disponível em: https://contas.tcu.gov.br/pesquisaJurisprudencia/#/detalhamento/11/%252a/NUMACORDAO%253A928%2520ANOACORDAO%253A2008/DTRELEVANCIA%2520desc%252C%2520NUMACORDAOINT%2520desc/false/1. Acesso em: 13 jun. 2017).

442 PEREIRA JÚNIOR, Jessé Torres; DOTTI, Marinês Restelatto. A desconsideração da personalidade jurídica em face de impedimentos para participar de licitações e contratar com a administração pública: limites jurisprudenciais. *Boletim de Licitações e Contratos*, São Paulo, a. 24, n. 7, jul. 2011, p. 655.

443 "Art. 133. O incidente de desconsideração da personalidade jurídica será instaurado a pedido da parte ou do Ministério Público, quando lhe couber intervir no processo".

Hoje, em razão do disposto no art. 160 da Lei nº 14.133/2021,[444] a desconsideração da personalidade jurídica na imposição das penas restritivas de direitos será promovida pela própria Administração sancionadora, de forma autoexecutória, uma vez ser este o meio para garantir a efetividade da ação administrativa punitiva, devendo a desconsideração ser decretada pelo próprio órgão ou entidade punidora. Não se trata, destaque-se, da aplicação de uma nova sanção administrativa, mas apenas da edição de um ato garantidor de efetividade à penalidade anteriormente aplicada pela própria Administração.

Entende-se, por derradeiro, e em razão de reverenciar o princípio do devido processo legal, que a decretação da desconsideração da personalidade jurídica deverá ocorrer ao cabo de processo administrativo, que poderá ser deflagrado por meio de uma representação oferecida pela comissão de licitação, pregoeiro ou particular, devendo a fraude ou o abuso de direito ser amplamente demonstrado e comprovado, além de serem garantidos a ampla defesa e o contraditório ao particular e a obrigatoriedade de análise jurídica prévia. Somente após a efetiva decretação da desconsideração da personalidade jurídica, ao cabo do competente processo administrativo, é que a pessoa jurídica poderá ser afastada do processo licitatório.

2.5 Autoexecutoriedade das sanções administrativas

Outro tema que se vislumbra tratar, haja vista a sua importância para delimitar o poder punitivo do Estado quando exerce função administrativa, é a *autoexecutoriedade das sanções administrativas*. Pois bem. A autoexecutoriedade ou executoriedade é a qualidade pela qual o Poder Público pode compelir materialmente

---

[444] "Art. 160. A personalidade jurídica poderá ser desconsiderada sempre que utilizada com abuso do direito para facilitar, encobrir ou dissimular a prática dos atos ilícitos previstos nesta Lei ou para provocar confusão patrimonial, e, nesse caso, todos os efeitos das sanções aplicadas à pessoa jurídica serão estendidos aos seus administradores e sócios com poderes de administração, a pessoa jurídica sucessora ou a empresa do mesmo ramo com relação de coligação ou controle, de fato ou de direito, com o sancionado, observados, em todos os casos, o contraditório, a ampla defesa e a obrigatoriedade de análise jurídica prévia".

o administrado, sem precisar buscar previamente as vias judiciais ao cumprimento da obrigação que impôs e exigiu.[445] Assim, por meio deste atributo, a Administração impõe diretamente as decisões que toma, tendo em vista a consecução dos interesses públicos, o que não impede o particular que se sentir lesado ou ameaçado de lesão questionar o ato em âmbito judicial.[446]

Destaque-se que a doutrina não é unânime no sentido de entender que a autoexecutoriedade está sempre presente em todos os atos administrativos. Nesse sentido, para uma parcela da doutrina, a exemplo de Régis Fernandes de Oliveira,[447] o atributo da executoriedade está presente em todo e qualquer ato administrativo. Por sua vez, para a parcela maior da doutrina, a autoexecutoriedade não existe em todos os atos, estando presente em algumas situações; dentre os vários doutrinadores, inclinam-se para tal exegese, Diógenes Gasparini.[448]

Inclinamo-nos ao derradeiro entendimento, uma vez que o agir de ofício ou *sponte sua*, legitima-se em determinadas situações, as quais devem constar expressamente da lei, ou daquelas que, mesmo não sendo objeto de autorização legal, demandam um agir urgente, sob pena de prejuízo ao interesse coletivo.

No âmbito dos processos administrativos sancionadores, observa-se a presença do atributo da executoriedade dos atos administrativos sancionadores.[449] Com efeito, a função das sanções no âmbito

---

445 BANDEIRA DE MELLO, Celso Antônio. *Curso de Direito Administrativo*. 32. ed. São Paulo: Malheiros, 2015, p. 427.

446 NOHARA, Irene Patrícia. *Direito administrativo*. 7. ed. São Paulo: Atlas, 2017, p. 150.

447 "Entendemos que a autoexecutoriedade está sempre presente nos atos administrativos, constituindo-se em característica própria deles. Não estará ínsita na força de tais atos quando houver procedimentalização judicial ou administrativa na atividade" (OLIVEIRA, Régis Fernandes. *Infrações e sanções administrativas*. 3. ed. rev. atual. e ampl. São Paulo: Revista dos Tribunais, 2012, p. 129).

448 "A autoexecutoriedade não é atributo de todo e qualquer ato administrativo. Ela é encontrada nos autos que recebem da lei essa distinção, ou seja, ela existe nos casos previstos em lei ou quando for indispensável à imediata salvaguarda do interesse público" (GASPARINI, Diógenes. *Direito administrativo*. 14. ed. São Paulo: Saraiva, 2009, p. 77).

449 "A aplicação de penalidades contratuais, garantida a prévia defesa, é medida autoexecutória de que se vale a Administração quando verifica a inadimplência do contratado na realização do objeto do contrato, no atendimento dos prazos ou no cumprimento de qualquer outra obrigação a seu cargo" (MEIRELLES, Hely Lopes. *Direito administrativo brasileiro*. 30. ed. São Paulo: Malheiros, 2013, p. 230).

das contratações estaria prejudicada caso a Administração detivesse a necessidade de se socorrer do Judiciário para garantir a coercibilidade da penalidade imposta. Todavia, o efetivo exercício da referida prerrogativa somente poderá ocorrer ao cabo do processo sancionatório, uma vez que a imposição de penalidade demanda irrestrita observância do princípio do devido processo legal, de forma a garantir o teor contido no art. 5º, inc. LIV, da Constituição da República de 1988.

Conforme exprime Irene Patrícia Nohara, "o fato de a Administração ter de observar o devido processo antes de adotar medidas restritivas a interesses particulares não significa, todavia, o fim do atributo da autoexecutoriedade dos atos administrativos".[450] Com efeito, depois de observados os princípios do devido processo legal e do contraditório e da ampla defesa, caso o conteúdo constante do processo administrativo gere a necessidade de expedição do ato punitivo, poderá a autoridade competente executar a medida.

No tocante às sanções pecuniárias, verifica-se que a própria legislação licitatória oferece o procedimento para autoexecutar as multas previstas no edital e no contrato. Assim, por exemplo, estabelece o §8º do art. 156 da Lei nº 14.133/2021 que se a multa aplicada e as indenizações cabíveis forem superiores ao valor de pagamento eventualmente devido pela Administração ao contratado, além da perda desse valor, a diferença será descontada da garantia prestada ou será cobrada judicialmente.

Como se viu nas últimas palavras do parágrafo anterior, a Administração Pública sancionadora somente se socorrerá do Poder Judiciário, excepcionalmente, para a efetivação da imposição das sanções administrativas pecuniárias por meio da propositura da competente ação de execução, caso, administrativamente, não consiga, por meio dos expedientes observados, receber o valor fixado motivadamente no ato administrativo punitivo.

2.6 Extinção das sanções administrativas

No tocante à *extinção das sanções administrativas*, da mesma forma que o ato administrativo punitivo é produzido, adentrando

[450] NOHARA, Irene Patrícia. *Direito administrativo*. 7. ed. São Paulo: Atlas, 2017, p. 113.

no mundo jurídico após o preenchimento dos seus requisitos de formação, é possível que a referida penalidade possa ser regularmente extinta. Haja vista a importância da extinção da sanção administrativa para o particular, uma vez devolvido o direito do sujeito de participar da licitação ou retirar o gravame pecuniário que lhe aflige, passa-se a expor as formas de extinção das sanções administrativas, quais sejam, o cumprimento da punição, a morte da pessoa física ou extinção da pessoa jurídica, a reabilitação, a revisão do processo sancionatório, a celebração do acordo de leniência e o perdão.

2.6.1 Cumprimento da sanção administrativa

Iniciando-se o estudo das formas de extinção das sanções administrativas, temos a considerar que o cumprimento da sanção administrativa pode ocorrer de forma voluntária, a exemplo da formalização da advertência no próprio livro de registro do contrato ou em termo a parte, colhendo-se o ciente do preposto[451] ou realizando o recolhimento dos valores na tesouraria do órgão ou entidade. Outrossim, verifica-se o cumprimento da sanção administrativa quando a multa moratória é o desconto da garantia contratual, conforme estabelece o §8º do art. 156 da Lei nº 14.133/2021.[452]

No tocante ao cumprimento compulsório[453] das sanções administrativas, necessário quando a sua efetivação não for realizada voluntariamente, nota-se a cobrança judicial das multas administrativas por meio da propositura da competente ação de execução fiscal, observados os critérios legais de cobrança.[454]

---

451 FERNANDES, Jorge Ulisses Jacoby. Sucinta análise das regras punitivas da Lei de Licitações e Contratos. *FCGP –Fórum de Contratação e Gestão Pública,* Belo Horizonte, a. 5, n. 52, abr. 2006. Disponível em: http://www.bidforum.com.br/bid/pdi006.aspx?pdiCntd=349. Acesso em: 14 maio 2014.

452 "§8º Se a multa aplicada e as indenizações cabíveis forem superiores ao valor de pagamento eventualmente devido pela Administração ao contratado, além da perda desse valor, a diferença será descontada da garantia prestada ou será cobrada judicialmente".

453 Conforme Daniel Ferreira, "[a] forma usual de extinção da sanção administrativa, enquanto consequência jurídica restritiva de direitos, é a sua 'execução', quer voluntária, quer compulsória, pela própria Administração Pública, quer, ainda, por determinação do Poder Judiciário (quando a restrição tiver, *e.g.*, natureza pecuniária)" (FERREIRA, Daniel. *Sanções administrativas*. São Paulo: Malheiros, 2001, p. 179).

454 As multas impostas no âmbito das contratações públicas caracterizam-se como dívida ativa não tributária, consoante estabelece o art. 39, §2º, da Lei Federal nº 4.320/1964.

2.6.2 Morte da pessoa física ou extinção da pessoa jurídica

No tocante à *morte* da pessoa física ou *extinção* da pessoa jurídica, como restou anteriormente verificado, tanto as pessoas físicas quanto as jurídicas, por acudirem ao chamado da Administração para participar de licitações, bem como celebrar contratos com o Poder Público, podem sofrer sanções administrativas quando incorrerem em condutas indesejáveis caracterizadas pelo legislador como infrações administrativas, previstas nos instrumentos editalícios e contratual.[455]

Nesse passo, sucedendo o desaparecimento dos licitantes ou contratados, que ocorre com a morte da pessoa física ou com a extinção da pessoa jurídica, tem entendido a doutrina que as sanções administrativas aplicadas em desfavor da pessoa extinta ou morta também se extinguem, caso a punição seja caracterizada como "pessoal". Com efeito, nas sanções pessoais, por cuidarem de pena que restringe a liberdade do administrado, ela se extingue, pura e simplesmente.[456]

Por sua vez, nas sanções de natureza "real", se a lei estabelecer expressamente, ocorre a transmissibilidade aos herdeiros e sucessores.[457] Assim, mediante sucessão, transferem-se a terceiros, na forma preconizada pela lei.[458] Caso esta seja caracterizada como uma sanção real, tem-se que a punição será transferida aos sucessores.

2.6.3 Reabilitação

Temos a considerar que a extinção dos efeitos das sanções também decorre da reabilitação, expressamente prevista no

---

455 "As sanções administrativas contratuais constituem um tipo de sanção administrativa que alcança pessoas físicas e jurídicas que celebrem um contrato com a Administração. São o resultado do exercício da competência sancionadora pelo contratante durante a execução do contrato administrativo" (DROMI, Roberto. *Derecho Administrativo*. 12. ed. Buenos Aires-Madri-México: Ciudad Argentina, Hispania Libros, 2009, p. 409).

456 VITTA, Heraldo Garcia. *A sanção no Direito Administrativo*. São Paulo: Malheiros, 2003, p. 145.

457 VITTA, Heraldo Garcia. *A sanção no Direito Administrativo*. São Paulo: Malheiros, 2003, p. 145.

458 FERREIRA, Daniel. *Sanções administrativas*. São Paulo: Malheiros, 2001, p. 180.

art. 163 da Lei nº 14.133/2021, cujo teor admite a reabilitação do licitante ou contratado perante a própria autoridade que aplicou a penalidade, exigindo-se, cumulativamente: I – reparação integral do dano causado à Administração Pública; II – pagamento da multa; III – transcurso do prazo mínimo de 1 (um) ano da aplicação da penalidade, no caso de impedimento de licitar e contratar, ou de 3 (três) anos da aplicação da penalidade, no caso de declaração de inidoneidade; IV – cumprimento das condições de reabilitação definidas no ato punitivo; V – análise jurídica prévia, com posicionamento conclusivo quanto ao cumprimento dos requisitos definidos neste artigo.

Demais disso, estabelece o parágrafo único do referido dispositivo legal que a sanção pelas infrações previstas nos incisos VIII e XII do *caput* do art. 155 da Lei nº 14.133/2021 exigirá, como condição de reabilitação do licitante ou contratado, a implantação ou o aperfeiçoamento de programa de integridade pelo responsável.

Assim, preenchendo-se os requisitos anteriormente verificados, melhormente explicitados em tópico oportuno, será admitida a reabilitação.

2.6.4 Revisão do processo sancionatório

Também se apresenta possível a extinção da sanção administrativa por meio da *revisão do processo sancionatório*,[459]-[460] que tem o condão de objetivar a redução ou a extinção da penalidade aplicada no âmbito das contratações públicas. Assim, tal expediente

---

[459] V. nosso: PARZIALE, Aniello dos Reis. A revisão de sanções impostas a particulares no âmbito das licitações públicas e contratos administrativos. *BLC – Boletim de Licitações e Contratos*, a. 25, n. 3, p. 198-210, mar. 2012.

[460] "MANDADO DE SEGURANÇA. PROCESSO ADMINISTRATIVO. PEDIDO DE REVISÃO. ADEQUAÇÃO DA SANÇÃO. CIRCUNSTÂNCIA RELEVANTE. CABIMENTO. 'Os processos administrativos de que resultem sanções poderão ser revistos, a qualquer tempo, a pedido ou de ofício, quando surgirem fatos novos ou circunstâncias relevantes suscetíveis de justificar a inadequação da sanção aplicada' (artigo 65 da Lei nº 9.784/99). Cabível o pedido de revisão, não há falar em impossibilidade jurídica do pedido, tampouco em intempestividade, exsurgindo o direito líquido e certo do impetrante de ver apreciado seu requerimento como apresentado – pedido de revisão – e integralmente. 3. Ordem concedida" (BRASIL. Superior Tribunal de Justiça. *MS nº 14965* DF 2010/0008503-0, Relator: Ministro Hamilton Carvalhido, Data de Julgamento: 13.12.2010, 1º T – Publicação: *DJe* 01.02.2011).

revisivo apresenta-se como uma garantia ao particular apenado de que a penalidade recebida pode ser objeto de revisão futura, caso sejam apresentados novos fatos ou circunstâncias relevantes à Administração sancionadora, suficientes para justificar a inadequação da pena anteriormente aplicada.

Sobre tal expediente, expõe José dos Santos Carvalho Filho que o processo administrativo revisivo objetiva "(...) corrigir erro de julgamento, evitando que o interessado seja vítima de sanção onde esta não deveria ter sido aplicada ou de sanção mais grave do que aquela que merecia".[461]

Estribado no princípio da revisibilidade das decisões administrativas, a instauração de um processo revisivo poderá ser deflagrada de ofício pela Administração ou por meio de um requerimento calcado no direito de petição, o qual é garantido constitucionalmente pelo art. 5º, inc. XXXIV, al. "a", da Constituição da República de 1988.

No âmbito da Administração Pública federal, tem-se que a possibilidade da revisão do processo sancionatório é garantida por meio do disposto no art. 65 da Lei nº 9.784/1999 (Lei Federal de Processo Administrativo), sendo o referido dispositivo legal reproduzido em lei de processo administrativo de inúmeros entes administrativos.

Ao cabo do processo revisivo, em sendo julgado improcedente o requerimento de revisão, em decisão que deverá estar devidamente motivada, em nada será alterada a situação do particular, devendo o licitante ou o contratado cumprir devidamente a penalidade anteriormente imposta, suportando o ônus dela decorrente.

Por sua vez, julgando-se procedente a demanda, poderá ser cominada uma sanção com carga punitiva inferior. Outrossim, poderá também ser afastada a punição aplicada por completo, o que demandará a restauração do *status quo* anterior, como tornar sem efeito, por exemplo, eventual advertência imposta e inscrita no registro cadastral do particular, fato que poderá desaboná-lo no âmbito das contratações governamentais; devolver a multa contratual recolhida pelo licitante ou contratado ou compensá-lo com

[461] CARVALHO FILHO, José dos Santos. *Processo administrativo federal*. 5. ed. rev. ampl. e atual. São Paulo: Atlas, 2014, p. 337.

a garantia contratual ou eventuais créditos financeiros existentes. Neste caso, constata-se a extinção da sanção administrativa.

Por derradeiro, deve o regimento interno da empresa pública ou sociedade de economia mista acudir e assentar o fluxo para apreciação de pedido de revisão da punição, aliás, como prevê o art. 65 da Lei nº 9.784/1999.

2.6.5 Nulidade do ato administrativo punitivo

Ademais, a *nulidade do ato administrativo punitivo* apresenta-se como forma de extinção do ato administrativo punitivo. Com efeito, de modo a controlar a legalidade de uma sanção administrativa, tem-se que é causa de extinção de uma punição a sua declaração de nulidade, que poderá ocorrer pela própria Administração sancionadora, unilateralmente.[462] Destaque-se que o processo administrativo anulatório poderá ser desencadeado de ofício, ou seja, pela própria Administração sancionadora, com estribo na Súmula nº 473 do eg. STF,[463] ou a pedido do particular apenado, por meio de solicitação expressa, devendo, em ambos os casos, ser declinadas as razões da ilegalidade observadas no processo administrativo punitivo.

Outrossim, poderá a nulidade da sanção administrativa ser devidamente declarada pelo Poder Judiciário, ao cabo de competente ação judicial, uma vez que ao particular, inconformado com a punição imposta pela Administração sancionadora, resta buscar socorro do Poder Judiciário, com estribo no princípio da inafastabilidade de jurisdição, devidamente fixado no art. 5º, inc. XXXV, do Texto Constitucional.

Acertadamente, lembra Daniel Ferreira, que nem todo "defeito" do ato administrativo clama necessariamente pela extinção dos seus efeitos, sendo de se observar o preciso contorno ofertado

---

462 VITTA, Heraldo Garcia. *A sanção no Direito Administrativo*. São Paulo: Malheiros, 2003, p. 151.

463 "A administração pode anular seus próprios atos, quando eivados de vícios que os tornam ilegais, porque dêles não se originam direitos; ou revogá-los, por motivo de conveniência ou oportunidade, respeitados os direitos adquiridos, e ressalvada, em todos os casos, a apreciação judicial".

por Weida Zancaner para os atos eivados de vícios que, consoante a gravidade destes, conjugada a outros fatores (decurso de prazo, impugnação etc.), podem ser classificados em absolutamente sanáveis, relativamente sanáveis, relativamente insanáveis e absolutamente insanáveis.[464]

Após citar a referida autora,[465] conclui Daniel Ferreira que seriam de convalidação obrigatória todos os atos sancionadores gravados apenas de mínimas irregularidades – *v. g.* de erros de grafia –, porque "esses pequenos equívocos não são comprometedores da ampla defesa, nem tornam o ato incompreensível ou destituído de causa".[466]

Verifica-se, desta feita, que a declaração de invalidação das sanções administrativas, seja por meio do Poder Judiciário ou pela Administração sancionadora, é causa de extinção das sanções administrativas.

2.6.6 Retroação da lei mais benigna

No tocante à retroação da lei mais benigna, não obstante a inexistência de unanimidade doutrinária em defender a possibilidade de uma lei mais benéfica retroceder ao particular apenado no âmbito das sanções administrativas, conforme anteriormente se asseverou quando se estudou o princípio da irretroatividade, em nosso sentir, observa-se que tal ocorrência apresenta-se como forma de extinção do ato administrativo punitivo.

Para aqueles que consideram a possibilidade de a lei retroagir quando seu teor consignar um benefício para um particular sancionado, poderá tal punição administrativa ser extinta em razão da edição de lei que não mais considerar determinada conduta como infração ou que o novel diploma legal venha estabelecer, como consequência pela prática da conduta indesejada, uma sanção com carga negativa menos grave. Outrossim, não se pode deixar de negar

---

464 FERREIRA, Daniel. *Sanções administrativas*. São Paulo: Malheiros, 2001, p. 181.

465 "No seu tom crítico: Inúmeros atos absolutamente sanáveis são, hoje, invalidados pela Administração Pública, a pedido do interessado, com o fito de procrastinar a aplicação da lei, mormente, nos atos punitivos".

466 FERREIRA, Daniel. *Sanções administrativas*. São Paulo: Malheiros, 2001, p. 181.

que o advento da lei pode tornar a punição administrativa menos grave, beneficiando o infrator.

Assim ocorrendo, devem todos os processos administrativos desencadeados em razão da prática de uma conduta não mais caracterizada como infração administrativa ser imediatamente arquivados, de ofício, em razão do fato de não mais subsistir a conduta antijurídica, motivo da existência do processo punitivo, podendo, ainda, o particular apenado solicitar tal encaminhamento à Administração sancionadora.

2.6.7 Celebração do acordo de leniência

A celebração de acordo de leniência, consoante preveem os arts. 16, §2º,[467] e 17[468] da Lei nº 12.846/2013 (Lei Anticorrupção), também se apresenta como uma forma de extinção da sanção administrativa.

Com efeito, o acordo de leniência "trata-se de instrumento negocial com obrigações recíprocas entre uma entidade pública e um particular, o qual assume os riscos e as contas de confessar uma infração e colaborar com o Estado no exercício de suas funções repressivas".[469]

A utilização do referido instrumento para combater a prática de comportamentos indesejáveis, vinculados à prática de condutas corruptivas é justificada em razão do fato de que as infrações apresentam-se cada vez mais complexas e intangíveis, e a instrução processual, necessária para comprovar a prática das condutas ilícitas e permitir o sancionamento, encontra-se cada vez mais difícil. Assim, a fim de viabilizar a punição de sujeitos mal

---

467 "2º A celebração do acordo de leniência isentará a pessoa jurídica das sanções previstas no inciso II do art. 6º e no inciso IV do art. 19 e reduzirá em até 2/3 (dois terços) o valor da multa aplicável".

468 "Art. 17. A administração pública poderá também celebrar acordo de leniência com a pessoa jurídica responsável pela prática de ilícitos previstos na Lei nº 8.666, de 21 de junho de 1993, com vistas à isenção ou atenuação das sanções administrativas estabelecidas em seus arts. 86 a 88".

469 MARRARA, Thiago. Acordo de leniência no processo administrativo brasileiro, regime jurídico e problemas emergentes. *Revista Digital de Direito Administrativo* v. 2, p. 509-527, 2015, p. 512. Disponível em: www.revistas.usp.br/rdda. Acesso em: 8 maio 2015.

intencionados, a alternativa para garantir a punição é negociar com o sujeito infrator a delação, com o intento de garantir no processo as provas da prática do proceder indesejado, viabilizando, assim, a punição de outros particulares que se encontram praticando aquilo que a lei considerou como indevido.

Viabilizando-se, assim, a celebração do acordo de leniência, restará extinta a sanção administrativa, na forma prevista nos dispositivos anteriormente colacionados.

2.6.8 Perdão

O *perdão*, materializado pela *anistia* (art. 48, inc. VIII, da CF/88),[470] a *graça* (art. 5º, inc. XLIII, da CF/88)[471] e o *indulto* (art. 84, inc. XII, da CF/88),[472] pode também apresentar-se como uma forma de extinção das sanções administrativas.[473]

No tocante à anistia, temos a considerar que ela se apresenta como uma forma generalizada de extinção de uma sanção administrativa imposta anteriormente à vigência da lei que a concede. Logo, a renúncia do direito de punir do Estado não é decidida apenas pelo Poder Executivo, mas juntamente com a sociedade, representada pelo Poder Legislativo, em razão de uma dada justificativa social. Com efeito, da mesma forma que a lei determinou que dado comportamento, quando praticado,

---

470 "Art. 48. Cabe ao Congresso Nacional, com a sanção do Presidente da República, não exigida esta para o especificado nos arts. 49, 51 e 52, dispor sobre todas as matérias de competência da União, especialmente sobre: [...] VIII – concessão de anistia";

471 "Art. 5º Todos são iguais perante a lei, sem distinção de qualquer natureza, garantindo-se aos brasileiros e aos estrangeiros residentes no País a inviolabilidade do direito à vida, à liberdade, à igualdade, à segurança e à propriedade, nos termos seguintes: [...] XLIII – a lei considerará crimes inafiançáveis e insuscetíveis de graça ou anistia a prática da tortura, o tráfico ilícito de entorpecentes e drogas afins, o terrorismo e os definidos como crimes hediondos, por eles respondendo os mandantes, os executores e os que, podendo evitá-los, se omitirem".

472 "Art. 84. Compete privativamente ao Presidente da República: (...) XII – conceder indulto e comutar penas, com audiência, se necessário, dos órgãos instituídos em lei";

473 Acerca das referidas formas de perdão, expõe José Cretella JÚNIOR: "*Lato sensu, a graça ou direito de agraciar abrange os institutos da 'anistia' e do 'indulto'; stricto sensu,* porém a *graça* é medida de indulgência ou clemência específica, concedida *intuito personae* e, regra geral, mediante provocação do interessado, ao passo que a *anistia e o indulto* de iniciativa do poder público, beneficiam a toda uma classe" (CRETELLA JÚNIOR, José. *Comentários à Constituição brasileira de 1988*. Rio de Janeiro: Forense Universitária, 1992. v. I, p. 488-489).

pode acarretar uma sanção, a lei também pode, em determinadas situações, extinguir a punibilidade.

A anistia é consagrada no direito pátrio, conforme se observa dos arts. 180 a 182 do Código Tributário Nacional, uma vez que a referida espécie de perdão figura como uma das formas de extinção das sanções administrativas, bastando, para tanto, que uma lei a institua, qualquer que seja a natureza da infração praticada pelo sujeito ou penalidade imposta. Alerte-se que "a anistia não invalida a norma jurídica que é pressuposto da penalidade".[474]

Ilustrando a possibilidade de extinção das sanções administrativas por meio da anistia, destaca Régis Fernandes de Oliveira que, *in verbis*, "pode existir, por exemplo, dentro da Administração, um tal número de cobranças de multas que se torne inviável a exigência, à vista da pequenez infração".[475] No âmbito das sanções disciplinares, cite-se a edição da Lei fluminense nº 6.499, de 6 de agosto de 2013, cujo teor concedeu anistia administrativa aos militares estaduais aos quais se atribuem condutas durante movimentos reivindicatórios por melhorias de vencimentos e de condições de trabalho ocorridos entre janeiro e março de 2012.

Outrossim, a Lei nº 13.281/2016, cujo teor altera a Lei nº 9.503/1997 (Código de Trânsito Brasileiro), e a Lei nº 13.146/2015, em seu art. 4º, concedeu anistia às multas e sanções previstas no art. 253-A da Lei nº 9.503, de 23 de setembro de 1997, aplicadas até a data de entrada em vigor da Lei, aos caminhoneiros participantes das manifestações iniciadas no dia 9 de novembro de 2015.

Tal matéria já foi objeto de enfrentamento pelo Supremo Tribunal Federal, sendo declarado pela eg. Corte que a anistia pode ser entendida em sentido amplo, envolvendo não apenas as sanções penais, como também as de natureza fiscal ou disciplinar.[476]

---

474 FERREIRA, Daniel. *Sanções administrativas*. São Paulo: Malheiros, 2001, p. 146.

475 OLIVEIRA, Régis Fernandes. *Infrações e sanções administrativas*. 3. ed. rev. atual. e ampl. São Paulo: Revista dos Tribunais, 2012, p. 166.

476 "ANISTIA A FUNCIONÁRIOS CIVIS E A ELEMENTOS DA FORÇA PÚBLICA ESTADUAL. I – No Direito Brasileiro, a palavra 'anistia' foi ampliada de sua acepção clássica e etimológica, para abranger também o cancelamento de débitos fiscais e de faltas disciplinares" (BRASIL. Superior Tribunal Federal. *Rp nº 696*, Relator Ministro Aliomar Baleeiro. J. 06.10.1967. DJ 15.06.1967).

Em tese, portanto, afigura-se possível que a Administração Pública, sujeito ativo da sanção administrativa, por tal e qual razão, motivadamente, anistie particulares sancionados em razão da prática de infração por meio da edição de lei específica.

No tocante à extinção das sanções administrativas por meio de *graça ou indulto*, temos a considerar que "a graça é um benefício individual concedido mediante provocação da parte interessada; o indulto é de caráter coletivo e concedido espontaneamente",[477] inexistindo pacificidade quando da aplicação deste instituto no âmbito administrativo. Neste sentido, pela impossibilidade de extinção das sanções administrativas, por meio de indulto ou graça, inclinam-se Régis Fernandes de Oliveira[478] e Daniel Ferreira.[479]

Por sua vez, Heraldo Garcia Vitta se manifesta, em tese, pela possibilidade de extinção das sanções administrativas por meio de indulto, com o estribo no fato de que inexiste diferenciação ontológica entre os ilícitos penais e administrativos. Sustenta o referido autor que a ilicitude jurídica é uma só, do mesmo modo que um só, na sua essência, é o dever jurídico.[480] Para o referido autor, inexiste distinção entre as sanções impostas pelo Estado no exercício da competência penal ou quando exerce função administrativa.

Como a norma jurídica refere-se a "penas", sem distinguir uma ou outra "modalidade", certamente podemos enquadrar as

---

477 CAPEZ, Fernando. *Curso de Direito Penal*: v. 1: parte geral: arts. 1º a 120. 8. ed. rev. e atual. De acordo com as Leis nº 10.741/2003 (Estatuto do Idoso), nº 10.763/2003, nº 10.826/2003 e nº 10.886/2004. São Paulo: Saraiva, 2005, p. 521.

478 "Para o primeiro autor, em suma, quando a Constituição [de 1969] mencionava 'penas', referia-se às impostas pelo Judiciário, e o Presidente da República, ao conceder o indulto, estaria exercendo atividade de execução delas. Se ele concedesse indulto nas penalidades administrativas, estaria invadindo competência constitucional, própria do Legislativo, eis que compete a este qualificar os fatos e fixar as respectivas sanções e àquele, a execução do comando legal, completando-o" (VITTA, Heraldo Garcia. *A sanção no Direito Administrativo*. São Paulo: Malheiros, 2003, p. 148).

479 "Daniel Ferreira, já sob égide da atual Constituição – que, no ponto, não modificou a anterior – assinala a impossibilidade de interpretação ampla da norma que atribui ao Presidente da República a competência para conceder indulto, eis que ela não se enquadraria entre as normas ditas fundamentais. Caso contrário, segundo ele, poderia ocorrer a invasão de competência nas atribuições do Poder Legislativo" (VITTA, Heraldo Garcia. *A sanção no Direito Administrativo*. São Paulo: Malheiros, 2003, p. 148).

480 HUNGRIA, Nelson. Ilícito administrativo e ilícito penal. *Revista de Direito Administrativo*, v. 1, n. 1, p. 24, 1945.

duas (penal e administrativa) no quadro normativo, mesmo porque, como dissemos, ontologicamente são iguais.[481]

Pedindo vênia ao entendimento do retrocitado autor, nos inclinamos pela negativa da possibilidade de ocorrer o perdão de sanções administrativas no âmbito das contratações públicas, por meio de indulto e graça, como forma de extinção de uma sanção administrativa, sendo legítimos os argumentos apontados pelos referidos autores. Acrescentando, ainda, que, sendo todo o regime punitivo estabelecido por lei, somente cabe a ela afastar a penalidade, a exemplo do que ocorre na anistia, de forma pacífica. Logo, o indulto seria descabido em razão do afastamento da sanção ocorrer por meio de decreto.

Demais disso, sabendo-se que o indulto pode ser decretado de tempos em tempos, a exemplo do que ocorre próximo da data de celebração do Natal, poderá o particular que pretender incorrer em um comportamento infracional considerar tal forma de extinção de punibilidade quando decide praticar um ilícito administrativo.

Assim, tal possibilidade de extinção da sanção administrativa pode prejudicar a efetivação do objetivo das sanções administrativas, qual seja, desestimular a prática de comportamento que possa prejudicar a execução satisfatória de um objeto a cargo de um colaborador particular.

2.7 Alternativa às sanções administrativas

Colocando cabo à análise das formas de extinção das sanções administrativas, cabe, nesta oportunidade, apresentar alternativa à sua imposição, haja vista a lógica ser outra, não a retribuição pelas infrações praticadas no passado, mas sim, prevenir que elas ocorram no futuro.[482]

Analisando a teoria das sanções administrativas no País, que se encontra em evolução, sempre foi praxe a imposição de uma

---

481 VITTA, Heraldo Garcia. *A sanção no Direito Administrativo*. São Paulo: Malheiros, 2003, p. 148-149.

482 PEREIRA, César Augusto Guimarães. Sanções administrativas nas Leis das Empresas Estatais. *In*: JUSTEN FILHO, Marçal. *Estatuto Jurídico das Empresas Estatais*. São Paulo: Revista dos Tribunais, 2016, p. 574.

punição como consequência da prática de um comportamento infracional de igual natureza.

Todavia, tem-se observado a comutação das sanções administrativas por acordos, tendência na era da consensualização[483] na Administração Pública, concretizada na busca de colaboração/cooperação entre a Administração Pública e os particulares, com o escopo de permitir o aprimoramento da função administrativa.

Neste sentido, reza Diogo de Figueiredo Moreira Neto:

> A participação e a consensualidade tornaram-se decisivas para as democracias contemporâneas, pois contribuem para aprimorar a governabilidade (eficiência); propiciam mais freios contra o abuso (legalidade); garantem a atenção a todos os interesses (justiça); proporcionam decisão mais sábia e prudente (legitimidade); desenvolvem a responsabilidade das pessoas (civismo); e tornam os comandos estatais mais aceitáveis e facilmente obedecidos (ordem).[484]

Ante a referida mudança de paradigma no âmbito da Administração Pública, observa-se que a legislação tem permitido a realização de acordo no âmbito das sanções administrativas, a exemplo do que se verifica da leitura do art. 86 da Lei nº 12.529/2011[485] (Lei do Sistema Brasileiro de Defesa da Concorrência), do art. 11, §5º, da Lei nº 6.385/1976,[486] do art. 79-A da Lei nº 9.604/1976 (Lei das

---

483 "A consensualização propriamente dita representa um fenômeno de construção teórico normativa de canais jurídico-operacionais aptos a viabilizarem consenso no planejamento e na execução das funções administrativas. Esses canais assumem caráter orgânico (como a previsão de direito de voz e voto para alunos em colegiados de universidades públicas ou de representantes do povo em conselhos nacionais de políticas públicas), procedimental (como audiências realizadas no licenciamento ambiental) ou contratual (como os compromissos de cessação de prática infrativa e a própria leniência). Todos eles constituem meios para a busca do consenso nas relações entre Estado e Administração, nas relações entre entes públicos ou em relações entre órgãos de um mesmo ente" (MARRARA, Thiago. Acordo de leniência no processo administrativo brasileiro, regime jurídico e problemas emergentes. *Revista Digital de Direito Administrativo* v. 2, p. 509-527, 2015, p. 509. Disponível em: www.revistas.usp.br/rdda. Acesso em: 8 maio 2015).

484 MOREIRA NETO, Diogo de Figueiredo. *Mutações do direito administrativo*. Rio de Janeiro: Renovar, 2000, p. 41.

485 "Art. 86. O Cade, por intermédio da Superintendência-Geral, poderá celebrar *acordo de leniência*, com a extinção da ação punitiva da administração pública ou a redução de 1 (um) a 2/3 (dois terços) da penalidade aplicável, nos termos deste artigo, com pessoas físicas e jurídicas que forem autoras de infração à ordem econômica, desde que colaborem efetivamente com as investigações e o processo administrativo e que dessa colaboração resulte: (...)" (grifo nosso).

486 "§5º A Comissão de Valores Mobiliários poderá, a seu exclusivo critério, se o interesse público permitir, suspender, em qualquer fase, o procedimento administrativo

S.A.),[487] da Lei nº 9.605/1998 (Lei dos Crimes Ambientais), de forma a afastar a consequente punição.

Neste sentido, vislumbra-se a possibilidade de realização do acordo de leniência em caso da prática de um comportamento ilícito que coincida com os atos arrolados no art. 5º, inc. VI, da Lei nº 12.846/2013[488] com um daqueles previstos na legislação licitatória,[489] consoante se denota da leitura do discreto e estranho art. 17 da Lei Anticorrupção.[490]

---

instaurado para a apuração de infrações da legislação do mercado de valores mobiliários, se o investigado ou acusado assinar *termo de compromisso*" (grifo nosso).

487 "Art. 79-A. Para o cumprimento do disposto nesta Lei, os órgãos ambientais integrantes do SISNAMA, responsáveis pela execução de programas e projetos e pelo controle e fiscalização dos estabelecimentos e das atividades suscetíveis de degradarem a qualidade ambiental, ficam autorizados a celebrar, com força de título executivo extrajudicial, *termo de compromisso* com pessoas físicas ou jurídicas responsáveis pela construção, instalação, ampliação e funcionamento de estabelecimentos e atividades utilizadores de recursos ambientais, considerados efetiva ou potencialmente poluidores" (grifo nosso).

488 "Art. 5º Constituem atos lesivos à administração pública, nacional ou estrangeira, para os fins desta Lei, todos aqueles praticados pelas pessoas jurídicas mencionadas no parágrafo único do art. 1º, que atentem contra o patrimônio público nacional ou estrangeiro, contra princípios da administração pública ou contra os compromissos internacionais assumidos pelo Brasil, assim definidos:
(...)
IV – no tocante a licitações e contratos:
a) frustrar ou fraudar, mediante ajuste, combinação ou qualquer outro expediente, o caráter competitivo de procedimento licitatório público;
b) impedir, perturbar ou fraudar a realização de qualquer ato de procedimento licitatório público;
c) afastar ou procurar afastar licitante, por meio de fraude ou oferecimento de vantagem de qualquer tipo;
d) fraudar licitação pública ou contrato dela decorrente;
e) criar, de modo fraudulento ou irregular, pessoa jurídica para participar de licitação pública ou celebrar contrato administrativo;
f) obter vantagem ou benefício indevido, de modo fraudulento, de modificações ou prorrogações de contratos celebrados com a administração pública, sem autorização em lei, no ato convocatório da licitação pública ou nos respectivos instrumentos contratuais; ou
g) manipular ou fraudar o equilíbrio econômico-financeiro dos contratos celebrados com a administração pública";

489 Nesse sentido, manifestam-se Thiago Marrara (MARRARA, Thiago. Acordo de leniência no processo administrativo brasileiro, regime jurídico e problemas emergentes. *Revista Digital de Direito Administrativo* v. 2, p. 509-527, 2015, p. 524. Disponível em: www.revistas.usp.br/rdda. Acesso em: 8 maio 2015), Cristiana Fortini (FORTINI, Cristiana. Comentários ao art. 17. *In*: DI PIETRO, Maria Sylvia Zanella; MARRARA, Thiago. *Lei anticorrupção comentada*. Belo Horizonte: Fórum, 2017, p. 237) e Tarcísio Teixeira, Beatriz Batisti e Marlon de Sales (TEIXEIRA, Tarcísio; BATISTI, Beatriz; SALES, Marlon de. *Lei anticorrupção*: comentada dispositivo por dispositivo. São Paulo: Almedina, 2016, p. 150).

490 MARRARA, Thiago. Acordo de leniência no processo administrativo brasileiro, regime jurídico e problemas emergentes. *Revista Digital de Direito Administrativo* v. 2, p. 509-527, 2015, p. 523. Disponível em: www.revistas.usp.br/rdda. Acesso em: 8 maio 2015).

Para Thiago Marrara: "O chamado 'acordo de leniência' designa um ajuste entre certo ente estatal e um infrator confesso pelo qual o primeiro recebe a colaboração probatória do segundo em troca da suavização da punição ou mesmo da sua extinção".[491] Em continuidade, assevera o referido autor que, "[t]rata-se de instrumento negocial com obrigações recíprocas entre uma entidade pública e um particular, o qual assume os riscos e as contas de confessar uma infração e colaborar com o Estado no exercício de suas funções repressivas".[492]

Haja vista que as infrações se apresentam cada vez mais complexas e intangíveis, a instrução processual, necessária para comprovar a prática das condutas ilícitas e permitir o sancionamento, encontra-se cada vez mais difícil, sendo que a alternativa para garantir a punição, afastando a impunidade, é negociar com o sujeito infrator a delação, com o intento de garantir no processo a produção de provas da prática do comportamento antijurídico indesejado, viabilizando, assim, a punição de outros particulares que se encontram praticando aquilo que a lei considerou como indevido.

Sendo esse o objetivo do acordo de leniência, afora a hipótese prevista na Lei Anticorrupção e em caso de celebração do compromisso fixado no art. 26 da LINDB, afigura-se prejudicial a pretensão de afastar ou atenuar a sanção administrativa aplicada em decorrência da celebração de um acordo, ou até mesmo a possibilidade de buscar outros subterfúgios, com o intuito de mitigar o caráter aflitivo da sanção.

Não obstante a possibilidade anteriormente justificada, não se compactua com a ideia da sanção administrativa no âmbito das contratações públicas ser afastada ou mitigada em razão da celebração de um acordo administrativo, uma vez que a possibilidade de transação pode fazer parte do cálculo empreitado pelo particular quando analisa se pratica ou não o comportamento

---

491 MARRARA, Thiago. Acordo de leniência no processo administrativo brasileiro, regime jurídico e problemas emergentes. *Revista Digital de Direito Administrativo* v. 2, p. 509-527, 2015, p. 512. Disponível em: www.revistas.usp.br/rdda. Acesso em: 8 maio 2015.

492 MARRARA, Thiago. Acordo de leniência no processo administrativo brasileiro, regime jurídico e problemas emergentes. *Revista Digital de Direito Administrativo* v. 2, p. 509-527, 2015, p. 512. Disponível em: www.revistas.usp.br/rdda. Acesso em: 8 maio 2015.

infracional. Logo, tal possibilidade pode incentivar a prática de atos infracionais, prejudicando, assim, a persecução dos objetivos almejados com o objeto a ser executado pelo particular. Ilustra-se tal conclusão com o que ocorre na seara tributária, onde os contribuintes não recolhem os devidos impostos na forma prevista na legislação em razão de aguardar a época em que o governo implementa os programas denominados "REFIS", com o intento de regularizar sua situação perante o fisco, ocasião em que se observa a redução das multas administrativas e outros encargos.

Logo, muito embora seja possível a celebração de composição entre a Administração Pública e o particular, a exemplo do que ocorre no termo de leniência, afigura-se prejudicial o afastamento ou abrandamento da sanção administrativa por uma outra obrigação, sob pena de a Administração Pública não ter um dos instrumentos mais eficazes para o controle da atuação do particular em colaboração.

2.8 Sanções administrativas nas contratações públicas

Colocado fim ao estudo das alternativas às sanções administrativas, passa-se a estudar as espécies de punições e suas características gerais. Sendo assim, tem-se que as penalidades administrativas previstas na legislação licitatória encontram-se previstas nos arts. 156 e 162 da Lei nº 14.133/2021 e art. 83 da Lei nº 13.303/2016 (Lei das Estatais).

A presença de apenas leis federais fixando as sanções administrativas a serem aplicadas a particulares no âmbito das contratações públicas, como bem visualizado no parágrafo antecedente, advém do fato de ser da União a prerrogativa de legislar sobre normas gerais de licitação, consoante estabelece o art. 22, inc. XXVII, da Constituição da República de 1988,[493] devendo os Estados, o Distrito Federal, os Municípios e as entidades da administração

493 "Art. 22. Compete privativamente à União legislar sobre: [...] XXVII – normas gerais de licitação e contratação, em todas as modalidades, para as administrações públicas diretas, autárquicas e fundacionais da União, Estados, Distrito Federal e Municípios, obedecido o disposto no art. 37, XXI, e para as empresas públicas e sociedades de economia mista, nos termos do art. 173, §1º, III; (Redação dada pela Emenda Constitucional nº 19, de 1998)".

indireta adaptar suas normas sobre licitações e contratos ao disposto nesta legislação suprarreferida.

Analisando os dispositivos legais retrocitados, observa-se que a lei fixou como sanções administrativas: a advertência, as multas, a sanção de impedimento de licitar e contratar e a declaração de inidoneidade para licitar ou contratar.

O mencionado rol de sanções constantes da legislação licitatória apresenta-se como taxativo, exaustivo, fechado, *numerus clausus*.[494] Diante de tal assertiva, encontra-se vedada a criação ou o afastamento pela legislação local de sanções que não sejam as fixadas anteriormente. Demais disso, constata-se ser vedada a combinação das sanções, a exemplo do aumento ou redução do prazo das sanções que fixam um teto temporal ou a ampliação dos efeitos da penalidade.

Extrai-se, assim, que apenas a União, por meio de lei, pode fixar as infrações administrativas e as correspondentes sanções, não podendo tais penalidades ser disciplinadas pelos entes administrativos de forma distinta daquelas arroladas na legislação anteriormente destacada, vale dizer, que restou diminuída a autonomia da Administração na definição das sanções contratuais.[495]

Outra característica de importante destaque é a autonomia das sanções administrativas arroladas anteriormente, não sendo necessária, portanto, a utilização de uma como condição para autorizar a imposição de outra. Melhor esclarecendo, enfatiza Angélica Petian, que, "(...) não é necessária a aplicação da pena de advertência previamente à pena de multa, tampouco desta, para chegar à suspensão do direito de licitar e contratar".[496] Logo, ante a gravidade da infração administrativa praticada, poderá o particular infrator já ter a sua inidoneidade declarada na primeira conduta indesejada realizada.

Feitas tais considerações, passa-se a analisar as características de cada sanção administrativa, iniciando-se com a advertência.

---

494 RIGOLIN, Ivan Barbosa. Sanções, seu procedimento e seu âmbito. *BLC – Boletim de Licitações e Contratos*. São Paulo, a. 7, n. 9, p. 428-431, set. 1994, p. 430.

495 GARCIA, Flávio Amaral. *Licitações e contratos administrativos*: casos e polêmicas. São Paulo: Malheiros, 2016, p. 389.

496 PETIAN, Angélica. Sanções Administrativas nas Licitações e Contratações Públicas. *BLC – Boletim de Licitações e Contratos*. São Paulo, NDJ, a. 21, n. 10, p. 945-952, out. 2008, p. 951.

2.8.1 Advertência

Inaugura-se o estudo das sanções administrativas com a advertência,[497] expressamente prevista no art. 156, inc. I, da Lei nº 14.133/2021 e no art. 83, inc. I, da Lei nº 13.303/2016 (Lei das Estatais), apresentando-se como a punição de menor gravidade punitiva dentre aquelas arroladas nos dispositivos legais anteriormente aduzidos.

A advertência é a punição mais branda dentro de um elenco de cinco sanções administrativas previstas na legislação licitatória, cujos efeitos punitivos são escalonados – sendo menos severa a advertência e a mais rigorosa a declaração de inidoneidade. Por tal razão, tem-se que a advertência deve ser aplicada dentro de um juízo de proporcionalidade, com o escopo de punir um contratado em razão da ocorrência de erros na execução do ajuste que caracterizem uma inexecução contratual pequena[498] ou de pouca gravidade,[499] ou seja, a prática de uma falha leve,[500] que não gera prejuízos definitivos e irreparáveis ao interesse público.[501]

Assim, a advertência deve ser aplicada ao cabo do competente processo sancionatório, quando for o caso, a um particular contratado que incorreu em uma conduta caracterizada como inexecução contratual de pequena importância, durante a execução do objeto contratado por meio de licitação, contratação direta, credenciamento, ata de registro de preços etc.

---

497 A advertência, como penalidade aplicada em razão da prática de uma infração administrativa prevista nos instrumentos editalício e contratual é verificada no âmbito da Administração Federal a partir da edição do Decreto-Lei nº 2.300/1986, conforme se infere da leitura do art. 73, inc. I, até a norma atual, prevista, repise-se, no art. 87, inc. I, da Lei Federal nº 8.666/1993. Da mesma forma, no âmbito do Governo do Estado de São Paulo, a referida penalidade é observada na legislação licitatória desde a edição da Lei nº 10.395/1970, conforme se infere do seu art. 68, inc. V, até a atual, fixada no art. 81, inc. I, da Lei nº 6.544/1989.

498 SANTOS, José Anacleto Abduch. *Contratos administrativos*: formação e controle interno da execução: com particularidades dos contratos de prestação de serviços terceirizados e contratos de obras e serviços de engenharia. Belo Horizonte: Fórum, 2015, p. 74.

499 FERREIRA, Wolgran Junqueira. *Licitação e contratos na administração pública*. Bauru: Edipro, 1994, p. 282.

500 PIRES, Antonio Cecílio Moreira. *A desconsideração da personalidade jurídica nas contratações públicas*. São Paulo: Atlas, 2014, p. 31.

501 NIEBUHR, Joel de Menezes. *Licitação pública e contrato administrativo*. 3. ed. rev. e ampl. Belo Horizonte: Fórum, 2013, p. 1007.

Segundo o *Dicionário Aurélio*, a advertência apresenta-se como um:

> Ato ou efeito de advertir. 2. Admoestação, aviso, adversão.[502] De Plácido e Silva diz que advertência é uma palavra formada de advertir (do latim *advertere*), avisar, repreender, admoestar, tem, na linguagem jurídica, no sentido de aviso ou admoestação. Assim, no sentido de aviso, significa a declaração de alguém a outrem, no intuito de chamar a atenção para a ocorrência de certo fato, a fim de que se cumpra uma exigência legal, ou se atenda às prescrições instituídas em lei ou regulamento.[503] (Grifo nosso).

Elucidando tal definição, no âmbito das contratações públicas, esclarece Sônia Tanaka que a advertência "trata-se de um mero aviso para o contratado da efetiva fiscalização realizada pela Administração, impondo àqueles o cumprimento regular das obrigações, sob pena de serem aplicadas sanções mais graves"[504] ou, como aponta Roberto Ribeiro Ballizi, "consiste em chamar atenção do contratado por seu inadimplemento contratual".[505] Nas palavras de Jessé Torres Pereira Júnior e Marinês Restelatto Dotti, a advertência "tem finalidade comunicativa da insatisfação da Administração com o fim de prevenir o contratado de que outra falta poderá ensejar a aplicação de sanção mais severa".[506]

Para ilustrar, o art. 4º da Instrução Normativa SSC/MGI nº 14, de 25 de abril de 2024, aponta que a advertência é cabível quando a infração administrativa não acarretar prejuízos significativos para a execução do objeto contratado.

Apresentando-se a advertência, portanto, como um mero aviso provido de finalidade corretiva, inexiste nesta modalidade de punição a redução do patrimônio do contratado, como já ocorre na aplicação de multa, ou na restrição de direitos do particular apenado, a exemplo do que ocorre na aplicação da suspensão do

---

502 FERREIRA, Aurélio Buarque de Holanda; FERREIRA, Marina Baird; ANJOS, Margarida dos (coord.). *Dicionário da Língua Portuguesa*. 5. ed. Curitiba: Positivo, 2010, p. 62.

503 SILVA, De Plácido e. *Dicionário Jurídico*. 21. ed. Rio de Janeiro: Forense, 2003, p. 41.

504 TANAKA, Sônia Yuriko Kanashiro. *Concepção dos contratos administrativos*. São Paulo: Malheiros, 2007, p. 159.

505 BAZZILI, Roberto Ribeiro. *Contratos Administrativos*. São Paulo: Malheiros, 1996, p. 142.

506 PEREIRA JÚNIOR, Jessé Torres; DOTTI, Marinês Restelatto. *Da responsabilidade de agentes públicos e privados nos processos administrativos de licitação e contratação*. São Paulo: NDJ, 2012, p. 936.

direito de licitar e contratar com a Administração ou na declaração de inidoneidade com a Administração Pública.

Por tal razão, a advertência não apresenta grande relevância quando comparada às demais punições que repercutem na esfera jurídica do contratado com maior intensidade,[507] o que faz emergir discussão no sentido de que a "advertência" poderia não ser caracterizada como uma típica sanção administrativa.

Neste sentido é a exegese de Joel de Menezes Niebuhr:

> A rigor, a advertência não deveria ser encartada no rol das sanções administrativas, porquanto, evidentemente, em sua essência, ela não é uma espécie de sanção. A advertência – salta aos olhos – antecede a sanção, com o propósito de evitá-la, de fazer com que o licitante ou contratado corrija o seu comportamento.[508]

Em sua exposição, assevera o referido autor que a advertência guarda a mesma correspondência com a providência constante do art. 67, §1º, da Lei nº 8.666/1993,[509] haja vista que o:

> Poder de advertir é inerente ao poder de fiscalizar, reconhecido à Administração Pública expressamente no inciso III do art. 58, da Lei nº 8.666/93. O raciocínio é linear: quem fiscaliza, adverte ou noutras palavras, comunica o fiscalizado de incorreções a fim de evitar danos definitivos, que demandariam a aplicação de verdadeiras sanções.
>
> (...)
>
> Ora, nas situações em que o representante da Administração constata falta ou defeito do contratado e, pois, determina que o comportamento seja corrigido, ele estará, sem sombra de dúvidas, emitindo uma advertência. Quer dizer, que determinar a regularização de faltas e dos defeitos equivale, em essência, advertir.[510] (Grifo nosso)

---

507 SANTOS, José Anacleto Abduch. *Contratos administrativos*: formação e controle interno da execução: com particularidades dos contratos de prestação de serviços terceirizados e contratos de obras e serviços de engenharia. Belo Horizonte: Fórum, 2015, p. 274.

508 NIEBUHR, Joel de Menezes. *Licitação pública e contrato administrativo*. 3. ed. rev. e ampl. Belo Horizonte: Fórum, 2013, p. 1007.

509 "Art. 67. A execução do contrato deverá ser acompanhada e fiscalizada por um representante da Administração especialmente designado, permitida a contratação de terceiros para assisti-lo e subsidiá-lo de informações pertinentes a essa atribuição.
§1º O representante da Administração anotará em registro próprio todas as ocorrências relacionadas com a execução do contrato, determinando o que for necessário à regularização das faltas ou defeitos observados".

510 NIEBUHR, Joel de Menezes. *Licitação pública e contrato administrativo*. 3. ed. rev. e ampl. Belo Horizonte: Fórum, 2013, p. 1008.

Da mesma forma, entende Felipe Blanco Garcia Guimarães Fleury quando assevera que "a advertência não se consubstancia em uma sanção aplicável à inexecução total ou parcial, pois não mais se revela cabível ou prestante advertir o contratado (...)".[511]

Opondo-se ao referido entendimento, prescreve José Anacleto Abduch Santos que a advertência:

> Não se confunde com orientações, proposições, ordens ou determinações produzidas pelo gestor ou pelo fiscal no exercício de sua competência. Essas condutas se inserem no âmbito da competência geral de controle da execução contratual no exercício de dever-poder de acompanhar e orientar a execução do contrato.[512]

Filiamo-nos a tal corrente, uma vez que, muito embora inexista redução de patrimônio ou direito de particular, a advertência não se caracteriza como uma mera orientação ou determinação de providências, apresentando-se, todavia, como uma punição de finalidade corretiva e natureza moral.[513]

Acerca das sanções morais, enuncia Norberto Bobbio:

> Afirma-se que morais são aquelas normas cuja sanção é puramente interior. Por sanção, entende-se sempre uma consequência desagradável da violação, cujo fim é prevenir a violação ou, no caso em que a violação seja verificada, eliminar as consequências nocivas. A única consequência desagradável da violação de uma norma moral seria o sentimento de culpa, um estado de incômodo, de perturbação, às vezes de angústia, que se diz, na linguagem da ética, "remorso" ou "arrependimento".[514]

Desta feita, inexistindo redução patrimonial ou sustação de direitos do particular apenado, uma vez que os efeitos terão efeitos

---

511 FLEURY, Felipe Blanco Garcia Guimarães. *As infrações e sanções administrativas aplicáveis a licitações e contratos (Leis nºs 8.666/93, 10.520/02, 12.462/11 e Lei nº 12.846/13)*. 186f. Dissertação (Mestrado em Direito), Pontifícia Universidade Católica de São Paulo, São Paulo, 2016, p. 128.

512 SANTOS, José Anacleto Abduch. *Contratos administrativos*: formação e controle interno da execução: com particularidades dos contratos de prestação de serviços terceirizados e contratos de obras e serviços de engenharia. Belo Horizonte: Fórum, 2015, p. 74.

513 ARAÚJO, Edmir. *Curso de direito administrativo*. 5. ed. rev. e atual. São Paulo: Saraiva, 2010, p. 962.

514 BOBBIO, Norberto. *Teoria da Norma Jurídica*. São Paulo: Edipro, 2001, p. 155.

psicológicos,[515] tem-se que a referida sanção repercutirá internamente na estrutura empresarial da pessoa jurídica ou no sentimento da pessoa natural, cuja admoestação reprimirá novas infrações.

Entende-se, portanto, que a advertência não impede que o particular apenado continue participando de certames licitatórios, celebre novas contratações ou mantenha relação contratual com a Administração Pública,[516] uma vez que os seus efeitos são internos ao contrato administrativo.

Com efeito, faz sentido a previsão da advertência na legislação licitatória como uma punição, uma vez que, se a referida punição inexistisse no ordenamento jurídico, qualquer descumprimento do contrato caracterizado como uma infração administrativa, por mais ínfimo que se apresente, acarretaria a imposição de sanção restritiva de patrimônio (multa) ou de direitos (a exemplo da suspensão do direito de licitar e contratar com o Poder Público), o que não seria, à luz dos princípios da proporcionalidade e da razoabilidade, a punição mais adequada. Com efeito, demonstrou a Lei, em nosso sentir, ao fixar uma punição de natureza moral e corretiva, que o patrimônio e o direito dos colaboradores do Poder Público não podem ser reduzidos ou limitados quando da prática de comportamentos antijurídicos de pouca repercussão jurídica.

Neste sentido, não se pode deixar de apontar que a advertência é consagrada na legislação pátria como uma típica sanção administrativa, sendo a punição adequada, diga-se proporcional, à prática de infrações administrativas de apequenada repercussão jurídica. É o que se verifica no âmbito dos processos disciplinares aplicados aos servidores públicos, consoante prevê o art. 127, inc. I, do Estatuto dos Servidores Públicos Civis da União (Lei nº

---

515 Nesse sentido, José Roberto Dromi, *in verbis* "4.6. Advertencia. Es diferente del aviso, porque acentua la sanción que impodría la autoridade policial em el supuesto de no cumplirse un deber particular o general. Debe ser emitida por la autoridad que tiene competencia para omponer la medida punitiva. Tiene por objeto, a diferencia de la ordem, una imposición com fin psicológico-intimidatório y com caráter preventivo. La conducta impuesta se establece en forma general, y la sanción se muestra como anticipo represivo" (DROMI, Roberto. *Derecho Administrativo*. 12. ed. Buenos Aires-Madri-México: Ciudad Argentina, Hispania Libros, 2009, p. 895).

516 PEREIRA JÚNIOR, Jessé Torres; DOTTI, Marinês Restelatto. *Da responsabilidade de agentes públicos e privados nos processos administrativos de licitação e contratação*. São Paulo: NDJ, 2012, p. 936.

8.112/1990), o art. 256, inc. I, do Código de Trânsito Brasileiro (Lei nº 9.503/1997), o art. 72, inc. I, da Lei nº 9.605/1998, cujo teor dispõe sobre as sanções penais e administrativas derivadas de condutas e atividades lesivas ao meio ambiente e dá outras providências etc.

Objetiva a advertência alertar o particular contratado para o fato de que a execução do objeto contratado não se desenvolve da forma assentada nos instrumentos convocatório e contratual, o que pode gerar prejuízo para a Administração contratante, uma vez que poderá o Poder Público receber algo dissonante do especificado pelo Estado. Diante de tal repreensão, tal sanção representa medida até certo ponto preventiva de punições maiores, se surtirem efeitos.[517] Demais disso, em razão do sancionamento acarretar a realização de acompanhamento mais minucioso da atividade do particular pela Administração, tendo em vista haver anterior descumprimento dos seus deveres,[518] o contratado redobrará o cuidado durante a execução do contrato.

Outrossim, observa-se que a advertência tem o condão de cientificar o apenado primário[519] que, em caso de reincidência, o particular sofrerá uma punição mais severa.[520]

Neste sentido, aponta José Anacleto Abduch Santos:

> A pena de advertência tem, então, dupla função. Sancionar a infração de pequeno potencial lesivo e balizar a aplicação de sanções por outras infrações de natureza diversa, ou pela reiteração no cometimento de idênticas infrações pelo contratado. A reincidência de conduta infracional de pequena gravidade enseja o direito da Administração de aplicar a sanção mais grave a partir da segunda infração reiterada.[521]

---

517 MENEGALE, José Guimarães. *Direito administrativo e ciência da administração*. Rio de Janeiro: Borsoi, 1950, p. 200.

518 JUSTEN FILHO, Marçal. *Comentários à lei de licitações e contratos administrativos*. 15. ed. São Paulo: Dialética, 2012, p. 1.019.

519 "A advertência tem importância fundamental porque trata da primariedade do infrator, e uma vez aplicada, quebra essa situação jurídica. Apesar de ser a primeira e ser aplicada para infrações mais leves, tem o objetivo de afetar o patrimônio moral do licitante ou do contratado. Quanto à reincidência, apesar de a lei não trazer nenhuma regra sobre como devo considerá-la, é um fator que implica uma segunda punição, uma punição mais grave" (OLIVEIRA, José Roberto Pimenta de. Aplicação de sanções nos procedimentos licitatórios. *Boletim de Direito Administrativo*, São Paulo: NDJ, p. 853-869, ano 26, n. 8, ago. 2013).

520 JUSTEN FILHO, Marçal. *Comentários à lei de licitações e contratos administrativos*. 15. ed. São Paulo: Dialética, 2012, p. 1.019.

521 SANTOS, José Anacleto Abduch. *Contratos administrativos*: formação e controle interno da execução: com particularidades dos contratos de prestação de serviços terceirizados e contratos de obras e serviços de engenharia. Belo Horizonte: Fórum, 2015, p. 74.

Como a advertência apresenta-se como uma sanção administrativa de pouca repercussão jurídica,[522] inaplicável em qualquer circunstância da inexecução total ou parcial do contrato,[523] verifica-se que ela não interrompe a continuidade da avença,[524] não sendo a sua imposição, por conseguinte, um motivo para acarretar a necessidade de rescisão contratual ou qualquer outra consequência,[525] salvo a anotação da punição no registro cadastral do particular apenado.

Destaque-se que a advertência é a consequência jurídica que a legislação impõe para o contratado que incorrer nas condutas indesejadas e tipificadas como infração administrativa, vale dizer, inexecução parcial dos termos do contrato administrativo. Não se afigura possível, portanto, aplicar a advertência em decorrência da prática de condutas reprováveis verificadas durante o transcurso do certame licitatório, uma vez que o §2º do art. 156 da Lei nº 14.133/2021 determina a advertência como consequência da prática de comportamento que caracterize inexecução parcial do contrato, quando não se justificar a imposição de penalidade mais grave.

Assim ocorre, uma vez que, no âmbito das sanções administrativas, como restou colacionado em linhas anteriores, deve ser observado o princípio da tipicidade,[526] que exige que infrações administrativas e a correspondente sanção encontrem-se expressamente dispostas em lei. Com efeito, a ampliação dos contornos da infração e do alcance da punição administrativa é função da lei.

---

522 SANTOS, José Anacleto Abduch. *Contratos administrativos*: formação e controle interno da execução: com particularidades dos contratos de prestação de serviços terceirizados e contratos de obras e serviços de engenharia. Belo Horizonte: Fórum, 2015, p. 74.

523 FERREIRA, Wolgran Junqueira. *Licitação e contratos na administração pública.* Bauru: Edipro, 1994, p. 282.

524 MENDES, Raul Armando. *Comentários ao Estatuto das licitações e contratos administrativos.* São Paulo: Revista dos Tribunais, 1988, p. 180.

525 SOUTO, Marcos Juruena Villela. *Direito administrativo contratual.* Rio de Janeiro: Lumen Juris, 2004, p. 355.

526 Sobre o referido princípio, Rafael Munhoz de Mello: "A tipicidade exige que o comportamento proibido esteja descrito de modo claro e preciso na norma jurídica, assim como exige precisão e clareza na descrição da sanção a ele correspondente.
[...]
Assim, não será o particular surpreendido com a imposição de sanção administrativa pela adoção de comportamento que não sabia fosse proibido, e tampouco pela imposição de uma medida punitiva que desconhecia, escolhida arbitrariamente pela Administração Pública" (MELLO, Rafael Munhoz de. *Princípios constitucionais de direito administrativo sancionador*. São Paulo: Malheiros, 2007, *p*. 134).

Logo, a punição com advertência é restrita aos casos de inexecução parcial dos contratos administrativos.

Ante a gravidade da infração administrativa cometida pelo colaborador da Administração, permite o art. 156, §7º, da Lei nº 14.133/2021 a acumulação da sanção de advertência com a de multa. Logo, além da imposição de uma advertência para alertar o contratado das irregularidades praticadas durante a execução do objeto do contrato administrativo, buscando corrigir as falhas observadas pela Administração, poderá ser aplicada uma multa se, em razão da gravidade cometida e à luz da proporcionalidade, tal punição for consequência adequada.

Assim, caso a imposição de uma advertência, no caso concreto, não seja suficiente para que o contratado cumpra adequadamente a obrigação constante do instrumento contratual ou instrumento equivalente, deverá a Administração se socorrer das multas contratuais, quando não for o caso de o Poder Público contratante aplicar uma sanção restritiva de direitos ou proceder à rescisão do contrato administrativo.[527]-[528]

Mesmo sendo uma sanção branda, exige que a Administração contratante observe a abertura de regular processo administrativo para apurar a responsabilidade do contratado, assegurando-lhe o direito à ampla defesa e ao contraditório [529], não obstante a lei silenciar acerca da necessidade de conclusão de expediente sancionatório. [530]

---

527 "A Administração deverá perquirir se o descumprimento contratual, por parte do contratado, há de se encartar nas hipóteses de sanções punitivas (multas) ou se, de revés, na sanção máxima: a rescisão" (FIGUEIREDO, Lúcia Valle. *Extinção dos contratos administrativos*. 3. ed. São Paulo: Malheiros, 2002, p. 45).

528 "Em terceiro, que essa atividade sancionatória da Administração, teoria geral, não impede a execução da atividade rescisória; a rescisão contratual sempre será possível. Isso vale para tudo, provimentos punitivos não se confundem com provimentos rescisórios, atos sancionatórios não se confundem com atos rescisórios. A lei diz claramente que o fato de aplicar a multa não impede a ocorrência da rescisão unilateral do contrato. Isso porque as competências têm índoles diferentes, por isso o legislador as respeita" (OLIVEIRA, José Roberto Pimenta de. Aplicação de sanções nos procedimentos licitatórios. *Boletim de Direito Administrativo*, São Paulo: NDJ, p. 853-869, ano 26, n. 8, ago. 2013, p. 856).

529 PEREIRA JÚNIOR, Jessé Torres; DOTTI, Marinês Restelatto. *Da responsabilidade de agentes públicos e privados nos processos administrativos de licitação e contratação*. São Paulo: NDJ, 2012, p. 936.

530 FERREIRA, Daniel. Responsabilização administrativa por infrações imputáveis a licitantes e contratados à luz da Lei n. 14.133/2012 (NLLC). *In:* HARGER (coord.) *Aspectos polêmicos sobre a nova lei de licitações e contratos administrativos*: Lei nº 14.133/2021. Belo Horizonte: Fórum, 2022, p. 374 e 375.

Após a conclusão do processo punitivo, "a penalidade de advertência pode ser formalizada no próprio Livro de Registro do Contrato ou em termo a parte, colhendo-se o ciente do preposto, ou seja, deve ser aplicada por escrito.[531] Considera-se executada a penalidade com a simples ciência do preposto".[532]

Finda-se, portanto, o estudo da sanção mais branda prevista na legislação licitatória.

2.8.2 Multa

A segunda sanção administrativa a ser tratada neste capítulo refere-se à multa,[533] pena pecuniária caracterizada pela imposição do recolhimento de determinada quantia em dinheiro em razão de incorrer-se em comportamentos fixados na legislação como infração administrativa, anteriormente estudados.

A referida penalidade apresenta-se na legislação licitatória sob duas espécies, sendo a primeira a multa moratória, devida em razão do atraso injustificado na execução do contrato, fixada nos arts. 162, *caput,* da Lei nº 14.133/2021[534] e 82, *caput,* da Lei nº 13.303/2016,[535] bem como a segunda, a multa punitiva, aplicável em caso de prática dos comportamentos fixados no art. 155 da Lei

---

531 PEREIRA JÚNIOR, Jessé Torres *et al. Comentários à Lei das Estatais – nº 13.303/2016*. Belo Horizonte: Fórum, 2020, p. 700.

532 FERNANDES, Jorge Ulisses Jacoby. Sucinta análise das regras punitivas da Lei de Licitações e Contratos. *FCGP –Fórum de Contratação e Gestão Pública,* Belo Horizonte, a. 5, n. 52, abr. 2006. Disponível em: http://www.bidforum.com.br/bid/pdi006.aspx?pdiCntd=349. Acesso em: 14 maio 2014.

533 A multa, como penalidade aplicada em razão da prática de uma infração administrativa prevista nos instrumentos editalício e contratual, é verificada no âmbito da Administração Federal a partir da edição do Decreto-Lei Federal nº 200/67, em seu art. 136, inc. I, sendo reproduzida no Decreto-Lei Federal nº 2.300/1986, conforme se infere da leitura do art. 73, inc. I, e na norma atual, prevista, repise-se, no art. 87, inc. II da Lei Federal nº 8.666/1993. Da mesma forma, no âmbito do Governo do Estado de São Paulo, a referida penalidade é observada na legislação licitatória desde a edição da Lei nº 10.395/1970, conforme se infere do seu art. 68, inc. IV, até a atual, fixada no art. 81, inc. II, da Lei nº 6.544/1989.

534 "Art. 162. O atraso injustificado na execução do contrato sujeitará o contratado a multa de mora, na forma prevista em edital ou em contrato".

535 "Art. 82. Os contratos devem conter cláusulas com sanções administrativas a serem aplicadas em decorrência de atraso injustificado na execução do contrato, sujeitando o contratado a multa de mora, na forma prevista no instrumento convocatório ou no contrato".

nº 14.133/2021, conforme se infere da leitura do art. 156, inc. II c/c o seu §7º, e 82, inc. II, da Lei nº 13.303/2016.[536]

Partindo da premissa de que a lei não contém palavras inúteis,[537] constata-se que tais sanções administrativas são distintas nos dispositivos citados, sendo os elementos que justificam tal distinção objeto de análise à frente.

Analisando as características comuns entre as multas moratória e punitiva, temos a considerar que a penalidade em estudo concretiza-se na redução do patrimônio do particular apenado, não carreando esta, portanto, uma admoestação moral, a exemplo da advertência, ou restrição de direitos, como o impedimento de licitar e contratar com o Poder Público.

Acerca dos objetivos da multa, seja qual for a sua espécie, utiliza-se o prejuízo financeiro decorrente da penalidade com o escopo de desestimular a prática das indesejadas caracterizadas como infrações administrativas, uma vez entendendo a Lei que, além da admoestação ou restrição de direitos, a redução patrimonial apresenta-se como eficaz instrumento para garantir a execução do objeto na forma pactuada.

A multa caracteriza-se como uma penalidade de efeitos internos, não repercutindo suas sequelas para fora da relação contratual – ou seja, não prejudica o particular de participar de novas licitações, contratações diretas ou manter/celebrar contratos –, salvo a necessidade de utilização do aparato estatal para ajuizamento da competente execução fiscal para cobrá-la judicialmente, caso a cobrança administrativa, procedida pela própria Administração, de forma razoável e nos termos da lei, apresente-se como infrutífera.

A Lei nº 8.666/1993 quando tratou das punições administrativas – diferentemente do que estabelece em seu art. 99, quando tratou das sanções penais,[538] estabeleceu os contornos punitivos no tocante

---

536 "Art. 83. Pela inexecução total ou parcial do contrato a empresa pública ou a sociedade de economia mista poderá, garantida a prévia defesa, aplicar ao contratado as seguintes sanções: [...] II – multa, na forma prevista no instrumento convocatório ou no contrato";

537 Carlos Maximiliano: "*Verba cum effectu, sunt accipienda*: 'Não se presume, na lei, palavras inúteis'. Literalmente: 'Devem-se compreender as palavras como tendo alguma eficácia'. As expressões do Direito interpretam-se de modo que não resultem frases sem significação real, vocábulos supérfluos, ociosos, inúteis" (MAXIMILIANO, Carlos. *Hermenêutica e Aplicação do Direito*. 13. ed. Rio de Janeiro: Forense, 1993, p. 250).

538 "Art. 99. A pena de multa cominada nos arts. 89 a 98 desta Lei consiste no pagamento de quantia fixada na sentença e calculada em índices percentuais, cuja base corresponderá ao valor da vantagem efetivamente obtida ou potencialmente auferível pelo agente. §1º

às multas em relação às sanções penais – não fixou limites ou parâmetros acerca dos valores das punições pecuniárias a serem impostas aos infratores no âmbito administrativo. Por tal razão, era dever do regulamento ou do ato convocatório e termos do contrato regular tal questão, disciplinando a generalidade da lei, sob pena de inviabilizar o exercício do poder sancionatório no âmbito das contratações públicas, haja vista afastar punições abusivas.[539]

Lei nº 14.133/2021, todavia, disciplinando a questão, em seu art. 156, §3º, fixou os parâmetros punitivos, estabelecendo que a multa não poderá ser inferior a 0,5% (cinco décimos por cento) nem superior a 30% (trinta por cento) do valor do contrato licitado ou celebrado com contratação direta.

Esclareça-se que tanto a multa moratória quanto a punitiva exigem expressa previsão nos instrumentos editalício e contratual, diferentemente da previsão constante do art. 156, §3º, e art. 162 da Lei nº 14.133/2021, que assenta que tais sanções deverão constar do edital *ou* contrato. Melhor esclarecendo, estabelece o art. 24 da Lei nº 14.133/2021, que o edital deverá conter o objeto da licitação e as regras relativas à convocação, ao julgamento, à habilitação, aos recursos e às penalidades da licitação, à fiscalização e à gestão do contrato, à entrega do objeto e às condições de pagamento. Demais disso, estabelece o art. 92, inc. XIV, da Lei nº 14.133/2021, que são cláusulas necessárias em todo contrato as que estabelecem os direitos e as responsabilidades das partes, as penalidades cabíveis e os valores das multas. Ademais, estabelece o art. 25, §3º, da Lei nº 14.133/2021, que constituem elementos do edital, dele fazendo parte integrante a minuta do contrato a ser firmado entre a Administração e o licitante vencedor. Não restam laivos de dúvida, portanto, que tanto o ato convocatório quanto a minuta do instrumento contratual

---

Os índices a que se refere este artigo não poderão ser inferiores a 2% (dois por cento), nem superiores a 5% (cinco por cento) do valor do contrato licitado ou celebrado com dispensa ou inexigibilidade de licitação. §2º O produto da arrecadação da multa reverterá, conforme o caso, à Fazenda Federal, Distrital, Estadual ou Municipal".

539 Acerca da ausência de disciplinamento, aponta Joel de Menezes Niebuhr que: "Isso, infelizmente, franqueia as portas da Administração Pública a toda sorte de abusos e desmandos, com o estabelecimento de multa com valores abertamente desproporcionais e excessivos, o que deve ser tolhido pelos órgãos de controle e Pode Judiciário" (NIEBUHR, Joel de Menezes. *Licitação pública e contrato administrativo*. 3. ed. rev. e ampl. Belo Horizonte: Fórum, 2013, p. 1010).

devem assentar as regras para a punição de particulares no âmbito das contratações públicas. Com efeito, não só a multa deve ser objeto de disciplinamento, mas também as demais penalidades previstas na legislação.

No âmbito das contratações diretas, por sua vez, conforme determina o art. 92, inc. XIV, da Lei nº 14.133/2021, as regras atinentes para aplicação da multa devem constar da minuta do contrato, que deverá estar encartado no processo administrativo da dispensa ou inexigibilidade de licitação, uma vez que nas contratações onde a licitação é afastada inexiste a figura do ato convocatório. Em caso de substituição do contrato administrativo por um instrumento equivalente, deve o regramento punitivo, com rigor de detalhe, constar das condições gerais da contratação, em forma de anexo da nota de empenho ou instrumento equivalente.

Com efeito, sendo um dos deveres do servidor público observar as normas legais e regulamentares, a exemplo do que se prevê o art. 116, inc. III, da Lei nº 8.112/1990, repetidos nos Estatutos dos Servidores dos demais entes, a inobservância da previsão contida nos dispositivos legais citados no parágrafo anterior pode gerar responsabilização disciplinar do agente público.

Verifica-se, portanto, ser necessária a previsão das multas no ato convocatório e instrumento contratual, sejam elas da espécie moratória ou punitiva, devendo as condições para a punição ser fixadas de forma pormenorizada, de modo a viabilizar a imposição da referida penalidade.

Sob outro prisma, a fim de garantir a segurança jurídica aos licitantes e futuro contratante, conforme já tratado em capítulo anterior, o devido regramento deve ser fixado previamente,[540] uma vez que os proponentes devem ter pleno e pormenorizado conhecimento das condutas caracterizadas como infrações que deverão praticar abstenção.

---

[540] Nesse sentido, Caio Mário da Silva Pereira: "Seja a cláusula penal estipulada juntamente com a obrigação ou em instrumento separado, evidentemente deve ser fixada antes do descumprimento, pois o contrário se não compadeceria com a finalidade econômica (liquidação prévia do dano) e menos ainda se afinaria com a outra, já que o reforçamento de obrigação descumprida pareceria o que a linguagem popular caracteriza no refrão que alude a "pôr fechadura em porta arrombada" (PEREIRA, Caio Mário da Silva. *Instituições de Direito Civil*. 24. ed. Rio de Janeiro: Forense, 2011, p. 142).

Com efeito, por meio da previsão nos instrumentos editalício e contratual, garante-se prévio controle do regramento punitivo da contratação, seja pelos particulares, que não concordando com os termos editalícios atinentes à sanção em estudo poderão impugnar os seus termos, ou abdicar da participação do certame ou celebração do ajuste direto, não desejando correr o risco de contratar sem conhecer o regime sancionatório incidente naquela contratação, seja pela própria Administração, uma vez que a assessoria jurídica poderá determinar correções em razão do regramento encontrar-se divorciado das balizas legais.

Diante de tal quadro, afasta-se a discricionariedade na aplicação da multa durante a condução do processo sancionatório, uma vez que estará o administrador público competente vinculado aos termos antecipadamente previstos na minuta do instrumento contratual, conhecidos do referido particular desde a época do processamento da licitação.

Em reverência ao princípio da vinculação ao edital, afigura-se impossível a previsão da multa no instrumento contratual, caso não cominada no instrumento convocatório.[541] Todavia, o STJ entendeu que: "Cláusula penal não prevista no edital, ajustada após adjudicação, entre a Administração Pública e o licitante vitorioso. Se não houve vício de consentimento em sua contratação, tal cláusula penal é lícita e eficaz".[542]

De toda sorte, não se pode esquecer que resta vedada a aplicação de qualquer punição, em especial as sanções pecuniárias ora estudadas, caso seus contornos não sejam fixados no instrumento convocatório e contratual, em razão de inexistirem regras para que a autoridade competente exerça sua competência sancionatória adequadamente, o que tornará totalmente discricionário o manejo do instrumental punitivo, o que é descabido, conforme já ressaltado em capítulo anterior.

Acerca do conteúdo a ser fixado no ato convocatório e na minuta contratual, de forma a permitir a imposição da multa

---

541 JUSTEN FILHO, Marçal. *Comentários à lei de licitações e contratos administrativos*. 15. ed. São Paulo: Dialética, 2012, p. 1006.

542 BRASIL. Superior Tribunal de Justiça. *REsp. nº 132855 MG 1997/0035320-6*. Relato Ministro Francisco Falcão. Julgado em 19.04. 2001. Brasília, DF, *DJe* 01.10.2001, p. 162.

ao sujeito que incorreu em infração administrativa, em razão de inexistir discricionariedade na fixação do *quantum*, como já tratado anteriormente, é dever do edital e do contrato estabelecer clara, expressa e pormenorizadamente, as regras para o exercício do poder punitivo administrativo, a exemplo da fixação de uma quantia financeira, valor preestabelecido ou um critério para sua apuração futura, que se dará por meio da previsão de uma base de cálculo e percentual,[543] eleitos justificadamente na fase interna da licitação.

Nesta toada, a fim de garantir a aplicação de uma sanção que reverencie o princípio da proporcionalidade e da razoabilidade, quando o ato convocatório estabelecer a forma de apuração dos valores em detrimento da fixação de um valor preestabelecido, com estribo no magistério anteriormente colacionado, deve o edital ou carta-convite fixar como base de cálculo o valor do contrato ou da parcela inadimplida. Nesse sentido já se posicionou o Tribunal de Justiça do Estado de São Paulo pela possibilidade de cálculo da multa apenas sobre a parcela não cumprida do contrato.[544]

Sendo assim, em caso de atraso injustificado de todo o objeto contratado ou inexecução total do contrato, deverá a base de cálculo ser o valor total do contrato. Por sua vez, observando-se atraso injustificado parcial do ajuste ou inexecução de parte do contrato, tem-se que a base de cálculo será o valor da parcela inadimplida. "Em rigor, para a multa de mora, fixa-se um percentual incidente sobre o valor da obrigação por dia de atraso, respeitado um limite máximo".[545]

Parece-nos que assim deve ser, uma vez que tais multas, sejam elas moratórias ou punitivas, não podem ter caráter confiscatório do

543 Sobre a referida questão, enuncia Angélica Petian que: "Geralmente, o valor da multa é definido em percentual sobre o valor do contrato ou da parcela inadimplida" (PETIAN, Angélica. Sanções Administrativas nas Licitações e Contratações Públicas. *BLC – Boletim de Licitações e Contratos*. São Paulo, NDJ, a. 21, n. 10, p. 945-952, out. 2008, p. 948).

544 "CONTRATO ADMINISTRATIVO. Preço pelo serviço contratado, inexistindo qualquer referência sobre eventual burla ao processo de licitação. Redução da multa na proporção da parte não cumprida do contrato. ADMISSIBILIDADE, Recursos parcialmente providos para reduzir a verba honorária" (SÃO PAULO. Tribunal de Justiça do Estado de São Paulo. *Apelação nº 176.982-8/9-00*. Relator: Desembargador Oliveira Santos, j. 28.08.2000).

545 FLEURY, Felipe Blanco Garcia Guimarães. *As infrações e sanções administrativas aplicáveis a licitações e contratos (Leis nºs 8.666/93, 10.520/02, 12.462/11 e Lei nº 12.846/13)*. 186f. Dissertação (Mestrado em Direito), Pontifícia Universidade Católica de São Paulo, São Paulo, 2016, p. 133.

patrimônio do particular apenado, o que caracteriza nítido desvio de finalidade das sanções administrativas.

Sobre o tema, José Anacleto dos Santos Abduch:

> Normal e rotineiramente, as multas moratórias são fixadas a partir de percentual que incide sobre o valor, especialmente as de natureza moratória. Deve haver um limite para a multa moratória, pena de tornar a sanção equivalente ao confisco (há registro de multas moratórias que, sem limite previsto no contrato, atingiram valor quase equivalente ao do objeto da contratação) e violadora do princípio da proporcionalidade.[546]

Não são outros os ensinamentos de Juan Carlos Cassagne, que leciona que: "Se bem que a pena de multa é suscetível de afetar significantemente o patrimônio de uma pessoa, essa lesão não pode ser confiscatória".[547]

Avançou bem a Lei nº 14.133/2021, que, em seu art. 156, §3º, fixou um teto máximo para as multas administrativas, estabelecendo como limite 30% (trinta por cento) do valor do contrato licitado ou celebrado com contratação direta, afastando, assim, a possibilidade da sanção administrativa em estudo deter caráter confiscatório.

Com efeito, de forma a observar o princípio da proporcionalidade, deve o edital e a minuta do contrato fixar as sanções previstas na lei, estabelecendo, ainda, a necessária correlação com as condutas infracionais, de forma graduada e proporcional à sua gravidade, devendo o *quantum* punitivo ser eleito por meio da aplicação de porcentual sobre uma base de cálculo.

Passando a estudar as espécies de multas observadas na legislação licitatória, temos a considerar que a *multa moratória*, prevista expressamente no *caput* do art. 162 da Lei nº 14.133/2021 e art. 82 da Lei nº 13.303/2016, será devida, se for o caso, ao cabo do processo administrativo sancionatório, em razão do atraso injustificado na execução do contrato, ou seja, quando for observada uma inadimplência relativa.

---

546 SANTOS, José Anacleto Abduch. *Contratos administrativos*: formação e controle interno da execução: com particularidades dos contratos de prestação de serviços terceirizados e contratos de obras e serviços de engenharia. Belo Horizonte: Fórum, 2015, p. 276.

547 Texto original: "Si bien la pena de multa es suceptible de afectar significamente el patrimonio de una persona, ese lesión no puede ser confiscatoria (...)" (CASSAGNE, Juan Carlos. *Derecho Administrativo*. 5. ed. Buenos Aires: Abedo-Perrot, 1996-1997. v. II, p. 587).

Mora, nas palavras de Caio Mário da Silva Pereira, é retardamento injustificado da parte de algum dos sujeitos da relação obrigacional no tocante à prestação.[548] Definindo a mora como uma impontualidade culposa, Orlando Gomes salienta:

> Juntamente com a impossibilidade definitiva, cogita-se, na teoria do inadimplemento, da impossibilidade transitória. Não raro, a obrigação pode ser cumprida e, não obstante, o devedor deixa de cumpri-la no vencimento. Embora viável, a prestação não é satisfeita pontualmente. Há enfim, retardamento, culposo ou não, a que a ordem jurídica não fica indiferente. Desse atraso decorrem consequências, quer ele seja imputável ao devedor, quer se verifique sem culpa sua.[549]

Sendo assim, desde que prevista nos instrumentos editalício e contratual, caberá a sanção de multa moratória para aquelas situações caracterizadas como infrações administrativas materializadas como atraso injustificado na execução do objeto contratado.

Obviamente, somente sofrerá a sanção administrativa em caso de inadimplemento culposo, no mínimo. Se havia motivo justificado para o atraso, o particular não poderá ser punido, daí a relevância de ser realizado o respectivo processo administrativo.[550]

Já a multa prevista no art. 156, inc. II, da Lei nº 14.133/2021 e art. 83, inc. II, da Lei nº 13.303/2016 (Lei das Estatais), apresenta-se como a sanção administrativa aplicável ao particular quando restarem verificados casos de inexecução total ou parcial do contrato administrativo, ou seja, situação de inadimplência absoluta.[551]

Como restou anteriormente apontado, o objetivo das sanções administrativas é desestimular a prática de condutas antijurídicas

---

548 PEREIRA, Caio Mario da Silva. *Instituições de Direito Civil*. 24. ed. Rio de Janeiro: Forense, 2011, p. 291.

549 GOMES, Orlando. *Obrigações*. 17. ed. rev., atual. e aum. de acordo com o Código Civil de 2002, por Edvaldo Brito. Rio de Janeiro: Forense, 2007, p. 202.

550 JUSTEN FILHO, Marçal. *Comentários à lei de licitações e contratos administrativos*. 15. ed. São Paulo: Dialética, 2012, p. 1007.

551 "Já em relação à multa do art. 87, acompanho a doutrina no sentido de que aquela multa é a mesma, mas revestida de caráter punitivo, porque dá a entender que é aplicável em situações de inadimplência absoluta. O contratado não executou total ou parcialmente o contrato; não é mera compensação por atraso, não é mora, é algo mais grave. É uma situação em que a Administração se depara com a inexecução total ou parcial" (OLIVEIRA, José Roberto Pimenta de. Aplicação de sanções nos procedimentos licitatórios. *Boletim de Direito Administrativo*, São Paulo: NDJ, p. 853-869, ano 26, n. 8, ago. 2013, p. 854).

caracterizadas pela lei como uma infração administrativa. Logo, nota-se que a função é punitiva, uma vez que objetiva prevenir a inexecução parcial ou total do ajuste, e não recompor prejuízo experimentado pela Administração, o que deverá ser buscado pelas vias próprias.[552]

Neste sentido, Marçal Justen Filho:

> A multa é referida no art. 87, inciso II e §1º, da Lei nº 8.666. Consiste numa penalidade pecuniária, que não se encontra referida ao valor dos prejuízos sofridos pela Administração. A função da multa administrativa não é compensar as perdas e danos acarretados pela conduta ilícita, mas coibir a prática de uma conduta.[553]

Com efeito, fazendo a multa parte de um sistema sancionatório,[554] juntamente com as demais sanções, tem-se que tal punição pecuniária tem a finalidade de desencorajar a prática de infrações por meio da sua carga negativa e não o objetivo de ressarcir os prejuízos da Administração contratante, o que é assegurado pelos arts. 120[555]

---

552 Não é outro o entendimento de Felipe Blanco Garcia Guimarães Fleury: "A doutrina e a jurisprudência costumam segregar a multa em duas espécies, sendo a moratória (ou de mora) a multa decorrente do atraso no inadimplemento da obrigação; e punitiva aquela oriunda do inadimplemento da obrigação, sem finalidade compensatória." Em nota de rodapé, acrescenta, ainda, que "[t]ambém se fala em multa compensatória, que, todavia, consubstancia-se em uma sanção ressarcitória, cujo regime jurídico é flagrantemente distinto do que o aplicado nas sanções retributivas, conforme assinalamos quando nos debruçamos sobre a definição de sanção jurídica (*vide* subitem 1.3). A sanção ressarcitória se presta a recompor as perdas e os danos, o que, ao nosso juízo, não é a finalidade das multas previstas nos arts. 86 e 87 da Lei nº 8.666/93, que possuem natureza retributiva" (FLEURY, Felipe Blanco Garcia Guimarães. *As infrações e sanções administrativas aplicáveis a licitações e contratos (Leis nºs 8.666/93, 10.520/02, 12.462/11 e Lei nº 12.846/13)*. 186f. Dissertação (Mestrado em Direito), Pontifícia Universidade Católica de São Paulo, São Paulo, 2016, p. 130).

553 JUSTEN FILHO, Marçal. *Comentários ao RDC*: (Lei nº 12.462/11 e Decreto nº 7.581/11). São Paulo: Dialética, 2013, p. 667.

554 "Haverá um *sistema de responsabilização*, toda vez que o ordenamento jurídico organizar e ordenar sistematicamente o exercício de competência punitiva a partir de quatro elementos essenciais: os bens jurídicos tutelados, os ilícitos fixados, as sanções oponíveis e o processo regular a ser observado.
(...)
Práticas corruptivas invariavelmente justificam a *responsabilidade administrativa* da pessoa jurídica infratora, perante diversos entes públicos, conforme legislação específica: (i) sistema de responsabilização administrativa por infração à legislação de licitações disciplinado pela Lei nº 8.666/1993, nº 10.520/2002, nº 12.462/2011 e nº 13.303/2016" (OLIVEIRA, José Roberto Pimenta de. Comentários ao art. 17. *In*: DI PIETRO, Maria Sylvia Zanella; MARRARA, Thiago. *Lei anticorrupção comentada*. Belo Horizonte: Fórum, 2017, p. 238)

555 "Art. 120. O contratado será responsável pelos danos causados diretamente à Administração ou a terceiros em razão da execução do contrato, e não excluirá nem reduzirá essa responsabilidade a fiscalização ou o acompanhamento pelo contratante".

e 139, inc. IV,[556] ambos da Lei nº 14.133/2021, independentemente da aplicação de sanções.

Adotando-se tal exegese, evita-se a imposição de penalidade extremamente gravosa ao particular apenado, com o escopo de ressarcir os prejuízos da Administração, deixando a reparação a cargo do Poder Judiciário, que fixará o *quantum* reparatório. Afasta-se, outrossim, excessos, uma vez que, sendo a Administração vítima da infração administrativa e juiz no âmbito do processo sancionador, pode a imparcialidade, que deve existir, ser prejudicada.

Todavia, conforme aponta Eduardo Tognetti,[557] tal assunto não é unanimidade na doutrina, existindo ainda autores que sustentam que as sanções administrativas detêm o caráter indenizatório.[558]-[559]

Assim entende Celso Antônio Bandeira de Mello:

> Por serem a modalidade sancionadora mais comum, as multas merecem referência especial. Todas as sanções – e, portanto, também as multas –

---

556 "Art. 139. A extinção determinada por ato unilateral da Administração poderá acarretar, sem prejuízo das sanções previstas nesta Lei, as seguintes consequências:
(...)
IV – retenção dos créditos decorrentes do contrato até o limite dos prejuízos causados à Administração Pública e das multas aplicadas".

557 TOGNETTI, Eduardo. *Os limites do poder discricionário da administração pública na imposição de sanções administrativas*: análise das sanções aplicáveis pelo Banco Central do Brasil. Dissertação (Mestrado em Direito do Estado) – Faculdade de Direito, Universidade de São Paulo, São Paulo, 2012, p. 83.

558 Nas palavras de José Anacleto Abduch Santos: "A multa compensatória serve como prefixação contratual de ressarcimento de danos por inexecução contratual e tem cabimento quando o contratado descumpre obrigação contratual, que não verse sobre prazo de execução" (SANTOS, José Anacleto Abduch. *Contratos administrativos*: formação e controle interno da execução: com particularidades dos contratos de prestação de serviços terceirizados e contratos de obras e serviços de engenharia. Belo Horizonte: Fórum, 2015, p. 275).

559 Nesse sentido, Francisco Zardo: "Conquanto o atraso também seja uma forma de inadimplemento, o art. 87, II, prevê uma sanção de multa específica para a hipótese de "inexecução total ou parcial". De acordo com Joel de Menezes Niebuhr, essa seria uma multa compensatória. Entendemos, porém, que nem sempre será assim.
A multa compensatória, também denominada multa ressarcitória ou cláusula penal, tem a finalidade de compensar os prejuízos decorrentes do inadimplemento. Por meio dela, Orlando Gomes, afirma que "as partes de um contrato fixam, de antemão, o valor das perdas e danos que por acaso se verifiquem em consequências da inexecução culposa da obrigação". Trata-se, portanto, de uma multa com a finalidade de reparar danos.
Ocorre que a Lei nº 8.666/93 não diz ser essa a finalidade da multa prevista no art. 87, II. Ao contrário, em algumas oportunidades, a Lei nº 8.666/93 refere-se à multa e à reparação de danos, como se fossem medidas independentes. Ademais, a reparação de danos é assegurada pelo art. 70 da Lei nº 8.666/93, independente[mente] da aplicação de sanções (...)" (ZARDO, Francisco. *Infrações e sanções em licitações e contratos administrativos*. São Paulo: Revista dos Tribunais, 2014, p. 164).

> cumprem uma função intimidadora e exemplar; mas, entre elas, podem ser discernidas (a) as que quase limitam cumprir esta finalidade; as que (b) além disto, visam a ressarcir a Administração de algum prejuízo que a ação ou inação do administrado lhe causou – são as multas ressarcitórias, reparatórias ou compensatórias –, bem como aqueloutras (c) de caráter cominatório que, visando a compelir o administrado a uma atuação positiva que se renova automática e continuamente até a satisfação da pretensão administrativa.[560]

Nessa toada, conforme apontado por Eduardo Tognetti, citando texto de Floriano de Azevedo Marque Neto, "sanção e indenização não se confundem, podendo uma e outra medida jurídica ser adotadas independentemente".[561] A primeira "sanção visa a resguardar interesses gerais da coletividade (metaindividuais e abstratos), enquanto a responsabilidade civil se volta a reparar danos dos consumidores (individuais e concretos)".[562]

Por outro lado, reconhece-se que existe uma aproximação entre ambos os regimes, como bem colocado por Floriano de Azevedo Marques Neto,[563] como segue:

> Há de admitir, no entanto, que a prática administrativista moderna tem promovido uma aproximação entre as duas responsabilidades acima descritas. E esta aproximação decorre do fato de que as finalidades de um e outro instrumento jurídico são semelhantes (a proteção do usuário, do consumidor, da coletividade de fruir da utilidade pública), divergindo apenas no ângulo protetivo (a reparação visa ao indivíduo – interesse concreto e individual –, enquanto a sanção visa à coletividade – interesse difuso, metaindividual). Tal aproximação ilustra uma perceptível

---

560 BANDEIRA DE MELLO, Celso Antônio. *Curso de Direito Administrativo*. 32. ed. São Paulo: Malheiros, 2015, p. 887.

561 TOGNETTI, Eduardo. *Os limites do poder discricionário da administração pública na imposição de sanções administrativas*: análise das sanções aplicáveis pelo Banco Central do Brasil. Dissertação (Mestrado em Direito do Estado) – Faculdade de Direito, Universidade de São Paulo, São Paulo, 2012, p. 83.

562 MARQUES NETO, Floriano Azevedo. Aspectos jurídicos do exercício do poder de sanção por órgão regulador do setor de energia elétrica. *Boletim de Direito Administrativo*, a. 18, n. 12, p. 945-960, dez. 2002, p. 960.

563 TOGNETTI, Eduardo. *Os limites do poder discricionário da administração pública na imposição de sanções administrativas*: análise das sanções aplicáveis pelo Banco Central do Brasil. Dissertação (Mestrado em Direito do Estado) – Faculdade de Direito, Universidade de São Paulo, São Paulo, 2012, p. 84.

tendência contemporânea de superar a vetusta dicotomia interesse público *versus* interesses privados.[564]

A multa administrativa, na medida em que pode ser cumulada com as demais sanções administrativas previstas na legislação licitatória, consoante prevê o art. 156, §7º, da Lei nº 14.133/2021[565] e art. 82, §2º, da Lei nº 13.303/2016,[566] apresenta-se como "penalidade pecuniária que pode ser imposta desde as infrações de menor gravidade até as mais severas, de acordo com o estabelecimento do valor".[567]

Assim, restando comprovada nos autos do processo administrativo a prática do comportamento ilícito, deverá ser imposta a multa punitiva sempre que, além de uma admoestação formal (advertência) ou sanções restritivas de direito (suspensão do direito de licitar, impedimento de contratar ou declaração de inidoneidade), restar comprovado ser adequado, à luz da gravidade da infração administrativa cometida e do prejuízo causado, a imposição de uma punição pecuniária em casos de inexecução total ou parcial do contrato.

Como já restou colacionado, a fim de permitir que a Administração contratante exerça tal prerrogativa punitiva, é dever do ato convocatório e instrumento contratual, à luz das características do objeto a ser executado pelo particular, explicitar, de forma expressa e cristalina, as condutas que serão, a partir dali e à luz da tipificação genérica, caracterizadas como infrações administrativas, devendo ser instaurado o processo punitivo em caso de transgressão.

Acerca do *recolhimento da multa,* seja ela moratória ou compensatória, uma vez imposta a referida sanção pecuniária, na

---

564 MARQUES NETO, Floriano Azevedo. Aspectos jurídicos do exercício do poder de sanção por órgão regulador do setor de energia elétrica. *Boletim de Direito Administrativo,* a. 18, n. 12, p. 945-960, dez. 2002, p. 957.

565 "§7º As sanções previstas nos incisos I, III e IV do caput deste artigo poderão ser aplicadas cumulativamente com a prevista no inciso II do caput deste artigo".

566 "§2º As sanções previstas nos incisos I e III do caput poderão ser aplicadas juntamente com a do inciso II, devendo a defesa prévia do interessado, no respectivo processo, ser apresentada no prazo de 10 (dez) dias úteis".

567 PETIAN, Angélica. Sanções Administrativas nas Licitações e Contratações Públicas. *BLC – Boletim de Licitações e Contratos*. São Paulo, NDJ, a. 21, n. 10, p. 945-952, out. 2008, p. 948.

forma do que consta dos instrumentos convocatório e contratual, após a conclusão do regular processo administrativo sancionatório onde restou garantido o contraditório e a ampla defesa ao particular e encerrada a fase recursal, a Administração estará autorizada a descontar o valor de pagamento eventualmente devido pela Administração ao contratado. Além da perda deste pagamento devido, após a regular liquidação, a diferença será descontada da garantia prestada ou cobrada judicialmente, caso ela seja exigida no edital e no contrato, consoante estabelece o art. 156, §8º,[568] da Lei nº 14.133/2021 e art. 82, §1º, da Lei nº 13.303/2016 (Lei das Estatais).[569]

Ressalte-se que os dispositivos anteriormente colacionados permitem apenas e tão somente o desconto do valor da multa de eventuais pagamentos devidos em razão da liquidação ao futuro particular apenado e não a retenção. Melhor esclarecendo, tem-se que "desconto" diferencia-se de "suspensão" ou "retenção" de futuros pagamentos devidos pela Administração contratante ao particular apenado dos valores devidos ao contratado – seja no ajuste onde se praticou a infração administrativa punível como multa ou não[570] –, enquanto não finalizado o processo punitivo visando à aplicação da penalidade em estudo, dada a ausência de fundamento legal para a sua realização. Com efeito, enquanto não finalizado o processo sancionatório, inclusive esgotada a fase recursal, é dever da Administração liberar os pagamentos já liquidados.

Assim deve ocorrer, em razão da necessidade da reverência do princípio da presunção da inocência,[571] uma vez que somente

---

568 "§8º Se a multa aplicada e as indenizações cabíveis forem superiores ao valor de pagamento eventualmente devido pela Administração ao contratado, além da perda desse valor, a diferença será descontada da garantia prestada ou será cobrada judicialmente".

569 "§1º Se a multa aplicada for superior ao valor da garantia prestada, além da perda desta, responderá o contratado pela sua diferença, que será descontada dos pagamentos eventualmente devidos pela empresa pública ou pela sociedade de economia mista ou cobrada judicialmente".

570 Pode ocorrer que o contratado apenado encontre-se executando outros contratos com a Administração sancionadora satisfatoriamente, sendo devidos os pagamentos em razão da atividade executada ou bens entregues. Neste caso, resta prejudicada a intenção da Administração reter os pagamentos devidos de um contrato com o escopo de satisfazer a multa imposta em razão da prática de infração administrativa em outro.

571 Acerca da necessidade de observância do princípio da presunção da inocência na seara administrativa sancionadora, ressalta Rafael Munhoz de Mello: "Em sua acepção mais óbvia, a presunção da inocência exige que a sanção seja imposta apenas ao final do processo instaurado para investigar a prática do ilícito, ocasião em que o particular

será devida a multa após a conclusão do processo administrativo sancionatório. Logo, na ocasião da instauração do processo e durante o regular desenvolvimento, não deve a Administração sancionadora reter valores devidos ao particular naquela ocasião, uma vez que não há certeza de que se aplicará a multa futuramente.

Com efeito, o que foi objeto de autorização legal é apenas o desconto (ou compensação) dos valores devidos a título da multa regularmente aplicada com aquilo que é devido pela Administração ao sujeito apenado, e não a retenção após a conclusão regular do processo administrativo dos pagamentos eventualmente devidos pela Administração ao contratado, e nunca antes, caso inexista garantia contratual prestada na forma do art. 156, §8º da Lei nº 14.133/2021[572] ou sendo o seu valor insuficiente.[573]

---

deixa de ser apenas acusado e passa a ser considerado culpado, podendo, então, sofrer os efeitos negativos da medida sancionadora.
Tratando-se de sanção penal, sua aplicação depende da conclusão do processo judicial, que se dará com o trânsito em julgado da sentença sancionatória. Tratando-se de ilícito administrativo, a imposição da sanção somente poderá ocorrer após o encerramento do processo administrativo, com a prolação de decisão da qual não recorra o acusado ou já não caiba mais recurso administrativo algum" (MELLO, Rafael Munhoz de. *Princípios constitucionais de direito administrativo sancionador*. São Paulo: Malheiros, 2007, p. 245).

572 "§8º Se a multa aplicada e as indenizações cabíveis forem superiores ao valor de pagamento eventualmente devido pela Administração ao contratado, além da perda desse valor, a diferença será descontada da garantia prestada ou será cobrada judicialmente".

573 Sobre o tema, ressalta Jessé Torres Pereira Junior: "Grife-se que a lei não autoriza a retenção de pagamentos devidos enquanto o contratado não pagar a multa. O que a lei autoriza é a compensação do valor da multa com os créditos que o infrator tenha por haver executado, parcial ou totalmente, o contrato. Desconta-se o valor da multa e paga-se o saldo ao contratado; se o primeiro for maior do que o crédito, este deixa de existir, inteiramente absorvido pela compensação, e a Administração terá de promover a cobrança forçada judicial da diferença, caso o contratado não a satisfaça amigavelmente" (PEREIRA JÚNIOR, Jessé Torres. *Comentários à lei das licitações e contratações da administração pública*. 6. ed. Rio de Janeiro: Renovar, 2009, p. 855). Da mesma forma, entende Sônia Yuriko Kanashiro Tanaka: "Nos termos da Lei nº 8.666/93, a Administração Pública exige a apresentação da comprovação da regularidade fiscal, por vezes, dos licitantes e, obrigatoriamente, de suas contratadas em todos os contratos administrativos celebrados, havendo entendimento pacífico em nossa jurisprudência a respeito da responsabilidade subsidiária ou solidária, conforme a natureza do débito existente. No entanto, diversas dúvidas pairam sobre a imprescindibilidade da comprovação dessa regularidade fiscal, tendo em vista, às vezes, o fato de não existirem outras empresas para a execução do objeto contratado e, em outras vezes, o objeto contratado já ter sido cumprido pela empresa que, de forma superveniente, passa a apresentar situação irregular.
Outrossim, nessa última hipótese, a Administração Pública vem efetuando a retenção dos pagamentos devidos até que a empresa contratada proceda à devida regularização de suas documentações, procedimento que, em princípio, não possui nenhum embasamento legal" (TANAKA, Sônia Yuriko Kanashiro. Contrato administrativo: irregularidade fiscal da empresa contratada – retenção dos pagamentos exceção de contrato não cumprido –

Diante da inexistência de garantia contratual e valores devidos em razão da execução do objeto contratado, não restará alternativa para a Administração sancionadora a não ser notificar o particular apenado para que este arrecade aos cofres públicos os valores arbitrados, devendo ser fixado um prazo razoável para que o sujeito promova o recolhimento, sob pena de violação ao princípio da razoabilidade.

No tocante ao pagamento da sanção pecuniária arbitrada de acordo com os critérios fixados no edital e no contrato, deverá o particular apenado recolher tais valores na sua integralidade, pois ocorrendo a redução patrimonial em apenas uma oportunidade será possível que o sancionado absorva efetivamente os efeitos pedagógicos da penalidade, não desejando, por tal razão, voltar a atrasar a execução do objeto contratado ou inexecutar qualquer outra obrigação constante do instrumento contratual ou equivalente.

Em caso de recusa do particular apenado em efetuar o pagamento administrativamente, no prazo ofertado pela Administração

---

ilegalidade. *Boletim de Licitações e Contratos*, São Paulo, a. 22, n. 6, p. 552-560, jun. 2009, p. 552). Não é de outra forma que entende José Roberto Pimenta Oliveira: "Pela lei também fica claro que não é autorizada a retenção de pagamentos, e bato nesse ponto. Uma vez praticada a infração contratual que gere a aplicação da multa ou de outras sanções tenho de instaurar o processo administrativo. Não posso reter pagamentos, mas posso descontar dos pagamentos devidos. Como assim, professor? Não posso reter, mas posso descontar? Claro, evidente, não posso reter. A execução contratual segue o curso normal; quando a multa se tornar definitiva, e havendo algum pagamento ainda devido – devido pela execução, mas não realizado –, poderá ser feito o desconto. Mas não posso suspender os pagamentos e ficar aguardando o término do processo administrativo para a aplicação da multa só porque a lei permite o desconto (OLIVEIRA, José Roberto Pimenta de. Aplicação de sanções nos procedimentos licitatórios. *Boletim de Direito Administrativo*, São Paulo: NDJ, p. 853-869, ano 26, n. 8, ago. 2013, p. 857).

Da mesma forma, prolatou o eg. STJ: ADMINISTRATIVO. CONTRATO ADMINISTRATIVO. PAGAMENTO DE FATURAS. ILEGALIDADE DA PORTARIA Nº 227/95, QUE CONDICIONA O PAGAMENTO À COMPROVAÇÃO DA REGULARIDADE FISCAL DA EMPRESA CONTRATADA. MATÉRIA PACIFICADA.

Discute-se nos presentes autos a legalidade da Portaria nº 227/95, que prevê a retenção de pagamento de valores referentes a parcela executada de contrato administrativo, na hipótese em que não comprovada a regularidade fiscal da contratada.

A pretensão recursal destoa da jurisprudência dominante nesta Corte no sentido da ilegalidade da retenção ao pagamento devido a fornecedor em situação de irregularidade perante o Fisco, por extrapolar as normas previstas nos arts. 55 e 87 da Lei nº 8.666/93. Precedentes: REsp nº 633432/MG, Relatoria Ministro Luiz Fux, DJ 20.6.2005; AgRg no REsp nº 1048984/DF, Relatoria Ministro Castro Meira, Segunda Turma, *DJe* 10.9.2009; RMS nº 24953/CE, Relatoria Ministro Castro Meira, Segunda Turma, *DJe* 17.03.2008 (BRASIL. Superior Tribunal de Justiça. *AgRg no RE nº 1.313.659/RR* – Relatoria: Ministro Castro Meira).

sancionadora, não restará alternativa a não ser a promoção da cobrança judicial, por meio da propositura da competente ação de execução, após regular inscrição do crédito na dívida ativa e extração da respectiva certidão, observados os critérios legais de cobrança. Com efeito, as multas impostas no âmbito das contratações públicas caracterizam-se como dívida ativa não tributária, consoante estabelece o art. 39, §2º, da Lei nº 4.320/1964.

2.8.3 Suspensão temporária de participação em licitação e impedimento de contratar com a Administração

No tocante à suspensão temporária de participação em licitação e impedimento de contratar, tem-se a considerar que na escala de gradação das penalidades previstas da legislação licitatória – que se inicia com a punição de advertência, sendo essa a menos severa, e encerra-se na declaração de inidoneidade, a mais grave –, verifica-se a suspensão temporária de participação em licitação e impedimento de contratar com a Administração,[574] expressamente prevista no art. 83, inc. III, da Lei nº 13.303/2016.[575]

A referida sanção administrativa foi excluída do rol de penalidades constantes dos incisos do art. 156 da Lei nº 14.133/2021, permanecendo apenas na Lei das Estatais, conforme apontou-se em linhas anteriores.

A suspensão temporária de participação em licitação e impedimento de contratar apresenta-se como a primeira penalidade cuja carga negativa assenta uma restrição de direitos, qual seja,

---

574 A suspensão temporária de participação em licitação e impedimento de contratar com a Administração, como penalidades aplicadas em razão da prática de uma infração administrativa prevista nos instrumentos editalício e contratual, é verificada no âmbito da Administração Federal a partir da edição do Decreto-Lei Federal nº 200/67, em seu art. 136, inc. II, sendo reproduzida no Decreto-Lei Federal nº 2.300/1986, conforme se infere da leitura do art. 73, inc. I, e na norma atual prevista, repise-se, no art. 87, inc. III da Lei Federal nº 8.666/1993. Da mesma forma, no âmbito do Governo do Estado de São Paulo, a referida penalidade é observada na legislação licitatória desde a edição da Lei nº 10.395/1970, conforme se infere do seu art. 68, inc. II, até a atual, fixada no art. 81, inc. III, da Lei nº 6.544/1989.

575 "III – suspensão temporária de participação em licitação e impedimento de contratar com a entidade sancionadora, por prazo não superior a 2 (dois) anos".

impede que o particular apenado acuda ao chamado do Poder Público, apresentando os competentes envelopes na data aprazada da sessão pública, celebre contratos administrativos ou retire os instrumentos equivalentes.

Nesse sentido, tratou-se, até o presente momento, de punição moral, como é o caso da advertência, e de penalidade que apresenta uma restrição patrimonial, como são as multas, não dissertando sobre as punições restritivas de direito, como é o caso da suspensão temporária de participação em licitação e impedimento de contratar, da declaração de inidoneidade para licitar ou contratar e do impedimento de licitar e contratar.

A punição em destaque, além das outras restritivas de direito, produzem efeitos para além da duração da licitação ou do contrato administrativo onde se incorreu na infração administrativa, não sendo, por exemplo, como a advertência, cujos efeitos não repercutem para fora do ajuste.

Assim, essas penalidades de efeitos extracontratuais sustam o direito subjetivo do proponente de acudir ao chamado da Administração, não devendo ele ser admitido no certame, sendo necessário, portanto, que agentes de licitação providenciem o imediato alijamento do certame, mediante justificativa que deverá ser consignada no processo administrativo.

Em relação ao alcance da punição, tem-se que ela apenas suspende o direito de licitar e contratar com o órgão ou entidade sancionadora. Diante da clareza, não nos estenderemos sobre a discussão existente no tocante à extensão da sanção constante do art. 87, inc. II, da Lei nº 8.666/1993.

Com efeito, a suspensão temporária de licitar e contratar com a entidade sancionadora gera efeitos tão somente no âmbito da entidade que aplicou a sanção. Contudo, é necessário informar a existência de posicionamento jurisprudencial em sentido contrário acima apresentado, entalhado não em relação à punição constante da Lei das Estatais, mas em relação a sanção análoga constante da Lei de Licitações revogada, que, para os inadvertidos, pode ser aplicada. Vejamos a ementa de acórdão do STJ, abaixo transcrita:

> ADMINISTRATIVO – MANDADO DE SEGURANÇA – LICITAÇÃO – SUSPENSÃO TEMPORÁRIA – DISTINÇÃO ENTRE ADMINISTRAÇÃO

E ADMINISTRAÇÃO PÚBLICA - INEXISTÊNCIA - IMPOSSIBILIDADE DE PARTICIPAÇÃO DE LICITAÇÃO PÚBLICA - LEGALIDADE - LEI Nº 8.666/93, ART. 87, INC. III.
- É irrelevante a distinção entre os termos Administração Pública e Administração, por isso que ambas as figuras (suspensão temporária de participar em licitação (inc. III) e declaração de inidoneidade (inc. IV)) acarretam ao licitante a não-participação em licitações e contratações futuras.
- A Administração Pública é una, sendo descentralizadas as suas funções, para melhor atender ao bem comum.
- A limitação dos efeitos da "suspensão de participação de licitação" não pode ficar restrita a um órgão do poder público, pois os efeitos do desvio de conduta que inabilita o sujeito para contratar com a Administração se estendem a qualquer órgão da Administração Pública. (Recurso especial não conhecido. (in Recurso Especial nº 151.567–RJ (1997/0073248-7), DJ de 14/4/2003).

Sancionado o particular, ao cabo do competente processo administrativo, não poderá ele celebrar contrato administrativo durante o período da punição. No tocante à possibilidade de manutenção dos contratos administrativos vigentes, tem-se que tal assunto será melhor abordado a seguir.

Em relação ao período da punição em estudo, prevê o art. 83, inc. III, da Lei nº 13.303/2016 que a suspensão temporária de participação em licitação e impedimento de contratar com a Administração sancionadora não será superior a 2 (dois) anos. Da leitura do referido dispositivo legal extrai-se que a Lei assenta um teto temporal punitivo, sendo descabida, portanto, a imposição da referida punição por prazo que se apresente superior àquele anteriormente verificado. Por sua vez, apresentando o referido período como máximo, a mencionada punição poderá ser aplicada por um intervalo inferior, caso o lapso eleito seja o mais adequado, à luz do prejuízo experimentado pela Administração e da gravidade da infração administrativa praticada.

Não incorre em crime admitir à licitação ou contratar apenado com a suspensão temporária de participação em licitação e impedimento de contratar com a Administração sancionadora, o que já não ocorre com quem admite no certame e contrata um sujeito declarado inidôneo, consoante prevê o art. 337-M do Código Penal, devendo, todavia, ser apurada a responsabilidade do servidor público em não tomar as cautelas devidas para evitar a contratação de um proponente punido com a sanção em estudo.

Por derradeiro, no caso de sanção de suspensão temporária de participação em licitação e impedimento de contratar com a Administração, transcorrido o prazo da penalidade aplicada, o sancionado estará automaticamente apto a participar de licitações ou contratar com a Administração, o que já não ocorre no caso de punição com a declaração de inidoneidade, uma vez que o art. 163 da Lei nº 14.133/2021 exige que a reabilitação do apenado seja formalmente solicitada por ele e devidamente deferida pela Administração sancionadora. Desta forma, o transcurso do prazo fixado para o cumprimento da pena faz cessar os motivos que deram ensejo à punição do contratado, devendo a Administração sancionadora agir prontamente, de forma a permitir que o particular apenado retome a participação em licitações e venha a ser contratado pela Administração.

Sobre a referida punição, o TCE/MG prolatou decisão interessante, cujo teor é necessário reproduzir:

> TCE/MG – Processo n. 1088941 – CONSULTA. SANÇÃO ADMINISTRATIVA. LEI FEDERAL N. 8.666/93. ART. 87, INCISO III. SUSPENSÃO TEMPORÁRIA DE PARTICIPAÇÃO EM LICITAÇÃO E IMPEDIMENTO DE CONTRATAR COM A ADMINISTRAÇÃO. ABRANGÊNCIA. INTERPRETAÇÃO SISTEMÁTICA. LEI FEDERAL N. 14.133/21. SANÇÃO ADMINISTRATIVA. LEI FEDERAL N. 10.520/02. ART. 7º. IMPEDIMENTO DE LICITAR E CONTRATAR. ABRANGÊNCIA. NORMA EXPRESSA. MODULAÇÃO DOS EFEITOS DA TESE DO PARECER.
> 1. Durante a vigência concomitante da Lei Federal n. 14.133/21 e da Lei Federal n. 8.666/93 não é razoável que coexistam interpretações diversas sobre um mesmo instituto a depender da lei adotada, devendo prevalecer o entendimento acerca da disposição legal expressa em detrimento de dispositivo sob o qual exista relevante dúvida interpretativa.
> 2. A sanção prevista no art. 87, inciso III, da Lei Federal n. 8.666/93 de "suspensão temporária de participação em licitação e impedimento de contratar com a Administração" abrange a Administração Pública direta e indireta do ente federativo que tiver aplicado a sanção, em consonância com o art. 156, III, e §4º da Lei Federal n. 14.133/21.
> 3. Por expressa previsão legal, a sanção prevista no art. 7º da Lei Federal n. 10.520/02 de "impedimento de licitar e contratar" abrange a União, Estados, Distrito Federal ou Municípios.
> 4. Conferem-se efeitos prospectivos à tese ora fixada, de modo a reger as condutas praticadas após a publicação do parecer emitido nesta Consulta.

2.8.4 Sanção de impedimento de licitar e contratar

A sanção de impedimento de licitar e contratar pelo prazo máximo de até 3 (três) anos encontra-se prevista no art. 156, inc. III, da Lei nº 14.133/2021. A referida punição foi incorporada na nova lei nacional de licitações, sendo que já era prevista no art. 7º da Lei nº 10.520/2002[576] (Lei do Pregão), bem como no art. 47 da Lei nº 12.462/2011[577] (Lei do Regime Diferenciado de Contratações – RDC).[578]

Dentro do sistema de gradação das sanções administrativas, no âmbito das contratações públicas, percebe-se que a referida punição – inexistente até a edição da Medida Provisória nº 2.026/2000, cujo teor criou a modalidade pregão – é aquela que intermedeia a suspensão temporária de participação em licitação e impedimento de contratar, prevista no art. 83, inc. III, da Lei nº 13.303/2016, e a declaração de inidoneidade, fixada no inc. IV do art. 156 da Lei nº 14.133/2021.

Assim ocorre, uma vez que (1) o prazo da punição em estudo é de, no máximo, 3 (três) anos, apresentando-se, desta feita, superior à suspensão do direito de licitar e contratar, cujo lapso fixado pela norma é de, no máximo, 2 (dois) anos e inferior à declaração da inidoneidade, que poderá deter lapso punitivo de 3 (três) a 6 (seis) anos; (2) já o alcance dos efeitos do impedimento de licitar e contratar, por ser limitado ao ente federativo, como restará a seguir demonstrado, apresenta-se superior à suspensão do direito

---

576 "Art. 7º Quem, convocado dentro do prazo de validade da sua proposta, não celebrar o contrato, deixar de entregar ou apresentar documentação falsa exigida para o certame, ensejar o retardamento da execução de seu objeto, não mantiver a proposta, falhar ou fraudar na execução do contrato, comportar-se de modo inidôneo ou cometer fraude fiscal, ficará impedido de licitar e contratar com a União, Estados, Distrito Federal ou Municípios, e será descredenciado no Sicaf, ou nos sistemas de cadastramento de fornecedores a que se refere o inciso XIV do art. 4º desta Lei, pelo prazo de até 5 (cinco) anos, sem prejuízo das multas previstas em edital e no contrato e das demais cominações legais".

577 "Art. 47. Ficará impedido de licitar e contratar com a União, Estados, Distrito Federal ou Municípios, pelo prazo de até 5 (cinco) anos, sem prejuízo das multas previstas no instrumento convocatório e no contrato, bem como das demais cominações legais, o licitante que: (...)".

578 Não obstante o art. 47 da Lei do RDC carrear mais infrações do que o art. 7º da Lei do Pregão, a sanção administrativa prevista em tais dispositivos legais, em razão das suas características, apresenta-se como sendo a mesma.

de licitar e contratar perante a Administração sancionadora, que se limita à entidade contratante, e inferior em relação à declaração de inidoneidade, que abarca toda a Administração Pública, conforme infere-se da leitura do art. 156 §4º, da Lei nº 14.133/2021.[579]

Ante tais características, repare-se que tal dispositivo legal apresenta uma sanção administrativa de natureza gravíssima, devendo o prazo a ser fixado pela autoridade competente ser dosado de acordo com a gravidade da conduta praticada pelo proponente ou contratado no âmbito da contratação pública.

Acerca dos motivos de criação da referida sanção, a punição denominada de impedimento de licitar e contratar foi criada especialmente com o escopo de permitir a imposição de uma sanção distinta daquelas fixadas na Lei nº 8.666/1993 aos participantes da licitação e processadas pelo pregão, uma vez que tal modalidade, em razão da sua dinâmica, exige maior comprometimento dos participantes durante a realização do torneio, haja vista que a participação descomprometida em efetivar a contratação pode gerar diversos prejuízos para o Poder Público licitante. Assim, demandou-se uma punição com maior carga aflitiva.

Para que haja a possibilidade de acumulação do impedimento de licitar com as multas, conforme prevê o art. 156, §7º, da Lei nº 14.133/2021, deverá o instrumento convocatório, contrato administrativo ou instrumento equivalente assim prever expressamente, sendo necessária, para tanto, a delineação das regras necessárias para viabilizar a imposição de multa contratual, sob pena de restar inviabilizado tal expediente. Assim deve ocorrer, haja vista a necessidade de o particular conhecer, antecipadamente, o valor que poderá ser reduzido do seu patrimônio futuramente, além de balizar a autoridade sancionadora na ocasião da imposição efetivada à sanção pecuniária.

Em relação ao alcance da sanção de impedimento de licitar e contratar, tem-se que ela abarca toda a esfera federativa a que pertence o órgão ou a entidade sancionadora. Logo, o infrator punido, por

---

579 "§4º A sanção prevista no inciso III do caput deste artigo será aplicada ao responsável pelas infrações administrativas previstas nos incisos II, III, IV, V, VI e VII do caput do art. 155 desta Lei, quando não se justificar a imposição de penalidade mais grave, e impedirá o responsável de licitar ou contratar no âmbito da Administração Pública direta e indireta do ente federativo que tiver aplicado a sanção, pelo prazo máximo de 3 (três) anos".

exemplo, por órgão/entidade integrante da Administração Federal, ficará impedido de licitar e contratar com a União, não alcançando a órbita de outro ente, a exemplo dos Estados, do Distrito Federal e dos Municípios.[580]-[581]

Sendo o particular punido com a sanção de impedimento de licitar e contratar com a União, os Estados, o Distrito Federal ou os Municípios pelo prazo de até 3 (três) anos, transcorrido o prazo da punição aplicada, o sancionado estará automaticamente apto a tornar a participar de licitações ou contratar com a Administração.

2.8.5 Declaração de inidoneidade

A última sanção administrativa constante na legislação licitatória é a declaração de inidoneidade,[582] expressamente prevista no art. 156, inc. IV, da Lei nº 14.133/2021.

Haja vista, repise-se, ser a derradeira, no âmbito do sistema escalonado de penalidades previstas na legislação licitatória,

---

580 "Seguindo o mesmo raciocínio, prescreve Fabrício Motta que: Sem tomar posicionamento a respeito da celeuma, no tocante à questão que nos interessa diretamente, ou seja, a *abrangência da penalidade prevista no art. 7º da Lei nº 10.520/02*, há que se destacar que o impedimento de licitar e contratar referir-se-á à União, Estados, Distrito Federal ou Municípios, de acordo com a expressa dicção legal. O uso da conjunção alternativa "ou", somado à referência à entidade política, parece espancar as dúvidas tocantes à eventual extensão da sanção a todas as esferas" (MOTTA, Fabrício. Das sanções. *In*: GASPARINI, Diógenes (coord.). *Pregão presencial e eletrônico*. 2. ed. rev. e ampl. Belo Horizonte: Fórum, 2009, p. 131).

581 Marçal Justen Filho, ao tratar sobre o alcance desta penalidade, enfatiza: "Mas a sanção própria prevista no art. 7º consiste numa inidoneidade específica, diversa daquela prevista na Lei nº 8.666/93. [...]
Determina-se que a prática das infrações antes referidas acarretará impedimento de licitar e contratar "com a União, Estados, Distrito Federal ou Municípios".
A utilização da preposição "ou" indica disjunção, alternatividade. Isso significa que a punição terá efeitos na órbita interna do ente federativo que aplicar a sanção. (...)
Portanto um sujeito punido no âmbito de um Município não teria afetada sua idoneidade para participar de licitação promovida na órbita de outro ente federal" (JUSTEN FILHO, Marçal. *Pregão*: comentários à legislação do pregão comum e eletrônico. 6. ed. rev. e atual. São Paulo: Dialética, 2013, p. 259-260).

582 A declaração de inidoneidade para licitar ou contratar com a Administração Pública, como penalidade aplicada em razão da prática de uma infração administrativa prevista nos instrumentos editalício e contratual, é verificada no âmbito da Administração Federal a partir da edição do Decreto-Lei Federal nº 200/67, em seu art. 136, inc. III, sendo reproduzida no Decreto-Lei Federal nº 2.300/1986, conforme se infere da leitura do art. 73, inc. IV, e na norma atual prevista, repise-se, no art. 87, inc. III da Lei Federal nº 8.666/1993. Da mesma forma, no âmbito do Governo do Estado de São Paulo, a referida penalidade é observada na legislação licitatória desde a edição da Lei nº 10.395/1970, conforme se infere do seu art. 68, inc. I, até a atual, fixada no art. 81, inc. IV, da Lei nº 6.544/1989.

apresenta-se a declaração de inidoneidade como a sanção provida de maior carga punitiva, vale dizer, é a penalidade mais severa ou rigorosa.[583]

Apresentando-se, portanto, como a sanção com maior carga repressiva dentre aquelas fixadas na legislação licitatória, caberá a declaração de inidoneidade somente quando restar efetivamente comprovada nos autos do processo administrativo sancionatório a prática de condutas tipificadas como infração administrativa que apresentam natureza gravíssima, pressupondo a prática de condutas igualmente sérias[584] realizadas por um licitante no transcurso da licitação ou pelo contratado durante a execução do objeto do contrato administrativo.[585]

Ante tal característica, não deve ser declarado inidôneo o contratado que comete a primeira falta contratual ou técnica, ainda que grave, porque o que caracteriza a inidoneidade é o dolo ou a reiteração de falhas do profissional ou da empresa. O erro é uma contingência humana e, quando não há má-fé ou reincidência, deve ser punido com penalidades mais brandas que a declaração de inidoneidade, que pode acarretar a ruína da empresa ou do profissional atingido por esta drástica sanção.[586]

---

583 "Isso porque a declaração de inidoneidade implicará, quase certamente, a morte das empresas, em especial considerando os efeitos temporais e geográficos da reprimenda. Embora se devam proteger os contratos já assinados, porque a pena não pode retroceder e alcançar o ato jurídico perfeito, a sanção impede novos contratos, e torna quase inviável a sobrevivência na empresa, com consequências extremamente danosas à própria sociedade e aos terceiros inocentes (empregados, fornecedores e acionistas entre outros). O aumento do desemprego e a queda na arrecadação são alguns dos efeitos maléficos e que devem ser contabilizados quando da decisão administrativa. Considerando essas previsões, é preciso meditar sobre as medidas a serem adotadas (FORTINI, Cristiana. Comentários ao art. 17. *In*: DI PIETRO, Maria Sylvia Zanella; MARRARA, Thiago. *Lei anticorrupção comentada*. Belo Horizonte: Fórum, 2017, p. 238).

584 JUSTEN FILHO, Marçal. *Comentários à lei de licitações e contratos administrativos*. 15. ed. São Paulo: Dialética, 2012, p. 1019.

585 Tem razão, portanto, Hely Lopes Meirelles, quando destaca que: A *declaração de inidoneidade* é penalidade aplicável aos contratados inadimplentes de má-fé, ou reincidentes, e àqueles que, dolosamente e em razão do contrato ou do procedimento licitatório, praticarem atos ilícitos visando a fraudar o Fisco ou a licitação, ou dos quais se verifique não possuírem idoneidade para contratar com o Poder Público (Lei nº 8.666 arts. 87, IV e 88) (MEIRELLES, Hely Lopes. *Licitação e contrato administrativo*. 14. ed. São Paulo: Malheiros, 2007, p. 263). (Itálico do autor).

586 MEIRELLES, Hely Lopes. *Licitação e contrato administrativo*. 14. ed. São Paulo: Malheiros, 2007, p. 264.

Com efeito, verifica-se que não é a prática de qualquer conduta antijurídica caracterizada como infração administrativa que acarretará a imposição da declaração de inidoneidade de licitantes e contratados. O comportamento observado deve ser tão grave que o sujeito infrator deve ser banido das contratações públicas enquanto perdurar a punição ou até que seja promovida a reabilitação na forma do art. 163 da Lei nº 14.133/2021.

A necessidade de afastamento do particular apenado com a sanção de declaração de inidoneidade das contratações públicas é de tamanha importância que o art. 337-M do Código Penal prevê penalidade de reclusão de 1 (um) mês a 3 (três) anos, e multa àquele que admitir à licitação ou celebrar contrato com empresa ou profissional declarado inidôneo. Na mesma pena incorre aquele que, declarado inidôneo, venha a licitar ou a contratar com a Administração.

Sendo imputada a declaração de inidoneidade pelo Poder Público ao particular, ao cabo do competente processo administrativo sancionatório, em razão de cometer uma conduta caracterizada como infração administrativa, tem-se que ele "é declarado inapto, incapaz e inadequado para licitar e para contratar com a Administração Pública, o que constitui um inquestionável demérito e significativa desqualificação da pessoa física ou jurídica".[587]

Constata-se, por tal razão, que a declaração de inidoneidade, em razão da gravidade da infração administrativa praticada, manifesta flagrante inaptidão em realizar negócios com o governo, o que autoriza bani-lo das contratações governamentais.

Com efeito, em observância ao princípio da proporcionalidade, a sanção em estudo apresenta-se como a medida necessária quando for observada a prática de uma conduta antijurídica seriíssima, devendo ser aplicada ao particular infrator, a fim de afastá-lo desse segmento econômico, sob pena de prejuízo do interesse público, uma vez que permitir a participação do apenado em novas licitações ou admitir que ele venha a executar outros contratos pode gerar outros danos, iguais ou piores àqueles já experimentados.

---

587 SANTOS, José Anacleto Abduch. *Contratos administrativos*: formação e controle interno da execução: com particularidades dos contratos de prestação de serviços terceirizados e contratos de obras e serviços de engenharia. Belo Horizonte: Fórum, 2015, p. 280.

Sendo legítima e pertinente a presença da referida punição na legislação licitatória, percebe-se que a Lei nº 13.303/2016 (Lei das Estatais), em seu art. 83, não assenta em seus incisos a declaração de inidoneidade, sendo a sanção com carga punitiva mais elevada a suspensão temporária de participação em licitação e o impedimento de contratar com a entidade sancionadora, por prazo não superior a 2 (dois) anos, conforme se infere da leitura do inc. III do dispositivo legal retrocitado – punição esta que era prevista também no art. 87, inc. III, da Lei nº 8.666/1993 e não foi reproduzida na Lei nº 14.133/2021 –.

Analisando a situação anteriormente disposta, não sendo prevista a declaração de inidoneidade no âmbito do regime punitivo das contratações das estatais, repara-se a possibilidade de verificação de impunidade na medida em que as infrações gravíssimas praticadas por particulares serão punidas apenas com suspensão temporária de participação em licitação e impedimento de contratar com a entidade sancionadora por prazo não superior a 2 (dois) anos, quando o correto seria a declaração de inidoneidade de forma a banir tal particular de negócios com as estatais. Assim, a penalidade mais severa constante da Lei nº 13.303/2016 (Lei das Estatais), proporcionalmente, pode apresentar-se insuficiente para punir o particular à altura da gravidade da infração cometida.

Logo, demanda-se que o novo diploma legal seja reparado com o escopo de o sistema punitivo no âmbito das Estatais se coadunar com aquele verificado no âmbito da Administração Direta.

Como antes se asseverou, a imposição da declaração de inidoneidade será a medida necessária quando se observa a prática de infração administrativa durante o transcurso da licitação e na execução do contrato de natureza gravíssima.

Destaque-se que a declaração de inidoneidade imposta pela Administração Pública não se confunde[588] com a sanção de

[588] Sobre tal questão, o eg. Supremo Tribunal Federal já prolatou que: O poder outorgado pelo legislador ao TCU, de declarar, verificada a ocorrência de fraude comprovada à licitação, a inidoneidade do licitante fraudador para participar, por até cinco anos, de licitação na Administração Pública Federal (art. 46 da Lei nº 8.443/92), não se confunde com o dispositivo da Lei das Licitações (art. 87), que – dirigido apenas aos altos cargos do Poder Executivo dos entes federativos (§3º) – é restrito ao controle interno da Administração Pública e de aplicação mais abrangente. (BRASIL. Supremo Tribunal Federal. *Pet nº 3.606*. AgR. Relator: Ministro. Sepúlveda Pertence, j. 21.09.2006).

igual nome aplicada pelos Tribunais de Contas, a exemplo do que estabelece o art. 46 da Lei nº 8.443/1992,[589] inexistindo caracterização de violação ao princípio do *non bis in idem*.[590]

No tocante à *autoridade competente*, conforme se asseverou, a declaração de inidoneidade somente deve ser aplicada em caso de verificação de faltas evidentemente execráveis,[591] não podendo esta ser imposta como consequência da prática de qualquer infração administrativa, uma vez que o seu conteúdo assenta uma carga punitiva demasiada e que pode gerar consequências incalculáveis[592] ao particular apenado.

Diante de tais características, foi cautelosa a Lei nº 14.133/2021, em seu art. 156, §6º, incs. I e II, no sentido de estabelecer que tal sanção não poderá ser aplicada por qualquer autoridade, mas por ministro de Estado, por secretário estadual ou por secretário municipal, e, quando aplicada por autarquia ou fundação, será de competência exclusiva da autoridade máxima da entidade; já quando aplicada por órgãos dos Poderes Legislativo e Judiciário, pelo Ministério Público e pela Defensoria Pública no desempenho da função administrativa, será de competência exclusiva de autoridade de nível hierárquico equivalente a ministros e secretários, na forma de regulamento.

---

589 "Art. 46. Verificada a ocorrência de fraude comprovada à licitação, o Tribunal declarará a inidoneidade do licitante fraudador para participar, por até cinco anos, de licitação na Administração Pública Federal".

590 "Não há violação ao princípio do *non bis in idem* quando as penas de inidoneidade e suspensão para licitar, previstas no art. 46 da Lei nº 8.443/1992 e no art. 83, inciso III, da Lei nº 13.303/2016, são aplicadas em relação ao mesmo substrato fático, pois a primeira contém em si própria os efeitos da segunda, afastando, na prática, a cumulatividade". TCU. *Acórdão nº 300/2020*. Plenário – Relator: Ministro Vital do Rêgo.

591 TANAKA, Sônia Yuriko Kanashiro. *Concepção dos contratos administrativos*. São Paulo: Malheiros, 2007, p. 161.

592 "Isso porque a declaração de inidoneidade implicará, quase certamente, a morte das empresas, em especial considerando os efeitos temporais e geográficos da reprimenda. Embora se devam proteger os contratos já assinados, porque a pena não pode retroceder e alcançar o ato jurídico perfeito, a sanção impede novos contratos, e torna quase inviável a sobrevivência na empresa, com consequências extremamente danosas à própria sociedade e aos terceiros inocentes (empregados, fornecedores e acionistas entre outros). O aumento do desemprego e a queda na arrecadação são alguns dos efeitos maléficos e que devem ser contabilizados quando da decisão administrativa. Considerando essas previsões, é preciso meditar sobre as medidas a serem adotadas" (FORTINI, Cristiana. Comentários ao art. 17. *In*: DI PIETRO, Maria Sylvia Zanella; MARRARA, Thiago. *Lei anticorrupção comentada*. Belo Horizonte: Fórum, 2017, p. 238).

Acerca dos motivos de o legislador restringir a competência para o sancionamento dos agentes públicos destacados, circunstância não observada nas demais sanções apresentadas, Roberto Ribeiro Bazzili ressalta que:

> No rol das sanções administrativas, sem dúvida, esta é a mais grave, visto que inabilita sancionado para licitar ou contratar com a Administração Pública enquanto perdurarem os motivos determinantes da punição ou até que seja promovida a reabilitação perante a própria autoridade que aplicou a penalidade. Tal a sua gravidade, podendo conduzir à ruína empresas e pessoas físicas, que teve o legislador a cautela de restringir a competência para a aplicação desta modalidade de sanção: é de competência exclusiva do ministro de Estado, do secretário estadual ou municipal, conforme o caso (art. 87, §3º).[593]

Como restou melhor delineado anteriormente, quando se tratou do princípio do juiz natural, tem-se que a sanção de declaração de inidoneidade deve ser aplicada pelos agentes públicos de máxima hierarquia no âmbito dos Poderes Legislativo e Judiciário e das autarquias, sociedades de economia mista, empresas públicas e fundações públicas, bem como das instituições detentoras de autonomia administrativa, a exemplo do Ministério Público, da Defensoria Pública e do Tribunal de Contas.

2.8.5.1 Reabilitação

Ante a vedação de sanção permanente, conforme o princípio que impede a punição de caráter perpétuo[594] previsto no art. 5º, inc. XLVII, al. "b", da Constituição da República de 1988, o art. 163 da Lei nº 14.133/2021 admite a reabilitação do licitante ou contratado perante a própria autoridade que aplicou a penalidade, exigida,

---

593 BAZZILI, Roberto Ribeiro. *Contratos Administrativos*. São Paulo: Malheiros, 1996, p. 143.

594 Como bem aponta Marçal Justen Filho: "A ausência de ressarcimento dos eventuais prejuízos, no entanto, não pode ser obstáculo ao deferimento da reabilitação, sob pena de configurar-se uma sanção com cunho de perpetuidade. Lembre-se que, no âmbito da repressão penal (que envolve condutas dotadas da mais elevada gravidade), admite-se a extinção da punibilidade em virtude do decurso do tempo, tal como se prevê que a execução da pena acarreta efeito similar" (JUSTEN FILHO, Marçal. *Comentários à lei de licitações e contratos administrativos*. 15. ed. São Paulo: Dialética, 2012, p. 1024).

cumulativamente, a comprovação dos seguintes requisitos: I – reparação integral do dano causado à Administração Pública; II – pagamento da multa; III – transcurso do prazo mínimo de 1 (um) ano da aplicação da penalidade, no caso de impedimento de licitar e contratar, ou de 3 (três) anos da aplicação da penalidade, no caso de declaração de inidoneidade; IV – cumprimento das condições de reabilitação definidas no ato punitivo; e V – análise jurídica prévia, com posicionamento conclusivo quanto ao cumprimento dos requisitos definidos neste artigo.

Demais disso, o parágrafo único do referido artigo fixa que a sanção em decorrência de prática das infrações previstas nos incisos VIII[595] e XII[596] do *caput* do art. 155 da nova lei de licitações exigirá, como condição de reabilitação do licitante ou contratado, a implantação ou aperfeiçoamento de programa de integridade pelo responsável.

Analisando tais condicionantes legais, entende-se, primeiramente, que a reabilitação somente é cabível nos casos de imposição de sanções restritivas de direitos de licitar e contratar com a Administração, como a penalidade de impedimento de licitar e contratar e a declaração de inidoneidade, previstas no art. 156, incs. III e IV, da Lei nº 14.133/2021.

Demais disso, exige o *caput* do art. 163 da Lei nº 14.133/2021 que a reabilitação somente será concedida com o cumprimento integral de todos os requisitos lá verificados, devendo ser indeferido todo e qualquer pedido que não comprove o atendimento das exigências anteriormente ventiladas. A autoridade reabilitadora será a mesma com a competência punitiva.

Assim, conforme estabelece o inc. I do referido artigo, existindo comprovado prejuízo ao Poder Público licitante ou contratante, deverá ser comprovada a reparação integral do dano causado à Administração Pública, efetivamente demonstrada no caso concreto.

É comum que particulares apenados, após os prazos contidos no art. 163 da Nova Lei de Licitações venham requerer, administrativamente, a reabilitação do seu direito de participar de licitações e celebrar contratos administrativos.

---

595 "VIII – apresentar declaração ou documentação falsa exigida para o certame ou prestar declaração falsa durante a licitação ou a execução do contrato";

596 "XII – praticar ato lesivo previsto no art. 5º da Lei nº 12.846, de 1º de agosto de 2013".

Por ocasião, muitos pedidos acabam sendo indeferidos, uma vez que a Administração Pública sancionadora não consegue comprovar, nos autos do processo administrativo, a reparação do dano, que é condição para a viabilização do pedido.

Ocorre que, muitas das vezes, a reparação do referido dano é impossível, uma vez que a Administração Pública, em razão da prática do comportamento infracional, no caso concreto, não deteve perda alguma. Então, o administrador, com receio de futura responsabilização, indefere o pedido de reabilitação do particular justamente em razão de o licitante ou contratado apenado não reparar o dano, uma vez que não foi objeto de individualização ou por ser inexistente.

Diante da referida situação, em nosso sentir, quando dano algum existir para ser reparado, deverá a Administração Pública deixar de exigir o referido cumprimento, dispensando a verificação do referido item no processo administrativo de reabilitação, devendo ser deferido o retorno do licitante às contratações públicas brasileiras sem que o particular venha demonstrar a reparação da perda experimentada pela Administração Pública. É razoável decidir assim, sob pena de violação ao princípio que veda a pena com caráter perpétuo.[597]

Outrossim, na forma do inc. II do artigo em estudo, sendo imposto ao particular licitante ou contratado a sanção restritiva de direito cumulativamente com uma multa, conforme permite o §7º do art. 156 da Lei nº 14.133/2021,[598] deverá, no requerimento apresentado pelo apenado, existir a comprovação do pagamento da punição pecuniária e não parcelamento, suspensão etc.

De igual modo, exige o inc. III do artigo estudado o transcurso do prazo mínimo de 1 (um) ano da aplicação da penalidade, no caso de impedimento de licitar e contratar, ou de 3 (três) anos da aplicação da penalidade, no caso de declaração de inidoneidade. Assim,

---

597 CONTRATO ADMINISTRATIVO. Aplicação de sanção prevista no inciso IV do art. 87 da Lei 8666/93. Preliminares afastadas. Pedido de reabilitação de empresa – Possibilidade. Decurso de prazo quinquenal. Vedação às sanções perpétuas. Sentença de procedência mantida. RECURSO DESPROVIDO. (TJ/SP – Ap. 1020655-21.2017.8.26.0053, 12ª C. D. Públ., Relª Desª Isabel Cogan, j. 11.02.2019).

598 "§7º As sanções previstas nos incisos I, III e IV do caput deste artigo poderão ser aplicadas cumulativamente com a prevista no inciso II do caput deste artigo".

mesmo que o particular tenha cumprido os demais requisitos, a sua reabilitação somente será concedida após o escoamento dos prazos retrocitados. O afastamento temporário mínimo das compras governamentais acaba por gerar reflexão nas pretensões impróprias de particulares mal intencionados ou gerar maior atenção no cumprimento dos encargos assumidos.

Haja vista o silêncio das condições de reabilitação na Lei nº 13.303/2016, no âmbito das Estatais, entendemos que o período mínimo para reabilitação do apenado com a suspensão temporária de participação em licitação e impedimento de contratar com a entidade sancionadora, prevista no art. 83, inc. III, da referida norma, será também de 1 (um) ano, haja vista as similaridades das características punitivas verificadas entre esta penalidade e aquela fixada no art. 156, inc. III, da Lei nº 14.133/2021.

Também é condição para reabilitação, conforme estabelece o inc. IV do artigo estudado, o cumprimento das condições de reabilitação definidas no ato punitivo, ou seja, deverá o ato administrativo sancionatório, antecipadamente, fixar as condições de requalificação do apenado, que deverá sempre, proporcional e razoavelmente, observar a moldura legal constante do art. 163 da Lei nº 14.133/2021.

Analisando o último requisito legal, conforme exigência prevista no inc. V do artigo em estudo, tem-se que a reabilitação exige análise jurídica prévia, com posicionamento conclusivo quanto ao cumprimento dos requisitos definidos neste artigo, ou seja, o processo administrativo deverá ser submetido à assessoria jurídica do órgão ou entidade para que os profissionais competentes se manifestem acerca da comprovação dos requisitos legais e constantes do ato punitivo.

Por derradeiro, a sanção em decorrência da prática das infrações previstas nos incisos VIII[599] e XII[600] do caput do art. 155 da nova lei de licitações exigirá, como condição de reabilitação do licitante ou contratado, a implantação ou o aperfeiçoamento de programa de integridade pelo responsável, ou seja, considerando-

[599] "VIII – apresentar declaração ou documentação falsa exigida para o certame ou prestar declaração falsa durante a licitação ou a execução do contrato";

[600] XII – praticar ato lesivo previsto no art. 5º da Lei nº 12.846, de 1º de agosto de 2013".

se que a sanção aplicada é decorrente de um ato de corrupção ou da prática de uma fraude realizada intencionalmente, somente será reabilitado aquele particular que introduzir na empresa ou fortalecer seu programa de *compliance*.

Assim, por garantir a Lei nº 14.133/2021 a extinção das penalidades restritivas de direito, reverencia-se o princípio que impede a punição de caráter perpétuo, previsto no art. 5º, inc. XLVII, al. "b", da Constituição da República de 1988, uma vez que a legislação garante condições para o sujeito apenado reabilitar-se, de modo a permitir que ele volte a se relacionar contratualmente com a Administração Pública.

2.9 Efeitos das sanções restritivas de direitos sobre os contratos administrativos em execução

No tocante aos efeitos das sanções restritivas de direitos sobre os contratos administrativos em execução, como anteriormente restou esclarecido, a imposição de punições desta natureza impede, automaticamente, que o particular apenado acuda ao chamado da Administração, apresente propostas em licitação ou contratação direta, bem como celebre contratos administrativos durante o período de punição.

Tal consequência, além de alijar o apenado dos certames e contratações diretas, também prejudicará a continuidade da execução dos ajustes que o particular mantém com o Poder Público, independentemente de seu desempenho, uma vez que o proponente perdeu as condições de habilitação, fato que imporá a rescisão dessas avenças com arrimo no art. 92, inc. XVI, da Lei nº 14.133/2021,[601] ao cabo de competente processo administrativo rescisório, onde restem garantidos os direitos ao contraditório e à ampla defesa.

Todavia, ante a necessidade de observância dos princípios da indisponibilidade e da supremacia do interesse público pela Administração Pública, e uma vez constatado que a rescisão

601 "XVI – a obrigação do contratado de manter, durante toda a execução do contrato, em compatibilidade com as obrigações por ele assumidas, todas as condições exigidas para a habilitação na licitação, ou para a qualificação, na contratação direta";

dos contratos já celebrados e/ou a execução pela Administração contratante com o sujeito apenado prejudicará a persecução dos seus objetivos institucionais com o objeto contratado, é dever de cada administração contratante verificar a possibilidade de manutenção do ajuste com o contratado sancionado até a conclusão de futura e regular licitação, que deverá ser instaurada com vistas a contratar um particular idôneo. A fim de evitar problemas futuros com os órgãos de controle, devem os motivos da manutenção do contrato administrativo com particular apenado ser pormenorizadamente justificados nos autos do processo administrativo.

Corroborando nossa assertiva, tem-se a manifestação do eg. Tribunal de Contas da União, prolatada no Acórdão nº 1.340/2011-Plenário, de relatoria do Ministro Raimundo Carreiro,[602] em que foi consignado:

> 7. Em acréscimo às ponderações de Sua Excelência, as quais adoto como razões de decidir, pondero que a rescisão de todos os contratos anteriormente celebrados pela empresa declarada inidônea nem sempre se mostra a solução mais vantajosa para a administração pública, pois, dependendo da natureza dos serviços pactuados, que em algumas situações não podem sofrer solução de continuidade, não seria vantajoso para a administração rescindir contratos cuja execução estivesse adequada para celebrar contratos emergenciais, no geral mais onerosos e com nível de prestação de serviços diverso, qualitativamente, daquele que seria obtido no regular procedimento licitatório.

Não se pode deixar de salientar que, para o eg. Superior Tribunal de Justiça, os efeitos da "declaração de inidoneidade" são *ex nunc*, ou seja, só produzem suas implicações para o futuro, não interferindo nos ajustes já celebrados, uma vez não retroagirem. Com efeito, se tal entendimento é sustentado no caso da imposição da sanção mais grave no sistema punitivo das contratações públicas, entende-se que tal exegese pode ser aplicada pelas demais, vale dizer, suspensão temporária de participação em licitação e impedimento de contratar (art. 83, inc. III, da Lei nº 13.303/2016) e do impedimento de licitar e contratar (art. 156, inc. III, da Lei nº 14.133/2021).

---

[602] Entendimento atual conforme Acórdão nº 9353/2020 – TCU – 1ª Câmara – Relator: Ministro Benjamin Zymler.

Para esta eg. Corte, portanto, não será necessária a rescisão dos contratos já celebrados pela Administração com o particular apenado e que se encontram vigentes, conforme se verifica no acórdão prolatado nos autos do MS nº 13.964/DF, de relatoria do Ministro Teori Albino Zavascki:

> ADMINISTRATIVO. DECLARAÇÃO DE INIDONEIDADE PARA LICITAR E CONTRATAR COM A ADMINISTRAÇÃO PÚBLICA. VÍCIOS FORMAIS DO PROCESSO ADMINISTRATIVO. INEXISTÊNCIA. EFEITOS *EX NUNC* DA DECLARAÇÃO DE INIDONEIDADE: SIGNIFICADO.
> (...)
> 2. Segundo precedentes da 1ª Seção, a declaração de inidoneidade "só produz efeito para o futuro (efeito *ex nunc*), sem interferir nos contratos já existentes e em andamento" (MS nº 13.101/DF, Min. Eliana Calmon, *DJe* de 09.12.2008). Afirma-se, com isso, que o efeito da sanção inibe a empresa de "licitar ou contratar com a Administração Pública" (Lei nº 8.666/93, art. 87), sem, no entanto, acarretar, automaticamente, a rescisão de contratos administrativos já aperfeiçoados juridicamente e em curso de execução, notadamente os celebrados perante outros órgãos administrativos não vinculados à autoridade impetrada ou integrantes de outros entes da Federação (Estados, Distrito Federal e Municípios). Todavia, a ausência do efeito rescisório automático não compromete nem restringe a faculdade que têm as entidades da Administração Pública de, no âmbito da sua esfera autônoma de atuação, promover medidas administrativas específicas para rescindir os contratos, nos casos autorizados e observadas as formalidades estabelecidas nos artigos 77 a 80 da Lei nº 8.666/93.
> 3. No caso, está reconhecido que o ato atacado não operou automaticamente a rescisão dos contratos em curso, firmados pela impetrante.
> 4. Mandado de segurança denegado, prejudicado o agravo regimental.[603]

Sendo esses os contornos das sanções administrativas no âmbito das contratações públicas, passa-se ao estudo do processo sancionador, condição para a edição de um ato administrativo em um Estado de Direito.

---

603 BRASIL. Superior Tribunal de Justiça. *MS nº 13964 DF – 2008/0250430-0*. Relator: Ministro Teori Albino Zavascki. Julgado em 13.05.2009, S1. *DJe* 25.05.2009.

CAPÍTULO 3

O PROCESSO SANCIONATÓRIO NO ÂMBITO DAS CONTRATAÇÕES PÚBLICAS

3.1 Processualização da atividade administrativa

Segundo Adilson de Abreu Dallari e Sérgio Ferraz, o processo administrativo é a Administração em movimento.[604] Assim ocorre, uma vez que, "[t]oda a atividade administrativa do Estado irá manifestar-se através do procedimento administrativo e, portanto, há uma coincidência entre o conceito de função administrativa e procedimento administrativo".[605] Constata-se, portanto, que a "actividade da Administração Pública é, em larga escala, uma actividade processual".[606]

Infere-se da exegese anteriormente colacionada que o exercício das funções administrativas encontra-se processualizado, sendo a vontade da Administração Pública formada e exteriorizada por meio de um ato administrativo editado no bojo de um processo de igual natureza.

Como prescreve Irene Patrícia Nohara:

> Apesar de o ato administrativo não surgir do nada, ou seja, o desempenho da função administrativa não se resume à prática do "ato final", pois

---

604 DALLARI, Adilson de Abreu; FERRAZ, Sérgio. *Processo Administrativo*. 3. ed. São Paulo: Malheiros, 2012, p. 26.

605 GORDILLO, Agustín. *Tratado de derecho administrativo*: parte general. 5. ed. Belo Horizonte: Del Rey, 2003. t. II, p. X-4.

606 CAETANO, Marcelo. *Manual de Direito Administrativo*. 10. ed. Coimbra: Almedina, 1994, p. 1287.

> pressupõe um encadeamento de atos, ou mesmo fatos, que antecedem sua edição; na realidade, o processo administrativo, com sua dimensão principiológica, é noção mais recente do que a concepção estanque de ato administrativo, pois foi relativamente atual a ampliação da necessidade imposta pelo ordenamento jurídico no sentido de controlar o *iter* de formação da vontade estatal, recheando-o com garantias de participação dos administrados antes da manifestação final dos órgãos estatais.[607]

Ante as diversas matérias que são objeto de manifestação estatal, que podem versar sobre ampliação ou restrição de direitos, nota-se que o processo administrativo não se afigura apenas como o instrumental,[608] que permite a movimentação do aparato do Estado quando exerce função administrativa. Diante desta realidade, impôs a Constituição da República de 1988 uma série de garantias aos particulares que detêm direitos para serem apreciados e julgados de acordo com o direito posto pelo Estado. Em razão disso, constata-se que a Constituição da República de 1988 passou a tutelar o processo administrativo como garantia fundamental ao cidadão.

Sobre o tema, ressalta Odete Medauar:

> [...] a constituição determina a observância do esquema processual em determinadas atuações. Disciplina, por conseguinte, atividades da Administração, circunscrevendo o poder discricionário. Traz nova ordem de certezas e de garantias nas relações entre a Administração e administrados, um dos pontos principais das preocupações atuais do direito administrativo.
>
> Ao abrigar dispositivos sobre processo administrativo, a Constituição de 1988 filia-se à tendência contemporânea de processualização da atividade administrativa, também denominada de jurisdicionalização do processo ou da atividade administrativa.[609]

---

607 NOHARA, Irene Patrícia. *Direito administrativo*. 7. ed. São Paulo: Atlas, 2017, p. 241.

608 Conforme Cármen Lúcia Antunes Rocha destaca: "Não se é de esquecer, contudo, que o processo é meio, é instrumento, não é fim. Pelo menos na perspectiva democrática, que deve dominar todas as formas de se pensar e, principalmente, de se interpretar e aplicar o Direito Público. O processo é o instrumento que garante ao homem que a justiça pelas próprias mãos não precisa ser feita, porque ela será aperfeiçoada pelo Estado em forma processada segundo paradigmas jurídicos bem definidos e previamente estabelecidos e conhecidos" (ROCHA, Carmen Lúcia Antunes. Princípios Constitucionais do Processo Administrativo no Direito Brasileiro. *RTDP*, n. 17, p. 6-27, São Paulo, 1997, p. 6).

609 MEDAUAR, Odete. *A processualidade no Direito Administrativo*. 2. ed. rev. atual. e ampl. São Paulo: Editora Revista dos Tribunais, 2008, p. 77.

Não restando laivos de dúvida, portanto, de que o processo administrativo se apresenta como um instrumento para a busca e a garantia de um Estado de Direito,[610] observa-se que ele passou a ser constitucionalizado na Constituição da República de 1988, tornando-se, assim, uma garantia fundamental.[611]

3.2 Processo administrativo como garantia do Estado Democrático de Direito

O Estado Democrático de Direito afigura-se como princípio fundamental na Constituição da República de 1988, conforme se constata da leitura do seu art. 1º, e traduz-se na participação do cidadão na condução das atividades estatais. À luz do referido preceito, "a concepção democrática do Estado exige a participação dos interessados na formação de vontade estatal. A procedimentalização é um instrumento indispensável para isso".[612]

Tratando-se, assim, de um direito fundamental do cidadão a sua integração à esfera pública, segundo as normas jurídicas preestabelecidas, verifica-se que as pessoas privadas detêm o direito de conhecer, participar, influenciar e controlar a atividade da Administração.[613]

Ratificando tal assertiva, enfatiza J. J. Canotilho: "A exigência de um procedimento juridicamente adequado para o desenvolvimento da actividade administrativa considera-se como dimensão insubstituível da administração do Estado de direito democrático".[614]

---

[610] MOREIRA, Egon Bockmann. *Processo administrativo*: princípios constitucionais e a Lei nº 9.784/1999. 3. ed. atual. rev. e aum. São Paulo: Malheiros, 2007, p. 66.

[611] "Considerado o processo como instrumento de exercício do poder, passou ele à condição de matéria fundamental a ser cuidada em sede constitucional. A constitucionalização do processo decorreu desse novo entendimento que passou a lhe ser reconhecido" (ROCHA, Carmen Lúcia Antunes. Princípios Constitucionais do Processo Administrativo no Direito Brasileiro. *RTDP*, n. 17, p. 6-27, São Paulo, 1997, p. 8).

[612] JUSTEN FILHO, Marçal. *Curso de Direito* Administrativo. 11. ed. São Paulo: Revista dos Tribunais, 2015, p. 324.

[613] MOREIRA, Egon Bockmann. *Processo administrativo*: princípios constitucionais e a Lei nº 9.784/1999. 3. ed. atual. rev. e aum. São Paulo: Malheiros, 2007, p. 295.

[614] CANOTILHO, José Joaquim Gomes. *Direito constitucional e teoria da Constituição*. 7. ed. Coimbra: Almedina, 2003, p. 274.

Repara-se, portanto, que a processualização da atividade administrativa, garantida pelo Texto Constitucional, assegura que a vontade do povo, contida no comando da lei, seja observada na condução da atividade administrativa, limitando e controlando o poder do Estado, evitando, assim, os excessos e desvios praticados no seu exercício.

Assim ocorre, uma vez que o princípio do Estado de Direito dirige-se à preservação de um estado de coisas caro à vida em sociedade, como um mínimo de submissão. Consubstancia segurança para os indivíduos, ao estabelecer a noção estável de que será exigido unicamente aquilo previamente estabelecido na Constituição e nas normas legais (desde que formal e substancialmente constitucionais).[615]

Em outras palavras, conforme reza Cármen Lúcia Antunes Rocha:

> O Estado Democrático de Direito pressupõe uma Administração Pública e põe um direito administrativo compreendidos, explicados e vividos segundo os princípios que o norteiam, dos quais releva o da participação livre do cidadão no exercício do poder, aí inserida a fase de controle da competência desempenhada. Pelo que o contraditório livremente posto e impessoal, pública e eticamente considerado e resolvido, faz parte da dinâmica administrativa.[616]

Infere-se, portanto, que o processo administrativo passou a ser constitucionalizado por meio das garantias que serão objeto de estudo adiante, de forma a constituir-se como uma garantia ao cidadão e nortear a Administração Pública de um Estado Democrático de Direito, uma vez que delimita o poder punitivo estatal.

Acerca do sentido e do alcance do processo administrativo, asseverou Assis Ribeiro:

> É pelo processo administrativo, em suma, que se procura a demonstração da verdade de modo a ser provada se a culpabilidade cabe ou não ao acusado, pelo que se pode desde logo compreender a sua importância

615 MOREIRA, Egon Bockmann. *Processo administrativo*: princípios constitucionais e a Lei nº 9.784/1999. 3. ed. atual. rev. e aum. São Paulo: Malheiros, 2007, p. 75.

616 ROCHA, Carmen Lúcia Antunes. Princípios Constitucionais do Processo Administrativo no Direito Brasileiro. *RTDP*, n. 17, p. 6-27, São Paulo, 1997, p. 14.

para os interêsses da Administração Pública. Tem êle o poder de salvaguardar a moralidade administrativa, a ordem e a disciplina, a organização e o funcionamento dos serviços públicos, bem como os inalienáveis direitos de defesa dos acusados.[617]

3.2.1 O princípio do devido processo legal

As garantias processuais constitucionais encontram-se vertidas no art. 5º, incs. LIV[618] e LV,[619] da Constituição da República de 1988. Sendo assim, e passando a estudar o conteúdo jurídico vertido em cada inciso, inicia-se analisando o art. 5º, inc. LIV, cujo teor garante que "ninguém será privado da liberdade ou de seus bens sem o devido processo legal", o que indica, de forma cristalina, que o exercício do poder punitivo estatal sustenta-se na cláusula do *due process of law*.

Percebe-se que a determinação constante do dispositivo constitucional retrocitado apresenta um campo de incidência amplo, o que, diante de tal dimensão, admite a aplicação do princípio do devido processo legal como instrumento de garantia constitucional dos cidadãos também no âmbito do processo administrativo.[620]-[621]

---

617 RIBEIRO, Assis, C. J. *Do processo administrativo e sua revisão*. Rio de Janeiro: Edições Financeiras, 1959, p. 11.

618 "Art. 5º Todos são iguais perante a lei, sem distinção de qualquer natureza, garantindo-se aos brasileiros e aos estrangeiros residentes no País a inviolabilidade do direito à vida, à liberdade, à igualdade, à segurança e à propriedade, nos termos seguintes: (...) LIV – ninguém será privado da liberdade ou de seus bens sem o devido processo legal";

619 "Art. 5º Todos são iguais perante a lei, sem distinção de qualquer natureza, garantindo-se aos brasileiros e aos estrangeiros residentes no País a inviolabilidade do direito à vida, à liberdade, à igualdade, à segurança e à propriedade, nos termos seguintes: (...) LV – aos litigantes, em processo judicial ou administrativo, e aos acusados em geral são assegurados o contraditório e ampla defesa, com os meios e recursos a ela inerentes";

620 Nesse sentido, reza Dinorá Adelaide Musetti Grotti que: "No que concerne ao seu campo de aplicação, a cláusula vinculou-se originariamente ao processo penal, sobretudo para possibilitar o direito de defesa. Estendeu-se depois ao processo civil, entendendo-se com essa fórmula, no momento atual, 'o conjunto de garantias constitucionais que de um lado asseguram às partes o exercício de suas faculdades e poderes processuais e, de outro, são indispensáveis ao correto exercício da jurisdição'. Mais recentemente a cláusula estendeu-se aos procedimentos administrativos instaurados no âmbito da Administração Pública, impondo a essa estrita observância dos princípios da legalidade e da moralidade administrativas, ambos de especial importância na área do poder de polícia. Estas são, em síntese, as razões da formulação e desenvolvimento da teoria do *due process of law*" (GROTTI, Dinorá Adelaide Musetti. Devido processo legal e o procedimento administrativo. *BLC – Boletim de Licitações e Contratos*, São Paulo, NDJ, a. 27, n. 9, p. 26-28, set. 2011, p. 26).

621 "A garantia do *due process of law*, que existe no nosso direito, tem inteira aplicação não só ao processo judicial, mas também ao administrativo, em sentido amplo, tanto no

O devido processo legal assegura que a atividade administrativa, notadamente quando demandar a prolação de decisões pelo Estado, que atinja liberdade ou bens de uma pessoa, seja conduzida segundo o que a lei determina, inadmitindo-se o manejo de processos administrativos que ocorram ao arrepio do direito. Repara-se, portanto, que tal determinação constitucional não garante a edição de atos administrativos por meio de qualquer processo, mas mediante aquele que se afigura como sendo o "devido".[622]

Com efeito, destaque-se que a vontade da Administração é o desejo da lei concretizada. Ocorre, todavia, que, entre a determinação da lei e a edição de ato administrativo (a exemplo do ato punitivo), existe um longo percurso. Aquela não se transforma automaticamente nesta: um trâmite lógico e real se interpõe.[623] Para garantir a intenção da lei, portanto, deve-se fixar um percurso para tal desiderato, por meio de procedimentalização, sendo assegurada pelo Texto Constitucional a necessidade de observância daquele que é percebido como sendo o devido pela Administração.

Por meio da garantia do devido processo legal na condução dos processos administrativos, notadamente aqueles que objetivam reduzir patrimônio ou restringir direitos, controla-se a aplicação da lei de forma a proteger o indivíduo, bem como salvaguardar o processo, de modo a garantir a sua legitimidade e o alcance de seus objetivos.

Com efeito, a cláusula do devido processo legal decompõe-se em devido processo legal formal ou processual (*procedural due process*), e processo legal substancial ou material (*substantive due process*).

Melhor esclarecendo tais facetas do princípio em destaque, tem-se que o devido processo legal formal ou processual demanda a reverência às garantias processuais mínimas processuais, vale

---

punitivo quanto no administrativo não punitivo. Isto quer dizer que a administração, quando tiver que impor uma sanção, uma multa, fazer um lançamento tributário, ou decidir a respeito de determinado interesse do particular, deverá fazê-lo num processo regular, legal, em que ao administrado se enseje o direito de defesa" (Min. Carlos Mário Velloso, *RTFR nº 56/218*).

622 ROCHA, Carmen Lúcia Antunes. Princípios Constitucionais do Processo Administrativo no Direito Brasileiro. *RTDP*, n. 17, p. 6-27, São Paulo, 1997, p. 14.

623 SUNDFELD, Carlos Ari. A importância do procedimento administrativo. *In*: *Doutrinas Essenciais*: Direito Administrativo. São Paulo: Editora Revista dos Tribunais, 2013. v. III, p. 187.

dizer, a imparcialidade daquele que decide, o contraditório, a ampla defesa, o duplo grau de jurisdição.[624] Por sua vez, o devido processo legal substancial ou material apresenta-se como instrumento de controle do conteúdo das decisões constantes dos processos administrativos, de forma a afastar manifestação estatal com conteúdo arbitrário ou irrazoável.[625]

Observando-se, portanto, que o devido processo legal configura-se como instrumento de proteção do indivíduo e garantia da efetividade de uma decisão, a Administração Pública, no exercício de suas prerrogativas, notadamente quando se trata da restrição de patrimônio e direitos, encontra-se vinculada à necessidade de deliberar por meio e ao cabo de processo administrativo.

3.2.2 O princípio do contraditório e da ampla defesa

Avançando, tem-se que o art. 5º, inc. LV, da Constituição da República de 1988, em complemento à garantia do devido processo legal anteriormente estudado, consubstancia o princípio do contraditório e da ampla defesa.

Analisando os dois dispositivos constitucionais ora apontados, nota-se que a Constituição da República de 1988 não assegura somente o processo administrativo como instrumento de garantia, mas um processo administrativo com contraditório e ampla defesa aliados aos recursos inerentes,[626] em processo judicial

---

[624] NOHARA, Irene Patrícia. *Direito administrativo*. 7. ed. São Paulo: Atlas, 2017, p. 253.

[625] Acerca do conteúdo jurídico do devido processo substancial, asseverou o Ministro Celso de Mello: "A cláusula do devido processo legal, objeto de expressa proclamação pelo art. 5º, LIV, da Constituição, deve ser entendida na abrangência de sua noção conceitual, não só sob o aspecto formal, que impõe restrições de caráter ritual à atuação do Poder Público, mas, sobretudo, em sua dimensão material, que atua como decisivo obstáculo à edição de atos legislativos de conteúdo arbitrário ou irrazoável. A essência do *substantive due process of law* reside na necessidade de proteger os direitos e as liberdades das pessoas contra qualquer modalidade de legislação que se revele opressiva ou, como no caso, destituída do necessário coeficiente de razoabilidade. Isso significa, dentro da perspectiva da extensão da teoria do desvio de poder ao plano das atividades legislativas do Estado, que este não dispõe de competência para legislar ilimitadamente, de forma imoderada e irresponsável, gerando, com o seu comportamento institucional, situações normativas de absoluta distorção e, até mesmo, de subversão dos fins que regem o desempenho da função estatal. (*ADI nº 1.158-8/AM*. Rel. Min. Celso de Mello, DJ 26.5.1995, p. 58).

[626] BACELLAR FILHO, Romeu Felipe. *Processo administrativo disciplinar*. 4. ed. São Paulo: Saraiva, 2013, p. 68.

ou administrativo, aos acusados e litigantes em geral. Com efeito, de nada adiantaria a lei garantir um procedimento administrativo, sendo o devido rito respeitado pela Administração sancionadora, sem que fossem garantidos o contraditório e a ampla defesa, de forma a permitir que o particular infrator manifestasse suas razões para rechaçar aquilo que lhe é imputado.

Por meio da redação contida no art. 5º, inc. LV, da Constituição da República de 1988, portanto, constata-se que não só se deve garantir o contraditório e a ampla defesa, aliados aos meios de recursos a ela inerentes, assegurando que o acusado ou litigante participe efetivamente da produção da manifestação da decisão estatal, mas também se deve levar em consideração toda a argumentação oferecida à Administração, em razão de seu direito de influenciar ativamente na decisão a ser proferida pelo Estado.[627]

No tocante aos sujeitos destinatários da proteção constitucional, temos a considerar que o inciso já trazido à baila garante o contraditório e a ampla defesa, com os meios e recursos a eles inerentes aos litigantes e aos acusados em geral, em processo judicial ou administrativo.[628] Em relação à identificação dos referidos sujeitos processuais – e não meros objetos ou espectadores, receptores da decisão pronta, sem chance de participar –, temos a considerar que a presença de litigantes indica a existência de interesses contrapostos.[629]

Sobre tal litigância, enfatiza Dinorá Adelaide Musetti Grotti:

> Assim, a Constituição não mais limita o contraditório e a ampla defesa aos procedimentos administrativos (punitivos) em que haja acusados,

---

627 MOREIRA, Egon Bockmann. *Processo administrativo*: princípios constitucionais e a Lei nº 9.784/1999. 3. ed. atual. rev. e aum. São Paulo: Malheiros, 2007, p. 293-294.

628 "Em segundo lugar, litigantes e acusados não são sinônimos. Perceba-se que a redação do dispositivo, dando realce à partícula 'e', que, em vez de configurar sinonímia, expressa conjunção aditiva" (BACELLAR FILHO, Romeu Felipe. *Processo administrativo disciplinar*. 4. ed. São Paulo: Saraiva, 2013, p. 71).

629 Como ressalva Irene Patrícia Nohara: "Assim, o litigante no âmbito administrativo é aquele posto em contraditório não em face de outra parte, mas em relação ao próprio órgão administrativo que impulsiona o processo. Nesse sentido foi a decisão proferida no RE nº 199.733: O vocábulo litigante há de ser compreendido em sentido lato, ou seja, a envolver interesses contrapostos. Destarte, não tem o sentido processual de parte, a pressupor uma demanda, uma lide, um conflito de interesses constante de processo judicial. Este enfoque decorre da circunstância de o princípio estar ligado, também, a processos administrativos" (NOHARA, Irene Patrícia. *Direito administrativo*. 7. ed. São Paulo: Atlas, 2017, p. 246).

> mas estende as garantias a todos os processos administrativos, não punitivos e punitivos, ainda que neles não haja acusados, mas simplesmente litigantes, quer dizer, sempre que houver controvérsia, conflitos de interesse, contenda. Não é preciso que o conflito seja qualificado pela pretensão resistida, pois neste caso surgirão a lide e o processo jurisdicional. Basta que os partícipes do processo administrativo se anteponham face a face, numa posição contraposta.[630]

Já nos processos de natureza inquisitória, onde se constata a presença de acusados no polo passivo do processo, imputa-se uma consequência negativa em razão de incorrer em determinada conduta proibida.[631]

Colocando cabo ao estudo dos sujeitos processuais aos quais a Constituição da República de 1988 confere garantias, Romeu Felipe Bacellar Filho destaca que: "Quando a Constituição utiliza a expressão 'em geral', quer deixar nítido que se trata de qualquer acusado, entendida a palavra de acepção comum".[632]

O *contraditório*, estendido aos processos administrativos pela Constituição da República de 1988, como já destacado, caracteriza-se no oferecimento de ampla garantia de que as partes que figuram em processos possam apresentar seus argumentos em pé de igualdade,[633] ofertando concretude ao princípio da igualdade processual,[634] em contraposição às razões apresentadas pela outra

---

630 GROTTI, Dinorá Adelaide Musetti. Devido processo legal e o procedimento administrativo. *BLC – Boletim de Licitações e Contratos*, São Paulo, NDJ, a. 27, n. 9, p. 26-28, set. 2011, p. 28.

631 Novamente, Odete Medauar: "Na esfera administrativa, o termo *acusados* designa as pessoas físicas e jurídicas às quais a Administração atribui determinadas condutas, das quais decorrerão consequências punitivas" (MEDAUAR, Odete. *A processualidade no Direito Administrativo*. 2. ed. rev. atual. e ampl. São Paulo: Editora Revista dos Tribunais, 2008, p. 82).

632 (BACELLAR FILHO, Romeu Felipe. *Processo administrativo disciplinar*. 4. ed. São Paulo: Saraiva, 2013, p. 76).

633 "O contraditório também apresenta estreita ligação com o princípio da igualdade processual. Uma de suas finalidades é atenuar eventual disparidade entre as partes do processo, pois exige as mesmas oportunidades a todos os interessados e que as manifestações processuais recebam idêntico respeito e produzam efeitos isonômicos.
Na medida em que é assegurado às partes do polo passivo da relação processual o direito a serem intimadas e de se manifestar, suas promoções devem receber a mesma apreciação e idêntico valor que são conferidos às considerações inaugurais do processo" (MOREIRA, Egon Bockmann. *Processo administrativo*: princípios constitucionais e a Lei nº 9.784/1999. 3. ed. atual. rev. e aum. São Paulo: Malheiros, 2007, p. 297).

634 "Assim o contraditório e ampla defesa vêm assegurados em todos os processos, inclusive administrativos, desde que neles haja litigantes ou acusado.

parte, o que garante, assim, a dialética processual.[635] Por conseguinte, o que é apresentado por uma parte, por meio da contradita, deve-se ouvir o que a outra tem a falar sobre.

Neste sentido, destaca Irene Patrícia Nohara:

> Contraditório implica bilateralidade do processo, que se resume na expressão *audiatur et altera pars* (ouça-se também a outra parte). Compreende, via de regra, a oportunidade dada à parte de conhecimento daquilo que lhe é imputado, acrescido do direito à reação ou resposta.[636]

O contraditório, a ser protegido em todo o processo, não assegura apenas a convocação das partes para o processo, a garantia de conhecimento daquilo que lhe é imputado, a colheita de depoimento das partes interessadas, de forma a garantir a possibilidade de contraditar todas as alegações de parte adversa etc., o que se denomina de *contraditório formal*, mas possibilitar que tudo aquilo que for manifestado pelas partes no processo seja considerado quando o julgador for produzir a sua decisão, sendo tal dimensão nomeada como *contraditório material*.[637] Em outras palavras, o contraditório material "implica na possibilidade de participação, acrescida do poder de influenciar o resultado final do processo, sendo avesso às decisões preestabelecidas ou tomadas com base em arbitrariedade".[638]

Procura-se, ainda, dar concretude à igualdade processual que decorre do princípio da isonomia, inscrito no inc. I do art. 5º – transformando-a no princípio dinâmico da *par conditio* ou da igualdade de armas, mediante o equilíbrio dos litigantes no processo civil, da acusação e defesa, no processo penal" (CINTRA, Antônio Carlos Araújo; GRINOVER, Ada Pellegrini; DINAMARCO, Cândido Rangel. *Teoria geral do processo*. 30. ed. São Paulo: Malheiros, 2014, p. 102).

635 Conforme Cármen Lúcia Antunes Rocha: "O contraditório significa que a relação processual forma-se, legitimamente, com a convocação do acusado ao processo, a fim de que se estabeleça o elo entre o quanto alegado contra ele e o que ele venha sobre isso ponderar. Somente na dialética processual é que se afirma o Direito, de tal modo que uma assertiva e a sua contradita combinam os elementos donde o julgador extrai, sem vínculo prévio com qualquer das partes, a sua decisão jurídica" (ROCHA, Carmen Lúcia Antunes. Princípios Constitucionais do Processo Administrativo no Direito Brasileiro. *RTDP*, n. 17, p. 6-27, São Paulo, 1997, p. 20).

636 NOHARA, Irene Patrícia. *Direito administrativo*. 7. ed. São Paulo: Atlas, 2017, p. 253.

637 Sobre a efetividade do princípio do contraditório, já prolatou o eg. STF: "6. O exercício pleno do contraditório não se limita à garantia de alegação oportuna e eficaz a respeito de fatos, mas implica a possibilidade de ser ouvido também em matéria jurídica" (BRASIL. Superior Tribunal Federal. *MS nº 24268/MG*. Relatora Ministra Ellen Gracie – Julgado em 05.02.2004 – DJ 13.06.2002, p. 48).

638 NOHARA, Irene Patrícia; MARRARA, Thiago. *Processo administrativo*: Lei nº 9.784/99 comentada. São Paulo: Atlas, 2009, p. 63.

Ainda sobre o contraditório material, ressalta Egon Bockmann Moreira:

> Frise-se que o contraditório não alberga mero dever processual de intimação das partes envolvidas, mas também os desdobramentos substanciais desse dever. Seria inócua mera garantia formal, que não assegurasse resultados concretos ao processo. Assim, somente serão válidas as decisões que motivadamente apreciem cada uma das manifestações dos administrados.[639]

Em resumo, portanto, no âmbito do processo administrativo, em especial, nos processos punitivos, repara-se que o princípio do contraditório materializa-se na possibilidade, por meio da garantia de efetivo conhecimento daquilo que lhe é imputado, de rebater-se toda a argumentação produzida pela outra parte do processo, vale dizer, a Administração sancionadora, o que garante o direito do infrator de intervir concretamente na decisão a ser proferida pela Administração, uma vez que as razões lançadas pelo particular devem ser objeto de apreciação pelo Poder Público.

No tocante à *ampla defesa*, que deve ser efetivamente assegurada aos litigantes e aos acusados em geral no processo administrativo, temos a considerar que o inc. LV do art. 5º da Constituição da República de 1988 garante ao interessado o amplo e irrestrito direito de conhecer aquilo que lhe é imputado, bem como de assegurar a apresentação, de forma ampla e irrestrita, e a apreciação das razões que objetivam rechaçá-las.

Defesa, para De Plácido e Silva, caracteriza-se como todos os meios que assistem a cada pessoa para se contraporem aos ataques dirigidos à sua pessoa ou a seus bens, em virtude dos quais opõe justa repulsa às ofensas físicas ou jurídicas, pelos mesmos intentados.[640]

Assim, não são simplesmente garantidos os meios necessários para cada indivíduo contrapor-se à investidura da Administração sobre seus bens e direitos, mas sim, assegurados todos os instrumentos de defesa verificados no direito, de forma ampla e irrestrita.

---

[639] MOREIRA, Egon Bockmann. *Processo administrativo*: princípios constitucionais e a Lei nº 9.784/1999. 3. ed. atual. rev. e aum. São Paulo: Malheiros, 2007, p. 294.

[640] SILVA, De Plácido e. *Dicionário Jurídico*. 21. ed. Rio de Janeiro: Forense, 2003, p. 245.

Ilustrando o direito à ampla defesa, Cármen Lúcia Antunes Rocha destaca que:

> O princípio da ampla defesa acopla várias garantias. O interessado tem o direito de conhecer o quanto se afirma contra os seus interesses e de ser ouvido, diretamente e/ou com patrocínio profissional sobre as afirmações, de tal maneira que as suas razões sejam coerentes com o quanto previsto no Direito. Na primeira parte se tem, então, o direito de ser informado de quanto se passa sobre a sua situação jurídica, o direito de ser comunicado, eficiente e tempestivamente, sobre tudo o que concerne à sua condição no Direito. Para que a defesa possa ser preparada com rigor e eficiência, há de receber o interessado todos os elementos e dados sobre o quanto se ponha contra ele, pelo que haverá de ser intimado e notificado de tudo quanto sobre a sua situação seja objeto de qualquer processo. Assim, não apenas no início, mas no seguimento de todos os atos e fases processuais, o interessado deve ser intimado de tudo o que concerne a seus interesses cogitados ou tangenciados no processo. Tem o direito de argumentar e arrazoar (ou contra-arrazoar), oportuna e tempestivamente (a dizer, antes e depois da apresentação de dados sobre a sua situação jurídica cuidada na espécie), sobre o quanto contra ele se alega e de ter levado em consideração as suas razões. A apresentação de defesa formal, produzida com a argumentação que comprove a sua contradição ao quanto contra ele se alega, pode ser feita diretamente ou mediante patrocínio profissional.[641]

Diante de tal garantia, somado ao princípio da oficialidade dos processos administrativos, enquadra-se como ampla defesa, além da manifestação da defesa prévia, na ocasião oportuna, mas também a apresentação de complemento de defesa ou recurso, juntada posterior de documentos, solicitação de fixação de prazo para protocolização de alegações finais etc.

Colocando cabo ao estudo do art. 5º, inc. LV, da Constituição da República de 1988, observa-se a garantia à revisibilidade da decisão administrativa, que consiste no direito de o acusado ou litigante recorrer de decisão que lhe seja desfavorável.

Conectada ao direito à ampla e irrestrita defesa, a possibilidade de revisão da decisão administrativa permite que os litigantes ou acusados, a exemplo de um sujeito passivo em um processo

---

641 ROCHA, Carmen Lúcia Antunes. Princípios Constitucionais do Processo Administrativo no Direito Brasileiro. *RTDP*, n. 17, p. 6-27, São Paulo, 1997, p. 21.

administrativo sancionador, submeta novamente a sua defesa a uma instância recursal, sendo garantido o reexame dos argumentos outrora apresentados e não acolhidos.

O direito de interpor recurso administrativo independe de previsão expressa em lei ou demais normas, visto ter respaldo no direito de petição consignado pela Constituição da República de 1988, art. 5º, inc. XXXIV, al. "a", e integrante do rol dos direitos e garantias fundamentais.[642]

Acerca dos motivos garantidores da revisibilidade das decisões administrativas, Cármen Lúcia Antunes Rocha:

> As decisões administrativas, inclusive e principalmente aquelas proferidas no processo, podem conter equívocos. São obras humanas e, como tal, sujeitas a desvios e a falhas, como os próprios homens. Daí a necessidade que se foi demonstrando de que as condutas estatais – especialmente aquelas havidas numa relação de contraditório e de questionamento e talvez comprometimento de direitos – submetem-se a duplo exame, porque a oportunidade de haver uma segunda análise propicia uma melhor conclusão e uma maior segurança, diretamente, para o interessado e, reflexivamente, para a coletividade. À própria autoridade que tenha proferido a decisão recorrida é oferecida uma oportunidade de reexame, em geral, vez que a ela é que se dirige o recurso e o pedido de reconsideração, o que, não ocorrendo, determina a remessa do mesmo à autoridade hierarquicamente superior. Os recursos administrativos são específicos ou não, conforme sejam contemplados na legislação infraconstitucional para processos determinados (casos do processo de licitação ou do processo disciplinar, por exemplo) ou para o processo administrativo em geral.[643]

Por derradeiro, esclareça-se que devem ser observados os princípios do devido processo legal e do contraditório e da ampla defesa, ora estudados pela Administração Pública, independentemente da gravidade da infração administrativa cometida e da sanção consequente devida. Consoante reza José dos Santos Carvalho Filho:

---

642 GROTTI, Dinorá Adelaide Musetti. Devido processo legal e o procedimento administrativo. *BLC – Boletim de Licitações e Contratos*, São Paulo, NDJ, a. 27, n. 9, p. 26-28, set. 2011, p. 28.

643 ROCHA, Carmen Lúcia Antunes. Princípios Constitucionais do Processo Administrativo no Direito Brasileiro. *RTDP*, n. 17, p. 6-27, São Paulo, 1997, p. 24-25.

> Seja a sanção de natureza grave, seja de caráter leve, sempre será assegurado ao acusado o direito de defender-se amplamente e contraditar a acusação. O cerne do princípio, portanto, não se aloja nesse aspecto, mas sim na garantia de não ser o indivíduo alvo de acusações arbitrárias e enganosas.[644]

3.3 O processo administrativo sancionador no âmbito das contratações públicas

Antes de discorrer sobre o processo administrativo sancionador no âmbito das contratações públicas, condição para possibilitar a punição do sujeito,[645] afigura-se necessário tratar dos pressupostos para a instauração do processo punitivo, condição para que ocorra a movimentação da máquina administrativa em desfavor do licitante ou contratado que incorreu em uma infração constante da legislação licitatória. Sendo assim, aponta condição para a instauração do processo punitivo em desfavor de licitante ou contratado que praticou uma conduta indesejada caracterizada pela legislação como infração administrativa a necessidade de expressa previsão no instrumento convocatório e contratual.[646]

---

644 CARVALHO FILHO, José dos Santos. *Processo administrativo federal.* 5. ed. rev. ampl. e atual. São Paulo: Atlas, 2014, p. 56-57.

645 "1. De acordo com o que dispõe o parágrafo 2º, do artigo 86, da Lei nº 8.666/93, a União somente poderia aplicar a multa avençada e nos limites da garantia ofertada, após a realização de regular processo administrativo, o que não foi demonstrado nos autos. 2. O próprio contrato de prestação de serviços previa em sua cláusula décima segunda, que pela inexecução total ou parcial de qualquer cláusula ou condição do Contrato, a CONTRATADA estará sujeita às penalidades previstas nos arts. 87 e 88 da Lei nº 8.666/93, observado o disposto no art. 86 do mesmo diploma legal" (BRASIL. Tribunal Regional Federal (1ª Região). *Embargos Infringentes na Apelação Cível nº 1999.01.00.000451-5/DF.* 3ª Seção. Relator: Desembargador Federal Fagundes de Deus. Julgado em 30.09.2008. e-DJF1, Brasília, DF, 03 nov. 2008, p. 32).
"1. A aplicação de penalidades, por restringir direitos, deve ser precedida do regular processo administrativo, no qual seja garantido o devido processo legal e o direito ao contraditório, possibilitando à impetrante a mais ampla defesa, nos termos do art. 5º, LV, da Constituição Federal e da Lei nº 8.666/93. 2. A inobservância do devido processo legal, não assegurando o direito de defesa à licitante, implica na nulidade das sanções impostas. 3. Remessa oficial improvida" (BRASIL. Tribunal Regional Federal (1ª Região). *Remessa Ex Officio em Mandado de Segurança nº 2004.34.00.027852-2/DF.* 8ª Turma. Relator: Desembargador Federal Leomar Barros Amorim de Sousa. Julgado em 09.11.2007. e-DJF1, Brasília, DF, 14 dez. 2007, p. 156).

646 "Não é possível inovar, querer estabelecer essa tipificação depois de realizada a licitação; pelo contrário, isso deve constar no edital" (OLIVEIRA, José Roberto Pimenta de. Aplicação de sanções nos procedimentos licitatórios. *Boletim de Direito Administrativo*, São Paulo: NDJ, p. 853-869, ano 26, n. 8, ago. 2013, p. 857).

A previsão das sanções administrativas no edital e instrumento contratual ou equivalente é obrigatória, consoante prevê os arts. 25 e 92, inc. XIV, da Lei nº 14.133/2021, inexistindo razões para que as regras de punição sejam afastadas dos atos convocatórios e minutas contratuais.

Com efeito, a fixação das regras no edital e contrato tem o condão de proteger o particular de abusos da Administração sancionadora quando exerce a prerrogativa punitiva, garantindo, assim, segurança jurídica na contratação futura, uma vez que os pressupostos para a imposição da sanção devem ser claros e antecipadamente conhecidos por todos os participantes do certame, de forma a afastar qualquer tipo de surpresa quando do exercício de competências punitivas pela Administração.

Corroborando tal exegese, preceitua Marçal Justen Filho:

> 10) Sanções para o inadimplemento (inc. III)
> O dispositivo alude às sanções administrativas. As sanções oponíveis aos licitantes são apenas aquelas previstas em lei (art. 87). No entanto, não basta a previsão em Lei para a concreta possibilidade de imposição. O ato convocatório deverá indicar, concretamente, a extensão da penalidade e as condutas que acarretarão sua incidência.
> O tema é extremamente relevante porque a Lei silenciou acerca dos pressupostos da imposição das sanções. Se outros diplomas legislativos não disciplinarem o tema e o edital também silenciar, será impossível impor punições ao licitante desidioso e inadimplente.[647]

Em outra passagem, ressalta novamente o referido autor que:

> Assim expostos os pressupostos doutrinários, cabe sua aplicação a propósito do art. 87. Insiste-se na tese da impossibilidade de atribuição de competência discricionária para imposição de sanções, mesmo quando se tratar de responsabilidade administrativa. A ausência de discricionariedade refere-se, especialmente, aos pressupostos de imposição da sanção. Não basta a simples previsão legal da existência da sanção. O princípio da legalidade exige a descrição da "hipótese de incidência" da sanção. A expressão, usualmente utilizada no campo tributário, indica o aspecto da norma que define o pressuposto de aplicação do mandamento normativo. A imposição de sanções

[647] JUSTEN FILHO, Marçal. *Comentários à lei de licitações e contratos administrativos*. 15. ed. São Paulo: Dialética, 2012, p. 613.

administrativas depende da previsão tanto da hipótese de incidência quanto da consequência.
A definição deverá verificar-se através de lei.
(...)
A Lei não pode remeter à Administração a faculdade de escolher quando e como aplicar cada sanção prevista no art. 87, pois isso ofenderia o princípio da legalidade. Logo, será impossível aplicar qualquer das sanções previstas no art. 87 sem que as condições específicas de imposição estejam explicitadas.[648]

Da mesma forma, entende Pablo Leiza Zunino:

Portanto, em matéria de sanções contratuais também necessitamos de uma previsão anterior que tipifique dita sanção para que esta possa ter validez uma vez ocorrido o descumprimento que a justifique. Se a previsão anterior de sanção não existe, a sanção será nula.[649]

Sobre o tema, reza Maria João Estorninho:

Em Portugal, o Código de procedimento Administrativo, no art. 180º, alínea e), determinava que o poder sancionatório depende de expressa estipulação contratual, sem a qual a entidade pública contraente ficava sem capacidade de realizar, pela via administrativa, ao eventual incumprimento do contrato.
Havendo previsão contratual nesse sentido, as sanções contratuais são, assim, aplicadas pela entidade administrativa através de ato administrativo (...).[650]

Igualmente ressalta Miguel S. Marienhoff:

As cláusulas contratuais que se aplicam em virtude de descumprimentos contratuais devem ter como 'fonte' o contrato (653) e os textos que o complementam, ou seja, devem estar baseadas na letra do próprio contrato ou em textos complexos que, "indubitavelmente," o complementam (especificações gerais ou específicas, regulamento para as aquisições, etc.). A tentativa de punir uma infração com uma multa contratual (cláusula penal) alheia ao contrato implica o afastamento do

648 JUSTEN FILHO, Marçal. *Comentários à lei de licitações e contratos administrativos*. 15. ed. São Paulo: Dialética, 2012, p. 1016.

649 ZUNINO, Pablo Leiza *apud* ZARDO, Francisco. *Infrações e sanções em licitações e contratos administrativos*. São Paulo: Revista dos Tribunais, 2014, p. 152.

650 ESTORNINHO, Maria João. *Curso de Direito dos Contratos Públicos*: por uma contratação pública sustentável. Lisboa: Almedina, 2014, p. 500-501.

contrato, atitude evidentemente ilícita ou contrária à lei: as espécies que não têm causa legal.[651]

Nessa vereda, ressalta Bernardo Strobel Guimarães:

> Nesta quadra, voltando ao art. 58 da Lei de Licitações (*não obstante a redação do referido preceito indique que a Administração possui a prerrogativa de implementar as providências listadas nos seus incisos*), no que se refere à aplicação das sanções, não se concebe a aplicação com base diretamente em lei das sanções descritas no art. 87 deste diploma legal. O fato de a Administração possuir a habilitação para aplicar sanções no que se refere ao descumprimento do contrato, não implica a desconsideração do vínculo celebrado entre as partes e não autoriza a aplicação de pena para além do estipulado no instrumento contratual.
> (...)
> No que se refere às sanções contratuais em sentido estrito – isto é, as que se conectam direta e imediatamente com a ideia de execução do vínculo contratual – tem-se, portanto, que elas sempre dependem do que estiver disciplinado no instrumento contratual, não sendo cabíveis penas que se fundem diretamente em lei.[652]

Em arremate, destaca Francisco Zardo que:

> Esta solução atende não apenas o interesse coletivo subjacente à contratação pública, como também respeita os princípios da vinculação ao instrumento convocatório e da tipicidade. Recorde-se que o princípio da tipicidade exige a explicitação da conduta infracional com um mínimo de densidade para que se possa compreender qual comportamento proibido e, ainda, exige que se estabeleça uma correlação entre tal comportamento e uma sanção específica. Como, sozinho, o art. 87 da Lei nº 8.666/93 não atende esses requisitos, dependendo da indispensável complementação do edital e do contrato,

---

[651] Texto original "Las cláusulas penales que se aplicaren por incumplimientos contractuales, lógicamente han de tener por "fuente" al contrato (653) y a los textos que lo complementen, es decir han de hallar fundamento en la letra misma del contrato, o en el complejo de textos que, "indubitablemente", lo complementen (pliegos de condiciones generales o particulares, Reglamento de las Contrataciones del Estado, etc.). Pretender sancionar un incumplimiento contractual con una penalidad (cláusula penal) no integrante del contrato implica apartarse del contrato, actitud evidentemente ilícita o contraria a derecho: en la especie faltaría la causa jurídica" (MARIENHOFF, Miguel S. *Tratado de derecho administrativo*. Tucumám, Argentina: Edições UNSTA, 1910. t. III A, p. 415).

[652] GUIMARÃES, Bernardo Strobel. As sanções nos contratos administrativos e a inadequação do poder de polícia para justificá-las. *FCGP – Fórum de Contratação e Gestão Pública*, Belo Horizonte, a. 12, n. 133, p. 32-39, jan. 2013.

o silêncio destes inviabiliza por completo a aplicação de sanções por inexecução contratual.[653]

Da mesma forma, a previsão editalícia e contratual detêm o condão de orientar o Poder Público quando exerce competência sancionatória nos processos administrativos deste jaez, oferecendo o balizamento necessário para que tal prerrogativa seja regularmente cumprida e os objetivos das sanções administrativas alcançados.

Em caso de silêncio no ato convocatório e contrato, entende-se que a prerrogativa sancionatória não poderá ser exercida pela Administração, devendo ser instaurado processo disciplinar para apurar os motivos que levaram a Administração Pública a inobservar o regramento punitivo constante da legislação licitatória, o que configura infração disciplinar, consoante prevê, por exemplo, o art. 116, inc. III,[654] c/c o art. 130,[655] ambos da Lei nº 8.112/1990.

Em sentido contrário, sustentando a possibilidade de as sanções restritivas de direitos serem aplicadas sem previsão editalícia e contratual, entendem Jessé Torres Pereira Junior,[656] o mesmo autor juntamente com Marinês Restelatto Dotti,[657] Marcos Juruena Vilella Souto,[658] Sonia Tanaka,[659] Hely Lopes Meirelles,[660]

[653] ZARDO, Francisco. *Infrações e sanções em licitações e contratos administrativos*. São Paulo: Revista dos Tribunais, 2014, p. 154.

[654] "Art. 116. São deveres do servidor: (...) III – observar as normas legais e regulamentares";

[655] "Art. 130. A suspensão será aplicada em caso de reincidência das faltas punidas com advertência e de violação das demais proibições que não tipifiquem infração sujeita a penalidade de demissão, não podendo exceder de 90 (noventa) dias".

[656] PEREIRA JÚNIOR, Jessé Torres. *Comentários à lei das licitações e contratações da administração pública*. 6. ed. Rio de Janeiro: Renovar, 2009, p. 622.

[657] PEREIRA JÚNIOR, Jessé Torres; DOTTI, Marinês Restelatto. *Da responsabilidade de agentes públicos e privados nos processos administrativos de licitação e contratação*. São Paulo: NDJ, 2012, p. 407.

[658] SOUTO, Marcos Juruena Villela. *Direito administrativo contratual*. Rio de Janeiro: Lumen Juris, 2004, p. 354.

[659] TANAKA, Sônia Yuriko Kanashiro. *Concepção dos contratos administrativos*. São Paulo: Malheiros, 2007, p. 157.

[660] MEIRELLES, Hely Lopes. *Licitação e contrato administrativo*. 14. ed. São Paulo: Malheiros, 2007, p. 218.

José dos Santos Carvalho Filho,[661] Jean Rivero[662] e Augustín Gordillo.[663]

Acerca de tal possibilidade, demanda-se maior meditação, haja vista que admitir a punição de particular sem lastro editalício e contratual é permitir que ocorra o manejo da competência punitiva de forma discricionária, em razão de inexistir qualquer tipo de balizamento, o que não garante a segurança jurídica, fato que torna ilegítima a punição em razão, por exemplo, da possibilidade de aplicação de penalidade por agente público incompetente, sanção irrazoável, desproporcional, aplicada com desvio de finalidade, imotivadamente, sem garantia ao contraditório e à ampla defesa etc.

Como ressalta Francisco Zardo:

> Esta solução atende não apenas o interesse coletivo subjacente à contratação pública, como também respeita os princípios da vinculação ao instrumento convocatório e da tipicidade. Recorde-se que o princípio da tipicidade exige a explicitação da conduta infracional com um mínimo de densidade para que se possa compreender qual comportamento proibido e, ainda, exige que se estabeleça uma correlação entre tal comportamento e uma sanção específica. Como, sozinho, o art. 87 da Lei nº 8.666/93 não atende esses requisitos, dependendo da indispensável complementação do edital e do contrato, o silêncio destes inviabiliza por completo a aplicação de sanções por inexecução contratual.[664]

No tocante ao processo administrativo sancionador, temos a considerar que ele tem o condão de, ao seu cabo, e se for o caso, impor uma consequência negativa atribuída por lei, qual seja,

---

661 CARVALHO FILHO, José dos Santos. *Manual de direito administrativo*. 22. ed. Rio de Janeiro: Lumen Juris, 2009, p. 190.

662 "A Administração é sempre senhora de decretar a sanção correspondente à falta verificada, mesmo no silêncio do contrato (C. E, 31 de maio de 1907, *Deplanque*, Rec. pág. 513, concl. de Romieu)" (RIVERO, Jean. *Direito Administrativo*. Coimbra: Almedina, 1981, p. 146).

663 "À administração pública é geralmente reconhecido, tradicionalmente, o poder de impor sanções em caso de incumprimento ao contratante, mesmo que eles não são fornecidos expressamente em lei ou do contrato" (GORDILLO, Agustín. *Tratado de Derecho Administrativo*: parte general. 7. ed. Buenos Aires: Fundación de Derecho Administrativo, 2003. t. I, XI-25).

664 ZARDO, Francisco. *Infrações e sanções em licitações e contratos administrativos*. São Paulo: Revista dos Tribunais, 2014, p. 154.

uma sanção administrativa àquele que incorrer em uma conduta tipificada também pela lei como uma infração de mesma natureza.

Apresenta-se o processo sancionatório no âmbito das contratações públicas como um típico processo administrativo restritivo de direitos, conceituado por Angélica Petian da seguinte maneira:

> Os processos restritivos de direito são aqueles que diminuem a esfera jurídica do destinatário, causando-lhe gravame, seja porque impõem um novo dever ou restrição, seja porque estendem dever já existente, ou ainda, suprimem direito existente. Em qualquer hipótese haverá um feito negativo para o administrado.[665]

Em relação ao *processo administrativo sancionador no âmbito das contratações públicas*, cumpre-nos esclarecer que as Leis Federal nº 8.666/1993, nº 10.520/2002, nº 12.462/2011 e nº 13.303/2016 foram omissas a respeito do procedimento administrativo necessário para permitir que a Administração Pública, quando exerce função administrativa, aplique uma sanção ao particular em razão de infração cometida na legislação anteriormente verificada.[666] No âmbito da Lei nº 14.133/2021 observa-se um tímido avanço em relação aos contornos fixados nas leis anteriormente colacionadas. Poderia o legislador ter enfrentado melhor a questão, haja vista a evolução da teoria das sanções administrativas no país quando das discussões da modificação da Lei nº 8.666/1993.

Diante de tal silêncio legislativo, sem prejuízo da observância do teor contido na legislação federal que estabelece as normas gerais de licitações, devem os Estados, o Distrito Federal, os Municípios, além das entidades da administração indireta e Estatais, disciplinar

---

665 PETIAN, Angélica. *Regime jurídico dos processos administrativos ampliativos e restritivos de direito*. São Paulo: Malheiros, 2011, p. 107.

666 Verifique-se, por pertinente, que, embora o devido processo seja de natureza obrigatória, infelizmente as Leis nºs 8.666/93 e 10.520/02 foram silentes quanto à observância de um procedimento que garantisse a efetividade dos princípios do contraditório e da ampla defesa. A Lei de Licitações limita-se a dizer, em seu art. 87, §2º, que está facultada a defesa prévia, no prazo de cinco dias úteis. Quanto à Lei do Pregão, inexiste qualquer disposição quanto à observância de rito específico para a aplicação de sanção (PIRES, Antonio Cecílio Moreira. Breves considerações acerca das sanções restritivas do direito de licitar e contratar. *BLC – Boletim de Licitações e Contratos*, São Paulo, a. 23, n. 1, p. 28-32, jan. 2010, p. 31).

o processo administrativo sancionatório no âmbito das contratações públicas, com o escopo de reverenciar o disposto nos incs. LIV e LX do art. 5º da CF/88, ou seja, garantir o devido processo legal, assegurando o contraditório e a ampla defesa, com os meios e recursos a ela inerentes. Outrossim, tem-se que o dever de disciplinar o processo administrativo sancionatório no âmbito das contratações públicas deve ocorrer com fulcro na autonomia federativa prevista no art. 18 da CF/88.

Não sendo exercida pelos Estados, pelo Distrito Federal, pelos Municípios e pelas entidades da administração indireta a prerrogativa de legislar sobre os pormenores do processo administrativo punitivo no âmbito das contratações públicas, sem prejuízo da observância do disposto entre os arts. 155 e 163 da Lei nº 14.133/2021, pode-se utilizar o regramento vertido na Lei nº 9.784/1999, com arrimo no entendimento de que tal norma reveste-se de caráter de norma geral em razão de garantir a concretude na aplicação dos princípios constitucionais pertinentes aos direitos dos cidadãos perante o Poder Público.[667] Permite-se, ainda, a utilização da Lei nº 9.784/1999, subsidiariamente em relação às demais leis que versam sobre processo administrativo.[668] Esclareça-se que

---

667 Sobre o tema, Maria Sylvia Zanella Di Pietro: "No entanto, surgiram alguns posicionamentos dando maior amplitude a alguns dispositivos, que têm sido aplicados em âmbito nacional. Tal entendimento merece ser acatado. Note-se que a Lei não estabeleceu procedimento específico a ser adotado pelos órgãos administrativos. Ela estabeleceu normas básicas sobre os processos administrativos em geral. O objetivo da Lei não foi apenas estabelecer normas sobre processo; se fosse o caso, a Lei poderia ser considerada de âmbito federal apenas.
Ocorre que ela não se limitou a isso. Ela foi além. O seu principal objetivo foi o de dar aplicação a princípios constitucionais pertinentes aos direitos do cidadão perante a Administração Pública. Ora, quando se fala em princípios constitucionais e em direitos do cidadão, entra-se na esfera de temas de interesse nacional e, portanto, de competência da União" (DI PIETRO, Maria Sylvia Zanella. A Lei de Processo Administrativo: sua ideia matriz e âmbito de aplicação. *In*: NOHARA, Irene Patrícia; MORAES FILHO, Marco Antônio Praxedes de (org.). *Processo Administrativo*: temas polêmicos da Lei nº 9.784/99. São Paulo: Atlas, 2011, p. 190).

668 Novamente utilizamos os ensinamentos de Maria Sylvia Zanella Di Pietro para melhor esclarecer tal hipótese: "Exatamente por conter normas básicas sobre processo administrativo é que a Lei nº 9.784/99 tem caráter subsidiário em relação a outras leis que disciplinam procedimentos específicos. O seu art. 69 deixou expresso esse caráter subsidiário, ao estabelecer que 'os processos administrativos específicos continuarão a reger-se por lei própria, aplicando-se lhes apenas subsidiariamente os preceitos desta Lei'.
Quer dizer: a lei não revoga nem altera qualquer lei disciplinadora de processos administrativos específicos, como os referentes à licitação, ao processo administrativo tributário, aos processos disciplinares, aos processos administrativos de discriminação

esse último entendimento é agasalhado de forma pacífica pelo eg. Superior Tribunal de Justiça.[669]

Conclui-se, portanto, que, ante a ausência de regramento próprio acerca do processo administrativo punitivo no âmbito das contratações públicas, a Administração Pública deverá amparar seus atos nos dispositivos da Lei nº 9.784/1999, a fim de garantir o devido processo legal, assegurados o contraditório e a ampla defesa, com os meios e recursos a ela inerentes, conforme exige o disposto nos incs. LIV e LX do art. 5º da CF/88.

Não se pode deixar de assinalar a promulgação do *novo Código de Processo Civil* (Lei nº 13.105/2015), vigente desde março de

---

de terras devolutas, aos processos administrativos para tombamento e tantos previstos em leis esparsas.
Em caso de conflito entre norma contida em uma dessas leis e a Lei nº 9.784/99, resolver-se-á em favor daquelas (desde que válidas perante o ordenamento jurídico-constitucional) e não desta. Por outro lado, quando houver qualquer omissão da lei específica sobre determinado aspecto, como instrução, direito de defesa e contraditório, recursos, anulação, revogação, convalidação, impedimento, suspeição, deverá ser aplicada a Lei nº 9.784/99" (DI PIETRO, Maria Sylvia Zanella. A Lei de Processo Administrativo: sua ideia matriz e âmbito de aplicação. *In*: NOHARA, Irene Patrícia; MORAES FILHO, Marco Antônio Praxedes de (org.). *Processo Administrativo*: temas polêmicos da Lei nº 9.784/99. São Paulo: Atlas, 2011, p. 192).

669 "ADMINISTRATIVO. PROCESSUAL CIVIL. AGRAVO REGIMENTAL NO AGRAVO DE INSTRUMENTO. SERVIDOR PÚBLICO ESTADUAL. INÉRCIA DA ADMINISTRAÇÃO. DECADÊNCIA ADMINISTRATIVA. AUSÊNCIA DE LEI ESTADUAL ESPECÍFICA. LEI Nº 9.784/99. APLICABILIDADE. PRECEDENTES. QUESTÃO NÃO ARGÜIDA NO RECURSO ESPECIAL. INOVAÇÃO DE TESE. IMPOSSIBILIDADE. AGRAVO REGIMENTAL IMPROVIDO. 1. A jurisprudência do Superior Tribunal de Justiça firmou-se no sentido de que, ausente lei específica, a Lei nº 9.784/99 pode ser aplicada de forma subsidiária no âmbito dos Estados-Membros, tendo em vista que se trata de norma que deve nortear toda a Administração Pública, servindo de diretriz aos seus demais órgãos. 2. Em sede de agravo regimental ou de embargos de declaração, não cabe à parte inovar para conduzir à apreciação desta Corte temas não ventilados no recurso especial. 3. Agravo regimental improvido" (*AgRgAI nº 815.532-RJ (2006/0207524-6)*, Ministro Relator Arnaldo Esteves Lima, j. de 15.03.07).
"ADMINISTRATIVO. PROCESSUAL CIVIL. SERVIDORES PÚBLICOS ESTADUAIS INATIVOS. ART. 54 DA LEI Nº 9.784/99. ADMINISTRAÇÃO ESTADUAL. APLICAÇÃO. POSSIBILIDADE. DECADÊNCIA ADMINISTRATIVA CONFIGURADA. TERMO *A QUO*. VIGÊNCIA DA LEI. 1. Ausente lei específica, os comandos normativos contidos na Lei nº 9.784/99 são aplicáveis no âmbito das Administrações Estadual e Municipal, os quais estabelecem o prazo de 5 (cinco) anos para a Administração rever seus próprios atos. 2. Caso o ato acoimado de ilegalidade tenha sido praticado antes da promulgação da Lei nº 9.784, de 01.02.1999, a Administração tem o prazo de cinco anos a contar da vigência da aludida norma para anulá-lo; caso tenha sido praticado após a edição da mencionada Lei, o prazo quinquenal da Administração contar-se-á da prática do ato tido por ilegal, sob pena de decadência, nos termos do art. 54 da Lei nº 9.784/99" (BRASIL. Superior Tribunal de Justiça. *RMS nº 24.423 – RS (2007/0142408-0)*. Relatora Ministra Relatora Laurita Vaz, j. de 23.08.11. *DJe* 08.09.2011).

2015, que, em seu art. 15, estabeleceu que: "Na ausência de normas que regulem processos eleitorais, trabalhistas ou administrativos, as disposições deste Código lhes serão aplicadas supletiva e subsidiariamente".

Ressalte-se que é de clareza solar que o novo Código incidirá, de forma imediata, em todos os processos administrativos, de todas as naturezas, em andamento ou não, em toda a Administração Pública brasileira.

Todavia, consoante ressaltam Nelson Nery Júnior e Rosa Maria de Andrade Nery: "Aplicação subsidiária do CPC deve guardar compatibilidade com o processo em que pretende aplicá-lo. A aplicação supletiva deve levar em consideração este princípio também".[670]

Neste sentido, salienta Egon Bockmann Moreira:

> Mas, atenção: uma vez que o CPC/2015 não revogou a Lei nº 9.784/1999, sua aplicação ao processo administrativo pressupõe a harmonização recíproca dos diplomas normativos (e não a exclusão de um deles), fazendo com que o CPC/2015 se integre e se subordine à racionalidade da Lei nº 9.784/1995, sempre de modo supletivo e subsidiário.

Questão interessante colocam Nelson Nery Júnior e Rosa Maria de Andrade Nery quando tratam da aplicação do Código de Processo Penal ao processo civil, importante quando se discorre sobre processos administrativos punitivos. Vejamos:

> 5. *Aplicação do CPP e de outras leis do processo civil.* A recíproca é verdadeira, pois é possível a aplicação do CPP e outras leis processuais ao processo civil, sempre que houver uma lacuna e desde que essa aplicação seja compatível com o sistema do CPC.[671] (Grifo do original).

Constata-se, por conseguinte, que não só será aplicado de forma subsidiária e supletiva o Código de Processo Civil, mas também o regramento constante do Código de Processo Penal naquilo que a lei de processo administrativo e norma processualística

---

670 NERY JÚNIOR, Nelson; NERY, Rosa Maria de Andrade. *Comentários ao Código de Processo Civil*: novo CPC – Lei nº 13.105/2015. São Paulo: Revista dos Tribunais, 2015, p. 232.

671 NERY JÚNIOR, Nelson; NERY, Rosa Maria de Andrade. *Comentários ao Código de Processo Civil*: novo CPC – Lei nº 13.105/2015. São Paulo: Revista dos Tribunais, 2015, p. 232.

silenciarem, o que beneficia aqueles que são imputados à prática de uma infração administrativa.

A determinação contida no artigo em comento, no sentido de determinar a aplicação supletiva e subsidiária, não representa que o novo Código de Processo Civil tenha revogado (nem derrogado nem ab-rogado) a Lei nº 9.784/1999,[672] bem como outras leis locais de processos administrativos ou especiais. Logo, a aplicação do Código de Processo Civil ocorrerá apenas de forma supletiva e subsidiária.

Destaque-se que supletividade advém de "suplementar", que, para De Plácido e Silva: "é o adicional, que vem ampliar, que vem como complemento, que vem suprir (...)".[673] Por sua vez, subsidiariedade, que decorre de "subsidiário" para o retrocitado autor, "designa o que vem em segundo lugar, isso é secundário, auxiliar".[674]

Esclarecendo a diferença entre aplicação supletiva e aplicação subsidiária, destaca Paulo César Pinheiro Carneiro:

> Etimologicamente, existe uma diferença entre aplicação supletiva e subsidiária. A primeira se destina a suprir algo que não existe em uma determinada legislação, enquanto a segunda serve de ajuda ou de subsídio para a interpretação de alguma norma ou mesmo um instituto.[675]

Acerca do conteúdo jurídico vertido no art. 15 do novo Código de Processo Civil, Egon Bockmann Moreira professa:

> Na medida em que o artigo 15 valeu-se da "aplicação supletiva" ao lado da "aplicação subsidiária", positivou a incidência do CPC/2015 a processos administrativos tanto nos casos em que se constatar omissão legislativa (e/ou normativa em sentido estrito) como naqueles em que o dispositivo a ser aplicado possa ser valorizado/aprimorado no caso concreto por meio da incidência de norma recém-positivada.[676]

---

672 MOREIRA, Egon Bockmann. O novo Código de Processo Civil e sua aplicação no processo administrativo. *RDA – Revista de Direito Administrativo*, Rio de Janeiro, v. 273, p. 313-334, set./dez. 2016, p. 317.

673 SILVA, De Plácido e. *Dicionário Jurídico*. 21. ed. Rio de Janeiro: Forense, 2003, p. 786.

674 SILVA, De Plácido e. *Dicionário Jurídico*. 21. ed. Rio de Janeiro: Forense, 2003, p. 777.

675 CARNEIRO, Paulo César Pinheiro; ALVIM, Teresa Arruda *et al.* (coord.). *Breves comentários ao novo Código de Processo Civil*. São Paulo: Revista dos Tribunais, 2016, p. 110.

676 MOREIRA, Egon Bockmann. O impacto do CPC/2015 nos processos administrativos: uma nova racionalidade. *Coluna Direito do Estado*, a. 2016, n. 104, 10 mar. 2016. Disponível em: http://www.direitodoestado.com.br/colunistas/egon-bockmann-moreira/o-impacto-

Com efeito, haja vista a aplicação subsidiária e supletiva, note-se que as regras de processo administrativo, derivadas da legislação local ou da Lei nº 9.784/1999, têm prioridade em relação à disciplina civil, que será aplicada apenas se houver omissão.[677]

Em razão do novel regramento processual, afigura-se como desafio a utilização de forma supletiva e subsidiária das regras constantes do Código de Processo Civil nos processos administrativos conduzidos pela Administração Pública brasileira, o que, como ressalta Egon Bockmann Moreira, cria uma revolução, de forma a alterar radicalmente algumas de suas premissas e práticas pretéritas.[678]

Exemplificando a aplicação do Código de Processo Civil no âmbito dos processos administrativos sancionatórios, observa-se que a desconsideração da personalidade jurídica, antes aplicada sem fundamento legal específico, como restou anteriormente apontado, estriba-se no art. 133[679] c/c o art. 15 da Lei nº 13.105/2015.

Passa-se a analisar, doravante, o processo administrativo sancionador dividido em fases, quais sejam, a instauratória, a instrutória, a decisória ou de julgamento, a recursal e a executória.

3.3.1 Fase instauratória

3.3.1.1 Aspectos gerais

No tocante à fase instauratória, como salienta Irene Patrícia Nohara: "os atos administrativos não surgem do nada, isto é, não se

---

do-cpc-2015-nos-processos-administrativos-uma-nova-racionalidade. Acesso em: 15 jun. 2017.

677 MOREIRA, Egon Bockmann. O novo Código de Processo Civil e sua aplicação no processo administrativo. *RDA – Revista de Direito Administrativo*, Rio de Janeiro, v. 273, p. 313-334, set./dez. 2016, p. 317.

678 MOREIRA, Egon Bockmann. O impacto do CPC/2015 nos processos administrativos: uma nova racionalidade. *Coluna Direito do Estado*, a. 2016, n. 104, 10 mar. 2016. Disponível em: http://www.direitodoestado.com.br/colunistas/egon-bockmann-moreira/o-impacto-do-cpc-2015-nos-processos-administrativos-uma-nova-racionalidade. Acesso em: 15 jun. 2017.

679 "Art. 133. O incidente de desconsideração da personalidade jurídica será instaurado a pedido da parte ou do Ministério Público, quando lhe couber intervir no processo".

resumem ao ato final, pois pressupõem um encadeamento de atos, ou mesmo de fatos, que antecedem à sua edição".[680]

Desta feita, a pretensão de edição de um ato administrativo punitivo inicia-se com a instauração do processo administrativo, que deve ocorrer por meio de uma portaria, auto de infração, representação ou despacho inicial da autoridade competente; quando provocada pelo administrado ou pelo servidor, deve formalizar-se por requerimento ou petição.[681]

Antecipa-se que somente após a conclusão[682] do processo administrativo é que a Administração sancionadora deverá aplicar a competente penalidade, se for o caso, sob pena de violação do princípio da presunção de inocência e legalidade, sendo descabida a imposição de restrição de direitos ou patrimônio antes da prolação do ato administrativo punitivo.[683] Ou seja, inexiste sanções instantâneas, conforme ensina Fábio Medina Osório.[684]

---

680 NOHARA, Irene Patrícia; MARRARA, Thiago. *Processo administrativo*: Lei nº 9.784/99 comentada. São Paulo: Atlas, 2009, p. 5.

681 MEIRELLES, Hely Lopes *et al*. *Direito administrativo*: aplicado e comparado. São Paulo: Resenha Universitária, 1979. v. I, p. 44.

682 "Enfim, apenas se e quando encerrado o ciclo de investigação-defesa e concluir-se pela concreta incursão de alguém em comportamento típico, antijurídico e reprovável é que se poderá cogitar do exercício do dever-poder administrativo sancionador, impondo-se a quem de direito (infrator ou responsável, conforme o caso) a sanção correspondente" (FERREIRA, Daniel. Infrações e sanções administrativas. *In*: CAMPILONGO, Celso Fernandes; GONZAGA, Álvaro de Azevedo; FREIRE, André Luiz (coord.). *Enciclopédia jurídica da PUC-SP*. Tomo: Direito Administrativo e Constitucional. NUNES JR., Vidal Serrano *et al*. (coord. de tomo). 1. ed. São Paulo: Pontifícia Universidade Católica de São Paulo, 2017. Disponível em: https://enciclopediajuridica.pucsp.br/verbete/107/edicao-1/infracoes-e-sancoes-administrativas. Acesso em: 21 maio 2017).

683 Acerca da necessidade de observância deste princípio na seara administrativa sancionadora, Rafael Munhoz de Mello destaca: "Em sua acepção mais óbvia, a presunção da inocência exige que a sanção seja imposta apenas ao final do processo instaurado para investigar a prática do ilícito, ocasião em que o particular deixa de ser apenas acusado e passa a ser considerado culpado, podendo, então, sofrer os efeitos negativos da medida sancionadora. Tratando-se de sanção penal, sua aplicação depende da conclusão do processo judicial, que se dará com o trânsito em julgado da sentença sancionatória. Tratando-se de ilícito administrativo, a imposição da sanção somente poderá ocorrer após o encerramento do processo administrativo, com a prolação de decisão da qual não recorra o acusado ou já não caiba mais recurso administrativo algum" (MELLO, Rafael Munhoz de. *Princípios constitucionais de direito administrativo sancionador*. São Paulo: Malheiros, 2007, p. 245).

684 "Problema interessante, que se liga, intimamente, ao exercício do direito de defesa e ao acesso ao devido processo legal, diz respeito às chamadas "sanções instantâneas". No ato de flagrante da infração, a autoridade administrativa exige o pagamento da multa, 3 sob pena de adoção de medidas coercitivas.
Creio que ninguém pode ser obrigado a pagar uma multa de forma imediata e instantânea, sem a garantia da defesa e do devido processo legal. O que pode ocorrer,

3.3.1.2 A necessidade de instauração do processo sancionatório pela Administração licitante ou contratante

No tocante ao início do processo administrativo sancionatório, tem-se que, no âmbito da licitação ou durante a execução de um objeto, ajustado por meio de um contrato administrativo, instrumento equivalente, derivado de uma ata de registro de preços, credenciamento, certame licitatório, ou não, diante da verificação da prática de um comportamento que supostamente pode caracterizar uma conduta como infração administrativa constante da legislação licitatória, que deverá estar devidamente fixada nos instrumentos editalício e contratual, é obrigação do Poder Público licitante ou contratante, por meio da autoridade competente, instaurar um processo administrativo punitivo, a fim de apurar o ocorrido, inexistindo discricionariedade da autoridade competente para tomar tal medida.[685]

Com efeito, deve o processo somente ser desencadeado caso exista inequívoca prova de que o particular incorreu no comportamento infracional, sendo, ainda, admitida o desencadeamento por

---

isso sim, é que a autoridade administrativa adote alguma medida cautelar para garantir o eventual adimplemento da multa ou de outra sanção. Nesse sentido, não haveria inconstitucionalidade alguma em procedimento, legalmente amparado, de exigência de uma quantia em depósito, para permitir que o infrator (potencial) possa liberar-se de outros problemas, desde que a exigência não seja desproporcional e inviabilizadora de atividade profissional do imputado". (OSÓRIO, Fábio Medina. *Direito administrativo sancionador*. 8. ed. São Paulo: Revista dos Tribunais, 2022, p. 474).

685 "Várias são as decisões prolatadas pelos órgãos de controle que exigem a instauração do expediente punitivo: 9.5.1. orientem os gestores das áreas responsáveis por conduzir licitações, inclusive os dos órgãos sob seu controle de atuação administrativa e financeira, para que autuem processo administrativo com vistas à apenação das empresas que praticarem, injustificadamente, ato ilegal tipificado no art. 7º da Lei 10.520/2002 e alertem-nos de que tal dispositivo tem caráter abrangente e abarca condutas relacionadas não apenas à contratação em si, mas também ao procedimento licitatório e à execução da avença;" (TCU – Acórdão nº 754/2015 – Plenário)
"A falta de tempestividade na aplicação de penalidades contratuais à contratada, em vista do atraso injustificado na entrega do objeto contratado, pode ser relevada quando não restar configurada a inércia por parte dos setores competentes da entidade contratante." (TCU – Acórdão 56/2007 Plenário). "1.3.7. aplique tempestivamente as sanções administrativas previstas nos editais e contratos aos particulares em atraso com suas obrigações, em consonância com o teor dos arts. 86 e 87 da Lei n. 8.666/1993" (TCU – AC-3738-42/07-1)

meio da presença de conjunto de indícios que sejam convergentes, sérios e consistentes, conforme tratamos no item 1.4.7.

Sobre a necessidade de cautela no desencadeamento do processo sancionatório, ensina Fábio Medina Osório:

> Uma inicial acusatória somente pode ser recebida, seja na esfera penal, seja no âmbito do direito administrativo sancionador, se estiver revestida de plausibilidade jurídica, com razoabilidade e proporcionalidade, dando indicativos seguros de que será provavelmente acolhida pelo Judiciário. Devem estar presentes para o recebimento e processamento de uma peça acusatória, os pressupostos da fumaça do bom direito. Não bastam leves indícios de autoria e materialidade, muito menos a invocação abstrata do "in dubio pro societate" para o recebimento de uma denúncia ou a instauração de um processo administrativo disciplinar, ou um processo sancionador. A relação jurídico-punitiva, para ser instaurada, exige que a pretensão punitiva se revista de plausibilidade. Tal exigência decorre dos pressupostos inerentes ao Estado Democrático de Direito, da presunção de inocência e do devido processo legal.
>
> É verdade que a presunção de inocência, como se disse, não protege a pessoa contra medidas cautelares ou contra investigações, estas sim calcadas em leves indícios. Mas, para o exercício da pretensão punitiva propriamente dita, o Estado deve antes exercer o poder investigatório à exaustão.
>
> (...)
>
> A submissão de um cidadão ao poder investigatório do Estado há de obedecer a rituais jurídicos, resguardando-se direitos fundamentais contra o arbítrio, a prepotência ou mesmo a arrogância de representantes do Estado. Se não for dessa forma, as pessoas ficarão sujeitas a perseguições do Estado, o que aumenta substancialmente o risco de corrupção econômica ou ideológica dos fiscalizadores.[686]

Tal comportamento infracional poderá ser relatado pelo pregoeiro, fiscal ou gestor do contrato, representado pelo órgão de controle interno do órgão ou entidade ou denunciado por terceiros.

Sobre o tema, esclarecem Fabrício Motta e Jordana Morais Azevedo:

> Não cabe falar em discricionariedade para iniciar ou não o processo para aplicação da sanção, se verificada a infração; tampouco em aplicá-

686 OSÓRIO, Fábio Medina. *Direito administrativo sancionador.* 8. ed. São Paulo: Revista dos Tribunais, 2022, p. 455 e 456.

la ou não, se verificado ao fim do regular processo o preenchimento dos pressupostos necessários. O agente público está indiscutivelmente atrelado à consecução das finalidades públicas e não pode, nesse mister, considerar que o interesse público seja disponível.[687]

3.3.1.3 A necessidade de comprovação da infração administrativa e o crime de abuso de autoridade

Cumpre-nos asseverar, todavia, que o desencadeamento do competente processo administrativo somente deve ocorrer caso não restem laivos de dúvida de que a conduta praticada pelo sujeito apresenta traços do comportamento infracional previsto na legislação e descrito no edital e contrato, devendo tal proceder ser materialmente comprovado no expediente sancionador. Logo, deve a Administração Pública, estribada no princípio da razoabilidade, verificar se o comportamento praticado pelo particular, de fato, enquadra-se na conduta descrita no instrumento editalício ou contratual como infracional.

É importante ressaltar que o art. 27 da Lei de Abuso de Autoridade (Lei nº 13.869/19)[688] fixa como crime, punível com detenção, de 6 (seis) meses a 2 (dois) anos, e multa, "requisitar" instauração ou "instaurar" procedimento investigatório de infração penal ou administrativa, em desfavor de alguém, à falta de qualquer indício da prática de crime, de ilícito funcional ou de infração administrativa.

O enquadramento do comportamento infracional, desta feita, deve ser realizado de forma cautelosa e ponderada, devendo ser exaustivamente motivadas as suas razões no ato administrativo de

---

687 MOTTA, Fabrício; AZEVEDO, Jordana Morais. Devido processo legal e aplicação de sanções nas licitações e contratos. *FCGP – Fórum de Contratação e Gestão Pública*, Belo Horizonte, a. 11, n. 32, dez. 2012. Disponível em: http://bidforum.com.br/bid/PDI0006.aspx?pdiCntd=83543. Acesso em: 18 jun. 2013.

688 "Art. 27. Requisitar instauração ou instaurar procedimento investigatório de infração penal ou administrativa, em desfavor de alguém, à falta de qualquer indício da prática de crime, de ilícito funcional ou de infração administrativa:
Pena – detenção, de 6 (seis) meses a 2 (dois) anos, e multa.
Parágrafo único. Não há crime quando se tratar de sindicância ou investigação preliminar sumária, devidamente justificada".

requisição ou solicitação de instauração do processo administrativo, bem como do ato inaugural do expediente sancionatório. Tanto no ato requisitório quanto no ato instauratório deve o agente público (conforme art. 2º da Lei nº 13.869/2019) demonstrar as particularidades do caso concreto, de forma a caracterizar a materialidade do comportamento infracional, bem como apresentar o fundamento legal daquela medida, haja vista a possibilidade de responsabilização criminal dos agentes públicos que solicitarem a deflagração, assim como daqueles que efetivamente deflagrarem.

Por meio deste tipo legal, busca-se afastar a instauração de processo sancionatório apenas com o objetivo de, por exemplo, no âmbito das contratações públicas, buscar perseguir particulares que, muito embora não tenham praticado no caso concreto o comportamento infracional, não atendam aos comandos irregulares do Poder Público contratante, gerar ou manter recursos públicos para a Administração por meio da aplicação de multas, banir determinadas empresas das compras governamentais, por exemplo.

Demais disso, conforme estabelece o art. 29 da Lei de Abuso de Autoridade (Lei nº 13.869/19),[689] prestar informação falsa sobre procedimento judicial, policial, fiscal ou administrativo, com o fim de prejudicar interesse de investigado, a exemplo de um depoimento, declaração ou esclarecimento no bojo de um processo sancionatório, será punível com detenção, de 6 (seis) meses a 2 (dois) anos, e multa.

Muita cautela deve ser tomada pela autoridade competente quando do acatamento da sugestão de instauração de processo administrativo sancionatório, pois o art. 30 da Lei de Abuso de Autoridade (Lei nº 13.869/19)[690] fixa que, dar início ou proceder à persecução penal, civil ou administrativa, sem justa causa fundamentada ou contra quem sabe inocente, é crime punível, como pena, a detenção, de 1 (um) a 4 (quatro) anos, e multa.

---

689 "Art. 29. Prestar informação falsa sobre procedimento judicial, policial, fiscal ou administrativo com o fim de prejudicar interesse de investigado: Pena – detenção, de 6 (seis) meses a 2 (dois) anos, e multa. Parágrafo único. (VETADO)".

690 "Art. 30. Dar início ou proceder à persecução penal, civil ou administrativa sem justa causa fundamentada ou contra quem sabe inocente:
Pena – detenção, de 1 (um) a 4 (quatro) anos, e multa.
Art. 31. Estender injustificadamente a investigação, procrastinando-a em prejuízo do investigado ou fiscalizado:
Pena – detenção, de 6 (seis) meses a 2 (dois) anos, e multa".

Assim, deverá a autoridade, de forma pormenorizada, conforme indícios mínimos constantes do pedido de instauração de processo administrativo, motivar a sua decisão de instaurar o expediente punitivo.[691]

Sob pena de violação ao princípio da imparcialidade, ressalte-se que o Enunciado nº 15 do 1º Simpósio de Licitações e Contratos da Justiça Federal salienta que:

> Diante da ocorrência de condutas infracionais tipificadas no art. 155 da Lei n. 14.133/2021, ao agente de contratação compete apenas a comunicação do fato à autoridade superior para fins de avaliação quanto à pertinência de instauração do processo administrativo sancionatório, sendo atentatória aos postulados da segregação de funções e da imparcialidade a atribuição de competências ao agente de contratação para promover a instrução e a deliberação quanto à aplicação e dosimetria de penalidade.

3.3.1.4 A possibilidade de compensação dos danos que o processo sancionatório causar ao particular apenado – Art. 27 da LINDB

Ainda sobre os excessos, sem prejuízo da responsabilização criminal, que recairão sobre agentes públicos, de modo a afastar abuso no poder de agir administrativo, *in casu*, persecução administrativa, o art. 27 da LINDB, alterada pela Lei nº 13.655/18, estabelece que, no âmbito administrativo, poderá existir determinação no sentido de que, quando for comprovado, a Administração Pública deverá compensar o particular por prejuízos anormais ou injustos resultantes dos efeitos da sanção ou da conduta dos agentes públicos envolvidos.

Sobre tal possibilidade, ensinam Carlos Ari Sundfeld e Alice Voronoff:

> Corrigir padrões de conduta, combater vícios da burocracia e fazer nascer uma nova cultura jurídica são tarefas desafiadoras. A edição de

---

691 A portaria inicial do processo administrativo disciplinar deve garantir que a descrição dos fatos seja feita de modo a permitir o exercício do direito de defesa em relação aos fatos e não à imputação eventualmente indicada" (STF – 33666/DF).

> comandos normativos, tal qual o artigo 27 da LINDB, pode acelerar essas mudanças, produzindo incentivos que sensibilizem aqueles que deflagram ou conduzem processos e tomam decisões. Trata-se de incentivo bem-vindo. Não apenas para promover mais justiça ao final, mas também para coibir e irracionalidade gerada pelo comodismo, pelas soluções aparentemente mais fáceis ou mesmo pela assunção pouco responsável de riscos em jogo com a Justiça. Nos processos estatais, há hoje um descompasso relevante entre os custos assumidos por quem processa ou quem decide nos processos, e os custos pelos afetados. E o art. 27 da Lei de Introdução mira justamente neste cenário.
>
> Ainda que não possa ser tido como revolucionário, o dispositivo contribui para o ambiente de maior equilíbrio. Ele adverte os gestores, as autoridades processantes e demais envolvidos em relação ao direito público de que processos gravosos infundados ou desprovidos de causa suficiente que os justifique; instaurados de forma anômala, para persecução dos objetivos ilegítimos; ou de modo temerário, sem considerar os impactos para reputação ou para atividade de quem é processado, podem gerar custos e prejuízos passíveis de compensação. Ou seja, pode redundar em danos inclusive para o erário.[692]

Ou seja, instaurando-se um expediente punitivo abusivamente, com desvio de finalidade ou sem incursão no comportamento infracional, poderá a Administração Pública ter que compensar os prejuízos comprovados pelo particular prejudicado.

3.3.1.5 A solicitação de instauração do processo sancionatório por terceiros

Outrossim, além da necessidade de instauração do processo punitivo de ofício pela Administração contratante ou promotora da licitação, o referido expediente administrativo também poderá ser instaurado a pedido de interessados, mediante requerimento,[693] sendo necessária, neste caso, a demonstração pelo terceiro da prática do ilícito administrativo durante o processamento da

692 SUNDFELD, C. A.; VORONOFF, A. Art. 27 da LINDB – Quem paga pelos riscos dos processos?. *Revista de Direito Administrativo*, [S. l.], p. 196-197, 2018. DOI: 10.12660/rda.v0.2018.77654. Disponível em: https://bibliotecadigital.fgv.br/ojs/index.php/rda/article/view/77654. Acesso em: 15 jan. 2023.

693 "O requerimento é o acto pelo qual alguém pede a uma autoridade pública que seja dada satisfação a um seu interesse" (CAETANO, Marcelo. *Manual de Direito Administrativo*. 10. ed. Coimbra: Almedina, 1994, p. 1309).

licitação ou execução do contrato administrativo. É admitida, ainda, denúncia anônima para deflagrar apuração preliminar da prática da infração administrativa, devendo ser colhidos outros elementos que comprovem a conduta antijurídica, conforme Enunciado nº 3 da Corregedoria Geral da União.

Acerca da deflagração do processo punitivo pelos interessados, enuncia Antonio Cecílio Moreira Pires:

> Quanto à instauração do processo, por iniciativa do interessado, ela deverá ser por escrito, salvo se for permitida a solicitação oral, nos termos do art. 6º da Lei nº 9.784/99. Assim, o pedido do interessado deverá conter o endereçamento, a sua identificação ou de quem o represente, o domicílio do requerente ou local para o recebimento de comunicações, a formulação do pedido, com exposição fática e devidamente fundamentada, e, ao final, data e assinatura do requerente ou de seu representante.
> Na instauração provocada do processo administrativo, a Administração será instada a produzir uma atividade prestacional, seja no estrito interesse do administrado, seja em razão da proteção a direitos difusos ou coletivos.
> É de lapidar clareza que, na instauração provocada do processo administrativo, o particular estará a exercitar o seu direito de petição, nos moldes preconizados pelo art. 5º, inciso XXXIV, letra "a", e art. 5º, XXXIII.[694]

3.3.1.6 A prescrição no exercício da atividade sancionatória

A deflagração de um processo administrativo sancionador, segundo o regulamento interno da entidade ou legislação do ente, poderá ser exteriorizada por meio da edição de um ato administrativo, a exemplo de uma portaria, decreto ou despacho da autoridade competente.

Conforme consta do art. 158, §4º, da Lei nº 14.133/2021, o prazo prescricional do processo sancionatório é de 5 (cinco) anos, lapso este consagrado para a persecução de sujeitos ativos de infrações administrativas, *ex vi* do disposto no art. 142, inc. I, da Lei nº 8.112/1990.

---

[694] PIRES, Antonio Cecílio Moreira. *A desconsideração da personalidade jurídica nas contratações públicas*. São Paulo: Atlas, 2014, p. 88.

Assim, terá a Administração 5 (cinco) anos para instaurar o processo sancionatório em desfavor de um particular, sendo que a deflagração do expediente punitivo acaba por interromper o escoamento do referido prazo, conforme fixa o inc. I do §4º do art. 158 da Lei nº 14.133/2021.

Operacionalizando tal regra, o art. 3º da Instrução Normativa SSC/MGI nº 14, de 25 de abril de 2024, estabelece que a prescrição punitiva é de cinco anos, contados da data da prática do ato ou, no caso de infração permanente ou continuada, do dia em que a autoridade competente tomar conhecimento do comportamento.

É oportuno destacar ainda que a abertura ou instauração do processo administrativo de apuração de responsabilidade interrompe o prazo de prescrição. Assim, o art. 3º, §1º, da referida IN fixa que prazo prescricional se interrompe com o despacho da autoridade competente, que autoriza a abertura do processo administrativo de apuração de responsabilidade.

Outrossim, o art. 3º, §2º, a Instrução Normativa SSC/MGI nº 14, de 25 de abril de 2024, confirma as diretrizes doutrinárias fixadas a respeito do assunto, indicando que o prazo de prescrição se interrompe com o despacho da autoridade competente que autoriza a abertura do processo administrativo de individualização da responsabilidade.

Grife-se que, uma vez instaurado o processo administrativo pela Administração, a aplicação da competente sanção restará garantida, ainda que a conclusão do expediente punitivo seja demorada, em razão de fatos supervenientes à sua instauração.

Verifica-se, todavia, que o período necessário para a conclusão do processo sancionatório não pode se perpetuar no tempo, sob pena de não garantir a punição, o que acarretará impunidade, haja vista o velho hábito de alguns agentes públicos que relutam em exercer tal função ou que colocam tal expediente na prateleira, aguardando o momento adequado de punir o particular, o que prejudica a segurança jurídica. Assim, fixou o art. 158, §4º, da Lei nº 14.133/2021, o prazo de 5 (cinco) anos.

Destaque-se que a Lei nº 14.133/2021 é silente sobre o prazo de conclusão do processo sancionatório. Não obstante, o art. 49 da Lei nº 9.784/1999 estabelece que, concluída a instrução de processo administrativo, a Administração tem o prazo de até trinta dias para decidir, *in casu*, se sanciona ou não o particular, salvo prorrogação por igual período expressamente motivada.

3.3.1.7 Um processo administrativo para cada incursão em infração administrativa

Com efeito, para cada incursão na conduta indesejada pelo licitante ou contratado caracterizada como uma infração administrativa nos termos pormenorizados fixados nos instrumentos editalício e contratual, afigura-se como necessária a instauração de um competente processo administrativo sancionador distinto, oferecendo oportunidade de defesa distinta e exclusiva para o novo comportamento observado.[695]

Assim, sob pena de caracterização de abuso no exercício da prerrogativa sancionatória, não é possível utilizar um mesmo processo para apurar diversas infrações administrativas praticadas pelo particular, uma vez ser necessário apurar as condições da infração isoladamente, de forma a garantir a observância do rito processual individualmente.

Além do mais, somar ou apurar várias infrações administrativas num só expediente pode, de alguma forma e indevidamente, agravar a sanção aplicada, uma vez que a análise isolada de cada comportamento poderia acarretar a conclusão do processo administrativo diferentemente ou com menor gravame.

3.3.1.8 A necessidade de instauração do processo administrativo em caso de rescisão contratual. Ilegalidade de penalização automática decorrente da extinção unilateral

É inadmitida a aplicação de penalidades de forma automática, ou seja, sendo uma consequência de outro expediente administrativo.[696] Exemplificando: é ilegal o desconto de multa, automaticamente,

---

[695] Nesse sentido: "Cumpre notar que aspecto relevante da imposição do pressuposto do devido processo legal é a individualização das situações; a necessidade de que cada caso seja objeto de deliberação própria e específica, em face de suas particularidades, de suas circunstâncias" (GROTTI, Dinorá Adelaide Musetti. Devido processo legal e o procedimento administrativo. *BLC – Boletim de Licitações e Contratos*, São Paulo, NDJ, a. 27, n. 9, p. 26-28, set. 2011, p. 28.)

[696] "1. Aos litigantes, em processo judicial ou administrativo, e aos acusados em geral são assegurados o contraditório e ampla defesa, com os meios e recursos a ela inerentes.

em decorrência e ato contínuo à rescisão contratual unilateral. Em sendo primeiro desencadeado o processo rescisório, ao cabo deste, após esgotada a fase recursal, deverá ser instaurado um processo punitivo autônomo, com o escopo do particular apresentar suas defesas e ter direito à revisibilidade, mesmo que as suas razões sejam as mesmas oferecidas no outro expediente administrativo. Observe-se que cada um tem natureza e garantias fixadas na lei e no texto constitucional.

3.3.1.9 A necessidade de garantia ao mais amplo acesso ao processo administrativo sancionatório, da licitação ou execução do contrato

Reverenciando o princípio da ampla defesa, devidamente previsto no art. 5º, inc. LV, da Constituição da República de 1988, já objeto de estudo em linhas anteriores, com o escopo de permitir ao acusado o exercício do seu amplo e irrestrito direito de defesa nos autos do processo administrativo sancionatório, deve o particular tomar conhecimento, com rigor de detalhe, do que a ele está sendo imputado, sob pena de anulação da futura sanção administrativa, em razão da configuração do cerceamento de defesa.[697]-[698]

---

2. Rescisão contratual e aplicação de penalidades sem observância do contraditório e da ampla defesa. Notificação levada a efeito apenas para comunicar a contratada da rescisão e das sanções já aplicadas. Vício que compromete a validade do procedimento administrativo. Ilegalidade. Ocorrência. Segurança concedida. Sentença mantida. Reexame necessário, considerado interposto, desacolhido. Recurso desprovido." (TJ/SP APELAÇÃO/REEXAME NECESSÁRIO No 1013980-40.2015.8.26.0529).

697 Nesse sentido, esclarecem Adilson de Abreu Dallari e Sérgio Ferraz: "O primeiro requisito para que alguém possa exercitar o direito de defesa de maneira eficiente é saber do que está sendo acusado. Por isso, é essencial que qualquer processo punitivo – particularmente o de cunho punitivo – comece pela informação, ao acusado ou interessado, daquilo que, precisamente, pesa contra ele. Não basta, por exemplo, publicar um edital dizendo que determinada pessoa cometeu uma infração de trânsito, sem especificá-la; é necessário efetivamente fazer chegar ao acusado a informação precisa sobre qual específica infração teria sido por ele cometida, com todos os detalhes necessários ao exercício da defesa" (DALLARI, Adilson de Abreu; FERRAZ, Sérgio. *Processo Administrativo*. 3. ed. São Paulo: Malheiros, 2012, p. 110).

698 Sobre tal questão, ressalta César Augusto Guimarães Pereira: "O art. 83, *caput*, e §2º prevê de modo expresso a garantia de defesa prévia à aplicação da sanção. Esta expressão pretende a aplicação do regime de devido processo legal administrativo, contraditório e de ampla defesa consagrados pelo art. 5º LIV e LV, da Constituição Federal. Devem

Além disso, não basta apenas assegurar o acesso ao processo sancionatório – é essencial garantir amplo e irrestrito acesso ao processo administrativo relacionado à conduta infracional do licitante ou contratado. Nenhuma página pode ser omitida, incluindo trocas de e-mails ou mensagens em aplicativos de qualquer natureza.

Demais disso, considerando-se que a Nova Lei de Licitações não reproduziu o disposto no art. 109, §5º, da Lei nº 8.666/93 e em face da plena necessidade do princípio do contraditório e ampla defesa, entende-se que nenhum prazo de recurso ou pedido de reconsideração se inicia sem que os autos do processo administrativo estejam plenamente à disposição do interessado, devendo a autoridade oferecer informações suficientes para o licitante ou contratado acessar o seu conteúdo.

3.3.1.10 A notificação do futuro apenado para apresentação da defesa prévia

Uma vez instaurado o processo administrativo punitivo, de ofício pelo Poder Público ou mediante solicitação por terceiros, deverá a Administração sancionadora notificar ou intimar o particular licitante ou contratado, para, no prazo de 15 (quinze) dias úteis, *ex vi* do arts. 157 e 158 da Lei nº 14.133/2021, sob pena de ilegalidade,[699] apresentar a sua defesa prévia, arrazoado que

---

ser assegurados ao acusado todas as condições de exercício pleno da defesa antes da aplicação das sanções respectivas.
Isso implica a incidência de todas as garantias próprias, inclusive a de conhecimento pleno dos termos da acusação e das provas contra si existentes, de produção de provas, de manifestação e de obtenção de resposta adequada – por meio de decisões fundamentadas e exaurientes – à defesa formulada.
A exigência de fundamentação não se satisfaz com a mera alusão genérica à defesa do acusado. Exige-se fundamentação coerente, que examine as razões apresentadas e, se a rejeitar, que demonstre mediante raciocínio lógico a sua improcedência. A rejeição arbitrária ou deficientemente fundamentada implica ofensa ao devido processo legal e à ampla defesa" (PEREIRA, César Augusto Guimarães. Sanções administrativas nas Leis das Empresas Estatais. *In*: JUSTEN FILHO, Marçal. *Estatuto Jurídico das Empresas Estatais*. São Paulo: Revista dos Tribunais, 2016, p. 532-533).

[699] "MANDADO DE SEGURANÇA – Pretensão da impetrante na nulidade de procedimento administrativo que lhe impôs a sanção de impedimento de licitar e contratar com a Administração Pública pelo prazo de dois anos – Liminar deferida, mas cassada, com a denegação da segurança – Recurso recebido no efeito suspensivo,

assentará todas as justificativas por ter incorrido em uma das infrações constantes do instrumento convocatório e contratual. Sustentamos que tal prazo deve ser concedido para o procedimento sancionatório de qualquer espécie punitiva, haja vista que tal período apenas foi fixado para o expediente punitivo do impedimento de contratar e licitar e declaração de inidoneidade, sendo silente tal lapso para imposição de advertência e multa moratória. Com efeito, a dificuldade de produzir adequadas justificativas é a mesma para defesa de qualquer sanção.

Entendemos que exigir a protocolização da defesa presencialmente afigura-se ilegal, uma vez que há mecanismos para recepção do documento eletronicamente, principalmente em infração administrativa em licitações e contratações realizadas por meio de expediente eletrônico, em que praticamente toda a celebração da contratação pública foi processada a distância.

Já nas sanções administrativas aplicadas pelas empresas públicas, sociedades de economia mista e suas subsidiárias, no âmbito da União, dos Estados, do Distrito Federal e dos Municípios, na forma do que prevê a Lei nº 13.303/2016, tem-se que o prazo para apresentação da defesa prévia será de 10 (dez) dias úteis, conforme estabelece o art. 83, §2º.[700]

A notificação a ser encaminhada ao particular deverá apontar, de forma objetiva,[701] qual foi a infração administrativa cometida

---

para suspender a sanção imposta, até o julgamento do presente recurso – Nulidade de todo o procedimento administrativo que ora se decreta – Procedimento administrativo realizado pela Fundação Florestal, eivado de vícios insanáveis, tais como concessão de prazo incompatível com sanção imposta, para defesa previa, alegações finais e recurso, falta de intimação da decisão que sancionou a empresa apelante, publicação errônea da decisão, diversa daquela que foi decidida no procedimento administrativo, e, por fim, recurso considerado intempestivo, quando, de fato, era tempestivo – Nulidade que ora se decreta, com o consequente cancelamento da sanção imposta á empresa apelante – Violação dos princípios da legalidade, publicidade, contraditório e ampla defesa – Outrossim, inteligência do art. 9º, incisos I e II, parágrafo 2º, e art. 10º , inciso III, do anexo do Decreto Estadual nº 61.751/15 – Sentença reformada – Recurso provido" (TJ/SP nº 1059711-90.2019.8.26.0053).

700 "§2º As sanções previstas nos incisos I e III do *caput* poderão ser aplicadas juntamente com a do inciso II, devendo a defesa prévia do interessado, no respectivo processo, ser apresentada no prazo de 10 (dez) dias úteis".

701 "O processo é instrumento que se formaliza para conferir segurança ao interessado e à sociedade e para garantir seriedade ao quanto nele se ponha como objeto de apuração e decisão. Daí por que se impõe a objetividade como qualidade necessária do processo. Há de se conhecerem todos os elementos que conduzem à abertura do processo (tais

pelo infrator, bem como a sanção ou sanções administrativas correspondentes, apostas nos instrumentos editalício e contratual, que poderão ser aplicadas ao particular futuramente, após a conclusão do expediente punitivo, ou seja, nesta fase ainda não foi imposta sanção alguma.

Observe-se ser abusivo, quando não ilegal, incluir fatos no processo administrativo que dificulte a defesa do licitante ou contratado ou enquadrar o comportamento infracional em tipos que tragam gravames maiores.[702]

A Administração Pública deve se certificar de que o particular recebeu efetivamente a comunicação administrativa, seja na instauração do processo sancionatório para apresentação da defesa prévia, seja da decisão de punir ou não, de modo a permitir que o particular exerça os seus direitos, sob pena de ilegalidade na condução do processo administrativo e caracterização de cerceamento de defesa.

Deve a Administração ser cautelosa quando do encaminhamento de e-mails de notificação e demais comunicações no âmbito do processo sancionador, pois a mensagem pode não ser efetivamente recebida e conhecida pelas pessoas responsáveis pela gestão do futuro apenado, em razão, por exemplo, do encaminhamento das notificações em conta de e-mail de colaborador que foi desligado da empresa, ou seja, em conta que pode estar desativada, ou, ainda, enviadas em endereço eletrônico que apresenta erro, inexistente etc. Nestes casos, independentemente de existência de decisão sancionatória, transitada ou não em julgado, nos parece que deverá a Administração devolver o prazo inicialmente estabelecido para a prática do ato, seja a apresentação da defesa prévia ou interposição do recurso administrativo.

A fim de garantir o direito ao mais amplo contraditório e irrestrita defesa, a notificação a ser elaborada pela Administração apontará o endereço do órgão ou entidade e o horário (que deverá

---

como a infração a se apurar, os fatos determinantes de tal início processual, etc.), ao seu seguimento, os dados e elementos colhidos em seu curso e que são considerados para o julgamento" (ROCHA, Carmen Lúcia Antunes. Princípios Constitucionais do Processo Administrativo no Direito Brasileiro. *RTDP*, n. 17, p. 6-27, São Paulo, 1997, p. 26).

702 CYRINO, André; SALATHÉ, Felipe. A consensualidade abusiva no Direito Administrativo: Notas iniciais. *Revista Estudos Institucionais*, v. 10, n. 2, maio/ago. 2024, p. 647.

coincidir com o horário do órgão ou entidade) que deverá o licitante ou o contratado protocolizar sua defesa.

Outrossim, deve ser permitido o encaminhamento da defesa por meio eletrônico, sem prejuízo do envio posterior do arrazoado fisicamente, devendo o particular, cautelosamente, exigir a confirmação de recebimento.

Sobre a notificação, considera Jorge Ulisses Jacoby Fernandes:

> a) se possível, a notificação será feita no próprio livro de Registro do Contrato, colhendo-se o ciente do preposto;
> b) se a notificação for enviada por meio postal, deverá ser formalizada por carta registrada com AR [Aviso de Recebimento].[703] É importante que tanto o AR seja juntado aos autos, com o objetivo de provar a remessa, quanto o AR devolvido pelos correios com a assinatura do destinatário, também o seja, para provar também o recebimento. Pois, sem esse segundo, há prova apenas de envio. Ainda assim, se tiver possibilidade, deve o Gestor preferir a entrega pessoal ao preposto, com recibo.[704]

Assim deve ocorrer, uma vez ser necessário garantir ao particular o direito de informação acerca daquilo que está sendo a ele imputado. Sobre tal questão, ensina Fábio Medina Osório:

> No Direito Administrativo Sancionador, a garantia de defesa pressupõe os direitos do imputado de ser devidamente informado e de responder às acusações, ou seja, direito de ser "convidado" a tanto, vale dizer, a exercitar sua defesa.
>
> A informação é condição essencial ao exercício da plena defesa e da proteção jurídica às legítimas expectativas. Os direitos de informação transitam por várias vias. Às vezes, as informações têm seu fluxo formalizado pela burocracia cartorária dos órgãos competentes. Noutras oportunidades, transitam informalmente e, ainda, pelos espaços cibernéticos. O que resulta inevitável é perceber a importância de os acusados poderem acessar informações relevantes ao exercício de seus direitos de defesa, na proteção do estado jurídico de inocência. É claro

---

703 "É o serviço adicional que, por meio do preenchimento de formulário próprio, permite comprovar, junto ao remetente, a entrega do objeto" (Cf. CORREIOS. *Acompanhe seu objeto*. Disponível em: https://www.correios.com.br/para-voce/correios-de-a-a-z/aviso-de-recebimento-ar. Acesso em: 15 jun. 2017.

704 FERNANDES, Jorge Ulisses Jacoby. Sucinta análise das regras punitivas da Lei de Licitações e Contratos. *FCGP –Fórum de Contratação e Gestão Pública*, Belo Horizonte, a. 5, n. 52, abr. 2006. Disponível em: http://www.bidforum.com.br/bid/pdi006.aspx?pdiCntd=349. Acesso em: 14 maio 2014.

> que as informações devem fluir para todos os atores envolvidos no processo punitivo, daí a importância do contraditório processual e da paridade de armas.
>
> A citação, com todos os dados necessários, é uma garantia processual clássica. Se, apesar de todas as diligências possíveis e razoáveis, o réu possui paradeiro incerto ou desconhecido, admite-se a citação ficta, com o prosseguimento normal do processo. A revelia, destarte, é uma figura aceitável e compatível com direitos de defesa, porque ninguém pode beneficiar-se do fato de haver desaparecido sem deixar notícias aos mais próximos. Seria algo como premiar o uso a torpeza em benefício próprio. Há um interesse público superior a indicar a necessidade do instituto da revelia, ainda que seus efeitos não possam se materializar diante de interesses indisponíveis.
>
> Nos processos administrativos, a ciência do acusado acerca das imputações que lhe são formuladas é condição básica de validade do feito. Qualquer acusado, em processo ou procedimento administrativo, tem direito de saber o conteúdo das imputações dos fatos ilícitos que lhe são atribuídos, e isso implica apenas a ciência a respeito da peca acusatória, mas também o conhecimento aos procedimentais, com possibilidade de manifestação. O acesso aos processos, por advogados, é um direito fundamental dos acusados ou investigados em geral, salvo nas excepcionais e fundamentadas hipóteses legais de sigilo, em que a autoridade competente delimita áreas restritas, provisoriamente, ao efeito de viabilizar medidas cautelares urgentes. Não havendo concreta e plausível justificativa ao sigilo, este não deverá prevalecer, eis que o Estado Democrático de Direito supõe transparência dessas espécies de processos punitivos. Não é à toa que se consagra o devido processo legal: o processo devido há de ser visível, transparente e facilitador dos direitos de defesa, em homenagem à presunção de inocência das pessoas e aos direitos fundamentais em jogo.[705]

Poderá o licitante ou contratado infrator se encontrar em local incerto e não sabido, ou seja, a Administração pode desconhecer o local onde o sujeito infrator se encontra domiciliado ou estabelecido. Neste caso, restará prejudicada a notificação ou intimação a ser realizada pela Administração sancionadora. A fim de garantir o conhecimento do processo administrativo sancionatório que foi instaurado a seu desfavor, fato que possibilitará que o particular se defenda adequadamente, deverá a notificação ocorrer por meio

---

[705] OSÓRIO, Fábio Medina. *Direito administrativo sancionador*. 8. ed. São Paulo: Revista dos Tribunais, 2022, p. 470-472.

de edital publicado na imprensa oficial competente, a exemplo do que determina o art. 26, §4º, da Lei de Processo Administrativo (Lei nº 9.784/1999).[706] Procedendo-se assim, evita-se futura alegação de violação ao princípio do contraditório e da ampla defesa.

Demais disso, conforme assevera Jorge Ulisses Jacoby Fernandes: "O Gestor do contrato pode prorrogar o prazo de apresentação de defesa dentro de certa razoabilidade".[707] Assim nos parece que deve ocorrer, quando solicitado mediante justificativa, vez que o prazo fixado na legislação pode não se apresentar suficiente para a elaboração de uma regular defesa em razão da complexidade envolvida na execução do contrato administrativo, sob pena de violação ao princípio do contraditório e da ampla defesa.[708]

Por fim, admite-se também que o ato normativo que disciplina localmente o procedimento sancionatório no âmbito das contratações públicas estabeleça um prazo maior (por exemplo, quinze dias), sendo interpretados os prazos da norma geral como "mínimos".[709]

Acerca do processamento na repartição pública, reza Ivan Barbosa Rigolin que: "Quanto ao expediente punitivo, pode ele ser o próprio processo da contratação, como pode ser apartado, devendo nesse caso permanecer em apenso ao processo principal".[710] Entendemos que ele deve ser apartado, próprio, a fim de garantir-lhe tramitação com autonomia.

Em nosso sentir, o processo administrativo deve ser autônomo, sendo necessária a instauração de um expediente distinto para cada

---

706 "§4º No caso de interessados indeterminados, desconhecidos ou com domicílio indefinido, a intimação deve ser efetuada por meio de publicação oficial".

707 FERNANDES, Jorge Ulisses Jacoby. Sucinta análise das regras punitivas da Lei de Licitações e Contratos. *FCGP –Fórum de Contratação e Gestão Pública,* Belo Horizonte, a. 5, n. 52, abr. 2006. Disponível em: http://www.bidforum.com.br/bid/pdi006.aspx?pdiCntd=349. Acesso em: 14 maio 2014.

708 Conforme Lúcia Valle Figueiredo: "No asseguramento do amplo contraditório é necessário que os prazos para defesa sejam exequíveis" (FIGUEIREDO, Lúcia Valle. *Curso de direito administrativo.* 8. ed. São Paulo: Malheiros, 2006, p. 445).

709 MOTTA, Fabrício; AZEVEDO, Jordana Morais. Devido processo legal e aplicação de sanções nas licitações e contratos. *FCGP – Fórum de Contratação e Gestão Pública,* Belo Horizonte, a. 11, n. 32, dez. 2012. Disponível em: http://bidforum.com.br/bid/PDI0006.aspx?pdiCntd=83543. Acesso em: 18 jun. 2013.

710 RIGOLIN, Ivan Barbosa. Sanções, seu procedimento e seu âmbito. *BLC – Boletim de Licitações e Contratos.* São Paulo, a. 7, n. 9, p. 428-431, set. 1994, p. 428.

infração administrativa cometida, pois só assim restará garantida a sua efetiva disposição ao interessado a qualquer tempo, uma vez que o apensamento ao processo administrativo licitatório ou que assenta a gestão do contrato administrativo, além de prejudicar o acesso aos autos punitivos, não pode assegurar efetivo transcurso do processo administrativo, observando-se a realização dos atos processuais em cada uma das suas fases para cada ilícito praticado.[711]

Demais disso, como exprime Jorge Ulisses Jacoby Fernandes: "A defesa deve ser apresentada por escrito, mas não há solenidades ou requisitos especiais. Em homenagem à ampla defesa, deve-se preterir formalismos e valor do recurso".[712] Logo, nota-se que a defesa a ser produzida pelo particular não apresenta formalidades a serem seguidas, devendo ela ser assinada pelo infrator ou aquele que lhe faça as vezes, a exemplo do representante legal da sociedade ou aquele que recebeu os competentes poderes, a exemplo do advogado.

Com efeito, destaque-se que a Administração sancionadora deve garantir ao infrator ou àquele que ele indicar, de forma irrestrita e ampla, acesso ao processo administrativo em sua integralidade, de forma a permitir o conhecimento dos fatos que estão sendo imputados ao particular, sob pena de violação do direito ao contraditório e à ampla defesa.[713]

---

711 Outra decisão é o Agravo Regimental no Mandado de Segurança nº 15.267, em que o STJ se manifestou a favor da ampla defesa porque a situação envolvia uma defesa na qual a empresa contratada tinha se manifestado no processo de contratação, mas não no processo de sanção. Isso chama a nossa atenção para algo que é importantíssimo: falar em devido processo legal é instaurar um procedimento próprio. Toda vez que eu decretar, expedir um ato sancionatório no curso de uma contratação, é um novo processo administrativo que tem de ser instaurado. E o que aconteceu aqui? A empresa alegou o cerceamento. Por quê? Porque a Administração considerou a defesa apresentada no processo de contratação e se esqueceu dela no processo de sanção, e, a partir daquela defesa, julgou e aplicou a penalidade. Isso viola o devido processo legal. Não é a mera manifestação da empresa sobre os fatos que faz com que o devido processo legal seja respeitado (OLIVEIRA, José Roberto Pimenta de. Aplicação de sanções nos procedimentos licitatórios. *Boletim de Direito Administrativo*, São Paulo: NDJ, p. 853-869, a. 26, n. 8, ago. 2013, p. 863).

712 FERNANDES, Jorge Ulisses Jacoby. Sucinta análise das regras punitivas da Lei de Licitações e Contratos. *FCGP –Fórum de Contratação e Gestão Pública,* Belo Horizonte, a. 5, n. 52, abr. 2006. Disponível em: http://www.bidforum.com.br/bid/pdi006.aspx?pdiCntd=349. Acesso em: 14 maio 2014.

713 "Representam desdobramentos mais diretos do contraditório, principalmente, a acessibilidade aos elementos do processo, a audiência dos interessados e a motivação.
A) O princípio da acessibilidade aos elementos do processo significa o direito, atribuído aos sujeitos e à própria Administração, de obter conhecimento adequado dos fatos que estão na base da formação do processo, e de todos os demais fatos, dados, documentos e provas que

3.3.1.11 A condução do processo sancionatório por comissão

Acerca das formalidades impostas pela Lei nº 14.133/2021, o art. 158 estabelece que a imposição das sanções de impedimento de licitar e contratar e declaração de inidoneidade requer que o processo punitivo seja conduzido por uma comissão composta por 2 (dois) ou mais servidores estáveis, vale dizer, agentes públicos ocupantes de cargos efetivos e que já ultrapassaram o estágio probatório, haja vista serem menos suscetíveis a pressões. O §1º do mesmo artigo estabelece que em órgão ou entidade da Administração Pública cujo quadro funcional não seja formado por servidores estatutários, a comissão a que se refere o *caput* do referido artigo será composta por 2 (dois) ou mais empregados públicos pertencentes aos seus quadros permanentes, preferencialmente com, no mínimo, 3 (três) anos de tempo de serviço no órgão ou entidade.

Conforme bem coloca o Professor Daniel Ferreira, de modo a evitar empate em decisões colegiadas proferidas pela referida comissão, deve a instrução ser conduzida obrigatoriamente por, no mínimo, 3 servidores ou empregados públicos, haja vista não permitir empate quando da prolação de decisões colegiadas.[714]

3.3.1.12 A inexistência de medida cautelar no processo sancionatório

É necessário frisar que a existência de processo administrativo em regular tramitação em desfavor de particular não é motivo para

---

vierem à luz no curso do processo. A parte tem o direito de saber o que consta do processo, ou seja, à parte deve ser facultado o exame de toda a documentação constante dos autos. A Administração raciocina no sentido de que tudo o que se passa do guichê para trás é segredo. Deve haver absoluto direito de conhecimento dos pareceres, das razões técnicas, sob pena, inclusive, de ofensa aos princípios da lealdade e da boa-fé" (GROTTI, Dinorá Adelaide Musetti. Devido processo legal e o procedimento administrativo. *BLC – Boletim de Licitações e Contratos*, São Paulo, NDJ, a. 27, n. 9, p. 26-28, set. 2011, p. 28).

714 FERREIRA, Daniel. Responsabilização administrativa por infrações imputáveis a licitantes e contratados à luz da Lei n. 14.133/2012 (NLLC). *In:* HARGER (coord.) *Aspectos polêmicos sobre a nova lei de licitações e contratos administrativos*: Lei nº 14.133/2021. Belo Horizonte: Fórum, 2022, p. 375.

afastamento cautelar da pessoa física ou jurídica das licitações, bem como desencadeamento de processo rescisório de eventuais contratos em vigor, sendo tal comportamento ilegal, haja vista a violação do princípio da presunção da inocência.

3.3.1.13 A possibilidade de acordo administrativo – Art. 26 da LINDB

É oportuno consignar que se vive em época em que faz parte do Direito Administrativo a efetiva prática da consensualidade na Administração Pública que outrora era apenas e tão somente objeto de estudos científicos.[715]

Logo, estimula-se a celebração de acordo em detrimento da imposição de sanção, numa primeira oportunidade, passando o acordo a substituir a pena.[716] Isso porque, conforme ensina o professor Daniel Ferreira, "Num estado Democrático de Direito, a

---

715 Sobre tal realidade, ensinam Sérgio Guerra e Juliana Palma: "Apesar de ser relativamente recente a abertura da Administração Pública aos acordos, é notável o desenvolvimento da consensualidade administrativa. Isso se deve não apenas ao intenso volume de edição de normas dispondo sobre instrumentos consensuais ou ao crescimento numérico de ajustes, compromissos, termos e acordos no lugar da clássica decisão imperativa e unilateral. Ocorre que os acordos administrativos se afirmaram como efetiva via decisória do Poder Público, estando praticamente sempre presente no exame de discricionariedade do gestor público. Em termos de *cultura jurídica*, a consensualidade se afirmou como técnica de desenvolvimento das atividades administrativas por vezes preferível dentre as vias tradicionais.
Com a edição da Lei nº 13.655, de 25 de abril de 2018, o Decreto-Lei nº 4.657, de 4 de setembro de 1942 (a Lei de Introdução às Normas do Direito Brasileiro, doravante LINDB), foi alterado com a inclusão de dispositivo que, expressamente, cria um novo regime jurídico geral que autoriza o administrador público a promover negociações com particulares, por meio de acordos e compromissos visando pôr fim a irregularidade, incerteza jurídica e situações contenciosas" (GUERRA, S.; PALMA, J. B. de. Art. 26 da LINDB – Novo regime jurídico de negociação com a Administração Pública. *Revista de Direito Administrativo*, [S. l.], p. 135–169, 2018. DOI: 10.12660/rda.v0.2018.77653. Disponível em: https://bibliotecadigital.fgv.br/ojs/index.php/rda/article/view/77653. Acesso em: 15 jan. 2023).

716 "Para todos os efeitos, nos casos de irregularidade ou de situação contenciosa, o compromisso da LINDB se aproxima da figura do acordo substitutivo, voltado à terminação consensual do processo administrativo. O nome "substitutivo" deve-se ao fato de este acordo substituir a instauração do processo, o processo em curso ou a decisão deste processo, inclusive em fase recursal. (GUERRA, S.; PALMA, J. B. de. Art. 26 da LINDB – Novo regime jurídico de negociação com a Administração Pública. *Revista de Direito Administrativo*, [S. l.], p. 151, 2018. DOI: 10.12660/rda.v0.2018.77653. Disponível em: https://bibliotecadigital.fgv.br/ojs/index.php/rda/article/view/77653. Acesso em: 2 jan. 2025).

sanção, qualquer que seja, deve ser a última via para resgate da paz social e a preservação do descumprimento das regras de conduta deve ser o objetivo maior daqueles incumbidos de mantê-la".

Quanto ao poder-dever de celebrar o Termo de Ajuste de Conduta (TAC) no âmbito administrativo sancionatório das contratações públicas – seja antes ou após a instauração do processo que pode resultar em penalização, em fase recursal ou durante a execução da sanção –, a autorização expressa consta do art. 26 da LINDB, com redação dada pela Lei nº 13.655/2018.

Acerca da pertinência de celebração de acordos administrativos, o Instituto Brasileiro de Direito Administrativo (IBDA) editou uma série de Enunciados para tratar da questão. Vejamos:

> Enunciado nº 99 – No âmbito das licitações e contratos administrativos, é possível a celebração de acordos com a Administração, com o objetivo de isentar ou atenuar a aplicação das sanções previstas na Lei n. 14.133/2021.
>
> Enunciado nº 97 – Os métodos consensuais de resolução de disputas previstos na Lei n. 14.133/2021 permitem a utilização da celebração de compromisso para eliminar irregularidade, incerteza jurídica ou situação contenciosa, nos termos dos arts. 26 e 27 da LINDB.
>
> Enunciado nº 353-A – É dever da Administração, mediante decisão da autoridade competente, receber e analisar as propostas de acordos administrativos apresentadas pelo contratado durante a execução do ajuste, inclusive na fase executória da sanção aplicada. A recusa ou a celebração do acordo deve ser motivada nos autos do processo administrativo.

Fixa o referido dispositivo legal, denominada de cláusula geral de acordo, que, para fins de eliminação de irregularidade (execução em desconformidade com o termo de referência ou projeto básico, por exemplo) ou situação contenciosa verificada no bojo do contrato (discussão acerca da execução de determinada obrigação contratual ou não, vagueza, indeterminação de obrigação,[717] etc.), após a consulta ao órgão de assessoramento jurídico, exista no caso concreto razões de relevante interesse geral (a exemplo da interrupção na prestação de um serviço essencial, celebração de uma

[717] NOBRE JÚNIOR, Edilson Pereira. *As normas de Direito Público na Lei de Introdução ao Direito brasileiro:* paradigmas para interpretação e aplicação do Direito Administrativo. São Paulo: Contracorrente, 2019, p. 151.

nova contratação desvantajosa), poderá ser celebrado um termo de ajustamento de gestão, comprometendo-se o particular contratado regularizar a problemática verificada, *in casu,* durante a execução do objeto no âmbito dos contratos administrativo.

Assim ocorrendo, reconhece-se a irregularidade ou infração administrativa praticada pelo particular, porém, por exemplo, (1) deixa-se de puni-lo, (2) reduz-se o *quantum* punitivo, (3) parcela-se a multa aplicada,[718] condiciona-se a punição passando o processo sancionatório a ser suspenso ou até mesmo a sua instauração adiada até que os compromissos assumidos sejam totalmente executados.

Para se ter uma ideia de que tal TAC administrativo no âmbito das contratações pública já é realidade na Administração Pública brasileira, observa-se que o Ato da Diretoria-Geral nº 15/22, editado pelo Senado Federal brasileiro,[719] bem como o decreto editado pelo Poder Judiciário do Estado do Paraná nº 269/22,[720] expressamente preveem tal possibilidade, disciplinando os pormenores.

Outrossim, no dia 21 de agosto de 2023, o Conselho Nacional de Justiça (CNJ) editou a Recomendação nº 140, com o objetivo de recomendar aos tribunais a utilização de métodos de resolução consensual de conflitos nos casos de não execução

---

718 NIEBUHR, Joel de Menezes *Licitação pública e contrato administrativo*. 6. ed. Belo Horizonte: Fórum, 2023 p. 1119.

719 "Art. 8º No processo administrativo sancionatório instaurado para apuração de condutas praticadas durante a execução contratual e que possa ensejar a aplicação das sanções previstas nos incisos II e III do caput do art. 156 da Lei nº 14.133, de 2021, poderá ser celebrado com a contratada compromisso de ajuste de conduta nos termos do art. 26 do Decreto-Lei nº 4.657, de 4 de setembro de 1942, desde que observados os seguintes requisitos:
I – presença dos pressupostos previstos no próprio instrumento contratual;
II – que o acordo se apresente como a medida mais eficaz para o atendimento do interesse público e para a continuidade da prestação do serviço;
III – seja previsto no acordo que o afastamento da sanção dar-se-á em caráter condicional ao cumprimento integral das condições estabelecidas;
IV – haja prévia manifestação da Advocacia do Senado Federal antes da celebração do acordo.
Parágrafo único. O licitante ou o contratado sancionado poderá solicitar a sua reabilitação à Diretoria-Executiva de Contratações desde que presentes e devidamente comprovados os requisitos previstos no art. 163 da Lei nº 14.133, de 2021. (Incluído pelo Ato da Diretora-geral nº 25/2022)"

720 "Do Termo de Ajustamento de Conduta
Art. 26. Em se tratando de descumprimento que possa acarretar a penalidade de advertência, de multa ou de impedimento de licitar e contratar, e desde que não aplicável o previsto na subseção I e II desta Seção, como medida alternativa ao prosseguimento ou à instauração do processo pode ser firmado Termo de Ajustamento de Conduta-TAC."

de contratos administrativos com entidades contratadas. Vale a pena reproduzir o teor:

> Recomendação nº 140 de 21/08/2023
>
> Recomenda e regulamenta a adoção de métodos de resolução consensual de conflitos pela Administração Pública dos órgãos do Poder Judiciário em controvérsias oriundas de contratos administrativos.
>
> A PRESIDENTE DO CONSELHO NACIONAL DE JUSTIÇA (CNJ), no uso de suas atribuições legais e regimentais;
>
> CONSIDERANDO que compete ao CNJ o controle da atuação administrativa e financeira do Poder Judiciário, bem como zelar pela observância do art. 37 da Constituição da República;
>
> CONSIDERANDO a necessidade de se consolidar a política pública permanente de incentivo e aperfeiçoamento dos mecanismos consensuais de solução de litígios no âmbito do Poder Judiciário, instituída por meio da Resolução CNJ n. 125/2010;
>
> CONSIDERANDO o disposto no art. 6º, I, da Resolução CNJ n. 125/2010;
>
> CONSIDERANDO as diretrizes contidas nos arts. 165 a 175 da Lei n. 13.105/2015 (CPC) e da Lei n. 13.140/2015, que dispõe sobre mediação e conciliação de conflitos e autoriza a sua resolução, inclusive no âmbito da Administração Pública;
>
> CONSIDERANDO que a resolução de conflitos por meio da conciliação e mediação permite alternativa mais célere ao processo administrativo, com a mesma segurança jurídica, sendo medida de efetividade do acesso à Justiça;
>
> CONSIDERANDO a competência para dirimir conflitos por meio de autocomposição, direcionada aos entes da Administração Pública, instituída por meio dos arts. 32 a 40 da Lei n. 13.140/2015;
>
> CONSIDERANDO a disposição expressa contida entre os arts. 151 e 154 da Lei n. 14.133/2021, a respeito da adoção de meios adequados de prevenção e resolução de controvérsias referentes às contratações públicas;
>
> CONSIDERANDO que a Administração Pública possui competência legal para aplicar sanções administrativas a particulares com os quais tenha firmado contrato administrativo, nos termos dos arts. 86 a 88 da Lei n. 8.666/1993 c/c arts. 104, inciso IV, 155, 156, 157, 158, 162 e 163, todos da Lei n. 14.133/2021;
>
> CONSIDERANDO a necessidade de se conferir maior segurança jurídica para a celebração de acordos pela Administração Pública dos órgãos do Poder Judiciário, por meio da fixação de parâmetros que guiem a sua elaboração;
>
> CONSIDERANDO as alterações promovidas pela Lei n. 13.655/2018, que inseriu os artigos 20 a 30 no Decreto-Lei n. 4.657/1942 – a Lei de

Introdução às Normas do Direito Brasileiro (LINDB) – com o objetivo de atribuir maior segurança jurídica, eficiência e consensualismo na aplicação do Direito Público;

CONSIDERANDO o deliberado pelo Plenário do CNJ no PCA n. 0003150-13.2023.2.00.0000, na 10ª Sessão Ordinária, realizada em 20 de junho de 2023;

RESOLVE:

Art. 1º Os órgãos do Poder Judiciário, em sua atuação administrativa, poderão empregar métodos de resolução consensual de conflitos em matéria de contratos administrativos.

§1º A iniciativa do acordo pode ser proposta pelo particular ou pela Administração Pública, na fase extrajudicial ou no curso de ação judicial.

§2º O acordo extrajudicial poderá ser celebrado no âmbito do procedimento administrativo destinado a apurar a inexecução do contrato ou, caso este já tenha sido encerrado, mediante procedimento administrativo específico.

§3º Será reconhecido o previsto no parágrafo único do art. 151 da Lei n. 14.133/2021 quando a controvérsia for relacionada a direitos patrimoniais disponíveis.

§4º A controvérsia poderá ser dirimida em câmaras de prevenção e resolução administrativa de conflitos, na forma do art. 32 da Lei n. 13.140/2015.

§5º Os órgãos do Poder Judiciário poderão regulamentar o presente objeto por ato normativo próprio, a fim de se conferir segurança jurídica à autocomposição em si e estabilidade jurídica ao acordo autocompositivo endocontratual.

Art. 2º O acordo deve se pautar pela vantajosidade ao interesse público em relação ao ajuizamento de ação judicial, considerando-se, para tanto, a duração razoável do processo, a efetividade das sanções aplicáveis e a celeridade na reparação do dano.

Art. 3º O acordo deverá conter obrigações certas, líquidas, determinadas e exigíveis.

§1º No acordo, o particular deverá assumir a responsabilidade pela inexecução do contrato, de forma clara e detalhada.

§2º O acordo poderá conter cláusula específica de aplicação de multa ou outra espécie de cominação adequada no caso de descumprimento das obrigações assumidas.

§3º Excepcionalmente, o acordo poderá conter obrigações incertas ou não determinadas, desde que devidamente fundamentada.

Art. 4º Pode ser objeto de composição a aplicação das sanções administrativas a que se referem os arts. 156, 162 e 163 da Lei n. 14.133/2021, com base, também, nos arts. 86 a 88 da Lei n. 8.666/1993.

Parágrafo único. Na hipótese do caput, admite-se a redução ou a isenção de uma ou mais sanções aplicadas, a partir da análise da extensão do dano e da gravidade e reprovabilidade do fato.

> Art. 5º O acordo não exime o particular da obrigação de reparar integralmente o dano causado.
>
> Parágrafo único. Admite-se composição sobre a forma, o prazo e o modo de cumprimento da obrigação de reparação integral do dano.
>
> Art. 6º A eficácia do acordo extrajudicial está condicionada à sua homologação pela autoridade máxima do respectivo órgão do Poder Judiciário.
>
> Art. 7º O objeto desta Recomendação está em consonância com a orientação pragmática, consequencialista e efetiva positivada nos arts. 20 a 30 do Decreto-Lei n. 4.657/1942, modificado pela Lei n. 13.655/2018, seguindo os critérios da proporcionalidade, equanimidade e eficiência, de acordo com a natureza e a gravidade das infrações.
>
> Art. 8º Esta Recomendação entra em vigor na data da sua publicação.
>
> Ministra ROSA WEBER

Com efeito, tem-se entendido que o acordo administrativo é o meio preferencial a ser adotado pela Administração Pública brasileira, devendo ser avaliada efetivamente a sua realização e, se for o caso, celebrado o termo de ajuste administrativo em detrimento da punição. Sendo assim, nas palavras do Professor Rafael Wallbach Schwind:

> o art. 26 da LINDB passa a estabelecer um dever para a Administração Pública de ao menos avaliar a concreta e efetivamente a possibilidade de celebrar compromissos com os interessados a fim de buscar uma solução...[721]

Diante do que foi acima colacionado, depreende-se que o acordo administrativo tem se difundido no âmbito da Administração Pública brasileira por ser eficiente, devendo tal forma ser preferencialmente adotada. Sobre a preferência do acordo ao sancionamento, novamente utilizamos da lição proposta pela Professora Cristiana Fortini e do Professor Felipe Alexandre Sant'Anna:

> O primeiro critério balizador da decisão da Administração deve ser a busca pelo atingimento do princípio constitucional da eficiência. Ainda em relação ao aspecto pragmático do acordo e sua ligação com a ideia de

---

[721] SCHWIND, Rafael Wallbach. *In*: OLIVEIRA, Gustavo Justino de. Org. BARROS FILHO, Wilson Accioly (coord.) *Acordos administrativos no Brasil:* teoria e prática. São Paulo: Almedina, 2020, p. 162.

> eficiência, destaca-se que os contratos administrativos são instrumentos de gestão administrativa e, como tais, necessitam apresentar resultados para a sociedade. Diante da prática de uma infração, sendo a aplicação da penalidade um caminho único a ser percorrido pela Administração, é possível que ela inviabilize a continuidade da contratação, uma vez que pode redundar, inclusive, na rescisão do contrato. Essa decisão, portanto, tem impacto significativo na gestão da Administração, com consequências de paralisação de obras ou interrupção na prestação de serviços públicos, convocação de outras empresas para continuidade na prestação dos serviços, dentre outras consequências. Desse modo, admitir a existência de alternativas ao ato administrativo unilateral de aplicação de sanções e, inclusive, sua preferência em relação à unilateralidade é medida que tem pertinência com a governança púbica.[722]

Mesmo podendo tal compromisso ser utilizado automaticamente,[723] em razão da autorização legal e genérica prevista na LINDB, tal expediente pode ser objeto de regulamentação pelo órgão ou entidade, de modo a garantir maior segurança jurídica para os agentes públicos e particulares, afastando cenários de incerteza jurídica, afastando, assim, o pavor ou medo decisório.

Haja vista a existência de autorização legal, a não utilização do referido mecanismo parece ser cultural. É preciso que a Administração se desarme e compreenda que a aplicação da sanção unilateral não é o único caminho possível e que, muitas vezes, não é o adequado do ponto de vista jurídico e para a gestão administrativa.[724]

Mesmo o acordo administrativo sendo de implementação discricionária, é bom ressaltar que a consensualidade deve ser

---

[722] ALEXANDRE, F.; FORTINI, C. Os acordos substitutivos de atividade sancionatória unilateral em contratos da Administração Pública no Brasil. *Sequência: Estudos Jurídicos e Políticos*, v. 44, n. 93, p. 21-22, 28 ago. 2023.

[723] "A Lei n. 13.655/2018 consagra a dinâmica de atuação consensual ao estabelecer permissivo genérico para que toda a Administração Pública, independentemente de lei ou regulamento específico, celebre compromissos. Também confere importantes diretrizes para uma prática consensual com negociação mais pública e paritária, visando ao efetivo atendimento de interesses gerais. Assim, trabalha para o desenvolvimento da consensualidade administrativa com maior efetividade e segurança jurídica." (GUERRA, S.; PALMA, J. B. de. Art. 26 da LINDB – Novo regime jurídico de negociação com a Administração Pública. *Revista de Direito Administrativo*, [S. l.], p. 135-169, 2018. DOI: 10.12660/rda.v0.2018.77653. Disponível em: https://bibliotecadigital.fgv.br/ojs/index.php/rda/article/view/77653. Acesso em: 15 jan. 2023 p. 151/152).

[724] ALEXANDRE, F.; FORTINI, C. Os acordos substitutivos de atividade sancionatória unilateral em contratos da Administração Pública no Brasil. *Sequência: Estudos Jurídicos e Políticos*, v. 44, n. 93, p. 1-31, 28 ago. 2023.

estimulada ou sugerida não só pelo particular, mas pelas autoridades administrativas, não podendo a proposta de acordo apresentada – seja antes da instauração do processo sancionatório, na defesa prévia, na fase recursal, ou posteriormente – ser desconsiderada pela Administração sancionadora imotivadamente,[725] uma vez que o acordo tem se apresentado mais eficaz no tocante à repreensão de ilícitos administrativos, não sendo, muitas das vezes, a aplicação da multa ou restrição do direito de licitar a decisão mais correta a ser implementada pelo Poder Público.

Fica-se a pensar se a desconsideração desmotivada da proposta de acordo administrativo não poderia ser controlada pelo Ministério Público ou pelo Poder Judiciário, haja vista os benefícios acima apresentados ou os prejuízos que a sanção administrativa pode causar à gestão daquela Administração ou ao tecido social, pois evitará, consequentemente, reclamações trabalhistas, pedidos de falência, litígios e demais adversidades, em caso de aplicação de punições restritivas de direito que venha extinguir antecipadamente contratos administrativos, ou, ainda, a descapitalização da empresa em caso de aplicação de multa com posterior desconto do valor dos disponíveis recebíveis do apenado, fato que pode prejudicar a execução de outros contratos, criando, assim, uma reação em cadeia extremamente prejudicial.

Logo, a decisão que refuta a proposta de acordo administrativo deve ser objeto de motivação, podendo, em nosso sentir, a negativa ser objeto de recurso administrativo, a exemplo do pedido de reconsideração contido no artigo 165, inc. II, da Nova Lei de Licitação, bem como de apreciação judicial.

Nesse sentido, o Instituto Brasileiro de Direito Administrativo (IBDA) editou o Enunciado nº 353-A, com o seguinte teor:

> É dever da Administração, mediante decisão da autoridade competente, receber e analisar as propostas de acordos administrativos apresentadas pelo contratado durante a execução do ajuste, inclusive na fase executória da sanção aplicada. A recusa ou a celebração do acordo deve ser motivada nos autos do processo administrativo.

---

[725] CYRINO, André; SALATHÉ, Felipe. A consensualidade abusiva no Direito Administrativo: Notas iniciais. *Revista Estudos Institucionais*, v. 10, n. 2, maio/ago. 2024, p. 652.

Outra questão que vale a pena ressaltar relaciona-se ao fato de que a proposta de acordo administrativo deve ser objeto de negociação, não podendo o seu teor ser imposto, principalmente pela Administração, mas sim dialogado entre as partes, sendo necessário, portanto, a concordância do particular acerca dos seus termos.

Deve o particular ficar atento para eventuais comportamentos abusivos da Administração Pública durante a gestação do acordo administrativo, uma vez que o Poder Público pode impor a celebração de acordos desproporcionais por meio de um processo de negociação hierarquizado.[726]

Sob tal questão ensinam os professores André Cyrino e Felipe Salathé:

> A consensualidade administrativa, conquanto consagrada como instrumento relevante de atuação pública, traz desafios. A consensualidade abusiva é um deles. Trata-se dos casos em que, ao ensejo de buscar solução dialógica, o Poder Público esconde imposições arbitrárias. Cuida-se de um desvio de finalidade no processo negocial, em que, no lugar de um diálogo entre as partes, os agentes públicos se valem de estratégias para impor sua vontade ao particular. A jurisprudência começa a apresentar casos nos quais essa discussão ganha espaço no Brasil, mas ainda faltam aprofundamentos acadêmicos específicos sobre ela.
>
> O estudo de uma noção de consensualidade abusiva tem relevância teórica e prática. No mundo das ideias, ela enriquece os debates sobre a consensualidade na Administração Pública, propondo análises críticas sobre seus eventuais descaminhos por parte do administrador. No plano prático, sugere estratégias voltadas a mitigar os problemas da consensualidade abusiva em casos concretos, bem como ser base para a constituição de ferramentas para solucionar casos concretos, como os listados acima.

É oportuno ressaltar que a proposta de acordo administrativo deverá observar os precedentes administrativos no órgão ou entidade, uma vez que, caso a Administração sancionadora já tenha realizado acordos com outros particulares, esta não poderá negar a proposta realizada em outro momento, caso, logicamente, as particularidades no caso concreto sejam as mesmas.

---

[726] CYRINO, André; SALATHÉ, Felipe. A consensualidade abusiva no Direito Administrativo: Notas iniciais. *Revista Estudos Institucionais*, v. 10, n. 2, maio/ago. 2024, p. 644.

Acerca da processualidade, esclareça-se que o processo de condução do acordo administrativo no âmbito das contratações públicas, de forma geral, é iniciado com a proposta da celebração do compromisso, apresentado antes da instauração do processo administrativo sancionatório, apontado na defesa prévia a ser encaminhada no prazo legal, solicitada na peça recursal ou, ainda, pleiteada durante a fase de execução da sanção administrativa.[727]

Nessas oportunidades, deverá o particular apresentar a possibilidade legal de realização do acordo administrativo, já aproveitando o momento para oferecer uma proposta, identificando aquilo que será oferecido no compromisso, a exemplo da solicitação do parcelamento de multas, do afastamento da sanção restritiva de direito ou não, a renúncia de eventuais créditos devidos pela administração.

Tem-se que a proposta de acordo também poderá ser sugerida pela Administração Publica.

Ocorrendo a negociação, será o acordo colocado a termo, devendo o particular e Administração firmar o documento de modo a vincular as partes.

Não sendo justificadamente o caso de celebração do referido acordo, devendo as razões serem apresentadas nos autos do processo administrativo, deverá ser instaurado um expediente punitivo.

3.3.2 Fase instrutória

3.3.2.1 Aspectos gerais

Instaurado o processo e sendo garantido efetivamente o conhecimento pleno dos termos do expediente sancionatório ao particular, sob pena de anulação futura, inicia-se a fase instrutória, que se destina a averiguar e corroborar, ou não, a prática do comportamento infracional, por meio da produção de provas, ou apresentação das existentes, e o oferecimento de tudo aquilo que se apresenta como necessário para a autoridade competente editar um ato administrativo sancionador ou não.

---

727 CYRINO, André; SALATHÉ, Felipe. A consensualidade abusiva no Direito Administrativo: Notas iniciais. *Revista Estudos Institucionais*, v. 10, n. 2, maio/ago. 2024, p. 652.

Assim ocorre, uma vez que a função da instrução é a prática de quantas provas e atos levam ao esclarecimento dos fatos e para determinar as responsabilidades suscetíveis de sanção.[728]

Acerca das atividades que ocorrerão na fase instrutória dos processos administrativos, sintetiza Thiago Marrara que:

> A instrução abrange atividades de averiguação e comprovação que a Administração considere imprescindíveis para realizar suas atividades precípuas, seja condicionando direitos (atividade interventiva), seja sancionando (poder de polícia e poder disciplinar), seja concedendo benefícios aos particulares (atividade de fomento e serviço público). Em todas essas áreas, a prática de atos decisórios da decisão final do processo exige comprovações, verificações, análises, diligências e outras atividades instrumentais. A instrução, porém, não se exaure antes da decisão final. No processo administrativo, nada impede que atividades instrutórias sejam realizadas em outros momentos, por exemplo, em sede recursal.[729]

3.3.2.2 A instrução processual como requisito de legalidade do processo sancionatório

O direito de produzir provas e alegações é outra das consequências do direito de defesa, relacionando-se com o conjunto dos direitos fundamentais plasmados na Carta Magna.

Sendo assim, deve ser observado o princípio do contraditório e da ampla defesa, previsto no art. 5º, inc. LV, da CF/1988, devidamente estudado em linhas anteriores, não podendo a Administração impor sanção ao particular ou afastá-lo sem que ocorra a adequada instrução processual, tanto pelo particular, para demonstrar a ausência de prática da conduta caracterizada como infração administrativa ou apresentação de uma justificativa pela incursão, quanto pelos agentes públicos incumbidos de demonstrar cabalmente a infração administrativa praticada.

Sendo assim, na fase de instrução do processo administrativo sancionador, deverá ser produzido pelas partes tudo aquilo que se

[728] GARCIA DE ENTERRÍA, Eduardo; FERNÁNDEZ, Tomás-Ramon. *Curso de Direito Administrativo*. (Revisor Técnico: Carlos Ari Sundfeld). São Paulo: Revista dos Tribunais, 2015, p. 213.

[729] NOHARA, Irene Patrícia; MARRARA, Thiago. *Processo administrativo*: Lei nº 9.784/99 comentada. São Paulo: Atlas, 2009, p. 212-213.

apresentar útil e necessário para gerar o convencimento da autoridade com a prerrogativa de sancionar ou não o particular infrator.

3.3.2.3 A decisão administrativa deve ser influenciada pela instrução processual

Como já se consignou, deve o infrator participar ativamente da produção da decisão administrativa, devendo as razões e material probatório apresentados ser levados em consideração pela autoridade quando for emitir a sua decisão.

Logo, deverá ser deferida a produção de provas, caso solicitadas, a exemplo da apresentação de documentos, perícias, pareceres, depoimento da parte e das testemunhas, sendo necessário que após a sua realização sejam juntados nos autos do processo administrativo, sob pena de violação do princípio do contraditório e da ampla defesa.

Com efeito, além da apresentação de argumentos e produção de provas, em respeito à processualidade fixada em lei ou regulamento (devido processo legal formal), deverá tudo aquilo que foi produzido efetivamente influenciar a autoridade competente quando esta vier a decidir no âmbito do processo sancionador (devido processo legal material). Ou seja, não pode apenas ser conferida a oportunidade de o particular falar nos autos, mas deve ser garantido que ele seja efetivamente ouvido, de modo a influenciar a produção da decisão administrativa.

Logo, deverá ser demonstrado cabalmente a não incursão no comportamento infracional ou, ainda, a justificativa da prática da conduta antijurídica, por meio da apresentação de defesa prévia, que deverá arrolar todas as circunstâncias e provas que estiverem de posse do contratado.

3.3.2.4 A especificação das provas que serão produzidas e a possibilidade de indeferimentos dos pedidos

A fim de garantir o direito à plena instrução processual, o art. 158 da Lei nº 14.133/2021 deixa clara a possibilidade de especificar as provas que se pretenda produzir futuramente, sendo garantido, desde que motivadamente, o indeferimento das mesmas, conforme prevê o §3º do mesmo artigo.[730]

Tal medida mostra-se necessária, pois podem existir provas que não estejam em posse do particular ou que devam ser produzidas no momento adequado. Ao término da defesa prévia, o particular poderá, de forma fundamentada: (i) protestar pela falta de elementos probatórios; ou (ii) requerer a produção de provas que considerar indispensáveis. Ademais, poderá invocar a aplicação subsidiária das regras processuais civis (art. 15 do CPC), inclusive quanto aos mecanismos dinâmicos de produção probatória nele previstos.

A depender da situação contenciosa observada no caso concreto, tem-se que a efetiva instrução probatória somente ocorrerá com o apoio do Poder Judiciário através de uma ação autônoma de produção antecipada de provas ou exibição de documentos.

Entende-se que a negativa injustificada da produção de provas ou juntada posterior de documentos acarreta cerceamento de defesa e pode gerar a anulação futura do expediente sancionatório, administrativamente ou judicialmente.

No âmbito da Lei das Estatais, mesmo não estando tais regras fixadas expressamente no regulamento, por ser tal pretensão uma consubstanciação do direito fundamental da ampla defesa, entende-se que deve ser deferido o pedido realizado pelo particular em produzir provas ou a apresentação delas após a exposição da defesa prévia, sendo necessário que o regulamento da empresa pública e da sociedade de economia mista abarque tal possibilidade.

Poderá, ainda, a produção de provas receber empréstimos de material probatório produzido em outras instâncias e esferas.

Já o pedido de produção de provas ilícitas, impertinentes, desnecessárias, protelatórias ou intempestivas poderão ser indeferidas, consoante prevê o art. 156, §3º, da NLLC.

---

730 "§3º Serão indeferidas pela comissão, mediante decisão fundamentada, provas ilícitas, impertinentes, desnecessárias, protelatórias ou intempestivas".

Já o §2º do art. 158 da Lei nº 14.133/2021 estabelece que, "na hipótese de deferimento de pedido de produção de novas provas ou de juntada de provas julgadas indispensáveis pela comissão, o licitante ou o contratado poderá apresentar alegações finais no prazo de 15 (quinze) dias úteis, contado da data da intimação".

Como a referida benesse consta apenas da Nova Lei de Licitações, cremos que tal expediente também deve ser incorporado pelo regulamento das estatais, devendo, ainda, a administração deferir pedido dessa natureza mesmo inexistindo autorização expressa nesse sentido.

3.3.2.5 A possibilidade de apresentação de alegações finais

Ainda sobre o §2º do art. 158 da Lei nº 14.133/2021, informa-se outro avanço que consta da Nova Lei de Licitações, que é a previsão de alegações finais, no prazo de 15 (quinze) dias úteis, contado da data da intimação, para que o particular tenha a possibilidade de falar por último no processo, de modo a rebater os argumentos propostos pela Administração e produção de provas realizada pela Administração direta, podendo tal expediente ser adotado pelas estatais também.

3.3.2.6 A necessidade de garantia de menor onerosidade na instrução processual

Outrossim, de forma a reverenciar o princípio da ampla defesa, alerta Antonio Cecílio Moreira Pires que "[n]ão podemos deixar de destacar que a instrução processual deve ser a menos onerosa possível para o interessado".[731] Em relação ao princípio da eficiência administrativa, ressaltam Adilson de Abreu Dallari e Sérgio Ferraz que, *in verbis*, "a instrução deve ser a mais completa possível, evitando providências burocráticas inúteis, conduzindo-se

---

731 PIRES, Antonio Cecílio Moreira. *A desconsideração da personalidade jurídica nas contratações públicas*. São Paulo: Atlas, 2014, p. 89.

com simplicidade e economicidade, buscando atingir o resultado final com celeridade".[732]

3.3.2.7 A possibilidade de utilização de prova emprestada

Com efeito, no processo administrativo disciplinar, admite-se a utilização de prova emprestada, extraída de feito em curso na esfera criminal.[733] Tal entendimento aplica-se também aos processos administrativos sancionatórios conduzidos no âmbito das contratações públicas.

3.3.2.8 A prestação de depoimento falso na instrução e o cometimento de crime pela Lei de Abuso de Autoridade

É importante ressaltar que o art. 29 da Lei de Abuso de Autoridade (Lei nº 13.869/19) fixa como crime, punível com detenção, de 6 (seis) meses a 2 (dois) anos, e multa, prestar informação falsa sobre procedimento judicial, policial, fiscal ou administrativo, com o fim de prejudicar interesse de investigado. Logo, deve o servidor ou empregado público, efetivo ou não, bem como aqueles que a lei considera como agente público[734] se

---

[732] DALLARI, Adilson de Abreu; FERRAZ, Sérgio. *Processo Administrativo*. 3. ed. São Paulo: Malheiros, 2012, p. 189.

[733] STJ. MS nº 14667/DF, Ministro Relator Gurgel de Faria, 3ª Seção, *DJe* 17/12/2014.

[734] "Art. 2º É sujeito ativo do crime de abuso de autoridade qualquer agente público, servidor ou não, da administração direta, indireta ou fundacional de qualquer dos Poderes da União, dos Estados, do Distrito Federal, dos Municípios e de Território, compreendendo, mas não se limitando a:
I – servidores públicos e militares ou pessoas a eles equiparadas;
II – membros do Poder Legislativo;
III – membros do Poder Executivo;
IV – membros do Poder Judiciário;
V – membros do Ministério Público;
VI – membros dos tribunais ou conselhos de contas.
Parágrafo único. Reputa-se agente público, para os efeitos desta Lei, todo aquele que exerce, ainda que transitoriamente ou sem remuneração, por eleição, nomeação,

atentar para a prestação de informações, que será consignado no expediente punitivo, sob pena de prejuízos futuros no tocante à esfera criminal, além da disciplinar.

Sendo assim, durante a instrução do processo sancionatório, haja vista ser comum que agentes públicos venham a ser convocados para prestar declarações acerca do ocorrido, de forma a comprovar a prática de comportamentos infracionais, apresentem informação falsa, não condizente com a verdade, com o fim de prejudicar um licitante ou contratado, poderá gerar a apuração criminal.

Demais disso, caso o agente público venha a inovar artificiosamente, no curso da diligência ou no bojo do processo sancionatório, o estado de lugar, de coisa ou de pessoa, com o fim de eximir-se de responsabilidade ou de responsabilizar criminalmente alguém ou agravar-lhe a responsabilidade, poderá receber como pena, ao cabo do processo criminal, detenção, de 1 (um) a 4 (quatro) anos, e multa. É o que estabelece o art. 23 da Lei de Abuso de Autoridade (Lei nº 13.869/19).

Outrossim, o parágrafo único do referido artigo estabelece que incorre na mesma pena quem pratica a conduta com o intuito de: I – eximir-se de responsabilidade civil ou administrativa por excesso praticado no curso de diligência; II – omitir dados ou informações ou divulgar dados ou informações incompletos para desviar o curso da investigação, da diligência ou do processo.

Estabelece o referido dispositivo, portanto, que sendo convocado um servidor público a prestar informações, depor, elaborar um laudo, estudo etc., no âmbito do processo sancionatório cujas declarações acabem por inovar artificiosamente o curso do expediente punitivo, a fim de eximir-se de responsabilidade ou de responsabilizar criminalmente alguém ou agravar-lhe a responsabilidade, poderá incorrer no mesmo crime.

Assim, por exemplo, incorrendo um particular em uma infração administrativa causada por uma falha de projeto de engenharia ou termo de referência mal elaborado que acarrete ao contratado o não

---

designação, contratação ou qualquer outra forma de investidura ou vínculo, mandato, cargo, emprego ou função em órgão ou entidade abrangidos pelo caput deste artigo."

atendimento de um encargo contratual, caracterizando, desta feita, e num primeiro momento, uma inexecução contratual, o servidor que venha prestar informações no sentido de apontar que o projeto, estudo preliminar, termo de referência estava correto, omitindo dados ou informações ou divulgando elementos ou informações incompletos, de forma a acarretar a punição do contratado, poderá o servidor ser responsabilizado criminalmente.

3.3.2.9 O reconhecimento da justificativa do particular no processo. O arquivamento

Não obstante a apresentação das justificativas para o afastamento da sanção administrativa deva ocorrer pelo particular que figura no polo passivo do processo administrativo sancionador, pode a Administração reconhecê-las de ofício,[735] tornando, assim, o expediente menos oneroso para o sujeito e mais célere para o Poder Público.

3.3.2.10 A necessidade de apoio pela assessoria jurídica do órgão ou entidade

Por derradeiro, afigura-se como pertinente que todos os expedientes sancionatórios sejam encaminhados à assessoria jurídica do órgão ou entidade, com o escopo de ser verificada, pelo referido órgão técnico, a legalidade do procedimento administrativo punitivo em andamento, uma vez que os agentes públicos responsáveis pela condução do processo sancionatório podem não ser providos do conhecimento jurídico necessário e inobservar o regime jurídico

---

735 "E, outra vez, o ônus dessa discussão-argumentação incumbe à defesa, sem prejuízo de a Administração Pública reconhecer tais situações *ex officio*, para fins de manutenção do Estado de Direito, que requer legalidade e boa-fé tanto da Administração Pública como dos próprios cidadãos" (FERREIRA, Daniel. Infrações e sanções administrativas. Enciclopédia jurídica da PUC-SP. *In*: CAMPILONGO, Celso Fernandes; GONZAGA, Álvaro de Azevedo; FREIRE, André Luiz (coord.). *Tomo*: Direito Administrativo e Constitucional. NUNES JR., Vidal Serrano *et al*. (coord. de tomo). 1. ed. São Paulo: Pontifícia Universidade Católica de São Paulo, 2017. Disponível em: https://enciclopediajuridica.pucsp.br/verbete/107/edicao-1/infracoes-e-sancoes-administrativas. Acesso em: 15 jun. 2017).

administrativo sancionador anteriormente apresentado. Com efeito, tal garantia somente foi conferida expressamente por lei nos casos de punição com a declaração de inidoneidade, devendo tal proteção ser estendida para todos os processos punitivos, independentemente da sanção sugerida pela comissão.

3.3.2.11 A necessidade de observância do princípio da segregação de funções na atividade sancionatória

Destaque-se que a autoridade que detém o encargo de promover a instrução do processo sancionatório será distinta da autoridade a quem cabe a instauração do expediente punitivo e julgamento do feito, sob pena de violação do princípio da segregação de funções.

Garante-se, dessa forma, a imparcialidade que deve repousar sobre processos sancionatórios.

3.3.3 Fase decisória ou de julgamento

3.3.3.1 Aspectos gerais

Concluída a instrução do processo administrativo, avança-se para a fase decisória ou de julgamento, ocasião em que a autoridade competente passará a decidir se impõe ou não a sanção administrativa ao particular infrator, conforme o que consta dos autos do processo administrativo, devidamente apurado na fase instrutória

3.3.3.2 A necessidade de garantia da imparcialidade

É oportuno salientar que a Administração Pública, quando conduz processos administrativos que objetivam restringir direitos de colaboradores, deve atuar de forma imparcial, não podendo, ao cabo do processo administrativo, produzir decisões que se apresentem desproporcionais ou arbitrárias, portanto, ilegítimas. Desta feita, no processo administrativo, quando a Administração reúne a dupla condição de juiz e parte, o princípio da imparcialidade, característico do processo, acaba, de certa forma, por ser prejudicado.[736]

Sobre o tema, ressalva Cármen Lúcia Antunes Rocha:

> Em primeiro lugar, saliente-se que, no processo administrativo, o Estado – na condição de pessoa exercente das funções de administração do bem público – cumpre mais de um papel, comparece em situação dúplice: como polo ativo ou passivo de arguição feita e como julgador da situação processada. Aqui, contudo, a sua condição de julgador distingue-se daquela que ostenta no processo judicial. É que enquanto neste há uma evidente equidistância das partes litigantes (mesmo quando o Estado é parte, pois o órgão encarregado de exercer a jurisdição não compõe o poder nem se confunde com a função jurisdicional), no processo administrativo o órgão julgador integra o poder que administra, e no exercício de cuja função emerge o conflito a ser solucionado. A aplicação do princípio da separação de poderes desguarnece-se, aqui, de sua aplicação mais clara e rigorosa, cedendo lugar a uma relação que é, então, extremamente sensível, delicada e vulnerável.[737]

3.3.3.3 O julgamento com arrimo no princípio da razoabilidade e proporcionalidade – A dosimetria da pena

Assim, a fim de evitar qualquer excesso quando do julgamento do processo sancionatório, a atuação deverá pautar-se pelos princípios da proporcionalidade e da razoabilidade, sob pena de

---

[736] Sobre tal questão, salientam Eduardo García de Enterría e Tomás-Ramón Fernández: "Apresenta-se também a circunstância de que a Administração deverá ser ao mesmo tempo quem instrui e decide o processo (embora iremos ver que se tenta manter uma distinção orgânica entre as duas funções), assumindo assim duas qualidades que o Tribunal Constitucional considerou um risco à imparcialidade do ato de julgar (Sentença de 12 de julho de 1988), e ainda que o próprio Tribunal Constitucional, em sua Sentença de 26 abril 1990, já mencionada, tenha observado que 'a imparcialidade e independência dos órgãos do Poder Judiciário, não são, por essência, atribuíveis com igual e na mesma proporção aos órgãos administrativos'" (GARCIA DE ENTERRÍA, Eduardo; FERNÁNDEZ, Tomás-Ramon. *Curso de Direito Administrativo*. (Revisor Técnico: Carlos Ari Sundfeld). São Paulo: Revista dos Tribunais, 2014. v. II).

[737] ROCHA, Carmen Lúcia Antunes. Princípios constitucionais do processo administrativo no direito brasileiro. *RTDP*, São Paulo, n. 17, p. 6-27, 1997, p. 8.

rediscussão do assunto na seara judicial, com arrimo no inc. XXXV do art. 5º da Constituição da República de 1988.

Remete-se o leitor para os comentários lançados quando do estudo dos referidos princípios, pois lá foram inseridos comentários, casuísmos e comportamentos que devem ter a Administração quando exerce função administrativa sancionadora.

3.3.3.4 A decisão administrativa e a autoridade competente

Posto isso, concluída a instrução processual, deverão os autos do competente processo administrativo sancionatório, com a sugestão da punição, ser encaminhados para a autoridade competente para punir o sujeito, com o escopo de ser por ela proferida uma decisão motivada.[738]

Nesta oportunidade, caso se confirme, ante aquilo que foi produzido na fase instrutória do processo administrativo, a prática da infração administrativa e ausência de justo motivo para o seu acometimento, deverá ser editado pela autoridade competente um ato administrativo punitivo, com o escopo de penalizar o particular infrator, devendo ser verificado nos regulamentos quem é tal agente público.

Muito embora as Leis nºs 13.303/2016 e 14.133/2021 não tenham estruturado a matéria sancionatória com exaustividade a ponto de definir qual é a autoridade competente, exceção feita no caso da declaração de inidoneidade, incide-se no caso o disposto no art. 17 da Lei Federal de processo administrativo (Lei nº 9.784/1999), ou seja, deverá ser iniciado perante a autoridade de menor grau hierárquico para decidir.[739]

---

738 Acerca da importância do princípio da motivação dos atos administrativos na expedição de decisões punitivas, ressalta Irene Patrícia: "A motivação é de fundamental importância na garantia da ampla defesa e do contraditório, pois, se a Administração pratica o ato e não o motiva, o atingido não tem como questioná-lo. Essa situação é especialmente relevante no caso de aplicação de ilícito administrativo, que compreende a ação ou omissão do agente público, que contraria dispositivo estatutário expresso, ocasionando a aplicação das sanções administrativas previstas na lei" (NOHARA, Irene Patrícia. *Limites à razoabilidade nos atos administrativos*. São Paulo: Atlas, 2006, p. 168).

739 Cf. PEREIRA JUNIOR, Jessé Torres *et al*. *Comentários à Lei das Estatais – nº 13.303/2016*. Belo Horizonte: Fórum, 2020, p. 696.

3.3.3.5 A sanção administrativa, proporcionalidade e o princípio da verdade material

O processo administrativo, quando é enviado para a autoridade competente para proferição de uma decisão assenta no relatório apresentado pela comissão ou servidor responsável pela instrução do processo sancionatório uma sugestão de punição, a qual poderá ser acatada ou não pelo referido agente.

Nesta oportunidade, observando-se que a sanção administrativa sugerida no relatório apresenta-se desproporcional em relação à infração cometida, deverá a autoridade competente aplicar a punição que entenda pertinente.[740]

Demais disso, poderá a autoridade afastar a punição sugerida caso se observe, em relação ao conteúdo probatório produzido e razões apresentadas, a inexistência de cometimento de infração ou justificativa plausível.

Esclareça-se que a autoridade competente não é obrigada a decidir acerca da punição ou não do particular contratado à luz do relatório apresentado pela comissão ou servidor responsável pela instrução do processo sancionatório, haja vista a existência do princípio da verdade material, que implica o dever de a autoridade julgadora, se for o caso, buscar elementos de convicção e trazê-los aos autos, independentemente do requerimento das partes.[741]

---

[740] Com efeito, ressalta Hely Lopes Meirelles que "o julgamento é a decisão proferida pela autoridade ou órgão competente sobre o objeto do processo. Esta decisão normalmente baseia-se nas conclusões do relatório, mas pode desprezá-las ou contrariá-las, por interpretação diversa das normas legais aplicáveis ao caso, ou por chegar o julgador a conclusões fáticas diferentes das da comissão processante ou de quem individualmente realizou o processo" (MEIRELLES, Hely Lopes *et al. Direito administrativo*: aplicado e comparado. São Paulo: Resenha Universitária, 1979. v. I, p. 45).

[741] "Esta Corte possui o entendimento de que a autoridade julgadora pode aplicar sanção diversa daquela sugerida pela comissão processante, agravando ou abrandando a penalidade, ou até mesmo isentando o servidor da responsabilidade imputada, desde que apresente a devida fundamentação.

2. No processo administrativo disciplinar, admite-se a utilização de prova emprestada, extraída de feito em curso na esfera criminal.

3. Hipótese em que não houve a utilização de prova emprestada, sendo certo que a demissão do servidor não se fundou na sentença penal condenatória, e sim em todo o conjunto probatório carreado ao compêndio administrativo (...)" (STJ. MS nº 14667/DF, Ministro Relator Gurgel de Faria, 3ª Seção, *DJe* 17/12/2014)

Com efeito, apresentando-se a decisão que aplicou ou afastou a sanção administrativa um ato administrativo punitivo, para ele ser perfeito e válido, deve, na decisão, a autoridade competente enunciar, descrever e explicitar o motivo[742] que a levou a decidir daquela maneira, sob pena de a manifestação estatal ser considerada ilegal.[743]

Como prescreve Antonio Cecílio Moreira Pires: "Dado o ilícito, deve ser imposta a sanção.[744] Isto é, não há qualquer discrição

---

742 Acerca da motivação dos atos administrativos, Cármen Lúcia Antunes Rocha: "Toda decisão administrativa – mais ainda aquela que se dê em processo – tem que ser objetiva e fundamentada. No primeiro elemento se tem o princípio da objetividade administrativa, que comprova o cumprimento da finalidade pública assinalada legalmente, e no segundo se tem a garantia do princípio da motivação, sem o qual não se há de cogitar do controle de juridicidade e de legitimidade do exercício do poder público. A objetividade do julgamento é característica de qualquer processo. E para que essa objetividade possa ser visível e controlável é que se põe, como seu corolário, o princípio da motivação suficiente. O dever de fundamentação formal e suficiente dos atos decisórios estatais, especialmente aqueles emitidos em processo judicial ou administrativo, tem como finalidade dar concretude ao princípio da juridicidade e da precedência da norma de Direito aplicável aos casos, objeto de atuação do Estado, a impedir o arbítrio e qualquer forma discriminatória contra o cidadão. Tanto o princípio da proteção jurídica do cidadão ou de qualquer pessoa quanto o sistema de controle dos atos estatais somente podem ser garantidos quando a decisão do Estado mostrar-se objetiva e fundamentadamente. É a fundamentação do ato decisório que torna possível ao interessado submeter-se a ele, ciente de que se acha resguardada, de qualquer forma, a sua segurança jurídica e, ainda, se permitindo que ele aceite o conteúdo do ato e a aplicação do Direito ao caso em que figura como parte. A sua segurança jurídica, no caso, mostra-se pela possibilidade de que dispõe de fazer o controle jurídico do ato de decisão, circunscrevendo-se, assim, o âmbito de sua proteção assegurada no e pelo Direito. Note-se que os efeitos da motivação substancial e formalmente contidos no ato decisório não se inscrevem apenas no plano do interesse imediato do administrado ou jurisdicionado, mas no plano da coletividade, em razão da garantia dos fins coletivos que são buscados no regime político democrático e no exercício legítimo do poder que nele se põe como único possível de ser aceito. Quando um cidadão tem a sua segurança jurídica, todos os outros certificam-se da sua. A efetividade jurídica garantidora do patrimônio de um cidadão é que assegura a eficácia social do Direito em toda a coletividade. Note-se que a fundamentação do ato decisório emitido no processo há que ser suficiente, quer dizer, que ela seja clara e que o seu enunciado contenha os elementos que demonstrem a correlação lógico-jurídica necessária entre os fatos apurados e a decisão proferida" (ROCHA, Carmen Lúcia Antunes. Princípios Constitucionais do Processo Administrativo no Direito Brasileiro. *RTDP*, n. 17, p. 6-27, São Paulo, 1997, p. 26-27).

743 Acerca do princípio da motivação dos atos administrativos, ressalta César Augusto Guimarães Pereira: "A exigência de fundamentação não se satisfaz com a mera alusão genérica à defesa do acusado. Exige-se fundamentação coerente, que examine as razões apresentadas e, se a rejeitar, que demonstre mediante raciocínio lógico a sua improcedência. A rejeição arbitrária ou deficientemente fundamentada implica ofensa ao devido processo legal e à ampla defesa" (PEREIRA, César Augusto Guimarães. Sanções administrativas nas Leis das Empresas Estatais. *In*: JUSTEN FILHO, Marçal. *Estatuto Jurídico das Empresas Estatais*. São Paulo: Revista dos Tribunais, 2016, p. 533).

744 Neste sentido, já prolatou o eg. Tribunal de Contas da União: "O âmbito da discricionariedade na aplicação de sanções em contratos administrativos não faculta ao gestor, verificada a inadimplência injustificada da contratada, simplesmente abster-se de

em se impor ou não a sanção, sendo essa competência plenamente vinculada à ocorrência daquele".[745]

Deve a autoridade administrativa analisar, ponto a ponto, os argumentos lançados pelo licitante ou contratante na sua defesa prévia e no material instrutório, devendo ser rechaçando cada um à luz dos elementos constantes do processo administrativo, sempre, motivadamente.

Quando consignados na defesa prévia, argumentos não podem ser desconsiderados de forma imotivada pela autoridade administrativa, sob pena de violação ao devido processo legal substantivo. Isso porque o particular tem o direito legítimo de influenciar a decisão por meio de suas alegações, as quais devem ser necessariamente consideradas no processo decisório.

Essa exigência – conhecida na doutrina como 'dever de congruência' entre a decisão sancionatória e as alegações das partes – foi magistralmente sistematizada por Fábio Medina Osório, nos seguintes termos:

> A prestação jurisdicional deve ser completa, satisfazendo as demandas postas em juízo. As decisões administrativas também devem corresponder ao princípio da congruência, devem aquilatar, acolhendo ou rejeitando, as teses fundamentais das partes, sob pena de arbitrariedade. E é um princípio básico de Direito Administrativo a interdição à arbitrariedade.
>
> Daí por que o Supremo Tribunal Federal tem acolhido a tese de que a persistência da omissão judicial, inclusive em embargos declaratórios, refutando aclarar obscuridade, contradição ou lacuna existentes na decisão, enseja a anulação desse decisório, com base na incidência da norma constitucional do devido processo legal. De certo modo, claro que o devido processo legal é uma garantia constitucional que envolve o respeito a normas infraconstitucionais, dentro de cânones de razoabilidade. 7°
>
> Cremos que a autoridade administrativa também deve ser clara e direta em suas decisões sancionadoras, não podendo abrir espaço às contradições, obscuridades ou omissões, sob pena de nulidade do ato, restabelecendo-se o direito originário do acusado.

---

aplicar-lhe as medidas previstas em lei, mas sopesar a gravidade dos fatos e motivos da não execução para escolher uma das penas exigidas nos arts. 86 e 87 da Lei nº 8.666/1993, observado o devido processo legal" (*Acórdão nº 2.558/2006*, 2ª C., Relator Ministro Walton Alencar Rodrigues).

745 PIRES, Antonio Cecílio Moreira. *A desconsideração da personalidade jurídica nas contratações públicas*. São Paulo: Atlas, 2014, p. 30.

> A congruência entre as manifestações das partes e as decisões é um princípio que resulta intimamente atrelado ao dever de motivar e ao princípio de garantia de efetiva tutela judicial, seja quando atuem no controle dos atos administrativos, seja quando se cogite dos sistemas recursais dentro do próprio Judiciário.
>
> A propósito, a doutrina do Tribunal Constitucional espanhol''' é bastante elucidativa no fixar o alcance do princípio da congruência no plano processual ou procedimental, assentando seus dois pilares fundamentais: a necessidade de uma das partes, ao menos, suscitar, motivadamente, um problema; e a omissão do julgador no fornecer uma resposta razoável ao assunto, ou seja, a ausência de manifestação sobre o ponto levantado.
>
> Resulta fundamental, de qualquer modo, estabelecer uma clara distinção entre o dever de motivar que existe para os juízes e tribunais, e o dever de motivar das autoridades administrativas.
>
> Motivações administrativas e judiciais são, em certo sentido, tributárias do princípio de interdição à arbitrariedade dos Poderes Públicos, proporcionalidade, razoabilidade e legalidade das ações judiciais e administrativas, bem como permitem uma sindicabilidade do ato, seja jurisdicional, seja administrativa, garantindo, no fundo, a efetiva tutela judicial.[746]

Depreendendo-se da instrução processual, sem laivos de dúvida, que o particular incorreu na infração administrativa com dolo ou culpa, é dever da Administração aplicar a correspondente sanção, inexistindo discricionariedade para tanto. Age com dolo o particular licitante ou contratante que deteve a intenção de incorrer em conduta tipificada como infração administrativa. Já atua com culpa aquele que, em razão de negligência, imprudência ou imperícia, pratica um ato reprovável cuja consequência é a imposição de uma punição, ao cabo do processo sancionatório.

Da mesma forma, inexistindo motivada justificativa por parte do particular infrator para a prática de ato infracional, deve também a sanção administrativa ser aplicada, sendo a reprimenda eleita a medida necessária ao ato reprovável praticado.

Portanto, a punição imposta ao particular contratado, motivadamente, observará os princípios da proporcionalidade e da razoabilidade,[747] devendo a fixação das penalidades ser adequada,

---

746 OSÓRIO, Fábio Medina. *Direito administrativo sancionador*. 8. ed. São Paulo: Revista dos Tribunais, 2022. pp. 479-482.

747 "2. O art. 87, da Lei nº 8.666/93, não estabelece critérios claros e objetivos acerca das sanções decorrentes do descumprimento do contrato, mas por óbvio existe uma gradação acerca das penalidades previstas nos quatro incisos do dispositivo legal.

vale dizer, ser a medida necessária à gravidade do descumprimento contratual, sob pena de a referida punição ser considerada ilegal. É de se notar, portanto, que, quanto maior for a ofensa ao interesse público, mais extensa e gravosa deverá ser a pena aplicada, sob pena de a sanção tornar-se inócua e revelar-se um estímulo ao cometimento de infrações.[748]

De outra banda, existindo motivada justificativa para a ocorrência do ato caracterizado como infração administrativa, fato esse que deverá ser apresentado na instrução do processo punitivo, deve a pretensão de penalizar o particular ser afastada.[749]-[750] Assim deve ocorrer, pois já salientamos que os fatos apresentados na defesa prévia devem

---

3. Na contemporaneidade, os valores e princípios constitucionais relacionados à igualdade substancial, justiça social e solidariedade, fundamentam mudanças de paradigmas antigos em matéria de contrato, inclusive no campo do contrato administrativo que, desse modo, sem perder suas características e atributos do período anterior, passa a ser informado pela noção de boa-fé objetiva, transparência e razoabilidade no campo pré-contratual, durante o contrato e pós-contratual.
4. Assim deve ser analisada a questão referente à possível penalidade aplicada ao contratado pela Administração Pública, e desse modo, o art. 87, da Lei nº 8.666/93, somente pode ser interpretado com base na razoabilidade, adotando, entre outros critérios, a própria gravidade do descumprimento do contrato, a noção de adimplemento substancial e a proporcionalidade. Apelação e Remessa necessária conhecidas e improvidas.
(...)
2. Aplicação do princípio da razoabilidade. Inexistência de demonstração de prejuízo para a Administração pelo atraso na entrega do objeto contratado.
3. Aceitação implícita da Administração Pública ao receber parte da mercadoria com atraso, sem lançar nenhum protesto.
4. Contrato para o fornecimento de 48.000 fogareiros, no valor de R$46.080,00 com entrega prevista em 30 dias. Cumprimento integral do contrato de forma parcelada em 60 e 150 dias, com informação prévia à Administração Pública das dificuldades enfrentadas em face de problemas de mercado.
5. Nenhuma demonstração de insatisfação e de prejuízo por parte da Administração.
Recurso especial não provido, confirmando-se o acórdão que afastou a pena de suspensão temporária de participação em licitação e impedimentos de contratar com o Ministério da Marinha, pelo prazo de 6 (seis) meses" (BRASIL. Superior Tribunal de Justiça. *REsp. nº 914.087/RJ*. 1ª Turma. Relator: Ministro José Delgado. Julgado em 04.10.2007. DJU, Brasília, DF, 29 out 2007).

748 PETIAN, Angélica. Sanções Administrativas nas Licitações e Contratações Públicas. *BLC – Boletim de Licitações e Contratos*. São Paulo, NDJ, a. 21, n. 10, p. 945-952, out. 2008, p. 951.

749 Como bem anota Marçal Justen Filho: "Obviamente, somente incidirão as sanções administrativas em caso de inadimplemento culposo. Se havia motivo justificado para o atraso, o particular não poderá ser punido" (JUSTEN FILHO, Marçal. *Comentários à lei de licitações e contratos administrativos*. 15. ed. São Paulo: Dialética, 2012, p. 1007).

750 "Contrato administrativo de fornecimento de produtos de limpeza, higiene e gênero alimentício. Aplicação de penalidade de suspensão de direito de licitar e contratar com a Administração Pública pela falta de entrega dos produtos que contém plástico em sua composição. Autora que fez prova de situação imprevisível que interferiu no cumprimento do contrato administrativo. Decisão administrativa desarrazoada. Pedido procedente. Sentença mantida. Recurso desprovido." (TJ/SP – AC nº 1000710-23.2021.8.26.0210)

influenciar a decisão administrativa, inexistindo justificativa para sancionar quando o particular apresenta razões com provas.

Poderá, ainda, a Administração acatar a proposta de acordo administrativo fixada na defesa prévia, devendo o expediente punitivo ser suspenso, passando a Administração e particular iniciar as tratativas para formalização do contorno do compromisso, na forma do art. 26 da LINDB.

No tocante à decisão administrativa, para que os elementos acima delineados fiquem visíveis, sujeitos a controle, portanto, o ato administrativo deverá ser devidamente motivado, na forma como fixa o art. 20, parágrafo único, da LINDB, alterada pela Lei nº 13.655/18, que exige que as razões para imposição ou não de sanção serão calcadas na necessidade da medida aflitiva, sempre com lastro nos pormenores do caso concreto, além da adequação da medida imposta, ou seja, a imposição da sanção de forma harmônica, identitária e correspondente, de modo a atingir o fim almejado, e nada mais. Recomenda-se a leitura do item "Princípio da proporcionalidade" que consta do Capítulo 2 desta obra.

A sanção aplicada – seja restritiva de direitos (com fixação de prazo) ou pecuniária (multa) – deve sempre revelar-se necessária e adequada ao caso concreto. Conforme exige o art. 22, §2º da LINDB, a motivação do ato administrativo sancionatório deve demonstrar expressamente que: (i) a punição foi dimensionada em conformidade com a natureza e gravidade da infração; (ii) considerou os danos efetivos causados à Administração Pública; (iii) avaliou as circunstâncias agravantes ou atenuantes; e (iv) examinou os antecedentes do agente. Essa exigência legal materializa a aplicação do princípio da proporcionalidade, que opera como parâmetro objetivo para aferição da razoabilidade das sanções administrativas. Para aprofundamento do tema, recomenda-se a leitura do disposto no "princípio da proporcionalidade".

3.3.3.6 A sanção administrativa e a teoria do consequencialismo

O art. 20 da LINDB, introduzido na referida norma pela Lei nº 13.655/18, fixa que, nas esferas administrativa, controladora e judicial, não se decidirá com base em valores jurídicos abstratos sem que sejam consideradas as consequências práticas da decisão.

Tal artigo concretiza a teoria do consequencialismo, que exige do administrador público a análise das consequências da sua decisão, *in casu*, punitiva, numa escala maior, a exemplo do impacto da imposição de penalidade de licitar e contratar, que possibilita a extinção de ata de registro de preços ou contratos vigentes prejudicando o atendimento de um interesse público com o objeto cujo fornecimento será interrompido.

Sendo necessária, portanto, a utilização das consequências do caso concreto com grau de normatividade apto a determinar qual seria a interpretação adequada para o caso analisado,[751] a decisão de punir o particular arrimada em valores jurídicos indeterminados (por exemplo: princípio da supremacia do interesse público, probidade administrativa, moralidade etc.), deverá a Administração, em sua decisão, considerar os efeitos que, *in casu*, o ato sancionador poderá gerar.

Por exemplo, gerando o comportamento infracional praticado pelo fornecedor de merenda escolar a imposição de uma sanção restritiva do direito de licitar e contratar com a Administração contratante, deve o Poder Público sopesar se aplica ou não a referida sanção, haja vista a possibilidade de a rede de ensino ter interrompida a entrega de alimentação do alunado.

3.3.3.7 A necessidade de observância dos precedentes administrativos

Ademais, ainda analisando o impacto da Lei nº 13.655/18 no âmbito dos expedientes sancionatórios, é importante asseverar que sobre fase processual em estudo recai o disposto no art. 30 da LINDB (Decreto-Lei nº 4.657/1942), cujo teor fixa que "as autoridades públicas devem atuar para aumentar a segurança jurídica na

[751] GABARDO, Emerson; SOUZA, Pablo Ademir. O consequencialismo e a LINDB: a cientificidade das previsões quanto às consequências práticas das decisões. *A&C Direito Administrativo & Constitucional*, Belo Horizonte, ano 20, n. 81, p. 97-124, jul./set. DOI 10.21056/eacv20i81.1452, p. 101.

aplicação das normas, inclusive por meio de regulamentos, súmulas administrativas e respostas a consultas", onde destacamos os precedentes administrativos.

Como bem assenta o professor Gustavo Marinho,[752] em sua clássica obra *Precedentes administrativos no direito brasileiro*, os fundamentos para eficácia vinculante dos precedentes administrativos, *in casu*, na atividade sancionatória, são: (1) o princípio da igualdade, uma vez que situações similares exigem decisões administrativas igualitárias; (2) o princípio da segurança jurídica, que exige que a Administração ofereça a mesma solução jurídica para casos substancialmente similares e que eventuais mudanças somente ocorram após ampla publicidade; (3) o princípio da boa-fé, cujo teor exige que, diante de uma determinada situação fática, em que a Administração se portou de determinada maneira, decidindo de certo modo, deve ela, sob pena de romper a lealdade e a confiança que os seus atos geraram aos administrados, manter o mesmo comportamento, se entre outros casos houver similitude substancial e incidirem as mesmas normas jurídicas; e, por fim, (4) o princípio da eficiência administrativa, que exige que as decisões administrativas sejam ágeis e que detenham patamar significativo de qualidade, o que é garantido pelos precedentes administrativos, diante de situações similares, apresentando mesma decisão, minimizando, assim, contradições no momento de aplicação da norma jurídica.

Com efeito, não podemos deixar de asseverar que a eleição da sanção administrativa, bem como a fixação do *quantum* pecuniário, em caso de multa, ou prazo de extensão da sanção, em caso de punição restritiva de direito, encontra-se no campo da discricionariedade administrativa, sendo, portanto, os precedentes administrativos um instrumento essencial para controlar e garantir a coerência sancionatória, afastando, assim, arbitrariedades quando do manejo do instrumental sancionatório, bem como a imparcialidade, observada recorrentemente quando a Administração Pública encontra-se na figura de juiz e parte, o que é a regra nos processos administrativos.

[752] CARVALHO, Gustavo Marinho de. *Precedentes administrativos no direito brasileiro*. São Paulo: Editora Contracorrente, 2015.

De forma a normatizar a aplicação das normas de Direito Público,[753] a necessidade de observância dos precedentes administrativos exige que a Administração, primeiramente, observe os parâmetros punitivos regularmente utilizados em outras oportunidades que exerceu a referida função, de modo a garantir a perene coerência sancionadora, não podendo apenar com arrimo em outros parâmetros quando se observam os mesmos elementos fáticos, casos assemelhados[754] ou idênticos.[755]

Exige o referido dispositivo legal, portanto, comportamento ativo que seja capaz de ampliar a segurança jurídica,[756] concretizada no pleno afastamento de discrepância sancionadora, ou seja, infrações administrativas praticadas no âmbito das contratações públicas que sejam semelhantes não podem ser punidas com sanções que sejam distintas.

Por exemplo, em uma oportunidade, afastando a contratante a devida punição em razão do atraso do fornecimento em decorrência de greve de servidores lotados na alfândega, não poderá a Administração Pública em outra oportunidade punir particulares em razão do mesmo fato, ou seja, "esta melhor solução deverá ser utilizada para os casos posteriores substancialmente semelhantes e submetidos às mesmas regras jurídicas".[757]

---

[753] SUNDFELD, Carlos Ari. *Direito Administrativo*: o novo olhar da LINDB, Belo Horizonte: Fórum, 2022, p. 63.

[754] Sobre tal fato, ensina Floriano de Azevedo Marques Neto e Rafael Véras de Freitas: Mais que isso, a formação do precedente é extraída da interpretação de uma situação casuística, da realidade. Cuida-se da consagração normativa do viés pragmático que deve nortear a interpretação de todos os dispositivos incluídos pela Lei nº 13.655/2018. É dizer, enquanto o texto da lei, de rigor, veicula comandos genéricos e abstratos, o precedente é concreto, devendo se imiscuir nas especificidades da situação ocorrida na realidade. Disso decorre a força normativa e vinculante da interpretação jurídica (enactment force). Daí que a necessidade de estabilização das relações jurídicas vem atribuindo aos tribunais, cada vez mais, o papel de criadores do direito, valorizando o manejo dos precedentes. Em outras palavras, cada situação é confrontada com casos previamente decididos, de modo a verificar se são abordadas as mesmas questões fáticas e de direito". (MARQUES NETO, Floriano Peixoto de Azevedo; FREITAS, Rafael Véras de. *Comentários à Lei nº 13.655/2018 (Lei de Segurança para a Inovação Pública)*. 2. reimp. Belo Horizonte: Fórum, 2020, p. 161).

[755] Como casos idênticos, temos os comportamentos de licitantes que declararam formalmente que cumprem os requisitos habilitatórios fixados no edital e, na fase de habilitação, não realizam o *upload* ou junto no devido envelope toda a documentação de habilitação exigida.

[756] SUNDFELD, Carlos Ari. *Direito Administrativo*: o novo olhar da LINDB, Belo Horizonte: Fórum, 2022, p. 57.

[757] CARVALHO, Gustavo Marinho de. *Precedentes administrativos no direito brasileiro*. São Paulo: Contracorrente, 2015, p. 162.

Exemplificando novamente, à guisa de conclusão, sendo um padrão administrativo a imposição de um *quantum* punitivo em razão da prática de um determinado comportamento, a exemplo da aplicação do impedimento de licitar e contratar com a Administração por 1 ano, quando o licitante se recuse a celebrar ajuste, não poderá a administração ampliar a quantidade da pena para 2 anos, em razão da prática do mesmo comportamento infracional.

3.3.3.8 A publicização da decisão sancionadora

Da decisão da Administração sancionadora, que deverá ser encaminhada e garantido o seu conhecimento ao particular apenado,[758] não bastando apenas a publicação na imprensa oficial competente, cabe recurso. Sendo assim, passa-se a analisar a fase recursal do processo administrativo punitivo.

Após a prolação da decisão administrativa, na forma acima estampada, tem-se que é possível utilizar embargos de declaração em processos administrativos, consoante fixa o art. 15 do CPC, em razão da verificação de falhas na motivação dos atos administrativos, *in casu*, sancionatórios. Embargos de declaração são uma espécie de recurso processual utilizado para impugnar decisões proferidas, *in casu*, por órgãos ou entidades públicas, no âmbito administrativo, com o objetivo de esclarecer ou corrigir eventuais omissões, contradições ou obscuridades existentes em decisões judiciais ou administrativas.

[758] "MANDADO DE SEGURANÇA – Pretensão da impetrante na nulidade de procedimento administrativo que lhe impôs a sanção de impedimento de licitar e contratar com a Administração Pública pelo prazo de dois anos – Liminar deferida, mas cassada, com a denegação da segurança – Recurso recebido no efeito suspensivo, para suspender a sanção imposta, até o julgamento do presente recurso – Nulidade de todo o procedimento administrativo que ora se decreta – Procedimento administrativo realizado pela Fundação Florestal, eivado de vícios insanáveis, tais como concessão de prazo incompatível com sanção imposta, para defesa previa, alegações finais e recurso, **falta de intimação da decisão que sancionou a empresa apelante,** publicação errônea da decisão, diversa daquela que foi decidida no procedimento administrativo, e, por fim, recurso considerado intempestivo, quando, de fato, era tempestivo – Nulidade que ora se decreta, com o consequente cancelamento da sanção imposta á empresa apelante – Violação dos princípios da legalidade, publicidade, contraditório e ampla defesa – Outrossim, inteligência do art. 9º, incisos I e II, parágrafo 2º, e art. 10º , inciso III, do anexo do Decreto Estadual nº 61.751/15 – Sentença reformada – Recurso provido" (TJ/SP AC. nº 1059711-90.2019.8.26.0053) (destaques nossos).

3.3.3.9 Os embargos de declaração da decisão administrativa

Os embargos de declaração contra a decisão devem ser dirigidos à autoridade que proferiu a decisão administrativa obscura, contraditória ou omissa, e devem conter os argumentos, razões e/ou provas que justifiquem a necessidade de esclarecimento ou correção da decisão. O órgão ou autoridade competente deverá apreciar os embargos de declaração e proferir decisão motivada sobre eles, podendo confirmar, modificar ou anular a decisão impugnada.

3.3.4 Fase recursal

3.3.4.1 Aspectos gerais

No tocante à fase recursal do processo administrativo punitivo, de forma a garantir o direito à mais ampla e irrestrita defesa, é assegurada a possibilidade de revisão da decisão administrativa, consoante prevê o art. 5º, inc. LV, da Constituição da República de 1988, permitindo, desta feita, que o particular apenado, sujeito passivo em um processo administrativo sancionador, submeta novamente as razões constantes em sua defesa a uma instância recursal, podendo, ainda, ser apresentada proposta de acordo[759] sendo garantido um novo exame dos argumentos outrora apresentados.

Acerca da função dos recursos, ressaltam Irene Patrícia Nohara e Thiago Marrara:

> Os recursos administrativos são um instrumento a favor da legalidade administrativa, pois permitem que mais de uma autoridade zele

[759] Sobre tal possibilidade, ensinam Sérgio Guerra e Juliana Palma. Vejamos: consensual do processo administrativo" e "consagra a dinâmica de atuação ao estabelecer permissivo genérico para que toda a Administração Pública, independentemente de lei ou regulamento específico, celebre compromissos". Tais acordos podem ser celebrados "antes da instauração do processo administrativo", "no curso do processo administrativo", "na fase de decisão, ou seja, quando da edição do ato". (GUERRA, S.; PALMA, J. B. de. Art. 26 da LINDB – novo regime jurídico de negociação com a Administração Pública. *Revista de Direito Administrativo*, [S. l.], p. 135–169, 2018. DOI: 10.12660/rda.v0.2018.77653. Disponível em: https://bibliotecadigital.fgv.br/ojs/index.php/rda/article/view/77653. Acesso em: 15 jan. 2023 p. 151/152)

> pelo cumprimento da supremacia da lei e do Direito sobre o Estado. Ao autorizar a reapreciação da matéria, o recurso também amplia a possibilidade de anulação de atos ilegais e de revogação de atos contrários ao interesse público. De outra via, os recursos colaboram com a eficiência da Administração, pois, ainda que causem certa dose de retrabalho administrativo, permitem o aperfeiçoamento das decisões administrativas, ou seja, a construção de decisões administrativas mais corretas e mais adequadas à consecução de interesses públicos primários e secundários.[760]

Desta feita, da decisão constante do ato administrativo punitivo que penalizou o particular com as sanções previstas na legislação licitatória, caberá o devido recurso administrativo no prazo de 15 (quinze) dias úteis, caso outro maior não constar da legislação ou regulamento local, a contar da sua intimação ou notificação, nos termos do *caput* do art. 166 da Lei nº 14.133/2021.

Em relação ao sistema sancionatório das estatais, a Lei nº 13.303/16 é omissa no tocante à fase recursal das sanções administrativas, sendo relegada na norma legal um aspecto essencialmente fundamental quando se fala insistentemente em necessidade de garantia de previsibilidade no comportamento estatal e segurança jurídica nos negócios públicos, de modo a atrair uma parcela do empresariado brasileiro.

Caberá, portanto, aos regulamentos estabelecer de forma clara e precisa os procedimentos para exercício do direito de revisão da decisão administrativa, devendo especificar, entre outros aspectos: (i) as formas de interposição (pelo próprio interessado ou por meio de advogado); (ii) o prazo recursal e seu termo inicial – que deverá contar a partir da disponibilização da íntegra da decisão ao interessado; (iii) os meios de protocolo (presencial ou eletrônico), com indicação expressa de endereços físicos e links digitais para submissão.

Essa regulamentação deve assegurar plena efetividade ao direito constitucional de recorrer, eliminando qualquer obscuridade que possa dificultar seu exercício.

Em todos os processos sancionatórios – tanto na Administração direta quanto indireta – o prazo recursal somente se inicia após

[760] NOHARA, Irene Patrícia; MARRARA, Thiago. *Processo administrativo*: Lei nº 9.784/99 comentada. São Paulo: Atlas, 2009, p. 363.

a efetiva disponibilização integral dos autos ao sancionado, garantindo-lhe a possibilidade de utilizar todo o período legalmente estabelecido para sua defesa.

Nesse sentido, cumpre registrar que o art. 109, §5º, da Lei nº 8.666/93 estabelece expressamente que: "Nenhum prazo de recurso, representação ou pedido de reconsideração se inicia ou corre sem que os autos do processo estejam com vista franqueada ao interessado".

Embora esse dispositivo não tenha sido reproduzido textualmente na Nova Lei de Licitações (Lei nº 14.133/2021) ou na Lei das Estatais (Lei nº 13.303/2016), o princípio nele consagrado mantém plena aplicação como garantia processual fundamental no âmbito administrativo sancionatório.

O recurso administrativo será dirigido à autoridade superior no prazo de 5 (cinco) dias úteis, conforme determina o parágrafo único do art. 166 da Lei nº 14.133/2021, sendo o encaminhamento, todavia, realizado pela autoridade sancionadora, fato que permitirá que ela reconsidere a decisão de punir ora recorrida. Caso entenda, contudo e motivadamente, não ser caso de modificação da decisão combatida, haja vista entender ser a adequada em razão das particularidades da infração administrativa praticada, encaminhará o recurso administrativo à autoridade superior com o escopo desta apreciar as razões recursais apresentadas no prazo máximo de 20 (vinte) dias, contado do seu recebimento.

3.3.4.2 Garantia do efeito suspensivo

Consoante prevê o art. 168 da Lei nº 14.133/2021,[761] o recurso administrativo interposto em razão da aplicação das sanções constantes da legislação licitatória terá efeito suspensivo, ou seja, os efeitos da decisão sancionatória não passam a valer desde o momento da edição do referido ato administrativo. No regime sancionatório da Lei nº 8.666/1993, conforme se denota da leitura de seu art. 109, §2º, o recurso administrativo é recebido apenas no efeito "devolutivo", podendo o efeito "suspensivo" ser declarado pela autoridade.

---

[761] "Art. 168. O recurso e o pedido de reconsideração terão efeito suspensivo do ato ou da decisão recorrida até que sobrevenha decisão final da autoridade competente".

A possibilidade de recebimento do recurso apenas no efeito "devolutivo" permite, principalmente nas sanções pecuniárias, o início da cobrança, seja extra ou judicial, antes da apreciação do recurso administrativo pela autoridade competente, o que é comum na Administração Pública brasileira, em que se observa o ajuizamento de execução fiscal sem que tenha ocorrido a coisa julgada administrativa. Tal erro legislativo restou corrigido pela Nova Lei de Licitações, conforme se denota da leitura do art. 168 da Lei nº 14.133/21, que expressamente fixa: "Os recursos administrativos, inclusive o hierárquico e o pedido de reconsideração, terão efeito suspensivo, sem exceções quanto a procedimentos ou fases processuais".

A fim de afastar a impunidade no âmbito dos processos punitivos, fato que pode estimular a prática de infrações, o que é prejudicial ao interesse público, é dever da Administração não só aplicar formalmente as sanções administrativas, mas efetivamente executá-las, a exemplo da realização da cobrança dos valores fixados a título de multa contratual ou inscrevê-las nos competentes registros cadastrais e cadastros de apenados, como, aliás, determina o art. 161 da Lei nº 14.133/2021.[762]

3.3.4.3 Início do prazo recursal após a efetiva disponibilização dos autos do processo administrativos ao apenado ou procurador

O prazo de recurso contra a decisão que sancionou o particular não se inicia ou corre sem que os autos do processo administrativo sancionatório estejam com vista franqueada ao apenado ou ao seu procurador. Deve ser confirmada a

---

762 Art. 161. Os órgãos e entidades dos Poderes Executivo, Legislativo e Judiciário de todos os entes federativos deverão, no prazo máximo de 15 (quinze) dias úteis, contado da data de aplicação da sanção, informar e manter atualizados os dados relativos às sanções por eles aplicadas, para fins de publicidade no Cadastro Nacional de Empresas Inidôneas e Suspensas (CEIS) e no Cadastro Nacional de Empresas Punidas (CNEP), instituídos no âmbito do Poder Executivo federal.
Parágrafo único. Para fins de aplicação das sanções previstas nos incisos I, II, III e IV do caput do art. 156 desta Lei, o Poder Executivo regulamentará a forma de cômputo e as consequências da soma de diversas sanções aplicadas a uma mesma empresa e derivadas de contratos distintos.

tempestividade do recurso apresentado, sob pena de ilegalidade na condução do processo sancionatório.[763]

3.3.4.4 Fase recursal em caso de aplicação da declaração de inidoneidade

No tocante à *fase recursal quando da aplicação da declaração de inidoneidade*, temos a considerar que a referida sanção, como restou esclarecido, é imposta pela autoridade máxima do órgão, entidade ou poder, diferentemente do que ocorre quando da aplicação das demais sanções administrativas, uma vez que a autoridade sancionadora não é atribuída pela lei, mas fixada pela legislação local, conforme já se asseverou anteriormente. Diante de tal fato, por não existir uma autoridade superior que possa apreciar o inconformismo do particular apenado por meio de um recurso hierárquico, resta prejudicada a interposição de recurso administrativo, a fim de que os termos do seu recurso sejam apreciados por uma autoridade superior.[764]

---

763 "MANDADO DE SEGURANÇA – Pretensão da impetrante na nulidade de procedimento administrativo que lhe impôs a sanção de impedimento de licitar e contratar com a Administração Pública pelo prazo de dois anos – Liminar deferida, mas cassada, com a denegação da segurança – Recurso recebido no efeito suspensivo, para suspender a sanção imposta, até o julgamento do presente recurso – Nulidade de todo o procedimento administrativo que ora se decreta – Procedimento administrativo realizado pela Fundação Florestal, eivado de vícios insanáveis, tais como concessão de prazo incompatível com sanção imposta, para defesa previa, alegações finais e recurso, falta de intimação da decisão que sancionou a empresa apelante, publicação errônea da decisão, diversa daquela que foi decidida no procedimento administrativo, e, **por fim, recurso considerado intempestivo, quando, de fato, era tempestivo** – Nulidade que ora se decreta, com o consequente cancelamento da sanção imposta á empresa apelante – Violação dos princípios da legalidade, publicidade, contraditório e ampla defesa – Outrossim, inteligência do art. 9º, incisos I e II, parágrafo 2º, e art. 10º , inciso III, do anexo do Decreto Estadual nº 61.751/15 – Sentença reformada – Recurso provido " (TJ/SP AC nº 1059711-90.2019.8.26.0053) (destaques nossos).

764 Sobre a restrição ao duplo grau recursal, salienta José Roberto Pimenta Oliveira: "A competência é exclusiva, não pode ser delegada, o que nos traz outro problema. Como vou recorrer do ato do Ministro ou do Secretário se a competência é deles? A Constituição Federal garante o duplo acesso porque faz parte do Estado de Direito a possibilidade do erro de qualquer autoridade que julga, seja do Poder Judiciário, que percorre várias instâncias, seja da Administração Pública. O problema da Lei Geral quando estabelece a competência da sanção de declaração de inidoneidade é que torna sem efeito ou reduz a garantia do duplo grau de jurisdição administrativa, porque do Ministro eu teria de recorrer para o Presidente da República, e sucessivamente para os Chefes do Poder Executivo; a lei só prevê o pedido de reconsideração" (OLIVEIRA, José Roberto Pimenta de. Aplicação de sanções nos procedimentos licitatórios. *Boletim de Direito Administrativo*, São Paulo: NDJ, p. 853-869, a. 26, n. 8, ago. 2013, p. 860).

A fim de afastar, todavia, a violação ao direito de recorrer das decisões administrativas, expressamente garantido no art. 5º, inc. LV, da Constituição da República de 1988, a solução encontrada para garantir a revisibilidade do ato punitivo foi utilizar o *pedido de reconsideração*, consoante estabelece o art. 167 da Lei nº 14.133/2021.[765] Neste caso, a própria autoridade sancionadora é que analisará os motivos pelos quais a punição por ela mesma aplicada é indevida.[766]

Em nosso sentir, tem-se que o pedido de reconsideração não reverencia o princípio do devido processo legal, uma vez que não garante efetivamente que o recurso seja apreciado por uma autoridade distinta daquela que impôs inicialmente a punição. Logo, tal dispositivo legal merece reparo com o escopo de retirar tal competência da autoridade máxima do órgão ou entidade.

3.3.4.5 A publicização da decisão recursal

O resultado do processo administrativo punitivo, após o encerramento da fase recursal que culminou no sancionamento do licitante e do contratado, deverá ser objeto de publicação na imprensa oficial, a fim de que se iniciem os seus efeitos externos.

Além disso, deve a Administração difundir a decisão administrativa, encaminhando a mesma para o sancionador tomar ciência por e-mail, correios etc., uma vez que empresários não têm por hábito ler o Diário Oficial todos os dias.

A divulgação oficial da decisão/ato administrativo final interessará não só ao contratado apenado – que deverá reproduzir o teor constante do processo administrativo[767] – mas também

---

765 "Art. 167. Da aplicação da sanção prevista no inciso IV do caput do art. 156 desta Lei caberá apenas pedido de reconsideração, que deverá ser apresentado no prazo de 15 (quinze) dias úteis, contado da data da intimação, e decidido no prazo máximo de 20 (vinte) dias úteis, contado do seu recebimento".

766 "Tal direito só não existirá se o procedimento for iniciado por autoridade do mais alto escalão administrativo ou se for proposto perante ela. Neste caso, caberá apenas ao interessado pedido de reconsideração" (GROTTI, Dinorá Adelaide Musetti. Devido processo legal e o procedimento administrativo. *BLC – Boletim de Licitações e Contratos*, São Paulo, NDJ, a. 27, n. 9, p. 26-28, set. 2011, p. 28).

767 "MANDADO DE SEGURANÇA – Pretensão da impetrante na nulidade de procedimento administrativo que lhe impôs a sanção de impedimento de licitar e contratar com a Administração Pública pelo prazo de dois anos – Liminar deferida, mas cassada, com a denegação da segurança – Recurso recebido no efeito suspensivo,

aos administrados e à própria Administração. Visa a propiciar conhecimento e controle dos atos e a evitar, por meio da publicidade, nas sanções restritivas de direito, que o penalizado continue participando de licitações e celebrando contratos administrativos.

Anote-se que a transparência prepondera em sede de processo administrativo. Assim, e embora a Lei nº 14.133/2021 não contenha em seu bojo uma determinação específica no sentido de impor a publicação na imprensa oficial, a obrigatoriedade de publicação das decisões administrativas decorre do princípio de publicidade, com previsão expressa no art. 5º, *caput,* da nova lei de licitações, e que reafirma o *caput* do art. 37 da Constituição da República de 1988, sendo a imprensa oficial o veículo oficial para esta divulgação.

Cármen Lúcia Antunes Rocha, ao tratar especificamente sobre o princípio da publicidade, esclarece:

> A publicidade é princípio constitucional da Administração Pública (art. 37 da Constituição da República), estabelecendo-se como consectário necessário do próprio princípio democrático. Não há como haver a participação do povo no exercício do poder se não se contar com o conhecimento público dos atos por ele praticados. Pelo que der ciência ao povo, a dizer, tornar públicos os atos havidos no desempenho das funções do poder é imperativo do regime político.[768]

Sérgio Ferraz e Adilson Abreu Dallari também compartilham deste entendimento:

> Salvo, portanto, as ressalvas legalmente estabelecidas e as decorrentes de razões de ordem lógica, o processo administrativo deve ser

---

para suspender a sanção imposta, até o julgamento do presente recurso – Nulidade de todo o procedimento administrativo que ora se decreta – Procedimento administrativo realizado pela Fundação Florestal, eivado de vícios insanáveis, tais como concessão de prazo incompatível com sanção imposta, para defesa previa, alegações finais e recurso, falta de intimação da decisão que sancionou a empresa apelante, **publicação errônea da decisão, diversa daquela que foi decidida no procedimento administrativo**, e, por fim, recurso considerado intempestivo, quando, de fato, era tempestivo – Nulidade que ora se decreta, com o consequente cancelamento da sanção imposta á empresa apelante – Violação dos princípios da legalidade, publicidade, contraditório e ampla defesa – Outrossim, inteligência do art. 9º, incisos I e II, parágrafo 2º, e art. 10º , inciso III, do anexo do Decreto Estadual nº 61.751/15 – Sentença reformada – Recurso provido" (TJ/SP AC nº 1059711-90.2019.8.26.0053) (destaques nossos).

[768] ROCHA, Carmen Lúcia Antunes. Princípios Constitucionais do Processo Administrativo no Direito Brasileiro. *RTDP*, n. 17, p. 6-27, São Paulo, 1997, p. 25.

público, acessível ao público em geral, e não apenas aos interessados e às partes diretamente envolvidas. Por isso, andou bem o STJ ao proclamar:

Na ausência de codificação legal para publicizar a forma de divulgação das pautas de julgamentos dos recursos administrativos – se por órgão da Imprensa Oficial ou por afixação de pautas na repartição pública –, tem-se por imprescindível a publicação dessas pautas, no órgão da Imprensa Oficial, para que seja cumprido o postulado constitucional da publicação dos atos administrativos.[769]-[770]

3.3.4.6 Do cabimento de embargos de declaração

Por derradeiro, da decisão administrativa que acatar ou não as razões recursais apresentadas, cabe, em nosso sentir, embargos de declaração, haja vista a possibilidade de aplicação subsidiária e supletiva do Código de Processo Civil, consoante fixa o art. 15 do CPC.

Os embargos de declaração devem ser dirigidos à autoridade ou colegiado que proferiu a decisão obscura, contraditória ou omissa, e devem conter os argumentos, razões e/ou provas que justifiquem a necessidade de esclarecimento ou correção da decisão. O órgão ou autoridade competente deverá apreciar os embargos de declaração e proferir decisão motivada sobre eles, podendo confirmar, modificar ou anular a decisão impugnada.

3.3.5 Fase executória

3.3.5.1 Aspectos gerais

No tocante à execução da sanção administrativa, tem-se que, ato contínuo ao encerramento da fase recursal, ocasião em que ocorreu a coisa julgada administrativa, deverá a Administração

---

[769] BRASIL. Superior Tribunal de Justiça. *MS nº 6.169-RR*. Relator: Min. Nancy Andrighi, DJU 1.8.2000, p. 184.

[770] DALLARI, Adilson de Abreu; FERRAZ, Sérgio. *Processo Administrativo*. 3. ed. São Paulo: Malheiros, 2012, p. 130.

Pública sancionadora empreender os atos necessários para efetivamente cumprir a punição.

Nesta fase, repita-se, é possível que o particular sancionado venha apresentar proposta de acordo administrativo, com arrimo no art. 26 da LINDB,[771] devendo a Administração analisar a proposta e emitir decisão motivada.

Com efeito, de nada adianta desencadear o processo administrativo, na forma do procedimento fixado na legislação local, sendo garantidos o contraditório e a irrestrita ampla defesa, se não é movimentada a máquina administrativa posteriormente, com o escopo de executar a sanção administrativa e fazer valer, assim, seus efeitos pedagógicos, quais sejam, desestimular práticas futuras de condutas indesejadas caracterizadas como infração administrativa.

Assim, deverá ocorrer a inscrição do particular em cadastros de apenados, a exemplo do Cadastro Nacional de Empresas Inidôneas e Suspensas (CEIS), conforme determinação contida no art. 161 da Lei nº 14.133/2021.[772]

Outrossim, no tocante às multas, arbitradas de acordo com os critérios fixados no edital e no contrato e devidamente aplicadas, como já tratado anteriormente, deverá o particular apenado recolher

---

771 Sobre tal possibilidade, ensinam Sérgio Guerra e Juliana Palma. Vejamos: "O compromisso da LINDB se aproxima da figura do acordo substitutivo, voltado à terminação consensual do processo administrativo" e "consagra a dinâmica de atuação ao estabelecer permissivo genérico para que toda a Administração Pública, independentemente de lei ou regulamento específico, celebre compromissos". Tais acordos podem ser celebrados "antes da instauração do processo administrativo", "no curso do processo administrativo", "na fase de decisão, ou seja, quando da edição do ato administrativo – em geral, para substituí-lo", "na fase recursal", ou, ainda, "na **constituição da coisa julgada administrativa**". (GUERRA, S.; PALMA, J. B. de. Art. 26 da LINDB – novo regime jurídico de negociação com a Administração Pública. *Revista de Direito Administrativo,* [S. l.], p. 135-169, 2018. DOI: 10.12660/rda.v0.2018.77653. Disponível em: https://bibliotecadigital.fgv.br/ojs/index.php/rda/article/view/77653. Acesso em: 15 jan. 2023 p. 151/152) (grifos nossos).

772 "Art. 161. Os órgãos e entidades dos Poderes Executivo, Legislativo e Judiciário de todos os entes federativos deverão, no prazo máximo 15 (quinze) dias úteis, contado da data de aplicação da sanção, informar e manter atualizados os dados relativos às sanções por eles aplicadas, para fins de publicidade no Cadastro Nacional de Empresas Inidôneas e Suspensas (CEIS) e no Cadastro Nacional de Empresas Punidas (CNEP), instituídos no âmbito do Poder Executivo federal".

tais valores na sua integralidade, da forma em que a Administração sancionadora aponte, uma vez que, ocorrendo a redução patrimonial em apenas uma só vez, será possível que o sancionado sinta efetivamente os efeitos da penalidade.

Em caso de recusa do particular apenado efetuar o pagamento administrativamente, no prazo ofertado razoável pela Administração sancionadora, não restará alternativa para o Poder Público (pessoas jurídicas de Direito Público) a não ser a promoção da cobrança judicial, por meio da propositura da competente ação de execução, após regular inscrição do crédito na dívida ativa e extração da respectiva certidão, observados os critérios legais de cobrança. Com efeito, as multas administrativas impostas no âmbito das contratações públicas caracterizam-se como dívida ativa não tributária, consoante estabelece o art. 39, §2º, da Lei nº 4.320/1964.

3.3.5.2 A cobrança de multas pelas estatais

Já no tocante à cobrança de valores de multas pelas estatais, cabe aqui melhor esclarecer o tema. Pois bem, no âmbito das pessoas jurídicas de Direito Público, ou seja, aquelas arroladas no art. 41 do Código Civil, tem-se que a cobrança ocorrerá por meio da propositura da competente ação de execução, após regular inscrição do crédito na dívida ativa e extração da respectiva certidão, observados os critérios legais de cobrança.

Por sua vez, as multas administrativas impostas no âmbito das contratações públicas das pessoas jurídicas de direito privado, *in casu*, as estatais, não se caracterizam como dívida ativa não tributária, consoante estabelece o art. 39, §2º, da Lei nº 4.320/1964, não se enquadrando, portanto, como um título executivo extrajudicial, consoante fixa o art. 784, inc. IX, do CPC.

Conclui-se, portanto, que as prerrogativas conferidas à Fazenda Pública não são extensíveis às pessoas jurídicas de Direito Privado, vale dizer, as estatais, independentemente de explorar atividade econômica ou prestar serviço público. Ou seja, não se aplica o rito executivo, devendo, neste caso, a empresa pública ou sociedade de economia mista ingressar com uma ação judicial própria.

3.3.5.3 A necessidade de garantia de pagamento espontâneo da multa pelo apenado e a ilegalidade da "compensação cruzada" de descontos de sanções pecuniárias nos contratos administrativos

Imposta a sanção administrativa, ao fim do processo sancionatório, onde sejam assegurados os princípios constitucionais do contraditório, da ampla defesa e da revisibilidade da decisão punitiva, inicia-se a fase executória da penalidade aplicada.

Com efeito, tanto a Lei nº 8.666/1993 (art. 87, §1º) como a Nova Lei de Licitações (art. 156, §8º) não deixam clara a forma como ocorrerá o efetivo recolhimento dos valores devidos a título de multa.

Todavia, sob pena de criação de problemas para o particular, especialmente prejuízo ao seu fluxo de caixa, é dever da Administração sancionadora emitir guia para que ocorra o pagamento espontâneo da multa, em prazo razoável, sendo vedado o desconto da punição do valor de recebíveis que o contratado porventura tenha.

É oportuno mencionar que tal entendimento foi positivado de forma clara nos §§2º e 3º do art. 5º da Instrução Normativa SSC/MGI nº 14, de 25 de abril de 2024, que estabelece que multa deve ser paga por meio da apresentação de guia, que deverá ocorrer espontaneamente pelo penalizado.

Como sempre foi orientado, e que agora consta do §3º do art. 5º da referida IN, caso o apenado não venha pagar espontaneamente o valor devido, poderá a Administração (1) executar a garantia contratual apresentada, quando houver; (2) abater o valor da multa nos pagamentos eventualmente liquidados e devidos à contratada; ou (3) inscrever o débito em Dívida Ativa da União, para cobrança judicial. Parece-nos que a ordem a ser observada pela Administração deve ser essa, haja vista ser a que gera menor impacto negativo financeiro para o contratado.

Logo, deve-se observar, como regra, a cobrança de multas por meio do pagamento espontâneo. No caso concreto, inexistindo garantia prestada na contratação ou sendo o valor segurado inferior à monta da multa aplicada ou não recolhendo os valores espontaneamente, admite-se o "desconto" da monta devida de valores disponíveis para pagamento ao apenado na ocasião em que o processo sancionatório foi concluído.

Diante de tal clareza, em nosso sentir, em hipótese alguma é admitida a "retenção" de valores, conforme já salientamos acima, sem que tal fluxo ocorra, e pior, antes da conclusão do processo administrativo sancionador, sob pena de violação ao princípio da presunção da inocência. Tal expediente é muito temerário, pois prejudica o fluxo de caixa do apenado, impedindo que o mesmo conclua obrigações assumidas, inclusive com a Administração punidora.

Por derradeiro, sem sucesso na realização dos expedientes anteriormente colacionados, não restará alternativa a não ser provocar a procuradoria do órgão ou entidade para que seja ajuizada a cobrança judicial, na forma da lei.

Demais disso, sendo estas as formas de cobrança da multa permitidas pela lei, afigura-se ilegal realizar a tal da "compensação cruzada".

Melhor explicando, ocorre "compensação cruzada" quando se observa que dois contratos administrativos, por exemplo, A e B, foram celebrados com a mesma contratada.

Caso no contrato A ocorra a aplicação de multa, por exemplo, em razão de inexecução contratual, não tendo garantia nem créditos existentes a serem recebidos, a multa é descontada do contrato B, que apresenta saldo existente a ser pago pela Administração.

Em nosso sentir, tem-se que tal comportamento violento da Administração Pública é ilegal, haja vista não estar autorizado pelas normas gerais de licitação.

Com efeito, se o desconto de recebíveis no mesmo contrato é autorizado, a glosa em contrato estranho também deveria ser objeto de permissão expressa pela lei, o que não existe.

A matéria sancionatória não comporta interpretação ampliativa, mas apenas e tão somente restritiva. O que não vem sendo observado por algumas administrações, que acabam por gerar problemas no fluxo de caixa de um contrato alheio ao ajuste problemático.

Como bem fixa o TJ/SP a "Interpretação diversa conduziria ao reconhecimento de uma vantagem desproporcional conferida ao ente público e, mais, importante lembrar que por se tratar de regras de direito sancionador, sua interpretação deve ser realizada de forma restritiva e não ampliativa." (TJ/SP – Apelação nº 1031475-94.2020.8.26.0053).

O eg. Tribunal de Justiça de Justiça do Estado de São de Paulo, vem reiteradamente rechaçando este tipo de comportamento estatal:

> APELAÇÃO. MANDADO DE SEGURANÇA. DENEGAÇÃO DA ORDEM. CONTRATOS ADMINISTRATIVOS. COMPENSAÇÃO DE VALORES. Objeto da impetração. Reconhecimento da ilegalidade da "compensação cruzada" e anulação dos descontos realizados nas faturas mensais de contratos APELAÇÃO CÍVEL EMBARGOS MONITÓRIOS – COMPENSAÇÃO. Ação monitória ajuizada em face de Proguaru e Município de Guarulhos voltada ao recebimento de valores decorrente de pagamento a menor realizado no contrato n° 008/2020, firmado entre a parte autora e a Proguaru. Compensação realizada pela contratante. vigentes e sem quaisquer descumprimentos referentes a multas aplicada em outros contratos. A legislação que disciplina a possibilidade de compensação não alberga expressamente a compensação cruzada. Interpretação restritiva para permitir a retenção ou desconto em relação aos créditos derivados do mesmo contrato. Prevalência dos artigos 80, inciso IV, 86 e 87, inciso II e §1º, todos da Lei nº 8.666/93, e o art. 55, §único, do Decreto Municipal nº 44.279/03. Previsões de direito sancionador. Precedentes desta Seção de Direito Público em casos análogos. Sentença reformada. RECURSO PROVIDO. (TJ/SP – Apelação nº 1031475-94.2020.8.26.0053)
>
> APELAÇÃO CÍVEL EMBARGOS MONITÓRIOS –COMPENSAÇÃO. Ação monitória ajuizada em face de Proguaru e Município de Guarulhos voltada ao recebimento de valores decorrente de pagamento a menor realizado no contrato n° 008/2020, firmado entre a parte autora e a Proguaru. Compensação realizada pela contratante. Crédito decorrente de pagamento em duplicidade no contrato n° 007/2016. Demanda julgada improcedente na origem, reconhecida a ilegitimidade do ente público. Apelo da autora. Parcial cabimento. Ilegitimidade corretamente reconhecida. Pessoa jurídica com autonomia administrativa e financeira, que não se confunde com o Município. Compensação, no entanto, que não encontra respaldo no contrato administrativo, tampouco na Lei n° 8.666/93. Legislação permite a retenção e a compensação de valores decorrentes de um mesmo contrato administrativo e, no caso dos autos, a empresa apelada objetiva a retenção de valores atinentes a contratos diversos do aqui discutido. Artigos 80, IV, 86 e 87 da Lei n° 8.666/93 que autorizam a retenção de créditos pertinentes ao mesmo contrato.

> Compensação que, mesmo se aplicável aos contratos administrativos, exigiria requisitos não cumpridos pela empresa contratante. Controvérsia acerca do crédito, decorrente do suposto pagamento em duplicidade. Aparente inexigibilidade do referido crédito. Reforma parcial da r. sentença de primeiro grau. RECURSO PROVIDO EM PARTE. (TJ/SP – Apelação Cível nº 1010497-97.2022.8.26.0224; Relator (a): Márcio Kammer de Lima; Órgão Julgador: 11ª Câmara de Direito Público; j. 18/10/2022).

> CONTRATO ADMINISTRATIVO Retenção de pagamentos devidos pelo Metrô à concessionária em contrato administrativo vigente para satisfazer multa sancionatória aplicada em contrato anterior Impossibilidade: O disposto no §1º do artigo 87 da Lei 8666/93 não autoriza a compensação entre contratos administrativos distintos, ainda que se tratem das mesmas partes. Instituto da compensação que, mesmo se aplicável aos contratos administrativos, exige requisitos não cumpridos pelo Metrô. Sentença de procedência mantida. Recurso desprovido. (TJ/SP – Apelação/Remessa Necessária 1063058-68.2018.8.26.0053; Relator (a): Teresa Ramos Marques; Órgão Julgador: 10ª Câmara de Direito Público; j. 01/02/2021).

> Agravo de instrumento Mandado de segurança impetrado contra ato administrativo consistente na retenção de valores de multas aplicadas no âmbito de contrato diverso, por ocasião do pagamento da fatura mensal Liminar indeferida na origem Ausente previsão legal ou contratual a amparar o ato administrativo Artigo 80, inciso IV, da Lei 8.666/1993 que, ao tratar da rescisão unilateral do contrato pela Administração, é claro ao admitir apenas "retenção dos créditos decorrentes do contrato até o limite dos prejuízos causados à Administração" Entendimento aplicável na hipótese de relação contratual em andamento Dispositivos da Legislação Municipal invocados pela parte agravada que não trazem previsão específica autorizando a compensação entre créditos e débitos oriundos de relações contratuais distintas Requisitos para a concessão da medida liminar demonstrados Recurso provido. (TJ/SP – Agravo de Instrumento nº 2012010-13.2021.8.26.0000; Relator(a): Luciana Bresciani; Órgão Julgador: 2ª Câmara de Direito Público; j. 24/03/2021).

Sobre tal questão, não foi diferente a opinião do TCE/SP no TC-19100/989/20-1, Rel. Cristiana de Castro Moraes, j. 5/7/2022 (citado em Segunda Câmara, TC-25767/989/20-5, Rel. Cristiana de Castro Moraes, j. 13/9/2022):

> No tocante à possibilidade de sustar pagamentos, realizar glosas e/ou descontos nos pagamentos devidos à Contratada em razão de compromissos firmados em outros contratos, ou à possibilidade de execução da garantia contratual para cobertura de outros contratos, reporto-me ao parecer da PFE, no sentido de que 'os pagamentos sujeitos a desconto do valor da

> multa seriam aqueles relativos ao mesmo contrato em que esta foi aplicada, afastando a viabilidade de alcançar créditos de outros contratos, ante a ausência de autorização legal expressa', conforme Parecer PA 8/2019, em reiteração ao PA 186/2009 da Procuradoria-Geral do Estado.
>
> Inobstante e no caso concreto, na esteira do parecer da Procuradoria da Fazenda do Estado, proponho alçar tais impropriedades ao campo das recomendações, para que doravante a SABESP abstenha-se de prever, em seus editais e contratos, essas possibilidades.

É necessário, portanto, que tal comportamento seja imediatamente suspenso na fase executória das sanções administrativas, devendo, ainda e se for o caso, a sua previsão ser retirada de regulamento e editais, de modo a evitar a criação de tensionamentos desnecessários e eventuais prejuízos na execução de contratos.

3.3.5.4 Prazo de início do cumprimento das sanções restritivas de direito

Questão interessante que se coloca para reflexão relaciona-se ao início do prazo de cumprimento da sanção administrativa restritiva de direito, sendo elas o impedimento do direito de licitar, a suspensão do direito de licitar e contratar com a administração e a declaração de inidoneidade.

Trata-se de questão interessante, uma vez que as sanções, em razão do disposto no art. 161 da Nova Lei de Licitações, devem ser anotadas nos cadastros de inadimplentes, a exemplo do portal CEIS, e tal autuação pode não ocorrer, ato contínuo, à edição do ato administrativo sancionador. Aí começam os problemas!

Melhor explicando: após a publicação do indeferimento do recurso administrativo, em tese, ocorre a coisa julgada administrativa. Com a referida publicação, a nosso ver, inicia-se o cumprimento da sanção administrativa, frise-se, automaticamente.

Aliás, no caso de sanções restritivas de direitos, é muito comum que outros licitantes, de posse da referida publicação, já busquem alijar o proponente apenado nas licitações subsequentes, sendo quase que fato ser acatado pelos agentes de contratação.

Ocorre que a Administração Pública sancionadora muitas vezes demora para anotar a sanção administrativa imposta no sistema competente, retardo esse que pode até ultrapassar o lapso temporal da própria sanção aplicada. E, quando isso acontece, o licitante apenado acaba muitas das vezes por cumprir um lapso temporal de sanção muito maior do que aquele estampado no ato administrativo punitivo, o que é flagrantemente ilegal.

Com efeito, o que restringe o direito de participar ou manter contrato com a Administração Pública não é o cadastro em determinado portal com escopo de publicizar a sanção, mas, sim, o ato administrativo punitivo. Logo, é a partir da data da publicação da recusa das razões recursais, momento em que se faz coisa julgada administrativa, que se inicia a efetiva restrição do direito de licitar ou contratar.

Sendo assim, e até com o escopo de forçar a Administração sancionadora a anotar no cadastro competente imediatamente a confirmação da sanção administrativa, o início da contagem do prazo da sanção é a publicação da decisão administrativa que recusa o recurso administrativo interposto, momento em que se faz coisa julgada administrativa.

O mesmo raciocínio se aplica no caso de penalização de particular que detém o contrato administrativo decorrente de uma licitação por itens.

Nesse caso, sugere-se que o apenado oficie a Administração sancionadora sobre tal fato, documentando a omissão estatal uma vez que futuramente poderá questionar o excessivo prazo de impedimento de celebrar negócios com o Governo brasileiro.

3.3.5.5 Anotação e manutenção das sanções nos registros cadastrais e demais sistemas

Os arts. 88, §3º da Lei nº 14.133/2021 e 65, §3º, da Lei nº 13.303/2016 determinam que a atuação do licitante no cumprimento de obrigações assumidas nos contratos administrativos será anotada em seu registro cadastral, caso a Administração mantenha-o dentro de sua estrutura administrativa quando processar licitações frequentemente.[773]

[773] Acerca da finalidade dos registros cadastrais anteriormente delineada, reza Jessé Torres Pereira Júnior: "Em termos ideais, o cadastro haveria de funcionar como banco de dados sempre atualizados sobre a habilitação e o desempenho dos que participam de licitações

A fim de cumprir o teor constante nos dispositivos colacionados, em caso de punição do sujeito infrator, ao cabo do processo administrativo, deverá a Administração sancionadora assentar a penalidade aplicada no competente cadastro, verificando-se tal registro como uma obrigação e não discricionariedade, sob pena de o servidor público incorrer em ilegalidade, fato que acabará por gerar a devida responsabilização disciplinar. Grife-se que a efetiva anotação é de competência da comissão de cadastramento, responsável pela gestão do registro cadastral.[774]

Demais disso, entende-se que as informações assentadas no registro cadastral do particular apresentam-se permanentes, por exemplo, inexistindo autorização para a Administração Pública excluí-las do registro cadastral após determinado período de tempo, após a extinção do ajuste, por exemplo, salvo se as informações introduzidas forem divorciadas da realidade.

Assim deve ocorrer, uma vez que, por meio de tais informações garante-se ao Poder Público o controle do comportamento dos

---

e contratam com a Administração. É o que se dessume do art. 36 e seus parágrafos, segundo os quais: (...).
(b) anota-se (averba-se no registro, que pode estar lavrado em livro, ficha ou arquivo computadorizado) a atuação do licitante no cumprimento das obrigações contratuais, o que abrange as penalidades que lhe hajam sido impostas por violação dos princípios da licitação ou por inexecução total ou parcial, de contrato (v. arts. 81 a 88).
Concebido e operado nesses termos, o registro cadastral oferece-se como prestimoso instrumento para a Administração precatar-se de convidar empresas cujo desempenho anterior não as recomende ao interesse público" (PEREIRA JÚNIOR, Jessé Torres. *Comentários à lei das licitações e contratações da administração pública*. 6. ed. Rio de Janeiro: Renovar, 2009, p. 657). Nesse sentido, ressalta o mestre Hely Lopes Meirelles: "Não bastam, portanto, as anotações iniciais da inscrição; necessário se torna o acompanhamento da conduta do contratante na execução de seus ajustes com a Administração, e até mesmo com particulares, pois o bom desempenho em contratos anteriores é o melhor atestado de idoneidade do licitante. Por outro lado, as irregularidades no cumprimento das obrigações precedentes evidenciarão a inidoneidade do contratante" (MEIRELLES, Hely Lopes. *Licitação e contrato administrativo*. 14. ed. São Paulo: Malheiros, 2007, p. 48).

774 Nesse sentido, Diógenes Gasparini: "A Lei de Licitações e Contratos Administrativos fixou, sumuladamente, as competências desses colegiados. Da dicção do inc. XVI do art. 6º, do *caput* do art. 51 e do §2º desse dispositivo retira-se o rol de competências da comissão de cadastramento. De fato, compete-lhes: (...)
– acompanhar o comportamento de cada interessado, anotando em sua ficha cadastral as ocorrências (punições, impedimentos), nos termos do art. 34, §2º, que possam desaboná-los, consoante informações recebidas dos órgãos competentes" (GASPARINI, Diógenes. *Comissão de Licitação*. 3. ed. São Paulo: NDJ, 2011, p. 81).

particulares em colaboração, bem como que eventualmente descumprem as condições de licitação e contratação e conheça o passado destes particulares.

Caso a informação registrada seja uma sanção administrativa, cujo teor fez coisa julgada administrativa, entende-se que ela, em nenhum momento, restringe o direito do particular apenado de participar de licitações ou de celebrar contratos administrativos, salvo a aplicação de uma das sanções constantes no art. 156, incs. III e IV, da Lei nº 14.133/2021 e no art. 83, inc. III, da Lei nº 13.303/2016, observando-se, logicamente, o alcance das sanções fixadas na lei, bem como o prazo de vigência da punição fixado pela Administração caso a caso, em razão da gravidade da infração cometida.

Demais disso, tem-se que tal informação não poderá ser utilizada de forma alguma com o intento de gerar discriminação ou alijamento em procedimentos licitatórios ou contratações futuras.[775]

Conforme ressalva Ivan Barbosa Rigolin:

> Se o cadastrado executou mal seu contrato, isto deve constar de seu cadastro, para fim de *fornecer subsídios a uma possível penalização*, e já como pena. Caso seja aplicada a pena, aí sim, então, ela deverá ser anotada no registro.[776] (Grifo do original).

Da mesma forma, ressalta Evelise Pedroso Teixeira Prado Vieira, *in verbis*, que a "anotação negativa não [o] impedirá de obter a renovação do registro, ou de participar de novas licitações".[777]

---

775 "3. Não tem amparo legal a inclusão em edital de licitação de dispositivo que veda a participação de empresas apenadas com suspensão temporária do direito de licitar, salvo nos casos em que a suspensão tenha sido imposta pela própria entidade promovedora do certame" (BRASIL. Tribunal de Contas da União. *Acórdão nº 1.727/2006*. 1ª Câmara. Relator: Ministro Guilherme Palmeira. Sessão de 28.06.2006. Disponível em: https://contas.tcu.gov.br/pesquisaJurisprudencia/#/detalhamento/11/%252a/NUMACORDAO%253A1727%2520ANOACORDAO%253A2006%2520COLEGIADO%253A%2522Primeira%2520C%25C3%25A2mara%2522%2520RELATOR%253A%2522GUILHERME%2520PALMEIRA%2522/DTRELEVANCIA%2520desc%252C%2520NUMACORDAOINT%2520desc/false/1. Acesso em: 13 jun. 2017).

776 RIGOLIN, Ivan Barbosa. *Manual prático de licitações*. 7. ed. rev. e atual. São Paulo: Saraiva, 2008, p. 393.

777 VIEIRA, Evelise Pedroso Teixeira Prado. *Lei de Licitações e Contratos da Administração Pública Comentada*. São Paulo: Verbatim, 2010, p. 214.

Não obstante seja assim, poderá a Administração Pública licitante, a fim de se afastar de futuros problemas em razão da possibilidade da prática de comportamentos infracionais pretéritos, abster-se de contratar diretamente o sujeito cujo registro cadastral o desabone, passando a convocar particulares, cadastrados ou não, portadores de idoneidade suficiente para garantir uma boa atuação no âmbito das contratações governamentais, de forma a não causar prejuízo algum ao interesse público.

Outrossim, verifica-se que a existência de informações desabonadoras assentadas no registro cadastral do particular apenado que se sagrou vencedor da licitação demandará maior cautela do gestor e fiscal do contrato na ocasião da execução do objeto contratado, devendo a fiscalização ocorrer com mais afinco e rigor, a fim de evitar que aquele comportamento nocivo, praticado em outro contrato, devidamente averbado em seu registro cadastral, venha a se repetir nesta oportunidade.

Em relação ao teor consignado em seu cadastro, entende-se que deverá ser franqueado o direito ao contraditório e à ampla defesa, previsto no art. 5º, inc. LV, da Constituição da República de 1988, com o escopo de expurgar qualquer tipo de excesso verificado na anotação cadastral, detendo o particular inconformado com o conteúdo averbado o direito de petição, garantido no art. 5º, inc. XXXIV, al. "a", da CF/88, para manifestar o seu inconformismo e pleitear, motivadamente, a sua modificação, a fim de pôr cabo à situação conflituosa.

Ante todo o exposto, portanto, verifica-se ser obrigação da comissão de cadastramento, conforme estabelece o art. 88, §3º, da Lei nº 14.133/2021,[778] assentar, em seu registro cadastral, a atuação pretérita dos licitantes quando do cumprimento das obrigações contratuais, bem como condutas infracionais praticadas no âmbito das licitações públicas, cujo conteúdo deverá ser fornecido pelo gestor

[778] "§3º A atuação do contratado no cumprimento de obrigações assumidas será avaliada pelo contratante, que emitirá documento comprobatório da avaliação realizada, com menção ao seu desempenho na execução contratual, baseado em indicadores objetivamente definidos e aferidos, e a eventuais penalidades aplicadas, o que constará do registro cadastral em que a inscrição for realizada".

do contrato ou autoridade superior, podendo esse ser questionado pelo particular, caso ele seja divorciado da realidade fática.

Com efeito, uma vez inscritas as ocorrências verificadas, elas não poderão ser retiradas do sistema, sob pena de não ser garantida a intenção do dispositivo legal anteriormente destacado. Grife-se que a informação averbada não poderá, de maneira alguma, ser instrumental para discriminar, alijar ou criar qualquer tipo de diferenciação em relação aos demais particulares.

Por derradeiro, observa-se que a existência de um registro cadastral cujo conteúdo detém informações que assentam o histórico de atuação do proponente, constando ainda as sanções sofridas, propiciará à Administração o conhecimento do comportamento pretérito do particular no âmbito das contratações públicas, o que permitirá o afastamento de eventuais intercorrências durante a realização da licitação, como insucessos quando da execução do objeto contratado, garantindo, assim, o interesse público buscado com a colaboração de particulares.

3.3.5.6 A possibilidade de revisão da sanção pelo Poder Judiciário e não pelos Tribunais de Contas

Ao particular inconformado com a punição imposta pela Administração resta buscar socorro ao Poder Judiciário, com estribo no princípio da inafastabilidade de jurisdição, devidamente fixado no art. 5º, inc. XXXV, do Texto Constitucional.

Com efeito, tem-se que os órgãos de controle não são esferas de revisão das sanções administrativas. Sobre tal questão, já asseverou o Ministro do TCU, Weder de Almeida, no voto proferido nos autos do Acórdão nº 2552/2020-Plenário:

> É consabido que, conforme visto no Acórdão 597/2016-Plenário, relator Ministro Vital do Rêgo, a norma fixada no art. 113, §1.º, da Lei 8.666/1993, que prevê o direito de representar contra irregularidades na aplicação da Lei de Licitações, não transmuda o TCU em instância revisional de penalidades aplicadas a licitantes por órgão e entidade da Administração. Eventual correção ou incorreção da medida punitiva adotada deve ser tratada pelo Poder Judiciário, a quem cabe a tutela de interesse privados.

3.3.5.7 A revisão da sanção pela Administração sancionadora

Por derradeiro, permite-se a revisão do processo sancionatório,[779] com o objetivo de possibilitar ao particular apenado a rediscussão da sanção aplicada a qualquer tempo no âmbito das contratações públicas, no sentido de extinguir a punição imposta ou reduzi-la. Por meio desse novo pronunciamento expurgam-se da seara jurídica decisões ilegais ou desproporcionais, que passam a ser ilegítimas e arbitrárias. Destaque-se que a revisão do processo sancionatório já foi objeto de estudo quando se tratou da extinção das sanções administrativas.

Indeferido o pedido de revisão, inexistindo tempo para discuti-la na seara administrativa ou sendo conhecedor de que a utilização do referido expediente será infrutífera, poderá o particular se socorrer diretamente do Poder Judiciário, tendo em vista o princípio constitucional da inafastabilidade de jurisdição, previsto no inc. XXXV do art. 5º da Constituição da República de 1988.

---

[779] Ver nosso: PARZIALE, Aniello dos Reis. A revisão de sanções impostas a particulares no âmbito das licitações públicas e contratos administrativos. *BLC – Boletim de Licitações e Contratos*, a. 25, n. 3, p. 198-210, mar. 2012.

CONCLUSÃO

Conforme se asseverou, o trespasse de atividades estatais para particulares, necessário para a persecução dos objetivos institucionais do Estado, apresenta-se como essencial em razão da insuficiência estatal de prover todas as suas necessidades, devendo o objeto contratado ser executado nos moldes fixados pelo Poder Público, por meio de licitação, conforme prevê o art. 37, inc. XXI, da Constituição da República de 1988.

A fim de evitar prejuízo no atendimento das necessidades públicas por meio de colaboração de particulares, a legislação licitatória estabelece mecanismos para o Poder Público controlar a licitação e a execução do contrato administrativo, a exemplo da imposição de sanções, conforme se denota dos arts. 156 e 162 da Lei nº 14.133/2021 e 83 da Lei nº 13.303/2016 (Lei das Estatais).

Restou apontada a inexistência de um regulamento mínimo e sistemático na legislação estudada disciplinando o exercício do poder punitivo estatal, de forma a proteger e dar efetividade às garantias constitucionais, ou arrolando os pormenores do processo sancionatório, garantindo um procedimento mínimo e uniforme a ser observado pela Administração Pública brasileira. Por tal razão, o exercício do poder punitivo pela Administração Pública, no âmbito das contratações públicas, circunda-se de cristalina insegurança jurídica, pois pode ser utilizado de forma descontrolada e sem limitações, sendo esse um campo propício para cometimento de arbitrariedades de toda sorte.

Ante tal problemática, esforçou-se para estabelecer os limites para que o Poder Público sancione particulares no âmbito das contratações públicas, estando tal delimitação, conforme abordado, diluída na exposição constante dos três capítulos do presente trabalho.

Assim, no Capítulo 1, onde se tratou das infrações administrativas e o seu regime jurídico no âmbito das contratações públicas, observou-se que, para assegurar o equilíbrio na coletividade e corrigir os comportamentos desacertados, a ordem jurídica fixa determinados comportamentos como inadequados, estabelecendo como consequência a imposição de sanções.

O ordenamento jurídico impõe sanções em razão do cometimento de infrações administrativas e penais, inexistindo diferença entre elas, podendo, todavia, receber tratamento distinto pelo direito. Não obstante inexistir diferença, reconhece-se a natureza administrativa de uma infração em razão da autoridade competente para impô-la.

Assim, ilícito ou infração administrativa caracteriza-se, na prática, por um comportamento típico que se apresenta como transgressor de uma norma que acarrete como consequência a imposição de uma sanção pelo Estado quando exerce função administrativa.

Em razão da falta de elementos estruturantes da infração administrativa na lei, adotou-se o conceito que a doutrina oferece, qual seja, o ilícito administrativo como comportamento típico, antijurídico e reprovável, cuja verificação enseja a aplicação, no exercício da função administrativa, de uma sanção de mesma ordem.

No tocante à ação ou conduta, tem-se que ela se caracteriza como toda atividade humana consubstanciada por meio da prática de um comportamento direcionado conscientemente em busca de um objetivo, que poderá ser um proceder ativo ou comissivo.

Por sua vez, a tipicidade apresenta-se como a qualidade que tem uma norma de especificar uma conduta que se deseja ver coibida ou fomentada, prevendo sanção a quem realizar o proibido ou não praticar o determinado. Para tanto, a tipicidade exige a predeterminação de um comportamento indesejável específico, mínimo, com suficiente grau de clareza, uma vez que o seu objetivo é garantir o conhecimento do que é proibido ou estimulado, permitindo a reflexão se o pratica ou não. Diante de tal contorno jurídico, a tipicidade garante a segurança dos administrados em relação à previsibilidade da conduta estatal no âmbito punitivo, afastando, assim, qualquer tipo de surpresa por parte do Estado.

Afigura-se temerária a relativização do princípio da tipicidade, de modo a permitir a punição conduzida de forma discricionária, uma vez que a inexistência dos contornos legais para enquadrar uma conduta como infração administrativa, bem como a existência de condicionantes para a eleição e aplicação do *quantum* punitivo violarão o princípio da segurança jurídica, pois apresenta-se como necessário para garantir ao sujeito a previsibilidade quanto à infração e sanção que poderá ser aplicada em razão de prática das infrações administrativas previstas na legislação licitatória, bem como delimitará a liberdade de atuação estatal quando exerce o *jus puniendi.*

No âmbito das relações de sujeição especial, tem-se entendido ser possível flexibilizar o princípio da tipicidade, estribando-se no fato de que as regras sancionatórias administrativas devem ser adaptadas celeremente pela própria Administração, sendo prejudicial aguardar a atualização dos tipos fixados na lei pelo Poder Legislativo, com o escopo de garantir a precisão exigida pelo princípio da tipicidade, pois exigir que a lei formal aponte de forma pormenorizada todas as condutas com a devida precisão necessária exigirá do legislador ininterrupta atuação.

Nessa toada, adota-se a tese da "reserva relativa de lei" no direito administrativo sancionador, entendimento que afasta o exaustivo disciplinamento do regramento punitivo na lei, sendo conferido à Administração, por meio de regulamento, espaço para aplicação do direito no caso concreto. Assim ocorre, uma vez que o legislador não detém a capacidade de fixar com o devido grau de detalhe todos os comportamentos que podem prejudicar a Administração pública quando se relaciona contratualmente com particulares, trespassando tal atribuição aos administradores públicos para ser exercido de acordo com o regramento genérico fixado na lei.

No tocante à faceta não objetiva da tipicidade, ou seja, o elemento subjetivo, entende-se que, sem culpa, no mínimo, não se pode caracterizar a infração administrativa no âmbito das contratações públicas.

Nas sanções administrativas aplicadas no âmbito das contratações públicas, em nosso sentir, a reprovabilidade da conduta do infrator somente restará caracterizada caso seja demonstrada, no âmbito do devido processo legal, a prática da conduta antijurídica com dolo ou culpa em sentido estrito.

Demais disso, para que ocorra a configuração de um delito, deve-se primeiramente observar se a conduta praticada tem suas características assentadas em um fato típico previsto em lei. Assim ocorrendo, deverá ser investigado se o seu conteúdo apresenta ilicitude, vale dizer, se é contrário ao ordenamento jurídico. Se a ilicitude ou antijuridicidade restar demonstrada no caso concreto, caracterizada estaria a infração administrativa.

Todavia, a lei, calcada nos princípios da razoabilidade e da proporcionalidade, pode estabelecer comportamentos que, mesmo amoldando-se aos elementos constantes do tipo infracional previsto na lei, não caracterizará infração administrativa, ou seja, tal conduta caracteriza-se como causa excludente de ilicitude. As causas excludentes de ilicitude, vislumbradas no âmbito das contratações públicas observadas, são: estado de necessidade; exercício regular do direito; estrito cumprimento do dever legal e coação ou ordem de superior hierárquico.

Demais disso, tem-se que condutas típica e ilícita só se aperfeiçoam como infração quando se agregam à culpabilidade, ou seja, quando se observa um juízo de reprovação que recai sobre o infrator por ter praticado algo descabido.

Observa-se, ainda, a possibilidade de a infração ser afastada nos casos onde há excludentes de culpabilidade, previstos no Código Penal, como o erro de proibição; coação moral irresistível; obediência hierárquica; inimputabilidade por doença mental ou desenvolvimento mental incompleto ou retardado.

No Capítulo 2 da obra, que tratou das sanções administrativas e o seu regime jurídico no âmbito das contratações públicas, apontou-se que a delimitação do poder punitivo estatal ocorre, uma vez que penalidades são estabelecidas pelo Direito com o escopo de afastar a ocorrência de comportamentos indesejáveis e nocivos, de forma a repulsá-las por serem prejudiciais à comunidade. Ou seja, as sanções apresentam-se como um instrumento garantidor do cumprimento da norma que, caso transgredida, deverá ser imposta pelo Estado.

Além das sanções impostas pelo Poder Judiciário, observa-se que as punições também podem ser aplicadas pelo Estado no exercício da função administrativa, a exemplo de quando se socorre de particulares para a persecução de seus objetivos institucionais.

Sanção administrativa caracteriza-se como o resultado negativo imposto pelo ordenamento jurídico, aplicado de forma imediata pelo Poder Público no exercício de função administrativa, de forma típica ou atípica, em desfavor daquele que incorrer na conduta indesejada prevista em lei, ao cabo do competente processo administrativo sancionador.

A finalidade das sanções administrativas é apenas constranger ou forçar o particular a cumprir as obrigações assumidas, discordando-se do entendimento de que as sanções pecuniárias detêm o escopo de buscar a reparação de danos causados à Administração.

No âmbito das contratações públicas, as sanções administrativas têm o objetivo de controlar a atuação dos particulares quando chamados para colaborar com a persecução do interesse público, garantindo o atendimento das necessidades públicas, conferindo, ainda, a efetivação do princípio da eficiência administrativa.

A sanção, para ser reconhecida como válida perante a ordem jurídica, o que garante a sua legitimidade, não deve apenas observar a disciplina da lei, mas um conjunto de princípios e normas que regulam todo o processo de edição de um ato administrativo sancionador.

Inexistindo diferença entre os ilícitos penais e administrativos e tendo em vista que a consequente penalidade decorre do exercício do mesmo *ius puniendi* estatal, tem-se que os princípios constitucionais garantidores e as normas oferecidos ao sujeito que pode ser apenado pelo Poder Judiciário devem ser franqueados aos que podem também sofrer uma sanção administrativa.

Assim, o regime punitivo a ser observado quando o Estado exerce função administrativa será aquele circunscrito por princípios elencados expressamente na Constituição da República de 1988, quais sejam: o princípio da legalidade; o princípio da anterioridade; o princípio da irretroatividade da lei; o princípio da segurança jurídica; o princípio do *non bis in idem*; o princípio da razoabilidade; o princípio da proporcionalidade; o princípio do devido processo legal; o princípio da *non reformatio in pejus*; o princípio da prescritibilidade e o princípio do juiz natural.

Constituindo uma garantia ao cidadão, o princípio da legalidade exige vinculação do administrador público aos ditames da lei e, quando a função administrativa concretiza-se na edição de atos administrativos punitivos, deve-se considerar ainda que não há sanção sem lei anterior que o defina, nem pena sem prévia cominação legal. Logo, devendo o regramento punitivo constar da lei, rechaça-se a possibilidade de utilização da analogia quando da imposição do regime punitivo, restando afastada, ainda, a fixação das regras sancionatórias por meio de um regulamento infralegal.

Já o princípio da anterioridade veda a punição de um sujeito em razão da prática de uma conduta caracterizada como infração administrativa em momento posterior à sua prática, pois se deve garantir o prévio conhecimento do comportamento indesejável e a consequente punição.

Por sua vez, o princípio da irretroatividade da lei impede a aplicação de penalidades como consequência de prática de condutas antijurídicas realizadas em momento anterior à entrada em vigor da norma sancionadora.

No tocante ao princípio da segurança jurídica, afigura-se necessária a fixação das infrações administrativas e das correspondentes sanções em lei, de forma a garantir às pessoas o conhecimento exato do comportamento ilícito, bem como a devida consequência punitiva a receber em razão da sua prática, sob pena de garantir a segurança jurídica, uma vez ser garantida a previsibilidade da atuação estatal.

Em relação ao princípio do *non bis in idem*, proíbe-se a imposição de mais de uma sanção administrativa em razão da prática de uma mesma conduta caracterizada pela lei como infração. Impede-se, portanto, a duplicidade do julgamento e a da dupla punição pelo mesmo fato, salvo se a lei expressamente determinar, a exemplo da possibilidade de cumulação da multa com as demais punições previstas na legislação licitatória.

Já o conteúdo jurídico do princípio da razoabilidade exige que a manifestação estatal seja adequada ao fato ocorrido, apresentando-se, desta feita, como uma diretriz a ser observada pelo Poder Público quando exerce função administrativa, especialmente quando se manifesta em atos cujo conteúdo assenta restrição de liberdades individuais.

No tocante ao princípio da proporcionalidade, tem-se que o seu conteúdo jurídico exige que as sanções administrativas impostas pela Administração sancionadora sejam proporcionais à gravidade da infração praticada e prejuízo experimentado pelo Poder Público.

Em relação ao princípio do devido processo legal, tem-se que seu objetivo é garantir que as atividades administrativas que atingem a esfera jurídica dos particulares, a exemplo da punitiva, sejam devidamente processualizadas, garantindo amplo meio de exercício de contraditório e ampla defesa.

Por sua vez, sobre o princípio da *non reformatio in pejus*, ao cabo do processo revisivo, não poderá a Administração agravar a sanção inicialmente imposta ao sujeito, uma vez que o agravamento pode desestimular a busca da revisão que entende ser descabida, salvo se a lei expressamente admitir, conforme se observa da leitura do art. 64, parágrafo único, da Lei nº 9.784/1999.

No tocante ao princípio da prescritibilidade, tem-se que a atividade punitiva não deve se estender no tempo, sendo dever da Administração Pública instaurar e concluir o processo sancionador em prazo razoável, com o escopo de aplicar a correspondente sanção, se for o caso, sob pena de prejuízo à estabilidade das relações jurídicas, sendo necessário, portanto, que a lei local estabeleça um limite temporal para regular a conclusão do expediente punitivo.

Colocando cabo ao estudo dos princípios que incidem sobre as sanções administrativas, tem-se o princípio do juiz natural. Com efeito, uma sanção é aplicada por um agente público, expressamente apontado na legislação nacional, a exemplo da declaração de inidoneidade, onde é fixada como competente a autoridade máxima do poder ou órgão com autonomia funcional. No tocante às demais sanções, tem-se que a autoridade competente para impô-las deve ser objeto de fixação pela norma local.

Admite-se a desconsideração da personalidade jurídica de sociedades empresariais com o escopo de impedir que os sócios de empresas apenadas se esquivem dos efeitos de sanções restritivas de direito recebidas em razão de constituir nova empresa para continuar a participar de licitações e celebrar contratos com o Poder Público.

No âmbito dos processos administrativos sancionadores, observa-se a presença do atributo da executoriedade dos atos administrativos, restando afastada a necessidade de a Administração socorrer-se do Judiciário para garantir a coercibilidade da penalidade imposta, salvo em caso de execução de multas, quando não for possível o recebimento dos valores administrativamente.

As sanções administrativas podem ser extintas das seguintes formas: o cumprimento da sanção administrativa, a morte da pessoa física ou extinção da pessoa jurídica, a reabilitação, a revisão do processo sancionatório, a celebração do acordo de leniência e o perdão.

No tocante às sanções administrativas previstas na legislação licitatória, observa-se a advertência, a multa, a suspensão temporária de participação em licitação e o impedimento de contratar com a Administração, a sanção de impedimento de licitar e contratar com a União, com os Estados, com o Distrito Federal ou com os Municípios, e a declaração de inidoneidade para licitar ou contratar com a Administração Pública.

A advertência apresenta-se como a punição de menor carga aflitiva, devendo ser aplicada dentro de um juízo de proporcionalidade em razão da ocorrência de erros na execução do ajuste que caracterizem uma inexecução contratual de pequena ou pouca gravidade.

Embora inexista redução de patrimônio ou direito do apenado, a advertência não se caracteriza como uma mera orientação ou determinação de providências, apresentando-se efetivamente como uma sanção administrativa provida de finalidade corretiva e natureza moral.

A advertência é a consequência jurídica que a legislação impõe para o contratado que incorrer nas condutas indesejadas e tipificadas como infração administrativa, vale dizer, inexecução total ou parcial dos termos do contrato administrativo, não sendo possível, portanto, a aplicação de advertência em decorrência da prática de condutas reprováveis verificadas durante o transcurso do certame licitatório.

Já a multa apresenta-se como a imputação do pagamento de determinada quantia em dinheiro em razão da prática dos comportamentos fixados na legislação licitatória como infração administrativa.

A multa administrativa, penalidade de efeitos internos que não repercute suas sequelas para fora da relação contratual, desdobra-se em duas espécies: a multa moratória, devida em razão do atraso injustificado na execução do contrato, e a multa punitiva, aplicável em caso de inexecução parcial do contrato, bem como nas demais hipóteses em que a lei assim determinar.

O objetivo da multa é utilizar o futuro prejuízo financeiro com o intento de desestimular a prática das condutas indesejadas caracterizadas como infrações administrativas, uma vez entendendo a Lei que, além da admoestação ou restrição de direitos, a redução patrimonial apresenta-se como eficaz instrumento para garantir a execução do objeto na forma pactuada.

É condição para imposição da multa, seja moratória ou punitiva, a expressa previsão nos instrumentos editalício e contratual, devendo ainda tais atos administrativos prever os parâmetros punitivos, sob pena de restar prejudicado o exercício do poder punitivo da Administração licitante ou contratante, o que gerará responsabilização disciplinar do agente público que inobservou as determinações legais.

A suspensão temporária de participação em licitação e impedimento de contratar com a Administração apresenta-se como a primeira penalidade cuja carga negativa assenta uma restrição de direitos, explicitando efeitos para além da duração da licitação ou do contrato administrativo onde se incorreu na infração administrativa, que não será superior a dois anos.

Já a sanção de impedimento de licitar e contratar foi criada com o escopo de permitir a imposição de uma penalidade distinta daquelas então já existentes aos participantes das licitações processadas pelo pregão e RDC, uma vez que tais modalidades, em razão da sua dinâmica de competição observada, em especial, a verificação da proposta mais vantajosa antes da análise da habilitação, exigem maior comprometimento dos participantes durante a realização do torneio.

Em relação ao alcance da sanção de impedimento de licitar e contratar prevista no art. 156, inc. III, da Lei nº 14.133/2021, tem-se que ela abarca toda a esfera federativa a qual pertence o órgão ou a entidade sancionadora.

Tanto no caso da suspensão do direito de licitar e contratar quanto no impedimento de licitar e contratar, transcorrido o prazo da sanção aplicada, o sancionado estará automaticamente reabilitado para participar de licitações ou contratar com a Administração, não demandando peticionamento.

A declaração de inidoneidade apresenta-se como a penalidade provida de maior carga punitiva. Assim, caberá a declaração de inidoneidade quando da prática de condutas tipificadas como infração administrativa que apresentam natureza gravíssima.

A imposição da referida sanção em razão da gravidade da infração administrativa praticada manifesta flagrante inaptidão em realizar negócios com o governo, de forma a bani-lo das contratações governamentais. Por tal razão, tem a sua inidoneidade declarada.

Observa-se, ainda, que o poder punitivo estatal é delimitado por meio do processo administrativo, uma vez que a atividade administrativa, devidamente processualizada, apresenta-se como garantia do Estado de Direito na Constituição da República de 1988.

Nesse sentido, as garantias processuais constitucionais encontram-se vertidas no art. 5º, incs. LIV e LV, da Constituição da República de 1988, concretizadas na determinação de que "ninguém será privado da liberdade ou de seus bens sem o devido processo legal", e, ainda, "aos litigantes, em processo judicial ou administrativo, e aos acusados em geral são assegurados o contraditório e ampla defesa, com os meios e recursos a ela inerentes".

O devido processo legal assegura que a atividade administrativa seja conduzida segundo o que a lei determina, inadmitindo-se que o manejo de processos administrativos ocorra de forma divorciada do direito, ou seja, o expediente promovido pela Administração Pública deve ser conduzido não por meio de qualquer processo, mas pelo "devido", o que acaba por proteger o indivíduo, bem como salvaguardar a atividade administrativa punitiva, de forma a garantir a sua legitimidade e o alcance dos seus objetivos.

No tocante ao princípio do contraditório e da ampla defesa, tem-se que tal proteção constitucional caracteriza-se no oferecimento de ampla garantia de que as partes que figuram em processos administrativos possam oferecer seus argumentos em pé de igualdade, ofertando concretude ao princípio da igualdade processual, em contraposição às razões apresentadas pela outra parte, o que garante, assim, a dialética processual.

Já em relação à ampla defesa, deve ser assegurado aos litigantes e aos acusados em geral no processo administrativo o amplo e irrestrito direito de contrapor-se à investidura da Administração sobre seus bens e direitos, por exemplo, garantir o efetivo conhecimento daquilo que lhe é imputado, bem como assegurar a apresentação, de forma ampla e irrestrita, e a apreciação das razões que objetivam rechaçar as acusações que lhes são imputadas.

Garante-se, ainda, o direito de o acusado ou litigante recorrer de decisão que lhe seja desfavorável, independentemente de previsão expressa em lei ou demais normas, ou seja, assegurando a possibilidade de revisão da decisão administrativa.

No tocante ao estudo do processo administrativo sancionador no âmbito das contratações públicas, entende-se que a primeira condição para o desencadeamento do processo administrativo sancionatório é a necessidade de instauração do expediente punitivo durante a vigência do contrato administrativo ou instrumento equivalente, não obstante o entendimento daqueles que se inclinam à possibilidade de o expediente punitivo ser desencadeado após a extinção do contrato.

Outrossim, também é condição para a instauração do processo punitivo em desfavor de licitante ou contratado que praticou uma conduta indesejada caracterizada pela legislação como infração administrativa a necessidade de expressa previsão nos instrumentos convocatório e contratual. Assim deve ocorrer, uma vez que a previsão editalícia e contratual objetiva proteger o particular de abusos da Administração sancionadora, quando exerce a prerrogativa punitiva, garantindo, assim, segurança jurídica neste segmento de mercado, uma vez que os pressupostos para a imposição da sanção devem ser claros e conhecidos por todos os participantes do certame antecipadamente, afastando, assim, qualquer tipo de surpresa quando do exercício de competências punitivas pela Administração.

Demais disso, a previsão editalícia e contratual detém o condão de orientar o Poder Público quando do manejo de processos administrativos sancionatórios, oferecendo o balizamento necessário para que tal prerrogativa punitiva seja regularmente cumprida, de forma a garantir o alcance dos objetivos das sanções administrativas.

As Leis nºs 14.133/2021 e 13.303/2016 são omissas a respeito do rito necessário para permitir que a Administração Pública sancione aqueles que se apresentam como colaboradores e pratiquem os comportamentos enquadrados como infração administrativa, devendo os Estados, o Distrito Federal, os Municípios, além das entidades da administração indireta, disciplinar o processo administrativo sancionatório no âmbito das contratações públicas.

No silêncio da legislação local, pode-se utilizar o regramento vertido na Lei nº 9.784/1999, *com estribo no entendimento de que tal norma* se reveste de caráter de norma geral, em razão de garantir a concretude na aplicação dos princípios constitucionais pertinentes aos direitos dos cidadãos perante o Poder Público.

O *Novo Código de Processo Civil* (*Lei nº 13.105/2015*), em razão do teor consignado em seu art. 15, que estabelece que "na ausência de normas que regulem processos eleitorais, trabalhistas ou administrativos, as disposições deste Código lhes serão aplicadas supletiva e subsidiariamente", passou a incidir, de forma imediata, em todos os processos administrativos, de todas as naturezas, em andamento ou não, em toda a Administração Pública brasileira, desde que guarde compatibilidade com o processo em que pretende aplicá-lo.

No tocante ao processo, tem-se que a *fase instauratória ou deflagratória* do processo administrativo sancionador caracteriza-se como o momento em que ocorre a instauração do processo administrativo, de ofício pela Administração ou a pedido de terceiros, a fim de apurar a suposta infração administrativa, inexistindo discricionariedade da autoridade competente para tomar tal medida.

Cada incursão na conduta indesejada pelo licitante ou contratado deve ser caracterizada como uma infração administrativa distinta, sendo neces*sária a instauração de um process*o administrativo sancionador diferente para apurar a suposta prática do ato infracional individualmente, devendo a manifestação estatal, no sentido de punir ou não, ocorrer individualmente em relação a cada comportamento tido como infracional.

No que *se refere ao momento adequado* para a instauração do competente processo punitivo, entende-se que este deve ser instaurado durante a vigência do ajuste, não obstando o entendimento daqueles que admitem sua instauração após a extinção do ajuste.

O processo sancionatório deve ser *autônomo, uma vez que o apensam*ento ao processo administrativo licitatório ou que assenta a gestão do contrato administrativo pode prejudicar o acesso aos autos punitivos. Da mesma forma, deve ser instaurado um processo sancionatório distinto para apurar cada prática de comportamento supostamente infracional.

A Administração sancionadora, *sob pena de violação ao direito* do contraditório e da ampla defesa, deve garantir ao infrator ou àquele que ele indicar, irrestrito e amplo acesso ao processo administrativo, na íntegra, de forma a permitir o conhecimento daquilo que é imputado ao sujeito.

Com efeito, observam-se condutas execráveis de algumas administrações que negam informações acerca da existência do processo sancionatório, partes do processo licitatório ou de gestão do contrato e, quando franqueiam vistas, geram significativa dificuldade com o escopo de prejudicar a qualidade da defesa a ser produzida.

Se não bastassem os arts. 7º, inc. VI,[780] e 8º, §1º, inc. IV,[781] ambos da Lei nº 12.527/11, exigir dos administradores públicos amplo acesso aos processos administrativos, fixando sanções em caso de descumprimento,[782] o art. 32 da Lei de Abuso de Autoridade (Lei nº

---

780 "Art. 7º O acesso à informação de que trata esta Lei compreende, entre outros, os direitos de obter: VI – informação pertinente à administração do patrimônio público, utilização de recursos públicos, licitação, contratos administrativos".

781 "Art. 8º É dever dos órgãos e entidades públicas promover, independentemente de requerimentos, a divulgação em local de fácil acesso, no âmbito de suas competências, de informações de interesse coletivo ou geral por eles produzidas ou custodiadas.
§1º Na divulgação das informações a que se refere o caput, deverão constar, no mínimo:
(...)
IV – informações concernentes a procedimentos licitatórios, inclusive os respectivos editais e resultados, bem como a todos os contratos celebrados".

782 "Art. 32. Constituem condutas ilícitas que ensejam responsabilidade do agente público ou militar.
I – recusar-se a fornecer informação requerida nos termos desta Lei, retardar deliberadamente o seu fornecimento ou fornecê-la intencionalmente de forma incorreta, incompleta ou imprecisa;
II – utilizar indevidamente, bem como subtrair, destruir, inutilizar, desfigurar, alterar ou ocultar, total ou parcialmente, informação que se encontre sob sua guarda ou a que tenha acesso ou conhecimento em razão do exercício das atribuições de cargo, emprego ou função pública;
III – agir com dolo ou má-fé na análise das solicitações de acesso à informação;
IV – divulgar ou permitir a divulgação ou acessar ou permitir acesso indevido à informação sigilosa ou informação pessoal;
V – impor sigilo à informação para obter proveito pessoal ou de terceiro, ou para fins de ocultação de ato ilegal cometido por si ou por outrem;
VI – ocultar da revisão de autoridade superior competente informação sigilosa para beneficiar a si ou a outrem, ou em prejuízo de terceiros; e

13.869/19)[783] fixa como crime negar ao licitante ou contratado, seu defensor, qualquer que seja esse, ou advogado, acesso aos autos do procedimento administrativo, assim como impedir a obtenção de cópias, fixando como pena a detenção, de 6 (seis) meses a 2 (dois) anos, e multa.

A fase instrutória do processo administrativo *sancionador destina-se a verificar e a confirmar*, por meio da produção e apresentação de provas, aquilo que se apresenta como necessário para decidir se a Administração licitante apena ou não o sujeito, devendo ser conferido a este o direito de produzir qualquer prova admitida pelo direito, sob pena de violação ao princípio do contraditório e da ampla defesa.

Já na fase decisória ou de *julgamento, a autoridade* competente passará a decidir se impõe ou não a sanção administrativa ao particular infrator, conforme o conteúdo assentado nos autos do processo administrativo, em especial, as provas produzidas e devidamente apuradas na fase instrutória.

Haja vista a Administração sancionadora no *processo administrativo figurar como parte e juiz*, deve o Poder Público conduzir o expediente punitivo com imparcialidade, de forma a afastar decisões que se apresentem como desproporcionais ou arbitrárias, portanto, ilegítimas.

O julgamento do processo sancionatório deve ser pautado pelos princípios da proporcionalidade e da razoabilidade, devendo, se for o caso, a carga negativa constante da decisão administrativa ser a medida necessária à conduta infracional praticada pelo particular. Nesta mesma vereda, observando-se a prática de comportamento infracional, ou estando ele justificado, deve a sanção administrativa ser devidamente afastada. Da decisão administrativa cabe recurso administrativo.

VII – destruir ou subtrair, por qualquer meio, documentos concernentes a possíveis violações de direitos humanos por parte de agentes do Estado".

783 "Art. 32. Negar ao interessado, seu defensor ou advogado acesso aos autos de investigação preliminar, ao termo circunstanciado, ao inquérito ou a qualquer outro procedimento investigatório de infração penal, civil ou administrativa, assim como impedir a obtenção de cópias, ressalvado o acesso a peças relativas a diligências em curso, ou que indiquem a realização de diligências futuras, cujo sigilo seja imprescindível:
Pena – detenção, de 6 (seis) meses a 2 (dois) anos, e multa".

A sanção administrativa *aplicada em desfavor* de um sujeito deve ser objeto de anotação no registro cadastral ou sistemas na internet, a exemplo do Cadastro Nacional de Empresas Inidôneas e Suspensas (CEIS), conforme determinação contida no art. 161 da Lei nº 14.133/2021,[784] não podendo de lá ser retirada, uma vez que, por meio de tais informações, garante-se ao Poder Público o conhecimento do comportamento pretérito dos particulares em colaboração que eventualmente descumprem as condições de licitação e contratação e conheça o passado destes particulares.

Ante todo o exposto, *observa-se que efetivamente há limites* para que o Poder Público sancione particulares no âmbito das contratações públicas, estando tal delimitação diluída na exposição constante dos três capítulos da presente obra.

Acredita-se que, por meio da *moldura sancionatória apresentada,* aplicará a Administração Pública brasileira as devidas e necessárias punições àqueles que incorrerem em um ilícito, sempre protegendo as garantias fundamentais dos administrados, bem como assegurando que a penalidade seja legítima, o que assegurará, assim, os objetivos da correição no âmbito das contratações públicas.

---

[784] "Art. 161. Os órgãos e entidades dos Poderes Executivo, Legislativo e Judiciário de todos os entes federativos deverão, no prazo máximo de 15 (quinze) dias úteis, contado da data de aplicação da sanção, informar e manter atualizados os dados relativos às sanções por eles aplicadas, para fins de publicidade no Cadastro Nacional de Empresas Inidôneas e Suspensas (CEIS) e no Cadastro Nacional de Empresas Punidas (CNEP), instituídos no âmbito do Poder Executivo federal.
Parágrafo único. Para fins de aplicação das sanções previstas nos incisos I, II, III e IV do caput do art. 156 desta Lei, o Poder Executivo regulamentará a forma de cômputo e as consequências da soma de diversas sanções aplicadas a uma mesma empresa e derivadas de contratos distintos".

APÊNDICE I – ANÁLISE DAS SANÇÕES ADMINISTRATIVAS PREVISTAS NA LEI Nº 8.666/1993, NA LEI Nº 10.520/2002 (LEI DO PREGÃO), NA LEI Nº 13.303/2016 (LEI DAS ESTATAIS) E NA LEI Nº 12.462/2012 (LEI DO RDC)[785]

Colocado fim ao estudo das alternativas às sanções administrativas, passa-se a estudar as espécies de sanções e suas características gerais. As sanções administrativas previstas na legislação licitatória encontram-se previstas nos art. 86 e 87 da Lei nº 8.666/1993, no art. 7º da Lei nº 10.520/2002 (Lei do Pregão), no art. 47 da Lei nº 12.462/2012 (Lei do RDC) e art. 83 Lei nº 13.303/2016 (Lei das Estatais).

A presença de apenas leis federais fixando as sanções administrativas a serem aplicadas a particulares no âmbito das contratações públicas, como bem visualizado no parágrafo antecedente, advém do fato de ser da União a prerrogativa de legislar sobre normas gerais de licitação, consoante estabelece o art. 22, inc. XXVII, da Constituição da República de 1988,[786] devendo os Estados, o Distrito Federal, os Municípios e as entidades da administração indireta adaptar suas normas sobre licitações e contratos ao disposto nessa legislação suprarreferida.

---

785 Insere-se o trecho da dissertação de mestrado, que inicialmente enfrenta o regime jurídico constante da legislação revogada. Tal inserção faz-se necessária, pois a Advocacia Geral da União, conforme denota-se da Orientação Normativa nº 78/2023, cujo teor estabelece que "O regime jurídico das sanções previstas na Lei n.º 14.133, de 2021 não é aplicável aos contratos firmados com base na legislação anterior, nem alterará as sanções já aplicadas ou a serem aplicadas com fundamento na legislação anterior, em respeito à proteção do ato jurídico perfeito." Logo, é necessário oferecer aos leitores comentários sobre tal legislação revogada e não apenas aquele fixado na Nova Lei de Licitações.

786 "Art. 22. Compete privativamente à União legislar sobre: [...] XXVII – normas gerais de licitação e contratação, em todas as modalidades, para as administrações públicas diretas, autárquicas e fundacionais da União, Estados, Distrito Federal e Municípios, obedecido o disposto no art. 37, XXI, e para as empresas públicas e sociedades de economia mista, nos termos do art. 173, §1º, III; (Redação dada pela Emenda Constitucional nº 19, de 1998)."

Analisando os dispositivos legais retrocitados, observa-se que a lei fixou como sanções administrativas: a advertência, as multas, a suspensão temporária de participação em licitação e impedimento de contratar com a Administração, a sanção de impedimento de licitar e contratar com a União, Estados, Distrito Federal ou Municípios, pelo prazo de até 5 anos e a declaração de inidoneidade para licitar ou contratar com a Administração Pública.

O rol de sanções constantes da legislação licitatória acima apresentado apresenta-se como taxativo, exaustivo, fechado, *numerus clausus*.[787] Diante de tal assertiva, encontra-se vedada a criação ou afastamento da legislação local de sanções que não sejam as que serão fixadas acima. Demais disso, constata-se ser vedada a combinação das sanções, a exemplo do aumento do prazo das sanções que fixam um teto temporal ou ampliação dos efeitos da penalidade.

Extrai-se, assim, que apenas a União, por meio de lei, pode fixar as infrações administrativas e as correspondentes sanções, não podendo tais penalidades ser disciplinadas pelos entes administrativos de forma distinta daquelas arroladas na legislação acima destacada, vale dizer, que restou diminuída a autonomia da Administração na definição das sanções contratuais.[788]

Outra característica de importante destaque é a autonomia das sanções administrativas acima arroladas, não sendo necessária, portanto, a utilização de uma para autorizar a imposição de outra. Melhor esclarecendo, enfatiza Angélica Petian que "(...) não é necessária a aplicação da pena de advertência previamente à pena de multa, tampouco desta, para chegar à suspensão do direito de licitar e contratar".[789] Logo, ante a gravidade da infração administrativa praticada, poderá o particular infrator já ter a sua inidoneidade declarada na primeira conduta indesejada realizada.

Feitas tais considerações, passa-se a analisar as características de cada sanção administrativa, iniciando-se com a advertência.

---

[787] RIGOLIN, Ivan Barbosa. Sanções, seu procedimento e seu âmbito. *BLC – Boletim de Licitações e Contratos*. São Paulo, NDJ, ano 7, n. 9, p. 430, set. 1994.

[788] GARCIA, Flávio Amaral. *Licitações e contratos administrativos:* casos e polêmicas. São Paulo: Malheiros. 2016, p. 389.

[789] PETIAN, Angélica. Sanções Administrativas nas Licitações e Contratações Públicas. *Boletim de Licitações e Contratos*. São Paulo, NDJ, ano 21, n. 10, p. 951, out. 2008.

Advertência

Inaugura-se o estudo das sanções administrativas com a advertência,[790] expressamente prevista no art. 87, inc. I, da Lei nº 8.666/1993, e art. 83, inc. I, da Lei nº 13.303/2016 (Lei das Estatais), apresentando-se como a punição de menor gravidade dentre aquelas arroladas nos dispositivos legais acima aduzidos.

A advertência é a punição mais branda dentro de um elenco de cinco sanções administrativas, cujos efeitos punitivos são escalonados – sendo menos severa a advertência e a mais rigorosa a declaração de inidoneidade. Por tal razão, tem-se que a advertência deve ser aplicada dentro de um juízo de proporcionalidade, com o escopo de punir um contratado em razão da ocorrência de erros na execução do ajuste que caracterizem uma inexecução contratual pequena[791] de ou pouca gravidade,[792] ou seja, a prática de uma falha leve,[793] que não gera prejuízos definitivos e irreparáveis ao interesse público.[794]

Assim, a advertência deve ser aplicada ao cabo do competente processo sancionatório, quando for o caso, a um particular contratado que incorreu em uma conduta caracterizada como inexecução contratual de pequena importância, durante a execução do objeto contratado por meio de licitação, contratação direta, credenciamento, ata de registro de preços etc.

---

790 A advertência, como penalidade aplicada em razão da prática de uma infração administrativa prevista nos instrumentos editalício e contratual é verificada no âmbito da Administração Federal a partir da edição do Decreto-Lei nº 2.300/1986, conforme se infere da leitura do art. 73, inc. I, até a norma atual, prevista, repise-se, no art. 87, inc. I, da Lei nº 8.666/1993. Da mesma forma, no âmbito do Governo do Estado de São Paulo, a referida penalidade é observada na legislação licitatória desde a edição da Lei nº 10.395/1970, conforme se infere do seu art. 68, inc. V, até a atual, fixada no art. 81, inc. I, da Lei nº 6.544/1989.

791 SANTOS, José Anacleto Abduch. *Contratos administrativos:* formação e controle interno da execução: com particularidades dos contratos de prestação de serviços terceirizados e contratos de obras e serviços de engenharia. Belo Horizonte: Fórum, 2015, p. 74.

792 FERREIRA, Wolgran Junqueira. *Licitação e contratos na administração pública.* Bauru: Edipro, 1994, p. 282.

793 PIRES, Antônio Cecílio Moreira. *A desconsideração da personalidade jurídica nas contratações públicas.* São Paulo: Atlas, 2014, p. 31.

794 NIEBUHR, Joel de Menezes. *Licitação pública e contrato administrativo.* 3. ed. rev. e ampl. Belo Horizonte: Fórum, 2013, p. 1007.

Segundo o *Dicionário Aurélio*, a advertência apresenta-se como um: ato ou efeito de advertir. 2. Admoestação, aviso, adversão.[795]

De Plácido e Silva diz que advertência é uma "palavra formada de advertir (do latim *advertere*), avisar, repreender, admoestar, tem, na linguagem jurídica, no sentido de aviso ou admoestação. Assim, no sentido de aviso, significa a declaração de alguém a outrem, no intuito de chamar a atenção para a ocorrência de certo fato, a fim de que se cumpra uma exigência legal, ou se atenda às prescrições instituídas em lei ou regulamento"[796] (grifo nosso).

Elucidando tal definição, no âmbito das contratações públicas, esclarece Sonia Tanaka que a advertência "trata-se de um mero aviso para o contratado da efetiva fiscalização realizada pela Administração, impondo àqueles o cumprimento regular das obrigações, sob pena de serem aplicadas sanções mais graves"[797] ou, como aponta Roberto Ribeiro Ballizi, "consiste em chamar atenção do contratado por seu inadimplemento contratual".[798] Nas palavras de Jessé Torres Pereira Junior e Marinês Restelatto Dotti, a advertência "tem finalidade comunicativa da insatisfação da Administração como o fim de prevenir o contratado de que outra falta poderá ensejar a aplicação de sanção mais severa".[799]

Apresentando-se a advertência, portanto, como um mero aviso provido de finalidade corretiva, inexiste nessa modalidade de punição a redução do patrimônio do contratado, como já ocorre na aplicação de multa, ou restrição de direitos do particular apenado, a exemplo do que ocorre na aplicação da suspensão do direito de licitar e contratar com a Administração ou na declaração de inidoneidade com a Administração Pública.

Por tal razão, a advertência não apresenta grande relevância quando comparada às demais punições que repercutem na esfera

---

795 FERREIRA, Aurélio Buarque de Holanda; FERREIRA, Marina Baird e ANJOS, Margarida dos (coord.). *Dicionário da Língua Portuguesa*. 5. ed. Curitiba: Positivo, 2010, p. 62.

796 SILVA, De Plácido e. *Dicionário Jurídico*. 21. ed. Rio de Janeiro: Forense, 2003, p. 41.

797 TANAKA, Sônia Yuriko Kanashiro. *Concepção dos Contratos Administrativos*. São Paulo: Malheiros, 2007, p. 159.

798 BAZZILI, Roberto Ribeiro. *Contratos Administrativos*. São Paulo: Malheiros, 1996, p. 142.

799 PEREIRA JUNIOR, Jessé Torres; DOTTI, Marinês Restelatto. *Da responsabilidade de agentes públicos e privados nos processos administrativos de licitação e contratação*. São Paulo: NDJ, 2012, p. 936.

jurídica do contratado com maior intensidade,[800] o que faz emergir discussão no sentido de que a "advertência" poderia não ser caracterizada como uma típica sanção administrativa.

Nesse sentido, é a exegese de Joel de Menezes Niebuhr:

> A rigor, a advertência não deveria ser encartada no rol das sanções administrativas, porquanto, evidentemente, em sua essência, ela não é uma espécie de sanção. A advertência – salta aos olhos – antecede a sanção, com o propósito de evitá-la, de fazer com que o licitante ou contratado corrija o seu comportamento.[801]

Em sua exposição, assevera o referido autor que a advertência guarda a mesma correspondência com a providência, constante do art. 67, §1º, da Lei nº 8.666/1993,[802] haja vista que o:

> poder de advertir é inerente ao poder de fiscalizar, reconhecido à Administração Pública expressamente no inciso III do art. 58, da Lei nº 8.666/93. O raciocínio é linear: quem fiscaliza, adverte ou noutras palavras, comunica o fiscalizado de incorreções a sim de evitar danos definitivos, que demandariam a aplicação de verdadeiras sanções.
> (...)
> Ora, nas situações em que o representante da Administração constata falta ou defeito do contratado e, pois, determina que o comportamento seja corrigido, ele estará, sem sombra de dúvidas, emitindo uma advertência. Quer dizer, que determinar a regularização de faltas e dos defeitos equivale, em essência, advertir.[803]

Da mesma forma, entende Felipe Blanco Garcia Guimarães Fleury quando assevera que "a advertência não se consubstancia em

---

[800] SANTOS, José Anacleto Abduch. *Contratos administrativos:* formação e controle interno da execução: com particularidades dos contratos de prestação de serviços terceirizados e contratos de obras e serviços de engenharia. Belo Horizonte: Fórum, 2015, p. 274.

[801] NIEBUHR, Joel de Menezes. *Licitação pública e contrato administrativo*. 3. ed. rev. e ampl. Belo Horizonte: Fórum, 2013, p. 1007.

[802] "Art. 67. A execução do contrato deverá ser acompanhada e fiscalizada por um representante da Administração especialmente designado, permitida a contratação de terceiros para assisti-lo e subsidiá-lo de informações pertinentes a essa atribuição.
§1º O representante da Administração anotará em registro próprio todas as ocorrências relacionadas com a execução do contrato, determinando o que for necessário à regularização das faltas ou defeitos observados".

[803] NIEBUHR, Joel de Menezes. *Licitação pública e contrato administrativo*. 3. ed. rev. e ampl. Belo Horizonte: Fórum, 2013, p. 1008.

uma sanção aplicável à inexecução total ou parcial pois não mais se revela cabível ou prestante advertir o contratado (...)".[804]

Opondo-se ao referido entendimento, prescreve José Anacleto Abduch Santos que a advertência:

> não se confunde com orientações, proposições, ordens ou determinações produzidas pelo gestor ou pelo fiscal no exercício de sua competência. Essas condutas se inserem no âmbito da competência geral de controle da execução contratual no exercício de dever-poder de acompanhar e orientar a execução do contrato.[805]

Filiamo-nos a tal corrente, uma vez que, muito embora inexista redução de patrimônio ou direito de particular, a advertência não se caracteriza como uma mera orientação ou determinação de providências, apresentando-se, todavia, como uma punição de finalidade corretiva e natureza moral.[806]

Acerca das sanções morais, enuncia Norberto Bobbio:

> Afirma-se que morais são aquelas normas cuja sanção é puramente interior. Por sanção, entende-se sempre uma conseqüência desagradável da violação, cujo fim é prevenir a violação ou, no caso em que a violação seja verificada, eliminar as conseqüências nocivas. A única conseqüência desagradável da violação de uma norma moral seria o sentimento de culpa, um estado de incômodo, de perturbação, às vezes de angústia, que se diz, na linguagem da ética, "remorso" ou "arrependimento".[807]

Assim, inexistindo redução patrimonial ou sustação de direitos do particular apenado, uma vez que os efeitos terão efeitos psicológicos,[808] tem-se que a referida sanção repercutirá

---

[804] FLEURY, Felipe Blanco Garcia Guimarães. *As infrações e sanções administrativas aplicáveis a licitações e contratos (Leis 8.666/93, 10.520/02, 12.462/11 e Lei 12.846/13)* 2016. 186 f. Dissertação (Mestrado em Direito) – Pontifícia Universidade Católica de São Paulo, São Paulo. 2016, p. 128.

[805] SANTOS, José Anacleto Abduch. *Contratos administrativos:* formação e controle interno da execução: com particularidades dos contratos de prestação de serviços terceirizados e contratos de obras e serviços de engenharia. Belo Horizonte: Fórum, 2015, p. 74.

[806] ARAÚJO, Edmir. *Curso de Direito Administrativo.* 5. ed. rev. e atual. São Paulo: Saraiva, 2010, p. 962.

[807] BOBBIO, Norberto. *Teoria da Norma Jurídica.* São Paulo: Edipro, 2001, p. 155.

[808] Nesse sentido, José Roberto Dromi, *in verbis* "4.6. Advertencia. Es diferente del aviso, porque acentua la sanción que impodría la autoridade policial em el supuesto de no cumplirse un deber particular o general. Debe ser emitida por la autoridad que tiene

internamente dentro da estrutura empresarial da pessoa jurídica ou no sentimento da pessoa natural, de forma a reprimir novas infrações.

Entende-se, portanto, que a advertência não impede que o particular apenado continue participando de certames licitatórios, celebre novas contratações ou mantenha relação contratual com a Administração Pública,[809] uma vez que seus efeitos são internos ao contrato administrativo.

Com efeito, há sentido a previsão da advertência na legislação licitatória como uma punição, uma vez que, se a referida punição inexistisse no ordenamento jurídico, qualquer descumprimento do contrato caracterizado com uma infração administrativa, por mais ínfimo que se apresente, acarretaria a imposição de sanção restritiva de patrimônio (multa) ou de direitos (a exemplo da suspensão do direito de licitar e contratar com o Poder Público), o que não seria, à luz dos princípios da proporcionalidade e razoabilidade, a punição mais adequada. A lei demonstrou, em nosso sentir, ao fixar uma punição de natureza moral e corretiva, que o patrimônio e o direito dos colaboradores do Poder Público não podem ser reduzidos ou limitados quando da prática de comportamentos antijurídicos de pouca repercussão jurídica.

Nesse sentido, não se pode deixar de apontar que a advertência é consagrada na legislação pátria como sanção administrativa, sendo a punição adequada para a prática de infrações administrativas de pequena repercussão jurídica. Nesse sentido, é o que se verifica no âmbito dos processos disciplinares aplicados aos servidores públicos, consoante prevê o art. 127, inc. I, do Estatuto dos Servidores Públicos Civis da União (Lei nº 8.112/1990), o art. 256, inc. I, do Código de Trânsito Brasileiro (Lei nº 9.503/1997), o art. 72, inc. I, da Lei nº 9.605/1998, cujo teor dispõe sobre as sanções penais e

---

competencia para omponer la medida punitiva. Tiene por objeto, a diferencia de la ordem, una imposición com fin psicológico-intimidatório y com caráter preventivo. La conducta impuesta se establece en forma general, y la sanción se muestra como anticipo represivo" (DROMI. Roberto. *Derecho Administrativo.*, 12. ed., act. Buenos Aires – Madri – México: Cuidad Argentina – Hispania Libros, 2009, p. 895).

[809] PEREIRA JUNIOR, Jessé Torres; DOTTI, Marinês Restelatto. *Da responsabilidade de agentes públicos e privados nos processos administrativos de licitação e contratação.* São Paulo: NDJ, 2012, p. 936.

administrativas derivadas de condutas e atividades lesivas ao meio ambiente e dá outras providências.

Objetiva a advertência alertar o particular contratado para o fato de que a execução do objeto do contrato administrativo não se desenvolva da forma assentada nos instrumentos convocatório e contratual, o que pode gerar prejuízo para a Administração contratante, uma vez que poderá o Poder Público receber um objeto dissonante daquele especificado pelo Estado. Diante de tal repreensão, tal sanção representa medida até certo ponto preventiva de punições maiores, se surtirem efeitos.[810] Demais disso, em razão de o sancionamento acarretar a realização de acompanhamento mais minucioso da atividade do particular pela Administração, tendo em vista haver anteriormente descumprido seus deveres,[811] o contratado redobrará o cuidado durante a execução do contrato.

Outrossim, observa-se que a advertência tem o condão de cientificar o apenado primário,[812] que, em caso de reincidência, sofrerá uma punição mais severa. [813]

Nesse sentido, aponta José Anacleto Abduch Santos:

> A pena de advertência tem, então, dupla função. Sancionar a infração de pequeno potencial lesivo e balizar a aplicação de sanções por outras infrações de natureza diversa, ou pela reiteração no cometimento de idênticas infrações pelo contratado. A reincidência de conduta infracional de pequena gravidade enseja o direito da Administração de aplicar a sanção mais grave a partir da segunda infração reiterada.[814]

---

810 MENEGALE, José Guimarães. *Direito administrativo e ciência da administração.* Rio de Janeiro: Borsoi, 1950, p. 200.

811 JUSTEN FILHO, *Comentários à lei de licitações e contratos administrativos.* 15. ed. São Paulo: Dialética, 2012, p. 1.019.

812 "A advertência tem importância fundamental porque trata da primariedade do infrator, e uma vez aplicada, quebro essa situação jurídica. Apesar de ser a primeira e ser aplicada para infrações mais leves, tem o objetivo de afetar o patrimônio moral do licitante ou do contratado. Quanto à reincidência, apesar de a lei não trazer nenhuma regra sobre como devo considerá-la, é um fator que implica uma segunda punição, uma punição mais grave" (OLIVEIRA, José Roberto Pimenta. Aplicação de sanções nos procedimentos licitatórios. *Boletim de Direito Administrativo*, São Paulo, NDJ, ano 26 n. 8 p. 858, ago. 2013).

813 JUSTEN FILHO, *Comentários à lei de licitações e contratos administrativos.* 15. ed. São Paulo: Dialética, 2012, p. 1.019.

814 SANTOS, José Anacleto Abduch. *Contratos administrativos:* formação e controle interno da execução: com particularidades dos contratos de prestação de serviços terceirizados e contratos de obras e serviços de engenharia. Belo Horizonte: Fórum, 2015, p. 74.

Como a advertência apresenta-se como uma sanção administrativa de pouca repercussão jurídica,[815] inaplicável em qualquer circunstância da inexecução total ou parcial do contrato,[816] verifica-se que ela não interrompe a continuidade da avença,[817] não sendo a sua imposição, por conseguinte, um motivo para acarretar a necessidade de rescisão contratual ou qualquer outra consequência,[818] salvo a anotação da punição no registro cadastral do particular apenado.

Destaque-se que a advertência é a consequência jurídica que a legislação impõe para o contratado que incorrer nas condutas indesejadas e tipificadas como infração administrativa, vale dizer, inexecução total ou parcial dos termos do contrato administrativo. Não se afigura possível, portanto, aplicar a advertência em decorrência da prática de condutas reprováveis verificadas durante o transcurso do certame licitatório, uma vez que, da leitura do *caput* do art. 87 da Lei nº 8.666/93 observa-se silêncio no sentido de advertir os proponentes durante licitação, seja ela processada pelas modalidades tradicionais de licitações, pregão, regime diferenciado de contratações, ou ainda nos certames realizados no âmbito da Lei nº 13.303/2016 (Lei das Estatais).

No âmbito das sanções administrativas, como restou acima colacionado, deve ser observado o princípio da tipicidade,[819] que exige que infrações administrativas e a correspondente sanção encontrem-se expressamente dispostas em lei. Com efeito, a

---

815 SANTOS, José Anacleto Abduch. *Contratos administrativos:* formação e controle interno da execução: com particularidades dos contratos de prestação de serviços terceirizados e contratos de obras e serviços de engenharia. Belo Horizonte: Fórum, 2015, p. 74.

816 FERREIRA, Wolgran Junqueira. *Licitação e contratos na administração pública.* Bauru: Edipro, 1994, p. 282.

817 MENDES, Raul Armando. *Comentários ao Estatuto das licitações e contratos administrativos.* São Paulo: Revista dos Tribunais, 1988, p. 180.

818 SOUTO, Marcos Juruena Villela. *Direito administrativo contratual.* Rio de Janeiro: Lumen Juris, 2004, p. 355.

819 Sobre o referido princípio, Rafael Munhoz de Mello: "A tipicidade exige que o comportamento proibido esteja descrito de modo claro e preciso na norma jurídica, assim como exige precisão e clareza na descrição da sanção a ele correspondente.
[...]
Assim, não será o particular surpreendido com a imposição de sanção administrativa pela adoção de comportamento que não sabia fosse proibido, e tampouco pela imposição de uma medida punitiva que desconhecia, escolhida arbitrariamente pela Administração Pública" (MUNHOZ, Rafael de Mello. *Princípios constitucionais de direito administrativo sancionador.* São Paulo: Malheiros, 2007, p. 134).

ampliação dos contornos da infração e do alcance da punição administrativa é função da lei. Logo, a punição com advertência é restrita aos casos de inexecução parcial ou total dos contratos administrativos.

Tanto é assim que o art. 88 da Lei nº 8.666/1993 franqueia a possibilidade de aplicação apenas das sanções previstas nos arts. 87, incs. III e IV no âmbito da licitação (suspensão temporária de participação em licitação e impedimento de contratar com a Administração, por prazo não superior a 2 (dois) anos e declaração de inidoneidade para licitar ou contratar com a Administração Pública), em razão da prática das condutas apontadas em seus incisos, sendo silente a possibilidade de aplicar a advertência aos proponentes que tenham praticado atos ilícitos visando frustrar os objetivos da licitação ou que demonstrem não possuir idoneidade para contratar com a Administração em virtude de atos ilícitos praticados.

Se assim fosse a pretensão da lei, teriam os dispositivos legais retrocitados previsto tal possibilidade, como consta do art. 7º da Lei do Pregão, cujo teor determina a aplicação da sanção lá observada quando verificada a prática de algumas condutas durante o processamento do certame. Em face das referidas razões, em nosso sentir, encontra-se afastada a aplicação da penalidade de advertência em razão de condutas infracionais praticadas durante o processamento das licitações, haja vista que tal punição detém aplicabilidade restrita aos contratos administrativos.

Não obstante seja assim, Joel de Menezes Niebuhr destaca que:

> A advertência constitui-se em comunicado da Administração cujo teor censura de maneira leve comportamento levado a cabo pelo licitante ou contratado, com o propósito de fazer com que se atente a determinado fato ou disposição editalícia, contratual ou legal, evitando, com isso, que se consuma lesão definitiva e irreversível ao interesse público.[820] (grifo nosso).

Ante a gravidade da infração administrativa cometida pelo colaborador da Administração, permite o art. 87, §2º, da Lei

[820] NIEBUHR, Joel de Menezes. *Licitação pública e contrato administrativo*. 3. ed. rev. e ampl. Belo Horizonte: Fórum, 2013, p. 1007.

nº 8.666/1993 a acumulação da sanção de advertência com a de multa. Logo, além da imposição de uma advertência para alertar o contratado das irregularidades praticadas durante a execução do objeto do contrato administrativo, buscando corrigir as falhas observadas pela Administração, poderá ser aplicada uma multa se, em razão da gravidade cometida e à luz da proporcionalidade, tal punição for consequência adequada.

Assim, caso a imposição de uma advertência, no caso concreto, não seja suficiente para que o contratado cumpra adequadamente a obrigação constante do instrumento contratual ou instrumento equivalente, deverá a Administração se socorrer das multas contratuais, quando não for o caso de o Poder Público contratante aplicar uma sanção restritiva de direitos ou proceder à rescisão do contrato administrativo.[821]-[822]

Demais disso, entende-se ser possível a aplicação da punição de advertência nos contratos administrativos decorrente de licitações processadas pela modalidade pregão, presencial ou eletrônico, bem como aquelas contratadas por meio do regime diferenciado de contratações públicas. Todavia, haja vista que o art. 7º da Lei nº 10.520/2002 e o art. 47 da Lei nº 12.462/2011 estabelecem certas condutas que, quando praticadas pelos contratados durante a execução do ajuste, acarretam a aplicação da punição de impedimento de licitar e contratar com o Poder Público, afasta-se a punição de advertência, podendo ela ser aplicada para as demais situações, desde que conste expressamente dos instrumentos convocatório e contratual.

Mesmo sendo uma sanção branda, exige que a Administração contratante observe a abertura de regular processo administrativo

---

821 "A Administração deverá perquirir se o descumprimento contratual, por parte do contratado, há de ser encartar nas hipóteses de sanções punitivas (multas) ou se, de revés, na sanção máxima: a rescisão" (FIGUEIREDO, Lúcia Valle. *Extinção dos contratos administrativos*. 3. ed. São Paulo: Malheiros, 2002, p. 45).

822 "Em terceiro, que essa atividade sancionatória da Administração, teoria geral, não impede a execução da atividade rescisória; a rescisão contratual sempre será possível. Isso vale para tudo, provimentos punitivos não se confundem com provimentos rescisórios, atos sancionatórios não se confundem com atos rescisórios. A lei diz claramente que o fato de aplicar a multa não impede a ocorrência da rescisão unilateral do contrato. Isso porque as competências têm índoles diferentes, por isso o legislador as respeita" (OLIVEIRA, José Roberto Pimenta. Aplicação de sanções nos procedimentos licitatórios. *Boletim de Direito Administrativo*, São Paulo, NDJ, ano 26 ago. 2013, p. 856).

para apurar a responsabilidade do contratado, assegurando-lhe o direito à ampla defesa e ao contraditório.[823]

Desta feita, "a penalidade de advertência pode ser formalizada no próprio Livro de Registro do Contrato ou em termo a parte, colhendo-se o ciente do preposto. Considera-se executada a penalidade com a simples ciência do preposto".[824]

Multa

A segunda sanção administrativa a ser tratada neste capítulo refere-se à **multa**,[825] pena pecuniária caracterizada pela imposição do recolhimento de determinada quantia em dinheiro em razão do atraso na entrega do objeto contratado ou inexecução dos termos do contrato administrativo injustificadamente.[826]

A referida penalidade apresenta-se na legislação licitatória sob duas espécies: a multa moratória, devida em razão do atraso injustificado na execução do contrato, fixada nos arts. 86, *caput*, da Lei nº 8.666/1993,[827] e 82, *caput*, da Lei nº 13.303/2016;[828] e a multa

823 PEREIRA JUNIOR, Jessé Torres; DOTTI, Marinês Restelatto. *Da responsabilidade de agentes públicos e privados nos processos administrativos de licitação e contratação*. São Paulo: NDJ, 2012, p. 936.

824 FERNANDES, Jorge Ulisses Jacoby. Sucinta análise das regras punitivas da Lei de Licitações e Contratos. *FCGP – Fórum de Contratação e Gestão Pública*, Belo Horizonte, ano 5, n. 52, abr. 2006. Disponível em: http://www.bidforum.com.br/bid/pdi006.aspx?pdiCntd=349. Acesso em: 14 maio 2014.

825 A multa, como penalidade aplicada em razão da prática de uma infração administrativa prevista nos instrumentos editalício e contratual, é verificada no âmbito da Administração Federal a partir da edição do Decreto-Lei nº 200/67, em seu art. 136, inc. I, sendo reproduzida no Decreto-Lei nº 2.300/1986, conforme se infere da leitura do art. 73, inc. I, e na norma atual, prevista, repise-se, no art. 87, inc. II da Lei nº 8.666/1993. Da mesma forma, no âmbito do Governo do Estado de São Paulo, a referida penalidade é observada na legislação licitatória desde a edição da Lei nº 10.395/1970, conforme se infere do seu art. 68, inc. IV, até a atual, fixada no art. 81, inc. II, da Lei n° 6.544/1989.

826 "1. Não fere direito líquido e certo da parte a aplicação da sanção prevista no art. 87, III, da Lei n. 8.666/93 quando o vencedor da licitação viola o contrato celebrado sem haver justificativa para tanto." (BRASIL. Superior Tribunal de Justiça, RMS nº 21.723/RN. 2ª Turma. Relator: Ministro João Otávio de Noronha. Julgado em 05.09.2006. DJ, Brasília, DF, 13 out 2006.)

827 "Art. 86. O atraso injustificado na execução do contrato sujeitará o contratado à multa de mora, na forma prevista no instrumento convocatório ou no contrato."

828 "Art. 82. Os contratos devem conter cláusulas com sanções administrativas a serem aplicadas em decorrência de atraso injustificado na execução do contrato, sujeitando o contratado a multa de mora, na forma prevista no instrumento convocatório ou no contrato."

punitiva, aplicável em caso de inexecução total ou parcial do contrato, conforme se infere da leitura dos arts. 87, inc. II, da Lei nº 8.666/1993,[829] e 82, inc. II, da Lei nº 13.303/2016.[830]

Partindo da premissa de que a lei não contém palavras inúteis,[831] constata-se que tais sanções administrativas são distintas nos dispositivos acima citados, sendo os elementos que justificam tal distinção objeto de análise à frente.

Analisando as características comuns entre as multas moratória e punitiva, temos a considerar que a penalidade em estudo concretiza-se na redução do patrimônio do particular apenado, não carreando esta, portanto, uma admoestação moral, a exemplo da advertência, ou restrição de direitos, como o impedimento de licitar e contratar com o Poder Público.

Quanto aos objetivos da multa, independentemente de sua natureza, o prejuízo financeiro resultante da penalidade tem como finalidade desincentivar a prática de condutas indesejadas, tipificadas como infrações administrativas. Isso porque a lei entende que, além da advertência ou da restrição de direitos, o impacto patrimonial se revela um instrumento eficaz para assegurar o cumprimento do acordado.

A multa caracteriza-se como uma penalidade de efeitos internos, não repercutindo suas sequelas para fora da relação contratual – ou seja, não prejudica o particular de participar de novas licitações, contratações diretas ou manter/celebrar contratos –, salvo a necessidade de utilização do aparato estatal para ajuizamento da competente execução fiscal para cobrá-la judicialmente, caso a cobrança administrativa, procedida pela própria Administração, de forma razoável e nos termos da lei,[832] apresente-se como infrutífera.

---

829 "Art. 87. Pela inexecução total ou parcial do contrato a Administração poderá, garantida a prévia defesa, aplicar ao contratado as seguintes sanções: [...] II – multa, na forma prevista no instrumento convocatório ou no contrato;"

830 "Art. 83. Pela inexecução total ou parcial do contrato a empresa pública ou a sociedade de economia mista poderá, garantida a prévia defesa, aplicar ao contratado as seguintes sanções: [...] II – multa, na forma prevista no instrumento convocatório ou no contrato;"

831 Carlos Maximiliano: "*Verba cum effectu, sunt accipienda*: 'Não se presume, na lei, palavras inúteis'. Literalmente: 'Devem-se compreender as palavras como tendo alguma eficácia'. As expressões do Direito interpretam-se de modo que não resultem frases sem significação real, vocábulos supérfluos, ociosos, inúteis" (*Hermenêutica e aplicação do direito*. 13. ed. Rio de Janeiro: Forense, 1993, p. 250).

832 Art. 87, §1º, da Lei nº 8.666/1993: "§1º Se a multa aplicada for superior ao valor da garantia prestada, além da perda desta, responderá o contratado pela sua diferença, que será

No âmbito das licitações processadas na modalidade pregão e regime diferenciado de contratações, todavia, consoante estabelece o art. 7º da Lei nº 10.520/2002, bem como no art. 47 da Lei nº 12.462/2011, respectivamente, além da imposição da sanção de impedimento de licitar e contratar com toda a órbita federativa da entidade ou órgão sancionador[833] quando o licitante ou contratado incorrer em uma das condutas arroladas neste dispositivo, poderão ser impostas ao particular as multas moratória e punitiva.

A legislação licitatória quando tratou das sanções administrativas – diferentemente do art. 99 da Lei nº 8.666/1993,[834] que estabeleceu os contornos punitivos no tocante às multas em relação às sanções penais – não fixou limites ou parâmetros acerca dos valores das punições pecuniárias a serem impostas aos infratores. Por tal razão, como já restou esclarecido no Capítulo 1, é dever do regulamento ou do ato convocatório e termos do contrato regular tal questão, disciplinando a generalidade da lei, sob pena de inviabilizar o exercício do poder sancionatório no âmbito das contratações públicas, o que é prejudicial, sob pena inviabilizar o uso das sanções administrativas como instrumento de controle da atuação do particular, inexistindo, nesta hipótese, alternativa para a Administração em caso de descumprimento dos termos ajustados, se as demais sanções não se apresentem proporcionalmente adequadas, a rescisão da avença.[835]

---

descontada dos pagamentos eventualmente devidos pela Administração ou cobrada judicialmente." Art. 83, §3º, da Lei nº 13.303/2016: "§3º Se a multa for de valor superior ao valor da garantia prestada, além da perda desta, responderá o contratado pela sua diferença, a qual será descontada dos pagamentos eventualmente devidos pela empresa pública ou pela sociedade de economia mista ou, ainda, quando for o caso, cobrada judicialmente".

833 Ver tal raciocínio melhor delineado quando se tratar da referida punição abaixo.

834 "Art. 99. A pena de multa cominada nos arts. 89 a 98 desta Lei consiste no pagamento de quantia fixada na sentença e calculada em índices percentuais, cuja base corresponderá ao valor da vantagem efetivamente obtida ou potencialmente auferível pelo agente.
§1º Os índices a que se refere este artigo não poderão ser inferiores a 2% (dois por cento), nem superiores a 5% (cinco por cento) do valor do contrato licitado ou celebrado com dispensa ou inexigibilidade de licitação.
§2º O produto da arrecadação da multa reverterá, conforme o caso, à Fazenda Federal, Distrital, Estadual ou Municipal."

835 Acerca da ausência de disciplinamento, aponta Joel de Menezes Niebuhr que: "Isso, infelizmente, franqueia as portas da Administração Pública a toda sorte de abusos e desmando, com o estabelecimento de multa com valores abertamente desproporcionais e excessivos, o que deve ser tolhido pelos órgãos de controle e Pode Judiciário" (NIEBUHR, Joel de Menezes. *Licitação pública e contrato administrativo*. 3. ed. rev. e ampl. Belo Horizonte: Fórum, 2013, p. 1010).

Esclareça-se que tanto a multa moratória como a punitiva exigem expressa previsão nos instrumentos editalício e contratual, diferentemente da previsão constante do *caput* do art. 86 e 87, inc. II, da Lei nº 8.666/93, que assenta que tais sanções deverão constar do edital ou contrato. Melhor esclarecendo, estabelece o art. 40, inc. III, da Lei nº 8.666/1993, que o ato convocatório indicará obrigatoriamente as sanções administrativas para o caso de inadimplemento das obrigações pactuadas no instrumento contratual. Demais disso, estabelece o art. 55, inc. VII, da Lei nº 8.666/1993, que são cláusulas necessárias em todo contrato as que estabelecem os direitos e as responsabilidades das partes, as penalidades cabíveis e os valores das multas. Demais disso, estabelece o art. 40, §2º, inc. III, da Lei nº 8.666/1993, que constituem anexos do edital, dele fazendo parte integrante a minuta do contrato a ser firmado entre a Administração e o licitante vencedor. Não resta laivo de dúvida, portanto, que tanto o ato convocatório, como a minuta do instrumento contratual devem assentar as regras para punição de particulares no âmbito das contratações públicas. Com efeito, não só multa deve ser objeto de disciplinamento, mas também as demais penalidades previstas na legislação.

No âmbito das contratações diretas, por sua vez, tem-se que as regras atinentes para aplicação da multa devem constar da minuta do contrato, que deverá estar encartado no processo administrativo da dispensa ou inexigibilidade de licitação, uma vez que, nas contratações onde a licitação é afastada, inexiste a figura do ato convocatório. Em caso de substituição do contrato administrativo por um instrumento equivalente, na forma do art. 62 da Lei nº 8.666/1993, deve o regramento punitivo constar das condições gerais da contratação, em forma de anexo da nota de empenho ou instrumento equivalente.

Com efeito, sendo um dos deveres do servidor público observar as normas legais e regulamentares, a exemplo do que se prevê o art. 116, inc. III, da Lei nº 8.112/1990, repetidos nos Estatutos dos Servidores dos demais entes, temos a considerar que a inobservância da previsão contida nos dispositivos legais citados no parágrafo anterior pode gerar responsabilização disciplinar do agente público.

Verifica-se, portanto, ser necessária a previsão das multas no ato convocatório e instrumento contratual, sejam elas da espécie moratória ou punitiva, devendo as condições para a punição ser fixadas pormenorizadamente, de forma a viabilizar a imposição da referida penalidade.

Sob outro prisma, a fim de garantir a segurança jurídica ao futuro contratante, conforme já tratado no Capítulo 1, repara-se que o devido regramento deve ser fixado previamente,[836] uma vez que os proponentes devem ter conhecimento pormenorizado das condutas caracterizadas como infrações que deverão praticar abstenção.

Por meio da previsão nos instrumentos editalício e contratual garante-se prévio controle do regramento punitivo para aquela contratação, devendo o interessado, não concordando com os termos editalícios atinentes à sanção em estudo, impugnar os seus termos ou abdicar da participação do certame ou celebração do ajuste direto, caso não deseje correr o risco de contratar sem conhecer o regime sancionatório incidente naquela contratação.

Diante de tal quadro, afasta-se a discricionariedade na aplicação da multa durante a condução do processo sancionatório, uma vez que estará o administrador público competente vinculado aos termos antecipadamente previstos na minuta do contrato, conhecidos do referido particular desde a época do processamento da licitação.

Em reverência ao princípio da vinculação ao edital, afigura-se impossível a previsão da multa no instrumento contratual, caso não cominada no instrumento convocatório.[837] Todavia, o STJ entendeu que: "Cláusula penal não prevista no edital, ajustada, após adjudicação, entre a Administração Pública e o licitante vitorioso. Se não houve vício de consentimento em sua contratação, tal cláusula penal é lícita e eficaz". [838]

---

836 Nesse sentido, Caio Mario da Silva Pereira: "Seja a cláusula penal estipulada juntamente com a obrigação ou em instrumento separado, evidentemente deve ser fixada antes do descumprimento, pois o contrário se não compadeceria com a finalidade econômica (liquidação prévia do dano) e menos ainda se afinaria com a outra, já que o reforçamento de obrigação descumprida pareceria o que a linguagem popular caracteriza no refrão que alude a "pôr fechadura em porta arrombada"(PEREIRA, Caio Mario da Silva. *Instituições de Direito Civil*. 24. ed. Rio de Janeiro: Forense, 2011, p. 142).

837 JUSTEN FILHO, Marçal. *Comentários à lei de licitações e contratos administrativos*. 15. ed. São Paulo: Dialética, 2012, p. 1006.

838 BRASIL. Superior Tribunal de Justiça. REsp. nº 132855 MG 1997/0035320-6. Relato Ministro Francisco Falcão. Julgado em 19.04. 2001. Brasília, DF, *DJe* 01.10.2001 p. 162.

De toda sorte, não se pode esquecer que resta vedada a aplicação de qualquer punição, em especial as sanções pecuniárias ora estudadas, caso seus contornos não sejam fixados no instrumento convocatório e contratual, em razão de inexistirem regras para que a autoridade competente exerça sua competência sancionatória adequadamente, o que tornará totalmente discricionário o manejo do instrumental punitivo, o que é descabido, conforme já ressaltado no Capítulo 1.

Acerca do conteúdo a ser fixado no ato convocatório e na minuta contratual, a fim de permitir a imposição da multa ao sujeito que incorreu em infração administrativa, em razão de inexistir discricionariedade na fixação do *quantum*, como já tratado acima, é dever do edital e do contrato estabelecer clara, expressa e pormenorizadamente as regras para o exercício do poder punitivo administrativo, a exemplo da fixação de uma quantia financeira, valor preestabelecido ou um critério para sua apuração futura, que se dará por meio da previsão de uma base de cálculo e percentual,[839] eleitos justificadamente na fase interna da licitação.

Pois bem, a fim de garantir a aplicação de uma sanção que reverencie o princípio da proporcionalidade e razoabilidade, quando o ato convocatório estabelecer a forma de apuração dos valores em detrimento da fixação de um valor preestabelecido, com estribo no magistério acima colacionado, deve o edital ou a carta-convite fixar como base de cálculo o valor do contrato ou da parcela inadimplida. Nesse sentido, já se posicionou o Tribunal de Justiça do Estado de São Paulo pela possibilidade de cálculo da multa apenas sobre a parcela não cumprida do contrato.[840]

Sendo assim, em caso de atraso injustificado de todo o objeto contratado ou inexecução total do contrato, deverá a base de cálculo

---

839 Sobre a referida questão, enuncia Angélica Petian que: "Geralmente, o valor da multa é definido em percentual sobre o valor do contrato ou da parcela inadimplida" (PETIAN, Angélica. Sanções Administrativas nas Licitações e Contratações Públicas. *BLC – Boletim de Licitações e Contratos*. São Paulo, NDJ, ano 21, n. 10, p. 948, out. 2008).

840 "CONTRATO ADMINISTRATIVO. Preço pelo serviço contratado, inexistindo qualquer referência sobre eventual burla processo de licitação. Redução da multa na proporção da parte não cumprida do contrato ADMISSIBILIDADE, Recursos parcialmente providos para reduzir a verba honorária." (SÃO PAULO (Estado). Tribunal de Justiça do Estado de São Paulo. Apelação nº 176.982-8/9-00, Relator: Desembargador Oliveira Santos, j. 28.08.2000.

ser o valor total do contrato. Por sua vez, observando-se atraso injustificado parcial do ajuste ou inexecução de parte do contrato, tem-se que a base de cálculo será o valor da parcela inadimplida. "Em rigor, para a multa de mora, fixa-se um percentual incidente sobre o valor da obrigação por dia de atraso, respeitado um limite máximo."[841]

Parece-nos que assim deve ser, uma vez que tais multas, sejam elas moratórias ou punitivas, não podem ter caráter confiscatório do patrimônio do particular apenado, o que caracteriza nítido desvio de finalidade das sanções administrativas.

Sobre o tema, José Anacleto dos Santos Abduch:

> Normal e rotineiramente, mas multas moratórias são fixadas a partir de percentual que incide sobre o valor, especialmente as de natureza moratória. Deve haver um limite para a multa moratória, pena de tornar a sanção equivalente ao confisco (há registro de multas moratórias que, sem limite previsto no contrato, atingiram valor quase equivalente ao do objeto da contratação) e violadora do princípio da proporcionalidade.[842]

Não são outros os ensinamentos de Juan Carlos Cassagne: "Se bem que a pena de multa é suscetível de afetar significantemente o patrimônio de uma pessoa, essa lesão não pode ser confiscatória".[843]

Não obstante a inexistência de um limite máximo para as penas pecuniárias na legislação licitatória, deve-se observar como limite o art. 412 do Código Civil, que estabelece que "o valor da cominação imposta na cláusula penal não pode exceder o da obrigação principal", em razão do disposto nos arts. 54 da Lei nº 8.666/1993 e 68 da Lei nº 13.303/2016.[844]

---

841 FLEURY, Felipe Blanco Garcia Guimarães. *As infrações e sanções administrativas aplicáveis a licitações e contratos (Leis 8.666/93, 10.520/02, 12.462/11 e Lei 12.846/13)*. Dissertação (Mestrado em Direito) – Pontifícia Católica de São Paulo, São Paulo. 2016, p. 133.

842 SANTOS, José Anacleto Abduch. *Contratos administrativos*: formação e controle interno da execução: com particularidades dos contratos de prestação de serviços terceirizados e contratos de obras e serviços de engenharia. Belo Horizonte: Fórum, 2015, p. 276.

843 Texto original: "Si bien la pena de multa es suceptible de afectar significamente el patrimonio de una persona, esse lesíon no puede ser confiscatoria (...)" (CASSAGNE, Juan Carlos. *Derecho Administrativo*, v. II, 5. ed., Buenos Aires: Abedo-Perrot, 1995 p. 587).

844 Sobre essa questão, esclarecem Jessé Torres Pereira Junior e Marinês Restelatto Dotti: "No que tange ao percentual da multa a ser aplicada pela Administração, o Código Civil, em seu art. 412, dispõe que: 'O valor da cominação imposta na cláusula penal não pode exceder o da obrigação principal'".

Com efeito, de forma a observar o princípio da proporcionalidade, deve o edital e minuta do contrato fixar as sanções previstas na lei, estabelecendo ainda a necessária correlação com as condutas infracionais, de forma graduada e proporcional à sua gravidade, devendo o *quantum* punitivo ser eleito por meio da aplicação de porcentual sobre uma base de cálculo.

Passando a estudar as espécies de multas observadas na legislação licitatória, temos a considerar que a **multa moratória**, prevista expressamente no *caput* do art. 86 da Lei nº 8.666/1993 e art. 82 da Lei nº 13.303/2016, será devida, se for o caso, ao cabo do processo administrativo sancionatório, em razão do atraso injustificado na execução do contrato, ou seja, quando for observada uma inadimplência relativa.

Mora, nas palavras de Caio Mário da Silva Pereira, é retardamento injustificado da parte de algum dos sujeitos da relação obrigacional no tocante à prestação.[845] Definindo a mora como uma impontualidade culposa, Orlando Gomes salienta:

> Juntamente com a impossibilidade definitiva, cogita-se, na teoria do inadimplemento, da impossibilidade transitória. Não raro, a obrigação pode ser cumprida, e, não obstante, o devedor deixa de cumpri-la no vencimento. Embora viável, a prestação não é satisfeita pontualmente. Há enfim, retardamento, culposo ou não, a que a ordem jurídica não fica indiferente. Desse atraso decorrem

---

O Decreto nº 22.626/33, que dispõe sobre a incidência de juros nos contratos (revigorado pelo Decreto de 29.11.1991), em seu art. 9º estatui que: "Não é válida a cláusula penal superior a importância de 10% do valor da dívida".
Mesmo revigorado o Decreto nº 22.626/33, portanto vigente, entende-se que seu art. 9º encontra-se derrogado pelo disposto no art. 412 do Código Civil.
"Assim, em decorrência do que dispõe o art. 54 da Lei nº 8.666/93, o qual estabelece que os contratos administrativos regulam-se pelas suas cláusulas e pelos preceitos de Direito Público, aplicando-se-lhes, supletivamente, os princípios da teoria geral dos contratos e as disposições de Direito Privado, o percentual da multa, que deve ser fixado no edital ou contrato anexo para efeito de posterior aplicação ao contratado, observa o disposto no art. 412 do Código Civil, competindo à Administração estipulá-lo com supedâneo no princípio da razoabilidade, levando-se em conta a natureza do objeto, sua complexidade, seu valor, o percentual da garantia oferecida, traduzindo-se em montante suficiente para compensar o prejuízo advindo da inexecução total ou parcial do objeto" (PEREIRA JUNIOR, Jessé Torres; DOTTI, Marinês Restelatto. *Da responsabilidade de agentes públicos e privados nos processos administrativos de licitação e contratação*. São Paulo: NDJ, 2012, p. 937).

[845] PEREIRA, Caio Mario da Silva. *Instituições de Direito Civil*. 24. ed. Rio de Janeiro: Forense. 2011, p. 291.

consequências, quer ele seja imputável ao devedor, quer se verifique sem culpa sua.[846]

Sendo assim, desde que prevista nos instrumentos editalício e contratual, caberá a sanção de multa moratória para aquelas situações caracterizadas como infrações administrativas materializadas como atraso injustificado na execução do objeto contratado.

Obviamente, somente sofrerá a sanção administrativa em caso de inadimplemento culposo, no mínimo. Se havia motivo justificado para o atraso, o particular não poderá ser punido, daí a relevância de ser realizado o respectivo processo administrativo.[847]

Já a multa prevista no art. 87, inc. II, da Lei nº 8.666/1993, e no art. 83, inc. II, da Lei nº 13.303/2016 (Lei das Estatais), apresenta-se como sanção administrativa aplicável ao particular quando restarem verificados casos de inexecução total ou parcial do contrato administrativo, ou seja, situação de inadimplência absoluta.[848]

Como restou apontado, o objetivo das sanções administrativas é desestimular a prática de condutas antijurídicas caracterizadas pela lei com uma infração administrativa. Logo, nota-se que a função é punitiva, uma vez que objetiva prevenir a inexecução parcial ou total do ajuste, e não recompor prejuízo experimentado pela Administração, o que deverá ser buscado pelas vias próprias. [849]

---

846 GOMES, Orlando. *Obrigações*. rev. atual. e aumentada de acordo com o Código Civil de 2002, por Edvaldo Brito. 17. ed. Rio de Janeiro: Forense, 2007, p. 202.

847 JUSTEN FILHO, Marçal. *Comentários à lei de licitações e contratos administrativos*. 15. ed. São Paulo: Dialética, 2012, p. 1007.

848 "Já em relação à multa do art. 87, acompanho a doutrina no sentido de que aquela multa é a mesma, mas revestida de caráter punitivo porque dá a entender que é aplicável em situações de inadimplência absoluta. O contratado não executou total ou parcialmente o contrato; não é mera compensação por atraso, não é mora, é algo mais grave. É uma situação em que a Administração se depara com a inexecução total ou parcial" (OLIVEIRA, José Roberto Pimenta. Aplicação de sanções nos procedimentos licitatórios. *Boletim de Direito Administrativo*, São Paulo, NDJ, ano. 26. ago. 2013, p. 854).

849 Não é outro o entendimento de Felipe Blanco Garcia Guimarães Fleury: "A doutrina e a jurisprudência costumam segregar a multa em duas espécies, sendo a moratória (ou de mora) a multa decorrente do atraso no inadimplemento da obrigação; e punitiva aquela oriunda do inadimplemento da obrigação, sem finalidade compensatória." Em nota de rodapé, acrescenta ainda que "Também se fala em multa compensatória, que, todavia, consubstancia-se em uma sanção ressarcitória, cujo regime jurídico é flagrantemente distinto do que o aplicado nas sanções retributivas, conforme assinalamos quando nos debruçamos sobre a definição de sanção jurídica (*vide* subitem 1.3). A sanção ressarcitória se presta a recompor as perdas e danos, o que, ao nosso juízo, não é a finalidade das multas previstas nos arts. 86 e 87 da Lei 8.666/93, que possuem

Nesse sentido, Marçal Justen Filho:

> A multa é referida no art. 87, inciso II e §1º, da Lei nº 8.666. Consiste numa penalidade pecuniária, que não se encontra referida ao valor dos prejuízos sofridos pela Administração. A função da multa administrativa não é compensar as perdas e danos acarretadas pela conduta ilícita, mas coibir a prática de uma conduta.[850]

Com efeito, fazendo a multa parte de um sistema sancionatório[851] juntamente como as demais sanções, tem-se que tal punição pecuniária tem a finalidade de desencorajar a prática de infrações por meio da sua carga negativa e não o objetivo de ressarcir os prejuízos da Administração contratante, o que é assegurado pelos arts. 70[852] e 80, inc. IV,[853] ambos da Lei nº 8.666/93, independentemente da aplicação de sanções.

Adotando-se tal exegese, evita-se a imposição de penalidade extremamente gravosa ao particular apenado com o escopo de ressarcir os prejuízos da Administração, deixando a reparação a cargo do Poder Judiciário, que fixará o *quantum* reparatório. Afasta-

---

natureza retributiva" (FLEURY, Felipe Blanco Garcia Guimarães. *As infrações e sanções administrativas aplicáveis a licitações e contratos (Leis 8.666/93, 10.520/02, 12.462/11 e Lei 12.846/13)*. Dissertação (Mestrado em Direito) – Pontifícia Universidade Católica de São Paulo, São Paulo. 2016, p. 130).

850 JUSTEN FILHO, Marçal. *Comentários ao RDC:* (Lei 12.462/11 e Decreto 7.581/11). São Paulo: Dialética, 2013, p. 667.

851 "Haverá um *sistema de responsabilização*, toda vez que o ordenamento jurídico organizar e ordenar sistematicamente o exercício de competência punitiva a partir de quatro elementos essenciais: os bens jurídicos tutelados, os ilícitos fixados, as sanções oponíveis e o processo regular a ser observado.
(...)
Práticas corruptivas invariavelmente justificam a *responsabilidade administrativa* da pessoa jurídica infratora, perante diversos entes públicos, conforme legislação específica: (i) sistema de responsabilização administrativa por infração à legislação de licitações disciplinado pela Lei nº 8.666/1993, nº 10.520/2002, nº 12.462/2011 e nº 13.303/2016." (OLIVEIRA, José Roberto Pimenta de. Comentários ao art. 17. *In:* DI PIETRO, Maria Sylvia Zanella. MARRARA, Thiago. *Lei anticorrupção comentada*. Belo Horizonte: Fórum, 2017, p. 238)

852 "Art. 70. O contratado é responsável pelos danos causados diretamente à Administração ou a terceiros, decorrentes de sua culpa ou dolo na execução do contrato, não excluindo ou reduzindo essa responsabilidade a fiscalização ou o acompanhamento pelo órgão interessado."

853 "Art. 80. A rescisão de que trata o inciso I do artigo anterior acarreta as seguintes conseqüências, sem prejuízo das sanções previstas nesta Lei:
(...)
IV – retenção dos créditos decorrentes do contrato até o limite dos prejuízos causados à Administração"

se, outrossim, excessos, uma vez que, sendo a Administração vítima da infração administrativa e juiz no âmbito do processo sancionador, pode a imparcialidade, que deve existir, ser prejudicada.

Todavia, conforme aponta Eduardo Tognetti,[854] tal assunto não é unanimidade na doutrina, existindo ainda autores que sustentam que as sanções administrativas detêm o caráter indenizatório.[855] [856]

Assim entende Celso Antônio Bandeira de Mello:

> Por serem a modalidade sancionadora mais comum, as multas merecem referência especial. Todas as sanções – e, portanto, também as multas – cumprem uma função intimidadora e exemplar; mas, entre elas, podem ser discernidas (a) as quase limitam cumprir esta finalidade; as que (b) além disto, visam a ressarcir a Administração de algum prejuízo que a ação ou inação do administrado que lhe causou – são as multas ressarcitórias, reparatórias ou compensatórias –, bem como aqueloutras (c) de caráter cominatório que, visando a compelir o administrado a uma atuação positiva que se renovam automática e continuamente até a satisfação da pretensão administrativa.[857]

---

854 TOGNETTI, Eduardo. *Os limites do poder discricionário da administração pública na imposição de sanções administrativas:* análise das sanções aplicáveis pelo Banco Central do Brasil. 2012. Dissertação (Mestrado em Direito do Estado) – Faculdade de Direito, Universidade de São Paulo, São Paulo, 2012, p. 83.

855 Nas palavras de José Anacleto Abduch Santos: "a multa compensatória serve como prefixação contratual de ressarcimento de danos por inexecução contratual e tem cabimento quando o contratado descumpre obrigação contratual, que não verse sobre prazo de execução" (SANTOS, José Anacleto Abduch. *Contratos administrativos: formação e controle interno da execução:* com particularidades dos contratos de prestação de serviços terceirizados e contratos de obras e serviços de engenharia. Belo Horizonte: Fórum, 2015, p. 275).

856 Nesse sentido, Francisco Zardo: "Conquanto o atraso também seja uma forma de inadimplemento, o art. 87, II, prevê uma sanção de multa específica para a hipótese de "inexecução total ou parcial". De acordo com Joel de Menezes NIEBUHR, essa seria uma multa compensatória.
Entendemos, porém, que nem sempre será assim.
A multa compensatória, também denominada multa ressarcitória ou cláusula penal, tem a finalidade de compensar os prejuízos decorrentes do inadimplemento. Por meio dela, Orlando Gomes, "as partes de um contrato fixam, de antemão, o valor das perdas e danos que por acaso se verifiquem em consequências da inexecução culposa da obrigação". Trata-se, portanto, de uma multa com a finalidade de reparar danos.
Ocorre que a Lei 8.666/93 não diz ser essa a finalidade da multa prevista no art. 87, II. Ao contrário, em algumas oportunidades a Lei 8.666/93 refere-se à multa e à reparação de danos, como se fossem medidas independentes. Ademais, a reparação de danos é assegurada pelo art. 70 da Lei 8.666/93, independente da aplicação de sanções (...)" (ZARDO, Francisco. *Infrações e sanções em licitações e contratos administrativos*. São Paulo: Revista dos Tribunais, 2014, p. 164).

857 BANDEIRA DE MELLO, Celso Antônio. *Curso de Direito Administrativo*. 32. ed. São Paulo: Malheiros, 2015, p. 887.

Nessa toada, conforme apontado por Eduardo Tognetti, sanção e indenização não se confundem "podendo uma e outra medida jurídica ser adotadas independentemente".[858] Nesse sentido, Floriano de Azevedo Marques Neto afirma "sanção e responsabilidade não se confundem, podendo uma e outra medida jurídica ser adotadas independentemente. A sanção visa resguardar interesses gerais da coletividade (metaindividuais e abstratos), enquanto a responsabilidade civil se volta a reparar danos dos consumidores (individuais e concretos)".[859]

Por outro lado, reconhece-se que existe uma aproximação entre ambos os regimes, bem como colocado por Floriano de Azevedo Marques Neto:[860]

> Há de admitir, no entanto, que a prática administrativista moderna tem promovido uma aproximação entre as duas responsabilidades acima descritas. E esta aproximação decorre do fato de que as finalidades de um e outro instrumento jurídico são semelhantes (a proteção do usuário, do consumidor, da coletividade de fruir da utilidade pública), divergindo apenas no ângulo protetivo (a reparação visa ao indivíduo – interesse concreto e individual –, enquanto a sanção visa à coletividade – interesse difuso, metaindividual). Tal aproximação ilustra uma perceptível tendência contemporânea de superar a vetusta dicotomia interesse público *versus* interesses privados.[861]

A multa administrativa, na medida em que pode ser cumulada com as demais sanções administrativas previstas na legislação licitatória, consoante preveem os arts. 87, §2º, da Lei nº 8.666/1993, §7º, da Lei do Pregão, 47 da Lei do RDC e 82, §2º, da Lei nº 13.303/2016,

---

858 TOGNETTI, Eduardo. *Os limites do poder discricionário da administração pública na imposição de sanções administrativas:* análise das sanções aplicáveis pelo Banco Central do Brasil. 2012. Dissertação (Mestrado em Direito do Estado) – Faculdade de Direito, Universidade de São Paulo, São Paulo, 2012, p. 83.

859 MARQUES NETO, Floriano Azevedo. Aspectos jurídicos do exercício do poder de sanção por órgão regulador do setor de energia elétrica. *Boletim de Direito Administrativo*, n. 12, São Paulo, 2002, p. 960.

860 TOGNETTI, Eduardo. *Os limites do poder discricionário da administração pública na imposição de sanções administrativas:* análise das sanções aplicáveis pelo Banco Central do Brasil. 2012. Dissertação (Mestrado em Direito do Estado) – Faculdade de Direito, Universidade de São Paulo, São Paulo, 2012, p. 84.

861 MARQUES NETO, Floriano Azevedo. Aspectos jurídicos do exercício do poder de sanção por órgão regulador do setor de energia elétrica. *Boletim de Direito Administrativo*, n. 12, São Paulo, 2002, p. 957.

apresenta-se como "penalidade pecuniária que pode ser imposta desde as infrações de menor gravidade até as mais severas, de acordo com o estabelecimento do valor".[862]

Assim, restando comprovada nos autos do processo administrativo a prática do comportamento ilícito, deverá ser imposta a multa punitiva sempre que, além de uma admoestação formal (advertência) ou sanções restritivas de direito (suspensão do direito de licitar, impedimento de contratar ou declaração de inidoneidade), restar comprovado ser adequado, à luz da gravidade da infração administrativa cometida e do prejuízo causado, a imposição de uma punição pecuniária em casos de inexecução total ou parcial do contrato.

Como já restou acima colacionado, a fim de permitir que a Administração contratante exerça tal prerrogativa punitiva, é dever do ato convocatório e instrumento contratual, à luz das características do objeto a ser executado pelo particular, explicitar, de forma expressa e cristalina, as condutas que serão, a partir dali e à luz da tipificação genérica, caracterizadas como infrações administrativas, devendo ser instaurado o processo punitivo em caso de transgressão.

Acerca do **recolhimento da multa,** seja ela moratória ou punitiva, uma vez imposta a referida sanção pecuniária, na forma do que consta dos instrumentos convocatório e contratual, após a conclusão do regular processo administrativo sancionatório onde restou garantido o contraditório e a ampla defesa ao particular, a Administração estará autorizada a descontar o valor da multa, motivadamente arbitrado pela autoridade competente, da garantia prestada pelo então contratado, caso ela seja exigida em edital e contrato, consoante estabelece o art. 86, §2º,[863] e art. 87, §1º,[864] ambos da Lei nº 8.666/1993, e art. 82, §1º, da Lei nº 13.303/2016 (Lei das Estatais).[865]

---

862 PETIAN, Angélica. Sanções Administrativas nas Licitações e Contratações Públicas. *Boletim de Licitações e Contratos*. São Paulo, NDJ, ano 21, n. 10, p. 948, out. 2008.

863 "§2º A multa, aplicada após regular processo administrativo, será descontada da garantia do respectivo contratado."

864 "§1º Se a multa aplicada for superior ao valor da garantia prestada, além da perda desta, responderá o contratado pela sua diferença, que será descontada dos pagamentos eventualmente devidos pela Administração ou cobrada judicialmente."

865 "§1º Se a multa aplicada for superior ao valor da garantia prestada, além da perda desta, responderá o contratado pela sua diferença, que será descontada dos pagamentos

Inexistindo garantia contratual – uma vez que a sua exigência é matéria discricionária –,[866] ou sendo o seu valor insuficiente em relação à punição fixada, será possível o desconto do valor da multa, nos termos dos dispositivos legais suprarreferidos, conforme o caso, de eventuais créditos que o contratado tiver de receber da Administração.

Ressalte-se que os dispositivos acima colacionados permitem apenas e tão somente o desconto do valor da multa, e não a retenção de eventuais pagamentos devidos ao futuro particular apenado. Melhor esclarecendo, tem-se se que "desconto" diferencia-se de "suspensão" ou "retenção" de pagamentos devidos pela Administração contratante ao particular apenado dos valores devidos ao contratado – seja no ajuste onde se praticou a infração administrativa punível como multa ou não[867] –, enquanto não finalizado o processo punitivo visando à aplicação da penalidade em estudo, dada a ausência de fundamento legal para a sua realização.

Assim deve ocorrer em razão da necessidade da reverência do princípio da presunção da inocência,[868] uma vez que somente será devida a multa após a conclusão do processo administrativo sancionatório. Logo, na ocasião da instauração do processo e durante

---

eventualmente devidos pela empresa pública ou pela sociedade de economia mista ou cobrada judicialmente."

866 Nos dizeres de Jessé Torres Pereira Junior, "(...) a exigência somente terá sentido se necessária ao adequado cumprimento do contrato, o que vincula a discrição da autoridade" (cf. in *Comentários à Lei das Licitações e Contratações da Administração Pública*. 8. ed. Rio de Janeiro: Renovar, 2009, p. 640).

867 Pode ocorrer que o contratado apenado encontre-se executando outros contratos com a Administração sancionadora satisfatoriamente, sendo devidos pagamentos em razão da atividade executada ou bens entregues. Neste caso, resta prejudicada a intenção da Administração reter os pagamentos devidos de um contrato com o escopo satisfazer a multa imposta em razão da prática de infração administrativa em outro.

868 Acerca da necessidade de observância do princípio da presunção da inocência na seara administrativa sancionadora, ressalta Rafael Munhoz de Mello: "Em sua acepção mais óbvia, a presunção da inocência exige que a sanção seja imposta apenas ao final do processo instaurado para investigar a prática do ilícito, ocasião em que o particular deixa de ser apenas acusado e passa a ser considerado culpado, podendo, então, sofrer os efeitos negativos da medida sancionadora.
Tratando-se de sanção penal, sua aplicação depende da conclusão do processo judicial, que se dará com o trânsito em julgado da sentença sancionatória. Tratando-se de ilícito administrativo, a imposição da sanção somente poderá ocorrer após o encerramento do processo administrativo, com a prolação de decisão da qual não recorra o acusado ou já não caiba mais recurso administrativo algum" (MUNHOZ, Rafael de Barros. *Princípios constitucionais de direito administrativo sancionador*. São Paulo: Malheiros, 2007, p. 245).

o regular desenvolvimento, não deve a Administração sancionadora reter valores devidos ao particular naquela ocasião, uma vez que não há certeza de que se aplicará a multa futuramente.

Com efeito, o que foi objeto de autorização legal é apenas o desconto (ou compensação) dos valores devidos a título da multa regularmente aplicada com aquilo que é devido pela Administração ao sujeito apenado, e não a retenção[869] após a conclusão regular do processo administrativo dos pagamentos eventualmente devidos pela Administração ao contratado, e nunca antes, caso inexista garantia contratual prestada na forma do art. 56 da Lei nº 8.666/1993 ou sendo o seu valor insuficiente.[870]

869 Em sentido contrário, entende Joel de Menezes Niebuhr acerca da possibilidade de retenção. Vejamos: "O supracitado §3º do art. 86, muito embora não dirigido expressamente à multa compensatória, versada no art. 87, também se aplica em relação a ela. Isso porque à Administração é permitido reter valores inicialmente devidos ao contratado desde que para fazer frente a prejuízos causados por ele ou para fazer frente a valores devidos por ele e ela, tudo com fundamento no instituto da compensação, entabulado no art. 368 do Código Civil, que se aplica supletivamente à Lei nº 8.666/93" (NIEBUHR, Joel de Menezes. *Licitação pública e contrato administrativo*. 3. ed. rev. e ampl. Belo Horizonte: Fórum, 2013, p. 1010-1011).

870 Sobre o tema, ressalta Jessé Torres Pereira Junior: "Grife-se que a lei não autoriza a retenção de pagamentos devidos enquanto o contratado não pagar a multa. O que a lei autoriza é a compensação do valor da multa com os créditos que o infrator tenha por haver executado, parcial ou totalmente, o contrato. Desconta-se o valor da multa e paga-se o saldo ao contratado; se o primeiro for maior do que o crédito, este deixa de existir, inteiramente absorvido pela compensação, e a Administração terá de promover a cobrança forçada judicial da diferença, caso o contratado não a satisfaça amigavelmente" (PEREIRA JUNIOR, Jessé Torres. *Comentários à lei das licitações e contratações da administração pública*. 6. ed. Rio de Janeiro: Renovar, 2009, p. 855). Da mesma forma, entende Sônia Yuriko Kanashiro Tanaka: "Nos termos da Lei nº 8.666/93, a Administração Pública exige a apresentação da comprovação da regularidade fiscal, por vezes, dos licitantes e, obrigatoriamente, de suas contratadas em todos os contratos administrativos celebrados, havendo entendimento pacífico em nossa jurisprudência a respeito da responsabilidade subsidiária ou solidária, conforme a natureza do débito existente. No entanto, diversas dúvidas pairam sobre a imprescindibilidade da comprovação dessa regularidade fiscal, tendo em vista, às vezes, o fato de não existirem outras empresas para a execução do objeto contratado e, em outras vezes, o objeto contratado já ter sido cumprido pela empresa que, de forma superveniente, passa a apresentar situação irregular.
Outrossim, nessa última hipótese, a Administração Pública vem efetuando a retenção dos pagamentos devidos até que a empresa contratada proceda à devida regularização de suas documentações, procedimento que, em princípio, não possui nenhum embasamento legal" (TANAKA, Sônia Yuriko Kanashiro. Contrato administrativo – irregularidade fiscal da empresa contratada – retenção dos pagamentos exceção de contrato não cumprido – ilegalidade. *Boletim de Licitações e Contratos*. Jun. 2009, p. 552). Não é de outra forma que entende José Roberto Pimenta Oliveira: "Pela lei também fica claro que não é autorizada a retenção de pagamentos, e bato nesse ponto. Uma vez praticada a infração contratual que gere a aplicação da multa ou de outras sanções tenho de instaurar o processo administrativo. Não posso reter pagamentos, mas posso descontar dos pagamentos

Diante da inexistência de garantia contratual e valores devidos em razão da execução do objeto contratado, não restará alternativa para a Administração Sancionadora a não ser notificar o particular apenado para que este recolha aos cofres públicos os valores arbitrados, devendo ser fixado um prazo razoável para que o sujeito promova o recolhimento, sob pena de violação ao princípio da razoabilidade.

No tocante ao pagamento da sanção pecuniária arbitrada de acordo com os critérios fixados no edital e contrato, deverá o particular apenado recolher tais valores na sua integralidade, pois ocorrendo a redução patrimonial em apenas uma oportunidade será possível que o sancionado sinta efetivamente os efeitos pedagógicos da penalidade, não desejando, por tal razão, voltar a atrasar a execução do objeto contratado ou inexecutar qualquer outra obrigação constante do instrumento contratual ou equivalente.

Entende-se, portanto, que resta prejudicada a possibilidade de **parcelamento** do valor da multa imposta devida à Administração sancionadora. Assim ocorre, uma vez que, além de inexistir autorização legal nesse sentido, tal permissibilidade pode gerar impunidade, uma vez que a sanção recebida, quando parcelada, pode ser suportada pelo particular sem demais sacrifícios, fato que pode

---

devidos. Como assim, professor? Não posso reter, mas posso descontar? Claro, evidente, não posso reter. A execução contratual segue o curso normal; quando a multa se tornar definitiva, e havendo algum pagamento ainda devido – devido pela execução, mas não realizado –, poderá ser feito o desconto. Mas não posso suspender os pagamentos e ficar aguardando o término do processo administrativo para a aplicação da multa só porque a lei permite o desconto (OLIVEIRA, José Roberto Pimenta. Aplicação de sanções nos procedimentos licitatórios. *Boletim de Direito Administrativo*, São Paulo, NDJ, ano 26, n. 8, p. 857, ago. 2013).

Da mesma forma, prolatou o eg. STJ: "ADMINISTRATIVO. CONTRATO ADMINISTRATIVO. PAGAMENTO DE FATURAS. ILEGALIDADE DA PORTARIA 227/95, QUE CONDICIONA O PAGAMENTO À COMPROVAÇÃO DA REGULARIDADE FISCAL DA EMPRESA CONTRATADA. MATÉRIA PACIFICADA.

Discute-se nos presentes autos a legalidade da Portaria n. 227/95, que prevê a retenção de pagamento de valores referentes a parcela executada de contrato administrativo, na hipótese em que não comprovada a regularidade fiscal da contratada.

A pretensão recursal destoa da jurisprudência dominante nesta Corte no sentido da ilegalidade da retenção ao pagamento devido a fornecedor em situação de irregularidade perante o Fisco, por extrapolar as normas previstas nos arts. 55 e 87 da Lei 8.666/93". Precedentes: REsp nº 633432/MG, Relatoria Ministro Luiz Fux, DJ 20/6/2005; AgRg no REsp nº 1048984/DF, Relatoria Ministro Castro Meira, Segunda Turma, *DJe* 10/9/2009; RMS nº 24953/CE, Relatoria Ministro Castro Meira, Segunda Turma, *DJe* 17/03/2008 (BRASIL. Superior Tribunal de Justiça. AgRg no RE nº 1.313.659/RR – Relatoria Ministro Castro Meira).

propiciar novas inexecuções contratuais, o que pode gerar prejuízo para o interesse público envolvido no objeto da contratação.[871]

Em caso de recusa do particular apenado em efetuar o pagamento administrativamente, no prazo ofertado pela Administração sancionadora, não restará alternativa a não ser a promoção da cobrança judicial, por meio da propositura da competente ação de execução, após regular inscrição do crédito na dívida ativa e extração da respectiva certidão, observados os critérios legais de cobrança. Com efeito, as multas impostas no âmbito das contratações públicas caracterizam-se como dívida ativa não tributária, consoante estabelece o art. 39, §2º, da Lei nº 4.320/1964.

Suspensão temporária de participação em licitação e impedimento de contratar com a Administração

No tocante à suspensão temporária de participação em licitação e impedimento de contratar com a Administração, tem-se a considerar que na escala de gradação das penalidades previstas da legislação licitatória – que se inicia com a punição de advertência, sendo essa a menos severa, e encerra-se na declaração de inidoneidade, a mais grave –, verifica-se a suspensão temporária de participação em licitação e impedimento de contratar com a Administração,[872] expressamente prevista no inc. III do art. 87 da Lei nº 8.666/1993 e no art. 83, inc. III, da Lei nº 13.303/2016.

---

871 Nesse sentido, ressalta Joel de Menezes Niebuhr: "A Administração Pública não deve permitir que o contratado pague os valores devidos a título de multa de forma parcelada. Isso somente seria possível se a lei autorizasse o parcelamento. Como dito, o princípio da legalidade demanda que os agentes administrativos somente façam o que é permitido em lei. Como a lei não permite o parcelamento, os agentes administrativos não podem, por vontade própria, autorizá-lo" (NIEBUHR, Joel de Menezes. *Licitação pública e contrato administrativo*. 3. ed. rev. e ampl. Belo Horizonte: Fórum, 2013, p. 1011).

872 A suspensão temporária de participação em licitação e impedimento de contratar com a Administração, como penalidades aplicadas em razão da prática de uma infração administrativa prevista nos instrumentos editalício e contratual, é verificada no âmbito da Administração Federal a partir da edição do Decreto-Lei nº 200/67, em seu art. 136, inc. II, sendo reproduzida no Decreto-Lei nº 2.300/1986, conforme se infere da leitura do art. 73, inc. I, e na norma atual prevista, repise-se, no art. 87, inc. III da Lei nº 8.666/1993. Da mesma forma, no âmbito do Governo do Estado de São Paulo, a referida penalidade é observada na legislação licitatória desde a edição da Lei nº 10.395/1970, conforme se infere do seu art. 68, inc. II, até a atual, fixada no art. 81, inc. III, da Lei nº 6.544/1989.

A suspensão temporária de participação em licitação e impedimento de contratar com a Administração apresenta-se como a primeira penalidade cuja carga negativa assenta uma restrição de direitos, qual seja, impede que o particular apenado acuda ao chamado do Poder Público, apresentando os competentes envelopes na data aprazada da sessão pública, celebre contratos administrativos ou retire os instrumentos equivalentes.

Nesse sentido, tratou-se, até o presente momento, de punição moral, como é o caso da advertência, e de penalidade que apresenta uma restrição patrimonial, como são as multas, não se dissertando sobre as punições restritivas de direito, como é o caso da suspensão temporária de participação em licitação e impedimento de contratar com a Administração, da declaração de inidoneidade para licitar ou contratar com a Administração Pública e do impedimento de licitar e contratar.

A punição em destaque, além das outras restritivas de direito, produzem efeitos para além da duração da licitação ou do contrato administrativo onde se incorreu na infração administrativa, não sendo, por exemplo, como a advertência, cujos efeitos não repercutem para fora do ajuste.

Assim, essas penalidades de efeitos extracontratuais sustam o direito subjetivo do proponente de acudir ao chamado da Administração, não devendo ele ser admitido no certame, sendo necessário, portanto, que o pregoeiro ou presidente da comissão de licitação providencie o imediato alijamento do certame, mediante justificativa, que deverá ser consignada no processo administrativo.

Outrossim, sancionado o particular, ao cabo do competente processo administrativo, não poderá ele celebrar contrato administrativo durante o período da punição. No tocante à possibilidade de manutenção dos contratos administrativos vigentes, tem-se que tal assunto será melhor abordado adiante.

No tocante ao **alcance da sanção** em estudo, temos a considerar a existência de dois entendimentos. O primeiro decorre do teor contido no art. 87, inc. III, c/c art. 6º, inc. XII, ambos da Lei nº 8.666/1993 e cinge-se no fato de que suspensão da liberdade de contratar com o Poder Público limita-se à Administração sancionadora, não estendendo seus efeitos para outros órgãos ou entidades, sejam da mesma esfera administrativa ou não.

Assim, "quem é suspenso temporariamente somente não pode participar de licitação e contratar com aquele órgão ou entidade que aplicou a penalidade".[873] De outra forma, conforme prescreve Roberto Ribeiro Bazilli, "a abrangência da penalidade esgota-se no âmbito do órgão".[874] Igual é o entendimento de Jessé Torres Pereira Junior.[875]

O eg. TCU também se inclina para o entendimento de que o alcance da penalidade contida no art. 87, inc. III, da Lei nº 8.666/1993 está circunscrito ao âmbito do órgão ou entidade que aplicou a sanção, conforme se depreende do Acórdão nº 3.439/2012-Plenário,[876] e das

---

873 NIEBUHR, Joel de Menezes. *Licitação pública e contrato administrativo*. 3. ed. rev., e ampl. Belo Horizonte: Fórum, 2013. 2008, p. 1012.

874 BAZZILI, Roberto Ribeiro. *Contratos Administrativos*. São Paulo: Malheiros, 1996. p 143.

875 "A diferença do regime legal regulador dos efeitos da suspensão e da declaração de inidoneidade reside no alcance de uma e de outra penalidade. Aplicada a primeira, fica a empresa punida impedida perante as licitações e contratações da Administração; aplicada a segunda, a empresa sancionada resulta impedida perante as licitações e contratações da Administração Pública. Assim é porque, em seu art. 6º, a Lei nº 8.666/93 adota conceitos distintos para Administração e Administração Pública, estatuindo que, para os fins de sua aplicação, considera Administração Pública 'a administração direta e indireta da União, dos Estados, do Distrito Federal e dos Municípios, abrangendo inclusive as entidades com personalidade jurídica de direito privado sob controle do poder público e das fundações por ele instituídas ou mantidas' (inciso XI), e Administração o 'órgão, entidade ou unidade administrativa pela qual a Administração Pública opera e atua concretamente' (inciso XII). Por conseguinte, sempre que artigo da Lei nº 8.666/93 referir-se a Administração, fa-lo-á no sentido do art. 6º, XII. E quando aludir a Administração Pública, emprega a acepção do art. 6º, XI" (PEREIRA JUNIOR, Jessé Torres. *Comentários à Lei de Licitações e Contratações da Administração Pública*. 8. ed. Rio de Janeiro: Renovar, 2009, p. 861).

876 "REPRESENTAÇÃO. CAIXA. SUPOSTA IRREGULARIDADE NA PRORROGAÇÃO DE CONTRATO. CONHECIMENTO. IMPROCEDÊNCIA. NÃO CONCESSÃO DE CAUTELAR. PENALIDADE DE SUSPENSÃO TEMPORÁRIA DE LICITAR NÃO SE ESTENDE A TODA A ADMINISTRAÇÃO PÚBLICA, MAS FICA RESTRITA AO ÓRGÃO OU À ENTIDADE DA ADMINISTRAÇÃO QUE A APLICOU. CIÊNCIA AO INTERESSADO. ENCERRAMENTO.
1. A suspensão temporária de participar de licitação, prevista no art. 87, inciso III, da Lei 8.666/1993, constitui penalidade impeditiva da contratação apenas com o órgão, a entidade ou a unidade administrativa que a cominou. Precedentes.
2. Para os fins da Lei 8.666/93 (art. 6º), os termos Administração e Administração Pública têm sentidos conotativos diferentes, não são sinônimos.
3. A declaração de inidoneidade para licitar e contratar com a Administração Pública (art. 87, inciso IV, da Lei 8.666/1993) configura sanção mais gravosa ao contratado do que a suspensão temporária de participar de licitação e de contratar com o órgão, a entidade ou a unidade administrativa que aplicou a penalidade (art. 87, inciso III, da Lei 8.666/1993).
4. A extensão dos efeitos da penalidade fixada no inciso III do art. 87 da Lei 8.666/1993 a toda a Administração Pública viola os princípios: a) da reserva legal, previsto no art. 5º, inciso XXXIX, da Constituição Federal, pois imputa penalidade mais severa ao contratado sem que haja prévia cominação legal; b) da proporcionalidade, porquanto não restam preservadas as distintas modulações dos efeitos das sanções nos incisos III e IV do

decisões outorgadas posteriormente a essa, também pelo Plenário, a exemplo dos Acórdãos nºs 842/2013-Plenário, 1.017/2013-Plenário e 342/2014-Plenário.

Já o segundo entendimento verificado sustenta-se no fato de que o apenado com a punição prevista no inc. III do art. 87 da Lei nº 8.666/1993 impede que o sujeito sancionado participe de licitação e contrate em qualquer órgão ou entidade. Acerca dos argumentos de tal entendimento, sustenta-se que a Administração é una, possuindo funções descentralizadas para melhor atender o interesse público; logo, atuando desvio de conduta, devendo as consequências ter seus efeitos estendidos a toda a Administração Pública brasileira.[877] Aliás, esse é o entendimento do eg. STJ, que sem fundamento algum, nega a distinção entre Administração e Administração Pública, previstas nos incs. XI e XII do art. 6º da Lei nº 8.666/93.[878]

---

referido artigo, a evidenciar a adequada proporção entre a gravidade do ilícito incurso pelo contratado e a sanção prevista em norma legal."

[877] GARCIA, Flávio Amaral. *Licitações e contratos administrativos:* casos e polêmicas. São Paulo: Malheiros. 2016, p. 398/399.

[878] "ADMINISTRATIVO. SUSPENSÃO DE PARTICIPAÇÃO EM LICITAÇÕES. MANDADO DE SEGURANÇA. ENTES OU ÓRGÃOS DIVERSOS. EXTENSÃO DA PUNIÇÃO PARA TODA A ADMINISTRAÇÃO.
1. A punição prevista no inciso III do art. 87 da Lei nº 8.666/1993 não produz efeitos somente em relação ao órgão ou ente federado que determinou a punição, mas a toda a Administração Pública, pois, caso contrário, permitir-se-ia que empresa suspensa contratasse novamente durante o período de suspensão, tirando desta a eficácia necessária" (BRASIL. Superior Tribunal de Justiça REsp. nº 151567/RJ, "ADMINISTRATIVO. LICITAÇÃO. HABILITAÇÃO SOMENTE DA MATRIZ. REALIZAÇÃO DO CONTRATO POR FILIAL. IMPOSSIBILIDADE. DESCUMPRIMENTO DO CONTRATO. SANÇÕES. PROPORCIONALIDADE. ADMINISTRAÇÃO X ADMINISTRAÇÃO PÚBLICA. DISTINÇÃO. AUSÊNCIA.
(...) 10. Por fim, não é demais destacar que neste Tribunal já se pontuou a ausência de distinção entre os termos Administração e Administração Pública, razão pela qual a sanção de impedimento de contratar estende-se a qualquer órgão ou entidade daquela. Precedentes" (BRASIL. Superior Tribunal de Justiça. RMS nº 32628/SP).
"RECURSO EM MANDADO DE SEGURANÇA. ADMINISTRATIVO. LICITAÇÃO. SANÇÃO IMPOSTA A PARTICULAR. INIDONEIDADE. SUSPENSÃO A TODOS OS CERTAMES DE LICITAÇÃO PROMOVIDOS PELA ADMINISTRAÇÃO PÚBLICA QUE É UNA. LEGALIDADE. ART. 87, INC. II, DA LEI 8.666/93. RECURSO IMPROVIDO.
I – A Administração Pública é una, sendo, apenas, descentralizado o exercício de suas funções. II – A Recorrente não pode participar de licitação promovida pela Administração Pública, enquanto persistir a sanção executiva, em virtude de atos ilícitos por ela praticados (art. 88, inc. III, da Lei nº 8.666/93). Exige-se, para a habilitação, a idoneidade, ou seja, a capacidade plena da concorrente de se responsabilizar pelos seus atos. III – Não há direito líquido e certo da Recorrente, porquanto o ato impetrado é perfeitamente legal. IV – Recurso improvido" (BRASIL. Superior Tribunal de Justiça, RMS nº 9707/PR) (grifo do original).

Todavia e em nosso sentir, observa-se que a vontade do legislador foi conceder o poder punitivo para o órgão ou entidade que opera concretamente, conferindo a possibilidade de aplicação de uma sanção com efeito punitivo limitado à Administração sancionadora.

Tem-se que o primeiro entendimento, aquele com o qual comungamos, foi devidamente confirmado pelo art. 83, inc. III, da Lei nº 13.303/2016, cujo teor estabelece que, pela inexecução total ou parcial do contrato, a empresa pública ou a sociedade de economia mista deverá, se for o caso e garantida a prévia defesa, aplicar ao contratado a suspensão temporária de participação em licitação e impedimento de contratar com a entidade sancionadora, ou seja, entidade ou unidade administrativa em que a Administração Pública opera e atua concretamente, consoante prevê o art. 6º, inc. XII, na Lei nº 8.666/1993. Constata-se, portanto, que, em razão do melhor esclarecimento vertido no dispositivo legal em comento, a discussão ora travada não tem mais razão de existir.

Em relação ao **período da punição** em estudo, prevê o inc. III do art. 87 da Lei nº 8.666/1993 e o art. 83, inc. III, da Lei nº 13.303/2016 que a suspensão temporária de participação em licitação e impedimento de contratar com a Administração sancionadora não será superior a 2 (dois) anos. Da leitura do referido dispositivo legal extrai-se que a lei assenta um teto temporal punitivo, sendo descabida, portanto, a imposição da referida punição por prazo que se apresente superior àquele acima verificado. Por sua vez, apresentando o referido período como máximo, a referida punição poderá ser aplicada por um intervalo inferior, caso o lapso eleito seja o mais adequado, à luz do prejuízo experimentado pela Administração e da gravidade da infração administrativa praticada.

Não se pode deixar de consignar a existência de entendimento no sentido de que a penalidade em estudo seria uma "medida de cautelar à declaração de inidoneidade, que visa resguardar a Administração, evitando que alguém que tenha lhe causado prejuízos possa provocar novos gravames, até que se decida sobre a declaração de inidoneidade, o que requer processo mais rigoroso, a ser ultimado por Ministro de Estado, Secretário Estadual ou Municipal".[879] Assim

879 NIEBUHR, Joel de Menezes. *Licitação pública e contrato administrativo*. 3. ed. rev. e ampl. Belo Horizonte: Fórum, 2013., p. 1015.

se manifesta Joel de Menezes Niebuhr: "Noutros termos, conforme prelecionada o referido autor, a suspensão temporária é condição para a declaração de inidoneidade".[880]-[881]

Não se coaduna com tal entendimento, uma vez que a punição em estudo, independente e autônoma dentro do sistema punitivo, objetiva sancionar um particular que praticou uma conduta grave e sem dolo e não se apresenta como uma punição preliminar, sob pena de caracterização de dupla punição pelo mesmo fato, em clara ofensa ao princípio do *non bis in idem*.[882]-[883]

Na mesma toada, José Anacleto Abduch Santos:

> As sanções de suspensão temporária de participar de licitações e impedimento de contratar com a Administração (art. 87, III) e de declaração de inidoneidade para licitar e contrata com a Administração Pública (art. 87, IV) são independentes e autônomas. Evidente que não é necessário, portanto, que a pena de suspensão temporária seja aplicada previamente para que somente então possa ser aplicada a pena de declaração de inidoneidade. Vale dizer, a aplicação de sanção temporária não é condição para a aplicação da sanção de declaração de inidoneidade.[884]

Não incorre em crime admitir à licitação ou contratar apenado com a suspensão temporária de participação em licitação e impedimento de contratar com a Administração sancionadora, o que

---

880 NIEBUHR, Joel de Menezes. *Licitação pública e contrato administrativo*. 3. ed. rev. e ampl. Belo Horizonte: Fórum, 2013, p. 1015.

881 Nesse mesmo sentido, é o entendimento de Sonia Tanaka, que assevera que: "A Administração contratante, de imediato, deverá aplicar a penalidade de suspensão temporária, que tem efeitos somente perante ela, e remeter os autos, contendo todos os dados que comprovem a falta praticada, ao ministro de Estado ou secretário estadual ou municipal, conforme a natureza do ato cometido, a fim de que, devidamente analisados os fatos, seja por algum deles aplicada a pena de declaração de inidoneidade, cessando, a partir de então, a suspensão temporária (TANAKA, Sônia Yuriko Kanashiro. *Concepção dos contratos administrativos*. São Paulo: Malheiros, 2007, p. 160).

882 ZARDO, Francisco. *Infrações e sanções em licitações e contratos administrativos*. São Paulo: Revista dos Tribunais, 2014, p. 167.

883 FLEURY, Felipe Blanco Garcia Guimarães. *As infrações e sanções administrativas aplicáveis a licitações e contratos (Leis 8.666/93, 10.520/02, 12.462/11 e Lei 12.846/13)* 2016. Dissertação (Mestrado em Direito) – Pontifícia Universidade Católica de São Paulo, São Paulo. 2016, p. 137.

884 SANTOS, José Anacleto Abduch. *Contratos administrativos:* formação e controle interno da execução: com particularidades dos contratos de prestação de serviços terceirizados e contratos de obras e serviços de engenharia. Belo Horizonte: Fórum, 2015, p. 280.

já não ocorre com quem admite no certame e contrata um sujeito declarado inidôneo, consoante prevê o art. 97 da Lei nº 8.666/1993, devendo, todavia, ser apurada a responsabilidade do servidor público em não tomar as cautelas devidas para evitar a contratação de um proponente punido com a sanção em estudo.

Por derradeiro, no caso de sanção de suspensão temporária de participação em licitação e impedimento de contratar com a Administração, transcorrido o prazo da penalidade aplicada, o sancionado estará automaticamente apto para participar de licitações ou contratar com a Administração, o que já não ocorre no caso de punição com a declaração de inidoneidade, uma vez que o art. 87, inc. IV, da Lei nº 8.666/1993[885] exige que a reabilitação do apenado seja formalmente solicitada por ele e devidamente deferida pela Administração sancionadora. Dessa forma, o transcurso do prazo fixado para o cumprimento da pena faz cessar os motivos que deram ensejo à punição do contratado, devendo a Administração sancionadora agir prontamente, de forma a permitir que o particular apenado retome a participação de licitações e venha a ser contratado pela Administração.

Sanção de impedimento de licitar e contratar

Já a sanção de impedimento de licitar e contratar com a União, Estados, Distrito Federal ou Municípios pelo prazo de até 5 (cinco) anos encontra-se prevista no art. 7º da Lei nº 10.520/2002[886] (Lei do

885 "Art. 87. Pela inexecução total ou parcial do contrato a Administração poderá, garantida a prévia defesa, aplicar ao contratado as seguintes sanções: [...] IV – declaração de inidoneidade para licitar ou contratar com a Administração Pública enquanto perdurarem os motivos determinantes da punição ou até que seja **promovida a reabilitação perante a própria autoridade que aplicou a penalidade**, que será concedida sempre que o contratado ressarcir a Administração pelos prejuízos resultantes e após decorrido o prazo da sanção aplicada com base no inciso anterior" (grifo nosso).

886 "Art. 7º Quem, convocado dentro do prazo de validade da sua proposta, não celebrar o contrato, deixar de entregar ou apresentar documentação falsa exigida para o certame, ensejar o retardamento da execução de seu objeto, não mantiver a proposta, falhar ou fraudar na execução do contrato, comportar-se de modo inidôneo ou cometer fraude fiscal, ficará impedido de licitar e contratar com a União, Estados, Distrito Federal ou Municípios e, será descredenciado no Sicaf, ou nos sistemas de cadastramento de fornecedores a que se refere o inciso XIV do art. 4º desta Lei, pelo prazo de até 5 (cinco) anos, sem prejuízo das multas previstas em edital e no contrato e das demais cominações legais."

Pregão), bem como no art. 47 da Lei nº 12.462/2011[887] (Lei do Regime Diferenciado de Contratações – RDC).[888]

Dentro do sistema de gradação das sanções administrativas, no âmbito das contratações públicas, percebe-se que referida punição – inexistente até a edição da Medida Provisória nº 2.026, de 4 de maio de 2000, cujo teor criou a modalidade pregão – é aquela que intermedeia a suspensão temporária de participação em licitação e impedimento de contratar com a Administração, prevista no art. 87, inc. III, da Lei nº 8.666/1993 e a declaração de inidoneidade, fixada no inc. IV do referido artigo.

Assim ocorre, uma vez que: (1) o prazo da punição em estudo é no máximo de 5 anos, apresentando-se, desta feita, superior à suspensão do direito de licitar e contratar, cujo lapso fixado pela norma é de no máximo 2 anos, e inferior à declaração da inidoneidade, que poderá ser superior a 5 anos, enquanto durarem os motivos determinantes da punição ou até que seja promovida a reabilitação perante a própria autoridade que aplicou a penalidade, que será concedida sempre que o contratado ressarcir a Administração pelos prejuízos resultantes e após decorrido o prazo de 2 anos; (2) já o alcance dos efeitos do impedimento de licitar e contratar, por ser limitado ao ente federativo, como restará abaixo demonstrado, apresenta-se superior à suspensão do direito de licitar e contratar perante a "Administração", que se limita ao órgão ou entidade contratante e inferior em relação à declaração de inidoneidade, que abarcam toda a "Administração Pública", consoante se infere da leitura do art. 87, incs. III e IV, com o art. 6º, incs. XI e XII, ambos da Lei nº 8.666/1993.

Diante das referidas características, quais sejam, o prazo da punição e o alcance dos seus efeitos, temos a considerar que a sanção de impedimento de licitar e contratar apresenta-se distinta das demais penalidades constantes dos arts. 86 e 87 da Lei nº

---

887 "Art. 47. Ficará impedido de licitar e contratar com a União, Estados, Distrito Federal ou Municípios, pelo prazo de até 5 (cinco) anos, sem prejuízo das multas previstas no instrumento convocatório e no contrato, bem como das demais cominações legais, o licitante que:(...)"

888 Não obstante o art. 47 da Lei do RDC carrear mais infrações do que o art. 7º da Lei do Pregão, a sanção administrativa prevista em tais dispositivos legais, em razão das suas características, apresenta-se como sendo a mesma.

8.666/1993 e art. 82 e 83 da Lei nº 13.303/2016. Se assim não fosse, a fim de garantir o sancionamento dos particulares que participam de licitações processadas pelo pregão ou pelo regime diferenciado de contratações (RDC), bastariam as redações constantes do art. 7º da Lei nº 10.520/2002 e do art. 47 da Lei nº 12.462/2011, após arrolar as infrações administrativas, apontar como consequência lógica do descumprimento uma das sanções previstas no art. 87 da Lei nº 8.666/1993.[889]

Ante tais características, repare-se que tais dispositivos legais apresentam uma sanção administrativa de natureza gravíssima, devendo o prazo fixado pela autoridade competente ser dosado de acordo com gravidade da conduta do proponente ou contratado praticada no âmbito da contratação pública.

Com efeito, o impedimento de licitar e contratar com a Administração Pública foi criado especialmente com o escopo de permitir a imposição de uma sanção distinta daquelas então já existentes aos participantes da licitação processadas pelo pregão, uma vez que tal modalidade, em razão da sua dinâmica, exige maior comprometimento dos participantes durante a realização do torneio, haja vista que a participação descomprometida em efetivar a contratação pode gerar diversos prejuízos para o Poder Público licitante.

A referida sanção administrativa é cabível no âmbito das licitações processadas pelas modalidades pregão e RDC e, durante a execução dos contratos decorrentes destes certames, quando da verificação das infrações administrativas arroladas nos referidos dispositivos legais, sem prejuízo: (1) das multas previstas no instrumento convocatório e no contrato, bem como das demais cominações legais e na seara do pregão, (2) de ser descredenciado no SICAF (sistema de cadastramento da Administração Pública federal) e de sistemas de cadastramento de outras Administrações

---

[889] Não obstante, há entendimento no sentido de que a penalidade de impedimento de licitar e contratar confunde-se com a penalidade prevista no art. 87, inc. III, da Lei 8.666/93. Nesse sentido, entende Felipe Blanco Garcia Fleury (FLEURY, Felipe Blanco Garcia Guimarães. *As infrações e sanções administrativas aplicáveis a licitações e contratos (Leis 8.666/93, 10.520/02, 12.462/11 e Lei 12.846/13)*. Dissertação (Mestrado em Direito) – Pontifícia Universidade Católica de São Paulo, São Paulo. 2016, p. 136).

pelo prazo da sanção imposta, (3) das multas previstas em edital e no contrato e (4) das demais cominações legais.

Para que haja a possibilidade de acumulação do impedimento de licitar com as multas, deverá o instrumento convocatório, contrato administrativo ou instrumento equivalente assim prever expressamente, sendo necessária, para tanto, a delineação das regras necessárias para viabilizar a imposição de multa contratual, sob pena de restar inviabilizado tal expediente. Assim deve ocorrer, haja vista a necessidade de o particular conhecer, antecipadamente, o valor que poderá ser reduzido do seu patrimônio futuramente, além de balizar a autoridade sancionadora na ocasião da imposição efetivada à sanção pecuniária.

Observa-se que, além da possibilidade de sancionamento do particular, os arts. 7º, da Lei nº 10.520/2002, e 47, da Lei nº 12.462/2011, deixam claros em tais dispositivos legais o não afastamento das demais cominações, entendido como responsabilização penal, quando a infração administrativa praticada também caracterizar ilícito penal, caso em que poderá ser aplicado um dos crimes previstos nos arts. 89 a 98 da Lei nº 8.666/1993, bem como ser buscada a reparação dos danos causados pelo sujeito apenado.

Em razão da necessidade do afastamento de uma norma geral quando da existência de uma especial, praticando-se uma das infrações administrativas arroladas no art. 7º da Lei nº 10.520/2002 (Lei do Pregão), bem como no art. 47 da Lei nº 12.462/2011 (Lei do RDC), afasta-se a incidência do regramento constante da Lei nº 8.666. Assim, para as demais infrações administrativas previstas em lei e fixadas nos instrumentos editalício e contratual, praticadas no âmbito da licitação ou contratação, deverão ser aplicadas as sanções fixadas nos arts. 86 e 87 da Lei nº 8.666/1993. Assim, por exemplo, não seria possível punir um licitante no âmbito da licitação processada pelo pregão ou RDC com a advertência, uma vez que a pena em comento somente pode ser aplicada em razão da prática da sanção genérica de inexecução parcial e total do contrato administrativo.

Em relação ao alcance da sanção de impedimento de licitar e contratar prevista no art. 7º da Lei nº 10.520/2002 (Lei do Pregão) e no art. 47 da Lei nº 12.462/2011 (Lei do RDC), tem-se que ela abarca toda a esfera federativa a que pertence o órgão ou a entidade sancionadora. Logo, o infrator punido, por exemplo, por órgão/

entidade integrante da Administração Federal ficará impedido de licitar e contratar com a União, não alcançando a órbita de outro ente, a exemplo dos Estados, Distrito Federal e Municípios.[890-891]

No caso de sanção de impedimento de licitar e contratar com a União, Estados, Distrito Federal ou Municípios pelo prazo de até 5 (cinco) anos, transcorrido o prazo da punição aplicada, o sancionado estará automaticamente apto para retornar a participar de licitações ou contratar com a Administração. Não obstante seja assim, observa-se que o art. 14 do Decreto nº 3.555/2000, adotou o regramento da declaração de inidoneidade, previsto no art. 87, inc. IV, da Lei nº 8.666/1993[892] exigindo que tal retorno ocorra mediante pedido de reabilitação, formalmente solicitado pelo particular proponente e devidamente deferido pela Administração sancionadora, devendo ainda os motivos determinantes da sanção extinguirem.

Sabendo-se que outro efeito da referida sanção é o descredenciamento no SICAF e de sistemas de cadastramento de outras Administrações, deve o seu cadastro ser automaticamente restaurado,

---

890 "Seguindo o mesmo raciocínio, prescreve Fabrício Motta que: Sem tomar posicionamento a respeito da celeuma, no tocante à questão que nos interessa diretamente, ou seja, a *abrangência da penalidade prevista no art. 7º da Lei nº 10.520/02*, há que se destacar que o impedimento de licitar e contratar referir-se-á a União, Estados, Distrito Federal ou Municípios, de acordo com a expressa dicção legal. O uso da conjunção alternativa "ou", somado à referência à entidade política, parece espancar as dúvidas tocantes à eventual extensão da sanção a todas as esferas."(MOTTA, Fabrício; GASPARINI, Diogenes (coord.). Das sanções. *In: Pregão presencial e eletrônico*. 2. ed. rev. e ampl. Belo Horizonte: Fórum, 2009, p. 131).

891 Marçal Justen Filho, ao tratar sobre o alcance desta penalidade, enfatiza: "Mas a sanção própria prevista no art. 7º consiste numa inidoneidade específica, diversa daquela prevista na Lei nº 8.666/93. [...]
Determina-se que a prática das infrações antes referidas acarretará impedimento de licitar e contratar "com a União, Estados, Distrito Federal ou Municípios".
A utilização da preposição "ou" indica disjunção, alternatividade. Isso significa que a punição terá efeitos na órbita interna do ente federativo que aplicar a sanção. (...) Portanto um sujeito punido no âmbito de um Município não teria afetada sua idoneidade para participar de licitação promovida na órbita de outro ente federal" (JUSTEN FILHO, Marçal. *Pregão:* Comentários à legislação do pregão comum e eletrônico. 6. ed. rev. e atual. São Paulo: Dialética, 2013, p. 259-260).

892 "Art. 87. Pela inexecução total ou parcial do contrato a Administração poderá, garantida a prévia defesa, aplicar ao contratado as seguintes sanções: [...] IV – declaração de inidoneidade para licitar ou contratar com a Administração Pública enquanto perdurarem os motivos determinantes da punição ou até que seja **promovida a reabilitação perante a própria autoridade que aplicou a penalidade**, que será concedida sempre que o contratado ressarcir a Administração pelos prejuízos resultantes e após decorrido o prazo da sanção aplicada com base no inciso anterior" (grifo nosso).

salvo se demandar a necessidade de apresentar algum outro documento que se encontra vencido e que seja condição para a concessão do certificado de registro cadastral.

Declaração de inidoneidade

A última sanção administrativa constante na legislação licitatória é a declaração de inidoneidade,[893] expressamente prevista no art. 87, inc. IV, da Lei nº 8.666/1993.

Haja vista, repise-se, ser a derradeira, no âmbito do sistema escalonado de penalidades previstas na legislação licitatória, apresenta-se a declaração de inidoneidade como a sanção provida de maior carga punitiva, vale dizer, é a penalidade mais severa ou rigorosa.[894]

Apresentando-se, portanto, como a sanção com maior carga repressiva dentre aquelas fixadas na legislação licitatória, caberá a declaração de inidoneidade somente quando restar efetivamente comprovada nos autos do processo administrativo sancionatório a prática de condutas tipificadas como infração administrativa que apresentam natureza gravíssima, pressupondo a prática de condutas igualmente sérias[895] realizadas por um licitante no transcurso da

---

893 A declaração de inidoneidade para licitar ou contratar com a Administração Pública, como penalidade aplicada em razão da prática de uma infração administrativa prevista nos instrumentos editalício e contratual, é verificada no âmbito da Administração Federal a partir da edição do Decreto-Lei nº 200/67, em seu art. 136, inc. III, sendo reproduzida no Decreto-Lei nº 2.300/1986, conforme se infere da leitura do art. 73, inc. IV, e na norma atual prevista, repise-se, no art. 87, inc. III da Lei nº 8.666/1993. Da mesma forma, no âmbito do Governo do Estado de São Paulo, a referida penalidade é observada na legislação licitatória desde a edição da Lei nº 10.395/1970, conforme se infere do seu art. 68, inc. I, até a atual, fixada no art. 81, inc. IV, da Lei nº 6.544/1989.

894 "Isso porque a declaração de inidoneidade implicará, quase certamente, a morte das empresas, em especial considerando os efeitos temporais e geográficos da reprimenda. Embora se devam proteger os contratos já assinados, porque a pena não pode retroceder e alcançar o ato jurídico perfeito, a sanção impede novos contratos, e torna quase inviável a sobrevivência na empresa, com consequências extremamente danosas à própria sociedade e aos terceiros inocentes (empregados, fornecedores e acionistas entre outros). O aumento do desemprego e a queda na arrecadação são alguns dos efeitos maléficos e que devem ser contabilizados quando da decisão administrativa. Considerando essas previsões, é preciso meditar sobre as medidas a serem adotadas (FORTINI, Cristiana. Comentários ao art. 17. *In:* DI PIETRO, Maria Sylvia Zanella. MARRARA, Thiago. *Lei anticorrupção comentada.* Belo Horizonte: Fórum, 2017, p. 238)

895 JUSTEN FILHO, Marçal. *Comentários à lei de licitações e contratos administrativos.* 15. ed. São Paulo: Dialética, 2012, p. 1019.

licitação ou pelo contratado durante a execução do objeto do contrato administrativo.[896]

Ante tal característica, não deve ser declarado inidôneo o contratado que comete a primeira falta contratual ou técnica, ainda que grave, porque o que caracteriza a inidoneidade é o dolo ou a reiteração de falhas do profissional ou da empresa. O erro é uma contingência humana, e, quando não há má-fé ou reincidência, deve ser punido com penalidades mais brandas que a declaração de inidoneidade, que pode acarretar a ruína da empresa ou do profissional atingido por esta drástica sanção.[897]

Com efeito, verifica-se que não é a prática de qualquer conduta antijurídica caracterizada como infração administrativa que acarretará a imposição da declaração de inidoneidade de licitantes e contratados. O comportamento observado deve ser tão grave que o sujeito infrator deve ser banido das contratações públicas enquanto perdurarem os motivos determinantes da punição ou até que seja promovida a reabilitação perante a própria autoridade que aplicou a penalidade, que será concedida sempre que o contratado ressarcir a Administração pelos prejuízos resultantes e após decorrido o prazo máximo da suspensão do direito de licitar e contratar, previsto no inc. III do art. 87 da Lei nº 8.666/1993, qual seja, dois anos.

A necessidade de afastamento do particular apenado com a sanção de declaração de inidoneidade das contratações públicas é de tamanha importância que o art. 97 da Lei nº 8.666/1993 prevê penalidade de detenção de 6 meses a 2 anos, e multa àquele que admitir licitação ou celebrar contrato com empresa ou profissional declarado inidôneo. Na mesma pena incorre aquele que, declarado inidôneo, venha a licitar ou a contratar com a Administração.

Sendo imputada a declaração de inidoneidade pelo Poder Público ao particular, ao cabo do competente processo administrativo

---

896 Tem razão, portanto, Hely Lopes Meirelles, quando destaca que: A *declaração de inidoneidade* é penalidade aplicável aos contratados inadimplentes de má-fé, ou reincidentes, e àqueles que, dolosamente e em razão do contrato ou do procedimento licitatório, praticarem atos ilícitos visando a fraudar o Fisco ou a licitação, ou dos quais se verifique não possuírem idoneidade para contratar com o Poder Público (Lei 8.666 arts. 87, IV e 88) (MEIRELLES, Hely Lopes. *Licitação e contrato administrativo*. 14. ed. São Paulo: Malheiros, 2007, p. 263).

897 MEIRELLES, Hely Lopes. *Licitação e contrato administrativo*. 14. ed. São Paulo: Malheiros, 2007, p. 264.

sancionatório em razão de cometer uma conduta caracterizada como infração administrativa, tem-se que ele "é declarado inapto, incapaz e inadequado para licitar e para contratar com a Administração Pública, o que constitui um inquestionável demérito e significativa desqualificação da pessoa física ou jurídica".[898]

Constata-se, por tal razão, que a declaração de inidoneidade, em razão da gravidade da infração administrativa praticada, manifesta flagrante inaptidão em realizar negócios com o governo, o que autoriza bani-lo das contratações governamentais.

Com efeito, em observância ao princípio da proporcionalidade, a sanção em estudo apresenta-se como a medida necessária quando for observada a prática de uma conduta antijurídica seríssima, devendo ser aplicada ao particular infrator a fim de afastá-lo desse segmento econômico, sob pena de prejuízo do interesse público, uma vez que permitir a participação do apenado em novas licitações ou admitir que ele venha a executar outros contratos pode gerar novos danos, iguais ou piores àqueles já experimentados.

Sendo legítima e pertinente a presença da referida punição na legislação licitatória, percebe-se que a Lei nº 13.303/2016 (Lei das Estatais), em seu art. 83, não assenta em seus incisos a declaração de inidoneidade, sendo a sanção com carga punitiva mais elevada a suspensão temporária de participação em licitação e impedimento de contratar com a entidade sancionadora, por prazo não superior a 2 (dois) anos, conforme se infere da leitura do inc. III do dispositivo legal retrocitado – punição essa prevista também no art. 87, inc. III, da Lei nº 8.666/1993.

Analisando a situação acima disposta, não sendo prevista a declaração de inidoneidade no âmbito do regime punitivo das contratações das estatais, repara-se a possibilidade de verificação de impunidade na medida em que as infrações gravíssimas praticadas por particulares serão punidas apenas com suspensão temporária de participação em licitação e impedimento de contratar com a entidade sancionadora por prazo não superior a 2 (dois) anos, quando o correto seria a declaração de inidoneidade de forma a

[898] SANTOS, José Anacleto Abduch. *Contratos administrativos:* formação e controle interno da execução: com particularidades dos contratos de prestação de serviços terceirizados e contratos de obras e serviços de engenharia. Belo Horizonte: Fórum, 2015, p. 280.

banir tal particular de negócios com as estatais. Assim, a penalidade mais severa constante da Lei nº 13.303/2016 (Lei das Estatais), proporcionalmente, pode apresentar-se insuficiente para punir o particular à altura da gravidade da infração cometida. Demais disso, adotando a referida norma a possibilidade de utilização da modalidade pregão para seleção da proposta mais vantajosa, não observa-se na lei especial retrocitada a presença das infrações administrativas previstas no *caput* do art. 7º da Lei do Pregão ou incisos do art. 47 da Lei do RDC que protege a Administração de proponentes mal intencionados ou que participam do torneio sem atenção devida, prejudicando, assim, o Poder Público. Observa-se, assim, que o regime punitivo no âmbito das estatais é fraco e prejudicial ao interesse público.

Logo, demanda-se que o novel diploma legal seja reparado com o escopo de o sistema punitivo no âmbito das Estatais se coadunar com aquele verificado no âmbito da Administração Direta, já problemático, como se observa no presente estudo.

Como se asseverou, a imposição da declaração de inidoneidade será a medida necessária quando se observa a prática de infração administrativa durante o transcurso da licitação e na execução do contrato de natureza gravíssima.

Destaque-se que a declaração de inidoneidade imposta pela Administração Pública não se confunde com a sanção de igual nome aplicada pelos Tribunais de Contas, a exemplo do que estabelece o art. 46 da Lei nº 8.443/1992.[899] Sobre tal questão, o eg. Supremo Tribunal Federal já prolatou que:

> O poder outorgado pelo legislador ao TCU, de declarar, verificada a ocorrência de fraude comprovada à licitação, a inidoneidade do licitante fraudador para participar, por até cinco anos, de licitação na Administração Pública Federal (art. 46 da L. 8.443/92), não se confunde com o dispositivo da Lei das Licitações (art. 87), que – dirigido apenas aos altos cargos do Poder Executivo dos entes federativos (§3º) – é restrito ao controle interno da Administração Pública e de aplicação mais abrangente.[900]

---

899 "Art. 46. Verificada a ocorrência de fraude comprovada à licitação, o Tribunal declarará a inidoneidade do licitante fraudador para participar, por até cinco anos, de licitação na Administração Pública Federal."

900 BRASIL. Supremo Tribunal Federal. Pet 3.606 AgR. Relator: Ministro. Sepúlveda Pertence, j. 21.09.2006

No tocante à prática de condutas reprováveis durante o certame processado pelo pregão, na forma da Lei nº 10.520/2002, ou pelo regime diferenciado de contratações (RDC), conforme a Lei nº 12.462/2011, tem-se que o regramento aplicável, se Lei nº 8.666/1993 ou Lei do Pregão ou RDC, dependerá da infração praticada no caso concreto.

Nesse sentido, tratando-se da prática de uma das infrações elencadas no art. 7º da Lei nº 10.520/2002 ou uma das condutas aventadas no art. 47 da Lei nº 12.462/2011, deverá ser observada a norma correlata especial, e não o regramento constante a partir do art. 86 da Lei nº 8.666/1993. Assim ocorre, uma vez que o regramento observado na norma geral (Lei nº 8.666/1993) é afastado quando da existência de uma norma especial (Leis nºs 10.520/2002 e 12.462/2011). Todavia, tanto o art. 9º, da Lei do Pregão, como o art. 47, §2º, da Lei do RDC, estabelecem que, subsidiariamente, será observado o regramento previsto na Lei nº 8.666/1993.

Sendo assim, em conformidade ao princípio da tipicidade, ou seja, devendo o regramento punitivo reverência à lei, se a conduta reprovável praticada no caso concreto não estiver arrolada dentre aquelas previstas no art. 7º da Lei do Pregão ou art. 47 da Lei do RDC, aplicar-se-á, subsidiariamente, o art. 87 da Lei nº 8.666/1993 em razão do disposto no art. 9º da Lei nº 10.520/2002 e art. 47, §2º, da Lei nº 12.462/2011, respectivamente.

Dessa feita, praticando-se atos ilícitos visando frustrar os objetivos da licitação que não sejam aqueles arrolados nas leis especiais retrocitadas, poderá ser aplicada a declaração de inidoneidade caso a gravidade da conduta, à luz da proporcionalidade, assim imponha.

No tocante **ao alcance dos efeitos negativos da declaração de inidoneidade** imposta aos licitantes e contratados ao cabo do competente processo sancionatório, há duas opiniões acerca da sua abrangência.

Nesse sentido, o primeiro entendimento sustenta que, sendo o particular licitante ou contratado sancionado com a declaração de inidoneidade, não poderá participar de licitações, bem como contratar com toda a Administração Pública, ou seja, com qualquer órgão da Administração direta e indireta nas três esferas de governo, "abrangendo, inclusive, as entidades com personalidade jurídica de direito privado sob controle do poder público e das fundações por ele instituídas ou mantidas".

Tal exegese arrima-se no fato de que a leitura da sanção que consta do art. 87, inc. IV, da norma retrocitada deve ser realizada com a definição constante do inc. XI do art. 6º da Lei nº 8.666/93.[901]

Assim, inclina-se para o entendimento que sustenta que os efeitos da declaração de inidoneidade alcançam toda a Administração Pública, exegese essa que se coaduna com os conceitos insertos na Lei nº 8.666/1993.

A segunda posição sustenta entendimento no sentido de que os efeitos da declaração de inidoneidade se restringem à Administração que a aplicou, em razão da necessidade de reverência ao princípio federativo, sendo essa a opinião de Marcos Juruena Villela Souto,[902] Flávio Amaral Garcia[903] e Hely Lopes Meirelles, que ressalva:

> A inidoneidade só opera efeitos em relação à Administração que a declara, pois que, sendo uma restrição a direito, não se estende a outras Administrações. Assim, declaração de inidoneidade feita pela União, pelo Estado ou pelo Município só impede as contratações com as entidades e órgãos de cada uma dessas entidades estatais, e, se declarada por repartições inferiores, só atua no seu âmbito e no de seus órgãos subordinados.[904]

Em nosso sentir, tendo em vista que o regime punitivo deve ser extraído da lei, em reverência ao princípio da legalidade, e, considerando-se que a declaração de inidoneidade é a penalidade mais severa dentro daquelas existentes na legislação licitatória,

---

901 Corroborando esse raciocínio, merece ressalva o entendimento de Jessé Torres Pereira Junior: "(...) O mesmo art. 87, IV, proíbe a empresa declarada inidônea de licitar e de contratar com a 'Administração Pública', vale dizer, com todos os órgãos e entidades da Administração Pública brasileira, posto ser esta a definição inscrita no art. 6º, XI. Tanto que o art. 97 tipifica como crime 'admitir à licitação ou celebrar contrato com empresa ou profissional declarado inidôneo', o que abrange todo o território nacional dada a competência privativa da União para legislar sobre direito penal (CF/88, art. 22, I). E não há crime em admitir à licitação ou contratar empresa suspensa (PEREIRA JUNIOR, Jessé Torres. *Comentários à lei das licitações e contratações da administração pública*. 6. ed. Rio de Janeiro: Renovar, 2009, p. 861.)

902 SOUTO, Marcos Juruena Villela. *Direito administrativo contratual*. Rio de Janeiro: Lumen Juris, 2004, p. 355.

903 GARCIA, Flávio Amaral. *Licitações e contratos administrativos:* casos e polêmicas. São Paulo: Malheiros. 2016, p. 399.

904 MEIRELLES, Hely Lopes. *Licitação e contrato administrativo*. 14. ed. São Paulo: Malheiros, 2007, p. 270

deve ela operar efeitos mais amplos que a suspensão do direito de licitar ou contratar com o Poder Público, previsto no art. 87, inc. III, da Lei nº 8.666/93 ou impedimento de licitar e contratar com a União, Estados, Distrito Federal ou Municípios pelo prazo de até 5 anos, que se encontra previsto nos arts. 7º da Lei nº 10.520/2002 (Lei do Pregão) e 47 da Lei nº 12.462/2011 (Lei do RDC). Assim, quem é declarado inidôneo não pode participar de licitação nem ser contratado por qualquer órgão ou entidade integrante do aparato administrativo estatal, isto é, por qualquer órgão ou entidade que exerça função administrativa.[905]

No tocante à **autoridade competente**, conforme se asseverou, a declaração de inidoneidade somente deve ser aplicada em caso de verificação de faltas evidentemente execráveis,[906] não podendo esta ser imposta como consequência da prática de qualquer infração administrativa, uma vez que o seu conteúdo assenta uma carga punitiva demasiada e que pode gerar consequências incalculáveis[907] ao particular apenado. Diante de tais características, foi cautelosa a lei no sentido de estabelecer que tal sanção não poderá ser aplicada por qualquer autoridade.

Sendo assim, em relação à autoridade competente para aplicar a punição, estabelece o art. 87, §3º, da Lei nº 8.666/93 que a aplicação da declaração de inidoneidade é de competência exclusiva do Ministro de Estado, do Secretário Estadual ou Municipal.

Acerca dos motivos de o legislador restringir a competência para sancionamento dos agentes públicos acima destacados,

---

905 NIEBUHR, Joel de Menezes. *Licitação pública e contrato administrativo*. 3. ed. rev. e ampl. Belo Horizonte: Fórum, 2013, p. 1012.

906 TANAKA, Sônia Yuriko Kanashiro. *Concepção dos Contratos Administrativos*. São Paulo: Malheiros, 2007, p. 161.

907 "Isso porque a declaração de inidoneidade implicará, quase certamente, a morte das empresas, em especial considerando os efeitos temporais e geográficos da reprimenda. Embora se devam proteger os contratos já assinados, porque a pena não pode retroceder e alcançar o ato jurídico perfeito, a sanção impede novos contratos, e torna quase inviável a sobrevivência na empresa, com consequências extremamente danosas à própria sociedade e aos terceiros inocentes (empregados, fornecedores e acionistas entre outros). O aumento do desemprego e a queda na arrecadação são alguns dos efeitos maléficos e que devem ser contabilizados quando da decisão administrativa. Considerando essas previsões, é preciso meditar sobre as medidas a serem adotadas (FORTINI, Cristiana. Comentários ao art. 17. *In:* DI PIETRO, Maria Sylvia Zanella. MARRARA, Thiago. *Lei anticorrupção comentada*. Belo Horizonte: Fórum, 2017, p. 238).

circunstância não observada nas demais sanções apresentadas, Roberto Ribeiro Bazzili ressalta que:

> No rol das sanções administrativas, sem dúvida, esta é a mais grave, visto que inabilita sancionado para licitar ou contratar com a Administração Pública enquanto perdurarem os motivos determinantes da punição ou até que seja promovida a reabilitação perante a própria autoridade que aplicou a penalidade. Tal a sua gravidade, podendo conduzir à ruína empresas e pessoas físicas, que teve o legislador a cautela de restringir a competência para a aplicação desta modalidade de sanção: é de competência exclusiva do ministro de Estado, do secretário estadual ou municipal, conforme o caso (art. 87, §3º).[908]

Apresenta falha a redação assentada no art. 87, inc. IV, da Lei nº 8.666/93, haja vista que tratou tão somente da imposição da declaração de inidoneidade no âmbito do Poder Executivo, limitada ainda à Administração direta, sendo silente o dispositivo legal em comento em relação aos (1) órgãos da Administração indireta, por exemplo, autarquias, empresas públicas, sociedades de economia mista e fundações públicas; e (2) às instituições detentoras de autonomia administrativa, a exemplo do Ministério Público, Defensoria Pública e Tribunal de Contas; (3) bem como às autoridades competentes para apenar, no exercício da função administrativa atípica, no âmbito do Legislativo e Executivo.

Como restou melhor delineado acima, quando se tratou do princípio do juiz natural, tem-se que a sanção de declaração de inidoneidade deve ser aplicada pelos agentes públicos de máxima hierarquia no âmbito dos Poderes Legislativo e Judiciário e das autarquias, sociedades de economia mista, empresas públicas e fundações públicas, bem como das instituições detentoras de autonomia administrativa, a exemplo do Ministério Público, Defensoria Pública e Tribunal de Contas.

---

[908] BAZZILI, Roberto Ribeiro. *Contratos Administrativos*. São Paulo: Malheiros, 1996, p. 143.

REFERÊNCIAS

ALEXANDRE, F.; FORTINI, C. Os acordos substitutivos de atividade sancionatória unilateral em contratos da Administração Pública no Brasil. *Sequência: Estudos Jurídicos e Políticos*, v. 44, n. 93, p. 1-31, 28 ago. 2023.

ARAÚJO, Edmir. *Curso de direito administrativo*. 5. ed. rev. e atual. São Paulo: Saraiva, 2010.

ARÊDES, Sirlene Nunes. Tipicidade e discricionariedade na aplicação de penalidades contratuais. *FCGP – Fórum de Contratação e Gestão Pública*, Belo Horizonte, a. 14, n. 165, set. 2015.

ATALIBA, Geraldo. *República e Constituição*. 3. ed. São Paulo: Malheiros, 2011.

BACELLAR FILHO, Romeu Felipe. *Processo administrativo disciplinar*. 4. ed. São Paulo: Saraiva, 2013.

BACELLAR FILHO, Romeu Felipe. Reflexos da constitucionalização do direito administra*tivo* – Pessoa humana, processo e contrato administrativo. *IP – Revista Interesse Público*, Belo Horizonte, a. 15, n. 81, set./out. 2013.

BANDEIRA DE MELLO, Celso Antônio. *Curso de Direito Administrativo*. 32. ed. São Paulo: Malheiros, 2015.

BARROSO, Luís Roberto. *Curso de Direito Constitucional*. 2. ed. São Paulo: Saraiva, 2010.

BASTOS, Celso Ribeiro; MARTINS, Ives Gandra. *Comentários à constituição do Brasil*. São Paulo: Saraiva, 1989. v. 2.

BAZILLI, Roberto Ribeiro; MONTENEGRO, Ludmila da Silva Bazilli. *Apontamentos sobre a reforma administrativa*. São Paulo: UNESP, 2003.

BAZZILI, Roberto Ribeiro. *Contratos Administrativos*. São Paulo: Malheiros, 1996.

BERLOFFA, Ricardo Ribas da Costa. *A nova modalidade de licitação*: pregão. Porto Alegre: Síntese, 2002.

BOBBIO, Norberto. *Teoria da Norma Jurídica*. São Paulo: Edipro, 2001.

CAETANO, Marcelo. *Manual de Direito Administrativo*. 10. ed. Coimbra: Almedina, 1994.

CANOTILHO, José Joaquim Gomes. *Direito constitucional e teoria da Constituição*. 7. ed. Coimbra: Almedina, 2003.

CAPEZ, Fernando. *Curso de Direito Penal*: v. 1: parte geral: arts. 1º a 120. 8. ed. rev. e atual. De acordo com as Leis nº 10.741/2003 (Estatuto do Idoso), nº 10.763/2003, nº 10.826/2003 e nº 10.886/2004. São Paulo: Saraiva, 2005.

CARNEIRO, Paulo César Pinheiro; ALVIM, Teresa Arruda *et al.* (Coords.). *Breves comentários ao novo Código de Processo Civil.* São Paulo: Revista dos Tribunais, 2016.

CARVALHO, Gustavo Marinho de. *Precedentes administrativos no direito brasileiro.* São Paulo: , Contracorrente, 2015.

CARVALHO FILHO, José dos Santos. *Manual de direito administrativo.* 22. ed. Rio de Janeiro: Lumen Juris, 2009.

CARVALHO FILHO, José dos Santos. *Manual de direito administrativo.* 18. ed. Rio de Janeiro: Lumen Juris, 2007.

CARVALHO FILHO, José dos Santos. *Processo Administrativo Federal.* 3. ed. Rio de Janeiro: Lumem Juris, 2007.

CARVALHO FILHO, José dos Santos. *Processo administrativo Federal.* 5. ed. rev. ampl. e atual. São Paulo: Atlas, 2014.

CARVALHO, Juliana Erthal. Sanções administrativas estabelecidas pelo Regime Diferenciado de Contratações Públicas. *In*: JUSTEN FILHO, Marçal; PEREIRA, Cesar A. Guimarães (Coord.). *O Regime Diferenciado de Contratações Públicas (RDC)*: comentários à Lei nº 12.462 e ao Decreto nº 7.581. Belo Horizonte: Fórum, 2012.

CASSAGNE, Juan Carlos. *Derecho Administrativo.* 5. ed. Buenos Aires: Abedo-Perrot, 1996-1997. v. II.

CINTRA, Antônio Carlos Araújo; GRINOVER, Ada Pellegrini; DINAMARCO, Cândido Rangel. *Teoria geral do processo.* 30. ed. São Paulo: Malheiros, 2014.

CYRINO, André; SALATHÉ, Felipe. A consensualidade abusiva no Direito Administrativo: notas iniciais. *Revista Estudos Institucionais.*v. 10, n. 2, p. 634-686, maio/ago.2024.

CRETELLA JÚNIOR, José. *Comentários à Constituição brasileira de 1988.* Rio de Janeiro: Forense Universitária, 1992. v. I.

CRETELLA JÚNIOR, José. *Comentários à Constituição de 1988.* 3. ed. Rio de Janeiro: Forense Universitária, 1993. v. I.

CRETELLA JÚNIOR, José. *Comentários à Constituição de 1988.* Rio de Janeiro: Forense Universitária, 1988. v. I.

CRETELLA JÚNIOR, José. *Curso de Direito Administrativo.* 18. ed. Rio de Janeiro: Forense, 2003.

CRETELLA JÚNIOR, José. *Das licitações públicas.* Rio de Janeiro: Forense, 1993.

DALLARI, Adilson de Abreu. *Aspectos jurídicos da licitação.* 7. ed. São Paulo: Saraiva, 2006.

DALLARI, Adilson de Abreu; FERRAZ, Sérgio. *Processo Administrativo.* 3. ed. São Paulo: Malheiros, 2012.

DI PIETRO, Maria Sylvia Zanella. A Lei de Processo Administrativo: sua ideia matriz e âmbito de aplicação. *In*: NOHARA, Irene Patrícia; MORAES FILHO, Marco Antônio Praxedes de (Orgs.). *Processo Administrativo*: temas polêmicos da Lei nº 9.784/99. São Paulo: Atlas, 2011.

DI PIETRO, Maria Sylvia Zanella. *Direito Administrativo*. 22. ed. São Paulo: Atlas, 2009.

DI PIETRO, Maria Sylvia Zanella. *Direito Administrativo*. 27. ed. São Paulo: Atlas, 2014.

DIAS, Eduardo Rocha. *Sanções Administrativas Aplicáveis a Licitantes e Contratados*. São Paulo: Dialética, 1997.

DINIZ, Maria Helena. *Dicionário Jurídico*. São Paulo: Saraiva, 1998. v. II.

DOHNA, Alexander Graf Zu. *La estrutuctura de la teoria del delito*. (Trad. Carlos Fontán Balestra). Buenos Aires: Abeledo-Perrot, 1958.

DROMI, Roberto. *Derecho Administrativo*. 12. ed. Buenos Aires-Madri-México: Ciudad Argentina, Hispania Libros, 2009.

DROMI, *Roberto. Licitación pública*. 4. ed. Buenos Aires-Madrid-México: Ciudad Argentina, Hispania Libros, 2010.

DUQUE. Marcelo Schenk. RAMOS, Rafael. *Segurança jurídica na aplicação do Direito Público*. Salvador: Jus Podivm, 2019.

ESTORNINHO, Maria João. *Curso de Direito dos Contratos Públicos*: por uma contratação pública sustentável. Lisboa: Almedina, 2014.

FERNANDES, Jorge Ulisses Jacoby. Sucinta análise das regras punitivas da Lei de Licitações e Contratos. *FCGP –Fórum de Contratação e Gestão Pública*, Belo Horizonte, a. 5, n. 52, abr. 2006. Disponível em: http://www.bidforum.com.br/bid/pdi006.aspx?pdiCntd=349. Acesso em 14 mai. 2014.

FERREIRA, Aurélio Buarque de Holanda; FERREIRA, Marina Baird; ANJOS, Margarida dos (Coords.). *Dicionário da Língua Portuguesa*. 5. ed. Curitiba: Positivo, 2010.

FERREIRA, Daniel. Infrações e sanções administrativas. Enciclopédia jurídica da PUC-SP. *In*: CAMPILONGO, Celso Fernandes; GONZAGA, Álvaro de Azevedo; FREIRE, André Luiz (Coords.). *Tomo*: Direito Administrativo e Constitucional. NUNES JR., Vidal Serrano *et al*. (Coords. de tomo). 1. ed. São Paulo: Pontifícia Universidade Católica de São Paulo, 2017. Disponível em: https://enciclopediajuridica.pucsp.br/verbete/107/edicao-1/infracoes-e-sancoes-administrativas. Acesso em 21 mai. 2017.

FERREIRA, Daniel. Responsabilização administrativa por infrações imputáveis a licitantes e contratados à luz da Lei n. 14.133/2012 (NLLC). *In*: HARGER (coord.) *Aspectos polêmicos sobre a nova lei de licitações e contratos administrativos:* Lei n. 14.133/2021. Belo Horizonte: Fórum, 2023.

FERREIRA, Daniel. *Sanções administrativas*. São Paulo: Malheiros, 2001.

FERREIRA, Daniel. *Teoria geral da infração administrativa a partir da Constituição Federal de 1988*. Belo Horizonte: Fórum, 2009.

FERREIRA, Wolgran Junqueira. *Licitação e contratos na administração pública*. Bauru: Edipro, 1994.

FIGUEIREDO, Lúcia Valle. *Curso de direito administrativo*. 8. ed. São Paulo: Malheiros, 2006.

FIGUEIREDO, Lúcia Valle. *Extinção dos contratos administrativos*. 3. ed. São Paulo: Malheiros, 2002.

FLEURY, Felipe Blanco Garcia Guimarães. *As infrações e sanções administrativas aplicáveis a licitações e contratos (Leis nºs 8.666/93, 10.520/02, 12.462/11 e Lei nº 12.846/13)*. 186 f. Dissertação (Mestrado em Direito), Pontifícia Universidade Católica de São Paulo, São Paulo, 2016.

FORTINI, Cristiana. Comentários ao art. 17. *In*: DI PIETRO, Maria Sylvia Zanella; MARRARA, Thiago. *Lei anticorrupção comentada*. Belo Horizonte: Fórum, 2017.

FORTINI, Cristiana. Comentários ao art. 17. *In*: DI PIETRO, Maria Sylvia Zanella; MARRARA, Thiago. *Lei anticorrupção comentada*. Belo Horizonte: Fórum, 2017.

FRAGOSO, Heleno Cláudio. *Lições de Direito penal*: a nova parte geral. 8. ed. Rio de Janeiro: Forense, 1985.

GABARDO, Emerson. O Princípio da eficiência. Enciclopédia jurídica da PUC-SP. *In*: CAMPILONGO, Celso Fernandes; GONZAGA, Álvaro de Azevedo; FREIRE, André Luiz (Coords.). *Tomo*: Direito Administrativo e Constitucional. NUNES JR., Vidal Serrano *et al*. (Coords. de tomo). 1. ed. São Paulo: Pontifícia Universidade Católica de São Paulo, 2017. Disponível em: https://enciclopediajuridica.pucsp.br/verbete/82/edicao-1/principio-da-eficiencia-o. Acesso em 13 jun. 2017.

GABARDO, Emerson; SOUZA, Pablo Ademir. O consequencialismo e a LINDB: a cientificidade das previsões quanto às consequências práticas das decisões. *A&C Direito Administrativo & Constitucional*, Belo Horizonte, ano 20, n. 81, p. 97-124, jul./set. DOI 10.21056/eacv20i81.1452.

GARCIA DE ENTERRÍA, Eduardo; FERNÁNDEZ, Tomás-Ramon. *Curso de Direito Administrativo*. (Revisor Técnico Carlos Ari Sundfeld). São Paulo: Revista dos Tribunais, 2014. v. II.

GARCIA DE ENTERRÍA, Eduardo; FERNÁNDEZ, Tomás-Ramon. *Curso de Direito Administrativo*. (Revisor Técnico Carlos Ari Sundfeld). São Paulo: Revista dos Tribunais, 2015.

GARCIA, Flávio Amaral. *Licitações e contratos administrativos*. 3. ed. Rio de Janeiro: Lumen Juris, 2010.

GARCIA, Flávio Amaral. *Licitações e contratos administrativos*: casos e polêmicas. São Paulo: Malheiros, 2016.

GASPARINI, Audrey. Vedações. *In*: GASPARINI, Diógenes (Coord.). *Pregão presencial e eletrônico*. 2. ed. rev. e ampl. Belo Horizonte: Fórum, 2009.

GASPARINI, Diógenes. *Comissão de Licitação*. 3. ed. São Paulo: NDJ, 2011.

GASPARINI, Diógenes. Contrato Administrativo. *BLC – Boletim de Licitações e Contratos*, a. 19, n. 3, p. 220-235, fev. 2006.

GASPARINI, Diógenes. *Crimes na Licitação*. 4. ed. São Paulo: NDJ, 2011.

GASPARINI, Diógenes. *Direito administrativo.* 14. ed. São Paulo: Saraiva, 2009.

GOMES, Orlando. *Obrigações.* 17. ed. rev., atual. e aum. de acordo com o Código Civil de 2002, por Edvaldo Brito. Rio de Janeiro: Forense, 2007.

GORDILLO, Agustín. *Tratado de Derecho Administrativo*: parte general. 7. ed. Buenos Aires: Fundación de Derecho Administrativo, 2003. t. I.

GORDILLO, Agustín. *Tratado de Derecho Administrativo*: parte general. 7. ed. Buenos Aires: Fundación de Derecho Administrativo, 2003. t. II.

GORDILLO, Agustín. *Tratado de derecho administrativo*: parte general. 5. ed. Belo Horizonte: Del Rey, 2003. t. II.

GRECO FILHO, Vicente. *Dos Crimes na Licitação.* São Paulo: Saraiva, 1994.

GROTTI, Dinorá Adelaide Musetti. Devido processo legal e o procedimento administrativo. *BLC – Boletim de Licitações e Contratos,* São Paulo, NDJ, a. 27, n. 9, p. 26-28, set. 2011.

GUERRA, S.; PALMA, J. B. de. Art. 26 da LINDB: Novo regime jurídico de negociação com a Administração Pública. *Revista de Direito Administrativo,* [S. l.], p. 135-169, 2018. DOI: 10.12660/rda.v0.2018.77653.

GUIMARÃES, Bernardo Strobel. As sanções nos contratos administrativos e a inadequação do poder de polícia para justificá-las. *FCGP – Fórum de Contratação e Gestão Pública,* Belo Horizonte, a. 12, n. 133, p. 32-39, jan. 2013.

HAEBERLIN, Mártin. RODRIGUES. Comentários ao art. 23 da LINDB. *In*: DUQUE, Marcelo Schenk e RAMOS, Rafael (org.). *Segurança jurídica na aplicação do direito público:* comentários à Lei nº 13.655/18. Salvador: Juspodivm, 2019.

HUNGRIA, Nelson. Ilícito administrativo e ilícito penal. *Revista de Direito Administrativo,* v. 1, n. 1, p. 24, 1945.

JORDÃO, Eduardo. Art. 22 da LINDB: acabou o romance: reforço do pragmatismo no direito público brasileiro. *Revista de Direito Administrativo,* [S. l.], p. 63-92, 2018. DOI: 10.12660/rda.v0.2018.77650.

JUSTEN FILHO, Marçal. *Comentários à lei de licitações e contratos administrativos.* 15. ed. São Paulo: Dialética, 2012.

JUSTEN FILHO, Marçal. *Comentários ao RDC*: (Lei nº 12.462/11 e Decreto nº 7.581/11). São Paulo: Dialética, 2013.

JUSTEN FILHO, Marçal. *Curso de Direito* Administrativo. 11. ed. São Paulo: Revista dos Tribunais, 2015.

JUSTEN FILHO, Marçal. *Pregão*: comentários à legislação do pregão comum e eletrônico. 6. ed. rev. e atual. São Paulo: Dialética, 2013.

KELSEN, Hans. *Teoria geral do Direito e do Estado.* 5. ed. São Paulo: Martins Fontes, 2016.

KELSEN, Hans. *Teoria Pura do Direito*. 6. ed. São Paulo: Martins Fontes, 2006.

KELSEN, Hans. *Teoria pura do direito*. 8. ed. São Paulo: Martins Fontes, 2014.

LIMA, Ruy Cirne. *Princípios de Direito Administrativo*. 7. ed. São Paulo: Malheiros, 2007.

MARIENHOFF, Miguel S. *Tratado de derecho administrativo*. Tucumám, Argentina: Edições UNSTA, 1910. t. III A.

MARQUES NETO, Floriano Azevedo. Aspectos jurídicos do exercício do poder de sanção por órgão regulador do setor de energia elétrica. *Boletim de Direito Administrativo*, a. 18, n. 12, p. 945-960, dez. 2002.

MARQUES NETO, Floriano Peixoto de Azevedo; FREITAS, Rafael Véras de. *Comentários à Lei n. 13.655/2018 (Lei de Segurança para a Inovação Pública)*. 2. reimp. Belo Horizonte: Fórum, 2020.

MARRARA, Thiago. Acordo de leniência no processo administrativo brasileiro, regime jurídico e problemas emergentes. *Revista Digital de Direito Administrativo* v. 2, p. 509-527, 2015. Disponível em: www.revistas.usp.br/rdda. Acesso em 8 mai. 2015.

MARTINS, Ricardo Marcondes; PEREIRA JÚNIOR, Jessé Torres (Coord.). *Comentários ao sistema legal brasileiro de licitações e contratos administrativos*. São Paulo: NDJ, 2016.

MAXIMILIANO, Carlos. *Hermenêutica e Aplicação do Direito*. 13. ed. Rio de Janeiro: Forense, 1993.

MEDAUAR, Odete. *A processualidade no Direito Administrativo*. 2. ed. rev. atual. e ampl. São Paulo: Revista dos Tribunais, 2008.

MEIRELLES, Hely Lopes *et al*. *Direito administrativo*: aplicado e comparado. São Paulo: Resenha Universitária, 1979. v. I.

MEIRELLES, Hely Lopes. *Direito administrativo brasileiro*. 30. ed. São Paulo: Malheiros, 2013.

MEIRELLES, Hely Lopes. *Licitação e contrato administrativo*. 14. ed. São Paulo: Malheiros, 2007.

MELLO, Rafael Munhoz de. *Princípios constitucionais de direito administrativo sancionador*. São Paulo: Malheiros, 2007.

MELLO, Rafael Munhoz de. *Princípios constitucionais de direito administrativo sancionador*: as sanções administrativas *à* luz da Constituição Federal de 1988. São Paulo: Malheiros, 2007.

MENDES, Gilmar Ferreira. Questões fundamentais da técnica legislativa. *RTDP – Revista Trimestral de Direito Público*, n. 60, São Paulo, Malheiros, 2015.

MENDES, Raul Armando. *Comentários ao Estatuto das licitações e contratos administrativos*. São Paulo: Revista dos Tribunais, 1988.

MENDONÇA, José Vicente Santos de; ALBUQUERQUE, Lucca Fernandes. Art. 22 da LINDB: decifrando o dever de contextualização. *In*: RAMOS, Rafael (coord.), *Comentários à Nova LINDB:* Lei nº 13.655/2018. Belo Horizonte: Fórum, 2023.

MENEGALE, José Guimarães. *Direito administrativo e ciência da administração*. Rio de Janeiro: Borsoi, 1950.

MIRABETE, Júlio Fabbrini. *Manual de Direito Penal*. São Paulo: Atlas, 2002.

MONTEIRO, Egle dos Santos. Breves considerações sobre as sanções administrativas de suspensão e impedimento de licitar e contratar com a administração pública. *BLC – Boletim de Licitações e Contratos*, n. 10, p. 1054, out. 2014.

MONTEIRO, Vera. *Licitações na modalidade de pregão*. 2. ed. São Paulo: Malheiros, 2010.

MORAES, Alexandre de. *Direitos humanos fundamentais*: teoria geral: comentários aos arts. 1º a 5º da Constituição da República Federativa do Brasil: doutrina e jurisprudência. São Paulo: Atlas, 2003.

MOREIRA NETO, Diogo de Figueiredo. *Curso de Direito Administrativo*: parte introdutória, parte geral e parte especial. 15. ed. Rio de Janeiro: Forense, 2009.

MOREIRA NETO, Diogo de Figueiredo. *Mutações do direito administrativo*. Rio de Janeiro: Renovar, 2000.

MOREIRA NETO, Diogo de Figueiredo. Políticas públicas e parcerias: juridicidade, flexibilidade negocial e tipicidade na Administração Consensual. *Boletim de Direito Administrativo*, São Paulo, a. 23, n. 7, p. 778-796, jul. 2007.

MOREIRA NETO, Diogo de Figueiredo; GARCIA, Flávio Amaral. A principiologia no direito administrativo sancionador. *REDE – Revista Eletrônica de Direito do Estado*, Salvador, Instituto Brasileiro de Direito Público, n. 37, jan./fev./mar. 2014. Disponível em: http://www.direitodoestado.com/revista/REDE-37-JAN-2014-FLAVIOAMARAL-DIOGO-NETO.pdf. Acesso em 1 dez. 2016.

MOREIRA, Egon Bockmann. O impacto do CPC/2015 nos processos administrativos: uma nova racionalidade. *Coluna Direito do Estado*, a. 2016, n. 104, 10 mar. 2016. Disponível em: http://www.direitodoestado.com.br/colunistas/egon-bockmann-moreira/o-impacto-do-cpc-2015-nos-processos-administrativos-uma-nova-racionalidade. Acesso em 15 jun. 2017.

MOREIRA, Egon Bockmann. O novo Código de Processo Civil e sua aplicação no processo administrativo. *RDA – Revista de Direito Administrativo*, Rio de Janeiro, v. 273, p. 313-334, set./dez. 2016.

MOREIRA, Egon Bockmann. *Processo administrativo*: princípios constitucionais e a Lei nº 9.784/1999. 3. ed. atual. rev. e aum. São Paulo: Malheiros, 2007.

MOTTA, Fabrício. Das sanções. *In*: GASPARINI, Diógenes (Coord.). *Pregão presencial e eletrônico*. 2. ed. rev. e ampl. Belo Horizonte: Fórum, 2009.

MOTTA, Fabrício; AZEVEDO, Jordana Morais. Devido processo legal e aplicação de sanções nas licitações e contratos. *FCGP – Fórum de Contratação e Gestão Pública*, Belo Horizonte, a. 11, n. 32, dez. 2012. Disponível em: http://bidforum.com.br/bid/PDI0006.aspx?pdiCntd=83543. Acesso em 18 jun. 2013.

NERY JÚNIOR, Nelson; NERY, Rosa Maria de Andrade. *Comentários ao Código de Processo Civil*: novo CPC – Lei nº 13.105/2015. São Paulo: Revista dos Tribunais, 2015.

NIEBUHR, Joel de Menezes. *Licitação pública e contrato administrativo*. 3. ed. rev. e ampl. Belo Horizonte: Fórum, 2013.

NIEBUHR, Joel de Menezes. *O regulamento de licitações e contratos das estatais. Comentários sobre a lei das estatais (Lei 13.303 de 30.06.2016)*. FERRAZ, Sérgio (org.).São Paulo: Malheiros, 2019.

NIEBUHR, Joel de Menezes. *Licitação pública e contrato administrativo*. 6. ed. Belo Horizonte: Fórum, 2023.

NIETO, Alejandro. *Derecho administrativo sancionador*. 4. ed. Madrid: Tecnos, 2005.

NOBRE JÚNIOR, Edilson Pereira. Sanções administrativas e princípios de direito penal. *Revista de Direito Administrativo*, Rio de Janeiro, v. 219, p. 127-151, mar. 2015. Disponível em: http://bibliotecadigital.fgv.br/ojs/index.php/rda/article/view/47499. Acesso em 4 abr. 2017.

NOBRE JÚNIOR, Edilson Pereira. *As normas de Direito Público na Lei de Introdução ao Direito brasileiro*: paradigmas para interpretação e aplicação do Direito Administrativo. São Paulo: Editora Contracorrente, 2019.

NOHARA, Irene Patrícia. *Direito administrativo*. 5. ed. São Paulo: Atlas, 2015.

NOHARA, Irene Patrícia. *Direito administrativo*. 7. ed. São Paulo: Atlas, 2017.

NOHARA, Irene Patrícia. *Limites à razoabilidade nos atos administrativos*. São Paulo: Atlas, 2006.

NOHARA, Irene Patrícia. *Reforma administrativa e burocracia*: impacto da eficiência administrativa na configuração do direito administrativo brasileiro. São Paulo: Atlas, 2012.

NOHARA, Irene Patrícia. *Lei de Introdução às Normas do Direito Brasileiro, hermenêutica e novos parâmetros do direito público*. Curitiba: Juruá, 2018.

NOHARA, Irene Patrícia; MARRARA, Thiago. *Processo administrativo*: Lei nº 9.784/99 comentada. São Paulo: Atlas, 2009.

OLIVEIRA, Antônio Flávio de. Competência para aplicação de penalidade. *FCGP – Fórum de Contratação e Gestão Pública*, Belo Horizonte, a. 8, n. 93, set. 2009. Disponível em: http://www.bidforum.com.br/bid/PDI006.aspx?pdiCntd=62597. Acesso em 10 set. 2013.

OLIVEIRA, Bernardo Carlos S. C. M. de; SANTOS, Luis Miguel Luzio dos. Compras públicas como política para o desenvolvimento sustentável. *Rev. Adm. Pública*, Rio de Janeiro, v. 49, n. 1, p. 189-206, fev. 2015. Disponível em: http://www.scielo.br/scielo.php?script=sci_arttext&pid=S003476122015000100189&lng=en&nrm=iso. Acesso em 10 abr. 2017.

OLIVEIRA, Gustavo Justino. Governança Pública e Parcerias do Estado: A Relevância dos Acordos Administrativos para a Nova Gestão Pública. *BDA – Boletim de Direito Administrativo*, São Paulo, NDJ, p. 775, jul. 2009.

OLIVEIRA, José Roberto Pimenta de. Aplicação de sanções nos procedimentos licitatórios. *Boletim de Direito Administrativo*, São Paulo: NDJ, p. 853-869, a. 26, n. 8, ago. 2013.

OLIVEIRA, José Roberto Pimenta de. Comentários ao art. 17. *In*: DI PIETRO, Maria Sylvia Zanella; MARRARA, Thiago. *Lei anticorrupção comentada*. Belo Horizonte: Fórum, 2017.

OLIVEIRA, José Roberto Pimenta de. *Os princípios da razoabilidade e da proporcionalidade no direito administrativo brasileiro*. São Paulo: Malheiros, 2006.

OLIVEIRA, José Roberto Pimenta; GROTTI, Dinorá Adelaide Musetti Grotti. Direito administrativo sancionador brasileiro: breve evolução, identidade, abrangência e funcionalidades. *Interesse Público – IP*, Belo Horizonte, a. 22, n. 120, p. 83-126, mar./abr. 2020.

OLIVEIRA, José Roberto Pimenta (coord.). *Direito Administrativo Sancionador:* estudos em homenagem ao Professor Emérito da PUC/SP Celso Antônio Bandeira de Mello. São Paulo: Malheiros, 2019.

OLIVEIRA, Régis Fernandes. *Infrações e sanções administrativas*. 3. ed. rev. atual. e ampl. São Paulo: Revista dos Tribunais, 2012.

OLIVEIRA, Yara Beatriz Cruz de. Sanções por descumprimento contratual. *BLC – Boletim de Licitações e Contratos*. São Paulo: NDJ, n. 15, p. 18-48, jan. 2015.

OSÓRIO, Fábio Medina. *Direito Administrativo Sancionador*. 2. ed. São Paulo: Revista dos Tribunais, 2005.

OSÓRIO, Fábio Medina. *Direito administrativo sancionador*. 9. ed. São Paulo: Revista dos Tribunais, 2023.

PARZIALE, Aniello dos Reis. A revisão de sanções impostas a particulares no âmbito das licitações públicas e contratos administrativos. *BLC – Boletim de Licitações e Contratos,* a. 25, n. 3, p. 198-210, mar. 2012.

PARZIALE, Aniello dos Reis. Afastamento das Empresas das Contratações Públicas em razão da Insegurança Jurídica no Processo Sancionador. *Direito e Poder Econômico no Mercado,* Curitiba, CRV, p. 41-64, 2016.

PARZIALE, Aniello dos Reis. Suspensão temporária de participação em licitação e impedimento de contratar com a administração, a inativação do cadastro do SICAF e nova disciplina da instrução normativa mpog/slti nº 2/10. *BLC – Boletim de Licitações e Contratos,* a 24, n. 6, p. 572-576. jun. 2011.

PARZIALE, Aniello dos Reis; PEREIRA JÚNIOR, Jessé Torres (Coord.). *Comentários ao sistema legal brasileiro de licitações e contratos administrativos*. São Paulo: NDJ, 2016.

PEIXOTO, Aristo Mila. *Pregão presencial e eletrônico (Comentários à Lei federal nº 10.520, de 17.07.2002 e legislação comparada)*. Campinas: Prime, 2006.

PEREIRA JÚNIOR, Jessé Torres *et al*. *Comentários à Lei das Estatais – nº 13.303/2016*. Belo Horizonte: Fórum, 2020.

PEREIRA JÚNIOR, Jessé Torres. *Comentários à lei das licitações e contratações da administração pública*. 6. ed. Rio de Janeiro: Renovar, 2009.

PEREIRA JÚNIOR, Jessé Torres. *O direito à defesa na Constituição de 1988*. Rio de Janeiro: Renovar, 1991.

PEREIRA JÚNIOR, Jessé Torres; DOTTI, Marinês Restelatto. A desconsideração da personalidade jurídica em face de impedimentos para participar de licitações e contratar com a administração pública: limites jurisprudenciais. *Boletim de Licitações e Contratos,* São Paulo, a. 24, n. 7, jul. 2011.

PEREIRA JÚNIOR, Jessé Torres; DOTTI, Marinês Restelatto. *Comentários ao RDC integrado ao sistema brasileiro de licitações e contratações públicas.* Rio de Janeiro: Renovar, 2015.

PEREIRA JÚNIOR, Jessé Torres; DOTTI, Marinês Restelatto. *Da responsabilidade de agentes públicos e privados nos processos administrativos de licitação e contratação.* São Paulo: NDJ, 2012.

PEREIRA JUNIOR, Jessé Torres; HEINEN, Juliano; DOTTI, Marinês Restelatto; MAFFINI, Rafael. *Comentários à Lei das Empresas Estatais:* Lei nº 13.303/16. 2. ed. Belo Horizonte: Fórum, 2020.

PEREIRA, Caio Mario da Silva. *Instituições de Direito Civil.* 24. ed. Rio de Janeiro: Forense, 2011.

PEREIRA, César Augusto Guimarães. Sanções administrativas nas Leis das Empresas Estatais. *In*: JUSTEN FILHO, Marçal. *Estatuto Jurídico das Empresas Estatais*. São Paulo: Revista dos Tribunais, 2016.

PETIAN, Angélica. Princípios da culpabilidade e da voluntariedade. Enciclopédia jurídica da PUC-SP. *In*: CAMPILONGO, Celso Fernandes; GONZAGA, Álvaro de Azevedo; FREIRE, André Luiz (Coords.). *Tomo*: Direito Administrativo e Constitucional. NUNES JR., Vidal Serrano *et al*. (Coords. de tomo). 1. ed. São Paulo: Pontifícia Universidade Católica de São Paulo, 2017. Disponível em: https://enciclopediajuridica.pucsp.br/verbete/34/edicao-1/principios-da-culpabilidade-e-da-voluntariedade. Acesso em 20 mai. 2017.

PETIAN, Angélica. *Regime jurídico dos processos administrativos ampliativos e restritivos de direito*. São Paulo: Malheiros, 2011.

PETIAN, Angélica. Sanções Administrativas nas Licitações e Contratações Públicas. *BLC – Boletim de Licitações e Contratos*. São Paulo, NDJ, a. 21, n. 10, p. 945-952, out. 2008.

PIRES, Antônio Cecílio Moreira. *A desconsideração da personalidade jurídica nas contratações públicas*. São Paulo: Atlas, 2014.

PIRES, Antônio Cecílio Moreira. Breves considerações acerca das sanções restritivas do direito de licitar e contratar. *BLC – Boletim de Licitações e Contratos*, São Paulo, a. 23, n. 1, p. 28-32, jan. 2010.

PRATES, Marcelo Madureira. *Sanção administrativa geral*: anatomia e autonomia. Coimbra: Almedina, 2005.

PUCCETTI, Renata Fiori. *Infrações e sanções administrativas aplicáveis aos particulares em licitações e contratos*. 2010. 181 f. Dissertação (Mestrado em Direito) – Pontifícia Universidade Católica de São Paulo, São Paulo, 2010.

REALE JÚNIOR, Miguel. *Teoria do Delito*. São Paulo: Revista dos Tribunais, 1998.

REALE, Miguel. *Lições preliminares de Direito*. 27. ed. São Paulo: Saraiva, 2002.

REIS, Paulo Sérgio Monteiro. A penalidade de suspensão na lei nº 10.520, de 2002. *Revista Zênite – ILC*, a. XI, n. 125, jul. 2004.

RIBEIRO, Assis, C. J. *Do processo administrativo e sua revisão*. Rio de Janeiro: Edições Financeiras, 1959.

RIGOLIN, Ivan Barbosa. *Manual prático de licitações*. 7. ed. rev. e atual. São Paulo: Saraiva, 2008.

RIGOLIN, Ivan Barbosa. Sanções, seu procedimento e seu *âmbito*. *BLC – Boletim de Licitações e Contratos*. São Paulo, a. 7, n. 9, p. 428-431, set. 1994.

RIGOLIN, Ivan Barbosa. *Lei nº 14.133/2021 comentada*: uma visão crítica. Belo Horizonte: Fórum, 2022.

RIVERO, Jean. *Direito Administrativo*. Coimbra: Almedina, 1981.

ROCHA, Carmen Lúcia Antunes. Princípios Constitucionais do Processo Administrativo no Direito Brasileiro. *RTDP*, n. 17, p. 6-27, São Paulo, 1997.

ROCHA, Silvio Luís Ferreira da. *Crimes na licitação*. São Paulo: Contracorrente, 2016.

SANTANA, Jair Eduardo. *Pregão presencial e eletrônico*: sistema de registro de preços; manual de implantação, operacionalização e controle. 3. ed. Belo Horizonte: Fórum, 2009.

SANTOS, Eduardo Sens dos. Tipicidade, antijuridicidade e culpabilidade nas infrações administrativas. *FA – Fórum Administrativo – Direito Público*, Belo Horizonte, a. 4, n. 42, ago. 2004. Disponível em: http://www.bidforum.com.br/bid/PDI0006.aspx?pdiCntd=5344. Acesso em 26 jan. 2016.

SANTOS, José Anacleto Abduch. *Contratos administrativos*: formação e controle interno da execução: com particularidades dos contratos de prestação de serviços terceirizados e contratos de obras e serviços de engenharia. Belo Horizonte: Fórum, 2015.

SCHWIND, Rafael Wallbach. *Acordos administrativos no Brasil:* teoria e prática. Cood. OLIVEIRA, Gustavo Justino de. Org. BARROS FILHO, Wilson Accioly. São Paulo, Almedina, 2020.

SILVA, De Plácido e. *Dicionário Jurídico*. 21. ed. Rio de Janeiro: Forense, 2003.

SILVA, José Afonso da. *Comentário Contextual à Constituição*. 5. ed. São Paulo: Malheiros, 2008.

SOUTO, Marcos Juruena Villela. *Direito administrativo contratual*. Rio de Janeiro: Lumen Juris, 2004.

STROPPA, Christianne de Carvalho. *O Regime Jurídico dos Contratos das Empresas Estatais Prestadoras de Serviços Públicos na Lei de Responsabilidade das Estatais – Lei nº 13.303/2016*. 213 f. Tese (Doutorado em Direito, área de concentração Direito Administrativo) – Faculdade de Direito, Pontifícia Universidade Católica de São Paulo, São Paulo, 2019.

SUNDFELD, Carlos Ari. A importância do procedimento administrativo. *In*: *Doutrinas Essenciais*: Direito Administrativo. São Paulo: Editora Revista dos Tribunais, 2013. v. III.

SUNDFELD, Carlos Ari. *Fundamentos de Direito Público*. 4. ed. 7. tir. São Paulo: Malheiros, 2006.

SUNDFELD, Carlos Ari, *Direito administrativo:* o novo olhar da LINDB, Belo Horizonte: Editora Fórum, 2022.

_______.; VORONOFF, Alice. Art. 27 da LINDB: quem paga pelos riscos dos processos?. *Revista de Direito Administrativo*, [S. l.], p. 196-197, 2018. DOI: 10.12660/rda.v0.2018.77654.

TANAKA, Sônia Yuriko Kanashiro. *Concepção dos contratos administrativos*. São Paulo: Malheiros, 2007.

TANAKA, Sônia Yuriko Kanashiro. Contrato administrativo: irregularidade fiscal da empresa contratada – retenção dos pagamentos exceção de contrato não cumprido – ilegalidade. *Boletim de Licitações e Contratos*, São Paulo, a. 22, n. 6, p. 552-560, jun. 2009.

TEIXEIRA, Tarcísio; BATISTI, Beatriz; SALES, Marlon de. *Lei anticorrupção*: comentada dispositivo por dispositivo. São Paulo: Almedina, 2016.

TOGNETTI, Eduardo. *Os limites do poder discricionário da administração pública na imposição de sanções administrativas*: análise das sanções aplicáveis pelo Banco Central do Brasil. Dissertação (Mestrado em Direito do Estado) – Faculdade de Direito, Universidade de São Paulo, São Paulo, 2012.

TOLEDO, Francisco de Assis. *Princípios básicos de direito penal*. 5. ed. 9. tir. São Paulo: Saraiva, 2001.

VALIM, Rafael Ramires Araújo. *O princípio da segurança jurídica no direito administrativo brasileiro*. São Paulo: Malheiros, 2010.

VERZOLA, Maysa Abrahão Tavares. *Sanção no Direito Administrativo*. São Paulo: Saraiva, 2011.

VIEIRA, Evelise Pedroso Teixeira Prado. *Lei de Licitações e Contratos da Administração Pública Comentada*. São Paulo: Verbatim, 2010.

VIERO, João Victor Iosca. Considerações sobre o elemento subjetivo das infrações administrativas: a aplicação da culpabilidade aos enquadramentos do regime jurídico disciplinar dos servidores públicos da União. 84 f. (Monografia), Brasília, 2015.

VITTA, Heraldo Garcia. *A sanção no Direito Administrativo*. São Paulo: Malheiros, 2003.

VIVEIROS DE CASTRO, Augusto Olímpio. *Tratado de sciencia da administração e direito administrativo*. Rio de Janeiro: Imprensa Nacional, 1906.

XAVIER, Alberto. *Do procedimento administrativo*. São Paulo: Bushatsky, 1976.

ZARDO, Francisco. *Infrações e Sanções em Licitações e Contratos Administrativos*. São Paulo: Revista dos Tribunais, 2014.

ZARDO, Francisco. Infrações e sanções administrativas na Lei n. 13.303/16. *In*: DAL POZZO; Augusto; MARTINS; Ricardo Marcondes (cood.). *Estatuto jurídico das empresas estatais*. São Paulo: Contracorrente, 2018.

Legislação e Jurisprudência Citada

BRASIL. Decreto-Lei nº 2.300, de 21 de novembro de 1986. Dispõe sobre licitações e contratos da Administração Federal e dá outras providências. *Diário Oficial da República Federativa do Brasil*, Brasília, 25 nov. 1986. Seção 1, p. 17673. Disponível em: http://www.planalto.gov.br/ccivil_03/decreto-lei/Del2300-86.htm#:~:text=DEL%20 2300%2D86&text=DECRETO%2DLEI%20N%C2%BA%202.300%2C%20DE%2021%20 DE%20NOVEMBRO%20DE%201986.&text=Disp%C3%B5e%20sobre%20licita%C3%A-7%C3%B5es%20e%20contratos%20da%20Administra%C3%A7%C3%A3o%20Federal%20 e%20d%C3%A1%20outras%20provid%C3%AAncias. Acesso em 11 jun. 2017.

BRASIL. Decreto-Lei nº 200, de 25 de fevereiro de 1967. Dispõe sobre a organização da Administração Federal, estabelece diretrizes para a Reforma Administrativa e dá outras providências. *Diário Oficial da República Federativa do Brasil*, Brasília, 27 mar. 1967. Disponível em: http://www.planalto.gov.br/ccivil_03/decreto-lei/del0200.htm. Acesso em 13 jun. 2017.

BRASIL. Decreto-Lei nº 4.657, de 4 de setembro de 1942. Lei de Introdução às normas do Direito Brasileiro. *Diário Oficial da República Federativa do Brasil*, Brasília, 9 set. 1942. Seção 1, p. 1. Disponível em: http://www.planalto.gov.br/ccivil_03/decreto-lei/del4657.htm. Acesso em 10 ago. 2017.

BRASIL. Lei nº 10.395, de 17 de dezembro de 1970. Dispõe sôbre obras, serviços, compras e alienações da Administração centralizada e autárquica do Estado e dá providências correlatas. *Diário Oficial do Estado de São Paulo*, São Paulo, 18 dez. 1970. Seção 1, p. 2. Disponível em: https://www.al.sp.gov.br/repositorio/legislacao/lei/1970/lei-10395-17.12.1970.html. Acesso em 13 jun. 2017.

BRASIL. Lei nº 10.406 de 10 de janeiro de 2002. Institui o Código Civil. *Diário Oficial da República Federativa do Brasil*, Brasília, DF, 11 jan. 2002. Seção 1, p. 1. Disponível em: http://www.planalto.gov.br/ccivil_03/leis/2002/L10406compilada.htm. Acesso em 13 jun. 2017.

BRASIL. Lei nº 10.520, de 17 de julho de 2002. Institui, no âmbito da União, Estados, Distrito Federal e Municípios, nos termos do art. 37, inc. XXI, da Constituição Federal, modalidade de licitação denominada pregão, para aquisição de bens e serviços comuns, e dá outras providências. *Diário Oficial da República Federativa do Brasil*, Brasília, DF, 30 jul. 2002. Seção 1, p. 1. Disponível em: http://www.planalto.gov.br/ccivil_03/leis/2002/l10520.htm. Acesso em 3 jul. 2017.

BRASIL. Lei nº 12.529, de 30 de novembro de 2011. Estrutura o Sistema Brasileiro de Defesa da Concorrência; dispõe sobre a prevenção e repressão às infrações contra a ordem econômica; altera a Lei nº 8.137, de 27 de dezembro de 1990, o Decreto-Lei nº 3.689, de 3 de outubro de 1941 – Código de Processo Penal, e a Lei nº 7.347, de 24 de julho de 1985; revoga dispositivos da Lei nº 8.884, de 11 de junho de 1994, e a Lei nº 9.781, de 19 de janeiro de 1999; e dá outras providências. *Diário Oficial da República Federativa do Brasil*, Brasília, 1 dez. 2011. Seção 1, p. 1. Disponível em: http://www.planalto.gov.br/ccivil_03/_ato2011-2014/2011/lei/l12529.htm. Acesso em 13 jun. 2017.

BRASIL. Lei nº 12.846, de 1º de agosto de 2013. Dispõe sobre a responsabilização administrativa e civil de pessoas jurídicas pela prática de atos contra a administração pública, nacional ou estrangeira, e dá outras providências. *Diário Oficial da República Federativa do Brasil*, Brasília, DF, 2 ago. 2013. Seção 1, p. 1. Disponível em: http://www.planalto.gov.br/ccivil_03/_ato2011-2014/2013/lei/l12846.htm. Acesso em 3 jul. 2017.

BRASIL. Lei nº 13.146, de 6 de julho de 2015. Institui a Lei Brasileira de Inclusão da Pessoa com Deficiência (Estatuto da Pessoa com Deficiência). *Diário Oficial da República Federativa do Brasil*, Brasília, DF, 7 jul. 2015. Seção 1, p. 2. Disponível em: http://www.planalto.gov.br/ccivil_03/_ato2015-2018/2015/lei/l13146.htm. Acesso em 3 jul. 2017.

BRASIL. Lei nº 13.303, de 30 de junho de 2016. Dispõe sobre o estatuto jurídico da empresa pública, da sociedade de economia mista e de suas subsidiárias, no âmbito da União, dos Estados, do Distrito Federal e dos Municípios. *Diário Oficial da República Federativa do Brasil*, Poder Executivo, Brasília, DF, 1 jul. 2016. Seção 1, p. 1. Disponível em: http://www.planalto.gov.br/ccivil_03/_ato2015-2018/2016/lei/l13303.htm. Acesso em 3 jul. 2017.

BRASIL. Lei nº 6.544, de 22 de novembro de 1989. Dispõe sobre o estatuto jurídico das licitações e contratos pertinentes a obras, serviços, compras, alienações, concessões e locações no âmbito da Administração Centralizada e Autárquica. *Diário Oficial do Estado de São Paulo*, São Paulo, 23 nov. 1989. Seção 1, p. 1. Disponível em: https://www.al.sp.gov.br/repositorio/legislacao/lei/1989/lei-6544-22.11.1989.html. Acesso em 3 jul. 2017.

BRASIL. Lei nº 8.078 de 11 de setembro de 1990. Dispõe sobre a proteção do consumidor e dá outras providências. *Diário Oficial da República Federativa do Brasil*, Brasília, DF, 12 set. 1990. Seção 1, p. 1. Disponível em: http://www.planalto.gov.br/ccivil_03/leis/l8078compilado.htm. Acesso em 13 jun. 2017.

BRASIL. Lei nº 8.112, de 11 de dezembro de 1990. Dispõe sobre o regime jurídico dos servidores públicos civis da União, das autarquias e das fundações públicas. *Diário Oficial da República Federativa do Brasil*, Brasília, 12 dez. 1990. Seção 1, p. 1. Disponível em: http://www.planalto.gov.br/ccivil_03/leis/l8112cons.htm. Acesso em 13 jun. 2017.

BRASIL. Lei nº 8.666, de 21 de junho de 1993. Regulamenta o art. 37, inc. XXI, da Constituição Federal, institui normas para licitações e contratos da Administração Pública e dá outras providências. *Diário Oficial da República Federativa do Brasil*, Brasília, DF, 6 jul. 1994. Seção 1, p. 10149. Disponível em: http://www.planalto.gov.br/ccivil_03/leis/l8666cons.htm. Acesso em 13 set. 2017.

BRASIL. Lei nº 9.503, de 23 de setembro de 1997. Institui o Código de Trânsito Brasileiro – CTB. *Diário Oficial da República Federativa do Brasil*, Brasília, DF, 24 set. 1997. Seção 1, p. 21201. Disponível em: http://www.planalto.gov.br/ccivil_03/leis/l9503compilado.htm. Acesso em 13 jun. 2017.

BRASIL. Lei nº 9.605, de 12 de fevereiro de 1998. Dispõe sobre as sanções penais e administrativas derivadas de condutas e atividades lesivas ao meio ambiente, e dá outras providências. *Diário Oficial da República Federativa do Brasil*, Brasília, DF, 13 fev. 1998. Seção 1, p. 2. Disponível em: http://www.planalto.gov.br/ccivil_03/leis/l9605.htm. Acesso em 13 jun. 2017.

BRASIL. Lei nº 9.784, de 29 de janeiro de 1999. Regula o processo administrativo no âmbito da Administração Pública Federal. *Diário Oficial da República Federativa do Brasil*, Brasília, DF, 1 fev. 1999. Seção 1, p. 1. Disponível em: http://www.planalto.gov.br/ccivil_03/leis/l9784.htm. Acesso em 13 dez. 2017.

BRASIL. Ministério do Planejamento, Orçamento e Gestão. Norma Operacional nº 02/DIRAD/MP. Dispõe sobre as condutas e a dosimetria na aplicação da penalidade de impedimento de licitar e contratar previstas no artigo 7º da Lei nº 10.520, de 17 de julho de 2002, no âmbito do Ministério do Planejamento, Desenvolvimento e Gestão. Portaria nº 170 DIRAD de 17 de março de 2017. *Diário Oficial da União*, Brasília. 20 mar. 2017.

BRASIL. Superior Tribunal de Justiça. *Ag.Rg. no REsp. nº 1.048.984/DF*. 2ª Turma. Relator: Ministro Castro Meira. Julgado em 18.08.2009. DJe, Brasília, DF, 10 set. 2009.

BRASIL. Superior Tribunal de Justiça. *Mandado de Segurança nº 14.965/DF (2010/0008503-0)*. Relator: Ministro Hamilton Carvalhido. Julgamento: 13.12.2010, Órgão Julgador: 1ª Seção, Publicação: 1 fev. 2011.

BRASIL. Superior Tribunal de Justiça. *Mandado de Segurança nº 8.084/DF (2001/0188673-1)*. Relator: Ministro Hamilton Carvalhido. Julgamento: 25.11.2003, Órgão Julgador: S3 – Publicação: DJ 19.12.2003. p. 314.

BRASIL. Superior Tribunal de Justiça. *Recurso especial nº 139.379/SP (1997/0047252-3)*. Relator: Ministro Gilson Dipp. Julgamento: 04.10.1999, Órgão Julgador: T5 – Quinta Turma, Publicação: DJ 25.10.1999. p. 114.

BRASIL. Superior Tribunal de Justiça. *REsp. nº 1.192.775/SP*. 2ª Turma. Relator: Ministro Castro Meira. Julgado em 18.11.2010. DJe, Brasília, DF, 01 dez. 2010.

BRASIL. Superior Tribunal de Justiça. *REsp. nº 13.101/DF*. 1ª Seção. Relator: Ministro José Delgado. Relatora para Acórdão: Ministra Eliana Calmon. Julgado em 14.05.2008. DJe. Brasília, DF, 09 dez. 2008.

BRASIL. Superior Tribunal de Justiça. *REsp. nº 13.964/DF*. 1ª Seção. Relator: Ministro Teori Albino Zavascki. Julgado em 13.05.2009. DJe, Brasília, DF, 25 mai. 2009.

BRASIL. Superior Tribunal de Justiça. *REsp. nº 14.965/DF*. 1ª Seção. Relator: Ministro Hamilton Carvalhido. Julgado em 13.12.2010. DJe. Brasília, DF, 01 fev. 2011.

BRASIL. Superior Tribunal de Justiça. *REsp. nº 15.166/BA*. 2ª Turma. Relator: Ministro Castro Meira. Julgado em 07.08.2003. DJU, Brasília, DF, 08 set. 2003.

BRASIL. Superior Tribunal de Justiça. *REsp. nº 151.567/RJ*. 2ª Turma. Relator: Ministro Francisco Peçanha Martins. Julgado em 25.02.2003. DJU, Brasília, DF, 14 abr. 2003.

BRASIL. Superior Tribunal de Justiça. *REsp. nº 914.087/RJ*. 1ª Turma. Relator: Ministro José Delgado. Julgado em 04.10.2007. DJU, Brasília, DF, 29 out 2007.

BRASIL. Superior Tribunal de Justiça. *RMS nº 21.723/RN*. 2ª Turma. Relator: Ministro João Otávio de Noronha. Julgado em 05.09.2006. DJ, Brasília, DF, 13 out. 2006.

BRASIL. Superior Tribunal de Justiça. *RMS nº 24.730/RS*. 1ª Turma. Relator: Ministra Denise Arruda. Julgado em 10.03.2009. DJe, Brasília, DF, 6 abr. 2009.

BRASIL. Tribunal de Contas da União. *Acórdão nº 1.017/2013*. Plenário. Relator: Ministro Aroldo Cedraz. Sessão de 24.04.2013. Disponível em: https://contas.tcu.gov.br/pesquisaJurisprudencia/#/detalhamento/11/%252a/ACORDAO%253A1017%2520ANOACORDAO%253A2013%2520COLEGIADO%253A%2522Plen%25C3%25A1rio%2522%2520RELATOR%253A%2522AROLDO%2520CEDRAZ%2522/DTRELEVANCIA%2520desc%252C%2520NUMACORDAOINT%2520desc/false/1. Acesso em 13 jun. 2017.

BRASIL. Tribunal de Contas da União. *Acórdão nº 1.166/2010*. 1ª Câmara. Relator: Ministro Walton Alencar Rodrigues. Sessão de 16.03.2010. Disponível em: https://contas.tcu.gov.br/pesquisaJurisprudencia/#/detalhamento/11/%252a/NUMACORDAO%253A1166/DTRELEVANCIA%2520desc%252C%2520NUMACORDAOINT%2520desc/false/24. Acesso em 13 jun. 2017.

BRASIL. Tribunal de Contas da União. *Acórdão nº 1.314/2005. Plenário*. Relator: Ministro Marcos Vinícios Vilaça. Sessão de 31.08.2005. Disponível em: https://contas.tcu.gov.br/pesquisaJurisprudencia/#/detalhamento/11/%252a/NUMACORDAO%253A1314%2520ANOACORDAO%253A2005/DTRELEVANCIA%2520desc%252C%2520NUMACORDAOINT%2520desc/false/1. Acesso em 13 jun. 2017.

BRASIL. Tribunal de Contas da União. *Acórdão nº 1.340/2011*. Plenário. Relator: Ministro Raimundo Carreiro. Revisor: Ministro Weber de Oliveira. Sessão de 25.05.2011. Disponível em: https://contas.tcu.gov.br/pesquisaJurisprudencia/#/detalhamento/11/%252a/NUMACORDAO%253A1340%2520ANOACORDAO%253A2011/DTRELEVANCIA%2520desc%252C%2520NUMACORDAOINT%2520desc/false/1. Acesso em 13 jun. 2017.

BRASIL. Tribunal de Contas da União. *Acórdão nº 1.727/2006*. 1ª Câmara. Relator: Ministro Guilherme Palmeira. Sessão de 28.06.2006. Disponível em: https://contas.tcu.gov.br/pesquisaJurisprudencia/#/detalhamento/11/%252a/NUMACORDAO%253A1727%2520ANOACORDAO%253A2006%2520COLEGIADO%253A%2522Primeira%2520C%25C3%25A2mara%2522%2520RELATOR%253A%2522GUILHERME%2520PALMEIRA%2522/DTRELEVANCIA%2520desc%252C%2520NUMACORDAOINT%2520desc/false/1. Acesso em 13 jun. 2017.

BRASIL. Tribunal de Contas da União. *Acórdão nº 275/2012*. 2ª Câmara. Relator: Ministro Aroldo Cedraz. Sessão de 31.01.2012. Disponível em: https://contas.tcu.gov.br/pesquisaJurisprudencia/#/detalhamento/11/%252a/NUMACORDAO%253A275%2520ANOACORDAO%253A2012/DTRELEVANCIA%2520desc%252C%2520NUMACORDAOINT%2520desc/false/2. Acesso em 13 jun. 2017.

BRASIL. Tribunal de Contas da União. *Acórdão nº 3.742/2010*. 1ª Câmara. Relator: Ministro Augusto Nardes. Sessão de 22.06.2010. Disponível em: https://contas.tcu.gov.br/pesquisaJurisprudencia/#/detalhamento/11/%252a/NUMACORDAO%253A3742%2520ANOACORDAO%253A2010/DTRELEVANCIA%2520desc%252C%2520NUMACORDAOINT%2520desc/false/2. Acesso em 13 jun. 2017.

BRASIL. Tribunal de Contas da União. *Acórdão nº 557/2007*. 2ª Câmara. Relator: Ministro Ubiratan Aguiar. Sessão de 03.04.2007. Disponível em: https://contas.tcu.gov.br/pesquisaJurisprudencia/#/detalhamento/11/%252a/NUMAC. Acesso em 13 jun. 2017.

BRASIL. Tribunal de Contas da União. *Acórdão nº 686/1999*. Plenário. Relator: Ministro Bento José Bugarin. Sessão de 06.10.1999. Disponível em: https://contas.tcu.gov.br/pesquisaJurisprudencia/#/detalhamento/11/%252a/NUMACORDAO%253A686%2520ANOACORDAO%253A1999%2520COLEGIADO%253A%2522Plen%25C3%25A1rio%2522%2520RELATOR%253A%2522BENTO%2520JOS%25C3%2589%2520BUGARIN%2522/DTRELEVANCIA%2520desc%252C%2520NUMACORDAOINT%2520desc/false/1. Acesso em 13 jun. 2017.

BRASIL. Tribunal de Contas da União. *Acórdão nº 775/2011*. Plenário. Relator: Ministro Marcos Bemquerer Costa. Sessão de 30.03.2011. Disponível em: https://contas.tcu.gov.br/pesquisaJurisprudencia/#/detalhamento/11/%252a/NUMACORDAO%253A775%2520ANOACORDAO%253A2011/DTRELEVANCIA%2520desc%252C%2520NUMACORDAOINT%2520desc/false/1. Acesso em 13 jun. 2017.

BRASIL. Tribunal de Contas da União. *Acórdão nº 842/2013*. Plenário. Relator: Ministro Raimundo Carreiro. Sessão de 10.04.2013. Disponível em: https://contas.tcu.gov.br/pesquisaJurisprudencia/#/detalhamento/11/%252a/NUMACORDAO%253A842%2520ANOACORDAO%253A2013%2520COLEGIADO%253A%2522Plen%25C3%25A1rio%2522/DTRELEVANCIA%2520desc%252C%2520NUMACORDAOINT%2520desc/false/1. Acesso em 13 jun. 2017.

BRASIL. Tribunal de Contas da União. *Acórdão nº 928/2008*. Plenário. Relator: Ministro Benjamin Zymler. Sessão de 21.05.2008. Disponível em: https://contas.tcu.gov.br/pesquisaJurisprudencia/#/detalhamento/11/%252a/NUMACORDAO%253A928%2520ANOACORDAO%253A2008/DTRELEVANCIA%2520desc%252C%2520NUMACORDAOINT%2520desc/false/1. Acesso em 13 jun. 2017.

BRASIL. Tribunal de Contas da União. *Decisão nº 269/1994*. Plenário. Relator: Ministro Bento José Bugarin. Sessão de 04.05.1994. Disponível em: https://contas.tcu.gov.br/pesquisaJurisprudencia/#/detalhamento/11/269%252F94/COPIATIPO%253A%2522DECIS%25C3%2583O%2522/DTRELEVANCIA%2520desc%252C%2520NUMACORDAOINT%2520desc/false/13. Acesso em 13 jun. 2017.

BRASIL. Tribunal de Contas da União. *Licitações e Contratos*: Orientações Básicas. 4. ed. rev. atual. e ampl. Brasília: TCU, Secretaria de Controle Interno, 2010.

BRASIL. Tribunal de Contas da União. Súmula nº 205. É inadmissível, em princípio, a inclusão, nos contratos administrativos, de cláusula que preveja, para o Poder Público, multa ou indenização, em caso de rescisão. *Diário Oficial da União*, Brasília, DF, 29 out. 1982.

BRASIL. Tribunal Regional Federal (1ª Região). *Apelação Cível nº 2000.39.00.000536-1/PA*. 5ª Turma. Relator: Desembargador Federal Fagundes de Deus. Julgado em 30.01.2005. E-DJF1, Brasília, DF, 14 mar. 2008.

BRASIL. Tribunal Regional Federal (1ª Região). *Apelação Cível nº 2006.34.00.006766-6/DF*. 6ª Turma. Relator: Desembargador Federal Souza Prudente. Julgado em 15.12.2008. e-DJF1, Brasília, DF, 02 fev. 2009. p. 177.

BRASIL. Tribunal Regional Federal (1ª Região). *Apelação Cível nº 2001.34.00.031205-4/DF*. 5ª Turma. Relator: Desembargador Federal João Batista Moreira. Julgado em 01.12.2008. e-DJF1, Brasília, DF, 18 dez. 2008. p. 495.

BRASIL. Tribunal Regional Federal (1ª Região). *Apelação Cível nº 2007.01.00.027310-6/DF*. 5ª Turma. Relator: Desembargador Federal Selene Maria de Almeida. Julgado em 10.10.2007. e-DJF1, Brasília, DF, 09 nov. 2007. p. 176.

BRASIL. Tribunal Regional Federal (1ª Região). *Apelação no Mandado de Segurança nº 2000.01.00.076244-6/DF*. 5ª Turma. Relator: Desembargador Federal Souza Prudente. Julgado em 26.03.2007. e-DJF1, Brasília, DF, 16 abr. 2007. p. 85.

BRASIL. Tribunal Regional Federal (1ª Região). *Embargos Infringentes na Apelação Cível nº 1999.01.00.000451-5/DF*. 3ª Seção. Relator: Desembargador Federal Fagundes de Deus. Julgado em 30.09.2008. e-DJF1, Brasília, DF, 03 nov. 2008.

BRASIL. Tribunal Regional Federal (1ª Região). *Remessa Ex Officio em Mandado de Segurança nº 2004.34.00.027852-2/DF*. 8ª Turma. Relator: Desembargador Federal Leomar Barros Amorim de Sousa. Julgado em 09.11.2007. e-DJF1, Brasília, DF, 14 dez. 2007.

BRASIL. Tribunal Regional Federal (1ª Região). *Remessa Ex Officio em Mandado de Segurança nº 0001195-10.2005.4.01.4000/PI*. 6ª Turma. Relator: Desembargador Federal Daniel Paes Ribeiro. Julgado em 10.12.2007. e-DJF1, Brasília, DF, 12 fev. 2008. p. 70.

BRASIL. Tribunal Regional Federal (2ª Região). *Apelação/Reexame Necessário nº 2008.51.01.003934-7/RJ*. 6ª Turma. Relator: Desembargador Federal Guilherme Couto de Castro. Julgado em 21.06.2010. e-DJF2R, Rio de Janeiro, RJ, 23 jul. 2010. p. 176.

SÃO PAULO. Tribunal de Contas do Estado de São Paulo. *Processo nº 433/006/09*. Pleno. Relator: Conselheiro Fulvio Julião Biazzi. Julgado em 15.04.2009. DOE, Brasília, DF, 16 abr. 2009. p. 60.

SÃO PAULO. Tribunal de Justiça do Estado de São Paulo. *Apelação Cível nº 9032446-74.1998.8.26.0000*. 2ª Câmara de Direito Público. Relator: Desembargador Osvaldo Magalhães. Julgado em 18.09.2001. Registro em 04.10.2001.

SÃO PAULO. Tribunal de Justiça do Estado de São Paulo. *Apelação nº 928.980.5/6-00*. 10ª Câmara de Direito Público. Relator: Desembargador Torres de Carvalho. Julgado em 10.05.2010. Registro em 20.05.2010.

SÃO PAULO. Tribunal de Justiça do Estado de São Paulo. *Apelação/Reexame Necessário nº 0021637-96.2010.8.26.0053*. 12ª Câmara de Direito Público. Relator: Desembargador Edson Ferreira da Silva. Julgado em 07.12.2011. Registro em 09.12.2011.

Esta obra foi composta em fonte Palatino Linotype, corpo 10,5
e impressa em papel pólen Bold 70g (miolo) e Supremo 250g (capa)
pela Gráfica Star 7, em Belo Horizonte/MG.